纪念福建船政创办150周年专题研讨会论文集

杜继东　吴敏超　主编

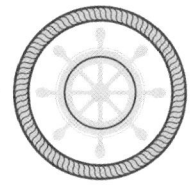

中国社会科学出版社

图书在版编目(CIP)数据

纪念福建船政创办150周年专题研讨会论文集/杜继东,吴敏超主编.—北京:中国社会科学出版社,2019.7
ISBN 978-7-5203-4615-3

Ⅰ.①纪… Ⅱ.①杜…②吴… Ⅲ.①造船工业-工业史-福州-近代-文集 Ⅳ.①F426.474-53

中国版本图书馆CIP数据核字(2019)第122317号

出 版 人	赵剑英
责任编辑	李庆红
责任校对	李 莉
责任印制	王 超

出 版	中国社会科学出版社
社 址	北京鼓楼西大街甲158号
邮 编	100720
网 址	http://www.csspw.cn
发行部	010-84083685
门市部	010-84029450
经 销	新华书店及其他书店
印刷装订	北京明恒达印务有限公司
版 次	2019年7月第1版
印 次	2019年7月第1次印刷
开 本	710×1000 1/16
印 张	30.5
插 页	2
字 数	515千字
定 价	138.00元

凡购买中国社会科学出版社图书,如有质量问题请与本社营销中心联系调换
电话:010-84083683
版权所有 侵权必究

目　录

闽江文化带视域下的榕台贸易考论 …………………… 卞　梁（1）
船政后学堂首届外堂生初探 …………………………… 陈　悦（21）
"两收海军余烬"：甲午、庚子时期沈瑜庆事迹钩沉 …… 戴海斌（32）
船政兴衰与近代中国海防发展的相关性研究
　　——现代化视角下的历史诠释 ………………… 何燿光（50）
军事技术发展策略的调整与福建船政局的成就 ……… 黄松平（69）
福建船政与中国近代航空事业的发展 ………………… 金　智（82）
从速度的角度观察近代中国
　　——以轮船、火车为例 …………………………… 李　玉（97）
福建船政中枢机构建筑布局理念 ……………………… 林　键（114）
福建船政开启近代中国的现代化转型 ………………… 刘传标（127）
梦想与现实：陈绍宽对近代中国发展航母的思考与
　　启示 ………………………………………………… 刘峰搏（150）
海防经费的另一面：沈葆桢与左宗棠在外债问题上的
　　矛盾 ………………………………………………… 马陵合（161）
1899年福建船政人的日本考察与留学 ………………… 潘　健（178）
清末船政的现代化转型与绩效分析
　　——以福建船政局、江南制造局为例 ………… 肜新春（189）
沈葆桢的家事 …………………………………………… 沈　骏（201）
中西空间文化的汇流与探索
　　——以1868年的福建船政局为例 ……………… 沈天羽（217）
福建船政对民族复兴之路的探索 ……………………… 沈　岩（240）
技术理性：福建船政的遗产与遗落 …………………… 石国进（257）
福建船政大臣黎兆棠史事考 …………………………… 孙　锋（270）

刘步蟾与东乡平八郎还真的是"校友"
　　——兼谈马幼垣先生所谓刘步蟾"逃考"问题 ······ 孙建军（288）
关于横须贺造船厂的日法海军技术合作动向变化及
　　分析 ··· 王　鹤（297）
19世纪中叶至20世纪初中日海军教育对比
　　——以1912年以前的福建船政学堂和江田岛海军兵
　　学校为例 ··· 吴　妍（319）
福建船政局与中国工业文化之发轫 ············· 严　鹏　陈文佳（333）
福建船政精英在台事功述略（1874—1894） ········· 杨济亮（347）
"足为海军根基"：船政对中国近代海军的历史性
　　贡献 ·· 杨晓丹（359）
船政与近代中国海军的创建 ································ 杨志荣（365）
民初厦门船坞交易案及其背后运作情况 ············· 应俊豪（371）
抗战时期的马尾海校
　　——以民国报刊中海校学员著述为中心的考察 ······ 余　锴（391）
近代海洋秩序变迁与1876年《救护遇险船只章程》制定
　　——兼论福建船政局的海难救助行动 ··············· 张　侃（399）
简论福建船政与中国的海权意识 ························· 张　炜（421）
福建船政与台湾事件中的淮军东渡 ···················· 赵国辉（435）
步履维艰
　　——福建船政局造舰在晚清海军的地位变迁与其失败
　　成因 ··· 赵海涛（452）
沈葆桢的海防和海军建设思考及其实践 ············· 郑剑顺（469）

编后记 ··· （482）

闽江文化带视域下的榕台贸易考论

卞 梁*

闽江是福建省内最大的河流，是八闽的母亲河，本省发源，本省入海，自成一体。闽江流域位于东经116°23′至119°35′，北纬25°23′至28°16′间，总面积达60992平方千米，覆盖逾半个福建，包括福建省西、北、中部36个县市区。更为独特的是，福建西北面的武夷山脉和中部的鹫峰—戴云山脉将闽江水系与周边诸多水系隔绝开来①，形成了独立的闽江流域，其滋养孕育的闽江文化是中华文化重要的组成部分之一。福州地区作为闽江的主要流经范围，在闽江文化带影响下形成了特有的对外交流格局，尤其是历史悠久的榕台贸易体系，不仅为两岸人民提供了便利，且对两岸关系的走向产生着深远的影响。

一 闽江文化带概念的定义与特点

在文化研究领域，"文化带"常与"文化"相混淆。"文化带"较之后者有着更为具体的二维范畴，即指因某特定事物的共同作用而在广义的文化层面对其辐射区域产生的影响和作用。一般用来描述较为宏观的事物，如山川、河流等。而在河流文化领域，国内学者已对诸多"河流文化带"进行了归纳总结，如长江文化带、珠江文化带、汉水文化带等，甚至已开展了一些专题研究②，但是目前国内对闽江文化带的研究依旧处于起步阶段。

事实上，闽江文化带较之"闽江文化"，范围更广、内涵更深，有其

---

* 卞梁，清华大学公共管理学院博士后。
① 西北面为长江水系，西南面为汀江水系，东北面为钱塘江、瓯江水系，南部则为晋江、九龙江水系。
② 如《中华文化论坛》杂志社先后主办两届"长江文化带研究"专题研讨会（2015年、2016年），同时开设"长江文化带研究"专栏等。

独特的气质与特点。

  第一，秀美的自然景致与丰富的物产。闽江集秀美与雄浑于一身。岸边黛山夹峙，江中碧波清秀，受到历代文人骚客的推崇。"闽江之水清涟漪"①、"闽江闽山相对青"② 等诗句都是对闽江的由衷赞美，"闽江似镜正堪恋"③ 反映的则是古人离别时惆怅的情怀。闽江流域杉木众多，储蓄量居全国之首，同时闽江上游温润潮湿，是有名的茶叶产地，所产"武夷茶"举世闻名，为茶中精品。闽江盛产各类海味，令人垂涎。文豪郁达夫在福州生活三年，对榕地佳肴赞不绝口："大海潮回，只消上海滨走走，就可以拾一篮海货来充作食品。又加以地气温暖，土质腴厚，森林蔬菜，随处均可培植，随时都可以采撷。一年四季，笋类菜类，常是不断"④，对"富阳山水闽江菜"更是一生追随，难以自拔。晚清闽人郭柏苍所著《闽产录异》一书，分谷货、蔬果药、木竹藤、花草、毛羽、鳞虫六卷详细记载闽江流域各类物产逾1400件，尤其是在"林滘《闽中记》、曾师建《闽中记》、林世程《闽中记》……其书皆久亡……强所产之物与古合，夸多而失之伪"⑤ 的情况下，作者考证递补而来，也从侧面展示了闽江流域物种之丰富。

  第二，深厚的人文底蕴和历史内涵。历史上，闽江流域名人辈出、群星璀璨，诞生了一代理学宗师朱熹、奉旨填词白衣卿相柳永、法医鼻祖宋慈、闽学鼻祖杨时、抗金名将李纲、虎门销烟林则徐、女文学家冰心、数学家陈景润等，他们虽时代不同、行业各异，却同爱中华，如点点繁星照亮闽江夜空，构建起闽江文化带最基本的文化内涵；而沿江而下，南平九峰山、延平湖、福州金山寺、江心公园、闽越王城、罗星塔、青芝山等又见证了千年闽江文化的漫长演变，成为沿岸不变的历史注脚。

  第三，开放包容的海洋文化与贸易传统。福州地区历来便有贸易之传

---

  ① （元）倪瓒：《送徐君玉》，《影印文渊阁四库全书》集部第1464册，商务印书馆1986年版，第612页。

  ② （宋）叶茵：《饯友归侍》，《影印文渊阁四库全书》集部第1477册，商务印书馆1986年版，第586页。

  ③ （唐）黄滔：《辞相府》，《影印文渊阁四库全书》集部第1430册，商务印书馆1986年版，第135页。

  ④ 李琮：《图说民国》，山西教育出版社2015年版，第60页。

  ⑤ （清）郭柏苍：《闽产录异》清光绪十二年（1886）刊印本，序言。

统,因其自古便"八山一水一分田",耕地资源极度匮乏,这就导致了其民不得不以商贸谋生存。尤其是处于闽江文化带的百姓,"得海之便,向海而生",常收集各地商品,沿闽江入海从事贸易活动。明朝王世懋在《闽部疏》中记载:"凡福之绸丝,漳之纱绢,泉之蓝,福、延之铁,福、漳之桔,福、兴之荔枝,泉、漳之糖,顺昌之纸,无日不走分水关及浦城之小关,下吴越如流水。其航大海而去者尤不可计,皆衣被天下"①,一幅"福州青蛙鸟言贾,腰下千金过百滩"的盛景。坐落于苏州万年桥的福州会馆,据称创建于明万历年间(清道光十年《重修三山会馆勸助姓名碑》载),是苏州外省会馆中年代最久远者②。足见福州商人活动时间之早、活动范围之广。而到了近代,武夷茶叶贸易的兴盛使得闽江成为近代"海上茶叶贸易"的开端,长期占据着福建总贸易量的半壁江山。

第四,台湾文化的重要组成部分。闽江文化带的尽头,即为台湾海峡的发轫。自古以来,福州便与隔海相望的宝岛台湾在政治、经济、文化、航海等多方面有所往来。始于明末荷据时期劳工招募的三轮闽人入台③,是"政治性移民和经济性移民的相互转换"④,而这些被称为"福佬人"或"河洛人"的福建移民又大多来自闽江流域,他们借由闽江入海,穿过台湾海峡来台谋生,也将中华文化根植于斯,奠定了闽江文化在台湾文化中的特殊地位。值得一提的是,闽江下游海洋文化与上游客家文化相互融合所造就的独特的五缘文化⑤及其所产生的"五缘文化力"⑥对台湾文化有着重要的影响,提升了两岸的凝聚力、协同力、创新力及影响力。

可见,闽江文化带在地理环境、人文内涵、文化传统及对台工作方面都有着得天独厚的优势,为榕台贸易的产生和发展奠定了坚实基础。

---

① (明)王世懋:《闽部疏》影印本,成文出版社1975年版,第47页。
② 福州晚报社:《福州史话丛书·凤鸣三山》(第三辑),福州晚报社1989年版,第6页。
③ 闽人的三次大规模入台依次为:明末荷据时期向内地招募劳工;郑氏驱荷后以反清复明为目的的经营台湾;康嘉年间持续百余年的移民潮。
④ 刘登翰:《中华文化与闽台社会》,人民出版社2013年版,第84页。
⑤ 五缘文化是以亲缘、地缘、神缘、业缘和物缘为基本内涵的一种特色文化,最早于1989年由时任上海社科院研究员的林其锬先生提出。目前已成为福建对台工作的重要文化理论之一。
⑥ "五缘文化力"最早由游小波先生于2001年提出,其中包括亲和力、凝聚力、塑模力和协同力四方面。而后在此基础上林国平教授又提出了"闽台五缘文化软实力",深化了"五缘文化力"的内涵。

二 榕台贸易的发展与变迁

得益于闽江文化带"温润大气、多元开放"的文化浸润,榕台贸易作为我国东南沿海主要贸易航线之一,已持续千余年之久。对榕台贸易的考察,不仅有助于理清榕台关系的发展脉络,而且能够一窥闽江文化带海上传播的具体路径,为两岸在新时期开展海上丝绸之路建设合作提供有益借鉴。

1. 榕台贸易的历史叙述

(1) 古代榕台贸易的开辟与发展

福州是古代榕台贸易的起点。早在东汉时,东冶便是福建对外贸易的重要窗口。史书记载"旧交趾七郡贡献转运皆从东冶泛海而至"①。当时与东洋、南洋等地已有了贸易往来,如《后汉书》便记载"倭……其地大较在会稽东冶之东"②。三国时期,孙吴政权便在福州建立造船基地,设"典船校尉"于今福州庆城寺东直巷,组织人员远行台湾,大兴"海滨邹鲁"文化。至唐代,福州港已和广州、扬州一起成为我国对外贸易的主要港口。唐大和元年(827),福州港设置市舶管理机构,对进口海船进行统一管理,经营买卖,办理进奉,成为东南沿海重要的商业都会。宋时榕台贸易持续扩大,在与台湾贸易时已能使用宋钱,商贾云集,出现了"百货随潮船入市,万家沽酒户垂帘"③的盛景,为此福州专设有"临河务"进行管理。北宋嘉祐四年(1059),福州太守蔡襄在《荔枝谱》中写道:"水陆浮转以入京师,外至北戎、西夏,其东南舟行新罗、日本、琉球、大食之属,莫不爱好重利以酬之,故商人贩益广",这表明当时榕台贸易航线已经开通,福州所产荔枝受到了早期台湾土著的认可。明清时期福州则成为国家指定的对外贸易港口,郑和下西洋期间便多次驻地福州外港,进一步促进了榕台贸易的发展。

---

① (宋) 司马光:《资治通鉴》卷四十六,《影印文渊阁四库全书》史部第 305 册,商务印书馆 1986 年版,第 51 页。

② (宋) 范晔:《后汉书》卷一百十五,《影印文渊阁四库全书》史部第 253 册,商务印书馆 1986 年版,第 646 页。

③ (宋) 祝穆:《方舆胜览》卷十,《影印文渊阁四库全书》史部第 471 册,商务印书馆 1986 年版,第 648 页。

(2) 近代榕台贸易的繁荣与起伏

榕台贸易作为中国古代的传统贸易航路，在璀璨悠久的历史中孕育了经久不衰的生命力并延续至今。鸦片战争后，福州于道光三十四年（1844）正式开埠，主要向台湾及东南亚各国出口茶叶、木材、纸张、竹笋、中药、干果、鲜果等，贸易规模不断扩大。民国初期，在各方的努力下，福州港进行了多次扩建，绵亘25.7海里，港口总面积达8213万平方米，水域面积达8135万平方米①，加上民国政府交通部在福州开设航务局，规范了港区的管理，提升了货物装运水平，福州港迎来了发展的黄金时期。在当时的诸多航线②中，以"台班"的运输密度最大，这证明了榕台贸易在福州海上贸易中所处的中心地位。

然而榕台贸易却屡屡因为战争而中断。1930年福州政变③使得省垣与闽江上游的交通断绝，港口货物无法补充，加之出口之木材"骤呈衰退之象，益自民国二十年后更一蹶不振"，榕台贸易逐渐停滞，一片"景况至形萧条"。抗日战争时期，台湾已断绝与大陆的经济往来，同时国民党为了阻止日寇的进攻，在福建沿海构筑封锁线并自行将福州港诸多设施破坏，直接导致了榕台贸易的彻底中断。抗日战争结束后虽有短暂繁荣，却再次因国民党的法币政策而陷入窘境，后期船只甚至被国民党大量租借用以溃逃台湾。可以说，从民国中期始，福州的海运发展便几近停滞，榕台贸易也注定只能在困境中艰难前行。

(3) 中华人民共和国成立后榕台贸易的复兴

1949年新中国成立后，福州可谓旧貌换新颜，福州港也由充斥着大量买办的半殖民地半封建的旧式港口发展为社会主义性质的新型港口。令人惋惜的是，由于台湾海峡的全面军事封锁及计划经济体制对海外贸易经济的多重限制，以福州—高雄航线为主体的榕台贸易航线被迫中止。

1970年以来，两岸关系逐渐缓和，马尾新码头、福马铁路及港区铁

---

① 福州地方志编纂委员会：《福州市志》，方志出版社1998年版，第463页。
② 当时福州的海运航线分为外海、内海两类。外海线有三条：一条称为"南班"，从福州到厦门、汕头、香港；一条称为"北班"，从福州到宁波、上海、杭州以及更北面的烟台、大连、牛庄各口；一条便是"台班"，从福州到基隆、淡水两港。内海线路则是福州至温州。
③ 即1930年1月6日发生的"一六事变"。系驻闽陆军第五十二师师长卢兴邦绑架福建省政府委员林知渊等六人，后卢被驱逐。此事件对福州经济发展影响甚大。

路的相继投产使得福州港从沉寂中迅速复苏，于1980年4月正式对外开放①。尤其是中共十一届三中全会上福建省所确定的"特殊政策，灵活措施"的对台政策，给停滞已久的榕台贸易注入了新的活力。1997年4月，福州港与高雄港试点直航的开通，打破了长达40余年的两岸没有直航往来的僵局。一年后，两港之间又开通了两岸集装箱班轮航线，大大提高了两岸货物销售的经营环境，榕台贸易向着高效、合理、开放的发展方向不断前进。进入21世纪后，福州大力实施"以港兴市"的经济发展战略，打造四大临港工业集聚区（江阴工业集中区、罗源湾产业集中区、元洪投资区及滨海工业集中区），充分发挥了港口在榕台贸易中的集聚和辐射功能。加之2011年福州港和宁德港进行了优化整合，福州港升级为涵盖三都澳、罗源湾、福清湾、兴化湾北岸的亿元港区，使榕台间的贸易往来更为密切，同时积极为台湾提供海运中转服务，完成了从台海贸易枢纽向国际航运枢纽港的转变。

2. 榕台贸易中的港口枢纽

在海洋经济中，海运航线的确立对港口经济的繁荣有着决定性的影响，而港口经济又能以临港产业、港口服务、航运、贸易金融等相关产业为支点和依托，释放出产业集群的集聚效应，促进地区产业及生产力的重新布局，实现港口和腹地的协同发展②。在榕台贸易中，福州港和高雄港无疑是串联起这个古老贸易航线的主要港口。

（1）千年古港福州港

西汉初年闽粤王无诸③建东冶城后，得天地之便开辟了东冶港（即今福州港），至今已有两千余年。福州港位于北纬26°06′，东经119°18′和北纬25°59′，东经119°27′之间，处于福建省海岸线的中点上，在闽江下游的河口段，距离北面沙埕港125海里，距离泉州港157海里，与相距200海里的厦门港一样，是福建著名的对外港口，榕台贸易便是在此孕育，自古以来就发挥着重要的作用。

福州港的第一个黄金时期是在明代。由于明统治者在海洋政策上的变化，福州港一度成为东南地区最为兴盛的港口，凡外商入贡者皆

---

① 杨捷主编：《福州港史》，人民交通出版社1996年版，第5页。
② 杨建国：《港口经济的理论与实践》，海洋出版社2014年版，第16页。
③ 无诸（生卒年不详），姓驺氏，越王勾践后裔。汉高祖五年（公元前202年）封闽越王。无诸筑城于福州冶山之麓，号"冶城"，为闽地开发做出了重要贡献。

设市舶司,"在广东者专为占城、暹罗诸番而设;在福建者专为琉球而设;在浙江者专为日本而设。其来也,许带方物,官设牙行与民贸易"①。据学者统计,仅从明成化朝至嘉靖朝(1465—1566)的一百余年间,琉球入贡多达78次,福州港接待贡使的次数位居各港之首②。除了与琉球的长期贸易外,福州与台湾及东南亚诸国的交往也极为密切。

清代福州港逐渐演变为以对台贸易为主体,集经济、军事、水利、航运为一身的综合性港口。除了在清前期收复台湾的战役中发挥了后勤运输的作用,在此后的近两百年间,福州港均是闽台交流过程中对台贸易运输的主要港口之一。鸦片战争后,出于加强对台工作联系的需要,福州的船政业发展极为迅速。同治五年(1866)清廷以福州港为基础,建设福建船政局,特命沈葆桢总理船政,"部颁发关防,凡事涉船政,由其专奏请旨,以防牵制"③。在清廷的高度重视下,福州港快速发展,在加强台湾海峡防卫的基础上,承担起闽台贸易物流的重任,也带动了台湾经济的发展。咸丰十一年(1861)台湾正式开港,淡水、安平、鸡笼(基隆)、打狗(高雄)相继设关开市,大量台糖通过福州港运输到全国各地,糖业贸易一度成为榕台交流的主流。同治十三年(1874)至光绪十年(1884)的十年间,台湾地区蔗糖平均外销额为46万担,一度达到75万担④,极大地推动了海峡两岸的往来。有学者曾说过:"至甲午战争前夕,台湾已跻身经济强省,其经济实力及人民的生活水平已足以与苏杭一带当时经济最发达地区相媲美,从某种意义上说福建船政促进了台湾经济近代化。"⑤

之后受战乱及政局变更的影响,福州港几经沉沦,一度失去了港口功能。中华人民共和国成立后,多次对其进行维护检修。1959年和1964年,先后修复了总长117米的马尾浮码头,可供2艘3000吨载重的海船

---

① (明)胡宗宪:《筹海图编》卷十二,《影印文渊阁四库全书》史部第584册,商务印书馆1986年版,第398—399页。
② 谢必震:《略论福州港在明代海外贸易中的历史地位》,《福建学刊》1990年第5期。
③ 中国史学会:《洋务运动》(五),上海人民出版社1961年版,第16页。
④ 周宪文:《台湾经济史》,台湾开明书店1980年版,第178页。
⑤ 徐心希:《略论晚清福建船政与台湾经济近代化》,《台湾研究》2006年第3期。

停泊；1970年开始在马尾新建长达592米的高桩板梁式码头，但由于内河回淤严重而未能投产①。直到十一届三中全会后，历经百余年沧桑的福州港才再次焕发出勃勃生机，其为全国首个被交通部确定为对台试点直航的口岸，且得益于其"北承长三角，南接珠三角"的区位优势，焕发出巨大的发展潜力，港口发展进入了快车道。尤其是2009年《福建省贯彻落实〈国务院关于支持福建省加快建设海峡西岸经济区的若干意见〉的实施意见》明确提出把福州港建设成为"集装箱和大宗散杂货运输相协调的国际航运枢纽港"，福州港响应号召，在2011年与宁德港进行了一体化整合，货物吞吐量逐年攀升。

截至2013年，福州港已拥有超过180个生产泊位，辐射整个福建省内陆及江西、浙江、广东部分地区，在海内外均享有较高的知名度。可以说，千年古港福州港是榕台贸易的重要参与者与见证者。

（2）宝岛明珠高雄港

高雄港位于我国台湾岛西南岸，在北纬22°37'，东经120°15'的位置。北距基隆港约229海里，西北距厦门港约165海里，西至香港约342海里，扼台湾海峡与巴士海峡航道交汇之要冲，地理位置优越，同时寿山、旗后山雄峙港口两侧，形成了港口的天然屏障，港口外侧又有旗津半岛作为"天然防波堤"，这使得港内水域风平浪静且便于船舶进出，是得天独厚的深水良湾，目前是台湾地区最重要的商港，也是世界第四大集装箱港口，承担着台湾地区70%以上的集装箱装卸及60%以上的货物装卸工作。

天启四年（1624）时，大量福建沿海渔民迫于生计前往打狗与早期台民开展贸易往来，打狗港逐渐成为台湾西海岸最早的停泊港之一，此后打狗一直是榕台贸易交流的枢纽。直到1885年清政府正式在台湾建省，高雄都是当时台湾经济最发达的地区。目前，随着高雄城市的不断扩大，高雄港货物吞吐量不断提高，和大陆的交流往来逐年深入。优越的海上交通及陆上交通，使得高雄一直是台湾南部最大型的货物集散中心，而工业的发展和商业的兴盛使高雄成为台湾最大的工业中心。

值得一提的是，高雄港有专门的旧船拆卸码头，拆船工业发展极快。

---

① 《当代中国的水运事业》编辑委员会：《当代中国的水运事业》，当代中国出版社2009年版，第223页。

从20世纪70年代起，高雄港的拆船量占全台拆船量的95%和世界拆船量的15%，有力保障了全台的工业发展。近几年来，高雄港在不断拓展船运业务的同时，还兴办港口旅游业，有着"残阳落照海潮平，港湾频传风笛声"①的美景，逐渐向一个多元化港区发展。

3. 榕台贸易在对台工作中的贡献

得益于悠久的贸易传统和以福州、高雄两港为基点所构建起的榕台贸易航线，榕台贸易在两岸关系发展过程中有着多方位的影响。

（1）贸易体系中的人员往来

榕台贸易虽以经济贸易为主体，然而因贸易往来所带来的人员往来成了两岸割舍不断的血缘基础，是"榕台一家亲"的有力见证。

榕台两地人员来往最早可追溯至西汉闽越国时期，台湾岛上的越王石遗迹及东越王余善叛汉拒统时密谋曰"不胜，即亡入海"，这被认为是最早的有关福州先民踏足台湾的历史佐证②。东吴时，孙权在今福州城内设典船校尉，同时在闽江口开设温麻船屯，在公元230年"遣将军卫温、诸葛直，将甲士万人，浮海求夷洲"。其海航的出发点便是今福州港。从当时人员流动性差等社会因素考虑，前往台湾的"甲士万人"应以福州当地人为主。更令人振奋的是此次航行的结果，得"夷洲数千人还"，借此推测，当卫、诸的船队返回福州后，极有可能将这批最早来到大陆的台湾人安置在了福州附近。

隋时炀帝派大将陈稜"自义安泛海，击流求国，月余而至"③，俘五千余人归，安置在闽县化北里、化南里、唐化里一带，后世有"福庐山……又三十里为化南、化北二里，隋时掠琉球五千户居此"④的记载，可见早在隋代便有部分台湾土著人前往福州定居。这也说明榕台间的亲缘早在一千四百多年前便已开始。唐宋时期，随着中国经济中心的南移，福建沿海多有流民南渡至台湾谋生的现象出现，南宋孝宗乾道七年（1171），宋王朝在澎湖"遣将分屯"，开"编户"之先。明代学者

---

① 喻林祥：《戍楼诗草集》，中国书籍出版社2014年版，第234页。
② 卢美松主编：《榕台关系初探》，海潮摄影艺术出版社2003年版，第38页。
③ （唐）魏征：《隋书》卷六十四之《陈稜传》，点校本，中华书局1997年版，第1517页。
④ （明）何乔远：《闽书》卷六之《方域》，点校本，福建人民出版社1996年版，第139—140页。

陈第，福州连江人，他不仅亲率部队协助台湾驱倭，更作《东番记》，记叙了当时的台湾风土及岛上原住民的生活状态，是我国最早的一部有关台湾的专门文献①。

明清交替之际，大批闽人漂泊至台湾生活，以福州、漳州人为主。当前台湾姓氏排行前十的大姓均与福建有着密切的联系。如东汉名士陈实便是台湾陈姓的祖先，陈姓唐时入闽，后亦传入台湾，是较早到达台湾的姓氏，目前为台湾第一大姓氏，有"陈林半天下，黄张排成山"②的说法。清康熙二十二年（1683）清廷统一台湾，翌年便开设台湾府学及台湾、凤山两县学，以施教化，举人名额另行编号，此举极大提升了台湾生员赴榕应举的热情。1687年凤山附生苏峨③一举中的，成为台湾第一位举人。在此后的两百余年间（截至1895年日本强占台湾），台湾共产生了251位举人④，他们为在台传播中华文化做出了积极的贡献。如康熙三十二年举人王璋作《鸡笼积雪》："雪压重关险，江天俨一新；乍疑冰世界，顿改玉精神"⑤，对鸡笼的雪景做了别样的描述；其出任云南宜良县县令期间"清慎爱民，民深戴之"⑥。同时，福州有193人被派往台湾任儒学教授、教谕及训导，成为清代台湾教育事业发展的支柱力量，许多福州人甚至为台湾付出了宝贵的生命。如戍台名将何勉，担任台湾镇总兵多年，平朱一贵起义，威震岛内，同时秉承邹鲁遗风，变卖家产捐谷千石以赈台民，后死于任上⑦。同时，起初台湾生员赴福州参加乡试时，均居住在鼓楼贡院附近，起居时有不便。同治初年，台湾府学训导魏缉熙用澎湖士绅所捐钱款在福州南台购地建造了"台澎会馆"，为来此应试的台湾生员免

---

① 对台湾风土之考察，最早的著作当为三国时期吴人沈莹所著《临海水土志》，但是《临海水土志》概述东南沿海之风土，未及对台湾进行专述。

② 李志鸿、陈芹芳主编：《从"唐山祖"到"开山祖"：台湾移民与家族社会》，九州出版社2002年版，第111页。

③ 苏峨（生卒年不详），原籍福建同安。清康熙二十六年丁卯科（1687）举人。

④ 关于台湾到底考取了多少举人，目前学界暂无定论。《台湾省通志》中有明确记载的有251人，另有261、325、340等多种说法。参见杨齐福《清代台湾举人之概论》，《台湾研究》2007年第5期。

⑤ 赖子清：《台湾科甲艺文集》（南台篇），《台北文物》1999年第七卷第三期，转引自杨齐福《清代台湾举人之概论》，《台湾研究》2007年第5期。

⑥ 蒋毓英：《台湾府志三种》（上），中华书局1985年版，第119页。

⑦ 郑宗乾：《福州人在台湾》，海风出版社2015年版，第52—53页。

费提供食宿，榕台两地的联系愈发紧密①。根据日据时期台湾总督府于1926年12月31日所公布的外来人口统计，在台福州移民达27200人。又根据台北市福州同乡会在20世纪90年代的估算，福州在台居民已逾60万，约为台湾总人口的2.46%。

旅台的榕城游子们本着"在家靠父母，出外靠朋友"的原则，在台组建了众多形式各异的同乡会及社团，在丰富了台湾本土文化的同时也将福州文化在海峡对岸发扬光大。在台数量最多的便是各类福州同乡会，规模较大的有八个：台北市福州同乡会（1946年创立）、台北市林森县同乡会（1985年创立）、台北市闽清同乡会（1986年创立）、台北市永泰县同乡会（1989年创立）、台中县福州十县市同乡会（1987年创立）、云林县福州十一县市同乡会（1981年创立）、屏东县福州同乡会（1981年创立）、澎湖县福州同乡会（1955年创立）。早期各个同乡会虽均有完善的规章制度，但各自为政难免问题频出。鉴于此，1975年，以"便于交流沟通、拉近榕人距离"为目的的"台湾区福州十邑同乡社团联谊会"成立，目前联谊会已成功举办36届，成为连接榕台两地人员交流的重要端口。

20世纪70年代，福建省图书馆曾对台湾当代473位名人做过统计，有159位是福州籍出身，占总数的1/3。其中，诸如近代民族英雄林则徐、著名翻译家严复等在台湾有着极大的认同，可谓妇孺皆知。而族谱作为展现社群特有的血缘关系和世系人物关系的特有历史见证，在榕台间更是记录下饱含中华文化的民族感情。近年来榕台两地积极组织召开各类文化交流活动，如林森思想研讨会、黄乃裳学术研讨会、陈第学术研讨会、沈葆桢学术研讨会、严复学术研讨会、王审知学术研讨会等，有效加强两岸知识分子阶层对榕台文化的认同。历史上福州一直是福建的政治中心和文化中心，因此移民台湾的榕人群体中不乏土豪乡绅、手工阶层，这些人往往有着较为正统的宗族观念，因此回乡祭祖也成为在台榕人的必要社交活动之一。数百年来，榕台贸易不仅使得两岸人民的走访往来更为便利，而且有利于榕台乡亲寻宗认祖，强化了两岸间的血缘联系。

近年来，榕台间人才交流日益密切，这主要和两方面有关。一方面，岛内高质量的就业岗位已趋于饱和，台湾的年轻世代已很难获得与其自身

---

① 卢美松主编：《榕台关系初探》，海潮摄影艺术出版社2003年版，第39页。

价值相符的薪酬，他们更倾向于走向岛外寻求机会。福州地区有着与台湾相近的语言及生活习惯，对台湾人才有无法抵挡的吸引力①。另一方面，福州实施高层次创新创业人才引进、海西产业人才高地建设等计划，培养壮大人才队伍，尤其注重吸纳优秀的台湾人才来榕就业，开展"台湾人才海西行""台湾人才项目成果展"等多种活动。同时从人才的源头抓起，大力支持本市高等院校、科研机构吸纳、培养台湾的优秀人才，甚至已逐步推进在榕台地区居民的职称评审工作，积极探索聘任台湾地区居民为公务员的试行办法，在农业、卫生、防灾减灾、建筑、水利、环保等专业性较强的行政机关设置专门岗位，面向台湾地区聘任有专业技能的居民。这些都打破了以往两岸人才分歧严重，无法在对岸实现自我价值的历史隔阂，海峡两岸以一个整体为两岸人才提供了展现自己的舞台。此外，两地亲缘的不断加深也使得榕台探亲班机数量呈稳定增长的趋势。

如上可见，榕台人员往来古已有之，从未断绝，且随着朝代的更迭交流愈发密切。闽江文化带也由此跨越台湾海峡，促进了台湾的开发利用。同时也说明了"榕台一家亲"不单单是一个简单的概念与说辞，而是一份延续千年客观存在的血水浓情。

（2）贸易体系中的经济互补

榕台贸易以经济交往为主体。闽江流域作为对台贸易的主要原材料生产地及运输地，在各个历史时期都有着独特的贸易形式。总体来说，榕台间有两个贸易繁荣期，分别为19世纪下半叶（1860—1895）及20世纪后期（1980年至今），在这两个时期两岸均抓住了难得的历史机遇，不断将榕台贸易推向新的高峰。

首先，在全球化贸易没有那么普遍的19世纪后期，榕台贸易作为闽江流域产品对外流通出口的主要通道，主要对外运输、销售闽江上游的武夷岩茶。武夷岩茶因其清香甘醇而备受历代文人帝王的喜爱。元至元十六年（1279），浙江省平章高兴路过武夷山，监制"石乳"茶②数斤入献皇宫，得到了嘉奖；大德五年（1301），高兴之子高久住就任邵武路总管，辟武夷山九曲溪之四曲溪畔平坂之处为"御茶园"③，使得武夷岩茶天下

---

① 谭敏：《闽台人才交流与合作的前景与策略研究》，《发展研究》2015年第10期。

② "石乳"茶即产于武夷山双乳峰下的野生茶树，属蒸青绿团茶，清心利喉，历来为武夷茶之上品。

③ 李远华：《第一次品岩茶就上手（图解）》，旅游教育出版社2015年版，第123页。

闻名。然而宋、元及明初时茶禁甚严，"铢两不得出关"，"载建茶入海者斩"，故闽江航道虽条件优越，但并未开展茶叶贸易，直至永乐期间，郑和携带大量武夷茶出使海外，打开了茶叶贸易之门。明万历三十五年（1607年），荷兰东印度公司开始大量收购武夷岩茶，自闽江水道而下，经由澳门、爪哇向欧洲销售；18世纪中后期，"海上茶叶之路"进入鼎盛时期，武夷岩茶遍布西欧各国上流社会，带动了闽江贸易区域的整体繁荣与进步。到19世纪下半叶，福州地区的贸易出口额已占整个福建贸易总额的70%以上，虽因1880年后印度、锡兰地区红茶贸易的兴盛而受到较大冲击，但依旧是福建进出口贸易的主要组成部分。

在英语中，"武夷"的音译"Bohea"原意竟为中国红茶；瑞典植物学家林奈（Carolus Linnaeus，1707—1778）在其著作《植物种志》中将茶叶中的一种命名为Var Bohea（武夷岩茶的一个变种）①，足见近代西人对武夷红茶的喜爱，也从一个侧面反映出当时西方对红茶的旺盛需求。这也极大地刺激了闽江沿岸基础贸易设施的建立与完善。

闽江流域基础设施水平的提高与闽台贸易的开展呈现出相辅相成的态势。从宏观层面看，作为重要的对台贸易口岸，榕台贸易对闽台间的整体贸易起了重要的调节作用，虽然出口货物相对较少且记载缺失较多，但却是台湾物产流向大陆市场的主要通道。

其次，改革开放以来，出于新形势下闽台贸易发展的需要，两岸均表现出极高的善意来继承发展榕台间这条古老的贸易航线。尤其是福州，位处南边珠江三角洲和北边长江三角洲之间，东面台湾，西通江西，具备成为全国东南经济中心的有利条件。正基于此，早在2004年福建省十届人大二次会议的《政府工作报告》中便明确提出建设海峡西岸经济区的发展思路；2009年国务院发布《国务院关于支持福建省加快建设海峡西岸经济区的若干意见》，将海西经济区建设上升到了国家战略高度，是继"西部大开发""东北振兴""中部崛起"等我国区域发展战略决策后的又一重大举措。福州市通过引进外资、完善路网等措施，以自身为主轴，以厦门、泉州、温州、汕头等为依托，与台湾形成三通之势，在海西经济区的发展中占据着主要地位。而早在2008年海西经济区经济总量便已两倍于台湾，到了2016年更是在双边贸易中占据绝对主体地位，逐渐打破

---

① 李远华：《第一次品岩茶就上手（图解）》，旅游教育出版社2015年版，第126页。

了以往常见的"垂直分工为主,水平分工为辅"① 的加工模式。许多学者预测海西经济区将会成为继长江三角洲经济区、珠江三角洲经济区、环渤海经济区外的第四大增长极,成为一个兼具发展潜力与独特优势的地域经济综合体②。

海西经济区从建立一开始便从政策上为榕台贸易的发展提供了有力保证。国家通过了《中华人民共和国台胞投资保护法》福州市按照"同等优先,适当放宽"的政策,明确"以侨引台、以台引台、侨台外结合"的发展思路,先后出台《福州市保障台胞投资权益若干规定》《关于进一步做好重点台资企业有关工作的通知》等一系列法规,为台资企业提供了有力的法律法规保障,树立台商在榕投资的信心和决心。同时扩大对台招商优惠力度,先后设立台商投资区、海峡两岸(福州)农业合作实验区等,抓住台湾产业结构升级的良好契机,让千余家台资企业与福州当地市场完美融合,规模从小到大、从单一到多样,体量迅速发展。同时也积极推进闽台金融合作,"开办包括新台币在内的离岸金融业务,逐步建立两岸货币清算机制,扩大两岸货币双向兑换范围,推动两岸银行卡联网通用和结算"③,政策上的优惠使福州成为两岸交流合作最活跃的地区。然而改革开放后我国东南部地区虽是经济发展的优先地区,但在区域整体经济实力的比较中,海西经济区尚处于落后位置。以2010年为例,海西经济区生产总值仅占珠三角地区的67%,长三角经济区的36%④,差距明显。未来海西经济区还需要深化多元的贸易合作,成为珠三角经济区、长三角经济区之间不可或缺的一部分。

除海西经济区外,福州市还先动先行,进一步提出了建立平潭综合实验区的设想。2011年11月,国务院批复通过《平潭综合实验区总体发展

---

① 两岸产业垂直分工即台湾生产上游产品(生产零部件及半成品),大陆生产下游产品(装配制造成品);而水平分工即通过上、下游产业联合投资和"中心(厂)—卫星(厂)""下游产品—上游产品"相捆绑的投资方式,将台湾的一些制造业关键配套产品生产甚至整个产业链转移到大陆所形成的水平状两岸产业分工模式。相较于前者,后者更符合当今两岸关系发展的需求。参见曾维翰《后ECFA时代闽台制造业整合研究》,《对外经贸》2012年第7期。

② 林喜庆、许放主编:《对海峡西岸经济区打造"中国经济第四增长极"的思考》,《经济纵横》2008年第7期。

③ 《福建省国民经济和社会发展第十二个五年规划纲要》,《福建日报》2011年1月25日,第1版。

④ 福建省统计局:《福建统计年鉴——2011》,中国统计出版社2011年版,第269页。

规划》，明确提出把平潭建设成为"两岸同胞合作建设、先行先试、科学发展的共同家园"，积极承接台湾地区高新技术产业的转移和投资，达成台商投资意向200余项，累计投资额超1000亿元①。平潭的基础货运交通建设也发展迅速。目前，海峡号货轮可从平潭直航台中，是诸多直航航线中时间最短、成本最低的一条。同时为了方便台商进行经济往来，平潭试验区专门成立"一办、四局、五个组团指挥部"，将原本归属于12个部门的176项审批事项精简合并，大大方便了两岸的经贸往来，体现出"大部门、小政府"的思想。

在榕台贸易架构中，平潭综合实验区是以海峡物流中心走廊的地位而存在的，其内涵概括为：（1）把平潭岛作为海峡物流走廊的核心，定位为物流信息枢纽、保税物流中心、物流增值中心及运营中心；（2）把江阴港区和长乐空港区作为海峡物流走廊的重要组成部分，江阴港区定位于集装箱多式联运中心、商品集散中心，长乐空港定位于空海和空铁联运中心及应急商品和高附加值商品集散中心；（3）构建"一岛两区"的联动体系，通过有形的交通网和无形的机制，把核心区和辐射区贯通起来，实现人流、物流、商流、资金流互联互通；（4）用好用活国家赋予平潭实行特殊监管模式的政策，在制度细化、人才培训和设施完善等方面进一步加强②。福州也抓住这个宝贵的机会，引入一些不适宜入岛的榕台高端合作项目，带动福州周边各区县的经济增长，形成错位发展的良好机制。目前，福州在"3820"工程③期间所设立的福州高新区、蓝色产业园、空港工业区、马尾新城、台江金融街等均借鉴平潭综合实验区在发展榕台贸易方面的经验，在海洋工程设备产业、电子信息产业、新能源产业、生物医药产业均已实现了榕台两地的共赢互惠，成果丰硕。

这些积极举措也得到了台湾同胞的积极响应。如福州平潭自贸区一直以来致力于打造"台胞第二生活圈"，开发建设平潭台湾创业园，吸引台

---

① 凤凰网：《福建平潭利用优惠政策先行先试，深化两岸交流合作》，2012年1月3日。http：//finance.ifeng.com/roll/20120103/5392593.shtml。

② 郑永平、赵彬、黄静晗主编：《平潭综合实验区开发建设与海峡西岸经济区特色发展》，《福建农林大学学报》（哲学社会科学版）2012年第2期。

③ 即1992年时任中共福州市委书记的习近平倡议并主持编制的《福州市20年经济社会发展战略设想》，对福州3年、8年、20年的经济社会发展目标进行科学的谋划，简称"3820"工程，对改革开放后的福州建设有着深远的影响。

胞前往大陆创业就业。目前，已有近2000名台胞在平潭生活就业，其中就包括1000余名台湾技术人才。福州正成为台湾青年旅游、学习、工作的重要选择之一。

榕台两地基于地理位置上的有利条件，开展了一系列的贸易互惠活动，这大大提升了榕台两地的居民生活水平，更说明着眼未来"真诚宣称"①的中华民族复兴大计必将实现。

（3）榕台贸易中的文化互动

自汉高祖刘邦于公元前202年以无诸率闽中兵佐汉灭秦，"封无诸为闽越王。王故地，都冶"②，榕地文化便随着一湾闽江水川流奔腾，生生不息。一直以来，在漫长的榕台交流过程中，闽江文化在台不仅呈现出繁荣多元的文化盛景，且与台湾当地文化相融合，在多个领域形成了独特的文化氛围。

第一，榕台贸易构建了闽台相近的神灵信仰。神灵作为一种文化象征符号，一方面，被信仰的神灵有着独特的意义结构和文化导向；另一方面，信众通过对神灵的认知与内化，通过联系与互动确证交往的轨迹和心理预期，从而维持着互动的整个过程③。在闽台交流过程中，神灵信仰对维护两岸文化交流模式的稳定有着极强的作用。这得益于千百年来往来两岸的民众对平安、美满的共同期盼。在两岸共同的价值观念与心理预期下，大量民间信仰跨越海峡，情系两岸福祉民生。正如林国平教授所说，"台湾同胞百分之七八十都是福建移民过去的，所以台湾百分之七八十的神灵都是福建传过去的"④，加之有儒释道等中华传统文化教派的浸润，因此称两岸"同享神缘"毫不为过。1997年1月的妈祖金身巡游台湾活动，竟吸引了超过一千万人次的台湾信众追随、朝拜，成为当年台湾影响

---

① 由哈贝马斯提出的真诚宣称（sincerity claim）概念是指在理想沟通情境下真诚地表达内心的想法的感觉。参见杨善华《当代西方社会学理论》，北京大学出版社1999年版，第173页。

② （明）李贤：《明一统志》卷七十四，《影印文渊阁四库全书》史部第473册，商务印书馆1986年版，第560页。

③ 何燊、许斗斗主编：《新形势下五缘文化的功能诉求——基于社会学"四功能范式"的分析视角》，载福建省五缘文化研究会《五缘文化与两岸关系》，同济大学出版社2010年版，第65页。

④ 林国平：《福建民间信仰的现状和特点》，载《东南周末选粹》编委会编《东南周末讲坛选粹》，海峡文艺出版社2009年版，第128页。

最大的社会活动，至今无人能够超越①。这也反映出神缘在两岸民众间已形成普遍共识。

尤其是榕台间有着众多共同的信仰。如临水娘娘陈靖姑是福州市民信奉的保护神之一，同时也是台湾四大民间信仰的神明之一，信众以千万计。世载"夫人名进姑（靖姑），福州人陈昌女。唐大历二年生，嫁刘杞。孕数月，会大旱，脱胎祈雨，寻卒，年只二十四。卒时自言'吾死必为神，救人产难'"②。位于台南的临水夫人妈庙——碧潭临水宫，为古田人吴芳捐建，创建于清乾隆年间，历经咸丰、光绪年间两次修缮，在日据时期遭到破坏，终于1983年破土重建，历六年而成，是台湾临水夫人信仰的集中体现。而陈靖姑祖庙则位于福州仓山旁，每年的朝祖进香活动都吸引了大批台湾民众前来，近年来在福州市政府的努力下，已将此祭祀典礼举办为大型的内涵丰富的文化盛会，其间还穿插各类艺术表演，不断弘扬临水夫人信仰中仁恕行善、慈悲济世的大爱精神，将两岸民众的感情用民间信仰的方式牢牢联系在了一起。

而更能体现榕台关系之密切的，无疑是在台湾彰化、云林地区盛行的五帝信仰。五帝又名五福大帝（或称五显大帝、五灵官）③，掌管人间之瘟疫疾病。因福州地处亚热带，多雨潮湿，旧时鼠疫、天花、麻疹、白喉、疟疾等疾病常威胁福州人民的生命，故人们对五帝极为敬畏④。从清中叶开始，大量榕人赴台谋生，他们面对彰化县同样恶劣的自然环境，自然将五福大帝请来供奉，而后五帝庙遍布台中一带，成为榕台两地人们身体健康的共同守护神。

除上述信仰外，王天君信仰、狐仙信仰、大圣信仰等诸多福州民间信仰亦在台生根发芽，成为榕台贸易所带来的重要的"神"化因素。

第二，榕台贸易达成了特有的福州认知。在台福州人因对故乡的思

---

① 林国平：《闽台民间信仰与两岸关系的互动》，《江西师范大学学报》（哲学社会科学版）2003年第4期。

② 《台湾史料集成》编辑委员会编：《台湾县志》，成文出版社1983年版，第144页。

③ 相传古时五个福州年轻人进京赶考，途中均染瘟疫而亡，后化身为瘟疫的象征。他们分别是：瘟部尚书显灵公张伯之，总摄四时瘟疫；瘟部尚书应灵公钟仕秀，司夏季瘟疫；瘟部尚书振灵公赵公明，司冬季瘟疫；瘟部尚书宣灵公刘元达，司秋季瘟疫；瘟部尚书杨灵公史文业，司春季瘟疫。

④ 郑宗乾：《福州人在台湾》，海风出版社2015年版，第222页。

念,采取各类方式传承、展现福州固有文化。如在艺术上,台湾便有享誉极高的"八闽美术会"。该会成员以福建画家为主体,常在台湾各地举办展览,好评颇多。尤其是1992年该会刊印《八闽美术会金石书画集》,共收录41位闽籍会员的作品,其中榕籍画家竟有28名之多,并有7人获得过台湾文艺最高奖——中山文艺奖(截至1992年元旦),他们分别是:翁文炜、梁乃予、施孟宏、曾其(女)、刘平衡、陈维德、陈一帆[1]。这显示了闽地艺术在台湾得到了广泛认可。

在风俗习惯方面,从婚俗节庆到衣着料理无不展现着榕台两地风俗习惯上的一致性。早在19世纪下半叶,初登台湾的西人便发现台湾人的生活方式与对岸极为相似。1876年春,在打狗教区工作的康纳(Arthur Corner)牧师沿着凤山旁的溪流而下,见到了充满魅力的小镇红安(Hoan-a-chhan)。红安采用先进的农业生产方式,"红安周围的土地都被改造成了梯田用来灌溉和耕种,用于灌溉的水被一层层积蓄起来。为了防止洪水的突然入侵,村民们细心挖掘了多条宽阔的沟渠以供排水,两侧都是坚硬的岩石,或者是用木钉固定的竹排"[2]。这是西文文献中关于台湾梯田的最早描述。"一辆辆手推车上装满了木材或是甘蔗,它们通常由一头大水牛和一头小牛拖动……这里听不见四轮马车或者火车的声音……中国人很懂得欣赏音乐,他们工作时常常哼着小曲"[3]。这是多么美妙的农忙时节啊!通过康纳的描述,我们可知当时迁居台南的汉族同胞已将福建沿海先进的水利设施建造技术带到台湾,生产方式也以农耕为主,除了在作物方面盛产甘蔗、糖类外,其他与福建几无差异。

在饮食方面,福州人喜食各类稻米制成的风味小吃,如"青红"、制斋及锅边糊等。尤其是锅边糊,多用铁锅盛上蚬子、香菇、虾皮、葱、黄花菜等配料熬成的清汤,再将备好的浓米浆均匀浇在烧热的铁锅四周,烘干铲入汤中稍煮便成。汤头清爽鲜咸,面糊软糯可口,是福州的经典早餐。每年立夏时节,福州人都要做锅边糊以"做夏"。锅边糊在台湾也极受欢迎,在台湾各地街头随处可见锅边糊的小吃摊,体验到纯正的福州"古早味"。早在清代,福州人便大量移民台湾,菜馆、缝纫店、理发店

---

[1] 郑宗干:《福州人在台湾》,海风出版社2015年版,第213页。

[2] The Chinese Recorder and Missionary Journal, Volume 7, Shanghai: American Presbyterian Mission Press, 1876, p. 118.

[3] Ibid., p. 119.

被誉为当时福州手工业者在台湾的"三把刀",福州人开办的高雄楼、台南楼均属台湾顶级菜馆。此外,福州名点如谢万丰礼饼、美且有月饼、鼎日有肉松、聚记肉燕、民天四半酒等均畅销台湾;台湾的鱼丸也同样在福州享有盛名,如福州名店永和鱼丸店便是自台湾迁来,生意红火、经久不衰①。

而在诸多节庆礼仪上,榕台两地更是相差无几。如福州人过除夕,"是日各祀先礼神,黄昏门外爆竹其焰熏天,焚香张灯,老幼团席据炉以待曙,谓之守岁"②;而台湾人亦有着同样的守夜习俗,"除夕之日,以年糕祀祖,并祭宅神门社以饭一盂,菜一盂,置于神位之前,上插红春花,以示余粮之意。先数日,亲友各馈物。是夕燃华烛,放爆竹,谓之辞年。阖家围炉聚饮,炉畔环钱,既毕,各取钱去,陈设室内,以待来年"③。一派"两岸除夕同欢乐"的温馨景象。

基于榕台两地深厚的福州认知,1994年,时任福州市委书记的习近平同志倡议将当时的福州国际招商月更名为海峡两岸经贸交流会(以下简称海交会),用以促进两岸经贸往来并进一步加快福州对外开放的步伐。十余年来,海交会从无到有、从小到大,见证了榕台贸易、两岸贸易规模的不断扩大,使得两岸的物资、资本能够进行快速的对接和流动。而从2010年开始创设的"台湾馆",更是两岸经济技术交流的重要渠道。2016年5月18日,第18届海交会如期举行,多达101家台湾企业携手组团展出了350个摊位,为历届之最,同时新增台湾精品馆、O2O线上商城及食品产业区,涵盖了智能科技、文化创意、运动健身、居家生活多个方面,拉近了两岸民众的距离,也不断吸引双方厂商开拓两岸共同市场。海交会逐渐成为双方企业的试金石,不仅是双方贸易投资的良好平台,也是两岸企业携手参与国际市场竞争的预演,更是建立在福州认知上的榕台情缘的深刻体现。

第三,榕台贸易加强两岸青年的共同感情。青年群体因其特殊的阅历、背景而成为乐于交流的主要人员,两岸青年能否拥有共同的民族感情,形成中华民族共识,是决定未来两岸关系是否得以和平、健康发展的

---

① 杨建明:《榕台贸易浅述》,载福州市政协文史资料委员会编《福州文史资料》,海潮摄影艺术出版社2006年版,第234页。
② (明)何乔远:《闽书》卷三十八之《风俗志》,福建人民出版社1995年版,第995页。
③ 连横:《台湾通史》卷二十三之《风俗志·岁时》,商务印书馆2010年版,第257页。

关键。习近平总书记曾指出："我们愿意让台湾同胞分享大陆发展机遇，愿意为台湾青年提供施展才华、实现抱负的舞台，让两岸关系和平发展为他们的成长、成才、成功注入新动力、拓展新空间。"① 在此思想方针指导下，双方开展了一系列行动。截至2016年8月，中共中央台办、国务院台办共授牌成立41个海峡两岸青年创业基地以及12个海峡两岸青年就业创业示范点，同时，各类青年交流项目的举办也为两岸青年提供了更多"体验式交流"② 的机会。

在这其中，榕台两地的青年交往尤为密切，大部分活动均有福州青年的身影。如2016年11月在福州举行的两岸青年文化教育交流合作研讨会③，榕台两地青年学者共聚一堂，共话两岸文化发展，建立起了深厚的感情。

三　结论

闽江文化带所孕育出的闽江特质，借由榕台贸易传入台湾，且并未因台湾海峡的冲刷而变淡，相反丰富了台湾文化的种类，使其文化多元性得以更完整地呈现出来。闽台贸易所带来的人员往来、经济互惠以及文化互动，体现了其在对台工作中的相关性和重要性，是两岸关系中的必要组成部分。

榕台两地同根同祖，虽有一水之隔却同处闽江文化带的长期滋润下，有着天然的认同感、相依感和凝聚力。而榕台贸易作为榕台交流的主体形式，被赋予了超越单纯商贸往来的历史使命，值得人们研究和铭记。

---

①　凤凰网：《台湾青年谈就业：大陆给了我们更广阔的舞台》，http：//news.ifeng.com/a/20150601/43883644_0.shtml，2015年6月1日。

②　"体验式交流"即指双方在已有共同认知的基础上，通过实地探访、亲密接触等形式实现心与心的交流，最终实现相互理解、相互包容到构建共识。2016年3月，全国政协主席俞正声正式提出要多开展面向台湾青年的"体验式交流"。

③　中评网：《首届两岸青年文化教育交流研讨会福州举办》，http：//hk.crntt.com/doc/1044/6/4/8/104464872.html？coluid＝93&kindid＝10094&docid＝104464872&mdate＝1112233844&from＝timeline&isappinstalled＝0，2016年11月14日。

船政后学堂首届外堂生初探

陈 悦[*]

一 船政外堂生教育的产生

船政是近代中国第一个综合性的海军、海防事务机构，在创建时代，其职能涵盖了舰船建造、海军军官与工程人员教育、舰队的编成和管理等多个事关国家海上武装建设的重要领域，与西方现代意义上的海军部有很多的相似之处。其中的海军军官教育，是船政发展过程中创造的一项重要成就，不仅开中国西式海军教育之先河，被誉为近代海军的开山之祖、近代海军的摇篮，同时在世界上也处于领风气之先的行列。

当1867年船政后学堂在福州马尾正式开始教学时，世界上最强大的英国皇家海军其实也尚正在摸索、完善海军军官教育模式，甚至于英国海军学校（Britannia Royal Naval College）还没有健全的学制和固定的岸上校舍（此时英国海军学校的校舍、宿舍都设在退役风帆战列舰"不列颠尼亚"上），而后来在中国声誉颇著的格林威治海军学院（Royal Naval College, Greenwich）则尚未开办（该校开办于1873年）。在船政举办海军军官教育的百余年历史中，产生了很多值得研究分析的教育制度、教学模式，其中船政后学堂的外堂生教育就是十分典型的一例。

船政的海军军官教育和船政建设几乎是同步开始的，其总体的实施计划和目标都源自时任闽浙总督左宗棠与法国人德克碑（Paul Alexandre Neveue d'Aigwebelle）、日意格（Prosper Marie Giquel）在1866年洽商、订立的合作文件。德克碑、日意格在当年签订的合同性法律文件《保约》《条议》中规定，需要在中法合作的五年时间里建设和运行一座海军军官学校，并培养出一批能够自行驾驶蒸汽动力军舰的海军军官人才，"开设

---

[*] 陈悦，中国甲午战争博物馆客座研究员。

学堂……教习英国语言文字,俾通一切船主之学,能自监造驾驶"。①1867 年 1 月 6 日,船政学堂的前身——求是堂艺局在福州城内正式开学②,当年年末求是堂艺局的学员迁至马尾新校址就读,正式分在前学堂和后学堂两处机构开展教学,其中的后学堂具体承担海军军官教育,初期只设航海专业(时称驾驶专业),是中国最早的海军军官学校。

  现代意义的西式海军军官教育,主要包括了基础科(数学、几何、物理、天文等)、航海科(船艺、航海)和军事科(队列、体能、游泳、枪炮、指挥),其中以基础科的学问为最初的根本,是学习后续航海课程的必要知识前提。不过受清末时代中国社会大背景的局限,船政后学堂首届招收入学的学童之前几乎从未接触过西式科学,对数学、几何、物理等课目没有任何的功底,入校后几乎是要将西方小学至中学的学习内容在短短数年时间里快速掌握,学业的压力十分沉重。另外,由于后学堂的主讲老师是不通中文的英国人嘉乐尔(J. Carroll),教学语言为英语,教材也基本是直接采用英文书籍,这对并没有多少英语基础的中国学童而言,又进一步加大了学习的难度,需要一边努力攻克语言关,一边同时攻读各种基础课程。在这样的背景下,船政后学堂首届学童的教学进度总体较为缓慢。

  为了能够完成中法合作五年计划中培养出一批海军军官的任务,船政洋员正监督日意格在派员前往香港以及南洋等地寻购航海教学所需的西洋大帆船时,萌生了另辟蹊径的计划。日意格要求在购船的同时,设法在西学风气已开的香港、南洋地区新招募一批已经学习过英语、数学等基础学科的华人子弟回船政后学堂,跳过基础课的学堂理论知识学习,直接派上练习舰学习军事、航海,进行"特别学习",③ 以期能在短时间内培养出合格的海军军官,通过这些学员来确保完成中法合作五年计划中关于海军教育的考核目标,如此也可以减缓已经在校的第一届学生的学习压力,使教学工作可以相对从容、扎实,而不用过多受限于

---

  ① 《海防档》乙,《福州船厂》(上),台湾"中研院"近代史研究所1957年版,第31页。
  ② 日意格在 *L'Arsenal De Fou-Tcheou Ses Résultats* 一书中称开学时间是1867年的2月,但据沈葆桢报销船政经费折记载,船政艺童的赡养、饭食银是从同治五年十二月初一日开始计算支付,即1867年1月6日,这一天可以视作各子弟正式进入艺局学习的起始日期。
  ③ [法] Prosper Giquel:*L'Arsenal De Fou-Tcheou Ses Résultats*, Shang Haï Imprimerie A. H. De Carvalho 1874, p. 39。

时间的约束。

此后，船政后学堂出现了一批籍贯基本都是广东的新学员，即张成、吕瀚、叶富、李和、李田、邓世昌、黎家本、梁梓芳、林国祥、卓关略等共10人（其中的林国祥祖籍广东，当时其家庭已侨居南洋槟榔屿；叶富的籍贯则是香港）。有关这批学员的招募来源，按照日意格的描述，应当来自香港，而根据其中李和、林国祥后裔的陈述，也证明了其先祖是在香港被船政学堂选中入学，由此基本可以认为这10名学童的招募地主要是在香港。

有关这10名学童被选入船政后学堂的时间，日意格在其所著 *L'Arsenal De Fou-Tcheou Ses Résultats*（《福州兵工厂》）一书中暗示这10名学生是在1869年招募，但是据清廷档案中的邓世昌出身履历单所载，邓世昌被招募的时间是在1868年①，池仲祐编纂的《海军大事记》中则称是1867年。② 这种时间上的记载分歧究竟是当时人回忆有误，或是填报履历时出现讹误，尚须进一步寻找更多史料进行对比，但总体上可以将这10名特殊学生的招募时间缩小到1868至1869年。

这批学生多曾学习过西学知识，部分曾就读香港英华书院（Ying Wa College）和皇仁书院（Queen's College），具有较好的英语水平和基础的数学知识。③ 可能是当时为了吸引、延揽人才起见，这批学童每月的赡银数目大大高于船政后学堂原有学童的每月4两，而达到了数十两之巨，"其来自南洋，通外国语言文字、略知机器之学者，赡银月数十金"。④

10名从香港招募的粤籍学童抵达船政的时间目前尚没有发现十分准确的记载，不过其就学的时间则可以查证确实。

在当时西方的海军教育体系中，海军军官的航海术、枪炮等教育主要

---

① 《邓世昌传包》，台北"故宫博物院"文献处藏"国史馆"传包，资料号702000812-1号。

② 池仲祐：《海军大事记》，（台湾）文海出版社1975年版，第3页。

③ 池仲祐著《海军实记》中称吕瀚曾就读于上海英华书院，但是上海的英华书院（Ying Wa College）晚至1891年才创办，而且据船政大臣丁日昌后来的奏折中称"张成、吕瀚等皆由香港英国学堂招集而来"。推测《海军实记》中所说的上海英华书院是香港英华书院之讹。相关资料见《清末海军史料》，海洋出版社1982年版，第353页。《船政奏议汇编点校辑》，海潮摄影艺术出版社2006年版，第118页。

④ 关于这批学员的赡银数目，见《复陈船政经费支绌情形折》，《船政奏议汇编点校辑》，海潮摄影艺术出版社2006年版，第67页。

是在风帆练习舰、炮术练习舰上实地开展，日意格在1869年派员赴香港寻购欧式风帆船，正是为船政后学堂预备此类教育必需的硬件设施。不过在香港寻购欧式风帆船并不顺利，没能购买到合用的船只，"派员到香港、南洋各处购致夹板轮船以资艺童练习，无如愿售者皆朽之余，不适于用，购归整修，价又不赀，遂作罢议"①。考虑到"登舟练习之事终不可以久延"，1870年6月12日船政大臣沈葆桢向清廷上奏，汇报自己预备将船政新造的炮艇"福星"号暂时充作练习舰的设想。值得注意的是，沈葆桢在同份奏折中汇报，将安排"学堂上等艺童"登上"福星"练习舰实习。在当时，船政后学堂首届驾驶专业学童的学堂课程尚未毕业，还未到能够登练习舰学习航海术等课程的时间，沈葆桢所提到的"上等艺童"实际就是指从香港招募的10名学童。作为对此事情况的进一步说明，1871年2月3日船政提调周开锡经福州将军文煜上呈汇报购买新练习舰"建威"的奏折中，明确提到了"将新造第三号'福星'作为练船，挑选学堂上等艺童十名移处其中"，②证明派上"福星"的就是10名新募的学童。十分重要的是，1875年3月7日沈葆桢向清廷上呈船政经费报销折时，在报销单中注明派上"福星"的学童们其赡养饭食银是从同治九年六月初五日起支③，即1870年7月3日，这一天基本可以认定为这10名学童在"福星"舰开始学习的起始日期。

值得注意的是，沈葆桢在船政经费报销折清单中开列"福星"学童们的赡养饭食银时，还另行开列了同时间发生的后学堂驾驶专业学员（驾驶艺童）的赡养饭食开支情况，说明了10名登上"福星"的学童和在后学堂学习驾驶的学童是相互独立的两组教学群体。

1868年至1869年在香港招募的10名粤籍学童，在1870年7月3日正式登上船政"福星"舰学习，而且和西方海军的模式相同，采取了以船为校舍的做法，即这10名学童的起居生活以及训练学习都在"福星"舰上。也由此，这批虽然也算作后学堂学员、学习驾驶专业，但是并不在

---

① 《第三号轮船下水并续造第四号情形折》，《船政奏议汇编点校辑》，海潮摄影艺术出版社2006年版，第53页。
② 《海防档》乙，《福州船厂》（上），台湾"中研院"近代史研究所1957年版，第267页。
③ 《报销船政经费折》，《船政奏议汇编点校辑》，海潮摄影艺术出版社2006年版，第98页。

船政后学堂校区听课、生活的学童,被称为船政后学堂的外堂学生,以和在学堂学习的内堂学生有所区分。① 此后,这种教育模式产生的毕业生,也被称为船生。

由于"福星"舰的舰体规模较小,内部舱室有限,等到船政后学堂在校生毕业后也进入登舰实习教育阶段时,"福星"舰便将彻底无法容纳。考虑及此,船政在1870年以14191元银元价格购买了1艘日耳曼籍的三桅全帆装大帆船"马得多"号,自行改装为风帆练习舰,"将船面舱房拆去,易置炮位,仍如兵船之式"②,改名"建威",原在"福星"的教习以及外堂学生于次年的5月19日全部移至该舰。③ "建威"就此成为船政后学堂首届外堂生的主要生活和教学场所,其教学和管理主要由在"建威"舰上任职的洋员负责。为此,日意格先期已经聘用了原在日本海军担任教习的英国海军上校德勒塞(R. E. Tracey,后为英国海军上将,曾任格林威治海军学院院长)担任训练舰指挥官和船政水师总教习,负责实习教学,与其共同承担实习教学任务的还有担任练习舰枪炮长的阿务汪(J. Harwood)和担任水手长的沃顿〔C. Wattom,后为逊顺(F. Johnson)〕。

二 首届船政外堂生教育的成绩

船政后学堂10名外堂生登练习舰学习后不久,1871年5月船政后学堂驾驶专业第一期(即内堂生)毕业④,共计18名毕业生也被派上"建威"舰学习航海术,由此在"建威"舰上出现了船政后学堂内、外堂学生济济一堂的景象,也成为检验外堂生教育模式实效究竟如何的重要机会。需要注意的是,从近代乃至现代很多关于中国海军教育的书籍、材料中,在统计船政学堂的教育成果时常把首批10名外堂生的名字列入船政

---

① 《海军大事记》,(台湾)文海出版社1975年版,第3页。包遵彭:《清季海军教育史》,台湾"国防研究院"1969年版,第19页。

② 《海防档》乙,《福州船厂》(上),台湾"中研院"近代史研究所1957年版,第266—267页。

③ 《报销船政经费折》,《船政奏议汇编点校辑》,海潮摄影艺术出版社2006年版,第98页。

④ 方伯谦:《益堂年谱》,手稿本。

后学堂驾驶专业首届毕业生中，实际这一做法并不妥当。船政学堂的毕业生届别是以在校教育的毕业考试为标准，而10名外堂生并没有在船政后学堂参加在校学习，更没有参加过船政后学堂的毕业考试，因而并不能算在船政后学堂的毕业生名单中，实际上应将他们列作船政后学堂的特殊教育成果。

1871年"建威"舰的航海教育在训练航行的实践中展开，其训练航行区域是中国沿海乃至南洋地区，又根据不同季节的季风情况，区分为南北两条航路，以便风帆训练舰在驶风①航行时能借助顺风之力，每年的年初从马尾出发，取冬季的南线航路，即"驾船南行，先厦门，次香港，次新加坡，次槟榔屿"，至四五月份而返回马尾。每年的初夏则从马尾出发，取北线航路航行，"乘风北驶，历浙江、上海、烟台、天津，至牛庄始折而南"。

1871年首次训练航行出发时正值初夏，取北上航路，航行途中内、外堂生们见习驾驶、航海，学习枪炮、船艺，在从马尾出航北上过程中"教习躬督驾驶各练童逐段眷注日记，量习日度、星度，按图体认，期于精熟"，当由牛庄归航时则要求学生按照出航时所学直接投入实际运用，"归时则各童自行轮班驾驶，教习将其日记仔细勘对"，途中遇有风起浪涌的恶劣海况时，教习更是"默察其手足之便利如何，神色之镇定如何，以分其优劣"②。当回到马尾时，教习会将学生们在训练航行途中所撰写的观测记录、航行日记交由船政大臣检查，船政大臣还会亲自登舰阅看学生们的汇报操练。

可能是因为10名外堂生自1870年中起就已经在练习舰上生活、学习，对舰上的操作较长期进行理论学习的内堂生更为熟悉，在实际的练习舰航行教育中，外堂生群体拔得了头筹，证明了这一教育模式的成效。

1872年年初，"建威"再度从马尾出发，沿着冬季南下航路，载着内外堂学生前往新加坡等南洋地区训练航行，历时数月返回马尾后，又在当年夏季北上训练航行。到了1873年的夏季，当"建威"舰完成了当年的南下航行返回马尾后，根据训练舰总教习德勒塞的鉴定，张成、吕翰、李田、黎家本4名外堂生脱颖而出，最先合格离舰，其中张成和吕翰的表现尤佳，

---

① 驶风是近代海军术语，指舰船依靠风帆动力航行。
② 《续陈轮船工程并练船经历南北洋各情形折》，《船政奏议汇编点校辑》，海潮摄影艺术出版社2006年版，第75页。

被推荐担任船政军舰的舰长，李田和黎家本则被推荐分别作为二人的副手任职①，经任命，张成、吕翰分别就任船政水师的"海东云"与"长胜"号军舰的舰长，李田和黎家本分别担任"海东云"和"长胜"的大副。②至此，中法合作船政建设五年计划中的海军军官教育目标已然达成。

继张成等4人之后，1873年夏季"建威"开始北上航行训练，历时75天返回马尾，经过德勒塞评判，又有4名学生合格离舰，仍然全部是外堂生，分别是林国祥、叶富、邓世昌、李和，其中邓世昌、李和被推荐担任舰长，林国祥、叶富获派分别担任"海东云""长胜"舰上的教习官。③

此后到了1874年1月，即中法合作船政建设五年计划到期前夕，在"建威"舰上学习航海的18名内堂毕业生中才有第一批合格离舰者，即刘步蟾、林泰曾、严复、方伯谦等6人。④外堂生中的梁梓芳、卓关略则在此后通过测试。

有感于船政后学堂所进行的远洋训练航行卓有成效，当时上海的《申报》曾发表了名为《论福州设航海学院事》的社论，认为两江所辖的蒸汽军舰的舰员航行能力远不及船政，应当学习船政学堂的模式加以培训。"（建威）学生每日习用西国航海，又加于船行时以测望日月星辰之远近方向，即知其之所在，且习用海中图志，皆以备将来之实用。云闻该船已遍行中国洋面，今已至新加坡矣。按此事之行也，吾以为甚善举也，或以上海所有各船而论，虽常泛海中，然当有急事欲远越重洋往某国某地，恐尚不能也。即司船者或有能知西人所著海中图志等书，然而测验之理终恐少有知者，吾愿此间亦效福州设立学习航海之局，令人学习焉。"⑤

外堂生之后在中国近代海军中的表现上，同样能够证明此点。

10名首届外堂生，除资料记载较少的卓关略难以查考外，其余9人

---

① ［法］Prosper Giquel：*L'Arsenal De Fou-Tcheou Ses Résultats*，Shang Haï Imprimerie A. H. De Carvalho 1874，p. 40。

② 《续陈轮船工程并练船经历南北洋各情形折》，《船政奏议汇编点校辑》，海潮摄影艺术出版社2006年版，第75页。

③ 《申报》，同治十二年七月十二日，第三张。

④ ［法］Prosper Giquel：*L'Arsenal De Fou-Tcheou Ses Résultats*，Shang Haï Imprimerie A. H. De Carvalho 1874，p. 40。

⑤ 《申报》，同治十二年五月初十日，第一张。

的经历较为明晰。

其中的张成较早在船政水师任管带等职，李鸿章筹建北洋海军之初被调用到北洋海防，一度担任北洋海防的新式炮船督操①，后返回船政，中法战争前担任船政水师营务处兼"扬武"舰管带，事实上就是船政水师的统领，中法马江之战后因"扬武"舰战沉，被清廷判革职充军，后"扬武"舰旧部自发筹资，为其缴纳台费而赎免。②

黎家本历任"长胜"轮船大副、"长胜"轮船管带、"振威"大副、"振威"管带等职，"来往台湾口岸，运解军火，济渡各军，冒险冲涛，刻期无误"，1875年9月19日积劳病故，英年早逝。③

叶富在"建威"舰学习航海合格后，成为船政水师军官，后任管带，在驻防浙江期间参加攻剿海盗黄金满的战斗，不幸阵亡。④

吕翰、梁梓芳都成为船政水师的军官，在中法马江之战中壮烈殉国。

邓世昌是首届外堂生中较为知名的人物，早期在船政水师任职，后被调往北洋海防，北洋海军成立后，任中军中营副将，管带"致远"舰，在中日甲午战争中壮烈殉国。

李和早期也在船政水师任职，后调往北洋海防，中日甲午战争时任"平远"号钢甲舰管带，战后重建海军时，曾被派赴欧洲监造军舰，民国成立后被授海军中将，一度署理海军部次长。⑤

林国祥早期的经历和李和相似，在被调入北洋海防后，旋因广东水师建设乏人，被李鸿章派至广东，担任"广乙"舰管带，在中日甲午战争的丰岛海战中表现出色，清末时代还曾参加收回东沙岛主权、巡阅西沙群岛等活动，西沙群岛中的一座岛屿当时用林国祥的籍贯命名为新会岛。

李田初在船政水师任职，后调入南洋水师，民国成立后曾任广东黄埔海军学校校长。⑥

---

① 《复吴春帆钦使》，《李鸿章全集》32，安徽教育出版社2008年版，第154页。

② 《郑孝胥日记》（一），中华书局1993年版，第117页。

③ 《"振威"管驾守备黎家本积劳病故，请饬部议恤片》，《船政奏议汇编点校辑》，海潮摄影艺术出版社2006年版，第111页。

④ 赵肖为译编：《近代温州社会经济发展概况——瓯海关贸易报告与十年报告译编》，上海三联书店2014年版，第142页。

⑤ 《海军中将李和》，李氏后裔甲午自印本。

⑥ 有关外堂生在海军的供职经历参考了刘传标编纂《中国近代海军职官表》，福建人民出版社2005年版。

综上，首届外堂生虽然没有在船政后学堂经历专门的基础学科教育，而是直接被派上练习舰学习航海，但可能是在香港选拔招募首届外堂生时的标准较严格，这些学童在练习舰上的学习并无滞后的情况，反而因为登舰较早，在航海学习中胜出内堂生一筹。在日后的海军任职经历中，10名外堂生中出现了4名海军烈士，3人在清末海军任较高职务，1人在进入民国后官至海军中将，这样的成绩可谓耀眼夺目，足证船政后学堂首届外堂生教育的成功。

三　外堂生教育的中外比较及对船政外堂生教育的评述

招募已经具有类似中学程度教育基础的年轻人派入海军练习舰，直接在实践中学习航海乃至炮术的这种教育模式，在西方海军其实颇有历史。19世纪60年代之前的数百年岁月里，英国的海军军官培育就是采取类似模式，即录取学员后直接派上各军舰作为见习生，学习航海、船艺、枪炮等课目，由各舰的舰长担负教授工作，在学习一定时间后参加海军部的统一考试，合格者即可以获得海军军官任职资格。这种教育模式的好处是见效快，将学员直接置身于舰船上，身临实境参加舰上工作，有助于快速学习和深刻掌握需要实践经验积累的航海、船艺等课程。

1857年，英国海军结束分散在各舰进行教育的见习生式军官教育模式，设立专门的皇家海军军官学校（Britannia Royal Naval College），其总体的教育模式仍然不外于此。皇家海军军官学校的校舍、宿舍都设在一艘军舰上，有志于此的年轻人经过测试合格后直接登上军舰，以舰为校进行学习。①

不过，这种教育模式需要一个重要的前提，即投身海军军官教育的年轻人必须具备足够的基础学科功底，否则在舰学习时面对天文导航、火炮弹道计算等课程将无所适从。考虑到一些尽管拥有中学教育经历的年轻人，在数学、几何等方面的知识实际还无法达到海军军官教育的基础要求，在英国戈斯波特（Gosport）应时而生了一所著名的民办海军军官预备学校——伯尼学院（Burney's Academy），在中国称为高士堡海军学校，

---

① ［英］Brian Lavery：《海洋帝国——英国海军如何改变现代世界》，施诚、张珉璐译，中信出版社2016年版，第229页。

针对海军军官教育的特点，专门强化数学、几何等重点基础课程教育。

船政后学堂从 1870 年起开始实施的外堂生教育，正是这种西方传统海军军官教育模式的再现，有助于让船政后学堂在有限的时间里能培养出富有一定实践经验的海军军官。尽管船政后学堂采用外堂生模式教学时，船政后学堂内堂生已经在采用基础学科和专业学科一并学习的更为现代的海军军官教育模式，而且英国等列强海军也在向这一教育模式转型，但是对当时缺乏海军基础的中国而言，快速、有效、不过多讲求理论学术，而偏重于实践操作的外堂生教育显然具有特别的现实意义。

无独有偶的是，1869 年日本明治政府建设第一所海军军官学校——海军操练所（后改名海军兵学寮、海军兵学校）后，也出现了和船政后学堂极为相似的情况。1871 年，海军兵学寮颁定《海军兵学寮规则》，对学校的学制进行分别设立，即将在校生区分为幼年学舍、壮年学舍、专业学舍。其中的幼年学舍类似船政后学堂，学期五年，其学生称为幼年生徒，在校首先学习 2 年预科基础科目，而后学习包括航海术在内的 3 年本科科目，后来改称为预科生徒。其壮年学舍则直接跳过基础课学习，直接进修航海等本科课程，其学生后来称为本科生徒。而专业学舍同样也是跳过基础课学习，直接进修舰上技艺等专门技术。① 其壮年学舍和专业学舍的教育，和船政后学堂的外堂生教育实际极为相似，而其中由壮年学舍毕业的学员中，也有很多在日本海军官至高位者，甲午战争时任日本军令部长的山本权兵卫，就是壮年生徒出身。

船政后学堂的外堂生教育，是中国缺乏西式海军人才时期，为了加快海军军官育成的速度而创制。在第一届外堂生之后，有证据显示还曾招收过若干届，其中第二届招生是在船政大臣丁日昌任内，1876 年初经奏请清廷批准，参考原船政后学堂航海专业当年从香港招收张成、吕翰等粤籍外堂生的前例，丁日昌派委员唐廷枢、黄达权前往香港，设法招收 40 名具有一定西学基础的华人学员回船政学习航海，其中的部分可能成为了外堂生。此后，随着船政后学堂正规教育培育出的学生日益增多，外堂生教育逐渐式微，不再有类似第一届那样整批学童改为外堂生的情况，仅有零散的个例，其中较为著名的是曾在甲午战争中任北洋海军"镇远"舰帮

---

① ［日］海军有终会：《近世帝国海军史要》，原书房 1938 年版，第 121—123 页；《海军》编集委员会：《海军》（第 14 卷），诚文图书 1981 年版，第 70—73 页。

带的杨用霖，其教育经历就是典型的外堂生。

和西方海军以及日本海军一样，作为探索期和积累期教育制度的外堂生最终在清末彻底消失，船政后学堂的教育体制日益成熟，外堂生作为船政后学堂适应特殊时期人才需求而创制的一种独特的教学模式，显现了船政教育中因地制宜，根据外部环境而及时调整教学模式的独特一面。

"两收海军余烬"：甲午、庚子时期沈瑜庆事迹钩沉

戴海斌[*]

一

沈瑜庆（1858—1918），字爱苍，一作霭苍，号涛园，福建侯官（今福州）人，两江总督沈葆桢（1820—1879）第四子。光绪十一年（1885）举人，借父荫入仕，恩赏主事，分发刑部。十七年（1891）改江南候补道，曾先后委办江南水师学堂、宜昌盐厘局、江南筹防局营务处、皖北督销局、吴淞清丈局等。二十七年（1901）补淮扬海兵备道，旋护理漕运总督[①]，后历官湖南按察使、顺天府府尹、山西按察使、广东按察使、江西布政使、护理江西巡抚、贵州布政使。宣统三年（1910），任贵州巡抚。辛亥革命后，寓居上海，以遗老自处。民国七年病逝，逊清王室赐谥"敬裕"。著有《涛园集》（民国九年刊本）。

按沈瑜庆生平，与海军颇有渊源。其父沈葆桢先任福建船政大臣，主办福建船政局，继升两江总督兼南洋通商大臣，督办南洋水师，并参与经营轮船招商局，派船政学堂学生赴英法留学，为中国近代造船、航运、海军建设事业的重要奠基人之一。[②]而沈瑜庆幼承廷训，耳濡目染，光绪十六年（1890）由京城南下，在两江督署奉办的第一份差事，也恰始于江南水师学堂，这当然离不开家学的影响。后来署理两江总督的张之洞（1837—1909）在保荐折中如此描画："江苏试用道沈瑜庆先于光绪十六年经前督臣曾国荃委办水师学堂，其时南洋创设水师之始，一切章程均取则于福建船政学堂。该员系已故两江督臣沈葆桢之子，潜心考究家学渊源，故于删定章程，研求艺学，独能得其要领，探讨西法，能究精微，在

---

[*] 戴海斌，复旦大学历史学系副教授。
[①] 关于沈瑜庆早期履历，参见秦国经主编《中国第一历史档案馆藏清代官员履历档案全编》第8册，华东师范大学出版社1997年版，第175页。
[②] 参见林庆元《沈葆桢：理学德治　洋务自强》，中国文联出版社2002年版。

事二年，成效即昭然可睹。沈葆桢之治江南，流风善政，时系人思，该员不堕家风，允协时望。"① 沈瑜庆去世后，陈三立（1853—1937）为作墓志铭，对其甲午（1894）、庚子（1900）"两收海军余烬"的功绩大加褒扬：

> 岁甲午，张文襄公自湖广移督两江，延公入幕兼筹防局营务处。时与日本构衅，调军食、治文书，日不暇给，战败海军熸，领舰将吏率南奔，公以海军文肃所经营，为立国根本，言文襄分别留置，使自效。后庚子之变，言于刘忠诚公者亦如之。两收海军余烬，稍保聚于南纪，公之力也。②

甲午战争前后，沈瑜庆受聘于署理两江总督张之洞幕府，掌江南筹防局营务处，而深受任用。据沈氏后人所言，"甲午，南皮移督两江，檄令随节，详询江南应旧应革诸务，条陈无遗，委总督署文案，兼总筹防局营务处。时南北征调，运兵运械，事萃一身，延接批答，昕夕不遑"。③ 熟悉沈瑜庆事迹的陈宝琛也说，"君夙为张文襄所器，文襄权江督，日夕引公咨度，治牍筹军，悉倚办"。④ 战事平定后，光绪二十一年（1895）十二月张之洞专奏保荐沈瑜庆，可见对其信任有加：

> 上年冬间，臣奉命来江，适值海防事亟，饬该员办理江南筹防局务，均能实力筹办，有裨戎机。兹当整顿水师之时，该员创始经画，劳不可泯。……查该员沈瑜庆才识稳练，器局恢闳，且由恩赏主事中式举人，既为正途出身，复系荩臣后裔，其顾念名义，感激报恩，必有远过流俗者。当此时局需材，合无仰恳天恩，可否将该员送部引

---

① 《沈瑜庆请送部引见片》，光绪二十一年十二月十九日，苑书义等主编《张之洞全集》第2册，河北人民出版社1998年版，第1093页。

② 陈三立：《诰授光禄大夫贵州巡抚沈敬裕公墓志铭》，陈三立著、钱文忠标点：《散原精舍文集》，辽宁教育出版社1998年版，第163页。

③ 《征文启原稿》（1917），沈成式编：《沈敬裕公年谱》，载福建省文史研究院整理《涛园集（外二种）》，福建人民出版社2010年版，第232页。

④ 陈宝琛：《沈涛园中丞六十寿序》（1917），陈宝琛著，刘永翔、许全胜校点：《沧趣楼诗文集》上册，上海古籍出版社2006年版，第330页。

见、恭候擢用之处，出自逾格鸿施。

奉朱批："沈瑜庆着交吏部带领引见。钦此。"① 次年六月，入京觐见，奉旨"以道员仍发往江苏尽先补用，并交军机处记名，遇有道员缺出请旨简放"。② 当年翁同龢在京面见沈瑜庆，评价颇不俗："识略极好，且有断制，不愧为沈文肃之子。"③

甲午之际，在沈瑜庆"实力筹办，有裨戎机"的诸多事务中，为张之洞献策、从而收留战败南逃的北洋水师将官，即一大端。《张文襄公年谱》记其事："北洋海军既熸，领舰将吏率南奔，沈蔼苍抚部为文肃之子，时以道员参幕府事。念文肃经始之艰，且海军为立国根本，言之于公，分别留置，海军余烬，赖以保聚。"④ 复按《张之洞全集》，本年二月十六日（3月12日）张之洞致电上海地方官员，特嘱："闻威海、刘公岛及海军各舰溃散，勇丁有数百名回沪，可即行设法邀致各勇弁，分别详询刘公岛失守及各舰降倭实在情形，其中想不乏可用之弁勇，如情可原、艺可取者，拟酌留备用。"⑤ 此针对海军溃勇"分别留置"之方案，或即出于沈瑜庆所拟议。

《涛园集》收录有著名的《哀馀皇》一诗⑥，即作于甲午后，据闽人黄濬（1891—1937）的说法，"盖为海军作，沈挚顿挫，歌以当哭矣"。⑦ 按沈瑜庆其人"最熟《左传》、苏诗"⑧，而负诗名。为之整理刊刻《涛园集》的李宣龚（1876—1953）以为其诗"于同光以来朝政时局，人物

---

① 《沈瑜庆请送部引见片》，光绪二十一年十二月十九日，《张之洞全集》第2册，第1093页。

② 《中国第一历史档案馆藏清代官员履历档案全编》第8册，第175页。

③ 陈义杰整理：《翁同龢日记》第5册，中华书局1998年版，第2911页。

④ 许同莘编：《张文襄公年谱》，商务印书馆1944年版，第93页。按此段文字与陈三立所撰沈瑜庆墓志铭雷同，似有因袭，从成文先后时间看，陈文应为张谱所本。

⑤ 《致上海经道、唐道、宗令得福》，光绪二十一年二月十六日申刻发，《张之洞全集》第8册，第6152页。

⑥ 沈瑜庆：《哀馀皇（并引）》，《涛园集（外二种）》，第11—13页。

⑦ 黄濬：《沈爱苍〈哀馀皇〉诗及引》，《花随人圣庵摭忆》上册，李吉奎整理，中华书局2008年版，第258页。

⑧ 汪辟疆：《近代诗人小传稿》，《汪辟疆说近代诗》，上海古籍出版社2001年版，第139页。

掌故，多所纪述，可作诗史观，而非可以寻常作家相提并论也"。① 王揖唐《今传是楼诗话》也说沈瑜庆"其诗其序，足补国史之缺"。而沈瑜庆人亦确有"诗史"的自觉，其题《崦楼遗稿》有云："人之有诗，犹国之有史。国虽板荡，不可无史。人虽流离，不可无诗。"② 汪辟疆《光宣诗坛点将录》拟沈氏为"天微星九纹龙史进"，所谓"进于史矣，是为诗史"可谓知人。③ 在后世研究者眼中，《哀馀皇》正是"最显著地反映沈瑜庆诗歌的纪实性艺术特征的作品"。④ "馀皇"，即春秋时期吴国国君座船，在吴王僚二年（前525）的吴楚之战中，一度为楚国军队夺取。沈瑜庆以此来指代清政府苦心经营多年的南北洋水师。《哀馀皇·引》有云：

> 甲申一挫，甲午再挫，统帅不能军，闽子弟从之，死亡殆尽，无更番之代，掎角之势，专一之权，以至于一蹶不可复振。淮楚贵人，居恒轩眉扼腕曰：闽将不可用，海军难办。噫！真闽将之不可用耶？抑用闽将者之非其人耶？累累国殇，犹有鬼神，此焉可诬？而今日之淮楚陆军何如乎？是可哀矣。吴公子光曰：丧先王之乘舟，岂惟光之罪，众亦有焉。长歌当哭，遂以《哀馀皇》名篇。⑤

中国近代海军建设之发端，正始于沈瑜庆之父沈葆桢。由此，沈瑜庆对海军有着特别的感情。《哀馀皇》的一篇小引从沈葆桢视师台湾、创议筹建海防说起，至甲午海战、北洋燹师作结，历述南北洋海军建设的种种曲折与艰难，几乎就是一篇晚清海军发展的简史。难怪黄濬以为"涛园此诗、引，俱可作史料"。⑥

甲午海战中北洋水师几乎全军覆没，这不能不使沈瑜庆为之痛心疾

---

① 福建省文史研究院整理：《涛园集（外二种）》，李宣龚跋，第113页。
② 沈瑜庆：《〈崦楼遗稿〉语》，《涛园集（外二种）》，第305页。按崦楼名鹊应，字孟雅，瑜庆女，林旭妻。
③ 汪国垣：《光宣诗坛点将录》，《汪辟疆说近代诗》，第68页。
④ 董俊珏：《论同光体闽派诗人沈瑜庆诗歌的艺术特征》，《福建师大福清分校学报》2015年第4期。
⑤ 沈瑜庆：《哀馀皇（并引）》，《涛园集（外二种）》，第12—13页。
⑥ 黄濬：《沈爱苍〈哀馀皇〉诗及引》，《花随人圣庵摭忆》上册，第258页。汪国垣亦称"其诗结束精严，尤多名作，其小序可备掌故"。见《光宣诗坛点将录》，《汪辟疆说近代诗》，第68页。

首。歌作紧扣"馀皇"之题,多引《左传》之典故,与海军兴衰历程穿插印证,而其中多有为"闽将"辩护之词,"子弟河山尽国殇,帅也不才以师弃"一句,尤为沉痛。沈瑜庆外甥林旭(1875—1898),对此诗深表同情,作《外舅哀馀皇诗题后》,有句曰"分明家国千行泪,词赋江关漫道悲"。① 同为闽人的郭则沄(1882—1946)"痛国史之不足传信"而"集众诗以为史",② 亦特重《哀馀皇》一诗,其引乃父郭曾炘《题魏默深〈海国图志〉》中句"一场孤注闽材尽,横海楼船泣水犀",继针对"闽材"评论道:"闽厂创议由左文襄,而成于沈文肃。三十年来,管带、驾驶多八闽子弟,死绥将佐若邓世昌、若刘步蟾,皆闽籍也。"③ 甲申中法、甲午中日两役,闽籍将弁殉难者近千人,故沈瑜庆有谓"累累国殇,犹有鬼神,此焉可诬也"。如此看来,甲午战时,沈氏在张之洞幕府利用职务之便,而能仗义执言,收纳"海军余烬"的行为,不仅有保存清朝水师,为将来留一种子的考量,也有顾惜保全"八闽子弟"的乡谊亲情的作用。

二

相比于甲午年事迹,沈瑜庆在庚子事变之际的作为,则少有人知情。当时沈瑜庆为两江总督刘坤一所信用,多与时政机密,涉入"东南互保"尤深。陈三立所撰墓志铭称"拳匪乱,东南互保之约成,公首奔走预其议"④,已点明事实,惟语较约略。而陈宝琛所上寿序文,叙庚子年事更加显白:

> 庚子之祸,大局岌岌,长江上下,伏戎几遍。君奏记于刘忠诚,多关至计。而东南互保之议,君实与武进盛宫保倡之,且代忠诚莅沪论盟,复请畀李文忠全权,始转危为安。⑤

---

① 林旭:《晚翠轩集》,《涛园集(外二种)》,第270页。
② 许钟璐:《十朝诗乘跋》,载龙顾山人(郭则沄)《十朝诗乘》,卞孝萱、姚松点校,福建人民出版社2000年版,第1049页。
③ 龙顾山人(郭则沄):《十朝诗乘》,第911页。
④ 陈三立:《贵州巡抚沈敬裕公墓志铭》,《散原精舍文集》,第163页。
⑤ 陈宝琛:《沈涛园中丞六十寿序》,《沧趣楼诗文集》上册,第330页。

《涛园集》收有《寿新宁宫保两绝》，其一云："平戎仲父忧王室，荐士梁公感旧京。痛定若思茂陵策，故应险绝念平生。"① 即咏庚子"东南互保"事，后两句引东汉马援（前14—49）直谏光武帝故事，可见当时刘坤一尚有犹疑，而沈力劝，故谓"险绝"。那么，在风云突变、危机四伏的庚子年，沈瑜庆究竟有何作为呢？

一般近代史著作在描述"东南互保"事件时，都注意到上海是在江宁、武昌——两江总督刘坤一、湖广总督张之洞驻节地——之外另一个重要的酝酿地点，也往往强调以盛宣怀（1844—1916）为核心的"上海中外官绅"这样一个群体的存在与作用。② 盛宣怀亲信幕僚赵凤昌（1856—1938）、何嗣焜（1843—1901）是"东南互保"的最初推动者。赵凤昌撰有《庚子拳祸东南互保之纪实》自述事件的缘起：

> 其时各省无一建言者，予意欲与西摩商，各国兵舰勿入长江内地，在各省各埠之侨商教士，由各省督抚联合立约，负责保护，上海租界保护，外人任之，华界保护，华官任之；总以租界内无一华兵，租界外无一外兵，力杜冲突，虽各担责任，而仍互相保护，东南各省一律合订中外互保之约。梅生极许可，惟须有任枢纽之人，盛杏生地位最宜，谓即往言之。……予谓此层亦有办法，可由各省督抚派候补道员来沪，随沪道径与各国驻沪领事订约签字，公不过暂为枢纽，非负责之人，身已凌空，后来自免关系。③

---

① 沈瑜庆：《寿新宁宫保两绝》，《涛园集（外二种）》，第49页。马援，扶风茂陵（今陕西杨凌）人，东汉名将。

② "上海中外官绅"语取自李国祁《张之洞的外交政策》（台湾"中研院"近代史研究所1970年版，第151页），广义上也可包括江浙地区。一般列举其名者有盛宣怀、余联沅、沈瑜庆、陶森甲、汤寿潜、沈曾植、张謇、何嗣焜、福开森（John. C. Ferguson）、汪康年、赵凤昌诸人。这一群体人物众多，背景复杂，在性质上很难给出准确定义。相关考证与讨论，参看拙文《"上海中外官绅"与"东南互保"——〈庚子拳祸东南互保之纪实〉笺释及"互保""迎銮"之辨》，《中华文史论丛》2013年第2期。

③ 赵凤昌：《庚子拳祸东南互保之纪实》，《人文月刊》第2卷第5期，1931年。按"西摩"，英国海军中将西摩尔（E. H. Seymour, 1840—1929）。作为当事人的回忆录，《纪实》勾勒了互保发起的主要线索，也提供了一些在其他类型史料中不易见的有趣细节，因此被很多研究者视为是解释"东南互保"起因的权威资料。不过，其中的不少说法存有讹误，并且缺少验证，如果孤立引用的话，仍不免有相当的风险。

赵凤昌、何嗣焜均为常州武进人，系盛宣怀同乡。二人面见盛氏，提出华、洋两界由中外分任保护、"由督抚联合立约"的设想，上海道出面与各国领事交涉，各省则派代表随同议约，已发"东南互保"之先声。此外，盛宣怀与日本总领事小田切万寿之助（1868—1935）有所密商，同样值得注意。最后促使他做出决断的，则是缘于时局的变化。五月二十七日（6月23日），盛宣怀分别致电李鸿章、刘坤一、张之洞，明确提出中外互保的办法："如欲图补救，须趁未奉旨之先，岘帅、香帅会同电饬地方官上海道与各领事订约，上海租界准归各国保护，长江内地均归督抚保护，两不相扰，以保全商民人命产业为主。……北事不久必坏，留东南三大帅以救社稷苍生，似非从权不可。"①

"东南互保"的倡议最终得到积极回应，但考诸事实，刘坤一、张之洞皆未在第一时间复电答应，其决策经过了极为慎重的考虑。当时刘、张周边幕僚多有表现，而沈瑜庆于宁沪之间往返联络，作用相当关键。沈瑜庆第三子沈成式作《沈敬裕公年谱》，记述谱主在庚子年的事迹：

> 五月，拳匪乱作，北方糜烂。公与武进盛愚斋宫保宣怀以东南半壁，华洋杂处，万一有变，盐枭土匪，藉以为机，全局不堪设想，宜与外人订约，租界内地，各担责任，俾宵小不得滋事，东南乂安，足以补救西北。遂电武昌，并入宁面陈，于是东南互保之约成。又代表忠诚莅沪与各国领事定盟。②

复按《庚子拳祸东南互保之纪实》，可印证"入宁面陈"确有其事。该文交代赵、何、盛在沪会商"中外互保"事后，续谓：

> 即定议由其分电沿江海各督抚，最要在刘、张两督。刘电去未

---

① 《寄李中堂、刘岘帅、张香帅电》，《愚斋存稿》卷36，沈云龙主编"近代中国史料丛刊"续编第13辑，台北：文海出版社1975年影印本，第844页。按此电原注五月二十八日（6月24日），研究著作多据此展开论述。此日期实系误植，查该电韵目为"沁"（《张之洞全集》第10册，第8028页；顾廷龙、戴逸主编：《李鸿章全集》第27册，安徽教育出版社2008年版，第70页），发电时间应在五月二十七日（6月23日）。日本学者藤冈喜久男最早注意到这一问题。参见氏著《张謇と辛亥革命》，北海道大学图书刊行会1985年版，第97页。

② 沈成式：《沈敬裕公年谱》，《涛园集（外二种）》，第162—163页。

复，予为约沈爱沧赴宁，再为陈说。旋得各省复电派员来沪。盛即拟约八条，予为酌改，并为加汉口租界及各口岸两条，共成十条，并迅定中外会议签约之日。①

所称"予为约沈爱沧赴宁"一句，是指赵凤昌出面，联络当时在沪的沈瑜庆，约其往江宁一行，劝刘就范。黄濬《花随人圣庵摭忆》记赵凤昌口述此事，颇有生动的描述：

> 老人为予言，是日为六月某日，为星期六，时由沪赴宁必以轮船，星期例停开，涛园方以道员在岘庄幕府，诇其回沪宴集，亟走访之，尚记座客有陈敬余（季同），以人多不敢言，捉衣令着，纳车次，热甚，汗如洗，默无一语，到盛处，始详言之，即请下船诣南京劝刘。至涛园如何促岘庄，遂不能知，要其在幕府有大功则不妄也。②

赵、盛约沈劝刘，文中作"六月某日""为星期六"，查照《愚斋存稿》，实为五月二十七日（6月23日）。当天去电刘坤一提议"互保"后不久，盛宣怀又加一电："蔼苍今晚赴宁，请速定东南大计。"③按，光绪二十二年（1896）刘坤一回任两江总督后，沈瑜庆继续在江苏留用，时以道员督办吴淞清丈工程局，④故常往返于沪宁之间。二十七日当晚，沈瑜庆即乘轮船前赴江宁，据张謇（1853—1926）日记五月二十九日（6月

---

① 赵凤昌：《庚子拳祸东南互保之纪实》，《人文月刊》第 2 卷第 5 期，1931 年。

② 黄濬：《赵凤昌与东南互保》，《花随人圣庵摭忆》中册，第 460—461 页。按陈季同（1851—1907），福建侯官人，曾任驻德、法等国参赞，旅居欧洲多年。归国后留北洋办理洋务。义和团事起，与汪康年等人呼应，通过沈瑜庆上书刘坤一："为今计，南方数省，建议中立，先免兵祸，隐以余力助北方，庶几有济"。参见桑兵《陈季同述论》，《近代史研究》1999 年第 4 期。

③ 《寄宁督刘岘帅》，光绪二十六年五月二十七日，《愚斋存稿》卷 94，补遗 71，第 1966 页。

④ 光绪二十五年年底，刘出奏保推沈瑜庆，语云："现在委办吴淞埠务，区画井井有条，华洋莫不悉服。"《特保道员备简折》，光绪二十五年十二月二十四日，《刘坤一遗集》第 3 册，中华书局 1959 年版，第 1202 页。

25 日）条："葛苍来，议保护东南事，属理卿致此意。"① 可证其到达南京后，偕同刘幕中诸人就"东南互保"事展开游说。《啬翁自订年谱》记：

> 与眉孙、爱苍、蛰先、伯严、施理卿炳燮议合刘、张二督保卫东南。余诣刘陈说后，其幕客有沮者。刘犹豫，复引余问："两宫将幸西北，西北与东南孰重？"余曰："虽西北不足以存东南，为其名不足以存也；虽东南不足以存西北，为其实不足以存也。"刘蹶然曰："吾决矣。"告某客曰："头是姓刘物。"即定议电鄂约张，张应。②

文中何嗣焜（字眉孙）、沈瑜庆、施炳燮（字理卿）、汤寿潜（字蛰先）、陈三立（字伯严），皆刘幕宾客。其中施炳燮久居刘幕，历办洋务。张謇作挽词表彰其功："光绪庚子拳匪之乱，东南互保议，倡于江南，两湖应焉。欧人称刘总督临大事有断，如铁塔然，虽不可登眺，而巍巍屹立，不容亵视，亦人物也。施君佐刘幕久，是役助余为刘决策，尤有功，亦为两湖总督张公所重。"③ 论史者注意到刘坤一晚年在政治上屡有非凡表现，又疑其"才非过人，互保必幕府所为"。④ 合上看来，就刘坤一定计"互保"而论，"幕府有大功"之说应为事实之一面。

至五月二十八日晚，张之洞、刘坤一均复电赞同"互保"，授命上海道台余联沅出为"与各领事订约"，盛宣怀"帮同与议"。⑤ 另外，武昌、江宁两处分派道员陶森甲（1855—？）、沈瑜庆作为代表赴沪参加会议。五月三十日（6 月 26 日），刘坤一致电张之洞：

> 沪道所拟五条，均可行……已电令速商杏翁，定今日三点钟会

---

① 张謇研究中心、南通市图书馆编：《张謇全集》第 6 卷，江苏古籍出版社 1994 年版，第 435 页。
② 张謇：《啬翁自订年谱》，《张謇全集》第 6 卷，第 861 页。
③ 《施监督挽词（有序）》，民国七年二月，《张謇全集》第 5 卷（下），第 218 页。
④ 黄濬：《赵凤昌与东南互保》，《花随人圣庵摭忆》中册，第 455 页。
⑤ 《致江宁刘制台、上海盛京堂电》，光绪二十六年五月二十八日亥刻发，《张之洞全集》第 10 册，第 8029 页；《寄余晋珊观察》，光绪二十六年五月二十八日，《刘坤一遗集》第 6 册，第 2566 页。

议。陶道到宁，沈蔼苍亦来，告以尊意，并加派沈帮办此事，均令速往。仍电沪先议，不必候。至杏翁处，昨经电托相助为理，得覆允办。①

有论著言及"东南互保"，谓光绪二十六年五月三十日上海道余联沅与各领事在上海租界会审公廨会议，两江总督刘坤一、湖广总督张之洞分派沈瑜庆、陶森甲两道员为代表列席。② 此说不尽确。会议当天，陶、沈均尚在南京，未及到沪。③ 而江、鄂所派代表莅会后，在沪具体活动主要是秉承两总督意旨，在商讨约款时强调限制外国兵舰进入长江的意思。六月初四日（6月30日），沈瑜庆、陶森甲联名致电刘、张：

> 盛京堂传示宪电并李使电，第五条颇难商办等语，职道商余道告各领，兵船虽不能禁，其进口亦应立定限制，先期知照，免致误会。顷小田切云，该国有兵船一艘将赴汉，数日即返，嘱转禀两宪，以后决不三艘同进。似此办理，日就范围，他国当不能独异。查英兵轮泊长江上海者九艘，明日续到两艘，日本三艘，并闻。当否？训示。④

按，《保护上海长江内地通共章程》第五款规定："各国以后如不待中国督抚商允，竟至多派兵舰驶入长江等处，以致百姓怀疑，藉端起衅，毁坏洋商教士人民产业，事后中国不认赔偿。"当时多数领事认为中方拟议的保护章程对外国行动多有掣肘，尤其对兵船、炮台、制造局三款深致不满，故"驳论多端"。⑤ 日本领事小田切万寿之助则从中斡旋，刻意示好。初四日当天，刘坤一有复电："日就范围，甚慰。英轮泊九艘，续到两艘，为数已多，请会杏荪、晋珊密商霍领，不派兵轮入江，坚守前约，

---

① 《复张制军》，光绪二十六年五月三十日，《刘坤一遗集》第3册，第2567页。
② 熊月之、袁燮铭：《上海通史（第3卷）·晚清政治》，上海人民出版社1999年版，第233—234页。
③ 据在沪日人记录，陶森甲到沪已是六月初四日（6月30日）。参看［日］井手素行《庚子日乘》，明治33年6月30日，东京大学法学部近代日本法政史料中心藏。
④ 《陶桀林森甲、沈霭苍瑜庆两观察致南京、武昌两督署电》，光绪二十六年六月初四日，《愚斋存稿》卷36，第854页。"李使"，驻日公使李盛铎。
⑤ 《寄粤宁苏鄂皖各帅》，光绪二十六年五月三十日，《愚斋存稿》卷36，第843页。

以免民心惊疑，难于弹压。长江商务英为重，我保地方，正为英保商务，并劝各领一律照办，方征睦谊。"① 至初六日（7月2日），经陶、沈等人在沪运动，对于长江流域利权最具野心的英领事霍必澜（1845—1923，Pelham Laird Warren）稍有让步，"允电水师提督以后不再派船入江，如有更调，必先知照"。②

综上可见，沈瑜庆在"东南互保"酝酿发起过程中发挥的作用。后来，他在致盛宣怀的电文中，推许盛氏于庚子之役有"联络"之功——"天下绝大事业，祇在一二人之交欢。庚子之患，微公居此中联络，则粤江鄂鼎峙之势不立。彼三公者平时各不相谋，而因公之故，遂相固结，以纾世难。"③ 实际上，沈瑜庆本人何尝不是支撑与维系"联络"中的重要一环？当年严复（1854—1921）由天津南下避祸，与沈瑜庆会于沪上，赠诗有"一约公传支半壁"之激赏语，其自注曰"庚子东南互保之约，君实发其议"，多推许之情。④ 在此危机关口，沈瑜庆得刘坤一信任之专、倚用之深，是成事的关键。刘称许其人"赋性强毅，卓著丰裁，有明决之资，经权悉协，有贞固之力，始终不渝，历试皆然，颇收成效"。⑤ 沈氏后人谓"（庚子）家君忧邦国，念朋友，无复欢思，内外震撼疑危，日夕焦虑，寸简干刘忠诚公，无不立见施行，所维持不少矣。"⑥ 光绪二十

---

① 《刘岘帅覆陶道森甲、沈道瑜庆电》，光绪二十六年六月初四日，《愚斋存稿》卷36，第855页。

② 《陶森甲、沈瑜庆致张之洞、刘坤一电》，光绪二十六年六月初六日，陈旭麓等主编：《义和团运动——盛宣怀档案资料选辑之七》，上海人民出版社2001年版，第106页。

③ 《沈瑜庆致盛宣怀函十二》，王尔敏、吴伦霓霞合编：《盛宣怀实业朋僚函稿》中册，台湾"中研院"近代史研究所1997年版，第1403页

④ 诗录下："忠孝名家沈隐侯，分巡弭节向扬州。楹书庭训皆成宪，锦缆牙旗得上游。一约共传支半壁（庚子东南互保之约，君实发其议），三年行见少全牛。未能出饯成邂逅，惟有离情逐水流。"《送沈涛园备兵淮扬》，王栻主编：《严复集》第2册，中华书局1986年版，第363页。

⑤ 《特保道员备简折》，光绪二十五年十二月二十四日，《刘坤一遗集》第3册，第1202页。

⑥ 所谓"维持不少"者，除"家君与武进盛宫保，倡议为东南互保之约"外，尚包括"李文忠、刘忠诚、张文襄均赞其议，由刘忠诚请简李文忠为全权大臣，大局乃转危为安"。《征文启原稿》（1917），沈成式编：《沈敬裕公年谱》，《涛园集（外二种）》，第232页。《刘坤一领衔东南督抚十三人奏请授李鸿章全权折》，见《兵事方殷合陈管见折》，光绪二十六年七月初一日，《刘坤一遗集》第3册，第1223页。

八年（1902），刘坤一病逝于两江任上，沈瑜庆挽曰：

少年任侠，晚节持重，不能无憾于时流，广坐味遗言，謇謇神明应念我；

庇主危疑，和戎仓卒，敢期必免乎世议，臣心系国脉，区区生死未妨人。①

所谓"和戎仓卒"，与《寿新宁宫保两绝句》中"险绝"一语正可对看。迨庚子事毕，化险为夷，沈瑜庆"经前两江总督刘坤一等奏补淮扬道"②，诗中所言"荐士梁公感旧京"，可证其在事变中言之甚力，故刘坤一感激而予以保荐。

三

庚子事变之中，北洋海军经大沽一役，再度南下避战，陈三立有谓沈瑜庆"言于刘忠诚公者亦如之"，"如之"即如甲午时所为，此"两收海军余烬"的情节，知情者更少。

甲午威海一役是中国海军史上的大惨败，北洋舰队几至全军覆没，幸存军官、士兵也在战后被裁汰、解散。对此教训的总结和反思，一直为后世瞩目，而较不为人所注意的是，甲午战败后一段时间，清朝仍有重建北洋舰队的计划，在戊戌前后，相继向德、英等国购买多艘大吨位铁甲舰，并将前北洋海军将领叶祖珪、萨镇冰等人开复起用，"以为整顿海军始基"。至光绪二十五年（1899年），北洋海军已初具规模，拥有巡洋舰、驱逐舰、鱼雷艇10余艘，其中"海天""海圻"数舰属于二级巡洋舰，是中国近代海军史上仅次于"定远""镇远"的大吨位军舰，对于复兴海军起到核心力量的作用，故有论者称这是"海军发展的第二个浪峰"。③

---

① 沈成式编：《沈敬裕公年谱》，《涛园集（外二种）》，第165页。
② 秦国经主编：《中国第一历史档案馆藏清代官员履历档案全编》第8册，第175页。
③ 姜鸣：《龙旗飘扬的舰队——中国近代海军兴衰史》，生活·读书·新知三联书店2002年版，第452、463—464页。按当时舰队包括"海琛""海筹""海容""海天""海圻"5艘巡洋舰，"飞霆""飞鹰"2艘驱逐舰，"海龙""海青""海华""海犀"4艘鱼雷舰及少量练习舰、运兵船。

但次年（1900）夏，义和团变起，继而中外交衅，清朝再次面临危机。令人意外的是，北洋海军不仅全程自外于战争，而且主力舰队联翩南下，加入到所谓"东南互保"的行列中。这段史实失载于《近代海军史事日志》等海军编年史著，相关情节迄未得到清晰梳理，而个中原委也值得深入探讨。①

北洋海军没有参加大沽之战。五月二十日（6月16日），战争发生时，北洋主力舰队正在山东登州、庙岛一带操巡，只有"海龙""海犀""海青""海华"4艘鱼雷舰因等待修配，停泊于沽口船坞。北洋水师统领、提督叶祖珪（1852—1905）先期乘"海容"舰返天津商量机要，预感将有战争爆发，即有意将留守舰船调往山东归队，未及成行而战事已开。大沽炮台失陷后，结果4艘鱼雷艇全部被夺，遭俄、英、法、德四国瓜分。在当时外人观察中，悬挂海军提督旗的二级巡洋舰"海容"号"完全无意参加战斗"。②事实上在被围困后，叶祖珪下令熄火抛锚，放弃作战，最终连人带舰悉数被俘。此后"海容"舰由各国共同监视，被扣留在大沽口，禁止移动。③北洋舰队失掉了统帅，而当时朝廷意向未明，下一步如何行动成为了悬念。为躲避联军锋芒，山东巡抚袁世凯极力促舰队由黄海海面南下，于是海军主力由"海天"舰管带刘冠雄（1861—1927）、"海琛"舰管带林颖启（1852—1914）带队，转舵驶往上海。北洋海军此行本意在于避战，但抵泊吴淞港后，却造成一个意外的后果——上海租界侨民视此为战争信号，引发集体恐慌。

北洋舰队在此时入驻吴淞港，在人心惶惶的租界侨民看来，无疑是一个危险的战争信号。当时日本领事小田切万寿之助就抓住这一动向，将此作为动员本国派兵的理由，五月二十三日（6月23日）向外务省报告：

---

① 戴海斌：《庚子年北洋舰队南下始末》，《历史档案》2011年第3期，第133—137页。

② ［俄］德米特里·扬契维茨基：《八国联军目击记》，许崇信等译，福建人民出版社1983年版，第151、157页。

③ 《"安第蒙"号指挥官致海军部电》，1900年6月18日发，《英国蓝皮书有关义和团运动资料选译》，胡滨译，中华书局1980年版，第45页。直至《辛丑条约》成，"'海容'始回防，但泊在大沽口炮台边之'海龙'、'海犀'、'海青'、'海华'鱼雷艇四艘已被英、法、德、日袭夺，'海华'艇长饶鸣衢殉难"。参见林献炘《萨镇冰传》，载张侠等编《清末海军史料》，海洋出版社2001年版，第595—596页。

> 北洋水师六艘军舰已于过去数日间抵达本港，其对当地侨民安全构成直接威胁。请批准本官前电禀请实施之措置，迅速向上海增派军舰。是为切望。①

在长江流域拥有最大利益并最具权势的英国，也表现出积极干预的姿态。早在此前，它就向江、鄂总督提出军舰驶入长江，当战争局势日趋严峻，又企图抢先控制吴淞炮台、上海制造局等战略要地。② 至五月二十五日（6月21日），各国领事集会，对局势做出如下评估：

> 现今除吴淞有一千余名、上海制造局附近有七八百名清兵屯驻外，松江府尚驻有二千数百名清兵。因此次事变之故，对岸浦东失业流浪之劳工已达五千人，上海制造局职工千余名已三月未发薪资，颇有激昂之状。又清国军舰陆续而来，在吴淞及上海港停泊不下六七艘。一旦时机逼迫，此等兵队、军舰及劳工有所异常举动，当地安全将彻底无望。③

会议一致决定致电在大沽的各国舰队司令官，请求增派军舰以为支援。同时，照会上海道余联沅，指出停泊本港的北洋舰队距离租界咫尺之遥，以此为潜在的重大威胁，因此要求各舰驶离上海，或移泊较远洋面。在领事当局的压力之下，正紧张筹议"东南互保"的盛宣怀于五月二十七日（6月23日）致电刘坤一：

> 北洋各兵轮来言，接余道照会，各领事商嘱移泊吴淞口外，以免洋商误会。沈道则请驻江阴，又恐鉴帅在江阴饬炮台放炮，则兵轮必

---

① 《上海在勤小田切総領事代理ヨリ青木外務大臣宛・北洋水師ノ来港ニ当リ軍艦急派方禀請ノ件》，明治33年6月23日，外務省編纂：《日本外交文書・第三十三巻別冊一・北清事変上》，日本國際聯合協會1956年版，第793页。

② 《刘制台来电》，光绪二十六年五月二十三日申刻到，《张之洞全集》第10册，第7999页。

③ 《上海在勤小田切総領事代理ヨリ青木外務大臣宛・領事会ノ遣艦請求決議並我遣艦禀請情報告ノ件》，1900年6月22日，《日本外交文書・第三十三巻別冊一・北清事変上》，第791—792页。

危。拟请电余道明告领事,断无他意,如必欲移泊淞外,亦无不可。①

除转达外国领事针对北洋舰队的驱逐要求外,电内明确提出由吴淞移驻江阴的方案,此议提出者"沈道",即当时在沪的沈瑜庆。"鉴帅",指巡阅长江水师大臣李秉衡(1830—1900),时驻苏州,因英国军舰拟入长江,计划赴江阴以武力拒阻。面对英人干预的企图,刘坤一、张之洞迅速达成"力任保护,稳住各国"的共识,以此杜绝外人"窥伺"的野心②;同时对李秉衡表露的对外强硬姿态,联手予以压制,避免其"孟浪"坏事。③ 北洋舰队南下,对立意于"地方保护"的刘、张来说,又是一次不小的挑战。

《沈敬裕公年谱》收入庚子年沈瑜庆致刘坤一的一封电报,透露了北洋舰队南下一行的许多细节,颇珍贵,文录下:

> 据海琛管带林参将颖启面称,在烟台途次奉东抚袁三次电云:"大沽炮台已与各国开衅,属兵船速南行"等语。该管带遵即到庙岛,与萨帮统镇冰商酌,萨因庙岛之美教士恳留保护,一时不能遽来,饬海琛、海筹、飞鹰、复济、通济先行南下。海琛、通济本日已进口,泊下海浦。海天到吴淞,海筹、飞鹰、复济明日可到。
>
> 统领叶镇驻海容,船在大沽。英国水师队中各国兵轮,问此船系团匪,抑系官兵?叶告以系中国国家水师。答云,既系国家水师,当不助团匪,请照常停泊。惟三雷艇在大沽口内因升火装雷,为英水师所拘,尚有一雷艇并飞霆猎舰,在船坞为俄人所据。此次我兵轮在海上遇各国兵轮,不认失和,彼亦未以失和相待。
>
> 该管带等以北洋电已不通,东抚又促南来,伊等无所禀承。此数

---

① 《盛宣怀上刘坤一电》,光绪二十六年五月二十七日,《清季外交因应函电资料》,第398页。

② 《致江宁刘抚台》,光绪二十六年五月二十二日,《张之洞全集》第10册,第7994页;《寄张制军、于中丞、鹿中丞、王中丞、松中丞》,光绪二十六年五月二十三日,《刘坤一遗集》第6册,第2563页。

③ 《致江阴李钦差、苏州鹿抚台》,光绪二十六年五月二十九日,《张之洞全集》第10册,第8037页。

船所值不赀，本日此间又有据炮台及制造局之谣。愚见不如饬令驻扎江阴，以壮南洋门户，可收将来之用。京畿乱未定，各省司关应解京饷，应饬一律截留，勿为盗赍。开平煤矿被据，煤源将竭，船无煤不行，应饬支应所及早储备。事机间不容变，请公与香帅合力主持饬遵。职道本拟趋辕面陈，因沪上多谣，候示进止。职道瑜庆禀。宥。①

该电韵目作"宥"，知发电日期应为五月二十六日（6月22日）。据"海琛"舰管带林颖启之言，可证北洋舰队南下系出于山东巡抚袁世凯之议，文中提及水师帮统萨镇冰当时率"海圻"舰留守山东，将烟台蓬莱一带教士、侨民保护上舰，又营救在庙岛附近触礁的美国军舰"俄勒冈"号，因此颇受外人好评。此次南下军舰包括"海筹""海琛""海天""复济""通济""飞鹰"等6艘，其中"海琛""通济""海天"已于当日早间抵沪，2艘由海口沿吴淞江上驶，入驻下海浦，1艘泊于吴淞海面。② 当时的舰队首长刘冠雄、林颖启皆闽人，出身于福建船政学堂，与沈瑜庆有旧谊。无论出于公务、私情，沈瑜庆对南下舰队都责无旁贷。他建议由江、鄂总督饬令北洋舰队转驻江阴，当然出于保存海军实力的考量，同时也注意到当时流行的"据炮台及制造局之谣"。

又，笔者从社科院近代史所藏张之洞未刊电稿中检出一电，系张之洞于五月二十七日（6月23日）复沈瑜庆电文，录下：

> 宥电悉。所论皆是，惟必须电达刘岘帅、李中堂、许筠帅。方可商办，切速。各国水师提督照会想已见过，系照会几省，何日交来。并示。③

沈瑜庆去电原文已不存，而此电韵目亦作"宥"，可知与致刘坤一电系同一日发出，内容即为请刘、张"合力主持"北洋舰队移驻江阴事。从张之洞的反应看，对此建议表示首肯，惟出于谨慎，要求东南各省互通

---

① 沈成式编：《沈敬裕公年谱》，《涛园集（外二种）》，第163页。
② 吴淞江下游古称"下海浦"，在今上海市虹口区提篮桥一带。
③ 《致上海沈道台霭苍》，光绪二十六年五月二十七日亥刻发，《张之洞电稿乙编》十二函，中国社会科学院近代史研究所藏，档号：甲182—73。

声气,步调一致。

至五月二十七日,南下的北洋舰只已经全数抵沪。沈瑜庆再次致电刘、张,提出建议如下:

> 现存各船不足御各国,靖匪则愿竭其力。团匪召外衅、杀无辜,得罪天下。可否布告各国:"请暂作壁上观,中国水师情甘剿匪。如果不效,再请协助剿匪。"即所以自解于各国也。①

他认为,应就北洋海军南下一事迅速表明立场,其目的非为"御外",而在于"靖匪",这样不仅可"自解于各国",同时也与"互保"宗旨合上节拍。这一意见得到刘、张的重视,很快依议而行。也就在同一天,盛宣怀明确提出"互保"办法,建议"岘帅、香帅会同电饬地方官上海道与各领事订约"。沈瑜庆随即被刘坤一指派为两江代表,在沪与议"互保"交涉。

北洋舰队相继驶离上海,得到租界当局的欢迎。五月二十九日(6月25日),日本领事小田切向国内报告称:"刘坤一已下令目前碇泊本港之北洋舰队向江阴转移。此一措施大获本地民众赞赏。"② 除前述六舰外,不久北洋水师帮统、总兵萨镇冰也率"海圻"舰南下,一并开往江阴驻泊,加入"东南互保"的行列。有研究者认为,"就海军而言,这是它第一次不执行朝廷命令,在某些实力人物支持下,擅自行动"。③ 不久,刘坤一在复陈当地"筹办防务情形"时提到:"一面调集各项兵轮、雷艇、蚊船,暨北洋驶来之'海圻'、'海筹'、'海琛'、'海天'、'复济'、'通济'、'飞鹰'七兵舰,分泊江阴等处,俾收水路夹击之效。"④ 在这里,他是把北洋水师的临时安顿当作"江海要隘布置"的军事防务业绩

---

① 《沈瑜庆、陶森甲致刘坤一电》,光绪二十六年五月二十七日,上海图书馆藏"盛宣怀档案",档号:045984。
② 《上海在勤小田切总领事代理ヨリ青木外務大臣宛・北洋艦隊ヲ江陰ニ出向方發令ノ件》,明治33年6月25日,《日本外交文書・第三十三卷別冊二・北清事変中》,第202页。
③ 姜涛:《龙旗飘扬的舰队——中国近代海军兴衰史》,生活·读书·新知三联书店2002年版,第481页。
④ 《覆陈筹办防务情形折》,光绪二十六年六月十五日,《刘坤一遗集》第3册,第1220页。

来叙说的，当然隐去了迫于压力而为之的内情。不过，这一性质模糊的行为事后也得到了朝廷的默认，在当时则部分化解了外人的质疑声音，为"东南互保"的成功增加了一个不大不小的筹码。

事后，盛宣怀出奏奖叙庚子年"在沪出力华洋官绅"，沈瑜庆的名字亦赫然在其列，保奏语云：

> 吴淞为上海门户，彼时各国兵轮于吴淞口外鳞次栉比，兵轮水手不时登陆，该员联络邦交，措置得宜。①

翌年，沈瑜庆在捐得道员、候补十载后，实授淮扬海道，旋护理漕督，由此踏上仕途的快车道。而他对海军的关心如故。光绪三十一年（1905）在顺天府尹任中，上《请联合海军折》，奏请联合各省现有海军，通筹并计，亟图扩充，并特设海军提督统辖，以一事权。② 旋奉旨调任山西按察使。《沈敬裕公年谱》谓"因条陈军事，为项城所忌，遂有左迁晋臬之命"。③ 汪辟疆为之作传记，也留意到其突出的性格："涛园以名父之子，故早有匡济之志，及回翔中外，旋起旋罢，则以禀性刚直，不肯与世俯仰。"④ 民国三年（1914），经历鼎革之变的沈瑜庆流寓沪上，闻知老友海军中将、军港司令林颖启病卒于福州，亲撰诔文，又忆及庚子年那惊险的一幕："拳祸害突起，联军忽乘。困元戎于单舸，军令难施；脱舰队于重围，将才奚愧？破浪而南，所全最大；统军虽暂，唯力是筹。"⑤ 言下饱含了积蕴了数十年的对海军的复杂情感。当然，这些已是后话。

---

① 《义和团时期在沪出力华洋官绅职名折》，光绪二十六年，上海图书馆藏"盛宣怀档案"，档号：057611。
② 沈瑜庆：《请联合海军折》，《涛园集（外二种）》，第173—176页。
③ 沈成式编：《沈敬裕公年谱》，《涛园集（外二种）》，第173页。
④ 汪辟疆：《近代诗人小传稿》，《汪辟疆说近代诗》，第139页。
⑤ 沈成式编：《沈敬裕公年谱》，《涛园集（外二种）》，第224页。

船政兴衰与近代中国海防发展的相关性研究
——现代化视角下的历史诠释

何燿光[*]

一 前言

21世纪东北亚战略态势,自2010年闽晋渔5179号与日本海上保安厅船只碰撞事件后,呈现明显变化,致使菅直人(Kan Naoto)政府转向积极配合华盛顿[①];而美国在周边海域的几次大规模联合军演,则被解读为"遏制中国海洋发展的征兆",甚至预告东亚权力碰撞与摩擦的可能。[②]而2011年"辽宁号"航母的试航,也意味着中国的制海能力将扩大到第二岛链,东亚军事平衡关系产生微妙变化[③],危机发生的可能性亦大幅提升。尤其是,2013年日本的大型直升机驱逐舰(22DDH)下水命名为

---

[*] 何燿光,台湾义守大学通识教育中心厨艺系教授,高雄市中山大学中山学术研究所社会科学博士。

① 参见[日]森本敏《漂流する日米同盟——民主党政権下における日米関係》,海竜社2010年版,第191—195页;蔡增家:《美国重返亚洲与日本防卫政策的转变》,《海峡评论》2012年9月号第261期,http://www.haixiainfo.com.tw/SRM/261-8547.html,2012年11月25日。

② 王昆义:《三个海洋的战争:中共海洋战略的转向与美中碰撞》,《展望与探索》2010年第8卷第10期。

③ 参见郭武平等《中国和平崛起:国际社会之威胁或伙伴?》,《欧洲国际论坛》2006年第2期;U. S. Department of Defense, *Quadrennial Defense Review Report* 2010, Washington, D. C.: Department of Defense, 2010, p. 31;日本防卫省防卫研究所编:《东アジア戦略概観2012》,ジャパンタイムズ2011年版,第149—151页;日本防卫厅编:《日本の防卫:防卫白书(平成23年版)》,ぎょうせい2011年版,第75页;Richard Bernstein, Ross H Munro, "The Coming Conflict with America," *Foreign Affairs*, Vol. 76, No. 2, (March/April 1997), p. 25; Nayan Chanda, "Fear of the Dragon," *Far Eastern Economic Review*, Vol. 158, No. 15, (April 13, 1995), pp. 24—28;张茂森:《日媒:中国发展航母实现海洋霸权》,(台湾)《自由时报》2011年8月12日,http://www.libertytimes.com.tw/2011/new/aug/12/today-p9.htm,2011年12月28日。

"出云号",则被视为针对中国的"准航母",双方军备竞争态势愈见尖锐。①

东北亚的传统地缘战略态势特征,系中、日"互为强弱"的相对平衡关系。而120年前"双雄并立"的地缘战略形态,在甲午战争(First Sino-Japanese War)之后使日本帝国超越清帝国成为东亚强权。事实上,当西方列强挟其工业先进之势,在帝国主义的合理化掩护下,将殖民触角伸向世界各地之际,中、日两国分别以"自强运动"(Self-Strengthening Movement)与"明治维新"(Meiji Restoration)来回应此巨大变局与挑战。然而中国因拘泥于保守世界观与华夷秩序的迷思,现代化进展步履蹒跚。而日本则师法西方列强,"广求知识于寰宇,以振皇基;开拓万里波涛,布国威于四方"②,其目标系在亚洲建构其政治支配态势③,进而与欧美列强平起平坐。而清帝国则在皇权不可挑战,以及缺乏正确的海权认知等因素之下,逐步在国际权力竞逐场域中退却。④ 中、日之间历次冲突与战争,相当程度上决定了两个帝国的权力相对地位。

若由"结果论"的角度看待中、日间的现代化落差,许多论述都导向清皇朝的积弱、腐败与颟顸等掺杂情绪的说法,然而,清帝国当真如此不堪、如此麻木不仁吗?其实不然。事实上,中国近代的海防概念肇始于鸦片战争(First Sino-British Opium War)之前,当时,林则徐(1785—1850)确已体认到器物的落后与难以抗衡新式舰船的事实,故提出:"洋

---

① 参见 Yuka Hayashi,"As Tensions Rise, Pacifist Japan Marches Into a Military Revival";*The Wall Street Journal*,18 July,2013,http://online.wsj.com/article/SB10001424127887324867904578592824100470576.html;日本统合幕僚监部:《平成22年度护卫舰的命名·进水式について》,防卫省2013年7月16日,http://www.mod.go.jp/msdf/formal/info/news/201307/071601.pdf;山崎真:《海上自卫队の新たな运用构想と22DDH》,*Ocean Newsletter* 第222号,2009年11月5日,http://www.sof.or.jp/jp/news/201-250/222_2.php。

② 1868年的"五条誓文",参见陈水逢《日本文明开化史略》,台湾商务印书馆1968年版,第208页;[日]信夫清三郎:《日本近代政治史》(第2卷,明治维新),周启干等译,桂冠图书公司1990年版,第169—171页。

③ 有关日本"开国"的相关论述参见[日]信夫清三郎《日本近代政治史》(第1卷,西欧的冲击与开国),周启干等译,桂冠图书公司1990年版。

④ 相关论点参见何燿光《对清末海防作为与国家现代化关系的认知建构》,载李金强、麦劲生、苏维初、丁新豹主编《我武维扬:近代中国海军史新论》,香港历史博物馆2004年版,第78—102页。

面水战,系英夷长技"应"制坚厚战船,以资战胜"。① 至于,在战败所引发的热烈检讨中,有关努力改善海防实力的建议甚多,尤其在器物方面的改革,诸如林福祥(? —1862)在《平海心筹》中就曾建议用"三合土",以石灰、泥土、沙土各三之一,加以糖胶草根,椎炼而成,建筑炮台围墙。而如此开风气之先的建筑设计,显然得到两广总督祁𡎴(1777—1844)的采用。但毕竟,科技落差以及传统儒学在现代科技上的知识局限,使得第二次鸦片战争(Second Opium War)依然以惨败作收。部分国人亦开始意识到武器落差对战局的巨大影响,洋务运动即以学习与仿造为主体逐步展开。1874年日军侵台事件后,海防政策逐渐转向"水陆兼防"。1884年中法战争(Sino-French War)后,海军建设开始加速、北洋海军建成、海军衙门成立。甲午战争之后②,国人虽被迫痛苦地承认,西洋(甚至东洋)比中国强,"必宜改变方能自立"③,但海权概念却未能持续转变,且限于经费等诸多因素,海军一直处于国防的边陲。因此,将清末理解为颟顸、无知,基本上是一种错误,清帝国的反省、图强是存在的,但工具与途径的采用,却是有着多重的限制与困境。毕竟,无论是福建船政局或甚是洋务运动的本身,在本质上都面临国家经费短缺、统治阶层内部相互掣肘、皇权不可动摇、科学知识落后与地缘威胁认知等结构性限制。

洋务的核心认知是御侮、图强,包括军事上,模仿西方建构军事工业,创办海军、编练新式陆军;经济上,建立以官办、官督商办形式的企业;文化教育上,建立新式学堂,派遣留学生。但对于海权认知的建构,则依然无法摆脱传统地缘威胁认知的既定印象,毕竟千百年来,北方游牧民族的威胁性入侵,早已成为帝国存续最关键的指标,而海洋威胁警讯,并未能在1840年代内化人心,社会结构上亦无相对的变革,社会精英的认知结构与知识条件,也只是在陆地为基础的国防概念之中,另加一条海防战线而已。即便在海防、塞防争议的年代,强调海防

---

① 参见林则徐《林则徐集·奏稿》(中册),中华书局1965年版,第865页;林则徐《林则徐书简》,福建人民出版社1985年版,第173页;戚其章《北洋舰队》,山东人民出版社1981年版,第2页。

② 相关论述参见王宏斌《晚清海防思想与制度研究》,商务印书馆2005年版。

③ 李鸿章:《中日议和纪略》,李毓澍主编:《近代史料丛书汇编》第一辑,大通书局1968年版,第7—8页。

的一派，①都与其驻地经验来自东南省区有关；而强力支持塞防论的湖南巡抚王文韶（1830—1908）、山东巡抚丁宝桢（1820—1886）等人，其历练则多在内陆省份。在此，可见地缘经验所发展出来的认知影响。至于在海权发展过程中，有关资本主义结构的重要认知，在传统中国社会之中，则更不存在发展的条件。

检视中国第一历史档案馆典藏的《军机处录副奏折·洋务运动·船厂》史料，可发现左宗棠（1812—1885）在创办福建船政局问题上，其陈述的诸多理由中，"非设局急造轮船，不能凑效"，以新造轮船运漕，于是，轮船成则漕政兴，军政兴。②而所以如此论证，系借漕运与统治安全的连接，打动皇室的关切，实为成就船政兴建的重要内部认知逻辑。但同时，也可以发现，船政自始就遭遇传统势力的抵制，甚至包括第二任总督吴棠（1813—1876）竟也称："船政未必成，虽成亦何益"③，而同样主张"废船政"的内阁学士宋晋（？—1874）则称，船政局制造的"各号轮船虽均灵捷，较之外洋兵船尚多不及"，当此"用款支绌之时，暂行停止，固节省帑金之一道"，且因靡费无功，故应予裁撤。针对宋晋的奏本，军机处谕令各省督抚"通盘筹划"，指示：若"徒费帑金，未操胜算，即应迅筹变通"。④由此来看，"廷旨虽下其议，而语意在于裁撤"⑤，经费限制促使朝廷有倾向于停办的意图。另外如大学士倭仁（1804—1871）所言，西学实乃"奇技淫巧"，将导致"以夷变夏"的后果，使天下精英"变而从夷，正气为之不伸，邪氛因而弥炽，数年以后，不尽驱中国之众咸归于夷不止"。⑥而保守派反对现代化发展与建设的主要理由，即在于"立国之道，尚礼义不尚权谋；根本之图，在人心不在技艺"，再加上西太后的态度也与保守派相似，对船政颇多疑虑，"不甚以为然"，并"微露诿阻之辞"，故而，即便是大力支持船政的恭亲王奕䜣（1833—

---

① 如李鸿章（1823—1901）、沈葆桢（1820—1879）以及两江总督李宗羲（1818—1884）、浙江巡抚杨昌浚（1825—1897）、江西巡抚刘坤一（1830—1902）等人。
② 吕实强：《中国早期的轮船经营》，台湾"中研院"近代史研究所1987年版，第152页。
③ 沈葆桢：《沈文肃公（葆桢）政书》，第4卷，文海出版社1967年版，第12页。
④ 中国历史学会主编：《洋务运动》（五），上海人民出版社1961年版，第105—106页。
⑤ 林庆元：《福建船政局史稿》，福建人民出版社1999年版，第156页。
⑥ 中国历史学会主编：《洋务运动》（二），上海人民出版社1961年版，第30—31页。

1898），也只能"心知其理，而怵于成效之难，亦遂澉沕依违"。① 虽然，曾国藩（1811—1872）、左宗棠、李鸿章等人的力保，确实是船政持续的重要支柱，但毕竟，帝国结构性的约制，使船政发展之初就面对难以为继的压力，进而也使中国的海权认知，在发展的过程中，注定有一段坎坷的身世。

二 近代中国海权意识的形成与挑战

就地理特征而言，朝鲜半岛突出部的陆桥系统，形构东北亚地缘安全威胁的压力来源，而如此地理特征也就界定了该地区内，国家间的权力竞合关系。② 由地缘条件制约的权力竞逐结构，在不同时期虽有不同的参与者与竞逐模式，但问题的本质却没有转变，地缘的不变特性加入历史的万千变化，形构出惊心动魄的权力冲击。古老的中华帝国在海洋发展部分的驱动力量，虽然也是以"贸易"为重心，然而传统中国的贸易行为受限并依附于"朝贡体制"之下，对于"利润"的刺激力，明显比西方有着更多的压抑。整体而言，西太平洋的海洋秩序直到1840 年代以前，系由中国以非官方直接介入的方式，形成非正式的海商家族力量所主导。③

事实上，中国的"天下观"自始并无基本上的改变，其对外认知，总是以蛮夷视之，所谓"以古验今，戎敌之情，宜不相远"就是最佳的写照。就文化的深层意义来看，"夷夏之辨"在思想根源上是"华夏中心论"和"文化正统论"在外来文化冲击问题上的具体表现，可视为外来文化溶入过程中的"文明冲突"形式。若合并古老帝国统治、支配能力与工具等三方面因素。在"华夷天下观"之中，对涉外事务采取"不理原则"的核心思维，实为统治工具不足状况下的反应。当"朝贡贸易"仅作为内部统治合理化的手段，当明惠帝（1377—？）已不再直接冲击成祖朱棣（1360—1424）的统治权威，加上对海贸的疑虑，以及制度上的

---

① 李鸿章：《李文忠公全集·朋僚函稿》卷 13，文海出版社 1974 年版，第 2 页。
② Nicholas J. Spykman, *The Geography of the Peace*, New York: Harcourt, Brace and Company, 1944.
③ 何燿光：《竞逐西太平洋：海洋秩序建构下的历史观点与理论探索》，橙青事业有限公司 2015 年版，第 51—52 页。

结构性缺陷，对海洋经略的忽视就成为中国长期的思维盲点，海洋认知的贫乏，也就形成海权思想发展的先天性局限。

直到两次"英法联军之役"的失败教训，才促使清帝国觉悟到问题的严重性，从1861年开始，以外交与国防为重的自强运动逐次展开，奕䜣强调："探原之道，在于自强；自强之术，必先练兵。现在抚议虽成，而国威未振，亟宜力图振兴，使该夷顺则可以相安，逆则可以有备，以期经久无患"①，主张：设总理衙门，以专责洋务；于南北口岸，分设大臣以就近督导协办；由各省拣派公正廉明之地方官，管理新添各口关税，以落实课税；办理外国事件，请将军督抚，互相知照，以免歧误；于中央编制通译外国言语人才以及于各海口搜集商情、各国新闻等情报措施。其根本之目的在防范外敌，消弭后患，以自强练兵为根本要图。而在实务上，"仿求西法、制造轮船机器"则成为迫切。同治年间李鸿章上奏："国家诸费皆可省，惟养兵设防，练习枪炮，制造兵轮之费，万不可省。以求省费，则必屏除一切，国无以立，终不得强矣。"② 而此奏章，也显示出清末国家财政上的困难，更形成此后整体建设过程中，华夷天下概念在资源分配上的重要影响。

就其发展重心而言，自强新政包括：（一）在上海、苏州、天津等地设置枪炮、军火等制造局；（二）在福州设立"船政局"，扩大"江南制造局"规模，积极制造轮船；（三）派遣留学生出洋，以培养建国人才。③ 然而新政所以能实施，却不只在维新、自强，皇权的巩固还是重点，从左宗棠建议在福州成立船政局的理由来看，提出"机器既备，成一船之轮机，即成一船；成一船，即练一船之兵。比及五年，成船稍多，可以布置沿海各省，遥卫津沽"④ 的核心思考，就是在表达，船政局生产的船舰、扩充的海军，一方面可以拓广防卫范围，使沿海各地相互支援，并达到保卫京师门户的目的。此一时期内，海权概念的诱发，虽有来自西方"船

---

① 贾桢等编纂：《筹办夷务始末》咸丰朝，卷71，文海出版社1971年版，第17—26页。
② 吴汝纶、章鸿钧编：《李肃毅伯（鸿章）奏识》（一），文海出版社1968年版，第870页。
③ 参见李守孔《中国近代史》，三民书局1979年版，第62页；郭廷以：《近代中国史纲》（上册），晓园出版社1994年版，第221—239页。至于原件数据部分，请参见《筹办夷务始末》各卷书册内容。
④ 左宗棠：《左文襄公全集》奏稿，卷18，文海出版社1979年版，第1—2页。

坚炮利"的压力，但认知上却未能感受到威胁的严重性，于是，当1841年年底，被迫议和之时，道光皇帝（1782—1850）依然称：若英夷能悔悟，则考虑怀柔英人。① 至《南京条约》（*Treaty of Nanking*）签订，其冲击还是仅止于部分知识精英②，统治阶层与社会系统依然未发生重大转变。于是，奕䜣感慨："溯自庚申之衅，创巨痛深，……人人有自强之心，……而迄今仍并无自强之实，……以致敌警猝乘，仓皇无备"③，而之所以缺乏自强之实，即在于器物与制度典章、战略思维与设计、社会稳定等因素无法契合，而其间的关键又在于地缘威胁认知在建构过程中的混乱，海上敌人固然值得忧虑，但北方传统威胁依旧严峻，资源不足以分配，又难以确立威胁处理的优先等级，最终导致进退失据的荒腔走板。

"牡丹社事件"发生，日本"以一小国之不驯，而备御已苦无策；西洋各国之观变而动，患之濒见而未见者也"，"今日而始言备，诚病其已迟。今日再不修备，则更不堪设想。"于是，整顿海防之议再起，练兵、简器、造船、筹饷、用人、持久为讨论之重心。④ 然而，海防、塞防争议亦随之兴起⑤，海防派认为："东南海疆万余里，……一国生事，诸国构煽"⑥，而塞防主张则强调："若沿海各省，因筹办海防，急于自顾，纷请停缓协济，则西北有必用之兵，东南无可指之饷，大局何以能支。"⑦ 终究，清廷对此问题并未获致共识，只能强调江防、陆师不可偏废，⑧ 而这种妥协，正是有限资源分配下的选择问题。硬件方面，受限于经费，而软件部分，则受限于知识。以丁日昌（1823—1882）所提的《海防条议》

---

① 石之瑜：《近代中国对外关系新论》，五南书局1995年版，第244—245页。
② 参见郭廷以《近代中国史纲》，香港中文大学出版社1979年版，第61页；何燿光：《凌惊波以高鹜驰骇浪而赴质：我国近代海权发展的海洋秩序检验》，橙青事业有限公司2011年版，第114—115页。
③ 宝鋆等编：《筹办夷务始末（同治朝）》，卷98，文海出版社1971年版，第19—20页。
④ 赵慎畛、孙尔准等纂：《道咸同光四朝奏议选辑》，大通书局1984年版，第40—45页。
⑤ 刘石吉：《清季海防与塞防之争的研究》，载中华文化复兴运动推行委员会主编《中国近代现代史论集》[第八编《自强运动（三）军事》]，台湾商务印书馆1985年版，第83—111页。
⑥ 李鸿章：《李文忠公选集》上册，大通书局1984年版，第97页。
⑦ 王云五主编：《道咸同光四朝奏议》第七册，台湾商务印书馆1970年版，第2715—2719页。
⑧ 台湾银行经济研究室编：《清德宗实录选辑》，台湾银行1964年版，第7页。

为例，虽为晚清诸多海防论述中最为具体的意见①，但就现代海权观点看，实则只是陆权概念的延伸。甲申战争的败战造成"海防者也，有名无实"的印象。然而，海战之中，直接导致福建舰队于战前竟未起锚备战之严重过失的核心原因，系源自决策当局的"战和不定、策略纷乱"②，亦与海权认知的深化与落实有直接的关系，故若要归咎于海防建设，其实并不公平、客观。

三　帝国统治思维下的自强运动操作

其实，影响清末海防建设问题之核心因素，系传统帝国的现代化工具（尤其是相关统计等财经知识与制度、工具）不足，致使帝国对内支配的能力，在面对现代化威胁时，其响应的深度与广度，均受到制度与实质的限制。长期以来，华夷秩序的支配系统，并未能发展出细腻的统计与科学计算，当面对近现代西方挑战时，大量的新式武器、装备，其所衍生的后勤、补给需求、作战准备、人力物力动员等问题，并无法由传统的支配系统中得到充分而完整的解决。以吴赞诚（1823—1884）任船政大臣期间（1876—1879）为例，其上报经费公函、奏稿就占整体发文数的46%③，更在1890年以后，造船经费被随意缩减，船政局运作陷入窘境，更遑论先进造船技术的发展，再加上外购舰船陆续返国，船政的重要性亦进入江河日下的困境。但若就器物之外的制度层面进行改革，则势必将撼动统治基础，因此，面对皇权不可挑战的底线，只好作割裂性的发展，导致各行其是。这也就是中法战争期间，中国海军所暴露出的明显缺点，由于南、北洋海防事权不一，而在调防不易、缓不济急的情况下，终究导致战败。另外，主事者更换频繁、海洋认知良莠不齐更是致命问题，福建船政局自沈葆桢离任之后，船政大臣一职变动频繁，及至停办，主事者计22人，且创建初期，系以一品衔署理，到1884年后，则改由闽浙总督或福州将军兼理，于是"专奏请旨"不受地方官牵制的情况不复存在，故

---

① 王云五主编：《道咸同光四朝奏议》第七册，台湾商务印书馆1970年版，第2693—2714页。
② 有关甲申海战参见仲佑《甲申战事纪》，《海军实纪》（述战篇上），海军部1926年版。
③ 王宏斌：《晚清海防：思想与制度研究》，商务印书馆2005年版，第497页。

当船政事务停滞、衰落之后,权力自然不断被削减,再加上部分主事者对洋务一知半解,在经营上敷衍了事,船政的衰落自此亦成宿命。

就思想的启蒙与发展而言,从魏源(1794—1856)的"师夷长技以制夷"逐渐细致到冯桂芬(1809—1874)的"如以中国之伦常名教为原本,辅以诸国富强之术,不更善之善者哉"①,涉外思想由模仿西洋转向主动的"御夷"概念,但社会响应却相对冷漠。直到英法联军攻占北京、火烧圆明园后,才真正使帝国臣民感知到西方的威胁,于是筹办洋务才逐渐成为政治核心。在敌强我弱的巨大差距下,李鸿章认为"外须和戎,内须变法"②,系为实践的核心,张之洞(1837—1909)则主张:"图救时者言新学,虑害道者守旧学……旧者不知通,新者不知本"③将认知思维的核心转向中学为本体,西学为实用的发展。于是,洋务成为思潮,左右政治、影响社会人心,看似由思想到实践的整体连结,但在真实的历史发展中却不尽然,其核心因素则在于地缘威胁认知的模糊与皇权不可挑战的限制。

事实上,自曾国藩提倡"自强之道"起④,其核心认知即为:"内治为本,洋务为末;然迫于时势,乃趋重洋务"⑤,因此强调:"制胜之道,本在人不在器","用兵之道,在人而不在器","攻守之要,在人而不在兵","中兴在乎得人","欲求自强之道,总以修政事,求贤才为急务,以学作炸炮,学造轮舟等具为下手工夫"⑥,是故"师夷智以造炮制船,尤可期永远之利"⑦。购买外洋船炮固然重要,但"为今日救时之第一要务",却是"购成之后,访募覃思之士,智巧之匠,始而演习,继而试造,不过一二年,火轮船必为中外官民通行之物,可以剿发逆,可以勤远略"⑧。由此可见在兴办洋务救国的思维中,如何能够掌握西洋技艺的思

---

① 冯桂芬:《校邠庐抗议》卷下,文海出版社1966年版,第39页。
② 李鸿章:《李文忠公全书·朋僚函稿》卷19,文海出版社1962年版,第43页。
③ 张之洞:《张文襄公古文》二,汉珍数字图书2009年版,第11页。
④ 唐浩明:《曾国藩先生之生平与事功》,台北故宫博物院1993年版,第12页。
⑤ 石锦:《清末自强观的内容,分野及其演变(1840—1895)》,《思与言》第6卷第4期,1969年11月,第9—18页。
⑥ 曾国藩撰,萧守英等整理,易孟醇编辑:《曾国藩全集·日记》,第二册,岳麓书社1987年版,第748页。
⑦ 曾国藩:《曾文正公全集·奏稿》卷15,文海出版社1985年版,第14页。
⑧ 曾国藩:《曾文正公全集·奏稿》卷14,文海出版社1985年版,第9—11页。

考甚为重要，但毕竟整体社会的知识系统并未能与现代化概念相接合，且洋务运动的威胁动因系来自太平天国的危机，而被界定在紧急购买洋枪、洋炮的思维之上。强调"舟师未备无可如何"，故以"办船为第一先务"，期达到"水陆夹击"①之目的。于是，长沙枪炮局、安庆军械所陆续开办，自制炸弹、火炮，并仿造蒸汽机。当第一艘自制蒸汽机试运转后，曾国藩"窃喜洋人之智巧，我国亦能为之，彼不能傲我以其所不知"②。然而，在该所制造的"黄鹄号"试航失败后，仿制的自信丧失，而感叹"行驶迟钝，不甚得法"，因此派容闳（1828—1912）出洋"购买机器"③，以求应对。在此可见清帝国政治精英对于新知的掌握过于乐观，以致频遭挫折而急于改换策略，终致头痛医头、脚痛医脚。

虽然自制成效不如预期，但制造局还是不断合并新设。1864年，金陵机器制造局成立，合并上海洋炮三局中的"韩殿甲之局"、"丁日昌之局"，与新购上海虹口旗记机器铁厂（Thomas Hunt & Co.），成为江南制造总局，生产新式枪炮及弹药，以支持湘、淮军，兼造兵船。④1869年，江南制造总局新建翻译学馆及印书处，翻译相关制造类书籍，但也兼有史地、会计、经济、政治、国贸、外交、军事、医药、法律、教育、农业、工业等译著⑤，对于建立制造之知识基础以及科学新知的

---

① 曾国藩分别于"暂缓赴鄂并请筹备战船折"、"请截留粤饷筹备炮船片"，"筹备水陆各勇赴皖会剿伏粤省解炮到楚乃可成行折"、"沥陈现办形折"提及。见曾国藩《曾文正公全集》奏稿，卷2，文海出版社1985年版，第10—22页。

② 曾国藩：《曾文正公手写日记》第三卷，台湾学生书局1965年版，第1355页。

③ 曾国藩：《曾文正公奏搞》卷33（复印件），传忠书局1876年版，第5页。

④ 参详见容闳《西学东渐记》，广文书局1981年版，第78—98页；曾国藩撰，萧守英等整理，易孟醇编辑：《曾国藩全集·日记》第二册，岳麓书社1987年版，第944页；王尔敏：《清季兵工业的兴起》，台湾"中研院"近代史研究所1978年版，第77—85页；全汉升：《清季的江南制造局》，《"中央研究院"历史语言研究所集刊·傅斯年先生纪念论文集》（上），1951年12月，第145—159页。

⑤ 详见郭廷以《近代西洋科学与民主思想的输入》上，《大陆杂志》第4卷第1期，1952年1月，第1—5页；郭廷以：《近代西洋科学与民主思想的输入》下，《大陆杂志》第4卷第2期，1952年2月，第20—26页；公基博：《徐寿传》，闵尔昌纂录，《传集补》卷60，明文书局1985年版，第43页；赵尔巽等：《清史稿列传》卷298，明文书局1985年版，第292页；林言椒、苑书义主编：《清代人物传稿》下编，卷1，辽宁人民出版社1985年版，第383—387页。

传递，贡献甚巨。1870年曾国藩与李鸿章会衔奏准选派聪颖子弟赴泰西肄习技艺，留学生自此大批出洋学习新知。① 一时之间新兴气象弥漫社会，但依然未能改变整体国势发展，其中核心因素，还是在于威胁建构的目的性，只局限于内乱的弭平，而无法透过新政将效果"溢出"至国体的现代化。

传统儒家观念认为，熟读四书五经明白治世的道理就是人才，技艺属工匠之类，系下等人所为。虽然沈葆桢等人曾提出："欲习技艺，不能不借聪明之士，而天下往往愚鲁者尚循规矩，聪明之士，非范以中正，必易入奇邪。今日之事，以中国之心思通外国之技巧可也，以外国之习气变中国性情不可也"②，但毕竟，封建社会的认知制约依旧，洋务派官员与一般人一样，对于传统制度依然偏好。于是，"取诸人以为善，要在择而从之，凡有伤政体者，宜概屏勿道"③，由此可见，即便洋务先驱，在面对皇权稳定的关键问题时，其思维与实践的自我限制。

在光绪皇朝的前十年内，海防建设不断扩张，其中包括：旅顺建军港、天津设水师学堂、各地煤矿开采、相关电线架设、检派留学生出洋习艺等等。④ 1884年，中法战争爆发，辛苦经营的海防，再度于战争考验中挫败。1888年3月，北洋舰队初步的建军计划终告实现，并成为当时世界的前十大海军国家。但海军才刚起步，再添购新舰的构想就遭受严重阻碍。为修筑颐和园，清廷不惜将以海防名义募集的巨额经费，挪用生息，以填补修筑颐和园工程费之不足。⑤ 1891年，户部更下令南、北洋购买外

---

① 参见容闳《西学东渐记》，第110—113，117—130页；宋晞：《容闳与一百三十名官学生：中国早期留美学生史略》，《华冈学报》1965年第2期；包遵彭等编：《中国近代史论》第二辑教育（六），正中书局1968年版，第187—204页；李志刚：《容闳与近代中国》，正中书局1981年版，第83—122页。

② 沈葆桢：《沈文肃公（葆桢）政书》第4卷，文海出版社1967年版，第66页。

③ 中国历史学会主编：《洋务运动》（一），上海人民出版社1961年版，第182—183页。

④ 李守孔：《中国近代史》，三民书局1979年版，第64页。

⑤ 有关当时海军经费之挪用，参见吴相湘《清季园苑建筑与海军经费》，载中华文化复兴运动推行委员会主编《中国近代现代史论集》（第八编《自强运动》（三）军事），台湾商务印书馆1985年版，第221—228页；包遵彭《清季海军经费考实》，载中华文化复兴运动推行委员会主编《中国近代现代史论集》［第八编《自强运动》（三）军事］，台湾商务印书馆1985年版，第186—200页。

洋枪炮、船只等计划均暂停两年。①而缺乏维持经费的结果，致使海防趋于松弛、装备无法更新、弹药补充与汰换难以完成，而这些因素，均为甲午战败的重要原因。甲午一役北洋海军舰队全军覆没，战后更导致海军衙门裁撤，洋务运动二十年来的海防经营，至此灰飞烟灭，令人不胜歔歎。

事实上，推动洋务运动的精英，成长于传统华夷体系天下概念环境，其所构思的因应方案亦受此约束。清帝国回应外来压力的核心是："帝国统治的合理性与合法性不容挑战"，当西洋人以"船坚炮利"突破虚幻的"天朝大国"假象时，华夷概念正好提供避难空间，使其以为只要施以小惠，就能换取"蛮夷"加入华夷秩序体系，如此则将使西方冲击局限在可控制范围内。②故当洋务运动的内容，涉及根本的组织结构变革，而影响到组建"皇权"控制与支配的基础时，自然就必须果断地切割。故当太平天国起义被弭平，军事胜利形成的假象型自信，随即蔓延全国③，由此印象所形成的"指标性意象"（iconic）④，更界定了保守与洋务派之间，诸多认知冲突中少有的共识。终在华夷概念的框架下，相信只要效法西洋器物即可强国，致使流于舍本逐末，而回应的失败也就成为合理之历史发展规律。

检讨清帝国海防实践失败的原因，经费不足，以致不能持续有效地进行，系关键点，然而政府效能不彰，政局以迎合中枢为尚，缺乏进取，短视近利则属社会结构缺陷。固然此等因素与清末的政治腐败现象，以及慈禧（1835—1908）操纵政局有关。然而在同治初年，慈禧尚能将政权委托奕䜣、文祥（1818—1876）等改革派来处理，而朝野亦多有力图自强的意识。惟至同治后期，慈禧权力日渐扩张，光绪即位之后，甚至动用海军工程款项整修庭园，无视外患日亟，如此行为之根本又在何处？论者或说，系慈禧借败战之机，罢废新政大臣，任用醇亲王奕𫍽（1840—1891）

---

① 参见台湾银行经济研究室编《清德宗实录选辑》，台湾银行1964年版，第248页；故宫博物院：《宫中档光绪朝奏折》第六辑，台北故宫博物院1973年版，第326—327页；吴相湘：《从屈辱的马关条约到日本无条件投降》，载吴相湘《现代史事论丛》，远东图书公司1999年版，第204页。

② 石之瑜：《近代中国对外关系新论》，五南书局1995年版，第150—152页。

③ 同上书，第153—154页。

④ 相关论点参考 Kenney Boulding, *The Image: Knowledge in Life and Society*, Michigan: University of Michigen Press, 1977, pp. 97-114; Karl Deutsh, *Analysis of International Relations*, New Jersey: Prentice-Hall, 1968, p. 85。

及孙毓汶（1834—1899）入主军机处，加上曾国藩等汉族重臣陆续过世，仅李鸿章一人孤掌难鸣，因而海防不能落实，中枢领导乏人，经费无以为继，实为其主因。① 然如此说法，虽谓之持平，但言仅中其一。事实上，传统文化的天下观，在自强的努力遭受外部冲击而挫败的同时，系直接导致再次回应无以为继的严重后果，在当时的社会整体环境与认知下，若欲建构中国海权的落实发扬，在外部因素的检讨之下，亦存在着先天无法克服的困难。毕竟在一个不完整的现代化过程之中、在一个东西体系冲突的环境里，要建构一种以西方世界体系为背景架构的海上武力，存在着难以克服的障碍。

四　船政的实践与海防体制建构以及后续之影响

鸦片战争引发的千年未有之变局，属于由危机引发军事现代化进而带动工业、制度等面向发展的"外发型现代化"（Exogenous Modernization）过程，在这样的发展模式之中，进行"现代化"的国家虽借镜于较为现代化社会的一些经验与技术，但传统诏知与现代化社会结构却未能相应融合，在某些程度上是相互排斥甚至敌对的状态。② 古老中国的海防概念虽然在外力压下有所转换，今日，海洋、海权的发展与实践还是零散而局限，其中关键的认知分别如下。

（一）外发型现代化海军建设的局限

鸦片战争后，现代海军的建设并非来自西洋的海上入侵，而是在应付太平天国时，欲"商派火轮船入江助剿"的奏议③，以及之后引发的"阿思本舰队事件"。而在自强运动开始之初，忧患与挑战纷至沓来，一方面洋务运动系在外患压力之下的仓皇应对；另一方面在内部先有皇位之争、后有太平天国起义，加上财政窘迫、吏治积弊，致使回应挑战的先天环境

---

① 李剑农：《中国近百年政治史》（上册），商务印书馆1947年版，第121—127页。
② 参见罗荣渠《现代化新论》，北京大学出版社1993年版，第123页；Egra Vogel, *The Four Little Dragons: The Spread of Industrialization In East Asia*, Cambridge: Harvard University Press, 1991; Marion J. Levy, Jr., *Modernization and the Structure of Societies: A Setting for International Affairs*, Princeton, New Jersey: Princeton University Press, 1966, pp. 35-38, 129-130。
③ 夏燮：《中西纪事》卷11，岳麓书社1998年版，第25页。

不良。海防空虚的问题，难以解决。海、塞防争议，虽然以"海陆防并重"为结论，但1875年的指示却以"南北洋地面过宽，界连数省，必须分段督办"① 来执行。另外在筹议海防之诸多办法中，丁日昌的《海洋水师章程》虽然最为经典，但依旧充满陆上用兵的思考。认为海防布署"分为三路：一曰北洋提督，驻扎大沽，直隶、盛京、山东各海口属之；一曰中洋提督，驻扎吴淞口，江苏、浙江各海口属之；一曰南洋提督，驻扎厦门，福建、广东各海口属之。"而运作方式则以"无事出洋梭巡，以习劳苦，以娴港汊，以捕海盗；有事则一路为正兵，两路为奇兵，飞驰援应，如常山蛇，首尾交至。"② 从此，三洋海军分段各自负责的区域海防概念逐渐深入人心，海防与海权概念的混淆，迄今未见改善。③

（二）传统陆权结构下的海防因应

鸦片战争后的战争检讨多数集中在器物方面，诸如广西巡抚梁章钜（1775—1849）即指出："何以一船未破，一炮未中？是知炮不在大，不在多，并不专在仿洋炮之式，惟在能中与不能中。"其他有关努力改善海防实力的建议甚多，然系以传统技艺改革为出发点，而锐意提升海防实力的作为与改善工程，在1847年3月的第二次鸦片战争中，④ 再次受到严重挑战。"仿古屯田、团练协守"等旧式思维与方法的因应措施，在面对新式炮舰攻击时，根本无法抗衡。受到败战的现实刺激，军队的陈腐落后，终于被正视。八旗、绿营"靖内患或有余，御外侮则不足"，"若不及早自强，变易兵制，讲求军实，……可危实甚"。然而即便李鸿章对时局有所体悟，但对新式海军的建构与运用亦仅在于：艇船师船概行屏逐，

---

① 专责李鸿章督办北洋海防事宜，沈葆桢督办南洋海防事宜。
② 宝鋆等编：《筹办夷务始末》同治朝，卷55，文海出版社1971年版，第21页。
③ 何燿光：《台海安全维护海权与海防的概念冲突——我国的海权迷失》，2017年海洋文化国际学术研讨会（近代以来东亚海域的文化交流与军事活动）论文，基隆，2017年12月，第1—22页。
④ 鸦片战争后，清帝国上下，大都心有不甘，广东民间反英情绪高涨，而朝廷则以羁縻夷人、固结民心为主，后见民心可用，相当程度上建构了地方官员处理民间涉外纠纷的模式，英国驻港总督 Sir. John F. Davis 因处理纠纷较为理性，而被外商视为懦弱，1847年3月初，六名英人于佛山健行时与民众发生纠纷，事件扩大后，Davis 认为强硬作为之时机已到，遂派军攻击虎门炮台，并直逼广州城。参见郭廷以《近代中国史纲》，晓园出版社1994年版，第95—97页；[英] 罗伯·布雷克《怡和洋行》，张青译，时报出版社2001年版，第133页。

仿立外国船厂,求购西洋机器,先制夹板火轮,次及巨炮兵船,然后水路可恃。① 对当时的精英而言,海军也仅是移动速度较快、火力稍强的"水师"而已。

自强新政中,海军造舰自始即以剿灭"太平天国"为目标②,而"阿思本舰队"事件,除延迟近代中国海军建军的时间外,更使对外洋之疑虑加深、对新建武力信心之打击③,也为自强运动推展者的内在认知,构筑一种以自身经验为基础来应对西洋挑战的信心来源。④ 另外,清末国家财政上的困难,也成为此后整体国防建设的重要限制。诚如奕䜣所言:"海防之说,创自十年以前,中外纷如聚讼矣。然购船购炮,所费不下数千万,而临事仍无甚把握。防倭、防俄,所费亦不下十余万,而沿海仍无甚规模。"⑤ 国家财政不足以同时应付各种挑战,实为清末各项发展之根本困境。然而,西方透过海权扩张、维系海洋贸易进而充实国家财政的演进概念,却无法被朝野接受。在资源有限以及无法突破"避谈海贸、以免动摇国本"的心态下,就连左宗棠之辈也只能说,"惟有坚筑营垒、固守炮台、以逸待劳、出奇制胜"了。⑥

(三) 传统中国海洋观建构与发展限制

就海权认知来检验,基本上可以发现,清帝国的海洋发展存在以下若干与海权理论和运作的背离,其中包括:现代海权思想的认知局限;海权思想的精致化未完成;防御性海防认知的主导;传统社会运作系统阻碍以及皇权的不可挑战。首先就现代海权思想的认知在清末发展的局限问题来思考。在传统士大夫的认知当中,"严夷夏之防"本为儒者的天职,在西

---

① 李鸿章:《李文忠公全书》朋僚函稿,卷5,文海出版社1962年版,第34页。
② 曾国藩:《曾国藩全集·奏稿》(三),岳麓书社1994年版,第1602—1603页。
③ 参见吕实强《中国早期的轮船经营》,台湾"中研院"近代史研究所1987年版,第114—116页;何燿光:《对清末建构现代化海军之理解——谈阿思本舰队事件的认知》,《海军学术月刊》第37卷第7期,2003年7月,第4—22页;Mary C. Wright, *The Last Stand of Chinese Conservatism: The T'ung-Chih Restoration, 1862-1874*, Standford: Standford University Press, 1957, pp. 217-218。
④ 例如曾国藩就认为作战胜利的根本在于训练、士气与指挥,至于兵器则属末节。曾国藩:《曾国藩全集·书信》(五),岳麓书社1994年版,第3395—3396页。
⑤ 台湾银行经济研究室:《法军侵台档》上册,大通书局1987年版,第4页。
⑥ 赵慎畛、孙尔准等纂:《道咸同光四朝奏议选辑》,大通书局1984年版,第5页。

力东渐的乱世中,"中学为体,西学为用"系思考引用西方技艺的极限,但洋务改革断不能导致"国家礼义廉耻为无用"①,此为整个自强运动的核心思维。于是,无论是曾国藩的"师夷智以造炮制船",左宗棠的"仿造轮船,以夺彼族之所恃"②,李鸿章的"以求洋法、习洋器为自立张本"③,局限在器物之改革。其次,就海权思想的精致化问题来说,传统中国对于海洋生疏与相对陆上经验的丰富,亦使得海权思想背后的海洋支配与资本主义驱动能量,无法内化人心,即便如丁日昌能在当时提出诸如《创建轮船水师条款》《海洋水师章程》《海防条议》等相对较佳的海军主张,但基本上也都明显存在陆上用兵的概念。

(四)防御性海防认知的建构

防御性海防的概念成形于魏源的《筹海篇》中,以"守"为"攻夷"、"款夷"之本,认为"不能守何以战?不能守何以款?"唯有"以守为战,而后外夷服我调度,是谓以夷攻夷。以守为款,而后外夷范我驰驱,是谓以夷款夷。"因此在实践作为上,认为"守外洋不如守海口,守海口不如守内河",强调战夷之道有二,未"款"之前,应运用列强之间隙,"调夷之仇国以攻夷";既"款"之后,则宜作久远图谋,"师夷长技以制夷"。就海军运用战略思想发展而言,由于海军力量薄弱,"若角逐于海洋之中,实未敢言有把握",于是在"水战不足恃"的条件与环境下,"不争大洋冲突,无事时则巡缉洋面,有事时则防堵海口",不必与敌争战于大洋,而"以守口为急","设险自守"就形构出"守外洋不如守海口,守海口不如守内河"的主张,正显示出传统上以陆权为本的海防思维,④而以防御为主的概念,在日后的海防策略与海军发展上,不但无法发展出攻击性的海军,更在甲午战争时期导致全部损失于威海卫港内的悲剧。而这种固守海口、与岸炮配合的陆权式海防思维,则影响至今。

---

① 中国历史学会主编:《洋务运动》(一),上海人民出版社1961年版,第121页。
② 左宗棠:《左文襄公全集》,书牍(卷7),文海出版社1964年版,第25页。
③ 台湾"中研院"近代史研究所编:《海防档》(丙)机器局,台湾"中研院"近代史研究所1957年版,第3页。
④ 参见中国历史学会主编《洋务运动》(一),上海人民出版社1961年版,第61、144页;中国历史学会主编:《洋务运动》(二),上海人民出版社1961年版,第467页;谭传毅:《现代海军手册》,时英出版社2000年版,第154—160页。

(五) 社会建构的条件

就传统社会运作系统的阻碍问题来看，士大夫之间的权力争夺、贪污、阿谀、奉承等社会人际的系统性运作，也是海权难以内化的重要因素。其中诸如重修圆明园引发的奕䜣与慈禧之间的权力斗争①，致使奕䜣、文祥等反对者被屏除于决策核心之外，相对也使清末皇室之中的改革认知力量大幅削减。另外诸如在封疆大吏之间的权力分配上，掌握军事武力以自重的忧虑，亦直接反映在左宗棠的忧虑之中："若划为三洋，……则畛域攸分，翻恐因此贻误。……三提督共办一事，彼此势均力敌，不能强三提督以同心，则督抚亦成虚设。议论纷纷，难言实效。"② 以致虽然《北洋海军章程》规定各舰队借调操演"即暂归北洋提督节制，……不得稍分畛域"③ 但事实上，在各有隶属状况下，"不分畛域"仅限于文字的规范而已。及至甲午战前和战争议不休，主和派寄希望英国调停，希望日本或"有悔祸之心，情愿就商"，"仍可予以转圜"④，而如此的贻误战机，根本原因就在于后党与帝党间的权力斗争。

五 结论

19世纪中国与西方的对抗，在连连的失败创伤下，先由知识分子，再扩及平民百姓，开始逐步认真检讨，然而传统势力和意识形态并未退出晚清的历史舞台。在中西多样文化价值冲击的同时，表现在外的形式包括：（1）顽固、保守的对外防备心理以及对自我文化精神的误解与夸耀；⑤（2）中学西用式的技术与军事建设；（3）全盘西化、全面否定的

---

① 李宗侗、刘凤翰：《李鸿藻先生年谱》上，（台湾）学术著作奖委员会1969年版，第207—209页。

② 左宗棠：《左文襄公全集·书牍》（卷14），文海出版社1964年版，第56页。

③ 谢忠岳编，《北洋海军资料汇编》下，中华全国图书馆文献缩微复制中心1994年版，第1042页。

④ 故宫博物院文献馆编印：《光绪朝中外交涉史料》第14卷，国立北平故宫博物院1932年版，第40页。

⑤ 这里的文化概念系指用以诠释自我、并以最能表达对自己的成就和自我本质的自豪感作为核心的概念，参见 Norbert Elias, *The civilizing process: Sociogenetic and Psychogenic Investigations*, Oxford Cambridge: Blackwell Publishers, 2000, p. 2.

交错模式显现;①（4）学问既无穷尽，亦无方体，不必以中西别之的气度。② 而这种对西方与现实认知不全的影响，反映出更严重的传统势力借机反扑与排外情绪的增长。

1866年福建船政局的创建显示出，对海上防卫问题的忧虑、思考，已逐步成为清帝国所关注的焦点；加强海防建设的主张，成为国防政策，并据以落实、实践。综观当时的海洋形势，"泰西各国，火轮兵船直达天津，藩篱竟成虚设，星驰飙举，无足当之"，而且，"自通商以来，各海口大小码头，番舶鳞比，而中国海船则日见其少，其仅存者船式粗笨，工料简率，海防师船尤名存实亡，无从检校，致泰西各国群众轻视之心，动辄寻衅逞强，靡所不至。"为改变这样的形势，必须"防海之害而收其利"，而如此则"非整理水师不可；欲整理水师，非设局监造轮船不可"，而从现今的视角，检视左宗棠当时的认识与主张，也必须承认在百年之前的社会氛围与知识体系影响之下，而能有如此清晰的分析与理解，不能不予以赞扬与肯定。于是决定在"闽省择地设厂，购置机器，雇募洋匠，试造火轮船舶，实系当今应办急务"，应"认真讲求，必尽悉洋人制造驾驶之法"③，力求改变中国海防现状，抗御西方国家的海上入侵。福建船政局的创立，在历史意义上，系接续鸦片战争之后，林则徐、魏源等海防意识觉醒的鼓吹，开始务实面向海洋的起点，然而，重陆轻海的国防观自始未能彻底改变，历次海防筹议之后的结果，最多是形式上的"陆海防并重"，受限于经费与资源限制，不足以分配而又须平均兼顾，于是"人"的因素就成为关键。

1879年冬，沈葆桢去世之后，"海军之规划，遂专属于李鸿章"④，而继任的两江总督兼南洋大臣更是更换频繁，其中除左宗棠之外，刘坤一、曾国荃（1824—1890）等，对海防建设的态度与能力上，均属优柔乏力，致使南洋海军的发展，明显落后，影响力更趋薄弱。尤其是中法战争之后，船政局毁于战火，南洋在海防事务上的重要性与影响力就更加软弱。虽然，

---

① 王尔敏：《晚清政治思潮之动向》，载王尔敏《中国近代思想史论》，台湾商务印书馆1995年版，第165—208页；王尔敏：《晚清政治思想及其演化的原质》，同上书，第1—30页。
② 熊月之：《西学东渐与晚清社会》，上海人民出版社1994年版，第729—731页。
③ 中国历史学会主编：《洋务运动》（五），上海人民出版社1961年版，第5—6、10、19页。
④ 池仲祐：《海军大事记》上卷，重庆海军总司令部1943年版，第6页。

战败的刺激使清廷开始认真思考海军指挥的问题,认为"当此事定之时,惩前毖后,自以大治水师为主"①,也使得海军衙门得以成立,但海军建设的不平衡发展态势已成,南洋海军"遇有战事,断难得力"的概念与认知,甚至认为"南洋与北洋迥不相同",北洋"非得大号铁甲兵轮,不足以壮声威而足悍卫",而南洋"即有大号铁甲兵轮,于闽、粤亦鞭长莫及……自不能飞越。即浙江近在肘腋,易为犄角,似无须此等笨重之船,转难操纵自如",然而,自动缩减的海军规模,又限于"度支拮据,从何掘罗?忝领财赋之区,苦无管、桑之策",最后索性交由李鸿章"统筹全局"。② 以一个担负海防发展的核心主事者,却又如此的力不从心,束手无策,更加上李鸿章原本竟不信任福建船政的造舰技术③,也无怪船政后期的发展,就近乎是"食之无味、弃之可惜"的困窘。

  从威胁建构的角度来看,清帝国的地缘威胁认知基本上接续传统中国的程序概念,国防的核心在于陆地的安全,19世纪40年代以后,海洋威胁发生之时,整体社会与知识系统的理解均不完整,建厂、造船的原初目的在于平息内乱,需求动力不足、海权认知无法平行发展,人事、经费均有局限,可以说是先天不良外加后天失调。作为中国现代化历史过程中的肇始、创基的历史意义与价值上,福建船政局确有其无可取代的重要意义,但同样的,其衰败、没落的历史事实,也给后人在叹息之余,提供另一个重要的历史经验,即对于后发型现代化而言,器物改革是最容易被察觉、宣扬的部分,但器物现代化绝对不是现代化,对后发型现代化国家而言,欲成功发展、转换、完成现代化的逻辑模式,必须能同时在结构工业化、价值形塑、社会分疏化等各个部分进行转换,之后才能建构综合力量的积累。④ 海权认知在中国近代化过程中一直被误植为海防认知,其中的历史实践过程,基本上也与船政的发展息息相关。

---

  ① 中国历史学会主编:《洋务运动》(二),上海人民出版社1961年版,第559页。

  ② 刘坤一、欧阳辅之编辑:《刘忠诚公(坤一)遗集·书牍》卷9,文海出版社1968年版,第61页。

  ③ 马幼垣:《北洋海军"平远"舰考释》,《岭南学报》新第二期(2000年10月),第207—217页。

  ④ Cyeil Edwin Black, *The Dynamics of Modernization: A Study in Comparative History*, New York: Harper & Row, 1966, pp. 67-68.

军事技术发展策略的调整与福建船政局的成就

黄松平[*]

重陆轻海的军事战略文化必然带来陆军军事技术和海军军事技术上的非均衡发展。晚清军事战略文化由重陆轻海向陆海兼顾变迁后,军事技术的发展策略也由非均衡发展变迁到均衡发展,海军(水师)和与海军(水师)相关的军事技术获得了跨越式发展,鸦片战争前与西方发达国家之间的巨大差距有所减小。

一 军事技术非均衡发展策略导致的水师装备的衰退

在鸦片战争以前的清朝历史中,除了收复台湾的短暂时间外,清政府从未在海上遇到实质性的挑战。庞大的帝国仅仅凭借其相对强大的陆军和遍布全境的塞防就可以确保其平安无事。因此,相对而言,清政府在相当长的时间内较为注重火药改进、枪支仿造、火炮铸造等陆军武器装备发展,对海军(水师)及其相关军事技术则相对轻视,致使清军水师与全盛时期的明朝水师相比有很大的衰退。

(一)清军水师实力基本情况

清军虽在沿海各省设有水师,但由于清朝极力推行"海禁"政策,实施的是"守土型"的国防战略,重陆防而轻海防,使清朝失去了发展海军(水师)的根本动力,特别是1797年,"清政府下令将沿海战船'一律改小',清水师只能戍卫近海而不能出洋作战。"[①] 这一政策直接导致清军战船技术与民船技术不分,大型战船几乎绝迹,此后服役战船排水

---

[*] 黄松平,国防科技大学系统工程学院博士后,讲师。
[①] 李斌:《清代传统兵学的衰落与"师夷制夷"战略思想的形成》,《故宫博物院院刊》2002年第3期。

量多在 10 吨以下，"最大排水量在 250 至 300 吨之间。"① 其装备的火器也大多是旧式枪炮和各种传统的燃烧性火器。每船安放炮位数量不等，通常是中型火炮 1 门，小型火炮 4—6 门。因受船体限制，再多便会使船身摇晃。与明代军事强盛时期相比，清代水师的装备，包括船型、舰船的数量、武器和作战战术，"不但没有发展和突破，反而日趋退化"②。如明朝水师的全盛时期，沿海各卫所共有战船 2700 艘，19 世纪中期清朝仅有战船 800 余艘；③ 明朝水师战船通常可配备 400 人，但清朝水师在鸦片战争时，平均配员只有 100 人左右；而且清朝水师战船类型差异太大，战船类型高达 27 种（其中有 5 种也适用于内河）。严格地说，清朝水师只是一支对付海盗的武装，既缺乏远海作战的实践，也从未有过管理体制上的集中统一。

清军水师战船式样如此陈旧落后，其战船建造更是处于分散状态，没有战略性的造舰基地，维修补造又很差，损坏的战船很难得到及时修补。1859 年，郭嵩焘受命襄助僧格林沁亲王布置津沽鲁东防务，他在查看登州水师时称："有旧战船六七只，损坏过半。"④ 实际上，鸦片战争爆发时，清军水师装备的基本上都是木质风帆平底战船，不但机动性能远逊于英军，并且在船载武器方面火器与冷兵器并用，大致枪炮等火器占 70%，刀矛等冷兵器占 30%，其中火器就有红衣炮、碗口炮、鸟枪、火箭、喷筒、火罐、火号、箭箱、溜桶等落后的制品。甚至还有装备油脂与薪草的火攻船，试图用传统的中古的火攻方式战胜西方坚船利炮。

鸦片战争之前，英国东印度公司派遣林赛与郭士立在中国沿海进行侦察和测量航道的间谍活动时，林、郭二人就断定清军水师不堪一击。他们认为："由大小不同的一千艘船只组成的整个中国舰队，都抵御不了一艘战舰。"⑤ 1835 年，他们在给时任英国外交大臣巴麦尊（1784—1865）的

---

① ［美］约翰·罗林森：《中国发展海军的奋斗（1839—1895）》，苏小东、于世敬译，海军军事学术研究所 1993 年版，第 3 页。

② 吴杰章、苏小东、程志发：《中国近代海军史》，解放军出版社 1989 年版，第 9 页。

③ ［美］约翰·罗林森：《中国发展海军的奋斗（1839—1895）》，苏小东、于世敬译，第 9 页。

④ 郭嵩焘：《郭嵩焘日记》（第一卷），湖南人民出版社 1980 年版，第 252 页。

⑤ 列岛：《鸦片战争史论文专集》，生活·读书·新知三联书店 1958 年版，第 110—111 页。

信中写到，侵略中国只要一艘主力舰、二艘大巡洋舰，六艘三等军舰、三十四艘武装轮船，加上六百人的舰载陆上部队就足够了。林赛以极其轻蔑的语气断定，这支舰队"会在很短的时间把沿海中国海军的全部威信一扫而光，并把数千只土著商船置于我们的掌握之下"①。甚至有观点认为，在 19 世纪 60 年代以前，中国还没有近代意义上的海军。外国评论家辛辣地讽刺中国仅有"几只又小又笨的河船，目的只是在海岸执行任务，装有小型铁铸的炮，这些炮，只有对船上的水手们是危险的，这些船就是要逃跑也不够快"②。因此，在英国学者马士编著的《东印度公司对华贸易纪事》中，"大约有十二处提到中国水师，但没有一处是用赞扬的口气来描写这一朝廷政策的实施者的"③。

（二）清军舰船落后的生产管理制度

道光庚子海衅骤开，清军水师"器械之窳，舰船之旧，至是毕见。"④ 同时也证明了外国观察家的判断决非夸张之词。这种落后状况的形成既与清朝的"重陆轻海"的军事战略文化有关，也与军工生产管理制度有关。

清朝对于制造武器装备的工价和各种原材料价格均有详细规定，一般每十年才调整一次，而这种调整又往往不能反映各地工价和物价的上升趋势。明文规定与实际情况的脱节，"这就使得火器、火药的制造者无利可图，反而时常可能亏损。"⑤ 这在战船制造方面表现得尤为突出。晚清张集馨（1800—1878）在福建漳州任职时，曾经每月督造战船一只，对造船赔本之事就有着真实而详细的记载："每修造一船，道中少则赔银千数百元，多则赔三四千元。"⑥ 更让造船厂苦不堪言的是，"每有船只造成，驶出海口，咨请水师收功领用，乃延搁竟至一年半载，海风飘荡，烈日熏蒸，及至牒请，至查来收功时，油色不能鲜明，不肯领用，又复重新修

---

① 列岛：《鸦片战争史论文专集》，生活·读书·新知三联书店 1958 年版，第 41 页。
② 中国史学会：《洋务运动》（八），上海人民出版社 1961 年版，第 473 页。
③ [美] 约翰·罗林森：《中国发展海军的奋斗（1839—1895）》，苏小东、于世敬译，海军军事学术研究所 1993 年版，第 12 页。
④ 徐泰：《洋务运动新论》，湖南人民出版社 1986 年版，第 43 页。
⑤ 刘鸿亮：《第一次鸦片战争时期中英双方火炮发射火药的技术研究》，《福建师范大学学报》（哲学社会科学版）2007 年第 4 期，第 117 页。
⑥ 张集馨：《道咸宦海见闻录》，第 63 页。

饰，更添赔累。"① 因此，清代军用造船厂所造额设之船，因监造者不肯赔累，偷工减料就势属必然。这导致清军水师战船的质量低劣无比，"板薄钉稀，一遇风涛颠播，必至破坏不堪适用"②。境外媒体对清军水师评价亦很低，《澳门月报》称："中国海上水师之船，较之西洋各国之兵船则不但不能比较，乃令人一见，即起憎恨之心。"③ 无独有偶，1840 年 4 月 4 日的《澳门新闻纸》也曾报道："见得中国之水师，向来不惯打仗，不过恃有谋算，是他们一半勇气。中国水手不谙驾船，略为操演，即为师船上之好水手。"④ 他们甚至认为以欧洲最少小队之兵，即可以向清军水师发动攻击。清军水师因承平日久，自知不善战，一遇海上战事大多采取消极避战的态度。对此，外文报纸可谓洞若观火："故每事只用柔治，其防守之兵，有事只闻炮声而已。水师船遇西洋并无军器之商船，尚抵挡不住，何况兵船？"⑤ 诸如此类的评价很多，鸦片战争的惨败证明这些评价是十分中肯的。第一次鸦片战争后，英国的坚船利炮开始为人们所认识。沿海各省开始纷纷建造大船，似有振兴水师之雄心。然而没过几年，改良水师的计划则不了了之。20 年后爆发的第二次鸦片战争，清军水师仍不见坚船巨舰，"仍是清中叶已有的红单、拖风、米艇等式样"⑥。

（三）同期英军先进的舰船技术

参加第一次鸦片战争的英军舰队，据密切关注军事的恩格斯考证包括："两艘装有 74 门炮的军舰，8 艘巡航舰，许多轻巡航舰和二桅横帆舰，12 艘蒸汽舰和 40 艘运输船；全部兵力，包括海军和陆战队在内，共计 15000 人。"⑦ 这些英军战舰排水量平均达到 800 吨，载炮多者 120 门，少者亦达 10 多门。战舰底面皆有铜片包裹，厚一二分，可防虫防火。整个船底厚七八尺，表里两层，抗沉性较好，所以又称之为"夹板船"。英

---

① 张集馨：《道咸宦海见闻录》，第 63 页。
② 魏源：《海国图志》（四），岳麓书社 2011 年版，第 1995 页。
③ 中国史学会：《鸦片战争》（二），上海人民出版社 2000 年版，第 524 页。
④ 同上书，第 459 页。
⑤ 同上书，第 543 页。
⑥ 茅海建：《近代的尺度：两次鸦片战争军事与外交》，生活·读书·新知三联书店 2011 年版，第 95 页。
⑦ 《马克思恩格斯军事文集》第四卷，战士出版社 1982 年版，第 84 页。

军此时已开始装备小型蒸汽动力轮船,"无风无潮,顺水逆水,皆能飞渡。"① 以 1839 年下水的内梅赛斯号汽船为例,该船排水量 630 吨,长 184 英尺,宽 29 英尺,由 120 马力的引擎驱动,装备有 2 门 32 磅的大炮,5 门 6 磅小炮,10 门小回旋炮和一台火箭炮,在侵华军事行动中装载大约 90 名官兵。② 正因为如此,晚清学者包世臣(1775—1855)将"船只之坚固"视为"英夷之长技"之首,认为船只和火器,"二者皆非中华所能"。③ 蒸汽机推动的战舰也成了清军震惊与恐惧之源。"在 1841 至 1842 年鸦片战争的几次战役中,装甲舰'复仇女神号'的机动性和火力对中国的守军来说是一个灾难,他们轻易地被一扫而光。"④ 同时,英国舰船全都装备了先进的导航技术,运用望远镜观察。更为严重的是,清军水师官兵缺乏军事技术素养,具有代表性的水师军官们对外海航行缺乏经验,甚至连航位计算法也没有应用。在这些中世纪军事领导人的管理下,"近代清军战术的改变远比军中兵器的改变慢得多,过去陈旧的战术方法久被沿用。"⑤ 鸦片战争前,清军水师仍将中古时代的接舷战视为近代海战的主要作战方式,重点训练火攻和"爬桅跳船各技"。⑥ 具有开放眼光的林则徐虽然在购置洋船方面不遗余力,但在训练方式上没有迈开步伐,仍然让水师官兵演习传统的"攻首尾、跃中舱之法"。⑦

二 福建船政局:均衡发展策略下海军技术进步的缩影

新中国首任海军司令员肖劲光大将在为《清末海军史料》所作的序言中指出:"丧权辱国的遭遇,使统治阶级中的一些人开始清醒。他们主张'师夷长技以制夷',建议设船厂,练海军,加强海防,抵抗侵略。这

---

① 皮明勇:《关注与超越——中国近代军事变革论》,河北人民出版社 1999 年版,第 225 页。

② W. H. Hall and W. D. Bernard, *The Nemesis in China*, London: H. Colburn Press, 1846, pp. 2–6.

③ 中国史学会:《鸦片战争》(四),上海人民出版社 2000 年版,第 465 页。

④ [美] 保罗·肯尼迪:《大国的兴衰——1500—2000 年的经济变迁与军事冲突》,王保存等译,求实出版社 1988 年版,第 184 页。

⑤ 牛俊法:《论近代清军的装备与战术》,《史学月刊》1985 年第 6 期,第 67 页。

⑥ 中国史学会:《鸦片战争》(二),上海人民出版社 2000 年版,第 223 页。

⑦ 魏源:《魏源集》(上),中华书局 1983 年版,第 174 页。

些主张得到了清廷中一些具有维新变革思想的人们的支持。同治光绪年间，曾大力筹款，购船造舰，兴办海防，整建海军。经过多年的筹措经营，清海军曾建有相当规模的舰队，当时居世界海军第四位。旅顺、威海等地建立了有一定设施的军港，马尾、南京、天津、黄埔等地的海军学堂还为船队培养了大批人才。"① 这是新中国海军事业的主要创立者对洋务运动时期海军技术发展的实事求是的评价。著名历史学家蒋廷黻同样对光绪十年左右的中国海军给予了极高评价："纪律很严，操练也勤，技术的进步很快，那时中国的海军是很有希望的。"②

（一）福建船政局创办的缘起

第一次鸦片战争，英国坚船利炮教训了清朝统治者们，于是有了"购舰外洋以辅水军之议"。③ 林则徐等积极筹办海防，并有购买舰船火炮的开创之举，开启了旧式水师向筹建近代海军的转折之门。鸦片战争结束后，新式水师的建设也就戛然而止。直到19世纪60年代，当西方轮船成功地将李鸿章的淮军从安庆越过太平军的长江防线运到上海时，中央和地方当权者才普遍认识到现代海军的军事价值，建立新式海军的事宜被再次提上日程。英国驻华公使普鲁斯和参赞威妥玛也竭力建议清政府购买西洋军舰建立海军，清政府于是把建立新式海军当作要事来抓，随后便有了"阿思本舰队"事件的发生。"阿思本舰队"遣散后，洋务派便试图自造军舰，以解决建海军急需的舰艇问题。《清史稿》对海军的创始过程则记载如下："曾国藩、左宗棠诸臣建议设船厂、铁厂。沈葆桢兴船政于闽海，李鸿章筑船坞于旅顺，练北洋海军，是为有海军之始。"④

在19世纪中后期，海军实力的强弱是大国地位的主要标志。晚清时期，为使中国军事近代化而付出的努力主要是不惜人力、财力建设一支海军。在这种局势下，海军军事技术获得了前所未有的发展，福建船政局是晚清海军军事技术跨越式发展的一个缩影。1866年6月25日，左宗棠自告奋勇连上两折，向朝廷提出设局造船的主张，他在第一份奏折中指出："欲防海之害而收其利，非整理水师不可；欲整理水师，非设局监造轮船

---

① 张侠等：《清末海军史料·序》（上），海洋出版社1982年版，第3页。
② 蒋廷黻：《中国近代史》，上海古籍出版社2006年版，第39页。
③ 赵尔巽等：《清史稿》第一十四册，中华书局1976年版，第4029页。
④ 同上。

不可。泰西巧而中国不必安于拙也，泰西有而中国不能傲以无也。"① 他并且从海防、商业、民生和漕运四个方面，阐述了"非设局急造轮船不为功"的理由。左宗棠的这份奏折，得到有识之士的高度评价。谭嗣同在《上欧阳中鹄书》中说："善夫！左文襄请造轮船之疏"②。在名为《复陈筹议洋务事宜折》的第二份奏折中，左宗棠进一步指出创办船政局的紧迫性。三年前的如鲠在喉的"阿斯本舰队"事件，清政府当然记忆犹新，左宗棠提议设厂自造，比向外国购买的办法更容易使清政府接受。因此，不到一个月，其奏稿就获得了朝廷的批准。值得一提的是，一直留心海防的江苏布政使丁日昌在1867年首次提出了创设外洋海军的具体方案：建议制造"根驳船约三十号，以一提臣督之，分为三路：一曰北洋提督……；一曰中央提督……；一曰南洋提督……。有事则一路为正兵，两路为奇兵，飞驰援应，如常山蛇首尾交至，则藩篱之事成，主客之形异，而海氛不能纵横驰突矣"③。

（二）福建船政局的技术成就

福建船政局成立之初，"中国于汽机制造之学一无闻见，不能不借才荒裔，聘订法员日意格、德克碑为正副监督，并法员匠数十人以为导，使国人就而学焉。师其所长，即以立海军之基础。"④ 船政局于1868年1月开始建造第一艘轮船——"万年清"。一年半后，"万年清"便由管驾贝锦泉驾驶出海，试航成功。沈葆桢事后对这次试航有专门奏折："随于大洋中饬将船上巨炮周回轰放，察看船身，似尚牢固，轮机似尚轻灵，掌舵、管轮、炮手、水手人等亦尚进退合度。"⑤ 同治十二年，因中国技术人员"于制造之技渐能悟会，厂屋机器亦渐臻完备，遂于是年十二月遣散洋员匠回国。"⑥ 此后，福建船政局完全走上了自主设计制造的道路。1876年下水的"艺新"轮则是由福建船政局培养的军事技术人才吴德章、罗臻禄、游学诗、汪乔年等自己设计制造的第一艘轮船。这充分表明：

---

① 左宗棠：《左宗棠全集·奏稿》，岳麓书社1989年版，第61页。
② 谭嗣同：《谭嗣同全集》上册，中华书局1981年版，第157页。
③ 张侠等：《清末海军史料》（上），第1—2页。
④ 同上书，第143页。
⑤ 中国史学会：《洋务运动》（五），上海人民出版社1961年版，第87页。
⑥ 张侠等：《清末海军史料》（上），第143页。

"船政局在制造轮船方面,已由依靠外国转入自己独立制造,是船政局初步发展的一个重要标志。"① 该年,一位英国海军军官随英国兵船田凫号来到中国,在参观马尾船政局后认为:船厂所制产品,其"技艺与最后的细工,可以和我们英国自己的机械工厂的任何出品相媲美而无愧色"②。此后,船政局制造的铁胁舰"威远"则实现了由制造木质轮船到铁质轮船的重大转折,亦是船政局发展的一个里程碑。从1876年至1880年,船政局先后制造了超武、康济和澄庆号。后者"所有铁胁、铁梁、铁龙骨、斗鲸及轮机水缸均系华工自造"③。

进入19世纪80年代,福建船政局开始仿造西方早期的巡洋舰。我国第一艘巡洋舰开济号"制件之精良,算配之合法,悉皆制造学生吴德章、李寿田、杨廉臣等本外洋最新最上最便捷之法而损益之,尤为各船所不及"④。而且开济号的前后大炮开始采用当时世界上最先进的德国克虏伯大炮,共计装备21厘米后膛炮2尊,15厘米后膛钢炮5尊,拿登飞连珠炮6尊。1888年竣工的双机钢甲兵船"龙威"(后改名为"平远"),由船政出洋毕业生魏瀚、陈兆翱、郑清濂、杨廉臣等参照法国蚊炮船设计制造。该船"长十九丈七尺,宽四丈,吃水一丈三尺一寸,载重二千一百吨"⑤。裴荫森在奏稿中称此舰"船式精良,轮机灵巧,钢甲坚密,炮位严整"⑥,反映了19世纪晚期中国造船技术达到了较高水平。"平远"在甲午战争中亦有出色表现:"屡受巨弹,毫无损伤,较之外购之'超勇'、'扬威'、'济远'似有过之,即较之'镇'、'定'、'致'、'靖'、'经'、'来'六远,亦无不及也。后为日人所得,日俄之战,该船颇著战绩。"⑦福建船政局于同治十三年十月开始独立制造轮船,"仅一年时间,船体由木胁过渡到铁胁木壳;又4年2个月,船型由普通兵轮向快碰船(巡洋舰)过渡;再进而经过5年7个月……就过渡到钢甲快船'龙威'号"⑧。

---

① 沈传经:《福州船政局》,四川人民出版社1987年版,第164页。
② 中国史学会:《洋务运动》(八),上海人民出版社1961年版,第370页。
③ 林庆元:《福建船政局史稿》,福建人民出版社1986年版,第165页。
④ 中国史学会:《洋务运动》(五),上海人民出版社1961年版,第267—268页。
⑤ 林庆元:《福建船政局史稿》,福建人民出版社1986年版,第226页。
⑥ 中国史学会:《洋务运动》(五),第371页。
⑦ 张侠等:《清末海军史料》(上),第152页。
⑧ 张家瑞:《李鸿章与晚清海军舰船装备建设的买与造》,《军事历史研究》1998年第3期,第113—114页。

其发展速度之快，引起了西方工业界、军界和媒体的极大关注。欧美各国来华游历者，无不绕道过闽，以参观福建船政局为幸事。"船政局不但与西方船厂一样设备齐全，而且规模之大超过当时向西方学习的日本……无论是横滨或横须贺铁厂均无法跟船政局相比拟。"① 因此，历史学家戚其章指出："晚清国防工业中，以造船工业发展最早，又最有成绩，成为中国近代化的嚆矢。"② 采用新型蒸汽动力的军用船舶是各国工业水平的集中体现，福建船政局"开办最早，成绩昭著，实为中国海军惟一之大制造场也，其影响于工业界、实业界者甚大"③。福建船政局的成立与左宗棠的努力分不开。

（三）李鸿章海军技术发展策略的嬗变与北洋海军成军

在福建船政局和江南制造局自造舰艇的同时，为了跟上军事强国海军技术的发展，加快我国海军建设步伐，李鸿章主张大力购买西方先进舰船并付诸实践。特别是19世纪70年代发生的日本侵台事件，日本之所以敢藐视中国，"正恃铁甲船为自雄之具"④。因此，李鸿章、沈葆桢等人意识到，要提高中国沿海的防卫能力，消除来自日本的威胁，必须拥有铁甲船。清政府在19世纪70年代主要向英国购买舰船，自80年代起逐渐转向新兴军事强国德国购买。"从1875年筹建海军到1884年中法战争的10年间，清廷购买并已使用的巡洋舰（亦名快碰船）2艘，炮舰12艘，共为14艘；自制各式兵船14艘。连同原有舰船，虽未成军，但已是初具规模的三洋水师了。"⑤ 中法战争结束后，清政府总结海军惨败的教训，愈加认识到加强海防建设的紧迫性，提出了"大治水师为主"⑥ 的方针。1888年10月，清政府批准了《北洋海军章程》，北洋海军正式成军。至此，北洋海军已有定远、镇远2艘铁甲船，巡洋舰7艘，蚊炮船6艘，鱼雷艇6艘，练习舰3艘，运输舰1艘，共25艘，实力一度位居亚洲海军第一位。与此同时，海防军事工程也取得了可喜进步。洋务派认识到，沿

---

① 林庆元：《福建船政局史稿》，第50页。
② 戚其章：《晚清史治要》，中华书局2007年版，第157页。
③ 张侠等：《清末海军史料》（上），第145页。
④ 中国史学会：《洋务运动》（二），上海人民出版社1961年版，第337页。
⑤ 夏东元：《洋务运动史》，华东师范大学出版社1992年版，第344页。
⑥ 朱寿朋：《光绪朝东华录》第二册，中华书局1984年版，第51页。

海仍需择要地仿制西洋之势修筑炮台,方能"与沿海水师轮船,相为表里,奇正互用,则海滨有长城之势,而寇盗不为窥视矣"①。因此,李鸿章先后在旅顺口、大连湾、威海卫等地,"既设军港,筑船坞,复建炮台,移陆军精兵分扎,累年经营,蔚成重镇"②。洋务运动末期,"无论是海防思想还是海防建设,在此阶段中都达到了其发展的巅峰。"③ 然而,令人遗憾的是,自成军以后,北洋海军未再增添任何新式军舰,晚清海军也便走上了一条下坡路。

通过同光年间的海防大讨论,作为晚清海军事务主管大臣的李鸿章海防思想也有了很大转变。早在1876年9月,李鸿章就致函船政大臣吴赞诚,建议吴赞诚建造新式巡洋舰。及至1880年,李鸿章已认识到:"夫军事未有不能战而能守者,况南北滨海数千里,口岸丛杂,非购置铁甲等船,练成数军,决胜海上,不足臻以战为守之妙。查西洋兵船,利于海面进攻者约有三种,一、铁甲船,形式大小不等,铁甲厚薄不等,船首冲锋有无不等。一、快船,或配铁木,或用钢壳,专取行驶快速,能追击敌船,而为敌船所不及。一、水雷船,吃水虽浅,或带在大船上,或隐于大船后,冲击最宜。"④ 对梅启照"水胜于陆"的观点深表赞同:"梅启照谓水能兼陆,陆不能兼水,敌船可以到处窥伺,我挫则彼乘势直前,彼败则我望洋而叹,洵属确论。"⑤ 即便是当时尚在清流派阵营中的张之洞对洋务派的购舰活动也能持理解甚至赞赏的态度,甚至要求增加引进西方军事技术的力度:"李鸿章新购蚊子船,颇称便利,惜为数不多,其价尚廉,似宜向欧洲续造数十艘。"⑥ "惟有立发数十万金,饬南、北洋大臣向上海洋行迅速购买各种精巧后膛洋炮、洋枪及戈登所云之春坎炮,并火药炸弹等物。"⑦ 日本吞并琉球后,清廷痛下决心购买先进铁甲舰,并颁布上谕:"现在各国恃有铁甲船,狡焉思启,则自强之策自以练兵购器为先。着李鸿章、沈葆桢妥速筹购合用铁甲船、水雷以及一切有用军火,用

---

① 张侠等:《清末海军史料》(上),第10页。
② 罗尔纲:《晚清兵志》第2—4卷,中华书局1997年版,第16页。
③ 戚其章:《晚清史治要》,中华书局2007年版,第35页。
④ 李鸿章:《李鸿章全集》第三册,时代文艺出版社1998年版,第1433页。
⑤ 同上书,第1564页。
⑥ 张之洞:《张之洞全集》第一册,河北人民出版社1998年版,第37页。
⑦ 同上书,第63—64页。

备缓急,不得徒托空言。"① 李鸿章奉谕后将发展海军技术作为推进洋务的"中心课题",立即致电驻德公使李凤苞,委托其西欧各国查看"须购用何项铁甲与中国海口相宜?能制日本之船,每船约实银若干?"② 中国海军技术也因此走上了快速发展的道路。到甲午战争爆发之前,清政府已经拥有一支80余艘军舰的海军,其中包括"定远""镇远"等当时远东地区最大、最先进的战舰,综合实力步入世界海军十强之列。此时,李鸿章显然不再视海军为陆军的附属,而是有了"海陆相依,海陆兼防"的思想:"自来设防之法,必须水陆相依,船舰与陆军实为表里。"③ 并且赞成内阁学士梅启照"水能兼陆,陆不能兼水"④ 的观点。

三 福建船政局与清末海军军事技术人才力量的成长

魏源早在19世纪40年代就关注水师技术人才的培养,并建议闽、粤两省武试中增设水师一科。然而遗憾的是,决策层对魏源的建议没有给予应有的重视。20余年后,左宗棠在奏请设局造船时提出造船与育才并举的思路:"如虑船成以后无人堪作船主、看盘、管车诸事,均需雇请洋人,则定议之初,即先与订明,教习制造即兼教习驾驶,船成即令随同出洋,周历各海口……将来讲习益精,水师人材固不可胜用矣。"⑤ 因此,左宗棠与日意格商定的创办船政局保约中,即包含了创办学堂的内容。其任务"是为中国海军培养造船工程技术人员和海上作战指挥、驾驶人员,目的是培养中国自己的海军技术人才,防止被外国长期操纵和控制海防技术的大权。"⑥ 左宗棠的继任者沈葆桢同样认为,培训人才比实际造船更重要。因此,在合同期内,船政局的培训计划也全面展开。福建船政学堂分为前、后学堂两个部分。"船政前后学堂是近代洋务运动中成绩显著、影响深远的一所近代学校……它是我国当时师资力量最雄厚的一所科技学

---

① 张侠等:《清末海军史料》(下),海洋出版社1982年版,第552页。
② 李鸿章:《李鸿章全集》第六册,时代文艺出版社1998年版,第3755页。
③ 李鸿章:《李鸿章全集》第五册,时代文艺出版社1998年版,第2682页。
④ 李鸿章:《李鸿章全集》第三册,第1564页。
⑤ 左宗棠:《左宗棠全集·奏稿》(三),岳麓书社1989年版,第62页。
⑥ 董守义:《清代留学运动史》,辽宁人民出版社1985年版,第107页。

校,也是最早采用西方教学制度某些环节和一些方法的新式学校。"① 前学堂聘请法国教师,教授法国轮船制造技术,课程主要有法文、算术、几何、代数、图画、机械制图、机械操作等,其附属绘事院则专门教授绘图技术;后学堂则聘请英国教师,教授英国驾驶技术,课程除英文外,与前学堂大同小异。此后,随着福建船政局的发展,学堂的规模也相应扩大,并增设专门培养技工人才的"艺圃"。及至 1883 年,福建船政学堂除"艺圃"学生外,"有前堂学生四十七人,后堂学生七十一名,管轮学生三十一名,共计一百四十九名"②。在福建船政学堂的鼎盛时期,艺圃学生共达 300 多名。③ 据统计,福建船政学堂先后培养了 600 余名海军指挥与技术人才。其中军事技术人才绝大多数供职于海军各舰队,成为推进晚清海军军事技术近代化的中坚力量。

　　海军军事指挥人才和军事技术人才的留学教育,在中国近代留学运动史上也写下了光辉的篇章。日意格认为,鉴于海军技术的飞速发展,船政学堂毕业生的教育要不间断地继续下去,以使他们学到的知识不断更新,最好的办法显然是派遣学生出国留学。沈葆桢也打算把学生送到欧洲进一步深造,恭亲王、左宗棠和李鸿章对这一计划都表示支持。1874 年,沈葆桢就为派学生赴英、法留学制定了详细章程,其中包括很多优惠政策,如"甚规定他们可在星期天下午去观光游览,每周给国内写一次汇报,邮资由船政局支付"④。1877 年年初,作为南北洋大臣的沈葆桢和李鸿章联衔上奏,提出要想避免步人后尘,就必须派遣留学生深入欧洲学习其本源。并且认为制造学堂的毕业生应该去法国深造,驾驶学堂的毕业生应该去英国深造。他们最初计划一共派遣 30 名,由 1 名中国官员和 1 名欧洲人为留学生监督。两个专业的三年课程将包括理论和实践,并定期进行考试。留学生学成后将作为精通熟练的造船专家或海军指挥官回到中国。1877 年 3 月底,日意格和李凤苞这两位监督带领的 26 名学生和 3 名艺徒前往欧洲留学终于成行。同时,赴欧培训还有其他的形式。在此之前的1875 年,日意格曾去欧洲为造船购买设备时,带领船政学堂的五名高材

---

① 林庆元:《福建船政局史稿》,第 76 页。
② 中国史学会:《洋务运动》(五),第 297 页。
③ 蔡冠洛:《清代七百名人传》(上册),中国书店 1984 年版,第 340 页。
④ [美] 约翰·罗林森:《中国发展海军的奋斗(1839—1895)》,苏小东、于世敬译,第 57 页。

生魏瀚、陈兆翱、陈季同、刘步蟾、林泰曾一同前往。此后，虽然反对国外留学的呼声一直没有停止，清政府还是先后派遣了四批共85名海军留学生。这些留学生中，"有一人未能出洋，有一人被先行送回，有四人因病扶归，有三人病逝于国外。"① 涌现出了刘步蟾、林泰曾、魏瀚、陈兆翱、严复等一批杰出的军事人才，极大地推动了晚清军事技术近代化。福建船政局后，洋务派先后创办了天津水师学堂、昆明湖水操学堂、广东水陆师学堂、江南水师学堂等海军学校。其中天津水师学堂是一所比较齐全的学堂，设有驾驶和管轮两个专业，每个专业又分"内堂"和"外场"两个课目。"内堂课目"同福建船政学堂一样，开设英语、中国古代经典、地理、天文、航海及其他理论课；"外场课目"则学习信号、枪炮、集体操练等。天津水师学堂注重理论与实践相结合，有些课程是在航行训练中讲授的。至甲午战争前夕，"全国海军学校总数共达八所。近代海军教育达到全盛时期。"②

清政府自创办福建船政局开始到北洋海军覆败，确实训练了一批海军人才，"但还没有出现一个能统帅全军的海军将领，清政府所能选择的还只是封建官吏"③。像丁汝昌这样未谙海战的陆将却被委以海军提督的重任，从一个侧面反映了我国海军专业人才的匮乏。海军衙门中的官员，除曾纪泽等极少数人外，绝大多数包括总理海军的醇亲王不仅不谙海军事务，也不具备一般的军事技术知识，他们仅仅把这个新机关当作擢升的终南捷径。海军人才一方面供不应求，另一方面又存在"用非所学、用非所长"的现象。福建船政局的留学生学成回国后，"皆散处无事。饥寒所迫，甘为人役。上焉者或被外国聘往办事；其次亦多在各国领事署及各洋行充当翻译。我才弃为彼用，我用转需彼才。"④

---

① 董守义：《清代留学运动史》，第142页。
② 姜鸣：《龙旗飘扬的舰队——中国近代海军兴衰史》，上海交通大学出版社1991年版，第217页。
③ 林庆元：《福建船政局史稿》，第179页。
④ 张侠等：《清末海军史料》（上），第129页。

福建船政与中国近代航空事业的发展

金 智[*]

一 前言

1903年美国人莱特兄弟（Wilbur & Orville Wright）在第一次驾驶飞机飞行成功之后，西方各国争相发展军事航空。中国大清政府也不甘落后，选派留学生到海外学习航空技术，并于1908年从国外购进航空器，在陆军建立了军事气球队。1911年10月，辛亥革命爆发后，革命军控制的武昌、上海、广州、南京都督府先后成立了四支航空队，厉汝燕、冯如等任队长，成为中国早期航空力量的指挥官。[①] 同年意大利在对土耳其的战役中，首用轰炸机出战，成为人类首次以飞行器做武器的战争行为。[②] 1913年，希腊首次在战争中使用水上飞机，海军航空部队由此诞生。[③] 至第一次世界大战前后，各国海军竞相研发空中武器。

自1918年到1930年的十多年间，中国有了第一座飞机制造厂，自行设计、研发、制造中国第一批达到当时国际水平的飞机，至1930年共完成17架，获得了令人瞩目的发展。

1918年海军部设立马江飞机工程处，直属福建船政局，同时也创办了中国第一所有关飞机制造的学校——海军飞潜学校，培养了中国最早的航空工程师。而美国波音公司的历史上赫然记载着首任总工程师中国人王助的大名，同时还是波音公司第一架飞机的设计监造者。但不为大多数国人所知的是，王助、巴玉藻、曾诒经、王孝丰等这些中国航空工程先驱全

---

[*] 金智，台湾空军航空技术学院通识教育中心教授兼主任。

[①] 华人杰、曹毅风、陈惠秀等：《空军学术思想史》，解放军出版社2008年版，第322—323页。

[②] 吴得坤：《世界之空战》，自然科学股份有限公司1980年版，第10页。

[③] 吴杰章、苏小东、程志发主编：《中国近代海军史》，解放军出版社1989年版，第347页。

部来自海军。

中国自1840年代后饱受西方列强坚船利炮的欺凌，国势日衰。当时中国观察欧美诸国致力发展航空器，有识之士遂意识到其为威力强大的武力，足以左右决战之胜负成败，必须学习发展，力图巩固国防。有鉴于现代航空武力的重要与影响，自民国初年起，海军当局致力于海上航空力量的建立，惨淡经营，其得失成败，值得历史借鉴。过去国内研究此一议题的学者并不多见，笔者才疏学浅，试图运用搜整的有限史料、相关的专书旁及回忆录，就海军与中国航空事业的缘起、发展过程与成果，做一个初步的探讨与整理。

二 清末民初海军的人才选派

清宣统元年（1909年）上谕："着派郡王衔贝勒载洵、提督萨镇冰充筹办海军大臣。"① 7月，清廷选海军学堂学生廖景方、巴玉藻、王助、王孝丰、曾诒经、徐祖善等23名随海军大臣载洵、提督萨镇冰赴英，即留英习船炮。② 民国初年仍由海军部付与公费并照章派学监督导，但大部分学生转往美国，并学习飞潜学术。③ 其中习航空者有巴玉藻、王助、王孝丰、曾诒经。这4名学生成为马江飞机工程处及飞潜学校飞机部的主持者。④ 均为航空事业的先驱，贡献卓著。

---

① 载洵，姓爱新觉罗，满洲正黄旗人，醇亲王奕譞第六子，光绪帝之弟，宣统帝之叔。后晋封"奉恩辅国公"、镇国公，袭多罗贝勒，加郡王衔。宣统元年，任筹办海军大臣，并赴欧美考察海军。宣统三年任庆亲王内阁海军部大臣。1949年于天津逝世。参见徐友春主编《民国人物大辞典（增订本）》，第2190页；清史稿校注编纂小组编：《清史稿校注》第6册卷172表5，皇子世表5，第4781—4782页。萨镇冰（1859—1952年），字鼎铭，蒙古族，福建省闽县（今福州市区）人。11岁考入福建船政后学堂驾驶班第二届。1877年赴英国格林威治海军学院学习；3年后回国历任澄庆兵船大副、天津水师学堂教习、威远舰管带，后升为参将。1894年授副将衔，甲午战争时奉命守卫刘公岛，日军陷岛，北洋水师覆没，受革职处分。1896年出任吴淞炮台总台官，升自强军帮统，渐受清廷重用。1905年擢任广东水师提督，总理南北洋海军。1909年与亲王载洵一同担任筹办海军大臣。之后整合南北洋水师，改编海军制度，整顿海军。参见福州市地方志编纂委员会编《福州市志》第八册，第585页。

② 池仲祐：《海军大事记》，重庆海军总司令部1943年版，第29页。

③ 同上书，第37页，民国四年，"派魏瀚率员生赴美国学习艇潜艇各技"。员生应指留英之叶芳哲，原因可能是欧战安全之考虑。

④ 张心澄：《中国现代交通史》，现代中国史丛书良友图书印刷公司1931年版，第337页。

民国初年，北洋政府统治期间，因军阀混战，经费用于内战，海军部缺少经费，无法像晚清时期，派成批到国外深造或见习的留学生，但对于飞机、潜艇及无线电等非常重视，因此期间有派出，但人数不多。而这些到国外的留学生，其成效除了在马尾能自制飞机，为国内首创外，潜艇制造方面则无任何成绩。①

1915年魏瀚率员生魏子浩、陈绍宽、韩玉衡、俞俊杰、陈宏泰、李世甲、丁国忠、郑耀恭、梁训颖、程耀枢、卢文湘、韦增馥、姚介富等人赴美国学习关于飞机、潜艇的知识。②

1917年年底留美航潜人员先后学成归国，海军为实施"育才制机"计划，乃于1918年4月，改马尾艺术学校为飞潜学校，派福建船政局局长陈兆锵兼任校长③，专以培养机械制造人才为主，并将艺校以英文教学之甲乙两班学生各50名编为潜校学生甲乙班，同时公开招收中学毕业生编为丙班，以及后来入学之丁戊两班学生各50名，共在校学生250名，聘巴玉藻、王助、王孝丰、曾诒经等，回国之留学生担任飞机制造教官④，是为国内最早培养制造飞机工程和潜艇专业人才学校。初订学制为七年，先行施以三年高中、三年专科教育⑤，甲班学造飞机，乙班学造船（潜艇），丙班学造机，丁班学驾驶，戊班学轮机。⑥

1920年，北京航空事务处派蒋逵、沈德燮、江光瀛、吕德英等赴英学习飞机制造。⑦

1920年，海军部派王孝丰率领曹明志、吴汝夔、陈泰耀、刘道夷等

---

① 陈书麟、陈贞寿编著：《中华民国海军通史》，海潮出版社1993年版，第93页。
② 陈道章、林樱尧主编：《福建船政大事记》增订本，中国文联出版社2011年版，第127页。陈书麟、陈贞寿编著：《中华民国海军通史》，第90页。
③ 包遵彭：《中国海军史》下册，台北中华书店1970年版，第769页。
④ 陈书麟、陈贞寿编著：《中华民国海军通史》，第76页。
⑤ 高晓星、时平：《民国海军的兴衰》，中国文史出版社1989年版，第97页。
⑥ 吴守成：《中国海军航空事业的发轫》，载李金强等合编《近代中国海防——军事与经济》，香港中国近代史学会1999年版，第309页。
⑦ 张心澄：《中国现代交通史》，良友图书印刷公司1931年版，第335页；又据《上海时报》1920年4月7日，丁中将（锦）与报界之谈话，谓将招考国内有工艺知识之学生派往英国监造所订立之飞机，现已考取六人，将于本月十五日放洋。此乃英国政府拒收中国学生习军事飞行，故以督造飞机名义赴英。另参见《海军大事记》第1辑，第53页。

赴菲律宾学习航空专科。① 1921年6月,海军部派蒋逵、沈德燮转赴美国学习军事飞行技术。②

三 海军部飞机工程处与飞潜学校

民国初年袁世凯执政,时海军力量薄弱,不足以抵御外侮,舆论认为自强之道无如速建立现代化的飞航组织及潜航组织,费用省,成事快,收效亦大。袁氏遂饬令刘冠雄筹办方策。刘冠雄与美方磋商选派学员赴美,借用美军海军基地,借用美艇、美机训练学习及操作,之后再行制造。拟向美国借款建造潜艇,由美承制。1915年4月,海军部派出学生23人,分别前往美国学习船舶、飞机及潜艇等制造技术。之后因袁世凯称帝政局混乱,留美学生学费及生活经费来源断绝,员生遂各谋出路。③

早在1912年,在英国留学的留学生巴玉藻、王助等人,就曾联名上书当时的海军总长刘冠雄④,主张飞潜政策,巩固国防。1914年,当时飞机的性能与驾驶技术有很大的进步,更在欧洲战争中扮演重要角色,袁世凯命刘冠雄统筹生产飞机与潜艇事宜,变卖新购的飞鸿军舰,以价款作为开办经费,并派遣学生赴美国学习。⑤

(一) 福建船政局

民国成立后,福建都督改船政为局,时仅有船坞一所。1913年10月,船政局收归北洋政府海军部管辖,划闽省海关原款为经费。是年自美商购得前英商之马限洋船坞为第一船坞。⑥ 此后大多数时间船政局主要是

---

① 包遵彭:《中国海军史》下册,第335页。
② 张心澄:《中国现代交通史》,第335页;另见包遵彭《中国海军史》下册,第604页;前者为航空署所派,后者为海军部所派。此时英国货款可能已付毕,而改由海军部负责,但蒋逵等转入美国寇蒂斯厂学习军事飞行,其后海军部竟欠付学费,参见《海军部欠付飞机教练费案》,民国外交文件,资料号:E-7-5。
③ 韩仲英:《留美学习飞机及潜艇忆述》,收录于《中华民国海军史料》,杨志本主编,海洋出版社1987年版,第923—924页。
④ 刘冠雄(1861—1927),福建福州人。毕业于船政学堂驾驶第四届,先后留学英、法学习海军,袁世凯当政时期,任海军总长。
⑤ 褚晴晖:《王助传记》,台湾成功大学博物馆2010年版,第16页。
⑥ 张心澄:《中国海军通史》下册,第576页。

承担船舰修理任务，造船业务大多让与江南造船厂。① 1920年以后，因财务困难，不得不停止造船，仅能维修小船，规模日益缩小，工人不及原有一半，剩下约1000人。② 1922年增设电灯厂，工厂开始用电力装备，为船政局一大进步。③ 1924年11月，船政局停办，后经局长陈兆锵力争，船政局复办，因人员工匠缩减裁汰，留厂工人不及停办前之半数。④ 1926年福建船政局改称马尾造船所，所长由工务长马德骥充任，为筹措资金发展厂务，采取二项措施：承办福建省政府银元局银元的铸造，及承担长乐莲柄港灌溉田局的工程。但铸币未能解决造船所资金不足问题，经营不善及浪费成风，仍是最大弊病。⑤

民国初年北洋政府海军除了开办传统培育航海、轮机、枪炮的军事学校或训练所外，亦创办有关船舰飞机制造及医学方面的学校或训练所。

（二）海军飞机制造工程处

1915年海军总长刘冠雄（船政学堂驾驶第四届生）倡议兴办海军航空工业，倡言："飞机、潜艇为当务之急，非自制不足以助军威、非设专校不足以育人才而收效率。"⑥ 培养制造飞机人才，派员赴英美学习航空工程。1918年1月，留学英美学习航空工程人员学成返国，于马尾船政局附设飞机制造工程处，派巴玉藻、王孝丰、王助、曾诒经等4人主持制造军用水上飞机。⑦ 1919年8月，飞机制造工程处完成第1架水上飞机（甲型1号）之制造。⑧ 1921年1月，派赴菲律宾学习航空专业的曹明志、

---

① 高晓星、时平：《民国海军的兴衰》，第92页。
② 陈书麟：《中华民国海军通史》，第45页。
③ 林庆元：《福建船政局史稿》，福建人民出版社1999年版，第391页。
④ 同上书，第412—413页。
⑤ 同上书，第391—393页。另见《中国海军通史》下册，第577页。1924年11月，因战事饷银断绝，船政局经费无着，勒令停办。
⑥ 沈天羽：《海军军官教育一百四十年（1866—2006）》上册，台湾海军司令部2011年版，第19页。
⑦ 《海军大事记》第1辑，第45页。《海军抗日战史》上册，第217页。苏小东编著：《中华民国海军史事日志（1912.1—1949.9）》，九州图书出版社1999年版，第133页。
⑧ 《海军大事记》第1辑，第49页。曾诒经：《旧海军制造飞机处简介》，收录于《福建民国史稿》，福建人民出版社2010年版，第333页记：飞机虽制造完成，但找不到试飞飞行员，后找到旅居檀香山华侨蔡司度试飞，不幸失事，机毁人亡，但发动机尚好。

陈泰耀、刘道夷、吴汝夔等4人返国。海军部先派陈泰耀、刘道夷至船政局试充飞行员；派曹明志、吴汝夔到飞潜学校，试飞水上飞机及教练飞行。① 1923年9月，飞机制造工程处改组为海军制造飞机处，隶属海军总司令公署。② 1926年海军部在上海设立海军航空处，在虹桥飞机场择地设备，供该处航空学员练习之用。③

1918年2月，海军部设马江飞机工程处，4月设飞潜学校。这两个机构的创设迟至欧战将结束之时，但其酝酿已久。有如前述，1909年海军处派廖景方等23名学生留英；同年军咨处命海军大臣派员研习制造飞球飞艇潜行艇之法；延及民初，法国军事顾问伯里提国防潜航政策，而留英学生多转往美国学习潜艇学术。1917年10月，学习飞潜学生袁晋、马德骥、徐祖善、王超、叶在馥、伍大名、王孝丰、巴玉藻、王助、曾诒经均已学成归国。④ 12月海军部即派袁等筹办飞潜学校。⑤

（三）海军飞潜学校

民国初年，北洋政府海军部开始注意飞机潜艇教育。1917年12月，留英美学习造舰、驾驶及飞潜技术各员生袁晋、马德骥、徐祖善、王超、王孝丰、巴玉藻、严在馥、曾诒经、伍大铭、王助等人先后学成回国，由北洋政府海军部派往福建船政局及各处造船差遣；又令飞潜各员至大沽、上海及福州等处选择地址，以备筹建飞潜学校。福州马尾造船厂以所有的汽机具备兴校基础，经国务院会议通过，派员筹办。⑥

1918年2月，福建船政局设立飞机工程处，该处最初训练工人，采学徒制。⑦ 4月福建船政局艺术学校改名为飞潜学校，船政局局长陈兆锵兼校长。⑧ 学校成立后，学生甲、乙2班系由艺术学校英文甲、乙班转

---

① 《中华民国海军史事日志（1912.1—1949.9）》，第186—188页。
② 曾诒经：《海军制造飞机处》，载《中华民国海军史料》，第936—939页。
③ 沈天羽：《海军军官教育一百四十年（1866—2006）》，台湾海军司令部，2011年，第243页。
④ 池仲祐：《海军大事记》，第41页。
⑤ 同上。
⑥ 《中华民国海军史事日志（1912.1—1949.9）》，第130页。
⑦ 曾诒经：《海军制造飞机处》，第938页。
⑧ 参见《海军抗日战史》下册，第1572页。《海军大事记》第1辑，第45页。《中华民国海军史事日志（1912.1—1949.9）》，第138页。

入,另公开招生一班编为丙班。^① 在校学生主要学习制造水上飞机及潜艇专科技术。1920 年 3 月,保送陈嘉槑等 12 人至航空学校肄业。^② 1921 年学习航空归国学员曹明志、吴汝夔等赴校试演水上飞机,并教飞行。1923 年 6 月,设立航空教练所,培育航空专才。^③

1924 年 1 月,海军部以经费支绌,令飞潜与制造学校合并。^④ 1925 年飞潜制造学校开设军用化学班,培养检验军火专才,该班学生由艺术学校转入。^⑤ 1926 年 5 月,制造飞潜学校并入福州海军学校。^⑥

飞潜学校学生修业期限为 8 年 4 个月;甲班修习飞机制造,乙班修习造船(潜艇),丙班修习造机,丁班学航海,戊班学轮机。学生入校 3 年先修习初级普通课程,称之初级普通班,之后再抽签分习各科,续修高级之普通与专门学科 4 年。军用化学班修业期限 5 年,修毕 3 年初级普通课程后,再修 2 年高级普通及专门课程,毕业后续赴汉阳兵工厂实习。^⑦

飞潜学校筹办员考察大沽、上海、福州等地,选择校址,认为福建马尾地段最宽,复有造船所之厂房汽机以为兴办基础,遂择为校址,经国务会议通过,派员筹办。1918 年 4 月改马尾艺术学校为飞潜学校,派福建船政局局长陈兆锵兼任校长,由袁晋等 7 名留学生担任教员。^⑧ 而在设校之前 2 月,成立马江飞机工程处,直隶于福建船政局,并由学习飞机制造之巴玉藻、王助、王孝丰、曾诒经主持。^⑨

---

① 沈天羽:《海军军官教育一百四十年(1866—2006)》,第 55 页。
② 《中华民国海军史事日志(1912.1—1949.9)》,第 170 页。
③ 沈天羽:《海军军官教育一百四十年(1866—2006)》,第 243 页。《海军大事记》第 1 辑,第 63 页记:聘俄员萨芬诺夫为航空教练所教员。
④ 《中华民国海军史事日志(1912.1—1949.9)》,第 263 页。《海军飞潜学校概况》,收录在《中华民国海军史料》,第 934 页记:1924 年甲乙丙 3 班学生相继毕业后,因北洋政府财政困难,海军经费支绌,船政局自顾不暇,学校无经费被迫停办,未毕业的丁、戊 2 班学生并入海军学校继续学习。
⑤ 沈天羽:《海军军官教育一百四十年(1866—2006)》,第 243 页。
⑥ 参阅《海军沿革》,第 17 页。《海军抗日战史》上册,第 217 页。《中国海军通史》下册,第 770 页。
⑦ 参阅《海军军官教育一百四十年(1866—2006)》,第 54 页。《海军飞潜学校概况》,第 934 页。
⑧ 包遵彭:《中国海军史》下册,第 769 页。又陈兆锵于民国元年授海军轮机少将。
⑨ 张心澄:《中国现代交通史》,第 337 页;又《福州飞潜学校聘俄人萨芬诺夫(Michael John Safonoff)案》,民国外交文件,资料号:E-7-5。

海军飞潜学校是中国第一所培养飞机和潜艇人才的学校，它是一所专业性很强的制造工程专科学校。学校的经费由海军福建船政局筹措和承担。海军飞潜学校开办后，共设立了三个专业，它们是飞机制造、潜艇制造和机器制造专业。海军飞潜学校设置的飞机制造专业课程与美国麻省理工学院相似，主要有高等数学、飞机结构、飞机设计、航空发动机、飞机稳度演算法、气体动力学、流体力学、动力学、热力学、材料力学、材料与热处理、蒸汽机、机械原理、机械零件等，飞机制造专业的教材全部采用英文原版书。日后由于国内政局动荡和国家财政困难，海军飞潜学校成立后不久就开始出现资金问题，以后学校渐渐陷入了经济困境。当时，飞潜学校的经费全部由海军福建船政局负责。而后来福建船政局的经费入不敷出，根本无暇顾及海军飞潜学校。1926年5月，当局已无财力维持海军飞潜学校。至此，海军飞潜学校结束了其短短9年的历史。[①]

四　海军对中国航空事业的贡献

（一）近代中国的第一支海军航空兵部队

1916年2月，海军派遣海军上校陈绍宽赴美考察美国海军，他此行的重点是考察飞机与潜艇技术以及适用于中国的新型飞机和潜艇。1916年年底，陈绍宽又奉命前往欧洲，从1917年5月起随英国皇家海军的战列舰队和潜艇部队参加了第一次世界大战中的对德作战行动，战后英国政府曾授予他特别劳绩勋章。此后，陈绍宽又受命实地考察英、法、意大利等国海军飞机和潜艇的作战使用情况。其间，陈绍宽曾多次将其亲身经历和考察情况上报，他对飞潜作战的有关感受与见解对海军部及后来的有关工作是有影响力的。以后，他还将有关情况正式编写了"飞机、潜艇报告书"，报送海军部。海军部对这份报告书十分重视，并参考这份报告书，着手制订中国海军发展飞机和潜艇的计划。[②]

[①] 金智：《民国时期的北洋海军》，收录于《军事史评论》第20期，台湾军事主管部门政务办公室2013年版，第280—281页。

[②] 转引自褚晴晖《王助传记》，台湾成功大学博物馆2010年版，第21页。但依据台湾军事主管部门史政编译局档案"陈绍宽考察英美海军报告案"411.1/7529.2，《1918年11月1日陈绍宽呈海军总长》则记为1916年1月。

  1926年停办飞潜学校后,"海军为发展航空教育起见",乃于1929年在上海成立由航空处直辖之航空学校以担任"训练航空人才"的责任。派沈德燮为处长兼教练,初设航空班以训练飞行人员为主,并于虹桥机场择地设备。① 在编制、预算上列有10人学员名额,而首届受训学员计有何健(福州制造学丙班生)、陈长诚(飞潜学校一期生)、揭成栋(同前)、彭熙(海容舰无线电官)等4员于1930年11月毕业并授予少尉飞行员之职,② 是海军航空处航空班第一期毕业生。

  其实在上海航空处成立的同时,杨树庄总司令亦饬令厦门要港司令林国赓筹建厦门航空处,而于1930年6月开办,委派陈文麟(留德航空生)为处长。该处建有新式机场,面积约200万平方英尺,场之西首建有贮机场(可贮飞机12架)、油库、修理厂等设备,并有水上飞机升降水道(长270英尺、宽30英尺)。备有教练机四架(含德制亨克尔式教练机一架),堪称机场宽阔设备齐全。同时招收新生许成榮等9名新生受训,于1931年7月毕业,续有傅恩义等8名学生于1934年8月毕业,皆授任少尉飞行员,是为航空处继上海首届后之第二届、第三届毕业生。前后共计毕学生21员。③ 其间1933年因上海航空处"裁撤"与归并,后因海军经费困难无力发展航空,飞行学员毕业后无处就业乃停止招生,1937年抗战军兴,9月底航空处奉令"停办"④ 飞行员及制机人员均调归中央航空委员会统一派用,结束海军专业之航空教育和训练。⑤

  基于国内外军事进步的需要,于1917年11月至1918年2月之间,三度派遣陈绍宽"调查"英、美、法、意等国海军飞机潜艇状况,撰成"飞机、潜艇报告书"作为实施育才造机的重要参考。⑥ 1918年年初在马尾设立飞潜学校及飞机制造工程处,应与陈绍宽之考察结果有关。国民政府继于1927年在上海,1929年在厦门分别开办航空处,加强教育训练飞行人员,以期育才和造机兼并进行。其间曾有工厂的归并,学校与航空处

---

  ① 《海军航空沿革史》,台湾高雄海军史迹馆筹建委员会1960年版,第10页。
  ② 陈书麟、陈贞寿:《中华民国海军通史》,第301页。
  ③ 《海军航空沿革史》,第30—31页。
  ④ 《海军大事记》下卷,第117页。
  ⑤ 吴守成:《中国海军航空事业的发轫》,收录于李金强等合编《近代中国海防——军事与经济》,香港中国近代史学会1999年版,第309页。
  ⑥ 池仲祐:《海军大事记》下卷,第13、15页。

的机构调整，多因管理及经费困难，故自1919年首架飞机出厂起至1937年全面抗战时止，我国共自制飞机24架（另外购20架），训练毕业学生共77员，因抗战军兴海军所有育成之航空人才，皆投效空军，为国献力。

根据包遵彭《中国海军史》记载，飞潜学校旨在培养飞机潜艇驾驶军官。① 但据台湾海军总司令部编《海军各学校历届毕业生姓名录》，该校在1919年至1925年4月共招生三期：第一届科目为机械，1923年6月毕业，计陈钟新等17名；第二届科目为造船，1924年8月毕业，计郭子桢等19名；第三届科目为制机，1925年4月毕业，计林轰等20名。② 全部56名生员中似无专习驾驶者，而关于航空人才方面，第三期是飞机制造，第一期部分机械学生亦可能与航空有关。无论如何海军飞潜学校是继南苑航校之后设立的第二所有关航空的学校，而且以培养机械制造人才为主要目标。

1922年10月海军在福州组建了航空队，这是近代中国的第一支海军航空兵部队。1927年10月，海军总司令部航空处在上海成立，沈德燮任处长。1929年6月，海军又在厦门设立了航空处，陈文麟任处长。③

（二）中国海军自制飞机的领导人物

1. 巴玉藻（1892—1929），内蒙克什克腾旗人，先祖系蒙古正红旗人。1892年7月17日生于江苏镇江。13岁时投考江南水师学堂。1909年，前清筹办海军大臣载洵、提督萨镇冰出洋考察，选拔了一批学生带往欧洲留学。巴玉藻以品学兼优入选，1910年入英国阿姆斯特朗学院机械工程系。1915年，国内海军部策划飞机制造，命留学英国的巴玉藻等9人转赴美国，他与王助等考入麻省理工学院航空工程学系。他勤奋攻读，仅用9个月时间就修完全部课程，于1916年6月获得航空工程硕士学位，并被接纳为美国自动化工程学会会员。

---

① 包遵彭：《中国海军史》下册，第769页。
② 台湾海军总司令部编：《海军各学校历届毕业生姓名录》1963年第一辑，第85—86页。第一届17名：陈钟新、沈德态、杨福鼎、黄湄熊、王重焌、郑葆源、王崇宏、陈姜尧、高清澍、刘桢业、可挺、施盛德、马德树、王宗珠、陈诚长、李琛、揭成棟。第二届19名，造船，略。第三届20名：林轰、王卫、王荣瓘、陈熏、林若愚、郑兆龄、吴贻经、林泽均、沈毓炳、龚镇礼、陈长钧、傅润筵、陈畴、薛聿驄、刘逸子、沈继、林伯福、陈锡龙、叶可箴、罗智莹。
③ 高晓星、时平：《民国空军的航迹》，海潮出版社1992年版，第231—232页。

毕业后，巴玉藻即被寇提司飞机公司聘为设计工程师和通用飞机公司总工程师。他身任两职，学识非凡，对美国初期航空工业的发展起了重要的作用。1917年秋，巴玉藻不顾美国重金挽留，毅然辞职回国。11月巴玉藻回到北京，即向海军部请命创建飞机制造厂。1918年2月，选定在福建船政局内的飞机厂开办，称为"海军飞机工程处"，北京政府正式任命巴玉藻为主任。中国的飞机制造业由此迈出最初的步伐。

一年多以后，中国自行设计、自行制造的飞机——甲型水上飞机，在巴玉藻等人的努力下，飞翔在福州马尾上空。甲型飞机性能并不亚于欧美先进国家同期同类产品。1928年巴玉藻只身以中国代表团名义赴德国柏林参加世界航空博览会，他努力观摩并草绘各种先进的飞机图纸，准备回国后设计制造，报效国家。但不幸1929年回国后即身体不适，未几病亡。巴玉藻逝世时未满37岁，可谓英年早逝，壮志未酬，是中国早期航空事业难以弥补的重大损失。[①]

2. 王助（1893—1965），字禹朋，1893年出生于北京，1900年随家人迁居原籍河北省南宫县，12岁小学毕业后，考入烟台海军学校，1909年因品学兼优被派往英国留学。他与巴玉藻是亲如兄弟的同学，且志向相同，紧随巴玉藻直至美国麻省理工学院航空工程系毕业。毕业后，王助与他的美国同窗威斯特维尔到西雅图，和波音公司创办人威廉·波音一同开创他们的飞机事业。年仅24岁的王助担任波音飞机厂第一任总工程师，设计制造成功C型水上飞机。这时美国已介入第一次世界大战，海军方面认为C型飞机兼具巡逻艇和教练机的双重功能，一下便订购50架。这宗大生意使初创的波音公司站稳了脚跟。王助在波音公司取得成功，并未忘记发展祖国的航空事业。

1917年年底，王助和巴玉藻等人毅然回国。马尾海军飞机工程处创设后，他被任命为副主任，与巴玉藻共同主持整体飞机设计。1929年6月巴玉藻逝世后，他曾短期主持过飞机工程处工作。不久因当局下令将飞机厂迁往上海，他认为有碍飞机制造进程乃离职。离职后，王助出任位于上海龙华的中国第一家民航公司——中国航空公司总工程师，负责中航所有飞机的维修与组装。1934年，出任中央杭州飞机制造厂总监理，为中

[①] 巴玉藻之死一说是为觊觎中国航空事业发展者所害。林樱尧：《长才未竟——巴玉藻》，收入林樱尧主编《船政研究集萃》，福建省马尾造船股份有限公司2011年版，第391—392页。

国空军主持制造中型轰炸机。

抗日战争爆发后,杭州飞机厂西迁,王助曾奉派前往苏联考察,回国后在四川成都致力于航空研究,并担任航空委员会下的航空研究院副院长。抗战胜利后,王助又回到中国航空公司,担任主任秘书。1949 年迁台,定居台南,投身成功大学机械系教授航空工程课程,对台湾航空工程教育贡献与影响至深且巨,于 1965 年病逝,终年 76 岁。①

3. 曾诒经(？—1960),福建福州人。生年不详,估计应与王助生年相近。1905 年考入烟台海军学校,与王助为同班同学。1909 年选派赴英留学,1912 年考入阿姆斯特朗工学院,1915 年取得机械学士学位。学习期间,他还受命与王助等负责监造中国订制的应瑞、肇和军舰。北洋政府为培育航空人才,调派巴玉藻、曾诒经等 12 位中国留学生,转赴美国再留学。巴玉藻、王助、王孝丰 3 人学航空,曾诒经等 9 人则进入新伦敦电船公司研究潜艇和发动机。

1929 年巴玉藻去世,1930 年当局下令海军飞机制造处迁往上海,并入江南造船所,王助毅然辞职转往中国航空公司任总工程师。海军飞机制造处由闽迁沪,曾诒经勉力维持局面,担任处长一职,全面主持后续飞机制造事业,至抗战前制成迭有贡献,成绩斐然。

曾诒经不但是学识卓越的飞机制造家,还是一位勇敢而出色的飞行员,1933 年 6 月,海军部长为提倡飞机自造,让民众了解我国自造飞机的性能和成就,要求飞机处用自制的飞机进行一次长途飞行表演。接到命令后,曾诒经精心策划,选定以 1931 年制作的江凤号飞机进行长途飞行,江凤号除发动机购自美国外,其他一切材料都是国货,计划以上海为起点,飞经镇江、南京、芜湖、安庆、九江、汉口、岳州、长沙、沙市、宜昌等地,然后折回上海,再往南经杭州、宁波、温州、福州至厦门。曾诒经这一鲜为人知的壮举,令人感佩不已,身为主官,敢于驾机长途飞行,不怕危险,不但说明了他对国产飞机性能的信心十足,更显示了他要宣传自制飞机、航空救国的极大热忱。

抗战爆发后,曾诒经负责了上海飞机场的撤退工作,历经艰辛辗转,于 1939 年迁往四川成都。在抗战的后方,曾诒经施展才干,勉力支撑大局,先后任中央航空委员会第八飞机修理厂厂长、机械处处长,还创建了

---

① 褚晴晖:《王助传记》,成功大学博物馆 2010 年版,第 47 页。

空军飞机制造三厂，历经要职。①

（三）中国海军自制飞机的成果

马江飞机工程处是海军尝试自制水上飞机的机构，而与飞潜学校互相配合发展，主持人巴玉藻等亦为飞潜学校飞机部教员。巴玉藻等于1919年着手造数架水上飞机，准备作为学生实习及试验之用，第一架未能上升，原因在引擎障碍。② 根据数据其后则有制造水上飞机成功之纪录，在1926年以前计有7架。③ 但引擎购自国外。④ 很显然，1928年以前，国内尚不能制造适用于飞机的引擎，以致不能完全地自制飞机。无论如何，自制机系继承清末自制船舰的优良传统。马江飞机工程处维持到北伐之后，1928年9月改为海军制造飞机处，以巴玉藻、曾诒经分任正副处长。⑤ 至于飞潜学校，则先于1926年5月并入福州海军学校。⑥

马江飞机工程处是发轫时期从事自制飞机最有成绩的机构，1929年以前，在巴玉藻、王助、曾诒经等主持之下，先后制造11架飞机。其第一架甲一号在1920年2月试飞，可能因引擎故障未能升空。但第二架甲二号、第三架甲三号、第四架乙一号均制造成功。此四架飞机均为拖进式双桴水上飞机，100马力，前三架速率每时126公里，第四架时速130公里，装备弹四颗，用途均列为"教练"，⑦ 但1924年3月，孙传芳曾命俄国机师萨芬诺夫（Michael John Safonoff）驶乙一号机参加对王永泉之战，担负侦察及轰炸任务。⑧

工程处在1924年至1925年，制造拖进式飞船两架——即丙一、丙二，350匹马力，时速136公里，装备炮一，机枪一，鱼雷八，炸弹六。

---

① 林樱尧：《船政航空业先驱——曾诒经》，载林樱尧主编《船政研究集萃》，福建省马尾造船股份有限公司2011年版，第393—394页。
② 《中国航空史略》，《顺天时报》1921年1月14日；张心澄：《中国现代交通史》，第337页，第一架并无失败记载。
③ 张心澄：《中国现代交通史》，第337—338页；包遵彭：《中国海军史》下册，第604—607页。
④ 同上书，第336页。
⑤ 张心澄：《中国现代交通史》，第338页。
⑥ 包遵彭：《中国海军史》下册，第769页。
⑦ 同上书，第605—606页。
⑧ 张心澄：《中国现代交通史》，第337页。

可供轰炸及施放鱼雷之用。① 可惜 1925 年 5 月 27 日，萨芬诺夫试验丙一飞船，上升十余尺即堕入水中，机毁人殉。②

1926 年，工程处再造拖进双桴水上教练飞机一架，100 马力；1926 年至 1927 年造拖进式双桴水上飞机两架，江凫号 100 马力，江鹭号 120 马力，有鱼雷及炸弹装备；1928—1929 年造拖进式双桴水上飞机两架——海雕、海鹰，均 350 马力，时速 177 公里，武装及用途与丙一相同。③ 总之工程处制造飞机约 11 架，虽常遭顿挫，但很明显是在进步之中。

为了弥补自制飞机的不足，中国海军在抗战前还从国外购买了 20 余架飞机。第一批是 1918 年 7 月，向法国殖民地越南购买的 6 架轰炸机，分别命名为海鹅、海鹜、海鸾、海凤、海鹇、海鹥号。这批飞机被派往海军厦门航空处服役。第二批也是 1918 年从德国容克公司购买的一架战斗机，被命名为江鸥号，在海军上海航空处服役。这是当时中国海军仅有的一架战斗机。第三批是 1929 年 8 月，从英国爱佛楼公司购买的 4 架教练机，命名为厦门、江鹇、江鹈、江鹏号，被编入厦门航空处。第四批是 1929 年 11 月，从英国特海佛伦公司购买 3 架水陆两用教练机，命名为江鸾、江鹞、江鹕号。第五批是 1931 年 6 月再购买英国特海佛伦公司 3 架水陆两用教练机，命名为江鸥、江鹏、江鹧号。后购的两批飞机都分配到上海航空处。

此外，1932 年中国海军从日本购回的宁海号巡洋舰配属一架舰载水上侦察机，即宁海一号。美国还提供了 3 架 1929 年制造的侦察轰炸机，即勿特摩斯、裴利克、氏娃罗号。东北海军也从国外买进一些飞机，组成水上飞机队。至 1937 年，在上海共造出水陆两用机、陆上教练机等 10 架，其中 1934 年 7 月制成了配备宁海军舰的舰载飞机宁海二号，首创国产的舰载飞机，其性能不亚于日本建造的宁海一号飞机。另据有关数据记载，上海的飞机制造处还在 1934 年至 1935 年间，仿造组装了美式佛力提双翼陆上教练机 12 架，成绩斐然。④

---

① 包遵彭：《中国海军史》下册，第 606 页。
② 张心澂：《中国现代交通史》，第 337 页；《福州飞潜学校聘俄人萨芬诺夫为教授案》，民国外交文件，资料号：E-7-5。
③ 包遵彭：《中国海军史》下册，第 606 页。
④ 林樱尧：《船政航空业先驱——曾诒经》，第 394 页。

五　结论

　　自从莱特兄弟发明飞机之后，世界各国无不掀起发展航空的热潮。时孙中山先生适抵美国各地奔走革命事业，目睹航空器的发展，即预见飞机不仅为交通工具，且将成为战争决胜与否的利器。民国成立后，孙中山先生常以"航空救国"勉励同志。

　　第一次世界大战中，飞机、潜艇初露锋芒，国内一些受西方军事思想影响的人士，对飞机在军事上的使用前途有所认识，也提出自制的建议。其中尤以海军留学海外人才独具慧眼，除航轮、造船本务外，亦意识到飞、潜为强国之道。遂大力提倡，或转习航空，以图报国，可谓难能可贵。

　　巴玉藻、王助、曾诒经等人，这些在清末自全国各水师学堂毕业生中选拔出来的精英经送往欧美先进国家留学，取得学位之后不顾美国方面的高薪挽留，毅然归国成为献身航空领域的优秀人才，奠定了中国航空事业的基础。

　　福建船政创建于1866年，是清朝同治年间闽浙总督左宗棠、船政大臣沈葆桢本着"欲防海之害而收其利，非整治水师不可；欲整治水师，非局监造轮船不可"之目的建造起来的。其所辖船政造船厂和船政学堂建造了一批批海军舰船，不但培养了大批海军技术人员，更孕育了近代中国海军的发展与壮大。

　　马尾船政局孕育出中国近代海军后，其所属的海军飞机制造工程处、海军飞潜学校，又成为我国航空工业的摇篮，在开始即缺乏经费、科技相对落后等诸多先天不利条件下，犹能刻苦自立，力图改革发展，成为中国航空事业的先驱，其奋战不懈的精神令人感佩。

从速度的角度观察近代中国
——以轮船、火车为例

李 玉[*]

近些年来,随着研究路径与研究方法(如后现代史学、新史学、社会史、计量史学等)的不断更新,中国历史尤其是中国近现代史学科的探索性成果日益增多,极大地推动了学术繁荣与发展。笔者注意到,在此过程中,史学研究从"说礼"走向"说理"的趋势日益明显。

从长远而言,史学研究的科学化当是一个不可逆转的趋势,如何因应,治史者当谨慎思考,积极探索。笔者虽天性愚钝,亦难掩尝试之心,有感于"换个角度看历史"的提法[①],希冀发掘历史演进的一些表征,包括速度、材料、颜色、亮度、温度、高度等[②]。这当然属于一项系统工作,短时间难以蒇事,必须分步进行,故拟先于"速度"一项着力,献拙于学界,尚祈专家教正。

一 "速度"是解析中国近代化的参数之一

每个人不管干什么,都有速度,因为运动是绝对的,万事万物都有速度。历史学应当关注的"速度"不仅包括物理速度,还包括生活节奏、知识传播与思想演进等,其实就是一个"效率"(efficiency)问题。

"度"者,本指计量长度的标准。《书·舜典》言:"同律度量衡。"郑玄注曰:"度,丈、尺也"。《汉书·律历志》载:"度者……所以度长

---

[*] 李玉,南京大学中华民国史研究中心、历史学院教授。

[①] 钱乘旦先生等早在2007年就出版《换个角度看历史:现代化与世界近现代史学科体系研究》一书(四川人民出版社2007年版)。

[②] 近些年来,从空间、仪式、符号等角度切入进行中国近现代专题史研究的著作已有很多,诸如陈蕴茜、李恭忠等人关于孙中山纪念文化的探析、郭辉等人关于近代中国重要节庆的考察,陈廷湘、佟德元、罗敏关于政治空间的书写,王笛等人关于社会生活空间的刻画,等等。

短也。"厥后,"度"进一步演化为按一定标准进行其他量度的单位,如"温度""角度""经纬度"等。"速"与"度"合成为一词,较早出现在中国佛教文献中,不过为尽快超度之意。在历史典籍中,《魏书》就已出现"速度"一词,该书卷9有言:"粮仗车马,速度时须。"所指则为尽快度量,快速判断。在近代,"速度"一词的含义基本确定,主要指交通工具单位时间的行程。当然,也有其他方面的指意,例如经济发展、工程建设、信息传播与思潮演进,以及城市化、工业化迟速等。

我们现在讨论的"速度"是个综合概念,实际上就是近代中国学习、认知、应变与行动的快慢问题。在某种意义上,就是国人消费时间的效率。在自然经济条件之下,时间的富裕、技术的匮乏,决定了节奏的悠闲和速度的缓慢。但是,到了近代,中国发展的压力不断加大,"提速"的要求不断提高。

近代中国发展速度缓慢、生产和工作效率低下,是毋庸讳言的史实。不过,中国近代化的迟滞,主要是相对于讲究效率、追求速度的西方而言,这也是中国农业文明的特质之一。罗素在其名著《中国问题》中对此有过精辟论述:

> 我们可以说是因为某种无意识的信仰而产生了今日的工业和商业文明,反过来又由于工业文明而更坚定了这种信仰。这种信仰决定了什么东西是有价值的。但在中国,人们只有在看见自己正受到一个不知不觉间建立在完全不同的价值标准上的社会的挑战时,才会领悟到这些信仰。例如,进步和效率,中国人除了受过西方教育的以外都不以为然。正因为重视进步和效率,我们变得富强了,而中国人正是由于忽视进步和效率,从总体上来看,直到我们骚扰他们之前,还保持着国泰民安。①

由此可见,西方以工业文明为重要标志的近代化进程开始之后,中国发展速度的"缓慢"才变得明显。近代化是西方工业文明发展的结果,而中国历来奉行的则是道德文化与精神文明,坚信"正确的道德品质比

---

① [英]罗素:《中国问题》,秦悦译,学林出版社1996年版,第4页。

细致的科学知识更重要"①，所以其发展道路与西方不同。怎奈为西方文明扩张开路的列强军事力量实在太过强大，不断战胜中国，才使得后者的"落后"变得明显。

列强侵略造成的中华民族危机却又以加速度的形式发展，这使得中国人不得不意识到加快变革的重要性。特别是在《马关条约》签订之后，国内有识之士注意到中国危机之来"甚于迅雷"②，不仅需要"大变"，更需要"快变"，于是出现了戊戌时期"新政之改速于置邮"③的急遽变法运动。此后，从清末新政，经辛亥革命、北洋"新政"，直至五四运动，国人对"快变"的期待越来越大，而中国变革的节奏也确实在不断加快。

不过，就精确计算而言，"改革"或"革命"的"速度"不易度量。而近代中国可以用"速度"表征的维度有很多，大致可以分为物理方位的位移速度、信息传播速度，与行政方面的办公速度等。其中，尤以第一项"速度"易于体验，也便于计量。故此，本文仅以轮船、火车等在近代中国代表"快"的交通工具为例，对于速度提升过程及其社会影响略作讨论④。

二　近代中国交通速度提升的参照系

近代中国"快"的速度，自然是参照古代的"慢速"而言。

中国传统的交通方式非常简单，除了"自力更生"（步行）之外，主要借助于自然力与生物力。古诗云："北人善驾车，南人善使船。易地而为之，船覆车也颠。"使船虽少不了人力，但主要依靠风力与水流，所以才会有"借东风"之战例，才会有"水能载舟，亦能覆舟"的警语。同使船依托自然力不同，驾车使用的主要是畜力，古代的车主要是马车和牛车，虽然也有羊车、狗拉雪橇，还有驼车⑤等，但不占主流。牲畜除了驾

---

① ［英］罗素：《中国问题》，秦悦译，第 61 页。
② 《利国宜广制造论》，《申报》1895 年 9 月 17 日，第 1 版。
③ 《论中国改行新政之速》，《申报》1898 年 9 月 5 日，第 1 版。
④ 个别段落曾作为笔谈内容发表在《宜宾学院学报》2016 年第 1 期和《团结报》2015 年 12 月 24 日，第 7 版。特此说明。
⑤ 例如陆游《雪中忽起从戎之兴戏作四首》诗中有"狐裘卧载锦驼车"之句。

车之外，还供人直接骑行，如骑马、骑驴、骑骆驼等，是古人出行的常见方式。整体性或团队性出行，多以骑马为主，正如杜甫诗中所描述的，"忆昔先皇巡朔方，千乘万骑入咸阳"。当然，还有人坐轿，这可归入"人力"范畴。

依靠自然力与生物力的速度到底有多快，很难有精确的统计。不过，也有一些"快"的案例。三国之时，诸葛亮"借"得东风，周瑜催动战船，夜袭曹营，东吴战船航速应当不低，否则不会袭战成功，而传为经典。唐宋诗词中有不少描写快速车船的语句，如李白的"朝辞白帝彩云间，千里江陵一日还。两岸猿声啼不住，轻舟已过万重山"（《早发白帝城》）；欧阳修的"一阕声长听不尽，轻舟短楫去如飞"（《晚泊岳阳》）；杨万里的"千里江山一日程"（《丁酉四月一日之官毗陵，舟行阻风，宿桐陂江口》）、"两岸万山如走马，一帆千里送归舟"（《发赵屯，得风宿杨林池，是日行二百里》）、"计程一日二千里，今逾滟滪到峨眉"（《池口移舟入江，再泊十里头潘家湾，阻风不至》）、"半篙新涨满帆风，两岸千山一抹中"（《余干溯流至安仁》）；陆游的"遥看渔火两三点，已过暮山千万峰"（《小雨舟过梅市》）；韩驹的"暗水批崖出，轻舠掠岸过"（《泰兴道中》）；等等，都说明船行速度极快。但是，传统的行船主要靠风，风力与风向影响较大，顺风顺水，自然较快。正如杨万里所言，"顺流行自快，更著北风催。"（《放船》）

陆上快速交通的动力多来自马匹。骑马出行不仅气派，而且快捷，如"春风得意马蹄疾，一日看尽长安花"（孟郊：《登科后》）、"一骑红尘妃子笑，无人知是荔枝来"（杜牧：《过华清宫绝句三首（其一）》）、"火山五月行人少，看君马去疾如鸟"（岑参：《武威送刘判官赴碛西行军》）、"山回路转不见君，雪上空留马行处"（岑参：《白雪歌送武判官归京》）、"游说万乘苦不早，著鞭跨马涉远道"（李白：《南陵别儿童入京》）等唐诗可以为证。杜甫的名诗《房兵曹胡马》更使后人领略了大宛马的丰姿："胡马大宛名，锋棱瘦骨成。竹批双耳峻，风入四蹄轻。所向无空阔，真堪托死生。骁腾有如此，万里可横行。"李贺平生爱马，写过一组以马为题的绝句，共23首，其中有两首是这样的："大漠沙如雪，燕山月似钩。何当金络脑，快走踏清秋"（《马诗》五）；"不从桓公猎，何能伏虎威？一朝沟陇出，看取拂云飞"（《马诗》十五）。王安石也有一首描写马疾行的诗，名曰《骅骝》，其中写道："骅骝亦骏物，卓荦地上游。怒行追疾风，忽忽跨九州。辙迹古所到，山川略能周。"不过，杜、李、王的这些诗多为借马言志，而非实写马行速度。

从另一个方面而言，这些快的特例，不能反映生活常态。中国古代的驿传所用工具也主要是马，是在不同驿站之间进行马匹接力，所谓"换马不换人"是也。按清制，一般公文传递，限日行三百里，遇有紧要事件，则日行六百里，特别紧急之事，则限日行八百里。凡此种种，均为特例。

日常交通速度，不管是车船，还是马骡驴牛；不管是驼队，还是镖局，大概每天行走 100 至 200 里路程。比如乾隆年间山西学政戈源（1738—1800）的幕僚李遂所写《晋游日记》（又名《雪爪留痕》）记载，李氏每天的行车大致在八九十里至一百三四十里。晚清著名湘籍诗人邓辅纶在其《白香亭诗集》中有一首题名"二十八日渡洪泽湖行百二十里至盱眙"[1]，不过，此处的"百二十里"可能不是确数。类似的说法在古代还有很多，如"百二十城"等。张謇日记中也有一些关于行程快慢的记录，例如光绪十三年（1887 年）十一月他的返乡之旅中有几天是这样的：

> 十七日，早起，经杞县，抵睢州宿，行一百三十里；
> 十八日，经宁陵，抵归德府，行一百一十里；
> 十九日，经马枚集，抵杨集，共走一百五里；
> 二十日，经砀山县，抵黄口，走九十里。

张謇在日记中还写到，前此几日所走多为沙路。到二十一日，经合集，走一百一十里抵徐州府后，路始平坦；此后两天，张謇每天走九十里。至二十四日，经洋河，抵众兴集，走一百四十里。这还不是最快的，二十六日，张謇在日记中记载，行"百九十里"，如此快的速度，与他所遇"顺风"有很大关系[2]。在此之前，张謇也有日行"一百八十六里"

---

[1] （清）邓辅纶、（清）陈锐：《白香亭诗集·抱碧斋集》，岳麓书社 2012 年版，第 91—92 页。

[2] 张謇研究中心等编：《张謇全集》第六卷《日记》，江苏古籍出版社 1994 年版，第 280 页。

的记录,同样得益于"风利"①。

行军速度可能快一点,据载,乾隆时期八旗兵最快5天多的时间就可由京师赶赴西安。按当时北京至西安1800余里路程计算,每天的速度达300余里②。当然,这是急行军的要求。也有比较慢的,比如慈禧太后庚子西狩,经过一个多月才从北京跑到西安。一方面因为队伍庞大,辎重浩繁,另一方面也和战时驿站破坏严重,交通条件不佳有关。

速度慢与交通手段、道路状况有很大关系,这种慢速度使人的旅行成本居高不下,越来越不能适应近代生活的要求。例如1873年左右有外国人从京师抵达上海后,这样向他在《申报》馆供职的朋友抱怨颠沛之苦:

> 余于此役,始信古人行路难之言,诚不诬也。盖余此行所经,即俗所谓十八站者,一车两马,日夜苦辛,日难美食充味,夜难高枕安眠;站长则四鼓即行,站短则五更亦发,夜则常虞偷劫,日则每恐倾翻。缘一路水洼土坎节节皆是,凡车行走,非水洼即入土坎,往往既已前覆而后仍不能鉴,非不能鉴也,实迫于事势无可如何耳。不得已舍车而骑,然骑常苦于力难负重,资须倍蓰。始恍然于古人之所谓行路难矣③。

中国人更不乏类似的经历,例如有人这样描述其行经卢沟桥的体验:"曩尝驱车燕赵间,所过卢沟桥及琉璃河桥,皆绵亘数百丈,参差雁齿,颇壮观瞻,而辙迹所经,无不凹凸崎岖,车身左右倾侧,往往折轮脱辐,颠于半途。推原其故,皆由北方无河道可通数千斤之货车,以疲驴五六头驾之而行,此往彼来,每日不下数百起,岁月寖久,轨道日深,每至夕照将沉,晓霜未淡,一见长虹覆水,几令人胆悸心惊,毋宁安步当车,而断不愿稳坐舆中,受此颠簸之苦。"④

相形之下,如果乘轮船由南省赴津,则"既免时日之迟延,又省川

---

① 张謇研究中心等编:《张謇全集》第六卷《日记》,第238页。
② 李级仁:《西安八旗小史》,载中国人民政治协商会议全国委员会文史资料委员会《文史资料选辑》编辑部编:《文史资料选辑》第26辑(总第126辑),中国文史出版社1993年版,第220页。收入文安主编《晚清述闻》,中国文史出版社2004年版。
③ 《行路难论》,《申报》1873年12月12日,第1版。
④ 《书示禁重载后》,《申报》1899年9月23日,第1版。

资之过费,更无跋涉之艰难"①。所以,轮船等近代交通工具的兴起就是必然的了。

三 轮船与近代中国航行速度的加快

近代外国轮船最先出现在中国沿海开埠口岸,太平天国起义期间开始航行于长江流域,其功效进一步为国人目睹与体验。时人记述,这一时期,"江路既多阻隔,华船难以通行,惟有轮船可以来往自如,于是西人遂以轮船行走长江,而客商与货物皆赖之以懋迁。自是而后,燕齐吴越闽广之货可以上达汉镇,秦晋川楚豫滇之货可以下达申江,轮船之有益于世用也如此"②。

轮船吸引普通民众注意的方面比较多,但速度绝对是其要者。北京的竹枝词如此描述轮船:"报单新到火轮船,昼夜能行路几千。多少官商来往便,快如飞鸟过云天。"③ 上海洋场竹枝词纪云:"火轮船走快如风,声响似雷逆浪中。一日能行千百里,大洋西到大洋东。"④

《申报》1872年5月30日发表《轮船论》一文,指出:"舟楫之利至轮船为已极矣,大则重洋巨海可以浮游而自如,小则长江内河可以行走而无滞,其运载重物也为至便,其传递紧信也为至速,其护送急客也为至妥且捷。"如果中国多行轮船,则"百货不忧其不通,万商不患其不至"。轮船的快捷,无论对于政务、商务,还是社会,均有莫大好处。在《轮船论》文中,作者指出,"去岁直隶水灾,倘有轮船运米,既便且速,何至令老弱饿毙、强壮流亡?以商贾贸易而论,前岁湖北木绵[棉]歉收,江南木绵[棉]丰熟,倘用轮船即运木绵[棉]驰至汉口,当时各处贩商云集,绵[棉]价日涨;乃用江船运载,迟迟其行,迨木绵[棉]至汉口,各贩因先时货少,大半已回,或已另办他货,而木棉之口[价]日落矣"。《申报》对于轮船与民船的速度进行了比较,其差异之大,令人惊讶:"方今苏州河道业已浚深,如能置造轮船数号,运送客商货物、

---

① 《行路难论》,《申报》1873年12月12日,第1版。
② 《论设立火轮商船事》,《申报》1874年3月27日,第1版。
③ 杨米人等著,路工编选:《清代北京竹枝词(十三种)》,北京古籍出版社1982年版,第99页。
④ 顾柄权编著:《上海洋场竹枝词》,上海书店1996年版,第49页。

信件，岂不甚善？计沪至苏水路几及三百里，轮船行走至迟每时可以五十里，三百里程途一日可到；若用内地民船，迟则三日，速亦二日，倘遭石尤①阻滞，尚不能以日计。"②1873 年轮船招商局"永清"号轮船，由大沽水浅处驶行至天津，只用了四小时二十五分钟。此前航行这一水路的划船、货艇等，"从无如此之速"，时人感叹轮船"真可谓神速之至矣"③。

更为重要的是，轮船的速度是有保障的。正如时人所言，"中国船在内河也，日不过行百里，如遇逆风，或大雷雨，不及泊大镇市，则乡村冷僻之处亦不暇择焉。于是小或探囊劫箧，损及资财；大或明火恃械，伤及性命，民人被害，难以言喻。若有小轮，则人数既多，行驶又速，匪徒自无从生心矣。至若波涛之险，如江西之鄱阳湖、湖南之洞庭湖，皆汪洋数百里，为蛟龙窟宅，巨浪滔天，惊涛拍岸，往往行船者阻滞守风，经旬累月，或逢不测，船货俱伤。以是舟子戒心，行人裹足。若有小轮，则卫风破浪，行驶自如，人心自无所惊疑矣"④。

船行快速，利于运载，自然有利于贸易，《申报》举西方之例说明："尝考西洋未有轮船之先尽用帆舶，其行走迟滞，诸多不便。及至造成轮船，往来各国，不须等候顺风，其运货诸事，帆舶行走一次，而轮船已可三四次。故万商获利，百货流行，数十年来业已富加百倍。"正因为鉴于"有轮船之利如此，无轮船之弊如彼"，所以《申报》社评作者希望"有心世事者当亦可以恍然知所悟矣"；"愿中国亦仿其事，无徒尽造兵船，即商船一项亦宜多造，至数十年之后，必能日见殷富，不忧空乏矣"⑤。洋务派官员也认识到，"泰西各国明于制器尚象之理而得其用，所凭借以横行海外者，尤以轮船与火器为最"⑥。所以"中国自强之策，除修明政事、精练兵勇外，必应仿造轮船，以夺彼族之所恃"⑦。于是，从轮船招商局开始，中国开始自办轮船航运业，这是晚清"师夷长技"与"师夷长制"的重要成果。

---

① 石尤，即石尤风，古代逆风、顶头风之谓。
② 《轮船论》，《申报》1872 年 5 月 30 日，第 1 版。
③ 《官轮船由大沽至天津》，《申报》1873 年 7 月 4 日，第 2 版。
④ 《各省内河宜通行小轮船议》，《申报》1897 年 9 月 30 日，第 1 版。
⑤ 《轮船论》，《申报》1872 年 5 月 30 日，第 1 版。
⑥ 孙毓棠编：《中国近代工业史资料》第一辑，科学出版社 1957 年版，第 257 页。
⑦ 同上书，第 267 页。

虽然相对于旧式交通工具而言，轮船的快捷表现出巨大的优势，但轮船本身仍在不断提速。船速最初在海军建设方面受到重视，北洋海军早在1881年就从英国定造"铁快轮船"，官场将之称为"碰快船"，以其"犀利无前，可以之陷阵冲锋也"①。外国在华轮船公司从19世纪80年代就开始航行"快轮"。

晚清时期，中国境内的轮船相互竞争，"惟船快、客便是图耳"②。到20世纪初，沿海与内河轮船，"竞争速度，不遗余力"，一些重特大事故也与之不无关系③。1905年时，轮船招商局推出了"快轮"业务④。进入1920年代，招商局的快轮业务发展提速，1927年的招商局快轮分别往来于上海至天津、广州和烟台等埠之间。其他轮船公司也纷纷驶行快轮。1933年，湖北省建设厅与轮船招商局筹议开辟"京汉特快轮"，"规定只停九江一埠，自汉至京，下水只须二十二小时，便可达到，从汉口到首都将航程缩为不到一天，其速快无以复加"⑤。招商局本拟将"峨嵋"修整之后，改作"京汉特快班轮"，但因为该轮失事，搁浅经年，"致此路亦告搁浅"⑥。当时长江轮船自沪赴汉的普遍航程是90至96小时。三北轮船公司创办人虞洽卿，因应于市场需求，购置新轮，创办"飞快"船班，"利用其速度，将沪汉间航程缩短"。他将该轮命之为"龙兴"，规定从沪赴汉，经过京、芜、皖、浔均停，只须43小时；其由汉来沪下水班，只需40小时，从而使"京汉间或沪汉间旅客，可以单程缩减两天行程，若上下水，则可减少四天"⑦。由此说明，提升"速度"渐成航运界的发展趋势。

---

① 《傅相验船》，《申报》1881年10月1日，第2版。
② 曾经沧海客：《来书》，《申报》1875年3月31日，第2版。
③ 《江轮大福丸失慎三志》，《申报》1907年9月21日，第4版。
④ 《汉局改良铁路章程》，《申报》1905年3月2日，第4版。
⑤ 《各方督促招商局京汉早开特快班轮》，《申报》1933年12月28日，第10版。
⑥ 《搁礁经年之"峨嵋"轮脱险，费用有十二万元之巨，至最近水涨方始脱险》，《申报》1934年5月11日，第11版。
⑦ 《三北公司创设长江飞快班——"龙兴"轮船九日开航，四十三小时可到汉，定期招待各界参观》，《申报》1937年1月6日，第13版。

四　火车与近代中国陆行速度的加快

火车在近代中国初被称为"火轮车",轮船则被称为"火轮船",可见国人对西方蒸汽动力交通工具的认知角度。对于近代国人而言,认识轮船较早,结识火车较晚。但他们逐渐发现"火轮船奇矣,火轮车更奇"①。19世纪70年代中期上海吴淞铁路给国人提供了一个现场观摩、学习与体验的机会,时人如此评述其现场观感:

> 今上海虹口已定造行火轮车之铁路,今年即可见上海之行火轮车矣。考铁路之制,非以铁铺路也,乃以铁为槽接长,其形如倒写之人字形,路上设两铁槽,其相去之尺寸与火轮车之两轮尺寸合,车行时轮行于铁槽中也。火轮车之制,车大如屋,形正方,中设厚茵褥,人坐褥上,如坐屋中,甚安逸也。火轮车行时,数十车以铁索贯联而齐进,前车设火轮机器以曳诸车,次载食物煤薪,其行甚疾捷如飞鸟,速于奔马,两傍之屋树人物如箭之过,视不清也。一点钟时可行二百里,一时可行四百里,一昼夜可行四千八百里,疾之至矣。其法,西人始创,时在中国之道光初年,创始之人为英国之德微底,后有英国人名斯提反笋者,父子相继制造益精,英国皇赐以千金,称火轮车为火箭。②

就在该路修筑过程中,上海市民就表现出好奇,纷纷前往观看,《申报》如此报道:

> 虹口新开之火轮车路,现已筑近徐氏花园,日内男女往观者络绎不绝,不特本埠人喜看,即在数十里百里外者,亦无弗欲先睹为快。故每日约有千余人,或驾马车,或乘大轿,至坐东洋车与小车者,尤指不胜屈,且有卖水果点心摊以赶市者。但现在之火车不过搬运木石,修填车道,尚非载客,迨日后落成,谅必共诧新奇,而坐客定更

---

① 《火轮车考》,《申报》1876年2月19日,第3版。
② 同上。

繁盛也。①

《申报》预言此路若成，则"乘车纳凉，一刻之间而便可径抵吴淞，岂非中西人所大快者哉!"② 称赞"火轮车为福国之举"，指出"中国沃壤实倍于欧洲，每为穷山隔绝，载运不利，故民不欲择各地之所长而播种他物，惟知种谷以供日需而已。使载运之器既便，而价又廉，凡地皆取其所长，而种以所能种，复易于转有济无，则国家岂有不日臻于富哉？"作者还指出，火车开通之后，受惠之处不仅在于农业赖以转运，以增加土地之产出，俾"其利当能倍蓰，或能数倍"，更可推动农村城市化步伐，增进社会文明发展。③

吴淞铁路是英商怡和洋行 1874 年以"马路"之名开始修筑的，1876 年 7 月上海至江湾段通车。8 月 3 日因压死兵士一人，导致民众恐慌而停开，10 月由清政府赎回，次年拆毁。两江总督沈葆桢札饬江海关道，允准英国驻沪领事将路基改为马路，俾便往来的建议："继而略将泥土铺平，各桥亦铺以板，然止通人马之往来，马车仍不合于用也。"厥后，不仅马车不能行，清官"竟欲将路阻断"，将前此所建路桥拆除，"一若禁马之行者"④。当吴淞铁路停开之后，体验过火车便捷的人们均感惋惜，《申报》记录了时人的一些对话，兹引录于下：

> 火车停行已数日矣。日昨与友数人同在茶楼品茗，隔座亦有数人，忽有一人至，隔座人邀与同坐，询曰："君往吴淞，何以又能偷闲来此？"答曰："候潮退耳，若如数日前有火车时，余固可以去而复返矣！"语罢叹息。久之，复有一人至，隔座人询问如前，答曰："风太大，船户不肯开行，须候风息能开往耳。"又询曰："君有急事，何以不弃舟而车乎？"答曰："如此大风，尘眯人眼，车夫不能张目，安能推车？若尚有火车，何至行路如此艰难。"于是，阖坐同声叹息停止火车有损无益，并云从前未见火车，亦均不知火车好处，今已行有数月，往来吴淞者均称其便，一旦停歇，殊令人皆往来不

---

① 《纪看铁路》，《申报》1876 年 3 月 31 日，第 1 版。
② 《吴淞将行火车》，《申报》1874 年 8 月 4 日，第 3 版。
③ 《火轮车为福国之举》，《申报》1874 年 7 月 15 日。
④ 《西报论阻路》，《申报》1879 年 12 月 23 日，第 4 版。

便；安得上宪回心转意，准其复行，则有事吴淞者定当感颂功德于无既矣。余闻此言，因私询友人曰："火车便民，余既得闻矣。第不知其价值与小车、航路何如？"有［友］曰："火车下坐［座］往返吴淞仅须钱三百六十文，天明头次开行，乘之以往，日晚末次开回，乘之以归。一日之久仅须一时乘车，其余五个时候可在吴淞办事，故皆称便；若雇小车往返，价须加倍，而途间行走之时刻尚不止加倍，仅能在吴淞耽延两时之久；至于趁航以往，价虽少廉，然各种不便尚不止如隔座诸人所言，是以人皆思火车复行矣！"余亦为之叹息而回①。

当时为吴淞铁路"成而复毁"之事而扼腕叹息者大有人在。② 该路拆卸以后，国内"不谈此事者五六年"③。20年之后，清政府委派盛宣怀再筑此路，1898年8月5日，《申报》记者受邀参加试车，记录下自己的感受：

……相将入坐未几，钟鸣四点，一声气笛，飙轮若飞，经大场过江湾，各小驻五分，时及抵吴淞，仅越二十七分，时亦可谓飞行绝迹矣。既下车，偕友散步江滨，天风吹衣，炎暑顿涤；遥望远浦，渔舟三两出没于烟波浩淼之中，击楫唱打，鱼歌悠然自得，不禁慨焉以叹曰："人生行乐耳，富贵功名无异槐柯一梦，安得忏除烦恼，歌靖节先生归去来辞，与渔弟、渔兄共话江湖之乐哉！"既而步入车站，小饮欧西佳酿，以洗尘襟。甫罄，三蕉客曰："车将行矣，盍归乎来？"急上车，辚辚声即不绝于耳，时行益迅，视道旁屋宇，一瞥而过，几如飞燕之掠晴波。溯在吴淞停轮三十分时，归途只历一十八分时。古云"千里江陵一日还"，初谓诗人虚拟之词，今观火车，一日岂止行千里哉？④

现代技术何以有此魅力？归结起来不外乎"方便""快捷"与"实用"，可极大地提高民众生产及生活的效率与质量，因而使民众难以不受

---

① 《论铁路火车事》，《申报》1877年10月6日，第1版。
② 《议用自来水说》，《申报》1878年9月12日，第1版。
③ 《书李傅相招股开铁路示谕后》，《申报》1887年5月31日，第1版。
④ 《淞沪铁路落成记》，《申报》1898年8月8日，第1版。

其诱导。此前未见过火车,也不知道火车的好处,但既已体验其优越性,则不能不受其影响,"一旦停歇,殊令人皆往来不便"①。由此足以说明现代技术对改变民众消费心理的巨大冲击。

火车速度快、运量大的优势,还体现在社会救助方面,例如丁戊奇荒期间,有人分别从运能与运价两方面论述了铁路对于赈济灾区的巨大功效。认为如果相关铁路网络建成,则可以快速调运各地米粮,以低成本运赴灾区,灾民多获一份接济,受灾程度必将因之而减轻。文中说道:

> 今以山西省会言之,至京师一千三百里,天津至彼谅亦不相上下,若有铁路,即属难行,一日可至;或由南省,或由日本、暹罗、安南等国采买米粮,用轮船运至天津,再由天津用火车运至山西,总共不过数日,何至连年旱灾无人运米前往,致令人皆相食乎?且又闻由天津运至山西省城脚价极贱惟有骆驼,然尚每石须银四五两之间,须时十数日之久;若有铁路,用火车运往,为时朝发可以夕至,为价不过需银数钱,其便与不便不待智者而始明矣②。

在近代时局变化过程中,随着对铁路之于国计民生重要功效的认识深入,国内兴起了大办和速办铁路的热潮,不少官员认识到,"铁路早成一日,可保一日之利权,多拓百里,可收百里之功效"③。据经济史专家严中平等人统计,近代中国铁路兴建出现过两次高潮,第一次是在甲午战争后至辛亥革命(1895—1911年),第二次是在"九一八"事变到抗战爆发(1931—1937)。自1876年至1948年的72年间,中国境内共建筑干线铁路58条,全长23443.21公里,连同各路支线,共计24945.52公里。④

特别是国民政府时期,受孙中山《实业计划》铁路网规划的激励与指引,中国铁路建设进程加快,到1936年,除北方的同蒲路之外,南方的浙赣路、江淮路,"皆以最少之资本,成巨大之事业"。此外,"陇海路

---

① 《论铁路火车事》,《申报》1877年10月6日,第1版。
② 《再论铁路火车》,《申报》1877年10月29日,第1版。
③ 张之洞:《粤汉铁路紧要三省绅商吁请能力合作以保利权折》(光绪二十四年正月初五),尹飞舟编:《湖南维新运动史料》,岳麓书社2013年版,第140页。
④ 严中平等编:《中国近代经济史统计资料选辑》,中国社会科学出版社2012年版,第122页。

之展进西、咸,粤汉线之渐近完成,尤为中外瞩目"。国民政府复加紧进行浙赣路南昌玉萍段建设,以期衔接株萍,再与粤汉路联络。规划中的江南铁路"亦将越赣闽以入广州,并为横贯东南之大动脉"。同时,成渝等铁路线的勘查工作,也早已分段办理,"是西南交通,亦将完全一变"。2月14日天津《大公报》发表社论评价中国铁路发展状况,称"近年中国交通进步,成绩斐然,公路之外,铁道建筑亦极可观","此诚国难严重中比较差强人意之一种事实也"①。说明,近代中国铁路建设的"速度"也在不断加快。

五 车船载来近代化
——近代中国"速度"提升的长远影响

近代中国的演进是一个不可逆转的过程,其中的表现之一就是各种"速度"不断加快,无论是物质的还是精神的,无论是生产的还是生活的。"高速"与"快速"成为先进与文明的标配之一,在"现代化"的系列特性中排在前列。

综观近代中国的"速度",可以发现,一方面,国人对以现代技术为条件的"快速度"的认知与接受在不断加快,晚清时期发生的各类抗拒轮船、火车与电报的事例,到民国时期基本未再发生。即便发生劫持轮船、火车的事件,也不是因为从观念上反对,而恰是对于现代技术设备强大功能的看重;另一方面,现代技术设施本身的行进或传播速度也在不断提升,轮船出现了"快轮",火车出现了"快车";其他各种交通与传播速度也都在不断提升。可以说,近代以降的中国不仅是一个追求"高速"的社会,更是一个在"高速"基础之上,被不断"提速"的社会。国人的生产方式、生活形态与社会关系均受到"高速度"的强烈冲击,发生前所未有的变化。流动速度的加快与流动容量的加大,导致人流、物流、资金流(金融制度创新在这方面发挥的作用至为关键)和信息流均出现了前所未有的样态,商业化与城市化大潮于是有了可能与基础。

以火车为例,抗战之前,国人乘坐火车出行,大致呈现不断增长的态势,到1936年达到最高值。抗战爆发之后,因时局动荡和交通破坏,乘

---

① 《建设新路与整顿旧路》,天津《大公报》1936年2月14日,第2版。

坐火车出行的人数大幅减少。抗战胜利之后，因为复员的需要，火车载运人数再达高峰。

表1　　　　　　　1907—1947年中国铁路客运统计　　　单位：万人公里

年份	万人公里	指数	年份	万人公里	指数
1907	1020	0.6	1929	318329	196.1
1908	101365	62.4	1931	434005	267.4
1909	125299	77.2	1932	345058	212.6
1912	162330	100.0	1933	403037	248.3
1915	99264	61.1	1934	405772	250.0
1916	206448	127.2	1935	434885	267.9
1917	212833	131.5	1936	434885	267.9①
1918	232080	143.0	1937	208534	128.5
1919	251926	155.2	1938	91420	56.3
1920	316153	194.8	1939	113103	69.7
1921	316223	194.8	1940	143758	88.6
1922	332090	204.6	1941	155278	95.7
1923	341343	210.3	1942	147189	90.7
1924	358232	220.7	1943	210899	129.9
1925	376112	231.7	1944	100861	62.1
1926	259567	159.9	1945	181950	112.1
1927	266321	164.1	1946	1241989	765.1
1928	235077	144.8	1947	851798	524.7

资料来源：严中平等编：《中国近代经济史统计资料选辑》，中国社会科学出版社2012年版，第143页。

流动性不仅创造了前所未有的物质效应，还对国人的精神与心理产生了巨大影响。速度提升使近代国人"征服"空间的能力加强，在一定程度上空间已非传统意识中的"空旷"，而越来越变得可以参与，可以体验。正如《申报》社评所言："溯自海禁大开，万国通市。火轮舟车之制几遍寰区，水行不帆而十倍于帆之飞；陆行不马而十倍于马之骤，腰适忘带，足适忘履，行适者亦忘路之远焉。"②

---

① 原表1935年与1936年的数字完全相同，疑其中之一有误。
② 《时政与年俱新论》，《申报》1883年2月13日，第1版。

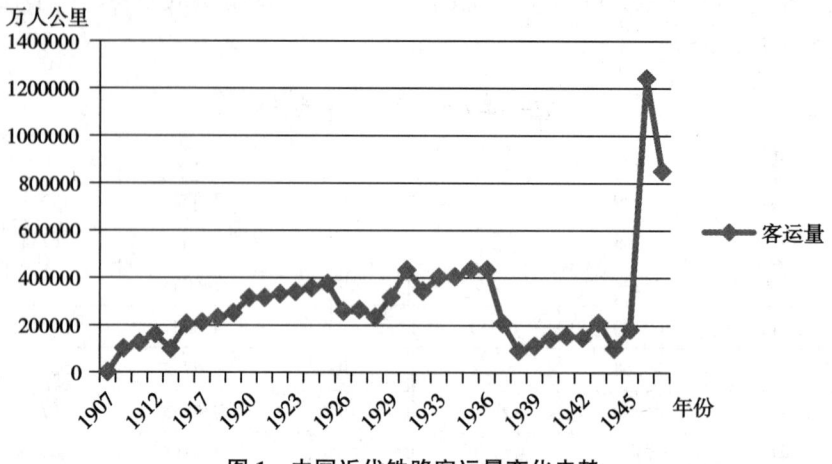

图1 中国近代铁路客运量变化走势

轮船、火车，乃至稍后的汽车、飞机等快速高效的交通工具，不仅输送了城市化所需要的人口与物质基础，而且使城市不再遥远。因为这些新式交通工具带来的快速效应，产生了"距离消释"（eclipseof distance）现象，不仅使城市之间、城乡之间的距离"缩短"，而且使国家版图"变小"，结果使得个人的"即刻反应、冲撞效果、同步感和煽动性"得到加强，而思考的"回味"余地相应减少了①。

易言之，现代交通与通讯速度的提升，使人们的审美与价值形成方式发生变化，正如美国学者丹尼尔·贝尔所言："如果从美学角度提问，现代人与古希腊人的情感经验有何不同？答案一定与人类的基本情感（例如不分长幼、人所共有的友谊，爱情，恐惧，残忍，放肆等）无关，而与运动和高度的时空错位有关。在十九世纪，人类旅行的速度有史以来第一次超过了徒步和骑牲畜的速度。他们获得了景物变幻摇移的感觉，以及从未经验过的连续不断的形象、万物倏忽而过的迷离。"② 这种体验与观感，无疑会影响民众的心态、情感、价值观与精神追求。

总体而言，以"快"为特征的现代交通技术导致的"距离消释"，不断密切着个人与社会及国家的关系，人类不仅物质上的一体化进程加快，精神上的一体化也明显加快了。

---

① ［美］丹尼尔·贝尔：《资本主义文化矛盾》，赵一凡等译，生活·读书·新知三联书店1989年版，第31页。

② 同上书，第94页。

当然，影响人们认知的"高速"因素还有很多，诸如印刷技术引发的出版效率提升，电报、电话促成的资讯传播速度加快，新技术条件下行业竞争加速导致的创新动力增加，等等，这些也都对中国近代化进程产生了极大影响。无须赘述，近代中国"提速"的地区差异性较大，这也是决定中国近代化区域效果的重要因素。凡此议题，均较为复杂，限于篇幅，容当另文探讨。

福建船政中枢机构建筑布局理念

林　键[*]

"福建船政建筑"分布于福州市马尾区原中岐村周边一带。该文物于2001年6月由国务院公布为第五批全国重点文物保护单位，公布编号491，属近现代重要史迹及代表性建筑类别。该文物保护单位代号为35150007。至今尚存的原始船政建筑有：官厅池、轮机车间、合拢厂、绘事院、一号船坞、钟楼。从广义来看，马尾辖区内第四批全国重点文物保护单位"马江海战炮台、烈士墓及昭忠祠"（文保单位代码为35150005）都应列入"福建船政建筑"的范畴。

近来笔者考察发现：晚清船政中枢机构建筑主要由行政体系（船政衙门、官厅池、正监督与副监督寓所）、教育体系（正监督与副监督寓所、制造学堂、驾驶学堂）、生产体系（轮机厂、合拢厂、绘事院等）、祭祀体系（天后宫、昭忠祠、左沈二公祠）、军事体系（镇海营营长室、兵营等）组成。在马尾中岐村"飞凤落阳"自然环境之间，船政中枢机构建筑的布局深刻地反映了近代船政缔造者和继承者"天人合一""中体西用"的思想观念。建筑布局"天人合一"观是继承了古代中国哲学思想。建筑布局"中体西用"观是回应近代国际化浪潮的融合调适思想。可以说，福建船政中枢机构建筑布局理念是近代中国东西方文化融合的结晶。

一　船政选址于马尾中岐村

（一）选址缘由

关于福建船政选址问题在日意格的《关于福州船政的演讲》[①] 一文中

---

[*] 林键，福州马江海战纪念馆文博馆员。

[①] 日意格：《关于福州船政的演讲》，黄伟译，载林樱尧主编《船政研究集萃（纪念福建船政创办一百四十五周年）》，福建省马尾造船股份有限公司编印，2011年，第210页。

已经从地理战略方面做出诠释。但建设船政的构思主体并非是洋人，乃是大清帝国洋务派士大夫。他们对船政选址及布局的构思是十分值得探讨的重要内容。

清同治五年（1866年）五月十三日左宗棠上奏说："如虑船厂择地之难，则福建海口罗星塔一带开漕浚渠，水清土实，为粤、浙、江苏所无。臣在浙时，即闻洋人之论如此，昨回福州，参以众论，亦复相同，是船厂固有其地也。"① 笔者认为，船政选址于马尾中岐村并非左宗棠所说是因马尾港"水清土实"。众所周知马尾港水既不清土也不实：其一，马尾港是内河港，有许多暗礁。清代航海满载货品的船只吃水深，必须趁涨潮又借着熟悉水情的本地渔民引航才能避开暗礁，顺利通航。随着晚清人口增多，山林被砍伐导致水土流失。闽江下游马尾港泥沙淤积日渐严重。这使马尾港通航条件不如其他开埠口岸优越。其二，根据苏格兰摄影家约翰·汤姆森（John Thomson, 1837—1921）所述："福州兵工厂（Fuchow Arsenal 即福建船政）的所在地原先是一片沼泽，当1867年决定在此修建一座兵工厂的时候，地面被填高了数英尺，以获得一个稳固干燥的地基。"② 后来担任船政正监督的日意格（Prosper Marie Giquel, 1835—1886）也曾说："我们曾遇到一个麻烦，一层厚厚的凝固淤泥覆盖在几乎是液状的粘土层上，形成一块冲积层地面。我们要在这片烂泥滩上建厂可谓是困难重重。我们不得不依靠紧密相接的木桩把建筑物固定其上。单单此项工程船政就耗费近5000根木桩。"③ 从古至今，每年农历八月适逢天文大潮，闽江下游潮水顶托，叠加台风降雨影响，濒江船政厂房墙基更是容易受浸于洪水。故此左宗棠奏折所述中岐村条件优越并非实言，乃是一笔带过。

马尾中岐村一带自然环境条件欠佳，为何清廷仍要择地于此设立船政？笔者认为，船政选址与古代风水之说有关。在船政基建动工之前的同治五年（1866）十月初一，左宗棠邀请福州著名文人魏杰（1796—1875）周密勘察马尾一带地形。魏杰在他的《逸园诗钞后集》中《同治丙寅腊月朔，

---

① 左宗棠：《试造船，先陈大概情形折》，载张作兴主编《船政文化研究——船政奏议汇编点校辑》，海潮摄影艺术出版社2006年版，第3—7页。

② [英]约翰·汤姆森：《中国与中国人影像》，徐家宁译，广西师范大学出版社2012年版，第238页。

③ 日意格：《关于福州船政的演讲》，黄伟译，载林樱尧主编《船政研究集萃（纪念福建船政创办一百四十五周年）》，福建省马尾造船股份有限公司编印，2011年，第210页。

越行经马尾山,定船政局行台坐向,偶题四首志喜》中这样写道:"壶山金印绕江流,笔架奇峰拜五侯。一塔罗星临水口,此间奇景冠闽州。""百亩良田万里江,千峰罗列景双江。前朝后帐无偏倚,结个高台看驾驭。""天文有禁不宜谈,地理无私可细参。寄语仙翁须着眼,且将大道问庄聃。""从来吉地自天成,不费时师苦力营。留待后人君信否?我心方寸本分明。"① 清同治六年九月初十,首任船政大臣沈葆桢上奏说:"船坞在马尾山麓,地曰中岐。但就其一方地势而言,大江在前迤南而下,群峰西拱状若匡床,中间坦处旧本村田。去年购买归官,始圈为船坞,计地周围四百五十丈有奇。"② 由此可见,船政基建之前先勘察地方风水乃确有其事。

笔者认为,左宗棠将船政选址于马尾中岐村是看中该地"飞凤落阳"风水的缘故。中岐村"飞凤落阳"之风水非今日杜撰,乃是有各种历史依据佐证。自古福州民俗说"一墓二厝"。这话道出福州民俗把阴宅与阳宅风水视作日常生活中数一数二的头等大事。故此,中岐先民选择定居村落与祖坟地址都存在风水因素。比创办船政更早的清顺治年间,马尾中岐村就已经有"飞凤落阳"之说。这种说法记载于中岐村《周家族谱》③,并在民间流传400年至今。据笔者考证,清顺治十八年(1661年)清廷施行严厉的海禁政策,迫使长乐凤庄周氏与松下王氏迁居中岐,形成中岐聚落。中岐村最早先民将居家宅第选址于背阴向阳的"飞凤"北翼山麓

---

① 官桂铨、林展旋:《与船政人物有关的鼓山摩崖题刻》,载《船政文化研究(第二辑)》,中国社会出版社2004年版,第302页。

② 沈葆桢:《察看福州海口及船坞大概情形折》,载张作兴主编《船政文化研究——船政奏议汇编点校辑》,海潮摄影艺术出版社2006年版,第23—24页。

③ 周端贤:《周家族谱》,手稿,第18页。另据周慧玉女士口述"飞凤落阳"之说。周慧玉(1918—2008年),祖籍马江镇,第一届政协福州市马尾区委祖国统一组委员和台属代表、马尾区妇联委员。周慧玉祖父周式桢(1852—1905年)字用桢,号穆卿。家宅位于中岐下排行。他是同治五年清廷于中岐征地创办船政的见证者。光绪末年他曾纳财坐监中广交名下士。戚属乡邻无不趋慕其盛德,为马尾中岐著名乡绅。式桢生四男三女。长男周宗道,字述明,在福建船政办理电光机器事,民间号称为"十三厂头家"。民国初年他被聘为福州刘氏"电光五"福州电气股份有限公司总工程师。次男周宗濂,字述溪,天津水师学堂驾驶班第五届毕业。他曾任"通济"兵船管带、民国海军第一舰队"舞凤"炮艇舰长。三男周宗琳,字述庵,曾任湖北铁路监工、国民政府海军部办事员。四男周宗颐,字述年,毕业于船政绘事院,曾任上海江南造船所、厦门船坞绘图师。周慧玉之母任文箫(1888—1949年)乃民国海军中将任光宇堂妹,适周宗颐。周慧玉本人适民国海军参军中将林元铨之侄林修瑜。其宅位于中岐城泰垱。周慧玉作为中岐原住民,其祖传的船政口述史可信度高,具有重要史料价值。

"弯磕里"（福州话讹称"万富里"，今称"进步里"）。康熙二年（1663年）迁岐周氏祖坟周邦福之墓与乾隆年间（1736—1795年）迁岐王氏景武婆祖坟均安葬于"飞凤落阳"地势最核心位置——莺头鼻（福州话口语简称"鼻头"）古榕之下。① 笔者观察晚清中岐村实测平面图，发现中岐山体俯瞰平剖面呈现"弓"字形，犹如一只展翅飞翔的凤凰。福州话"飞凤落阳"就是"飞凤下凡"的意思。"飞凤"山体之"凤头"和"胫脖"（福州话"胫脖"指脖子的意思）分别对应着地名"莺头鼻"和"莺胫山"。船政建筑正是在这"飞凤"双翼拥抱之中。由此可见中岐村"飞凤落阳"风水之说在船政创办之前就已经被中岐村一带先民确认。这正是左宗棠选址中岐村创办船政的最重要原因。

图一 1874年船政学堂正监督日意格手绘船政全景平面地图。中岐村"飞凤落阳"之山体跃然纸上。图片由魏延年先生提供。

（二）建筑布局过程

同治五年七月初十（1866年8月19日）日意格应左宗棠邀请抵达福州确定船政总体规划。据左宗棠所奏："日意格七月初十来闽后，臣与详商一切事宜，同赴罗星塔，择定马尾山下地址，宽一百三十丈，长一百一十丈。土实水清，深可达十二丈，潮上倍之，堪设船槽、铁厂、船厂及安置中外工、匠之所。议程期、议经费、议制造、议驾驶、议设厂、议设局，冀由粗而精，由暂而久，尽轮船之长并通制器之利。"② 同治六年正月十五日，

---

① 王中捷：《马尾中岐王氏支谱》，2012年，自印，第9页。
② 左宗棠：《请派重臣总理船政折》，载张作兴主编《船政文化研究——船政奏议汇编点校辑》，海潮摄影艺术出版社2006年版，第7页。

署闽浙总督英桂函曰："现在厂基已于罗星塔附近之马尾地方，勘估买定宇、宙、洪、荒四字号民田三百二十八亩有零。……共用银一万八千零八十七两有奇。于十一月十七日（即1866年12月23日）开局，先行开工庀材，派委员绅与洋员督同砌岸筑基，缭垣建层。"① 据此，船政创办150周年以来，历代人们皆以每年12月23日作为其创办纪念日。

正是在此时，日意格运用西法完成中岐村（Village de Dong hhe）至横浦村（Village de Hva Vve）一带的实地测绘，此乃马尾实测地图史之开端。1867年初，左宗棠奉命西征。1867年7月沈葆桢正式上任主办福建船政之后的半年时间里，船政中枢机构建筑（船政衙门、正副监督寓所、制造学堂、驾驶学堂、绘事院、合拢厂、轮机厂）相继竣工。② 同治七年（1868）夏至，由沈葆桢主持，船政当局又在莺脰山建成供奉海神妈祖的天后宫。③ 光绪十一年（1885）九月裴荫森主持在马限山东南麓建成马江昭忠祠。光绪十八年（1892）五月左沈二公祠落成于幔岐村（今称旺岐村）。光绪十九年（1893）六月裴荫森主持在罗星塔（又称福星塔）旁建成一号船坞（又称青洲船坞）。船政在光绪年间鼎盛时有十三个车间。民间称之"船政十三厂"。由此可见，船政中枢机构建筑布局并非左宗棠一人一挥而就。船政建筑乃是在左公规划理念之基础上，由船政大臣沈葆桢、裴荫森等不断加以完善而形成规模体系的。

笔者发现，船政中枢机构建筑布局并非杂乱无章，乃是精妙设计。晚清的船政中枢机构建筑形成两个轴心五个体系的布局结构：第一，行政体系：根据"飞凤落阳"地势，以山体"莺脰"为轴心，形成纵向天后宫、船政衙门、官厅池三点一线布局，以及形成横向以船政衙门为中心，船政学堂正、副监督两座寓所对称分列于衙门左右山头遥相呼应的布局。④ 第二，教育体系：根据"飞凤落阳"地势，以坐落于"莺头鼻"的正监督

---

① 《署闽浙总督英桂函》，载台湾"中研院"近代史研究所编《中国近代史资料汇编·海防档（乙）福州船厂（一）上》，台湾"中研院"近代史研究所1957年版，第59页。

② 沈葆桢：《察看福州海口及船坞大概情形折》，载张作兴主编《船政文化研究——船政奏议汇编点校辑》，海潮摄影艺术出版社2006年版，第24页。

③ 沈葆桢：《择建神宫，仰恳御书匾额片》，载张作兴主编《船政文化研究——船政奏议汇编点校辑》，海潮摄影艺术出版社2006年版，第36页。

④ 沈葆桢：《察看福州海口及船坞大概情形折》，载张作兴主编《船政文化研究——船政奏议汇编点校辑》，海潮摄影艺术出版社2006年版，第24页。

日意格寓所为轴心，制造与驾驶两学堂对称分列于寓所左右遥相呼应的布局。第三，祭祀体系：根据"飞凤落阳"地势，昭忠祠与左沈二公祠对称分列"飞凤"双翼外侧遥相呼应的布局。第四，生产体系：根据"飞凤落阳"地势，以"莺头鼻"为轴心，轮机厂、合拢厂、绘事院连体建成"凹"字形，且正对"凸"字形"莺头鼻"山体的布局。第五，军事体系：根据"飞凤落阳"地势，坐落于营盘顶的镇海营营长室、兵营与船政衙门形成隶属逻辑关系。这五个中枢机构建筑体系不但与中岐村自然地貌"飞凤落阳"形成紧密关联，又以中国传统伦理逻辑维系各建筑的布局。我们只有将福建船政中枢机构建筑放在中岐村"飞凤落阳"自然地貌环境中来体察，综合风水地貌、地名才能系统地解释船政主体建筑布局的理念。

图二　正在建设的福建船政轮机厂与绘事院。拍摄位置：自东南向西北。图片约拍摄于 1868 年。图片由魏延年先生提供。

二　船政中枢机构建筑布局流露"天人合一"思想

（一）中国传统建筑哲学的核心是"天人合一"思想

中国"天人合一"思想成熟于先秦。孔孟、老庄都从不同角度阐释"天人合一"观念。以此为发源，"天人合一"成为两千年中国哲学思想的主导，是传统文化精神支柱之一。"天人合一"思想强调人与自然环境、人与社会环境之间和谐辩证统一。"天人合一"思想渗透在中国建筑哲学理念中，即注重建筑与自然环境的和谐关系、建筑与主人的和谐关系、建筑彼此之间的和谐关系。由此人们决定建筑的朝向角度、布局结构、高度宽度等等。这现象尤其表现在封建社会象征着"君权天授"天子皇权施政的建筑上。皇宫、官府建筑的形制、布局等均特别讲究"天人合一"思想。可以说,"天人合一"思想是中国古典建筑理念的灵魂。

(二)"天人合一"思想对船政中枢机构建筑的影响

福建船政直隶于清廷"总理各国通商事务关防"(简称:总理衙门),故此船政机构全称为"总理船政关防";船政衙门建筑全称为"总理船政事务衙门"。清廷设立福建船政主要目的是向英法列强学习制造西式军舰并培育西式海军。船政既是清廷直属机构,又是马尾一地最高权力机构。在森严的封建等级制度社会里,船政衙门建筑与各级官府建筑一样都依照不同等级而在面阔、进深、高度上有严格规定。船政衙门建筑既要顺应天然地理环境,又要体现封建君主专制施政的物质象征。故此,船政衙门坐落地点之"中",衙门内部格局之"正",建筑群与自然、人文环境之"和"都是"天人合一"思想的具体表现。

1. "天人合一"思想体现在船政建筑"和"之上

《中庸》说:"中也者,天下之大本也;和也者,天下之达道也。致中和,天地位焉,万物育焉。"① 正是秉持"和"是天下万事万物的根本,"和"是天下共行的大道的哲理,当年左宗棠才择址中岐创设船政。左宗棠以保持中岐村自然环境和谐、不破坏周边自然地形地貌为前提,顺自然天成的"飞凤落阳"之山势布局船政中枢建筑。例如按惯例,船政衙门作为行政机构建筑本应坐北朝南,但为不破坏原始地貌,船政衙门却是顺"飞凤"西南朝向之势而建。衙门正后方背靠东北的莺脰山、面朝西南的五虎山,似案上笔架前有虎将队列于前。此乃前文魏杰诗中所题"前朝后帐""笔架奇峰拜五侯"。"飞凤"左翅之内是礁石"莲花磻"所在,似案上金印在左。此即魏杰诗中所题"壶山金印绕江流"。船政缔造者把人工构筑的船政建筑(人)布置在自然地貌环境(天)之间,使两者天衣无缝地融合为一体(合一)。这就是船政衙门与自然环境"和"的体现。由此发源,船政在此后近100年的发展过程中,都非常注重保持建筑与自然环境的和谐关系,充分保护"飞凤落阳"的原始地貌。这也使我们领悟,在19世纪70年代船政大臣为保护船政周围山体而特立"环境保

---

① 《中庸·率性之谓道》,载施忠连主编《四书五经鉴赏辞典》,上海辞书出版社2005年版,第17页。

护碑",不允许任何人开山伐木的用意。该碑额曰:"船政大臣示"。碑文曰:"山上竹木,栽植多年,不准砍伐。无论军民人等,如敢不遵约束,私行砍取,许即指名禀究,定即从重惩办,毋违,特示。"① 1933年10月建成全长20公里的福马公路也不能贯穿马尾街,而只能终止于"飞凤"右翼之外的嫚岐村海潮寺、左沈二公祠之前。② 其用意正是为了不破坏马尾中岐村自然地形地貌,保持人类生产活动与自然环境的和谐关系。

　　船政建筑与自然环境之"和",还具体表现于建筑布局引入了中国古代传统自然"阴阳"观。《道德经》曰:"万物负阴而抱阳,冲气以为和。"③《易传》曰:"一阴一阳之谓道,继之者善也,成之者性也。"④ 为了使船政建筑与自然环境融合,轮机厂、合拢厂、绘事院连体建筑"凹"字形(阴)正对自然山体"莺头鼻"的"凸"字形(阳)。这样就使船政生产体系建筑与自然环境产生了一阴一阳"冲气为和"的紧密关联。无独有偶,光绪十九年(1893)由裴荫森主持建成的船政一号船坞选址于罗星塔旁也是因着阴阳观念。此外,船政建筑与自然环境之"和",还体现于官厅池之水源自莺胆山溪水。官厅池水有入有出,随潮汐涨落,乃活水。《道德经》曰:"上善若水,水利万物而不争",⑤ 因此船政衙门正前方的官厅池也是发挥"和"的作用。

　　2. "天人合一"思想体现在船政衙门"中"之上

　　《中庸》曰:"中者,天下之正道。"⑥ 以中国古代皇宫为典型:皇宫均位于京都之中轴线上,坐北向南,面阔九间,以表示天子皇权之正统。船政衙门之"中"表现在它位于中岐"飞凤落阳"山体双翅环抱之中。

---

① 林键:《马尾区志·文物》,载马尾区志编纂委员会《马尾区志(下)》,方志出版社2002年版,第1164页。
② 陈道章:《马尾见闻录》,载政协马尾区委文史组《马尾文史资料(第一辑)》,1991年9月,第17页。
③ 《老子(节选)》第四十二章,载马振铎等编《诸子百家名篇鉴赏辞典》,上海辞书出版社2003年版,第37页。
④ 《易·系辞(上)》,载施忠连主编《四书五经鉴赏辞典》,上海辞书出版社2005年版,第282页。
⑤ 《老子(节选)》第八篇,载马振铎等编《诸子百家名篇鉴赏辞典》,上海辞书出版社2003年版,第34页。
⑥ 《中庸章句》,载陈荣捷编《中国哲学文献选编》,江苏教育出版社2006年版,第107页。

所有船政中枢建筑均以船政衙门为轴心，左右对称分布。比如：第一，衙门位于纵向（自东北向西南）的天后宫——船政衙门——官厅池建筑格局中轴线上居正中央。第二，衙门位于横向（自西北向东南）的副监督德克碑寓所——船政衙门——正监督日意格寓所建筑格局中轴线上正中央。不仅如此，位列衙门左右的正、副监督寓所各有所辖：日意格寓所山麓左右各列"制造学堂"（又称前学堂、法语学堂）和"驾驶学堂"（又称后学堂、英语学堂）；德克碑（Paul Alcxandre Neveued'Aiguebelle, 1831—1875）寓所山麓左右各列"外国医生寓所和（洋）匠首"寓所。[①]第三，衙门位于祭祀体系机构昭忠祠与左沈二公祠之间的正中央。如此，我们终于理解从晚清船政当局乃至民国海军当局于每年春秋两次祀典皆"分上下日"（福州话指：同一日内的上午与下午。）分别在左沈二公祠与昭忠祠内举行的原因。[②] 因为船政当局、海军当局一直将两座祠堂视为船政左右对称分布的祭祀体系建筑。总之，无论是在纵向还是横向的建筑布局中，船政衙门都处于中点枢纽位置。

3. "天人合一"思想体现在船政衙门"正"之上

中国传统园林美学崇尚不对称分布以显自然之美。但作为封建社会等级森严的皇宫、官府建筑却是崇尚对称分布的"正"。因为官府建筑只有在对称之间才能居中居正，表达了行政的正统和权威。同时"正"表达着"善""仁""义"。"中正仁和"是儒家所推崇的最高境界。船政衙门之"正"不但表现于衙门居于各建筑的中正位置，也表现在它自身内部格局的对称之上。比如，船政衙门外有东辕门与西辕门。主体衙门仪门、大堂、后厅均呈对称分布。门厅五楹并列，进深若干间以及衙门高度必须高过中轴线上的任何建筑。这些建筑特征均显示出船政衙门的正统、权威。

由上述可见，船政中枢机构建筑布局规律是：行政体系、教育体系、生产体系、祭祀体系、军事体系各建筑都以"鸢头鼻""鸢胆"两个轴心布局。所有的建筑都直接或间接地与船政衙门产生行政隶属逻辑关联，且终极逻辑都落在鸢胆轴线上中正、中和的船政衙门。这表明船政衙门在所有船政主体建筑中至高无上的权力机关地位。左宗棠与船政大臣通过当地

---

① 沈葆桢：《察看福州海口及船坞大概情形折》，载张作兴主编《船政文化研究——船政奏议汇编点校辑》，海潮摄影艺术出版社2006年版，第24页。

② 陈公远：《左沈二公祠及其衣冠冢》，载政协马尾区委文史组《马尾文史资料（第一辑）》，1991年，第45页。

图三 船政衙门正立面。拍摄位置：自西南向东北。拍摄于1870年。当时摄影技术需要现场调试药水等等。摄影现场对光线、气温的要求非常苛刻。拍摄这张相片应该是在阴天，日光呈现散光均匀分布之时拍摄的。图片由福州中国船政文化博物馆提供。

自然天成之山体"飞凤落阳"与人工构筑的建筑紧密结合，意图沟通自然与人类社会两者之间对话。船政中枢机构建筑布局鲜明体现了左宗棠及船政大臣"以万物与我为一为仁之体者"① 的崇高传统哲学思想。

三 船政中枢机构建筑布局流露"中体西用"思想②

（一）近代中国"中体西用"思想具有时代进步性

大航海时代来临，东西方文化在全面接触冲突中不断融合，此乃大势所向。历经两次鸦片战争，中国在西方资本主义国家侵略下沦为半封建半殖民地社会。中国面临三千年未有的社会转型急流。中国是大胆直步向前，还是固守陈规原地踏步？这成为站在生死存亡十字路口的国人争论的焦点。

---

① 朱熹：《仁说》，载马振铎等编《诸子百家名篇鉴赏辞典》，上海辞书出版社2003年版，第829页。

② 龚书铎：《社会变革与文化趋向——中国近代文化研究》，北京师范大学出版社2005年版，第56页："中体西用"虽最早出现于清光绪二十四年（1898）的张之洞奏折中："以中学为体，以西学为用，既免迂陋无用之机，亦杜离经叛道之弊。"但"中体西用"的观念早已成为同治年间洋务派的基本观念。

大部分士大夫阶层忧心彼教"夺吾尧舜孔孟之道",而殚精竭虑保卫圣教,对中西文化融合表现出抗拒退缩的保守消极态度。而小部分进步人士从"天朝大国"幻梦中惊醒放眼看世界,对中西学说采取"中学为体,西学为用"融会贯通方法,兴办洋务以强军强国。这是晚清进步人士对西学表现出主动调适的积极态度。相对于保守派而言,同治中兴期间"中道西器"论、"中体西用"论是洋务派的特定历史贡献,是近代中国思想进步趋势。福建船政即是洋务运动"中体西用"思想之下的历史产物。

（二）"中体西用"观体现在船政中枢机构建筑布局中

笔者认为,在船政中枢机构建筑之中,衙门与正、副监督寓所建筑之间的布局关系以及船政衙门的楹联最能体现"中体西用"观。

1. "中体西用"观体现在船政衙门位于正、副洋监督寓所之间的布局关系之上

第一,位于"莺头鼻"的正监督寓所与位于"莺胆"轴线上的船政衙门的从属伦理逻辑关系体现"中体西用"观。前文已述,中岐村山体呈"飞凤"展翅之势。"莺头鼻"可谓是整个地势的核心所在。船政缔造者创设性地构想到"莺胆"的位置,并在"莺胆"纵向（自东北向西南）中轴线上平地设立了船政衙门、官厅池,继而沈葆桢在中轴线后方半山设立天后宫,而且在天后宫与衙门之间开辟唯一山道。山道犹如锁链牢牢地将"飞凤"之胆脖（福州话"胆脖"是脖子的意思）掌控于衙门官府。这就使整个船政建筑终极逻辑点由"莺头鼻"转移到"莺胆"的位置。这实际是隐喻船政教育体系如同"莺头"要受船政行政主管"莺胆"之辖制。这显示船政教育机构隶属于行政体系。第二,西式建筑风格的正、副洋监督寓所分列于中式建筑风格的船政衙门左右两侧的布局逻辑关系充分体现"中体西用"观。在符号学视野下,船政建筑作为一种象征符号蕴含着文字语言和视觉语言。从百年船政历史照片来看,中式建筑风格的船政衙门象征着"中体",西式建筑风格的正监督与副监督寓所象征着"西学"。最高行政机构建筑中式衙门立于莺胆中轴线,西式正副监督寓所立于衙门左右两侧。这建筑布局表明行政伦理逻辑是：正副监督是船政大臣的"左右二将"。另外,这里还必须提到中西"左右"观念的差异。与西方以"右"为大的观念不同,中国传统认为以"左"为大。故此,正监督日意格寓所（一号洋楼）位于船政衙门左边山头"莺头鼻"

之上，副监督德克碑寓所（二号洋楼）则位于衙门右侧小山坡上（今马尾实验小学新址）。这说明正监督地位高于副监督地位。通过以上考察，我们很清晰地看到左宗棠在规划船政中枢机构建筑布局时，物化地形象化地表达了"中学为体，西学为用"的抽象思想观念。

2. "中体西用"观体现在首任船政大臣所撰的船政衙门楹联之上

衙门头门上下联为："且慢道见所未见，闻所未闻，即此是格致关头，认真下手处。""何以能精益求精，密益求密，定须从鬼神屋漏，仔细扪心来。"① 其意思为：不用说引进的西学是见所未见闻所未闻，这就是自然科学的关键。我们要认真学习研究。如何能够做到精益求精密益求密，一定要从神奇莫测的学问中仔细思索探究。这副楹联实际折射出沈葆桢对于新兴西学的认识论和方法论。仪门上下联为："以一篑为始基，从古天下无难事。""致九译之新法，于今中国有圣人。"这副楹联既表达了沈葆桢愿迎难而上的决心，也提出船政教育目的是培育古代传统观念里的"中国圣人"。由此可见，洋务运动代表人物沈葆桢对于引进西学的理念并非"用夷变夏"，而是以"中国伦常名教为原本，辅以诸国富强之术"。② 这是洋务运动"中体西用"的核心思想。大堂上下联为："见小利则不成，去苟且自便之私，乃臻神妙。""取诸人以为善，体宵旰勤求之意，敢惮艰难？"其意思为：去除自私小利才能够成就神妙的大业，采纳众人的好意见体察皇帝辛勤治国才能不怕前进路途的艰难。这副楹联既是沈葆桢的自勉，也是对所有参与船政建设人员工作态度的激励。船政衙门三副楹联是沈葆桢对西学的认识论、方法论的高度概括。楹联集中体现了作为清廷洋务运动代表人物沈葆桢的"中体西用"观。

四 结论

总之，福建船政中枢机构建筑布局深刻地反映了近代中国哲学思潮演进的转折。晚清中国面临国际化工业化洪流的冲击之下，洋务运动开明派士大夫阶层试图在保守的传统观念与开放的世界潮流之间求得适度的平衡。面对这种古今相遇、中西碰撞的境遇，开明人士所采取调适的态度和

---

① 陈道章：《马尾文物题刻诠释》，福州马尾区文体广电局编印，1994年3月，第184—188页。

② 冯桂芬：《校邠庐抗议》，清光绪九年，广仁堂刻本。

图四 从船政天后宫正后方莺脰山俯瞰船政。船政天后宫坐落地点被称为"莺脰山",乃是由明末清初时的地名"莺头鼻"在同治年间扩展衍生而出的新地名。拍摄位置:自东北向西南。图片约拍摄于 1870 年。图片由魏延年先生提供。

智慧的张力都淋漓尽显于洋务运动产物——福建船政中枢机构建筑布局之上。船政中枢机构建筑布局理念表达了船政缔造者与继承者在洋务运动中"古为今用""洋为中用"的豁达历史观和世界观。在中国建筑哲学视野下,福建船政中枢机构建筑成了融合古代"天人合一"与近代"中体西用"思想于一体的物质象征。这是中国建筑哲学演进到近代时期的特有现象。因此,福建船政建筑不仅是近代中国民族船舶工业起点的证物,更是晚清中国哲学思潮演进转折点不可多得的典型证物。

福建船政开启近代中国的现代化转型

刘传标[*]

一 船政开启近代中国主动承接西方文化和技术的先河

清道光二十年（1840年）英国侵略者凭借其坚船利炮发动了鸦片战争。1842年8月29日中英签订中国近代史上的第一个丧权辱国的《南京条约》，中国闭关自守的大门被打开了，开始沦为半殖民地社会。随着民族灾难的加深，清王朝统治阶级内部的有识之士开始推动"师夷之长技以制夷"的自强运动，利用官办、官督商办、官商合办等方式发展近代工业，以增强国力。

清政府的洋务派代表人物、闽浙总督左宗棠于清同治五年五月十三日（1866年6月25日）奏请在福州马尾创办船政，引进外来科学技术，仿造新式轮船。六月初三日（7月14日）旨准在福州创办船政。

1. 引进洋教习和洋匠，开启近代中国引智先河

同治五年十一月初五（1866年12月11日），左宗棠上《详议创设船政章程折》，提出"为造就人才之地"，"延致熟习中外语言、文字洋师，教习英、法两国语言文字、算法、画法，名曰求是堂艺局，挑选本地资性聪颖、粗通文字子弟入局肄习"[①]。同日上《密陈船政机宜并拟艺局章程折》，奏请在船政局开设学堂，"延致熟习中外语言、文字洋师，教习英、法两国语言文字、算法、画法，名曰求是堂艺局，挑选本地资性聪颖、粗通文字子弟入局肄习"。指出"夫习造轮船，非为造轮船也，欲尽其制造、驾驶之术耳，非徒求一二人能制造、驾驶也，欲广其传，使中国才艺日进，制造、驾驶展转授受，传习无穷耳。故必开艺局，选少年颖悟子弟

---

[*] 刘传标，福建社会科学院历史所研究员。

[①] 左宗棠：《详议创设船政章程折》，张作兴主编：《船政奏议汇编点校辑》卷二，海潮摄影艺术出版社2006年版，第13页。

习其语言、文字、诵其书,通其算学,而后西法可衍于中国"①。

因为当时船政的首倡者闽浙总督左宗棠等认为,法国制造轮船、英国的航海技术比较先进,高薪聘请法国人日意格与德克碑分别为正、副监督,并经由日意格先后从法国雇请 51 名洋师、洋匠和工人,教导中国工匠造轮船;从英国聘请 30 名驾驶和轮机管理技术人员来船政教授驾驶技术。

聘任法国人日意格为正监督,左宗棠在与日意格订立的 5 年"保约"(5 年包教包会的合同)中,明确"保令外国员匠教导中国员匠,按照现成图式、造船法度,一律精熟,均各自能制造轮船""通一切船主之学,能自监造、驾驶"②。

船政聘请的第一批洋教习和洋匠合影

十一月十二日(12 月 16 日)左宗棠调任陕甘总督,推荐丁忧在籍的前江西巡抚沈葆桢为船政大臣,获清廷允准。十二月初一日(1867 年 1 月 6 日)船政"求是堂艺局"在福建省城福州于山的定光寺开学。左宗棠称"艺局之设,必学习英法两国语言文字,精研算学,乃能依书制图,

---

① 左宗棠:《密陈船政机宜并拟艺局章程折》,张作兴主编:《船政奏议汇编点校辑》卷三,第 23 页。

② 中国史学会:《洋务运动》第 5 册,上海人民出版社 1961 年版,第 36 页。

深明制造之法,并通船主之学,堪任驾驶。是艺局为造就人才之地。夫习造轮船,非为造轮船也,欲尽其制造之术耳,非徒求一二人能制造驾驶也,欲广其传使中国才艺日进……而后西法可衍生于中国"①。

"求是堂艺局"第二年迁到马尾,学法文制造专业和学英文驾驶专业的学舍方位,一个在前一个在后,因而有前后学堂之称。

2. 船政开启近代中国尊重技术的先河

船政创办伊始,就注重于对近代西方最新科技成就的吸收与借鉴,实行"借才异域",高薪聘请洋教习、洋工匠。从1866年到1907年,福建船政先后聘雇4批法国技术人员和英国教员,教造船、教驾驶、教外语。船政给洋教习每月薪饷200两以上,比本国教习高出10倍以上,聘期届满时,给银6万两以示对他们认真教学的酬谢。另给洋监督日意格谢仪1万2000两。中方轮船管驾,月薪水是120两,十三厂的匠首每月薪水也是120两,工厂总司(总工程师)的薪水是180两,可谓高薪水。

船政在创办过程中注重发挥外籍专家的作用。对表现优秀的洋教习一再续聘(不能胜任者则断然解雇)。

船政立足于引进西方技术,学堂的教材全部直接自欧洲采集,使得西方的哲学、天文、物理学、化学、医学、生物学、地理学、政治学、社会学、经济学、法学、海权学、应用科技、史学、文学、艺术等开始体系化传入中国,直接冲击了鄙视技艺的传统教育观念,挣脱了封建的科举制度的束缚,扭转了传统中国社会对科学技术"为技巧,为末技"的观念,营造了近代中国社会尊重科技的文化氛围,推动传统教育向近代化科技教育的转化。对于中国的学术、思想、政治和社会经济都产生了重大影响,促进国民文化理念和价值观上的转变。

船政开启了近代新式教育,开创我国"引智"的先河,使中国近代教育风气为之一变。

3. 开启近代中国引进西方职业技术教育的先河

船政创办者虽然打着"中学为体,西学为用"的旗帜,但并不拘泥于封建礼教和传统的知识传授模式。船政附设的前后学堂,是引进西方职业教育方式、教学内容,并根据中国的实际,实现了中国化,即知识教育

---

① 左宗棠:《详议创设船政章程折》,张作兴主编:《船政奏议汇编点校辑》卷二,第14页。

采西方模式，突破了传统教育的束缚，一定程度上摆脱了旧式书院以科举为指归的教育模式。

船政的前后学堂始终坚持以"实务、实用"为主旨，以"学用合作"为立命准则，追求"学用一致"与"实效"，教学上花大气力保证实训。在课程上非常强调"实务教学"，着重技术与实务。在传授基本原理之外，强调现场实习。

在教学体制上，船政的锯厂、大机器所、水缸厂、木模厂、铸铁厂、钟表厂、锤铁厂、铜厂、绘事厂、广储厂、储材厂、装配厂、轮机厂等十三厂与学堂之间相互匹配。学生既要参加学堂的理论学习，也要参加工厂劳动、承担生产任务。工厂与学堂的关系，既不是厂办学校，也不是校办工厂，更不是厂校联合或合作，而是二位一体。监督既管学堂，又管工厂；教习既是教师，又是工程师。

"厂校一体"的办学体制，切实避免了"高分低能"现象，使实用型人才快速成长，按照船政与日意格签订的合同规定，后学堂教学一方（日意格等）要保证在 5 年内教会中国学生造船与驾船出海的技术。实则在聘请 5 年届满时，前学堂的学生已能放样自行仿造西式轮船，承担船舰的设计与建造；后学堂的学生能自行驾船出海远航公海了。因而在大批洋师匠合同期满回国后，船政"可不用洋匠而能造，不用洋人而能驾"①，使船政船厂比江南制造局更早具有独立建造能力。左宗棠在光绪元年"奉命议奏"中就指出："中国轮船局分设闽、沪，闽局所设船、铁诸厂，华匠能以机器造机器，华人能通西法作船主，沪局所不如。"李瀚章也认为，闽沪设局制造轮船，虑远思深，现在中国所造轮船虽不及外洋之精，但已经日渐改观，"驾驶不用洋人，是其明效"②。

以船政前学堂第一届制造班毕业生陈兆翱为例，陈兆翱在船政学堂学习期间成绩优异，"按月考课，屡列上等"，精研制造原理，也能"实力讲求，融会变通"。光绪三年二月十七日船政选派第一届留学生获得选派，入法国削浦官学学习轮机制造。留学期间，陈兆翱潜心研究，创制新式锅炉与抽水机，抽水机项目填补当时世界技术空白，获得以"兆翱"名字命名的殊荣，随后，他又改进轮船车叶，化侧为平，国外竞相仿效。

---

① 中国史学会：《洋务运动》第 5 册，第 458 页。
② 中国第一历史档案馆藏《军机处录副奏折·洋务运动·船厂》，同治十三年十一月初四日，湖广总督李瀚章折。

陈兆翱到留学期满时，学业水平与各种技能已"可与法国水师制造监工并驾齐驱"。李鸿章称，陈兆翱和他的同学们"学有心得、堪备驱策"。《闽侯县志》载：陈兆翱"悉得法人制机之秘，在法时曾创新式锅炉，法人奇之。"《闽侯乡土志》载：陈兆翱"尝创抽水机器，为西人所宗，即以陈兆翱名其器。轮船车叶，兆翱化平为侧，外洋竞效之，盖巧思远驾白种人云。"

4. 船政开启近代中国引进西方"宽进严出"教育制度的先河

船政为确保生源质量，招生时为鼓励适龄少年报考，一是遍贴告示、公开招生，唯资质聪颖而取，打破了贵贱等级，扩大了招生面，生源素质好。二是学堂实行的是供给制和军事化管理。"饮食及患病医药之费，均由局中给发"，"饮食既由艺局供给，月给银四两"让其养家。三是实行储才备选制，学堂除了招收完预定名额的学生，"此外并尚挑有年幼聪颖儿童造册存记，令其在家候传，以备后学堂挑补及前学堂艺圃两处鲁钝生徒剔退者之用"，保证学堂充足的后备生源。同时对毕业生的出路在《求是堂艺局章程》作了详细的规定："各子弟之学成监工者、学成船主者即令作监工、作船主，每月薪水照外国监工、船主辛（薪）工银两发给，仍特加优擢以奖异能。"

首先，船政采取"优给月廪、量予登进"的激励措施，及高淘汰制保证教育质量。船政局的稽查、管理委员"常川住局"负责学生的生活和学习管理，"稽察师徒勤惰"。

其次，奖罚分明，"务期学有专长廪无虚费"。学堂规定"开艺局之日起每三个月考试一次，其学有进境，考列一等者，赏洋银十元；二等者无赏无罚；三等者记惰一次。两次连考三等者戒责三次，连考三等者斥出。其三次连考一等者除照章奖赏外，另赏衣料以示鼓舞。"每逢考试，主管船政的大臣都要亲自到场视察并颁奖，对在学堂表现不好，性情懒惰或资质不堪的生徒，随时斥革，决不姑息。船政奖罚分明，既严明了学堂的教学纪律，也调动了学生的学习积极性。以船政前学堂第一届制造班毕业生陈兆翱为例，陈兆翱在船政学堂学习期间成绩优异，"按月考课，屡列上等"，精研制造原理，也能"实力讲求，融会变通"，多次获得赏银和衣料。

同时，注重实践能力的考核，检验教学效果。无论前学堂学制造专业还是后学堂学驾驶和轮机专业的学生，都安排大量的实践训练和实习。造船专业,每天都安排数小时,让学生深入车间熟悉各种机器的结构和性能,了解车间每一部门的生产活动和生产管理知识;驾驶专业,登训练船进行航海实习,"去时教习躬督驾驶各练童逐段誊注日记量习日度、星度按图体认期于精熟。归时则各童自行轮班驾驶,教习将其日记仔细勘对";艺徒上午入院学习船身、轮机各种绘事,下午派赴各厂历练。三年后大考制造,精熟者升为工头,成绩优异者入匠首学堂深造,将来可以升为管轮工程师。

船政将教学与实践密切结合,注重实训,使学生能较快地掌握造船和驾驶技术。在创办学堂开办的第三年(即1869年),制造专业的学生就开始参与建造第一艘木壳轮船"万年清"号,第五年就初步具有独立造船的能力;驾驶班学生在入学后第四年就能独立驾驶"练船"远航我国南海演练、宣示主权。

5. 船政开启近代中国尊重技术尊重人才的先河

船政不仅高薪引进英法的技术和人才,而且激励学生创新。从现存的船政奏议中,我们可以看到各任船政大臣给清廷的奏议大体有四类:一是申请与核销经费类,二是人事任免,三是船舶建造工程进展情况,四是奖罚。据不完全统计,奖罚的奏议达27%。

(1) 船政开启近代中国"重奖以激励创新"的先河

为激励创新,沈葆桢在同治九年二月初十日就上《船政渐著成效,恳俟轮机创造就绪择优请奖折》,称"兴事以来,招中国素习洋舶之人为管驾官,当其任者,皆有奋于功名之念,不敢惟利是视,而以效命圣主为荣。……惟前此船轮机系购自外洋,若中国鼓铸无成,则买椟还珠。教者、学者均难逃其责。……如果铸造成功,与购自外洋者合辙,可否吁恳天恩,将出力之中外文武员弁、工匠人等容臣择优请奖,以资鼓舞而收后效。"①

同治十二年六月二十日,沈葆桢上奏《续陈各船工程并挑验匠徒,试令放手自造情形折》,称:船政"创始之意不重在造而重在学。臣与监督日意格约限满之日,洋匠必尽数遣散,不得以船工未毕酌留数人。如中国匠徒实能按图仿造,虽轮船未尽下水,即为教导功成,奖励优加,犒金

---

① 沈葆桢:《船政渐著成效,恳俟轮机创造就绪择优请奖折》,张作兴主编:《船政奏议汇编点校辑》卷六,海潮摄影艺术出版社2006年版,第52—53页。

如数，必不负其苦心。"①

同治十二年十月十八日，沈葆桢上奏《船政教导功成，请奖洋员匠并筹犒银、回费折》云："奏为船政教导功成，吁恳天恩，将出力之洋员、匠并案奖励并速筹犒银、回费，俾得如期遣散，以昭大信而杜虚糜事。……兹据日意格将出力之洋员、洋匠开单请奖，前来臣逐加检核，尚无冒滥。谨将原单抄呈御览，候旨遵行。监督日意格始终是事经营，调度极费苦心，力任其难，厥功最伟；德克碑自同治九年二月后前赴甘肃，臣左宗棠另有差使。惟经始之时度地计功，购料雇匠，驰驱襄事，亦未便没其微劳。应如何分别奖励，俾昭激劝之处，出自宸裁。至合同内约明五年限满，中国员匠能自监造、驾驶，应加奖两监督各银二万四千两；加奖外国员匠银六万两。又约明五年工竣，每名另给辛（即薪水）工（工资）两月并匀给回费三百七十八两。照现在洋员匠名数科算，统共犒赏辛工、回费需银十五万两有奇。合无仰恳天恩，饬部速即筹拨银十五万两，俾得于限内及时遣散，不致坐食虚糜。其中国出力之员弁工匠，可否容臣一体并案保奖，以资鼓舞而责后效。"②清廷对造船有功人员的奖赏也有力度，不仅如沈葆桢所请，还另对日意格等"赏加一品衔并赏穿黄马褂暨一等宝星（勋章）"③。

同治十三年（1875年6月）开工建造的17号"艺新"轮船，7月开工的十八号"登瀛洲"轮船，就是由第一届毕业生吴德章设计船体、汪乔年设计轮机与汽缸，"为船政学堂学生放手自制之始"，以后建造的船舶绝大多数由毕业留校学生自行设计监造，共有18艘。

"艺新"被沈葆桢誉为"中国发创之始"，"船身坚固，轮机灵捷"。光绪元年五月二十三日，沈葆桢上《船工告成，积年出力员绅请奖折》称："船政告成，遵将积年出力员绅、将弁、艺童、匠徒择优并案请奖缘由，恭折列单，仰祈圣鉴事。窃臣葆桢自同治五年间奉旨创办船政，仰赖天恩优渥，不惜巨款，不摇浮议，船工、厂工得以依限告成。制造、驾驶

---

① 沈葆桢：《续陈各船工程并挑验匠徒，试令放手自造情形折》，张作兴主编：《船政奏议汇编点校辑》卷九，第73页。

② 沈葆桢：《船政教导功成，请奖洋员匠并筹犒银、回费折》，张作兴主编：《船政奏议汇编点校辑》卷九，第77—78页。

③ 沈葆桢：《据情代奏恭谢天恩折》，张作兴主编：《船政奏议汇编点校辑》卷九，第79页。

藉获著有成效。扪心深夜,感激莫名。同治九年二月间,经臣等奏请俟轮机创造就绪,恳将中外出力人员择优奖励。奉旨允准。嗣臣葆桢以丁忧交卸,致未举行。同治十二年十月间奏奖出力洋员、洋匠,折内复经申请,将中国出力之员弁、工匠一体褒奖,均蒙允准在案,正在遵照核办。上年五月奉命巡台,因而中止。现在洋防稍定,谨细加考核,始固因事而任人,今则因人而考绩。苟有所效,虽小善不敢没,以仰体朝廷作养人厂之心;苟无可录,虽所亲不敢滥,以上副国家慎重名器之意。船政之创始,较他务为独难。其初,员匠则中外言语不相通,器具皆生平耳目所未见。自一篑之始基,至全体之具备,其间朝更夕改,琐碎繁重,非笔墨所能陈。监工者颠蹶于严风烈日之中,从役者体会于意象形声之表,总办者于向无章程之事而递创章程,学习者于无可寻绎之中而曲为寻绎。未成船以前,司采办者绝岛穷荒,冲烟冒瘴;既成船以后,练驾驶者涛山浪屋,测海占星。自始至终,时经十稔,无日不闻鸡趋役,篝火传餐,瘁心力于轮机,视波涛为衽席。虽由熟臻巧,尚有待于后来而应手得心,已无需乎借助。查各省局务,每二年请奖一次,合无仰恳鸿慈,俯念该员弁等无前轨之可循,幸成功之有日,且系积年并案褒奖,如蒙天恩允准,请饬部毋庸照寻常劳绩核减,以资观感而励将来"①。

光绪五年六月初七日船政大臣吴赞诚也上奏《铁胁船仿造功成,出力员弁、匠徒人等择优保奖折》云:"为铁胁轮船仿造成功,所有在事出力员绅、将弁、匠徒人等遵旨择优褒奖。谨分缮清单,恭折仰祈圣鉴事。窃闽厂仿制铁胁轮船并康邦机器著有成效,经臣于四年八月二十八日奏请,将出力人员奖叙……臣维泰西制船机窍奥妙,每矜奇而炫异,即移步而换形,守旧学者尚易遵循,绎新知者骤难融会。闽厂自仿造铁胁船以来,调度者苦心擘划,监视者锐意推求;测算者触类旁通,体认于意象、形声之表;操作者因难见巧,神明于方圆规矩之中;巡查者冒暑冲寒,既始终以赴役;采办者裒多益寡,亦转运之应时,群力毕宜,钜工用举。事虽因而实创,咸坚学制之心;艺由浅而得深,遂集观成之效。向者因材器使,省试亲加;今者即事课功,等差必办。有劳则录,俾兴鼓舞于将来;所举维严,藉免竽吹之或滥。臣现核员绅、将弁尤为出力者六十七名,教

---

① 沈葆桢:《船工告成,积年出力员绅请奖折》,张作兴主编:《船政奏议汇编点校辑》卷十二,第103—104页。

习、学生、匠首、差弁人等尤为出力者七十名。查各厂匠首前届船工告成案内，经沈葆桢咨部核奖，内有已保至千总者，此次续著劳绩，自应一并上闻，以示激劝。谨分缮清单，出具考语，恭呈御览。合无仰恳天恩，俯念该文武员弁等从事要工，力求新异，不无微劳，准予奖叙，用资观感而励后来。除将出力稍次者咨部核奖外，理合会同两江总督臣沈葆桢、福州将军庆春、闽浙总督兼署福建巡抚臣何璟，合词恭折……"①

裴荫森在光绪十一年十二月初二日奏报《"镜清"快船下水，并请择优奖励一折》，当时清廷旨："此项轮船着俟试洋后，如果驾驶得力，毫无流弊，再将出力人员择优请奖。""镜清"经由南洋验收，南洋大臣曾国荃评语"验得该船机器精良，行驶迅速，有驾于各船之上，洵称灵快，出自中国放手自造，实为近今所仅见"等语，裴荫森又于光绪十三年四月初九日上《"镜清"快船业经南洋验收，所有在事出力员绅遵旨择优请奖折》云："镜清快船业经南洋验收，所有在事出力员绅遵旨择优请奖，缮具清单恭折，仰祈圣鉴事……臣查船政迩年以来，制造之精不亚于外洋，工程之大有倍于曩昔。昔者匠作悉藉洋员，今则尚象考工，华人能集其事也。昔者机器购由外国，今则绘图模式厂所各擅其能也。昔者船皆木质，器尽立机，马力不过百五十匹，今则由木质而铁胁、而快船，由立机而卧机、而康邦，其马力且由七百五十匹推而大至二千四百匹也。艺益精则功益茂，时愈久则劳愈合深。溯自光绪五年间铁胁告成，经前总理船政大臣吴赞诚奏奖以后，员绅之殚勤，匠徒之劳瘁，与夫将弁、书吏之辛苦，则又时更八年船成六号也。在事者栉沐风雨，宣力积年，不能不资以鼓舞。而在臣考核有素，尤不敢稍涉冒滥之愆。既蒙天恩鉴及微劳，叠准褒奖，自应择其尤为出力者分缮清单，加具考语，恭呈御览，吁候鸿施。"②

裴荫森在光绪十三年四月初九日上的另一折《总司制造各学生请照异常劳绩奖励片》云："闽厂代造南洋快船三艘，其总司制造之四品衔分发省分尽先补用直隶知州魏瀚、花翎总兵衔留闽尽先补用参将陈兆翱、花翎副将留闽尽先补用游击郑清濂、都司衔留闽尽先补用守备陈林璋、六品

---

① 吴赞诚：《铁胁船仿造功成，出力员弁、匠徒人等择优保奖折》，张作兴主编：《船政奏议汇编点校辑》卷十七，第162—163页。

② 裴荫森：《"镜清"快船业经南洋验收，所有在事出力员绅遵旨择优请奖折》，张作兴主编：《船政奏议汇编点校辑》卷三十五，第341—432页。

衔不论双单月遇缺尽先选用盐大使吴德章、双月选用县丞李寿田、六品衔尽先选用县丞魏瀍、县丞职衔杨廉臣，皆工程处曾经出洋之学生；其监视船工之双月选用布政司理问汪乔年，则委自南洋，亦系学堂学生。查船政仿制兵轮，其始皆资洋匠，嗣由吴德章等自出心裁，造成'艺新'一艘，而'超武'等船继之，制造乃以有成。然此特寻常轮船耳。洋人之性耻袭，故常力求新异，其创为快船也，虽承轮船之余沫，已开钢甲之先声。欲学钢甲而不能造快船，是犹循断港支流而欲抵海也。此次三号快船之制，华匠既莫名其窍要，洋匠复甚秘其师传，该学生等敢毅然承办者，缘出洋日久，于泰西造船各厂皆悉心考求，得其要领，而复运以颖异之思，持以精专之诣力，故能神明规矩，屹然成防海之巨观。臣昕夕在厂，亲见该学生等索隐钩深、困心衡虑，或一图而屡易其稿，或一器而屡改其模，或于独悟而戛戛生新，或于会商而心心相印，寒暑无间，寝馈胥忘，历四五年如一日。夫海上争衡，全凭利舰，而船非自制苦良窳莫辨、缓急难资。闽厂设立学堂，学制造者先后奚啻数百人，而心领神会、曲畅旁通，亦仅此数人无愧瑰奇之选。学者如牛毛，成者如麟角，呈材盖若斯之难也。国家方广求谙习洋务之人，倘傥从而激励栽成之，于战舰、枪炮一途，必能殚竭血诚，力图报效。该学生等积年辛苦，臣不敢没其微劳。可否仰恳天恩，按照异常劳绩，魏瀚以知府仍分发省分尽先补用；陈兆翱以副将仍留闽尽先补用；郑清濂以参将仍留闽尽先补用；陈林璋以副将仍留闽尽先补用；吴德章、李寿田、魏瀍三员均以知县不论双单月遇缺尽先选用；杨廉臣以县丞不论双单月遇缺尽先选用；汪乔年以知州不论双单月遇缺尽先选用"。①

（2）船政开启近代中国"重罚以培养精益求精的工匠精神"的先河

许多船政毕业生因"造船有功"获得光绪皇帝谕旨嘉奖。同时又采取重罚措施，对从设计到研制、机件各环节的差错进行重罚。光绪十三年十二月十七日（1888年1月29日）由魏瀚、陈兆翱、郑清濂、吴德章、李寿田、杨廉臣监造建造的"龙威"号下水（1886年12月7日开工，1889年5月15日竣工）。该舰为福建船政局自行设计制造出的中国第一艘全钢甲军舰，代表了当时中国造船工业的最高水平，标志着中国已进入

---

① 裴荫森：《总司制造各学生请照异常劳绩奖励片》，张作兴主编：《船政奏议汇编点校辑》卷三十五，第342—433页。

能自行制造钢甲快船的新阶段。"该监造等绝无师授，竟能独运精思，汇集新法，绘算图式"，"创中华未有之奇能"，外国师匠也"莫不诧为奇能，动色相告"。

四月十七日"龙威"钢舰试洋至白犬岛一带，"船身极为坚固，机器极为灵动，行驶极为稳快"，但试炮时"右轮所镶螺丝折损者一枚，脱落者一枚。"四月三十日船政大臣裴荫森令"回工"，"将康邦三脱汽两副卧机逐件拆卸，一一检查"。十月十二日（11月4日）福建船政洋教习斐士博赴沪检查"龙威"号，认为"曲轴用铁制，负荷过大，应改为钢制"，其他机件"毫无弊病"。但船政大臣裴荫森仍请旨将"龙威"监造者"参将陈兆翱、知县李寿田、县丞杨廉臣等暂行摘去顶戴，以示惩警，仍责成该学生等在船在工加意修整，不得病冉有疏虞"①。光绪十六年（1890年）5月16日"龙威"调归北洋海军，更名为"平远"。五月初七日（6月23日）李鸿章亲临检查，五月十一日（6月27日）李鸿章登船试洋后认为"魏瀚、陈兆翱等虽在外洋学习制造，并监造铁甲船工，稍有心得，而初次试造钢甲兵舰有此规模，已属难得，若遽绳以万全无弊，是阻其要好之心，人才何由奋兴，制造何由精进。"

光绪十五年十二月十三日裴荫森在"龙威"验收一切合格后，又上《"龙威"钢甲修整回工，请复学生顶戴并暂定名额、薪粮，请饬部立案折》云："……窃臣于光绪十五年十月十二日曾经奏明，'龙威'钢甲兵轮由沪开行，折损小机轴等件，请将制机学生陈兆翱等暂行摘去顶戴，责令修缮完好……十一月二十日，北洋舟师巡历过沪，经海军提督丁汝昌偕副统领琅威里带同洋管轮等到船楳勘验，旋准提督丁汝昌电称：龙威于二十日出海驶验三点钟之久，推算风差水溜，每点钟约近十一海里，倘升火得法，再用好煤，当不止十一海里；又函称：龙威舱位工程布置妥帖，大机器两侧亦复坚固灵通，闽厂首先试造之船能是亦足各等语……臣查闽厂初次仿造钢甲，该学生锐意发端，竟能成此巨制，虽疵病，揆请朝廷爱惜人才之意，似宜宽其既往，以策将来。可否仰恳天恩，将制机学生参将陈兆翱、知县李寿田、县丞杨廉臣三员摘顶处分准予开复，俾资激劝。"②

---

① 裴荫森：《龙威钢甲在沪修机，请暂摘制机学生顶戴片》，张作兴主编：《船政奏议汇编点校辑》卷四十，第391页。

② 裴荫森：《"龙威"钢甲修整回工，请复学生顶戴并暂定名额、薪粮，请饬部立案折》，张作兴主编：《船政奏议汇编点校辑》卷四十，第394页。

（3）船政开启近代中国"宽容失败"的先河

船政选派第一届留学生陈兆翱在法国削浦官学学习轮机制造。留学期间，潜心研究，创制新式锅炉与抽水机，抽水机项目填补当时世界技术空白，获得以"兆翱"名字命名的殊荣。《闽侯县志》载：陈兆翱"悉得法人制机之秘，在法时曾创新式锅炉，法人奇之。"《闽侯乡土志》载：陈兆翱"尝创抽水机器，为西人所宗，即以陈兆翱名其器。轮船车叶，兆翱化平为侧，外洋竞效之，盖巧思远驾白种人云。"

光绪十一年（1885年）五月二十三日，督办闽省军务的左宗棠、船政大臣裴荫森，以及其他大员联名上疏朝廷，请求拨款建造钢甲舰。疏中谈到，根据留洋回国学生魏瀚、郑清濂、陈兆翱等人的报告，法国新创制的双机钢甲舰，马力1700匹，驾驶容易，费用较省，每艘工料银价约46万两，可以仿造。"闽省如有此等钢甲兵船三数号，炮船、快船得所卫护，胆壮则气扬，法船断不敢轻率启衅。"疏中还谈到"均无希图名利之心，只以马江死事诸人，非其亲故，即属乡邻，以报仇雪愤之心，寄于监作考工之事，成效必有可观。"并向朝廷表示：由提调道员周懋琦绘图，"以魏瀚、郑清濂、吴德章监造船身，陈兆翱、李寿田、杨廉臣监造船机，确有把握"，"如虚糜工费，甘同科罪"。

船政创办后仅用二十年的时间，就实现了近代造船技术从木壳木胁船身无装甲（全木质结构），到铁胁（钢槽为胁）木壳、铁胁双重木壳无装甲，到钢胁钢壳装甲舰。从明轮到暗轮（螺旋桨），从螺旋桨到双螺旋蒸汽机；从卧式单汽缸蒸汽机，到卧式双汽缸蒸汽机；从排水量200吨，到万吨；从零部件全部依赖进口，到部分仿制，到部分零部件自制，到全部自行设计建造；造船工艺从铁钉连接捻缝，到全电焊工艺，连续跨越了造船技术三大步。建造的技术队伍也从由洋匠为主体、由洋人监造到船政学生自行设计监造，凝聚着船政造船工匠的心血和智慧。由此孕育出独特的工匠精神。虽然福建船政所造轮船没有赶上西方世界造船的最高水平，但较中国以往所造船只及生产技术，仍算是飞跃的进步。

6. 船政教育模式开启近代中国"德艺并重"价值取向

西方的教育传统是将知识教育与道德教育分开，简单地讲，学校管知识教育，教堂和家庭管道德教育；而中国传统的教育模式，无论私塾、书斋，还是书院，都是将知识教育与道德教育合二而一。

船政注重学生的应变能力和西学方面的文化取向，学生每周六天在学堂和工厂学习与实践；道德文化教育，取中国传统模式，周末和晚上安排学习《四书》《五经》《孝经》和《圣谕广训》等中国传统伦理知识，将传统的知识教育与伦理道德教育融为一体。

船政坚守中华文化自信，将知识教育与道德教育融合成一体，以爱国主义为核心的民族精神从船政创建占有突出的位置，并融入船政人生命之中。

船政培养的人才不但具有广阔的国际视野，更具有强烈的为中华民族复兴而勇于担当的责任意识和牺牲精神。他们中的不少人为了捍卫祖国尊严，反对帝国主义侵略，献出了宝贵的生命，构成了船政文化的核心精神内涵。

1884年甲申中法马江海战，船政学生参战25人中捐躯的有黄季良、梁祖勋、薛有福等18人，殉国的管驾、督带中有"福星"号管带陈英、"建胜"号管带林森林、"福胜"号管带吕翰、"艺新"号管带许寿山等5位是船政学堂毕业生；留学归来的船政学堂毕业生杨兆楠、薛有福、黄季良等一批参战青年也在战斗中献身。1894年甲午战争中，北洋舰队直接参战的13艘军舰的管带、管驾将官中有11名是船政后学堂毕业的学生。此役为国捐躯的邓世昌、刘步蟾、林泰曾、林永升、林履中、黄建勋等6名管带，也都是船政学堂毕业生。在战场上，他们用鲜血和生命写下了中国近代历史上最悲壮的爱国诗篇。

7. 船政开启近代中国教育的"德智体"人才标准

封建私塾、书院培养的人才多数是"手无缚鸡之力"，有知识没体质的文弱书生。

船政前学堂的制造专业与后学堂的驾驶专业，在课程设计上，分为内堂与外场两大类，专业设置上力求"学用结合"，同时注重学生的体能训练，改变中国传统教育不注重体质的培养与训练。船政学堂关注学生的体质体能，自招生伊始，每学季都有学生因身体不达标而被淘汰。

海军是国防的"攻守之大器"。船政学堂自创办之日起，就对学生实施严格体能训练，改变中国传统教育不注重体质的培养与训练。率先引进西方体操进课堂，实行"德、智、体"三育并重的教育体制。

体操训练是船政学堂每天必上的一课：每天早上5点出操。并在第一节课和第二节课，10时到10时20分之间，全体学生还要在操场按班级位置排列，做15分钟的柔软体操。同时开设有专门的英式体操课。尤其是驾驶专业学生，不仅有游泳、爬桅等与航海相关的技能课，同时要学中国武术、跳栏、竞走、跳远、跳高、击剑、刺棍、木棒、哑铃、木马、单双杠等课。

船政学堂是近代中国最早实施体操进校园，实行"德、智、体"三育并重的系统教育体制，开了近代中国西式体能训练的先河。

二　船政借鉴英国海军制度，开启近代中国兵制改革

船政诞生于清同治五年（1866年），到同治九年，先后建造了"万年清""湄云""福星"等3艘兵商两用轮船。是年9月18日清廷下令成立新水师，委派李成谋为船政水师提督，责成其将船政轮船"先行练成一军，以备不虞之需"。同治十年正月船政基于"成一船练一船之兵，配一船之官"之规划，将后学堂第一届驾驶班学生刘步蟾、严复等10人派到"建威"练船练习。

到同治十一年（1872年）福建船政已建造的"万年清""伏波"等15艘陆续下水成军。中国近代化海军首先在福建诞生了，当时的名称为"船政轮船队"，后人称之为"船政水师"。

船政水师率先参照英国舰船编制，按大、中、小型兵轮配备官兵，大型兵轮180名，中型兵轮98名，小型兵轮67名；并仿照英国海军建制，设置近代中国水师官制。

将中国传统水师的"船主"改称"管带"；将负责驾驶掌舵的"老艜"改称"管驾"；将"司针"（掌管罗盘以定航向）改称"帮驾"；将"司舵"（负责掌舵）改称"管轮"；将传统水师鏊橹阿班、执蠡、背旗、牌兵、械兵、枪兵、布帏兵、执令兵、金鼓兵、掌号兵等裁减。

基于轮船管理，分为舱面和舱下，舱面增设协助管驾或管带的副手——帮带大副、驾驶大副，及负责舱面管理的驾驶二副、三副等，舢板大副、舢板二副、舢板三副；并因兵船增设枪炮炮位（有船艏、船艉、侧舷炮位），将传统的"司炮"改称"船械大副""船械二副""船械三副"（后又改称"枪炮大副""枪炮二副""枪炮三副"）及正炮弁、副炮弁；管旗头目、管仓头目、升火头目、舱面头目、水手总头目、雷弁、雷匠、电灯匠、号兵等。并根据轮船新的岗位设立"管油""管汽"等，还因官兵要吃住在军舰，增设"庶务"，及负责文书和行船日志的文案，

等等。

用当下的话讲，是船政率先将英国海军兵制中国化，从以"管人"为中心，向以"岗位职能"为中心转变。

在官制上将清朝旧水师所设的伍长、什长、队长、哨官、外郎、领催、骁骑校、佐领（协领）、统领等9级，对应于9级军功：把总、千总、守备、都司、游击、参将、副将、总兵、提督，对应英国海军兵制的少尉、中尉、上尉、少校、中校、上校、少将、中将、上将等9级军衔。

三 船政与"西人争兵商之利"，缔造近代中国"海上救助"体系

创办船政的目的在于"内纾国计利民生，外销异患树强援"，"以防外侮，以利民生"。不仅有军事防卫、打击海盗功能；而且肩负保护海洋贸易、海上抢险等功能，即肩负与"西洋争兵商之利"。

船政轮船队建立后，"南粮北运"，"北煤南调"，闽台之间、南北之间货物往来，打破了英国、葡萄牙等国垄断中国沿海航运的局面。近代中国不论何地出现的灾荒，船队都承担支援救灾职责。

因我国东海南海风暴、台风活动频繁，当时气象预报尚无，海洋作业的渔船和过往船舶常因风暴、台风而船毁人亡。船政轮船队成立之日起，就肩负救助在台湾海峡海上作业的渔船和过往商船的重任，成为闽海海上救助的主要力量。

光绪二年（1876年）三月船政制定了中国第一部《海难救护章程》，并由总理衙门奏准，饬令各省仿照办理，及照会外国公使。

水师从传统"征剿"为中心，向"征剿"和"保护商旅，抢险救灾"双中心转变。用当下的讲话，国防力量是国家建设和经济活动的重要保障。

四 船政人开启近代中国自主勘探、采矿与冶炼工业

船政培育了一大批工程技术人才，催生了近代中国矿产勘探、金属冶炼、矿产机器开采、电报通信建设，引领了中国社会的近现代化转型，与近代工业体系萌芽。代表人物有池贞铨、林日章、林庆升等。

以台湾近代工矿勘探为例。台湾的基隆产优质煤炭，但在福建船政创办之前仅是个用土法开采的小煤矿。1868年夏季，马尾船政局即派矿师去基隆勘查煤矿。

同治十三年（1874年）三月二十一日，日本悍然入侵我国台湾，发动"牡丹社之役"。三月二十九日清廷委任福建船政大臣沈葆桢为钦差大臣总理台湾等处海防兼理各国事务。五月初一日沈葆桢率领福建船政局船队的"安澜""飞云""伏波""扬武""济安""振威"6艘舰船及淮勇7000人到台巡视。沈葆桢采取"依托大陆，台闽联防"方式，迫使日本在北京签订了《中日台湾事件专约》，日军随后撤出台湾。同治十三年（1874年）十二月二十五日，沈葆桢完成台湾军务，率领船政水师回抵马尾后第一件事就是为减少船政倚赖洋煤（"洋煤太贵"），向清廷上《台煤减税片》。1875年春夏之交，沈葆桢等通过税务司赫德雇请的英国矿师翟萨到台湾北部勘查煤矿。清廷根据船政大臣沈葆桢等人的建议，批准在台湾基隆设立西式煤厂，用洋法开采台湾煤矿。船政前学堂第一届毕业生池贞铨、林日章、林庆升、张金生、罗臻禄等5人随即被派到台湾基隆参与探矿与机械安装调试。基隆煤矿以机械采煤，拉开台湾近代化的序幕。

船政为培养勘矿、采矿、冶炼等专业技术人才，于光绪三年（1877年）派池贞铨、林日章、林庆升等赴法国留学，专攻"矿务制造理法"。光绪七年春，池贞铨、林日章、林庆升、张金生、罗臻禄等5人学成回国后，福建船政局即派他们到福州周边勘探煤铁矿资源，在闽侯、闽清、永泰三县交界处，找到了穆源铁矿和煤矿。自此扭转了近代中国依靠洋矿师勘探的局面，开启了中国自己勘探、自己开采、自己冶炼的格局。

光绪八年（1882年）五月北洋大臣张树声饬令盛宣怀派池贞铨，赴烟台寻找铅矿，以备制造铅弹。池贞铨奉命随同盛宣怀前往山东胶东一带勘探。六至七月在登州府属宁海、霞县、招远等处勘探铝矿。光绪九年，池贞铨又参与筹建山东登州铅矿。"勘得登州府属之宁海州霞县、招远县俱产铅矿"。

光绪十五年（1889年）张之洞任湖广总督，决定在湖北办汉阳铁政局，并开办汉阳铁厂。为解决燃料问题，池贞铨和张金生、林学诗等3人作为"外省通晓矿务学之委员学生"而被"资调应用"，对中国煤矿资源进行大规模勘探。他们先后赴湖南、贵州、陕西、四川、山西等省有关地区进行勘探和调查，还对湖北的荆当、广济、兴国等处煤矿资源进行了详尽勘探。

张金生、池贞铨、游学诗等人到湖南永州、衡州和湖北马鞍山等地勘探煤矿，探明多处矿产。张金生到兴国大冶之百泉湾勘探铝矿，池贞铨到湖北兴山千家坪勘探铜矿。经过几年的勘探后，他们发现陕西兴安、江西的萍乡有煤铁，山西省泽、潞、平、孟有煤铁。

光绪十六年（1890年）池贞铨探明湖北大冶王三石煤矿和江夏马鞍山煤矿，探明大冶"铁矿储量大、含铁量高，可供长期开采"。紧接着，再到湖北平山、千家平等地勘探铜矿。

光绪十七年（1891年）池贞铨参与筹建汉阳铁厂、大冶铁矿、江西萍乡煤矿等。

为了详尽了解中国急需的煤铁和有色金属资源，池贞铨、林日章、林庆升等再赴湖南衡州、宝庆、辰州、永州等府及毗连鄂境的四川夔州、陕西之兴安和汉中，毗连湘境之江西萍乡、贵州青溪等地勘探、调查矿产资源，勘得了萍乡煤矿、赣州铜矿等。还受命"赴素产煤铁之山西泽、潞、平、孟等处采取煤铁各式样，以资比较考证"，寻找出最适合炼制钢铁的煤炭资源。

光绪三十三年（1908年），池贞铨与沈庆瑜在赣州创办赣州铜矿。他勘探的矿藏，成为中国的重要矿产基地，如"煤都"山西、"铜都"江西、"金都"胶东、"有色金属之都"贵州。

池贞铨就地取材，利用连江白石粉，仔细研究配方，终于烧制出可砌造炼钢、炼铁炉，耐温程度远比洋货优良的耐火砖。池贞铨成为中国耐火砖烧制的第一人。

池贞铨等为中国早期独立自主地发展矿业做出了积极贡献，成为中国矿业的奠基人。

五 船政人开启近代中国自主铁路勘测与修筑局面

鸦片战争后列强纷纷谋求在中国修建铁路。清光绪二年（1876年），中国土地上出现了第一条铁路——吴淞铁路（这条铁路经营了一年多时间，就被清政府赎回拆除了）。光绪三年（1877年）初，采用机器采煤的基隆煤矿建成投产后，成为中国第一座采用西法开采的近代化矿场，方便运送机器和从矿井运煤至海岸。

在清政府洋务派的主持下，于光绪七年（1881）开始修建唐山至胥各庄铁路，从而揭开了中国自主修建铁路的序幕。

船政毕业生参与并主导铁路修筑，打破洋人垄断铁路建设，开启中国人自己建筑铁路局面，为夺回铁路修筑权、路权做出巨大贡献。代表人物有詹天佑、陈庆平、丁平澜、李大受、卢学孟等。

詹天佑的事迹大家都了解，在此不重复。

船政前学堂第三届制造班毕业生陈庆平先后任芦汉铁路、漳厦铁路总工程师，主持芦汉、漳厦铁路建筑。

船政前学堂第四届制造班毕业生丁平澜先后充任广九路提调、京汉铁路会办，汴洛铁路总办、正太铁路总办、正太铁路局局长，为近代中国著名的铁路工程专家。

船政前学堂第三届制造班毕业生李大受曾主持苏杭段测量、直隶石家庄至山东德州支路建筑。光绪三十二年（1906）充任京汉路行车副总管。

船政前学堂第四届制造班毕业生卢学孟历任京汉铁路行车总管、京汉铁路总监督。民国后，任陇海东路工程局局长、汴洛铁路局局长、郑州陇海铁路局局长。

据统计，自清末到民国，船政毕业生有32人，从事铁路线路勘测、修筑，任会办、总办、铁路局副局长、局长。一度出现无论修筑哪条铁路或路局都有船政人身影。船政人为夺回铁路修筑权、路权做出了巨大贡献。

六　船政开启近代中国职业外交家主导外交的格局

船政培养了大批才华横溢、勇于任事的职业外交家。他们提出了不少富于创见而又适合中国国情的外交思想、战略和主张，某种程度上改变了"弱国无外交"旧观，谱写了近代中国外交史上有声有色的新篇章。代表人物有罗丰禄、魏子京、欧阳庚、苏锐钊等。

罗丰禄，船政后学堂第一届驾驶班毕业，在船政第一届出洋留学期间，入英国伦敦琴士官学学习，兼任华洋"翻译、文案办理"，襄助华洋监督。罗丰禄回国后入北洋大臣李鸿章幕府，从事外交翻译工作。李鸿章"凡有外交大事，李多与罗商量"。"折冲樽俎（主），仪态安详，口操五国语言，应对如流，碧眼虬髯者，自惭不及。"

罗丰禄在北洋水师任职达13年之久，甲午战争时罗丰禄为北洋水师营务处总办，北洋海军的所有对外交涉，都要通过罗丰禄来进行。

光绪二十二年（1896）二月十四日，罗丰禄以翻译身份随李鸿章、李经方等赴俄参加沙皇尼古拉二世加冕典礼。参加中俄双方《莫斯科条约》、《御敌互相援助条约》（即《中俄密约》）签订的谈判。

十月十九日罗丰禄以四品京卿衔出任驻英公使兼任驻义（意大利）、比（比利时）大臣。

在任内罗积极改变中国外交形象，协助安排留学生事宜及为各省引进技术、购买设备。在处理外交事务时，皆不辱国体。

光绪二十三年（1897）三月十八日罗丰禄任驻英公使。光绪二十六年五月英法俄德美日意奥等八国联军侵略中国。沙俄侵占东北三省，并制造了震惊世界的海兰泡和江东六十四屯惨案。并于十一月诱逼奉天将军增祺签订《奉天交地暂且章程》，妄图变中国东三省为它的殖民地，朝廷急电罗丰禄驰赴罗马辩论，罗丰禄"旬日事以寝"，"往还无虚日，英人终就范，皆其关说之力"。

在义和团运动时期，罗丰禄已经成为李鸿章与世界各国联系的重要渠道之一。十二月二十七日清廷命罗丰禄等向英国递国书，请求将赔款数目酌减。光绪二十七年（1901）七月十六日清廷调罗丰禄为驻俄公使，负责向沙俄交涉归还东三省事宜。

欧阳庚，船政后学堂第八届驾驶班毕业，光绪三十四年（1907）十二月以江苏候补道身份出任清廷驻（英属）缅甸仰光领事。宣统元年五月调任驻加拿大温哥华领事、驻墨西哥条约特使，办理1908年"墨西哥革命"时杀死华侨311人的索赔专案。宣统元年十月初清廷设立巴拿马总领事馆，欧阳庚任驻巴拿马第一任总领事。民国建立后，欧阳庚被委派出任驻荷属爪哇（现印度尼西亚）总领事。后任驻英国大使馆一等秘书。1922年任驻智利国第一任公使、驻玻利维亚条约特使。

苏锐钊，船政后学堂第八届驾驶班毕业，光绪三十一年（1905）任驻马尼拉总领事。光绪三十二年四月任驻（美属）小吕宋总领事。宣统元年（1909）九月任驻旧金山总领事。宣统二年（1910）九月任驻新加坡总领事，宣统三年七月兼驻（荷属）爪哇总领事。1915年，任中国驻法国总领事。

船政培养了近代中国第一代新型驻外使节，在弱肉强食，弱国无外交的时代，懂得利用西方法律和国际公法来维护国家权益与尊严，改善了中国的国际地位与形象。

七 严复的启蒙思想，开启近代中国变革大门

北洋水师全军覆没，严复率先发起变革救亡活动。严复在1895年2月至5月间在天津《直报》先后发表了四篇政论文：《论世变之亟》《原强》《辟韩》和《救亡决论》，宣扬西方科学技术和自由、平等学说，介绍达尔文进化论和斯宾塞社会学原理，批判韩愈"君权神授"论，提倡鼓民力、开民智、新民德，阐述维新变法、救亡图存的主张；提倡西学，呼吁以西方科学取代八股文章。

严复深刻针砭了中国社会在长期的专制政体下的种种弊端，指出中西方社会的根本区别在于对待"自由"的不同上，鼓吹中国社会的变革应该树立"自由为体，民主为用"的政治理念，极大地推动了中华民族的思想解放、对外开放和中国近代化进程。

1896年夏季，严复翻译了《天演论》，介绍了英国学者斯宾塞的物竞天择、适者生存、弱肉强食、优胜劣败的生物进化理论，也糅合进了严复"自强保种、与天争胜"的变革思想。

《天演论》出版后，风行海内，先后再版数十次，不仅为晚清维新变法运动提供了科学的理论依据，更对中国近代的思想启蒙产生了深远的影响。

严复的启蒙思想及翻译文字对近代很多先驱人物产生了积极的影响，比如康有为、梁启超、陈独秀、胡适、鲁迅、毛泽东等。严复引进的西方启蒙思想为五四新文化运动和文学革命做了思想上的准备，因此被称为"近代中国开启民众智慧的第一人"。

八 船政扭转"西方文化单向东渐"，开启中西文化双向交流

船政学堂培养了许多学贯中西的人才，船政人将中国文化、风俗习惯和中国古代典籍、文学作品译为西文向西方介绍，使中华文化的外传出现了新的局面，成为中西方文化双向交流的先行者，对西方进步文化在中国

传播起了重要的作用。代表人物有严复、陈季同、王寿昌、陈寿彭等。

陈季同就读船政后学堂第一届驾驶班，他一生在西方生活近20年，精通法文，兼习英、德和拉丁等西方文字。他热心向西方特别是向法国介绍中国文化。用法文翻译了《聊斋志异》中的《辛十四娘》《青梅》《香玉》等26篇作品，译文辑为《中国故事集》，1884年7月出版《中国人自画像》。1886年出版《中国人的戏剧——比较风俗研究》，1890年3月出版《中国的快乐》，先后出版17种。

陈季同的著作在19世纪末对西方读者产生了很大影响，对西方社会和公众了解中国和中国文化，破除西方世界对中国及其文化的传统偏见，产生积极而深刻影响。陈季同可谓中国"东学西渐"第一人。

可以说，在一定意义上，因为有了陈季同，欧洲公众才开始直接倾听来自中国的声音。

同时为了帮助国人了解西方法制，陈季同把法国《拿破仑法典》译成中文。与其弟陈寿彭创办的《求是报》，从创刊起，连载《法兰西民主国立国律》、《拿布仑齐家律》、《法兰西报馆律》等12篇。

王寿昌，光绪十一年四月毕业于船政前学堂第三届制造班、船政选派第三届出洋留学生，入巴黎大学法学部律例大书院学习"万国公法"、法语。光绪十七年十月回国后充任船政学堂管轮班法文教习。王寿昌爱好文学，兼擅诗、书、画。在法留学期间，阅读了大量西方文学名著。归国时，带回小仲马父子名著等多部法国小说。王寿昌在马江任职时，见好友林纾中年失偶，憔悴寡欢。为解其忧郁，向林纾介绍了法国小仲马的名著《茶花女》。因为林纾不通法语，由精通法语的王寿昌口述原著情节和作品的时代背景和社会场景，林纾以笔录的方式完成《巴黎茶花女遗事》。在清末风行一时，使人们接触到近代法国文学。1908年，王寿昌翻译的法国博乐克原著《计学浅训》为我国较早的一部有关经济学的译著。

陈寿彭在船政选派第三届出洋生时就任出洋舌人（翻译、文案）。光绪十五年（1889年）回国后成为两江总督周馥的幕僚，负责对外交流交涉和翻译工作。光绪二十三年九月初五日陈寿彭与其兄陈季同在上海创办维新刊物《求是报》，致力于译介西方历史、文化、科技、法律等方面的著作。

陈寿彭介绍西方科学文化方面表现突出，他经常将当时西方比较先进的科技文化知识译为中文，发表在国内刊物上，对启迪民智起到了积极作用。他的译著《格土星》，是英国学者登林所著的天文学著作，该书汇集了当时欧洲最新的天文推测的成果。它的译成出版，推动了近代中国天文学的发展。他曾广泛选译《热地亚农学报》、《英国农学新闻报》等西方报刊中有关农业科技的短文于《农学报》上进行介绍，使国内农业界能及时了解近期国外农事状况，掌握一定农业科技知识。其译著《中国江海险要图志》和《太平洋诸岛古迹考》等，至今对海防、航运、地理等方面仍有参考价值。

九 船政创立口译、笔译双体系，确立"信雅达"翻译准则

船政学堂毕业生中许多人成为近代中国翻译的先驱，成为中国翻译的奠基者，开创了口译、笔译两体系，并确立了中国翻译的基本架构。

1. 船政留学生成为近代中国口译先驱

光绪三年船政局派出第一批留英学生，毕业于前学堂第一届驾驶班的陈季同出任出洋肄业局舌人，随监督李凤苞、洋监督日意格赴欧，负责翻译、文案工作。船政派出的第一批留学生到达法国和英国后，负责口译工作和对外交涉事务，船政学堂毕业生许多担任清政府早期驻外使馆的助理外交官或翻译，成为近代中国第一批从事外交事务的"精通西语的翻译群体"。

2. 船政开启近代中国规范化笔译的先河

船政学堂创办伊始就"追求技术与西方同步"，各科目所用的教材直接从西方引进，因而教材和技术文献的翻译工作尤为重要。在翻译技术用语和机器设备名称时，音译的中文五花八门，常出现技术用语因不同人而译为不同名称。梁鸣谦通过请教外国技术人员和亲自核验，确定船政进口的每件机器设备和构件的名称、性能、操作等，结合英文名称，恰当准确地给予汉语名称，率先在船政编纂"技术用语和机器设备"规范。他订立译文规范，以机器功能取名，使所有的机器及零配件都有一个汉语名称，做到全厂全局的机械设备名称的统一，不仅便于对船政技术造船管理，也便于引进外国造船材料和设备，梁鸣谦成为"中国近代西洋机器汉语定名的先驱"，开启西文科技文献译名规范化先河。

同时，对西洋法律、工程技术等，确立以"音译"为准则，后来被

严复归纳为"信"。

光绪二十八年，船政毕业生严复任京师大学堂编译书局总办。严复在任两年，亲手制定了《译书局章程》，进一步强化了规范化翻译。

对文学艺术作品的翻译，则规定以"意译"为准则，力求文采、文法、文理，后来严复将其归纳为"达""雅"。

科技文献、西洋法律及口译追求忠实于原文，以"直译""音译"为主，"信"为准绳；文学艺术作品翻译追求文理、文采及意境等，以"意译"为主，"达""雅"为准绳。

严复编著出版了中国最早的一部英文语法书籍《英文汉诂》，首倡"信、达、雅"三条翻译准则，"信、达、雅"成为闽派翻译最显著的特征，至今仍为学术界和翻译界所推崇。

船政学堂文案马建忠精通英文、法文、希腊文、拉丁文，他根据西文文法，于光绪二十四年（1898）撰写出版了近代语言学专著《马氏文通》，该书以西文的语法为本，对照从古书中精选的例句，研究古汉语的语法规律，创建了一套汉语的语法体系，古代汉语的结构规律，是奠定汉语语法学基础的开山之作，直接开启了中国语言学研究的现代转型，对后世汉语语法研究产生了巨大影响。

福建船政为近代中国培养了第一批精通西语的群体，孕育了近代中国较有影响的闽派翻译。

福建船政造就了以严复为代表的一批"放眼看世界""开风气之先"的民族精英，活跃在近代中国的各个领域，不仅为中国社会的转型注入了思想的生机和精神的活力，也引领了中国社会近现代化的转型，推动了中国社会近代化进程。

梦想与现实：陈绍宽对近代中国发展航母的思考与启示

刘峰搏[*]

"航母"是航空母舰的简称，"是以舰载机为主要作战武器的大型水面舰船"[①]。从其诞生至今，航母不仅成为大国海军不可或缺的重器，而且还成为一个国家科技实力与综合国力的重要象征。在近代中国，最早提出发展航母的是曾任民国海军部长、海军总司令的著名民主爱国人士陈绍宽将军。对陈绍宽有关近代中国发展航母的思考进行全面考察，并开展进一步的深入探讨，不仅有助于我们客观认识其近代中国发展航母的主张，也有助于我们深刻理解在新时代建设和发展中国航母事业的重要意义。

一　陈绍宽是近代中国发展航母的首倡者

陈绍宽（1889—1969），字厚甫，福建省闽侯县胪雷乡胪雷村人（现属福州市），近代中国杰出的海军将领、著名的民主爱国人士、主张中国发展航母的第一人。

陈绍宽是近代中国海军将领中的杰出代表。据有关史料记载，其父陈兆雄曾服役于晚清海军并任中士管轮。受家乡福建船政文化的影响与熏陶，以其父为榜样，陈绍宽从小就立志投身海军事业。1905年，他考入我国历史上第一所专门培养航海人才的学府江南水师学堂，入航海科学习驾驶。1908年学业期满后，陈绍宽在"通济"舰实习一年，随后正式进入海军服役，并被授予海军少尉军衔。民国成立后，陈绍宽继续在北京政府海军中服役，先后任二副、大副、副舰长、舰长。任大副期间，他初次独当一面带舰航行，亲自驾驶"镜清"舰从闽江口驶经马尾，在没有引

---

[*] 刘峰搏，大连交通大学马克思主义学院教授。
[①] 胡玉龙等：《航空母舰机库主尺度要素设计方法》，《上海交通大学学报》2012年第8期。

水员领航的情况下，克服沿途层峦叠嶂、暗礁跑沙等险要地势造成的种种困难，安全及时驶入福州，"显示了他高超的航海技能，在当时海军界传为佳话"①。1914年，调海军总司令部任少校副官。1916年2月，陈绍宽奉命赴美国考察海军。同年12月，再受命转赴欧洲考察一战战况。在欧期间，他曾三次参加英国海军海战。1917年5月，首次参加英国海军对德作战；1918年5月，第二次参加英国潜艇部队作战；同年8月，调任中国驻英国大使馆武官后不久，第三次参加英国战斗舰作战。由此，陈绍宽受到英国海军当局赏识，获欧战纪念勋章一枚。此外，他还对英、法、意大利等国海军进行了实地调研，并撰写了大量调研报告。1919年回国后，陈绍宽不断被擢升。1923年任"应瑞"舰长，被授予海军少将军衔。1927年，时任海军第二舰队司令的陈绍宽率部参加了国民革命军。不久，当选为南京国民政府军事委员会委员。1928年，升任海军署中将署长。1932年，再升任海军部上将部长。1935年9月，被民国政府授予海军一级上将。全民族抗战期间，他长期主持海军工作，为坚持持久抗战作出了贡献。抗战胜利后，陈绍宽不愿参与国民党政府发动内战，婉拒蒋介石令其率舰堵截从山东半岛渡海挺进东北的人民军队。1945年12月，蒋介石下令撤销海军总司令部。陈绍宽旋即卸任海军总司令，后返回家乡福州定居。

陈绍宽是著名的民主爱国人士。抗战胜利后，他反对国民党政府发动内战。"解放战争后期，他和党的地下组织建立了联系，提供了很多重要情况，并策动海军一部分官兵起义，为人民解放事业做出了贡献"②。1949年福州解放前，蒋介石派国民党福建省主席朱绍良两次至家中劝他赴台，均被拒绝。福州解放后，福建省人民政府主席张鼎丞诚邀其参加建设新中国，陈绍宽欣然同意，"通电拥护中国共产党的领导"③，争取原国民党海军人员参加新中国海军建设事业。新中国成立后，他先后出任华东军政委员会委员、国防委员会委员、福建省人民政府副主席、福建省人民政府副省长、福建省政协副主席、中国国民党中央副主席。陈绍宽在不同岗位上，积极工作，尽职尽责，为推动国家经济建设、地方社会发展和祖国统一大业，作出了重要贡献。

---

① 陈贞寿：《中国海军宿将陈绍宽》，《航海》1982年第5期。
② 林公武、黄国盛：《近现代福州名人》，福建人民出版社1999年版，第172页。
③ 刘中民：《中国近代海防思想史论》，中国海洋大学出版社2006年版，第155页。

陈绍宽是近代中国发展航母的首倡者。从现有史料看，1928年12月，陈绍宽历史上首次提出了近代中国发展航空母舰的主张。当时，他向南京政府提交了一个有关扩充海军的呈文。该文中，他在对航母发展费用预算及筹集问题进行初步思考的基础上，针对性地提出，中国海军增添"飞机母舰一艘"①的建议。军事专家张召忠先生认为："这是中国历史上有据可查的第一个建造航空母舰的正式提案"②。军事专家徐焰先生指出：最早规划拥有航母的，当属1932年1月担任民国海军部长的陈绍宽上将。③ 此后，陈绍宽又多次提出近代中国发展航母的问题，并逐步形成了一个较为系统和完善的中国航母发展思路。

二　陈绍宽对近代中国发展航母的思考

从时间维度上看，陈绍宽对近代中国发展航母的思考，大体经历了一个开始萌芽、初步形成、逐步完善的演进过程。

首先，陈绍宽对近代中国发展航母的思考，萌芽于1928年12月南京政府形式上统一全国前后。1928年12月，陈绍宽在给南京政府的《条陈扩充海军呈文》中，首次提出中国发展航母的问题。他在这时提出中国发展航母问题，与南京政府借军事编遣之机削弱非中央军系势力的政治背景密不可分。1928年6月，由南京政府主导的二次北伐在军事上取得了重大胜利，全国形式上的统一在望。于是，在蒋介石主导下，7月中旬南京政府召开军事会议，决定成立"编遣委员会"，"编遣"全国军队，其实质是加强中央权力与实力，并削弱地方军系势力。12月29日，张学良宣布东北易帜，南京政府实现了形式上的国家统一。全国编遣会议乃进入实质阶段。海军方面，当时中国海军分为闽系中央海军、奉系东北海军和广东海军三大派系。其中，实力最强的是闽系中央海军。但是，海军这三大派系都不是国民党蒋介石的嫡系。因此，蒋对海军采取的对策是，削弱并分而治之。而身为海军署长及海军编遣区委员的陈绍宽，却希望借"编遣会议"统一并扩充海军，以促成中国海军的新发展。于是，他在编遣会议召开前，从维护国家海防和促进海军发展的角度，给南京中央递交

---

① 高晓星：《陈绍宽文集》，海潮出版社1994年版，第8页。
② 张召忠：《旧中国海军的航母梦》，《百年潮》2012年第11期。
③ 徐焰：《回首中国人的航母梦——徐焰将军访谈录》，《兵器知识》2012年第11期。

了一份提请扩充海军的呈文。他认为，当下"国基新奠，统一告成"，对海军进行扩充的时机相对成熟；而且"海防为第一道防线，若不从事整理，不特无以捍卫国户，更不足提高中国国际地位"；加之当时海军各舰艇年龄日益增高，如不添造新舰，加强自身实力，中国海军必将"终于无形之消灭"。正是基于这样的战略思考，陈绍宽在此"扩充海军呈文"中，第一次明确提出近代中国发展航空母舰的建议。他认为，航母发展是海军扩充战略的重要组成部分。但是，中国发展航母又需要遵循海军发展最低限度和最小范围原则。故而，他建议为海军"增添飞机母舰一艘"。由于众所周知的原因，航空母舰发展所需费用十分巨大。为此，他在充分考虑"财政困难"现实境遇的基础上，估算了当时增添一艘航空母舰的经费"约须二千万元"①。相较而言，这一数目依旧不小，但他认为，如果采取两年内按月摊付的办法，则该预算经费"为数甚微"，应该并不难以筹集。这就是中国近代史上陈绍宽最早关于航母发展的一个初步建议和设想。然而，当时的海军不属于国民党蒋介石嫡系，陈的海军扩充想法又与蒋的全国编遣动机格格不入，因此，该航母发展计划自然难以实现。此后，军事编遣会议引起中央与地方间的一系列混战，陈绍宽关于中国发展航母的建议，只能是纸上谈兵了。

不过，陈绍宽对近代中国发展航母的思考并未就此止步。此后，他在不同场合多次论及航母的重要性及中国海军发展航母的想法。② 特别是1934年7月，他在国民党庐山军训团演讲有关海战时，专门论及航空母舰及其舰载机在现代海战中的重要性问题。他明确指出，"现代海军在海战时，欲取攻击手段，必有赖于舰上所载的飞机。凡因地理上的形势以及国家政策，或其他原因而在战争发生时，取海军攻势者，则其所取海军政策，应使舰队尽量装载飞机"③。在20世纪30年代的旧中国，能在航母及其舰载机对海战的重要性问题上有如此深刻的认识和见解，应该说陈绍宽是高人一筹的，其对近代中国发展航母的热切期盼，真可谓溢于言表。

其次，陈绍宽对近代中国发展航母的思考，在抗战时期最艰难的阶段有了新的认识。特别是1943年到1944年抗战进入中后期后，陈绍宽又多次提出发展航母问题，并在深入思考航母分区配备、大小规模、舰载机数

---

① 高晓星：《陈绍宽文集》，第8页。
② 同上书，第64、66、71页。
③ 同上书，第155页。

量的基础上,提出了航母体系作战的发展思路。从1943年11月到1944年10月,陈绍宽在多个场合发表演讲或撰文,数次论及中国发展航母问题。其中,最具代表性的,当属他在中央训练团的"海军建设"的演讲。在该演讲文中,他指出,如果把中国海疆分作四区,那么航母配备与规模应该是"每区一队,以五艘计,四区四队,共二十艘"①。这是陈绍宽有关中国航母分区配备与航母规模的最新认识。在航母排水量及舰载机数量问题上,他提出"航空母舰排水量,由数千吨到三万五千吨,装载飞机由二三十架到一百多架不等"②。至于航母的作战问题,他认为,航母作战必须是有多种舰艇共同参与的体系化作战,因为航母"舱面做着飞机场,所以炮位不能够多装,自卫力很薄弱,一定要其他军舰随航保护。"③此外,他还对航母发展所需经费做了较细致说明和预算,明确"每艘航空母舰按二战前的外汇金价约需十八万万元"。除了该演讲文外,他还在其撰写的《怎样建设中国海军》和《论中国海军建设》两篇论文中述及航母的建设问题,其主体思想、基本内容大体一致,故而不再赘述。

不难发现,陈绍宽在这一阶段有关航母发展的思想,较之15年前首次提出时已有了新的变化。主要表现在三个方面:一是根据中国海疆实际,提出了分区建设海军及分区配备航母舰队问题,并进一步细化了航母分区配备的数量与规模;二是对航母自身排水量的吨位大小和舰载机的数量多少有了详细的思考;三是提出了航母群的体系作战问题,对航母在海战中的自卫能力及功能定位有了清晰认识,探讨了其他军舰对航母的随航保护问题。通过比较分析,不可否认,这一阶段陈绍宽对中国发展航母有了更清晰的思路,并对一些细节性的问题进行了深入思考。其有关航母体系化作战思想的提出,是其航母发展思想初步形成的标志。然而,此时中国正处于全面抗战的艰难阶段,他提出的航母发展计划,从国内外环境、科技水平、资金保障、人员配备等方面看,仍然不具备实现的可能性。不过,陈绍宽始终心怀壮大中国海军、发展中国航母的梦想,并就此问题做了长期思考。应该说,这种精神和勇气令人钦佩,其思想中也不乏一些真知灼见。

陈绍宽航母发展思想的逐步完善阶段。1945年8月抗战胜利之际,

---

① 高晓星:《陈绍宽文集》,第330页。
② 同上书,第329页。
③ 同上书,第329页。

陈绍宽又一次提出中国航母发展问题。此次他和军令部部长徐永昌、军政部部长陈诚等人，结合其前期的思考和研究，提出了一个"海军分防计划"。在该计划中，中国发展航母问题再次被提上议事日程。与过去思考所不同的是，陈绍宽等一方面提出了一个航母发展的三十年远期规划，另一方面还提出了一个航母发展十年短期规划。具体地讲，远期规划就是在30年内，按全国分4个区来配置航母及其编队。拟每区配置航空母舰1队，每队航母计3艘，4区共计配置12艘航母。这个数量较之1943年和1944年的思考已经减了不少。短期规划就是在10年内购建航空母舰2艘，总吨位1.8万吨，其中1万吨级航母1艘，8千吨级航母1艘。并预估了这两艘航母所需人力，认为2艘航母分别配备1800人和1600人。而对两艘航母的造价所需，也进一步做了细化说明，即"按照每吨造价6280美元计算，分别是6280万美元和5024万美元"①。这次航母发展的思考，较之前的成熟之处，在于其分阶段规划发展思路及其可行性考量。从当时国际国内的客观环境来看，作为一个积贫积弱的大国，实现其提出的航母发展三十年远期规划仍然不现实。但是作为第二次世界大战的四大战胜国之一，如果把各个有利要素充分利用起来，航母发展十年短期规划应该说还是具有一定的可行性的。在这个意义上讲，陈绍宽的航母发展思想在逐步走向成熟。然而，蒋介石国民党政府当时考虑的重点是与人民抢夺抗战的胜利果实以及日后的军事统一全国。这样一来，陈绍宽发展中国航母的梦想仍旧无法实现。

1945年11月，国民党政府命令陈绍宽派军舰北上黄海、渤海，阻止山东地区共产党领导的人民军队从海路进入东北。陈绍宽不愿海军参加内战而拒绝执行此命令，并率舰到台湾视察。此举激化了其与蒋介石的矛盾。12月，海军司令部被裁撤，陈绍宽旋即去职海军司令，回到老家福建福州定居。1949年福建解放前，蒋介石令国民党福建省主席朱绍良两次亲至陈绍宽家要其随国民党政府去台湾，均被拒绝。新中国成立后，陈绍宽积极参与新中国的建设和福建地方发展，时刻关注海军建设和祖国统一大业，并为之作出了重要贡献。1969年7月30日，陈绍宽将军在福州病逝。尽管陈绍宽发展中国航母的梦想在其生前并未实现，但是，2012年9月25日中国第一艘航母辽宁舰的入列，以及2017年4月26日中国

---

① 高晓星编：《陈绍宽文集》，第395页。

第一艘国产航母正式下水，标志着陈绍宽及所有中国人的航母梦不仅已梦想成真，而且正在稳步发展中。

三 陈绍宽航母发展思想的历史渊源

陈绍宽航母发展思想的产生和发展，有着深刻的历史渊源，是其四十年海军生涯和海军建设思想的必然产物。

首先，陈绍宽航母发展思想最早源自其第一次世界大战经历。1909年，法国著名发明家克雷曼·阿德在《军事飞行》一书中，首次描述了飞机与军舰结合的景象，提出了航空母舰的概念以及建造航空母舰的初步设想。此时的陈绍宽刚刚结束登舰实习。尽管此后多国有过飞机在改装后的军舰上起飞的尝试，甚至有的还取得成功，但这并不是真正意义上的航母实战。1914年"一战"爆发时，身处海军司令部的少校副官陈绍宽对航母并无多少概念。尽管此时他已在海军服役多年，并已初步显露其过人之处，然而，其真正的转机是1916年受命赴美欧考察。陈绍宽到美国考察军事的重点有两个，一是潜艇，二是飞机，并无航母。12月他奉命转赴欧洲考察战况。从1917年到一战结束，他先后考察了英国、法国和意大利的海军及其作战情况。其中，对其感触最深和有直接意义的，当属对英国飞机和潜艇的调查研究。他还就此专门撰写了多份考察报告。其中，《英国航空战备》介绍了英国海军航空兵的发展，强调"海军担任航空之责不为不大且重"，这是其有关航母夺取海战制空权论的最早萌芽；而《航空报告》则直接述及航母，该报告共分十章，其中有一章专门论及"飞机母舰之购造及其配用"①问题。更为重要的是，除去调研，陈绍宽曾三次参加了英国海军作战，其中一次还是身处大洋深处的潜艇作战。而正是陈绍宽在欧期间，"一战"让航母名声大噪。众所周知，"一战"期间，英国海军多次进行舰艇改装以适应飞机起飞作战的实验。特别是1918年7月19日，七架飞机从英国"暴怒号"飞机母舰上起飞，攻击了德国停泊在同德恩的基地。这是世界海军史上飞机第一次从母舰上起飞进行的攻击，并取得了惊人的效果，展示了航母的巨大威力。张召忠先生认

---

① 张力：《陈绍宽与民国海军》，《史学的传承：蒋永敬教授八秩荣庆论文集》，近代中国出版社2001年版，第4页。

为，航空母舰在当时属于最新型的武器装备之一，刚投入战场就发挥了如此重要的作用，"给陈绍宽留下了深刻的印象"①。还有研究者直接指出："航母的出现及其在海战中的独特作用，让陈绍宽认识到中国也必须拥有自己的航母。"②"一战"结束后，各海军强国纷纷将海军建设的重点由战列舰转为航空母舰。可以说，是"一战"让航母成名，也是"一战"让陈绍宽和绝大多数海军人知晓了航母及其威力。

其次，陈绍宽的航母发展思想源于其抗战时期的对日海战。1932年1月28日，日本发动了侵略中国上海的"一·二八"事变，"日本海军出动了包括航空母舰、水上飞机母舰在内的50多艘军舰"③。其中，共3艘航空母舰参与其中。事变发生前的1月24日，"由旅顺出发的日航空母舰'能登吕号'"④驶抵上海。事变发生当天，"日海军省下令航空母舰'加贺号'、'凤翔号'"⑤开赴上海。1月31日，"加贺号"率先到达长江口，并派出17架舰载机在虹桥机场上空作示威飞行，这是日本海军航母航空兵的首次实战出动，"加贺号"也成为第一批投入作战的日本航空母舰。此外，"凤翔号"所属的13式舰载攻击机首次与中国战机交锋并取得胜利，这是日本海军首次以舰载机击落对手的空战战例。⑥日本航空母舰在此次侵略上海过程中几乎全程参与。全面抗战爆发前，敌我双方海军实力差距甚大。以海军总吨位计，中国海军战斗和辅助舰船的总吨位仅5万余吨，与日本舰队总吨位120多万吨相比，约为其二十五分之一。至于舰种差距，则更为悬殊。当时中国海军主要是一些老旧巡洋舰、驱逐舰、炮艇等。而日本海军则拥有舰艇308艘，包括航空母舰、水上飞机母舰、战列舰、巡洋舰、驱逐舰、海防舰、潜水艇母舰、潜水舰、水雷艇、扫雷艇等多样化的现代舰艇。其中，"航空母舰6艘（1艘在造）"⑦。日本海军第一舰队下辖"凤翔""龙骧"2艘航母，第二舰队下辖"加贺"

---

① 张召忠：《旧中国海军的航母梦》，《百年潮》2012年第11期。
② 杜朝平：《中国人的航母梦》，《中国国防报》2011年8月2日。
③ 左立平：《中国海军史（晚清民国卷）》，华中科技大学出版社2015年版，第242页。
④ 周天度等：《中华民国史 第三编 第二卷（从淞沪抗战到卢沟桥事变）》上册，中华书局2002年版，第13页。
⑤ 同上书，第14页。
⑥ 林爽喆：《全球首艘航母到底出自谁家》，《环球时报》2017年5月2日。
⑦ 高晓星、时平：《民国海军的兴衰》，中国文史出版社1989年版，第170页。

号航母。① 全面抗战初期，日军多次使用航空母舰参加对华侵略作战。淞沪会战爆发次日下午，大批日本飞机从长崎、台北机场及"加贺"号航空母舰起飞，越过东海，向南京、杭州等城市进行轰炸。② 在淞沪会战中，日本海军第三舰队司令官长谷川清下令航母舰载机攻击中国机场："龙骧""凤翔"两艘航空母舰上的第 1 航空队攻击、轰炸杭州、苏州及上海虹桥机场；"加贺"号航空母舰上的第 2 航空队攻击、轰炸杭州附近各机场③。日军进攻青岛时，派出航母"龙骧"号④加入到作战中；日军入侵厦门时，参战的航母有"加贺"号和"苍龙"号⑤；而日军侵入广东时，共派出三艘航母"加贺"号、"苍龙"号和"龙骧"号（共载机 210 架）⑥。在中日两国规模最大的海战江阴之战中，日本海军力量编成，特别是日本航母在作战中的角色与作用，给包括陈绍宽在内的中国海军人以极大的刺激。江阴海战前，因实力相差悬殊，中国海军不得不采取沉舰封江的打法，在江阴形成一个封锁区，阻止日本海军溯江而上。"敌人无法突破，只能派遣航空母舰的航空兵，飞临江阴上空，盘旋侦查，或向堵塞线投弹，或以机枪扫射在堵塞线上工作的人员，或者闯过我之火力网，向我舰队轰炸。"⑦ 1937 年 9 月 22 日，日本海军派出"加贺"号航母载飞机 42 架，连同其他陆基航空力量，飞临江阴上空对中国护防舰只实施空中打击。由于有航母及其舰载机的支援，日军对中国军队构成严重的空中威胁。最终，江阴失守。相较于甲午海战，由于受到日本航母舰载机的空中打击，江阴海战对中国海军更多了一份悲壮与凄凉。陈绍宽作为当时中国海军司令和江阴海战最高指挥官，对战争中日本航母及其舰载机扮演的角色和发挥的作用，有着更为直接的感性认识。

再次，陈绍宽的航母发展思想与其近代海军建设主张紧密相连。在民国众多的海军将领中，陈绍宽不仅有丰富的实战经验，而且还是一位标准

---

① 马骏杰：《中国海军长江抗战纪实》，山东画报出版社 2013 年版，第 72 页。
② 吴景平、曹振威：《中华民国史　第九卷（1937—1941）》上册，中华书局 2011 年版，第 56 页。
③ 戴峰：《血肉模糊：淞沪会战》，武汉大学出版社 2009 年版，第 196 页。
④ 陈贞寿：《图说中国海军史：古代—1955》，福建教育出版社 2002 年版，第 751 页。
⑤ 同上书，第 779 页。
⑥ 同上书，第 789 页。
⑦ 陈书麟：《陈绍宽与中国近代海军》，海洋出版社 1989 年版，第 49 页。

的学院派出身的将领。他曾多次长时间考察外军,并多次参加对敌海战,特别拥有参加"一战"对德海战和抗战对日海战的作战经历。因此,他对旧时代中国海军发展的战略、战术问题多有思考。从现有史料看,陈绍宽的海军发展思想,多见于其各种报告、呈文、演讲、文章中。就其基本内容来看,主要包括"海军应处于优先发展的地位""海军强弱影响着国家的国际地位""海军建设既要治标也要治本"等三个部分。① 其中,一个颇为值得关注的内容是,他对其所处时代各国航母发展态势以及有关航母作战问题的思考与研究。"二战"期间日本、美国和英国的航母发展,以及有关方面的航母作战,是陈绍宽关注的重点。尤其是对日本航母,他更为关注,多次在不同场合,以不同方式谈及日本的航母及其作战问题。以1942年的锡兰海战为例,陈绍宽曾在刊于《海军杂志》的《海军建设》一文中指出:"当日本袭击锡兰岛的时候,曾开出好几艘的航空母舰。"② 如前文所述,在陈绍宽的海军发展思想中,他曾在三个时间段,多次论述中国发展航母的必要性和紧迫性问题。一句话,发展航母是陈绍宽思考近代中国海军建设的重要内容。

由是可见,陈绍宽的航母发展思想有着深刻的历史渊源,是其四十年海军生涯和海军建设主张的必然产物。

四 陈绍宽航母发展思想的几点启示

陈绍宽的航母梦是在山河破碎的旧时代提出的,反映了他那个时代中国人强壮海军、保家卫国的强烈愿望。然而,由于种种原因,陈绍宽的航母梦在旧时代的中国,难以梦想成真。但是,陈绍宽的航母发展思想却不乏一些真知灼见,至今仍不失其重要的参考价值与特有的历史启示。

一是,我国海防建设与海外利益维护需要大力发展航母事业。陈绍宽根据中国海防的实际需求,多次提出中国发展航母的问题。众所周知,我国海岸线漫长,有着广阔的管辖海域,保卫国家海上安全,维护领海主权和海洋权益的海防任务十分繁重。尤其是近些年来,我国周边形势日趋复杂,对我国的海防建设,提出了新的严峻挑战。因此,发展航母是我国海

---

① 潘前之:《陈绍宽海防思想论析》,《军事历史研究》2007年第4期。
② 高晓星:《陈绍宽文集》,第333页。

防建设的现实之需。与此同时，随着我国对外开放力度的进一步加大，我国的对外贸易跃居世界第一，我们的海外利益面临着不容忽视的现实威胁。维护海外利益及其安全，也离不开航母的发展。所以说，现实的国防海防安全和海外利益安全，在客观上要求我们必须大力发展中国的航母事业。

二是，航母的发展要尊重规律、符合国情。陈绍宽的航母梦最终无法实现，最主要原因是深受其所处历史时代的国情制约。航母是国之重器，发展航母是一项伟大的事业，需要有多方面的客观支撑，包括必要的政治稳定、充足的经济实力、必需的技术支撑、厚实的人才储备，等等。这些条件都是发展航母事业所必须具备的基本国情。陈绍宽所处的近代中国显然不具备这样的国情条件。而在当代中国，社会政治稳定、经济实力日强、科技力量大增、人才储备厚实，这些都是我国大力发展航母的现实国情条件。因此，当下中国发展航母事业可谓正逢其时。

三是，航母发展要走购建结合之路，要善于对外学习吸收消化并最终实现自主建造。陈绍宽的航母发展思想，主要着眼于外购，因为近代中国并不具备自主设计和建造的条件。客观地讲，在发展航母问题上，中国属于后来者，因此不能一蹴而就，而要从实际出发，走购、建结合之路。中国的第一艘航母"辽宁"号，走的正是购、建结合之路。由于航母发展技术水平要求高，配套能力和人员储备都需要及时跟进，因此，需要在学习国外先进技术、经验的基础上，加快航母学习的消化吸收，并早日掌握核心技术，实现航母自建，走一条有中国特色的航母发展道路。目前，在大连建造的第一艘国产航母，正是这一逻辑的必然结果。

四是，航母发展要走系统化建设发展之路。陈绍宽对航母在现代海战中的角色与地位的认识是到位的，十分重视航母的体系化作战。现代航母发展，不是简单的建设几艘航母的问题，而必须着眼于能打仗、打胜仗，走航母战斗群系统化建设之路。要根据实际情况，充分考虑航母战斗群的规模数量问题、基地保障问题、人员培养问题，以及以航母为中心的体系作战等问题。对于我国而言，航母发展是一项崭新的事业，实现中国航母从无到有、由弱变强，依旧任重而道远。

总之，陈绍宽有关中国发展航母的思考与研究，至今仍有其特殊的历史启示意义。

海防经费的另一面：沈葆桢与左宗棠在外债问题上的矛盾

马陵合[*]

19世纪60—80年代，中国面临着严重的边疆危机，既有来自海疆的威胁，也有列强对西北陆路边疆的侵占。海防与塞防之争成为这一时期清政府对外政策的焦点。偏重于海防，还是加强塞防，不仅是国防战略的选择，而且也体现了财政支出的倾向性。国家财政捉襟见肘，使得对海防与塞防财政投入往往又与近代中国早期外债的特性有关。本文力图对这一进程中的两位核心人物左宗棠和沈葆桢因基于不同的国防思维，在外债问题上所产生的纠缠进行梳理，进而从一个侧面重新审视清政府海防经费筹措体制所隐含的利益冲突和政策分歧。

一 沿海省份拖欠协饷与西征借款

左宗棠应是中国早期大举外债之第一人。1867年至1881年，左宗棠在西征期间，共借款6次，总额近1600万两，形成晚清第一个举债高峰。在这期间他逐步形成了较为独特的外债观。他因西征困于军饷匮乏，而挟中央之威以外债胁迫各省关支付西征协饷。在这一过程中，他对外债的理解已近于西方的国债观念，但他举债的思想基础是对西北塞防的重视[①]。

1866年，左宗棠就任陕甘总督，次年2月为钦差大臣，负责镇压西捻军和陕甘回民起义。因陕甘贫穷落后，战争费用例由东南各省协饷。协饷是一种间接的中央解款，是中央政府为调剂地区间贫富差距和筹措经费以应临时急需在省区之间进行的财政调拨方式。协饷制度在体现中央政府行政事权简约的同时，主要显现了中央财政集中和地区之间财政上的

---

[*] 马陵合，安徽师范大学教授。
[①] 马陵合、罗平铃：《左宗棠外债观探析》，《安徽史学》2004年第4期。

"共产主义"①。中央政府主要凭借其权威来调拨省区之间的资金，至于省区之间的协拨数额则主要依据"酌时势之缓急，定协饷之多寡"② 的原则，采取自奏和中央核定的办法确定。

左宗棠在西北转战十余载，始终为协饷不济所困扰。他曾为此感叹："陕甘饷需艰窘之时，较前此苏州、福建奚啻倍蓰"，以至于"白发临边，百病丛生"。1875 年年底各省关积欠协饷已高达 3740 万两，相当于 3 年的应协数额③。左宗棠曾多次指责一些协拨省份："一任函牍催，率置不答"，同时也感叹这种仰面求人之难，"各省协饷有迟有速，有应有不应，有能汇兑有不能汇兑，有宜用牍催，有宜用缄恳，人地各殊，情事各异。"④ 拖欠的原因，除了各省度支短绌外，更主要的在于协饷制度本身的缺陷。

协饷制度顺利执行的前提是中央能切实对地方财政资源进行支配和控制。太平天国运动之后，中央财权旁落，地方财政自主权增大，中央的协拨计划和催解协饷往往成为具文，这是协饷存在拖欠的主要原因。协饷本身种类繁多，收支机关庞杂，也使中央难以稽核，"咸同以来，各省一有缓急，彼此自相通融协借，不尽咨复部核，以其系就地处筹，与例支之项无碍，故臣部亦无从探问。"⑤ 地方既可自奏协拨数额，也可在中央指令下协拨；同样，它们也可以自行核减，或干脆拖欠不交。1867 年，江西巡抚刘坤一在左宗棠过江西时，曾主动要求每月增拨甘饷 2 万两。1874 年，他又借口困难表示江西每月 2 万两协饷 "难照常接济，亦不得不预先陈明"⑥。这种现象当时十分普遍，说明协饷制度带有很大的随意性。

各省关对协饷的拖欠还与当时的海防与塞防之争有关。二者虽都需各省协饷，但左宗棠认为二者不可同日而语，东南"饷源可浚，军用易充，转运又便"，而陕甘"无可取资，仰给各省协款，如婴孩命寄于乳媪，乳之则生，断哺则绝也。"由于各省对于海防和塞防态度不一，致使"各省应协甘款既不照常拨解，而各省之协济洋防者，又皆以沿海洋防为急、塞

---

① 李权时：《国地财政划分问题》，上海世界书局 1939 年版，第 8 页。
② 中国史学会编：《回民起义》（四），神州国光社 1953 年版，第 198 页。
③ 《左宗棠全集》，奏稿六，岳麓书社 1992 年版，第 376 页。
④ 中国史学会编：《回民起义》（四），神州国光社 1953 年版，第 201 页。
⑤ 刘锦藻编：《清朝续文献通考》卷 71，国用九，考 8279。
⑥ 《左宗棠全集》，奏稿六，第 320 页。

防为缓，以致臣军出款日增，入款大减"①。左宗棠不断向清政府强调塞防的重要性，清政府对西征协饷的态度也较为明确，"海防各饷，系于各省应协西征军饷之外添拨，并非各省应协西征军饷之内匀拨。各该省关自应各解各饷，本毋庸作挪东补西之计，以致有顾此失彼之虞。应请敕下各直省督抚，将原协、添协西征各饷及分解南、北洋各款一体兼顾，毋稍偏重。"② 1874年11月，清政府下谕要求拖欠西征协饷各省关将"以前欠解月饷，并着先解一半，限一年内分解各军应用；其余一半，仍随同现解饷银按月设法措解，俾资接济"③，并谕令各省关欠解西征协饷要"月清月款，不准丝毫再有蒂欠"④。即便如此，至1874年年底，应解西征协饷"几比常年短至一半。积欠协饷非独未能遵旨先提一半，依限照解；现截至十月，且增欠至二千七百四十余万两。是东南厘金大宗既被洋防占去，其波及塞防者，固不能多也"⑤。1875年，针对拖欠依然严重的局面，中央被迫采取了更为严厉的措施，将河南、湖南、广东、福建、四川各藩司"交部议处"，并规定自该年起，各省关协拨不足八成以上，即将省藩司、海关监督照贻误饷例，交户部"指名严参"⑥。左宗棠也挟中央之余威，曾以"紊乱饷章"为名对长期拖欠的山西藩司林寿图进行弹劾，使其被免职。仅靠中央谕旨并不能解决根本问题，所以，举借外债仍然是左宗棠筹集军费的重要手段。

二 左宗棠与沈葆桢在外债问题上的直接冲突

1872年年末，左宗棠正转战西北边塞，西征军的粮饷极度困难。此刻，船政局也陷入财政恐慌。左宗棠奏请从福建每月应解西征军的粮饷5万两及甘捐项下改拨2万两给福建船政局。后清廷决定，自同治十二年正月起，每月由闽省茶税项下提拨二万两解交船政大臣，使福建船政进入最

---

① 《左宗棠全集》，奏稿六，第328页。
② 同上书，第329页。
③ 同上书，第365页。
④ 同上书，第322页。
⑤ 同上书，第368页。
⑥ 同上书，第425页。

"阔绰"的黄金时期①。

1874年，日本入侵琉球群岛，进而登陆台湾。面对日寇威胁，福建船政大臣沈葆桢紧急向朝廷汇报，向汇丰银行申请贷款加强海防军备。汇丰银行借给清政府200万两白银，即"福建台防借款"。这笔贷款开创了汇丰银行政治贷款的先例，期限长达10年，年息8厘，由关税担保②。

这项借款原是由汇丰银行和另一家英国银行丽如银行合做的，由于丽如坚持要求在伦敦发行债券，没有得到满足而中途退出，最后借款由汇丰一家承担。与汇丰签订的借款合同规定只在中国发行30万英镑，其余仍在国外发行。从此，中国政府公债被卷入世界资本市场。此前，清政府外债以前多半是以一个海关的收入作保，只要一个中国海关监督出具印票即可；此时以各海关关税抵押，则需要由海关总税务司赫德出面担保。西方人把这项借款看做是"第一笔以外国人管理的中国海关作担保的贷款，为以后的贷款开了先例"③。

这笔借款与左宗棠西征借款模式极为相似，即用关税抵押，由协饷省关偿。沈葆桢曾向户部明确表示，该借款："借约内须盖用海关关防暨布政使印信，税务司印押，方能兑银。至所借洋款，本属闽省之事，自应闽省筹还。惟丁、粮、厘、税，按年供拨京饷以及额营兵糈，本已不足支应。且洋商以前次成案，系由各海关归还，此次亦必由海关兑还，方昭信实。"④其理由是左宗棠有例在先："臣等查同治六年三月间，左宗棠以陕甘需饷孔殷，奏请海洋商银一百二十万两，分六个月于各关税项下拨还。奉旨允准。"为解决台湾防务经费问题，"自应准其查照前案办理，以济急需。至此项借款，各关应如何均匀分拨。归还户部，查该大臣等所借洋款二百万两，应于各海关所收四成洋税及六成洋税内，按照三个月结期，分年扣还。"除津海、东海、淡水等关因四成洋税均另有指拨外，"拟请于粤海、闽海、九江三关所收四成洋税项下，每结拨还洋款各六千两；江

---

① 中国人民政治协商会议福建省福州市委员会文史资料委员会：《福州文史资料选辑》第19辑，纪念沈葆桢诞辰180周年特辑，2000年，第310页。[美] 庞百腾：《沈葆桢评传——中国近代化的尝试》，陈俱译，上海古籍出版社2000年版，第323页。

② 卞君君：《上海滩·1843：中国在此转身》，浙江大学出版社2013年版，第112页。

③ 陈争平：《外债史话》，社会科学文献出版社2011年版，第20页。

④ 中国人民银行总行参事室：《中国清代外债史资料（1853—1911）》，中国金融出版社1991年版，第39—40页。

海、浙海、镇江三关所收四成洋税项下，每结拨还洋款各五千两；江汉一关所收四成洋税项下，每结拨还洋款四千两；山海一关所收四成洋税项下，每结拨还洋款三千两；津海、东海两关所收六成洋税项下，每结拨还洋款各五千两。至应归洋款利银，统于闽海关所收四成洋税项下，就近按期拨还，以免纷舛。"①。

福建台防借款这一借款方式也得到李鸿章的肯定。"其购备船械各节，除由闽省存款动用外，不敷之数，准暂借洋款，以应急需。政府诸公亦知各省财力奇绌，罗掘早空，万难筹集巨款，即使部中勉强指拨，亦恐催解不前，缓不济急，势不得不出于此也。"② 他在《筹议海防折》（同治十三年十一月）中称："其有不敷，拟仍暂借洋款，由续收四成项下拨还。或另行设法归楚，以应急需。其息银以七八厘为度，归本以十年八年为度，亦各国常有之事，无足诧虑也。"③

从形式上看，沈葆桢所借债款国债性质更为明显，负担也稍轻。既然均由关税作抵，省关摊还，左宗棠自然希望通过让沈葆桢代借洋款，试探其对自己是否已经疏远，对西征是否支持。1876年年初，左宗棠整军出关，需用浩繁，不得已再度提出举债。但这次他向清政府提出，希望由沈葆桢替之代借洋款。"缘沈葆桢素为各国所信服，商借洋款曾有成议，此时重寻旧说，可免洋疑虑。又办理南洋事务，就近与各省关商议，可无窒碍，较臣所处，尚易为功"④。同时，他强调海防与塞防在经费分配上应体现塞防优先的原则，"而合新疆周二万里地方，规画久远，较之洋防七千余里局势尤宽，岁月久暂迟速非可逆计。徒擎空拳以谈远略，非特无其理，亦无其事。"⑤

2月，总理衙门同意由沈葆桢代借1000万两，并仍以各省关应协西征之款分年拨还。但已任两江总督沈葆桢和江苏巡抚吴元炳上奏提出异议，称举借洋债："有病于国，关系綦大。"沈葆桢认为，如将债用于"开矿造路挖河"，则可"以轻利博重利"，本息之外还有盈余，国

---

① 中国人民银行总行参事室：《中国清代外债史资料（1853—1911）》，第41页。
② 顾廷龙、戴逸主编：《李鸿章全集》31信函三，安徽教育出版社2008年版，第50页。
③ 中国史学会编：《中国近代史资料丛刊·洋务运动》（一），上海人民出版社1955年版，第49—50页。
④ 中国人民银行总行参事室：《中国清代外债史资料（1853—1911）》，第49页。
⑤ 《左宗棠全集》，奏稿六，第344页。

家"有国债而不失为富强"。相反,"若以国用难支姑为腾挪之计,后此息无所出,且将借本银以还息银,岁额所入尽付漏卮"。丁日昌也在1876年3月10日上奏,称:"以一千万分十年计之,除还本银一千万两外,须添出利银一千万两。合之前借五百万两,计每年须贴洋人息银一百五十余万两。国家经费有常,岂能骤增此意外巨款……今以洋税抵洋债,辗转作扣,条目混淆,将来必有缪辀不清之日。万一海疆有事,关税不能如常,本息不能照清,洋人藉口盘踞自行征收归款,尔时噬脐无及为患,胡可胜言?"[1]

沈葆桢指出:"洋人肯以巨款借钱,恃有海关坐扣,如取如携也。"还债还息全靠海关,他为此担忧,"向日各省仅筹协饷已催解不前,今令兼筹协饷之息,能如息以应乎?协饷愆期而海关病,海关无可弥补,不得不亏解部之款,而部库病",他认为外债的利息太重,"前属左宗棠借洋款三百万,计息盖七十万。若以此七十万供西征之饷,未必不少有裨补。今以一千万计,照台湾成案八厘起息,十年清还,耗息约六百万,不几虚掷一年之饷乎?"利息太重,是西征借款受人指责的地方。沈葆桢认为,外债有的可以借,有的不可以借。西征借款是纯消耗性的军事债务,不能"以轻利博重利",利息又太重,自然属于不可以借的外债。[2]

沈葆桢在总署同意的情况下,仍断然拒绝代借洋款,令左宗棠有些尴尬。左宗棠在给朋友的一封信中说,沈葆桢有两个月没给自己写信。左宗棠想起当初剿灭捻军艰难之时,为解决福建船政的资金短缺问题,自己勒紧裤腰带将福建军饷交给沈葆桢,帮助他渡过危机。"从前幼丹(沈葆桢,字幼丹)船政告匮时,举闽协饷二十六万畀之,宁忍饥分食,以船政无事权,而陕甘尚握兵符耳。"当时的沈葆桢感激涕零,感叹督抚若都有左宗棠的胸襟,就没有办不成的事。如今的左宗棠却相当失望,沈葆桢总督两江之后,"顿忘阙初也!"[3]。

不少学者认为,沈葆桢拒绝代借是担心两江完全承担偿还责任,力不从心。这应是一种较为客观的判断,但其背后的影响因素远不止此。从担

---

[1] 许毅:《清代外债史论》,中国财政经济出版社1996年版,第221页。
[2] 中国人民政治协商会议福建省福州市委员会文史资料委员会:《福州文史资料选辑》第19辑,纪念沈葆桢诞辰180周年特辑,2000年,第298—299页。
[3] 李德林:《改革现场——晚清经济改革始末》下部,北京联合出版公司2014年版,第7页。

保和偿还的角度而言，当时地方督抚所举外债，债务责任均在中央政府，由中央再谕令各省关摊还。由于中央政府掌控财政资金调拨的能力弱化，他担心由其代借，最后这笔借款会成为两江财政上的重负①。若这种担心最终变为现实，会对李鸿章和沈葆桢的淮军和海防经费形成直接的冲击。沈葆桢接任两江总督，是李鸿章确保"淮饷"的一着棋。两江是淮军经费主要供应地，"月饷以沪、苏厘税及苏藩月协二万为大宗。"李推荐沈葆桢任两江总督即有保住财源之用意。他曾说，"拨款先解北洋，前已咨缄幼帅，谅无畛域之见。"②他知道，清朝最高层"以西域停兵为非计，是仍不能分筹饷海矣"③。李鸿章希望沈到两江，直接插手江苏厘务以确保淮饷完解。④ 立足于两江地方财政利益，沈氏亦不愿承担此项巨额借款，这一心态被报馆社论完全猜中："沈制军之意，亦以为海关税项所用甚广，即江南一省亦赖之，所有防海诸事均在此项取用，今一旦令抵借款，则诸项久将何筹？是以亦不愿为此事。"⑤

当然，沈葆桢会为其拒绝代借寻找充分理由，在其奏折中表现出无奈，甚至有些无辜："夫以出关之事之急，左宗棠筹借洋款本有成案，不遽委员径向洋人定议，而谋之于臣葆桢；谕旨又敕臣葆桢妥速筹议，奏明办理，则万难尽善之处，已在圣明洞鉴。与二三老成烛照数计之中。如臣等博'不分畛域'之名，罔顾事后之无可收束，于心窃有所未安。"他必然对西征的必然性既要表现出肯定的态度，又要表达其对左宗棠劳师远征、空耗国帑的不满。"然谓西征可停，则臣等又断断以为不可。何者？我退则敌进，关陇且因而不靖，徒弃祖宗辛苦艰难缔造之地；而列戍防秋，劳费亦复相等。顾臣等窃以为左宗棠此行，不当效霍去病之扫穴犁庭，而当师赵充国之养威负重，将帅无赫赫之功，而国家受万全之福。诚能扼其冲要，坚壁清野，开水利，广屯田，考畜牧，关外多一分之产，关内则省一分之运，反客为主，胁从者稽首归命，渠魁亦束手就缚，较之糜血肉于坚城之下，求万有一然之胜，其得失事，可同日语耶？"⑥

---

① 陈霞飞主编：《中国海关密档》（一），中华书局1995年版，第206、202页。
② 顾廷龙、戴逸主编：《李鸿章全集》31，第311页。
③ 邓曙光编注：《李鸿章家书》，中国华侨出版社1994年版，第250页。
④ 易惠莉：《易惠莉论招商局》，社会科学文献出版社2012年版，第46页。
⑤ 《论借饷征西事》，《申报》1876年3月3日，第1版。
⑥ 《左宗棠全集》奏稿六，岳麓书社1992年版，第374页。

李鸿章认为，左宗棠此种借箸行为，是有意对沈施压。若任由左宗棠以借外债的名义从东南各省关获取西征经费，海防经费将受到极大的限制。出于与沈葆桢结盟的立场，对其拒绝左宗棠的借款要求表示理解和赞赏。说理解，是指其认为沈不应独担其责。"左帅拟借洋款千万，以图西域，可谓豪举，但冀利息稍轻，至多不得过七厘，各省由额协项下分还，亦未免吃力，何可独诿诸执事耶？"① 说赞赏，是因为沈敢于借中央之力对各省关施压的左宗棠严词拒绝。"抄寄奏驳开关借洋债各稿，剀切详明，词严义正，古大臣立朝风采复见于今，大足作敢言之气，倾服莫名。开关从缓，既蒙恩允，农部必不再驳。"李鸿章认为，左宗棠如此，是得到清廷最高层的首肯："惟闻部议初以不借洋债为然，枢廷因季帅锐意出关，未暇顾虑，其后独主斯议，是以闻公言不免逡巡回护，仍令季帅核复。而季公误于谍报，安集延有待其亲征投降之说，奉谕旨准借巨款，正拟月望后踊跃西行，得此信未免扫兴。渠向不肯服输，恐其仍执前奏，则东南各省行将搅乱，而西事亦断无能善其后之理。但冀季老素尚推重执事，或者能受尽言，若出自鄙人之口，必是一场大讼案矣。""季老与刘克庵辈皆欲尽撤海防，专图西域，岂甘任狐兔纵横于中原耶？"②

此时李鸿章和沈葆桢可以拒绝在西征借款中协助左宗棠，但是，他们在海防经费问题上并没有获得中央高层的全力支持，这也是他们在外债问题上故意作梗的动因之一。李鸿章力主停止西北用兵，腾出经费来加强东部沿海的防务建设，③ 身处西部边陲的左宗棠则针锋相对，力主东西防务用款应该均匀拨济，勿所偏枯。军机大臣宝鋆和文祥极力反对取消西征、仅顾海防一端。总署在各方意见的基础上，进行协调平衡，建议提取海关税六成之一和四成之一税款等八个具体途径来筹措海防经费④。翁同龢对该稿的筹饷方案不甚满意，内阁政事堂会商后，他透露："开煤铁、加厘盐，皆在不可行之中，余亦未指明。余曰借洋税一节，似未可议行，当时颇有和之者。醇邸来阅，亦以为然，遂以借洋税归不可行。余则不痛不

---

① 顾廷龙、戴逸主编：《李鸿章全集》31，第356页。

② 同上书，第361页。

③ 顾廷龙、戴逸主编：《李鸿章全集》6，安徽教育出版社2008年版，第160—167页；顾廷龙、戴逸主编：《李鸿章全集》31，第241—242页。

④ 《拟奏覆海防事宜疏》，《期不负斋政书》，第110—112页。

痒，但言海防宜及早布置，筹饷则毫无措置也。划稿而出，真是儿戏。"①光绪元年四月下旬的谕旨则体现出均衡调处两者缓急的立场："逐渐举行，持之以久，讲求实际，力戒虚縻。"② 海防专饷既然难以筹济，李鸿章只能退而求其次，满足淮军饷需是他必争的目标："海防若无分解，岂能奢望？但求淮饷勿减少耳。"③ 由此可以推断，沈葆桢对左宗棠要求代借外债的拒绝，在深层原因而言，是对海防经费来源受制有关。至于在这一问题上，沈葆桢受到李鸿章多大程度的影响，并不能从李鸿章的表态中作出全面的判断。从制度层面而言，沈葆桢的态度直接反映出了当时财政运作机制的不确定性，与其将来为各省关摊还费尽口舌，还不如从源头上切割与此事的关系。这或许是一种官场自保的规则。若将其动因完全与海防经费的分配、淮饷来源问题牵扯在一起，可能有些过度解读了。此后，张之洞在中法战争期间代借外债的窘境，可以印证这种解释。

三 左宗棠的应对及其对国债的认知

结合当时的具体情况，他们的争议并不是基于对外债问题进行理性的辩论，而是海防和塞防之争在财政分配上的体现。左宗棠认为沈葆桢此举显然受人指使（指李鸿章），"两江驳借洋款一疏，迥非意料所及"，其"与合肥联络一气，能者固不可测也"④。有鉴于此，左宗棠认为沈葆桢、丁日昌等人从中作梗，不是反对举借外债，而是对塞防的放弃。"近时臣工均急洋防，置边防于不顾，大率类此。"⑤ 左宗棠对他们的观点进行了反驳。他虽承认举债是"万不得已而有此请，非不知借用洋款非正办也"，但他首先强调了借款"迅赴戎机"的必要性。"借千万之巨款济目前急需，可免悬军待饷；十年计息所耗虽多，而借本于前，得以迅赴戎机，事之应办者可以速办……计十年中所耗之息可取偿十年之中。"⑥ 其

---

① 陈义杰整理：《翁同龢日记》第 3 册，中华书局 1989 年版，第 1112 页。
② 《德宗景皇帝实录》，《清实录》第 52 册，第 178 页。
③ 顾廷龙、戴逸主编：《李鸿章全集》32，安徽教育出版社 2008 年版，第 277 页。
④ 《左宗棠全集》，书信三，岳麓书社 1992 年版，第 10 页。
⑤ 同上书，第 213 页。
⑥ 《左宗棠全集》，奏稿六，岳麓书社 1992 年版，第 424—425 页。

次，指出"西征用兵，以复旧疆为义，非有争夺之心"①。他认为，真正意义的国债应是在各国用兵时，"除报怨雪仇外，均为其国商贾争利起见，兵费例由绅士商民认定，计期取偿于官"②。至于"借本国之债者必富而强，借邻封之债者自贻因蘖，而引之为借用各国洋款之戒，非定论也"③。他强调他并不是举债应急的开先河者，"上年李鸿章有二千万待借之奏；即沈葆桢办理台防，亦曾借用洋款六百万两，嗣因倭事速定，部议停止四百万。"④他带着愤激之意表示"不必两江，不必英夷，仍可借用洋款"⑤。他建议向美、德商议借："近时花旗、布洛斯（指德国）皆掘获金矿，白金甚多，商借亦易，不必关白英夷。"⑥他甚至主张不必在上海举借，可以通过浙江、广东商借，或者直接由陕甘出具印票，这样既可不受英商挟制，也可不受两江阻挠⑦。

　　左宗棠在没有得到沈葆桢支持的情况下，仍然继续向外举债，以应对西征战费需要。左宗棠在议复奏折中，除了逐条驳斥沈折"举债亡国"的言论外，重要的变化是将举借外款的数额由 1000 万两减少至 400 万两⑧。因沈、左意见彼此对立，枢臣内部也出现争议，李鸿藻主张少借洋款，而以海关四成洋税拨解，并催促各省协饷按时协解；总理衙门则主张"借洋债五百万，拨部库四成洋税二百万，催提月饷三百万"，时任户部侍郎袁保恒力主分批借款，第一次可以先尝试举借 250 万，再由户部拨款 600 万两，而户部陕西司吴廷芬却有不同意见，极为龃龉⑨。三月一日的谕旨基本依照奕䜣主张，提出了优待左氏的全盘方案："加恩著于户部库存四成洋税项下，拨给银二百万两，并准其借用洋款五百万两，各省应解西征协饷提前拨解三百万两，以足一千万两之数。"⑩看得出来，在协调东部海防与西征军饷需求矛盾中，虽然争议不断，但清廷最高层显然偏向

---

① 《左宗棠全集》，奏稿六，岳麓书社 1992 年版，第 425 页。
② 同上书，第 423—424 页。
③ 同上书，第 424 页。
④ 同上书，第 425 页。
⑤ 《左宗棠全集》，书信三，岳麓书社 1992 年版，第 21 页。
⑥ 同上书，第 22 页。
⑦ 同上。
⑧ 《左宗棠全集》，奏稿六，岳麓书社 1992 年版，第 391—393 页。
⑨ 陈义杰整理：《翁同龢日记》第 3 册，中华书局 1989 年版，第 1192—1193 页。
⑩ 《清实录》（第 52 册），中华书局 1985 年版，第 400—402 页。

西征。户部在库存四成洋税项下拨银 200 万两，各省应解西征协饷提前拨解 300 万两，并批准左宗棠借用洋款 500 万两，以凑足 1000 万两之数，足见清政府对支援左宗棠用兵的良苦用心，实已勉尽其所能。左宗棠在致刘典的两封函件中充分流露出对"枢邸调护苦心"的感激之情。他在信中还提到廷旨恩拨之户部库存四成洋税银 200 万两，不在各省关额解协济西饷内扣还，而在南北洋海防经费内扣还，"是减洋防以益塞防"之明证①。第二年，左宗棠仍然向汇丰银行借得 400 万两，并从东南各省关协饷中扣抵。沈葆桢虽驳借洋款在先，最后还是受到削减南北洋防经费 200 万两之累，反而成为实际上的受害人了。这也许是沈葆桢所始料未及的吧②！实际上，沈葆桢也承受着巨大的压力，与李鸿章的关系并没有因此事而紧密，而是疏远。自从马嘉理事件后，因附和李鸿章妥协性的"务实外交"，不仅背上了沉重的外交交涉责任，而且因与李的同盟关系，有损其作为林则徐、魏源事业及思想继承人形象，这迫使其在对外事件中表现出盲目的强硬，如强行收回淞沪铁路。③

在取得西征的成功之后，左宗棠仍然提出以举债的形式筹集巩固边防的资金。1880 年年底，左宗棠已准备离开新疆回京赴新任。临行前，他向清政府提出应借款加强新疆的军备："西事既渐次就绪，正拟归里养疴，以尽暮齿，不欲议借外款，徒增话柄也。"但因"俄国既举国债以肇其端，兵事久暂，殊难逆计。拟于顾问之际，为借箸筹之"④。此时俄加紧对新疆的干涉，但俄国自身财政困难，它也向外国举债。左宗棠在给他人的信中，多次提及俄国也向外借款一事，"闻俄人因渎武而贫，近举债五千二百万两，而以俄西腴地为质，其横行无忌，所恃在此"。因而他提出为加强新疆边防，应加意讲求饷事，"庶免临时掣肘"⑤。1881 年年初，清政府再次同意借款，这次向汇丰银行借库平银 400 万两，6 年期，利息年利 9.75%。在偿还上与前述几次的不同之处是"不须海关出票，各省督抚经手，可免周折"，由上海采运局经手偿还，"如上海无银，应准其

---

① 中国人民政治协商会议福建省福州市委员会文史资料委员会：《福州文史资料选辑》第 19 辑　纪念沈葆桢诞辰 180 周年特辑，2000 年，第 327 页。

② 同上书，第 328 页。

③ 易惠莉：《易惠莉论招商局》，社会科学文献出版社 2012 年版，第 50 页。

④ 《左宗棠全集》，书信三，岳麓书社 1992 年版，第 652 页。

⑤ 同上书，第 651 页。

向户部如期兑取"①。这实际上既取得了边防经费，也摆脱了东南各省督抚在协饷上的掣肘。

可见，左宗棠并没有因沈葆桢的阻挠而停止举借外债的步伐。沈葆桢拒绝代借外债，除了与左宗棠在政见上存有歧义、在派系上有所错位外，还在于其对外债的国债性质的理解，远落后于左宗棠。

公债的本质就是将财政收入提前支用。左宗棠没有明确表述这种概念，但他将协饷转化为外债，实际上就隐含了这种思想。在他看来，用协饷归还外债，"于国计丝毫无损，于各省应解协饷藉资腾挪"②。更重要的是，能够达到提前集中使用的目的，单纯从军事经济意义上讲，将协饷转化成外债有其合理的一面，对协饷制度缺乏应急性的弊端不失为弥补之计。

在举借外债的过程中，左宗棠虽与外商直接接触不多，基本上由胡光墉从中牵线，但他开始接受了一些西方的公债理论，并在实践中突出西征借款的国债特色。

1876年，沈葆桢拒绝代左宗棠借款，其理由之一，是不宜因军政而举借国债。"伏维国债之说，偏行于西洋，而西洋各国受利、受病，相去悬约，则以举债之故不同，而所举之债亦不同也。夫开矿、造路、挖河巨费也，而西洋各国不惜称贷以应之者，盖刻期集事，课税出焉。本息之外，当有奇赢，所谓以轻利博重利。故英美等国，有国债而不失为富强。若以国用难支，姑为腾挪之计，后此息无所出，且将借本银以还息银，岁额所入尽付漏卮。目下西班牙、土耳其皆将以债倾国，日本亦骎骎乎蹈其覆辙矣。此举债之故不同也。英美举债于本国之商，国虽病，而富藏于民，有急尚可同患也。若西班牙等国，输息于邻封，一去而不能复返，此所举之债之不同也。"③ 这实际上将国债的目标理解为单纯为发展实业服务。左宗棠则提出自己不同的看法。他认为利用本国商人资本发展实业，诸如开矿、筑路、治水而举债，并非是国债，它"下非放债，上非借债"。发展实业之用费，则仅是"官主谋而商应募"。真正意义的国债应是在各国用兵时，"除报怨雪仇外，均为其国商贾争利起见，兵费例由绅

---

① 中国人民银行总行参事室：《中国清代外债史资料（1853—1911）》，中国金融出版社1991年版，第62页。

② 同上书，第48页。

③ 同上书，第51页。

士商民认定，计期取偿于官"①。因英美等国富强，国债可在国内举借，而其他国家则可以向外国举债。至于"借本国之债者必富而强，借邻封之债者自贻因戹，而引之为借用各国洋款之戒，非定论也"②。左宗棠关于国债的理解实际更接近于西方早期公债的形式，但是他关于国债的观念显然非常狭隘，这也与中国近代对实业外债的强烈排拒是有关的。

此外，左宗棠在新疆期间曾有一次直接与外商接触的经历，对他影响较大，对外债有了更为感性的认识。1880年6月，德国泰来洋行的福克和满德曾到新疆哈密，在左宗棠营中逗留了一个月之久。其间福克除了向左宗棠提出开发西北的建议外，还介绍了一些西方外债方面的基本知识，并与左进行具体的借款交涉。至于如何举债，福克曾向左宗棠提出一些建议，如西征属于加强国防，所举外债即便是地方所借也是一种国债。福克向左宗棠提出以国家名义举债，"借数愈多，则息耗愈轻，年分愈远，则筹还亦易，在彼所获虽多，在我所耗仍少"③。这种少借不如多借的观点被左宗棠所接受。在福克的影响下，左宗棠不断增加借款额，先是准备借300万两，后拟借400万两，最后加至2000万—3000万两。对此他认为是可行的："国债一事（注：他这里开始称国债），果如福克所说，借德款数千万两，年远利薄，随借随还，不拘年限期次，似非不可"。"此举若成，满盘皆活，俄罗斯将如中国何"④。"果如前变通办理，不用海关出票，不限期归还，息耗又轻，时日可缓，则筹措二三千万，数十年本息全还，似于中国无损，而于时局有益"⑤。但这一计划他并"未敢具奏，意俟陛见后与军机、总署通盘筹商始可定商，盖非用战，无庸借如许之多也"⑥。只是要求借400万两，枢垣对此并未立即同意，认为"虽议有借款数目，而息借期日久暂，并由何项商指款归还，暨息借几年为限，仍未叙及，应一并详细覆陈"⑦。不久，枢垣干脆否定了此次举债，称"西饷

---

① 《左宗棠全集》，奏稿六，岳麓书社1992年版，第423—424页。
② 同上书，第424页。
③ 《左宗棠全集》，书信三，岳麓书社1992年版，第651页。
④ 同上书，第655页。
⑤ 同上书，第652页。
⑥ 同上书，第665页。
⑦ 中国人民银行总行参事室：《中国清代外债史资料（1853—1911）》，中国金融出版社1991年版，第62页。

可缓，洋款不必着急"①。后来福克的借款并无下文，原因是左宗棠这样不用关税抵押，随借随还的设想缺乏可行性。这也说明他对西方的国债观念的把握有臆测的成分。

然而，左宗棠的国债观念更多的是从西征借款的独特形式中体现出来。在西征借款前，一些地方督抚也曾向外商举债，但完全是地方政府自借自还，中央政府往往只是事后确认而已，与国家财政并无密切关系。而西征借款却明显地成为国家财政体制运行中的组成部分。西征借款从其形式上看是地方外债，但因与协饷的关系，其本质应是一种国债，这主要表现在中央对每次借款都要以谕旨的形式加以事先批准和事后的确认。协饷在财政分配上仍属于中央财政收支系统，中央拥有调拨之权。作为地方官员的左宗棠不可能拥有以协饷指还外债之权；只有通过谕旨的形式批准这种协饷垫支形式，协拨省关才会认可其以协饷偿还外债的责任。西征借款的担保品均是关税，或海关代借，或以关票作抵，关税收入成为西征借款的信用基础。这样的关税担保方式同样也超出了地方官员的权力界限；关税管理直属于中央，只有中央才拥有指拨关税的权力。关税抵押方式的关键在于各海关税务司对关票的签署。掌握海关行政的外国税务司为加强对海关及关税收入的控制，明确要求有这样的程序：借款要经谕旨批准，总理衙门遵旨让海关税务司饬令各有关海关税务司，对发行之债票盖印签署。海关税务司签署中央批准的债票可以向外国商界证明，借款"系政府所借，其本息偿付由中央政府负责"②。并且保证不贷款给那些"本身无权借——其后能任意赖债的地方官员"③。

四　海塞防经费的殊途同归

实际上，海防经费与塞防经费面临着同样的窘境。关于南洋海防经费的收入情况，目前所知甚少。光绪初年，刘坤一主粤，便以广东库款支绌，奏准免去协拨南北洋海防的厘金。当他1880年出任南洋大臣时，福建、浙江应解南洋的厘金也获准留闽应用，江西厘金抵作薪饷，湖北省分

---

① 《左宗棠全集》，书信三，岳麓书社1992年版，第691页。

② *Documents llustraitive of the Origin Development and Activities of the Chinese Custom Service*, 1937-1940, V6, p. 211.

③ Ibid., p. 230.

毫未解（后划解北洋），南洋经费仅靠关税。在南北洋分解经费后的三个财政年度里，仅仅收到各省关经费40余万两，不及原拨数的1/10。1884年曾国荃担任南洋大臣时，依然感叹"南洋防费除各省奏明截留停解划拨外，其余报解寥寥，已成坐困之势。而南洋应用款项层见迭出，应接不暇"。南洋各省皆各自筹款，自谋发展。这一时期南洋海防经费，主要用于沿海的炮台建设。①

中法战争期间，清政府内部为筹措战费曾有发行内债的建议，即由户部通过山西票号集股承办，以库款作抵。此外，郑观应曾上条陈建议"请仿西人之法筹借民款，准由各海关银号出票，按年清利，其票据可抵关税钱粮捐纳之需"②。但在1883—1884年间各地的钱庄票号纷纷倒闭的情况下，内债发行难以成功。中国沿海防务，主要还是依赖于外债来保证。与西征一样，这一时期的外债仍旧由地方政府出面举借，具有"议请借用，定为政策"的特点。这在外国人看来是不正常的，"从这些借款产生的经过来看，各该总督对于法国的侵略威胁似乎比起清廷更加敏感，因为清廷在这件事上并未带头采取行动，而按西方的观念，这些借款本应由中央政府来发起的。"③因而在举债过程中，波折颇多，错综复杂。

从1883年到1886年，几任两广总督先后6次向外商借款，其中4次为本省所用，2次为他省代借。在两广总督张树声任内，1883年向汇丰银行借银100万两，为本省海防之用。同年再借汇丰银行100万两，原为购铁舰，后因防务费不足，改作海防费。1884年10月两广总督张之洞第三次向汇丰银行借款100万两；1885年1月再向汇丰银行第四次借50.5万镑，合银5122500两。除此之外，为滇桂边饷和援台规越，在1884年和1886年分别向宝源洋行（Baring Bros & Co）借100万两，向汇丰银行借75万镑，合银2988861两。其他有福建海防借款100万镑，合上海规平银3934400两，神机营借款524万余两。

与以前不同的是，中法战争期间的外债已经呈现地方举债的种种弊端，有省与省之间的推诿，也有中央与省之间的矛盾。云南、广西和台湾是中法战争的主要战场，广东离之最近，它自然成了筹措军饷的方便之

---

① 姜鸣：《龙旗飘扬的舰队：中国近代海军兴衰史》，生活·读书·新知三联书店2014年版，第134页。
② 夏东元编：《郑观应集》上册，上海人民出版社1982年版，第581页。
③ ［英］毛里·柯立斯：《汇丰银行百年史》，李周英等译，中华书局1979年版，第31页。

处。1885年1月，西南前线战事紧张之时，张之洞主动向清政府建议由广东代其他省份借款："先垫付后筹，舍己芸人，不暇顾虑。""朝廷若允借款由海关认还，粤可向汇丰再借百万，接济云、桂各半，当分批速解，较北洋借他省拨尤近便。"①

对于上述借款，张之洞一直强调是代借而非代还。为此，他连续向军机处和总署发电，强调此款应由"各海关认还"。此次借款在粤订立合同，"只能写由粤省承认偿还，用粤关一处之印。"② 果然不出所料，清廷和滇桂等地的官员并不领张之洞的情。1884年12月18日，潘鼎新曾电告清政府："东省借款分济，尚未见到……助饷较增兵为尤急。"清政府因此指令张之洞"速将前借洋款，赶解大批，分济桂军，以应急需"③。这实际把张之洞的代借视为协饷。这笔借款的归还最后还是由广东一省负责，第一年从广东实存第六次海防借款中拨付，第二和第三年则用广东闾姓捐款归还④。此后，张之洞多次向清政府申述，但清政府仍规定"将有洋款悉责粤还"，张之洞闻之"震骇忧煎，不可名状"。他向中央强调，所有借款若均由广东自还，每年实短缺300余万，极力乞求予以减轻，其语气已大不如从前之慷慨："若朝廷必不垂谅，徒加督责，虽将粤省督抚藩司严遣治罪亦于国家无益。……设有变故，洞一人不足惜，如国事何！如疆事何！伏望垂察，为粤省稍宽一线，是所叩祷"⑤。然而这于事无补。该项借款在1885—1887年由广东自筹经费偿还，其中本金100万两，息银169981两⑥。

与张之洞不同的是，左宗棠在福建虽代为台湾防务借款，但因有西征借款的经验，他在签订借款合同的过程中，即将偿还的责任明确地分摊到相关省关，而不是像张之洞那样事后以乞求的方式来解决分还的问题。1885年1月，身为督办福建军务大臣的左宗棠拟借洋款400万两，用于

---

① 王彦威编：《清季外交史料》卷48，湖南师范大学出版社2015年版，第11页。
② 王彦威编：《清季外交史料》卷50，第17页；卷51，第12页。
③ 《清实录》(54)，中华书局1985年版，第783、796页。
④ 中国人民银行总行参事室：《中国清代外债史资料（1853—1911）》，中国金融出版社1991年版，第91—92页。
⑤ 中国史学会编：《中法战争》（四），人民出版社1957年版，第519—520页。
⑥ 中国人民银行总行参事室：《中国清代外债史资料（1853—1911）》，中国金融出版社1991年版，第92页。

福建和台湾防务，债款由各海关分 10 年归还。清政府对此并未有异议，只是鉴于西征借款遭到的非议过多，清廷曾电寄左宗棠，"惟现借定洋款，计息或九厘或七厘半，闽省议息，应以此数为准，不得再如前用胡光墉等劣员经手，致多侵蚀肥己"①。左宗棠委派办理营务的刘麒祥与洋行交涉。1885 年 2 月，与美国旗昌洋行司美德商妥借银 400 万两事宜，年息为 9 厘。后左宗棠发现旗昌洋行的背后是汇丰银行，它只是代表汇丰银行出面签约。对此左宗棠虽不满意，但也无奈，只得同意"仍归旗昌经手，银由汇丰出借"。该借款 100 万镑，合规平银 3934426 两 2 钱 3 分，年息 9 厘，本利均按英镑计算，期限 10 年，前 3 年只还息，后 7 年本利兼还。该借款仍依西征借款惯例，由闽海关、浙海关和江海关担保偿还，三关分别提供关票，加盖各省关关防，交洋商收执，作为保单。三关分担的本利分别是：闽海关分担本银 200 万两，息银 1237068 两 3 钱 4 厘 4 毫；江海关分担本银 120 万两，息银 7422241 两 1 钱 9 厘 3 毫；浙海关分担本银 734426 两 2 钱 3 厘，息银 454267 两 9 钱 5 厘 9 毫。每期交银后，"收回关票，分送抹销。"② 左宗棠的这笔借款于 1885 年 3 月 14 日签订。此时，中法战争已近结束，这次借款大部分并没有用于战争。左宗棠拟将此款用于福建船政局，但清政府只同意将此款中的近 150 万两用于购置三艘法国铁甲舰，"余剩洋款，着杨昌浚解交神机营存储。"③ 该项借款到 1895 年年初，本金和利息 2433577 两由闽海关、江海关、浙海关三关全数还清④。

与西征借款比较，此时的地方政府举债有了二点差异：一是地方官员已失去了债款的支配权，中央不仅干涉偿还问题，而且也要控制债款的使用，甚至要分润其利益。二是地方举债已不如从前顺利，而是遇到了多重阻力，外国洋行开始对地方政府举债持谨慎的态度。张之洞的借款活动即能说明这个问题。这也决定此后地方为大规模军事行动举债趋于减少，相反，地方举债更多的是为解决地方自身的资金短缺问题。

---

① 张振鹍主编：《中国近代史资料丛刊续编·中法战争》第 2 册，中华书局 2002 年版，第 507 页。

② 同上书，第 642—643 页。

③ 《清德宗实录》卷 27，中华书局 2008 年版，第 4 页。

④ 中国人民银行总行参事室：《中国清代外债史资料（1853—1911）》，中国金融出版社 1991 年版，第 87 页。

1899年福建船政人的日本考察与留学

潘　健[*]

1899年11月中旬日本准备举行秋操演练，日本政府以此为名目，由受日本参谋本部之命在中国四川一带活动的陆军大尉井户川辰三向时任四川总督的奎俊发出观操邀请，请其"派文武官员，选择学生游历日本，考察学制"[①]。经过充分考量后，清政府与四川地方政府决定委派武官丁鸿臣、文官沈翊清[②]带领考察团前往日本考察。丁、沈二人以及随队的福建船政留日学生分别于1899年9月30日、10月7日从上海出发前往日本，于12月13日回到上海，完成甲午之后中国派往日本的第二个"正式的"军事考察团考察任务[③]。

以往史学界对福建船政局派遣留英法学生的研究较多，较少关注到19世纪末清政府派遣船政人到日本考察学习一事。本文不揣浅陋，通过对1899年福建船政人前往日本考察一事的论述，指出19世纪末晚清政府在日益严重的统治危机面前，不得不改变以往仅向西方学习"器物"层面的态度，而深入到"制度"层次，福建船政的官员及公派留日学生对晚清中国军事、教育的近代化做出了重大的贡献。

一　船政人赴日阅操的历史背景：中日外交政策的转变

两次鸦片战争的失败，使清朝统治者意识到西方"坚船利炮"的重

---

[*] 潘健，福建社会科学院历史研究所副研究员。
[①] （清）朱寿朋编：《光绪朝东华录》第四册，中华书局1958年版，第4437页。
[②] 沈翊清时任福建船政提调。
[③] 1898年2月湖广总督张之洞的幕僚姚锡光率张彪、徐均浦、黎元洪、吴殿英等人赴日本考察陆军军队编制、训练、陆军学堂一应办法及工艺制造农商各学堂规程，并会同日本外务部次官、参谋本部次长议定派送文武留学生办法。这是甲午战后清政府以官方名义派遣的第一个赴日考察团。

要作用，遂于19世纪60年代轰轰烈烈地开始洋务运动。作为洋务运动一个重要的组成部分，福建船政实行了"引进来"与"走出去"并行的政策，不仅聘请洋教习培养本国学生掌握西方先进的科学知识，而且先后派遣四批船政学堂学生前往英国、法国、德国等地留学。但是，囿于当时思想认识的局限性，船政学生在国外所学的，仅仅是西方国家的一些先进的科学技术，如驾驶、制造、兵器（如鱼雷、枪炮、火药制造等）等专业，忽视对西方先进制度、思想的学习。1894—1895年中日甲午一战，"泱泱大国"的中国惨败于"蕞尔小国"日本，这一事实令中国民众生活在亡国灭种的危机之中，"富国强兵"成为社会舆论的导向，官员、学者、士绅都大力提倡"以强敌为师资"，向日本学习，要求以日本明治维新的内容作为中国改革的样本。而且中国人向日本取经，相较于西方列强国家又有种种优势："一路近省费，可多遣；一去华近，易考察；一东文近于中文，易通晓；一西书甚繁，凡西学之不切要者，东人已删节而酌改之。中东情势风俗相近，易仿行。事半功倍，无过于此"①，"游学之国，西洋不如东洋，诚以路近、费省，文字相近，易于通晓，且一切西书，均经日本择要翻译，刊有定本，何患不事半功倍，或由日本再赴西洋游学，以期考证精确而臻美备"②。中国近代军事最早取法于德国，但去德国学习路途遥远，花费颇多；1897年年底德国强占胶州湾之举引发了西方列强瓜分中国的狂潮，加深了中国民众对德国的恶感；而日本的军事制度即取经于德国，向日本学习就相当于向德国学习，无须改弦易辙。而且"法美等国，皆以共和民主为政体，中国断不能仿效"，日本明治维新保留了君主制，正好符合清政府在不改变皇祚的前提下学习西方的期望，因此，中国人学习近代先进技术与思想制度的最佳途径莫过于仿效日本了。加上这时日本政府为抵制西方列强，欲与中国联盟，频频向中国示好，不断发出邀请，请中国政府派遣官员游历日本，考察日本的兵制与学制，正好与中国方面欲取经于日本的想法相符。

对日本而言，邀请中国官员赴日参观考察，自然有其外交上的考量。

---

① 张之洞：《劝学篇》（二），苑书义、孙华峰、李秉新主编：《张之洞全集》卷271，河北人民出版社1998年版，第9738页。
② 《论总署著迅拟定出洋游学人员章程》，（清）王彦威编：《清季外交史料》卷133，光绪二十四年六月十七日，《近代中国史料丛刊三编》第2辑，文海出版社1985年版，第10页，总第2286页。

1896年俄、法、德三国干涉下，日本被迫把辽东半岛"还给"中国，使其独霸中国之心大受挫折，但在国力方面日本又难以和西方列强抗衡，无法继续推行对中国赤裸裸的侵略扩张计划，只能调整对华策略，暂时收缩在中国的侵略扩张活动，开始对华示好，缓解中国国内因甲午战争而产生的仇日情绪，拉近与清政府的关系，并培养亲日势力，扩大日本在中国的影响，以此制衡清政府的联俄制日政策，进而期待将来可以把西方列强的势力和影响从中国完全清除出去，实现日本独占中国的侵略目标。以1897年年底德国占领中国的胶州湾为开始，西方列强纷纷向中国强行租界土地，划分势力范围，这股瓜分中国的狂潮为日本提供了对华示好的机会。日本政府改变以往的外交策略，大打"帮助"中国改革的旗号，迅速派出人员前往中国活动，并向中国政府发出邀请，请其委派官员访日。由于富庶的长江中下游地区是日本对华侵略政策中的重点区域，因此此时日本军事谍报人员在中国进行间谍活动的主要区域就集中在长江中下游地区，四川、湖北、湖南、江苏等地方政府的首脑如四川总督奎俊、湖广总督张之洞、两江总督刘坤一等都是日本谍报人员公关的重点目标。这些人员向中国地方官员建议派遣军事留学生前往日本，采用"新法"编练军队，聘请日本教官、派遣考察团赴日考察教育等等；此外还表示日本愿与中国携手共同对抗西方侵略。1898年6月日本陆军大尉井户川辰三被派往四川等中国南部一带活动，以1899年农历九月日本准备举行"秋操"（秋季军事演习）为由，请四川总督"遣员前往"日本考察①。四川总督奎俊认为"川省中西武备各学堂建设未久，风气未开，日本所设学校以及练兵诸法多系仿自泰西，既经该国派员来川一再陈请，未便却其敦睦之意"，决定接受日本的邀请，请清廷奏准，"惟学生骤难其选，拟先酌派文武各一员咨送出洋，将该国学制、兵制详细考究，仍令回川以广见闻而备采择。……兹委道员沈翊清、提督丁鸿臣定于本年七月出洋前往，每员给银二千两以为往返一切应用之费。饬据藩司王之春在于本省厘金项下动支，事后作正报销。"②

---

① （清）朱寿朋编：《光绪朝东华录》第四册，中华书局1958年版，第4437页。
② 同上。

二 1899年赴日"观操"之福建船政提调沈翊清及随行的留日学生

应日本邀请，四川总督奎俊决定派遣武官丁鸿臣、文官沈翊清分别率队前往日本考察兵制、学制。丁鸿臣所带的四川考察团于1899年8月18日从四川启程经上海前往日本。沈翊清则带领福建考察团于9月27日从福州马尾出发，29日与丁鸿臣一行在上海碰面后，因"行李未安置，诸事棼如，且兑换银票亦虞舛错"①，决定丁一行先行前往日本，沈一行直至10月7日方从上海乘坐"山城丸"船前往日本。

沈翊清虽是以四川官员的身份赴日考察，但在被四川总督奎俊推荐赴日考察时，他仍在福建船政当差。沈翊清（1862—1908），字丹曾，第一任福建船政大臣沈葆桢的嫡长孙。自幼就聪慧过人，深得祖父沈葆桢的喜爱。1879、1880年因祖父、父亲相继去世，18岁的沈翊清不得不承担起全家的负担，在光绪六年（1880）应船政大臣黎兆棠之邀入船政当差，时逾20年，历任总稽查、提调及会办大臣等职。当时福建船政大臣由闽浙总督或福州将军兼任，船政的具体事务实际上是由沈翊清负责。在职期间，沈翊清与其他同人共同完成了中法马江海战之后船厂修建、钢甲船制造、青洲石船坞工程、学堂教育等一系列重任，因此颇得历任总督、将军的赞赏。光绪十九年（1893）被朝廷诏以道员仍留福建补用，并加二品顶戴。光绪二十二年（1896）经福州将军裕禄、闽浙总督边宝泉举荐，沈氏奉朱批送部引见，以备录用。二十三年（1897）兼管船政的福州将军裕禄调补四川总督，奏调沈翊清随同赴川。二十四年三月十九日沈赴京召对，奉旨以道员即补，并交军机处存记，发往四川补用。但继任福州将军兼管船政的增祺认为沈氏对船政事业颇为重要，奏留沈氏接任船政提调一职，得到朝廷同意，沈翊清遂继续留任福建。因此1899年四川总督奎俊举荐沈翊清出访日本时，沈的身份是四川候补道，但实际上人在船政当差。也正因为如此，川督奎俊推荐沈翊清赴日时特意向时任闽浙总督兼任船政大臣的许应骙征求意见，许不仅慨然答应，并且从船政学堂中选拔了

---

① （清）沈翊清：《东游日记》，王宝平主编：《晚清东游日记汇编2 日本军事考察记》，上海古籍出版社2004年版，第388页。

6名学生随同沈翊清公派赴日留学，并要沈"沿途照料一切"①。因此，在沈翊清带队的考察团中，除督标亲军福字炮队后营管带、候选直隶州崔祥奎、前哨长周春霆、中哨长刘玉林、福强军左翼前哨长徐继藩、右翼左哨长邹玉云以及法文翻译张启正、英文翻译贾凝禧、东文翻译大田原总次、随员林黻贞（林则徐曾孙）、沈翊清弟弟沈永清、沈翊清儿子沈觐平等人外，尚有6名船政学堂公派的留日学生王麒、张哲培、华承德、许崇仪、许崇智、冯耿光以及自费赴日留学的林荣、刘崇杰。这是福建船政学堂自前四次派学生留欧之后第一次派往日本留学的学生，而且不再是单纯学习造船、驾驶、兵器制造等技术，而是综合学习军事制度，显示了此时中国近代化建设从"器物"到"制度"的转变。

日本明治维新后，以"文明开化""殖产兴业"为发展策略，推动国家近代化建设，并逐步走上军国主义道路。为适应军制改革，培养大批军官，日本设立了陆军、海军学校。1874年由陆军学兵寮改成的陆军士官学校成立，随后又创办成城学校作为陆军士官学校的预备学校，全面改革兵制和军备，建立现代军队建制，采用德国式军队的编练、训练、内务等规章制度，养成职业军人的习惯。正是在这种近代化的军事制度教育下，日本这一"蕞尔小国"在甲午战争中击败了号称"泱泱大国"的中国，迫使中国朝野上下意识到"皆知练兵为第一大事，然不教之于学堂，技艺不能精也；不学之于外洋，艺虽精，习不化也；在上无发愤求战之心以倡导之，兵虽可用，将必不力也"②。而在西方列强瓜分中国的狂潮中处于劣势的日本为扭转被动的局面，决定对清政府示好，表示可以帮助中国训练近代军队，并劝导中国派遣学生留学日本学习近代军事。于是，日本陆军士官学校成为赴日学习近代军事制度的中国留学生首选学校。

日本陆军士官学校课程涉及的科目有步兵科、骑兵科、炮兵科、工兵科、辎重科、野战重炮科和山炮科，几乎囊括了当时世界战场所有兵种科目的教育。从1900年6月至1901年11月，由沈翊清带到日本的6名福建船政学堂的学生在日本陆军士官学校分别学习工兵、步兵、炮兵

---

① （清）沈翊清：《东游日记》，王宝平主编：《日本军事考察记》，上海古籍出版社2004年版，第387页。

② 张之洞：《劝学篇》（二），苑书义、孙华峰、李秉新主编：《张之洞全集》卷271，河北人民出版社1998年版，第9760页。

等学科。他们中的大部分在毕业回国后都成为中国军政舞台上重要的角色，对中国近现代政治与军事产生了不可忽视的作用和影响。他们或入新军部队主持军事训练，或在军官学堂从事新式军事教育，培养了大量的近代化军队人才，并在后来的辛亥革命中担当重任，成为清王朝的掘墓人。

王麒（1876—?），字凯士、恺士，福建闽侯人。1901年11月毕业于日本陆军士官学校第二期工兵科。回国后历任福建武备学堂通译、福建暂编陆军第十镇司令部正参谋官，兼任该镇工兵营管带。1911年参与福州光复之役，革命后任福建都督府参谋部部长、参谋司司长、福建马尾要塞司令部司令官。1912年被北京政府陆军部授予陆军少将军衔。1930年之后脱离军政界，赋闲在家①。

张哲培（1875—?），字季珊，福建侯官县人。1901年11月日本陆军士官学校第二期步兵科毕业。回国后投效军队。曾任福建武备学堂通译，后被两广总督岑春煊任用为粤军步兵旅旅长。辛亥革命爆发后返回福建，任福建陆军武备学堂监督，随之任福建督军公署一等参谋官，兼任福建省会警备队参谋长，后任福建督军公署参谋长。1917年8月被北京政府陆军部授予陆军少将军衔。1935年10月任福建省政府参议。1942年10月任伪南京国民政府军事委员会参赞武官公署中将参赞武官②。

华承德（1877—1928），字墨林，江苏常州府人。1901年11月日本陆军士官学校第二期步兵科毕业生。回国后投效军队，历任初中级军职。辛亥革命爆发后参与策划光复军攻占无锡战事。1911年11月6日被推选为（无）锡金（匮）军政分府军政部部长③。

许崇仪（1876—1927），字端伯，广东广州府人。1898年许崇仪的叔父许应骙擢任闽浙总督后，嘱许氏家族保送子弟入福建船政学堂就学。许崇仪、许崇智兄弟遂到福州。兄许崇仪入福建船政学堂学航海科，肄业。后适逢清政府允许汉族官员二品以上可保送嫡系子弟一人到日本学习军事，许应骙因无嫡系子弟可保送，遂举荐许崇仪顶代，于1899年12月官费保送日本留学，1901年11月日本陆军士官学校第二期炮兵科毕业。回

---

① 李盛平主编：《中国近现代人名大辞典》，中国国际广播出版社1989年版，第27页。陈予欢编著：《中国留学日本陆军士官学校将帅录》，广州出版社2014年版，第35页。
② 陈予欢编著：《中国留学日本陆军士官学校将帅录》，广州出版社2014年版，第209页。
③ 同上书，第111页。

国后经商，因病早逝①。

许崇智（1886—1965），字汝为，广东广州府人。幼年父母早逝，与其兄许崇仪相依为命。在许崇仪被保送日本留学时，由其叔父特许，让年仅14岁的许崇智随行。福建马尾船政学堂肄业。随兄留学日本时因年龄不够，直至1902年6月才进入日本陆军士官学校就学，1903年11月第三期步兵科毕业。回国后任福建武备学堂教习、帮办、总教习、清军第十四标标统、第二十协协统。1905年加入同盟会，1911年在福建举兵响应革命，革命后被举为福建海陆军总司令。"二次革命"失败后被迫流亡日本，继续追随孙中山，在第一次北伐、护法运动中颇受孙中山倚重。1925年3月被蒋介石设计排挤出国民党，从此再无重大作为②。

冯耿光（1882—1965），字幼伟，广东广州府人，另有广东番禺人一说。1901年11月日本陆军士官学校第二期步兵学科毕业。回国后入练兵处调处差委，后于练兵处军学司编译科任职，参与编译印行日本军事典籍。1912年2月后任北京政府军谘府第二司司长、北京政府总统府顾问、侍从武官等职。后转行经营金融业，曾任中国银行界多家著名银行董事，被认为是清末民国时期现代银行业的开拓者与奠基人之一③。

在沈翊清所带的考察团队伍中，尚有2位自费留学日本的林棨与刘崇杰。与上述6位船政学堂学生不同的是，他们没有进入军事学校，而是进入极负盛名的日本早稻田大学学习政治经济学科。政治经济学科是1881年早大创立时就设有的专业学科，所培养的毕业生均成为日本政界、经济界的翘楚。林、刘二人从早大毕业后，在中国的教育界、司法界以及外交领域都留下了浓重的一笔。

林棨（1884—?），字少旭，福建侯官人。举人出身。日本早稻田大学政治经济科毕业后任进士馆、仁学馆教习。1906年起任学部参事、京师法政专门学校教务长、京师大学堂法科监督。民国建立后，历任北京政

---

① 陈予欢编著：《中国留学日本陆军士官学校将帅录》，广州出版社2014年版，第138—139页。

② 王桧林主编：《中国现代史参考资料》，高等教育出版社1989年版，第421页。陈予欢编著：《中国留学日本陆军士官学校将帅录》，广州出版社2014年版，第139页。

③ 陈予欢编著：《中国留学日本陆军士官学校将帅录》，广州出版社2014年版，第65页。

府教育部专门教育司司长、大理院推事,京师、江苏、湖北高等审判厅厅长。1932—1934年间任伪满最高法院院长①。

刘崇杰(1880—1956),字子楷,福建闽县人。1906年从日本早稻田大学政治经济科毕业后,历任福建法政学堂监督兼教务长、教育部福建学务视察员。1910年,任驻日本使馆一等参赞。民国成立后留任一等秘书、横滨领事。1916—1935年先后任代理驻日公使,出任国务院参议兼外交部参事、出席巴黎和会中国代表团专门委员、驻西班牙兼葡萄牙特命全权公使、外交部常务次长、驻德意志兼奥地利特命全权公使等。②

三 沈翊清一行在日本的考察

从1899年10月12日至12月8日,沈翊清与丁鸿臣一行在日本考察,不断拜会日本政要,参观日本各陆军学校与普通学校、特殊学校(如聋哑学校)以及商品陈列馆、博物馆、织造会社、造币局,观看日本军事演习、会操,考察日本兵工厂、医院、红十字会,除因雨天休息3天外,基本马不停蹄,沈、丁二人对所接触的诸多人物、事务均加以详细描述,回国后分别出版了《东游日记》③与《游历日本考察兵制学制日记》二书。

会见日本政要。在日本期间,日本内阁中除总理大臣山县托人代为问候外,各省大臣,如文部大臣桦山资纪、外务省政务局长内田康哉、外务大臣青木周藏、农商务大臣曾祢荒助、陆军大臣桂太郎、内务大臣西乡从道等均会见沈翊清等人。在天皇生日(天长节)以及在栃木观看军事演习时,沈、丁还受到天皇本人的接见。此外,整个日本参谋本部,除了第四部的部长东条英教外,上至参谋总长,下至各部长、主力部员,与考察团都有过不止一次的接触。显然,日本政府给了沈翊清考察团以高规格的待遇。在宴饮晤谈中,军方不断游说沈翊清等人,"急望中国练兵救

---

① 张宪文、方庆秋等主编:《中华民国史大辞典》,江苏古籍出版社2001年版,第1150页。张天禄主编:《福州人名志》,海潮摄影艺术出版社2007年版,第252页。
② 张天禄主编:《福州人名志》,海潮摄影艺术出版社2007年版,第74页。
③ 沈翊清的《东游日记》于光绪二十六年(1900年)三月在福州出版,陈宝琛题写内封,谢章铤、孙诒让、戴鸿慈作序,福州吴玉田刻刷。

急,通力合作,以求抵俄之道"①;"夫中国强非日本之利,然中危则日亦危。日本不计己之不利,而欲倾国之力以助中国者,实迫于目前之危也"②。外务大臣亦劝说"中国须多派京师大员赴各国游历,以资考究……中国练兵急于开学堂,开学堂培才其效甚缓,不如急以治标,速于经武,即易于强国……大连湾、旅顺各国将开一欧罗巴通商大马(码)头,而亚西(细)亚不兴,此乃亚洲宜求进步之事,须合力经营"③,句句针对俄国,主张中国应该与日本联合,抵制俄国,可见日本之所以热心邀请中国官员赴日考察,并给予高规格的接待,其目的在于拉拢中国的外交立场,以"联中制俄",改变自甲午战争之后外交上的被动局面,取得对俄的主动权。

  观看军事演习,参观军事学校与军工企业。"观操"为沈翊清此行赴日的名义,此次军事演习仅三天(11月15日至17日),只是"小操"④而已,但日本军队仍认真对待此次演习,并邀请中国、英国、俄国、美国、法国、德国等国人员观看。演习部队分为南军、北军,南军为防御方,北军为进攻方。第一天是南北军骑兵冲突战,第二天"观南北军炮队接战",第三天"观南北军步队接战"。演习中"枪声隆隆,马若游龙……演埋伏包抄各阵式",北军佯装败退以诱敌,南军则巧妙声东击西,"北军掘地道卧伏以避炮,炮兵掘地道以藏炮,用心甚苦……两军军炮甚得力,可及远四五里"⑤,这种情景给沈翊清留下了深刻的印象。待军演结束后,沈对这次演习南败北胜的原因进行了分析:"是役也,南军得而复失,缘北军据高临下,南军兵皆露,行一一在其目中,故转败为胜。"⑥

  日本邀请中国官员赴日考察,标榜可帮助中国建立近代化的军事武装,因此除了军事演习外,日本在明治维新后建立起来的各军事学校以及

---

① (清)丁鸿臣:《游历日本考察兵制学制日记》,王宝平主编:《日本军事考察记》,上海古籍出版社2004年版,第356页。

② 同上。

③ (清)沈翊清:《东游日记》,王宝平主编:《日本军事考察记》,上海古籍出版社2004年版,第414页。

④ 同上书,第410页。

⑤ 同上。

⑥ 同上。

相应的军工企业更是值得一看。在日期间，沈翊清相继参观了日本的成城学校、陆军地方幼年学校、中央幼年学校、户山学校、军医学校、骑兵实施学校、陆军士官学校，考察近卫步兵第三联队、中野铁道大队、近卫工兵大队、近卫野战炮兵联队等处，并留下了翔实的记载。由于常年经营船政，故沈翊清尤为关注日本军工企业的生产状况。在考察横须贺造船厂、东京炮兵工厂以及大阪炮兵工厂时，他详细地记录了各厂的经费、占地面积、工人数量、生产武器的流程、产品的数量及其价格，并将之与中国的军工企业进行比较，如横须贺造船厂所设各厂以及"绘事院、医院等处，与闽厂略同"①，"（东京炮兵工厂）工匠出枪数较沪厂为多"②，甚至关注到兵工厂的每日用煤量③。

考察日本近代教育。除了军事学校外，沈翊清还参观了日本女子高等师范学校及其附属幼稚园、女子寻常小学校、高等小学校、高等女学校、高等师范学校及附属中学校、单级小学校、东京工业学校、高等商业学校、外国语学校、东京第一高等学校、帝国大学、工科大学、理科大学、医科大学、邮便电信学校、农科大学等普通学校，同时还关注到盲哑学校的建制。上至高等教育，下至基础教育，他如师范、艺术、实业、特殊教育等专门学校均予以详细的介绍，对其经费来源、学校设施、课程设置、教学内容予以详细记载，在一定程度上影响了日后清政府对日本学制的采行。

四 结语

1899 年 10—12 月间福建船政提调沈翊清受四川总督奎俊之命，带领包括 6 名船政公派留学生在内的考察团前往日本考察。考察团对日本军事、教育制度的介绍为日后中国地方政府雇用日本军事教习以及留学生派遣起了重要的桥梁作用。从 1896 年中国学生正式赴日本留学开始，在地方官员的推动下，留学日本的热潮很快席卷全国。1899 年福建船政学生随沈翊清赴日留学时，当时中国留日学生不过百余人，到了 1901 年则达

---

① （清）沈翊清：《东游日记》，王宝平主编：《日本军事考察记》，上海古籍出版社 2004 年版，第 398 页。

② 同上书，第 400 页。

③ 同上书，第 420 页。

到 270 余人，1902 年增至 573 人①。在清末十余年，中国向日本派遣了 2 万余名的留学生②。这种逐年高涨的留日热潮的出现，与沈翊清、丁鸿臣这样的地方官员对日本军事、教育、实业、政法等的介绍是分不开的。

此外，此次船政学堂所派留日学生，其学习的专业也与此前所派的四批留欧学生不同。从 1877 年至 1896 年清政府先后派出四批船政学堂学生赴英、法、德等国，主要学习驾驶、造船、测绘、铁路建设、国际公法、语言文字等技术性很强的专业。而此次公费留日学生全部进入日本陆军士官学校就读，说明甲午战争之后，清政府逐渐意识到在弱肉强食的世界丛林中，仅仅注重军事技术进步是远远不够的，只有丢弃落后的军事制度，用先进的军事思想、严格的军事制度来武装拥有先进军事技术的军队，国家才能战胜外来侵略，立于不败之地。派遣留学生赴日进入军事学校，系统学习军事制度正是军事近代化的第一步。然而，令人感慨的历史现实却是学习造船、驾驶专业的福建海军预备生却远赴日本学习陆军；而且，沈翊清身为福建船政官员，在日本的军事考察也只接触了日本的陆军，并未接触到海军。此大概是因为沈翊清此次日本之行受四川政府委派，四川地处内陆，海军对其未来的军事近代化无关。同时，也与日本虽大力呼吁中国学习其军事，但着重点仅在陆军，而禁止中国学习其海军之法是分不开的。

---

① 李喜所：《中国留学史论稿》，中华书局 2007 年版，第 96 页。
② 吕顺长：《清末中日教育文化交流之研究》，商务印书馆 2012 年版，第 7 页。

清末船政的现代化转型与绩效分析
——以福建船政局、江南制造局为例

肜新春[*]

应该说，清末船政是在洋务运动中产生的。19世纪中叶，在世界主要资本主义国家先后完成工业革命，构建全球性的商业网络之时，清帝国还在享受着农业文明的余荫，资本主义尚处在萌芽状态，根本谈不上形成完整的工业体系。因此，按照西方标准筹建的福建船政局、江南制造局自出生就显得先天不足，不过惨淡经营下来，发起者、建设者筚路蓝缕，探索之功大有价值，并且留下了宝贵的历史遗产，影响于将来。

一 发达国家进入航海时代

西方海权论学者马汉悉心研究世界发展史后认为："所有国家的兴衰，其决定因素在于是否控制了海洋"，建立了海权强大—贸易发达—国家富强的发展战略模式，深刻地揭示了海洋问题的本质是经济利益。在我国，明末的航海家郑和认为，"欲国家富强，不可置海洋于不顾。财富取之海，危险亦来自海上"。① 20世纪初，清朝政界和学术界也提出了早期的海权观念，如："凡一国之盛衰，在于制海权之得失"；"能主管海上贸易，即能主管世界之富源"；② 孙中山也认为，"世界大势变迁，国力之盛衰强弱，常在海而不在陆，其海上权优胜者其国力常优胜……"③

自18世纪英国工业革命后，海运大国的兴衰更多依赖于"世界工厂"地位的形成和位置更替。正如马克思所说，"蒸汽和机器引起了工业

---

* 肜新春，中国社会科学院经济研究所副研究员。
① ［法］弗朗索瓦·德勃雷：《海外华人》，赵喜鹏译，新华出版社1982年版，第6页。
② 陆德儒：《树立海洋战略意识 建立经济强国》，《中国软科学》1997年第4期。
③ 孙中山：《孙中山全集》，卷2，中华书局1982年版，第564页。

生产的革命"①，在18世纪的后20年中，英国几乎60%的新增工业产量用于出口。1870年，英国在世界贸易总额中占到36%，成为世界上最大的殖民帝国和世界工厂。②

15世纪末，新大陆的发现和东方航线的开通，揭开了海洋时代的序幕。16世纪，葡萄牙、西班牙、荷兰等西方殖民者已经西越印度洋，延及大西洋，东通太平洋彼岸的美洲新大陆，初步形成世界性的海洋贸易圈。如果说16世纪是世界性海洋贸易圈形成的时代，那么18世纪则是全球化商业扩张的时代，是一个商业竞争趋向激烈的时代。

从英国1700年至1800年一百年间的出口商船吨数、输入额和输出额成倍地增加中，可以看到产业革命带来的后果——工业产品对市场需求的迫切性。据统计，离开英国港口的商船吨数，1700年为31万多吨，1800年增至192万多吨，增加了5倍多；商品输出额，18世纪的头10年，为600万—700万镑，1800年却达到4187万多镑，增了约6倍；商品输入额，18世纪初为400万镑，19世纪末已达约3000万镑，增加了6倍多。如果置于坐标图上，可以看出，这三项指标都在扶摇向上，19世纪末的20年间更是几乎直线上升③。因此"建立世界市场是19世纪英国工业发展的一个主要部分。在用机器生产的大规模工业的发展中，出口商人和制造业者是同样的角色，但工业革命的历史家却专心研究工艺技术和组织的内部变革，有把这一事实弄得隐而不彰的趋势"。④

再看一下清政府对于海洋时代的认识和举措。

从顺治十二年降至康熙十七年，清朝虽屡次颁布禁海令或迁海令，但海外贸易却未被扼杀。特别是康熙二十三年开海之后，海外贸易更是飞速发展。据学者统计，从崇祯十四年（1641）至康熙二十二年（1683）中国驶往日本的商船共1711艘，年均10.7艘左右。从康熙二十三年（1684）至乾隆二十二年（1757），中国驶往日本的商船共3017艘，年均41.1艘。⑤明末清初，中国到东南亚的商船年均91

---

① 《马克思恩格斯选集》第1卷，人民出版社1995年版，第273页。
② 张明之：《世界工厂的变迁》，江苏人民出版社2009年版，第87页。
③ 参见［法］保尔·图芒《十八世纪产业革命——英国近代大工业初期的概况》，杨人等译，商务印书馆1991年版，第76—78页。
④ 格林堡：《鸦片战争前中英通商史》"作者序言"，商务印书馆1961年版，第6页。
⑤ 黄启臣：《清代前期海外贸易的发展》，《历史研究》1986年第4期。

艘左右。① 从康熙二十四年到乾隆二十二年，到中国贸易的英美商船有312艘，其中英国商船最多，乾隆五十四年（1789）为58艘。进口商船数量增多，意味着进口贸易额增加。据黄启臣先生研究，万历二十二年（1594）全国海外贸易总值约为100万两。乾隆十年（1745）粤、闽、江、浙四港贸易总值高达3657万两余，而南宋海外贸易总值不过500万两。②

康熙二十三年开海之前，浙江有双屿等港口，福建有漳州月港、晋江安平港、诏安梅岭港，广东有澳门和南澳港，台湾有澎湖、大员和鸡笼、淡水等港，是为海上私人贸易港口。康熙二十三年海禁取消，北起辽宁，南至广东，大小港口计有100多处，它吸引着世界各国商船赴华贸易。"几乎所有亚洲、欧洲、美洲的主要国家都与中国发生了直接贸易的关系。"③

19世纪中叶，西方资本主义国家相继开始了工业革命，先进的生产力造就了工业制成品的大量产出，迫切需要打开海外市场。产业资本家以先进的技术和资金不惜以武力来实现这一目的，从而改变世界格局。与此同时，清王朝正步入封建社会由盛转衰的历史循环过程中，国内矛盾日益尖锐，但还没有发展到危及皇权统治的地步，嘉庆、道光、咸丰、同治仍然能够从稳固的统治中安享太平，在中国被动进入世界市场参与商战时，没有合理利用比较优势，"重农抑商"政策没有改变，使得原有的农产品优势在工业品和鸦片的威逼下步步退缩，中外贸易逐渐由出超变为入超。

两次鸦片战争，两次失败，两次丧权辱国。清政府切身感受到资本主义列强的厉害，感到自己的衰弱，从而感到有必要学习外国，讲求军政。"师夷"才被提上议事日程，"夷夏之防"的观念开始被突破。办洋务才普遍被认为是"急务""时务""要政"。应该说，洋务运动之所以能够发动，显然是中央和地方实力派全力推动、最后清政府以上谕的形式在全国发动的。其企业发展路径走过了官办—官督商办—商办的轨迹，启动了中国的近代工业化。

---

① 林仁川：《明末清初私人海上贸易》，华东师范大学出版社1987年版，第259—261、263页。
② 黄启臣：《清代前期海外贸易的发展》，《历史研究》1986年第4期。
③ 同上。

二 筹办船政应时之需

从鸦片战争开始，来自西方的工业文明作为一种整体水平已经超前的文明形态，以入侵者面貌出现，摧垮了中华帝国的尊严和传统文明。

不过，中华民族从来都不缺睁眼看世界的先贤。鸦片战争导致农耕文明优胜地位的历史性终结。这对一向以"声明文物之邦"自居的中国人是一个难以接受却又不可回避的现实。而首先正视这一现实的，是道咸年间的经世派士人，包括经世官员（如林则徐、徐继畲、姚莹等）和经世学者（如魏源、包世臣、梁廷枏等）。他们的优秀代表林则徐、魏源，被誉为"睁眼看世界"的先驱。

在同英国人以及其他欧洲人直接打交道的过程中，林则徐深感"不谙夷情"之苦。他令人翻译英国人慕瑞的《世界地理大全》，编成《四洲志》，概述世界五大洲30余国的地理、历史，重点为英、美、法、俄诸国情形。还编译鸦片战争前夕西洋人对中国的时事评论，成《华事夷言》，介绍西洋人对中国的火药、绘画、歌舞、药材、服饰、宗教、海防、人口、财政、贸易、文学等方面的述评①，从而了解洋人的"中华观"，以增进对敌我双方的认识。

魏源在《四洲志》基础上又编撰了《海国图志》，介绍东西洋国家情况，为长期闭塞的中国推开了一扇眺望世界的窗口。魏源认识到要使中国像西方一样有"船坚炮利"，则需要发展自己民族的工业，"置造船厂一，火器局一，行取佛兰西、弥利坚二国，各来夷目一二人，分携西洋工匠至粤，司造船械。并延西洋舵师，司教行船演炮之法，如钦天监夷官之例，而选闽粤巧匠精兵以习之。工匠习其铸造，精兵习其驾驶攻击。"另外，"武试增设水师一科，有能造西洋战舰、火轮舟、造飞炮、火箭、水雷奇器者为科甲出身。"提出"沿海商民，有自愿仿设厂局以选机械或自用或出售者，听之。"魏源目睹西方列强利用坚船在海上霸道，认识到发展航海运输，无论对国家经济、军事和民生都有重大意义。他曾经辅佐江苏巡抚陶澍，针对当时漕粮官运、运河堵塞状况，建议改官运漕粮由海商运输。这件事在当时对突破海禁、破除官运漕粮垄断，发展海运具有重要

---

① 魏源：《海国图志》，卷83。

意义。

在镇压太平天国运动中,在同外国势力的接触中,洋务派官员亲自感受到西方"轮船之速,洋炮之远",思想上受到极大震动,意识到外国列强是一个比太平灭国更加难以对付的敌人。胡林翼视师安庆期间驰马江边,见外国轮船"迅如奔马,疾如飘风",因此"变色不语,勒马回营,中途呕血,几至坠马"①。1861年8月曾国藩将总理衙门准备购买外洋船炮视为"今日救时之第一要务",认为"若能陆续购买,据为己物,在中华则见惯而不惊,在英、法渐失其所恃",并计划"购成之后,访募覃思之士、智巧之匠,始而演习,继而试造",这样"不过一二年,火轮船必为中外官民通行之物,可以剿发逆,可以勤远略"。正是在这样的思想指导下,他在攻破安庆之后即在那里设内军械所,募用"覃思之士、智巧之匠",试制新式船炮。1862年他写信给李鸿章,希望他"以忠刚摄泰西之魄,而以精思窃制器之术,国耻足兴"②,并与之联手发起以"窃制器之术"为主要内容而以自强雪耻为基本宗旨的洋务运动。李鸿章也认为:"臣军到沪以来,随时购买外洋枪炮,设局铸造开花炮弹,以攻剿甚为得力。"③"此次克复湖州等城,破敌摧坚,颇得开花炮弹之力"。④ 军事实践使他们感到如仍用弓箭刀矛抬鸟枪旧法,"断不足以制洋人,并不足以灭土寇"。⑤ 自1866年,太平天国都城天京陷落后的第三年,镇压太平军的地方大员左宗棠也深有感触地指出:"中国前此兵力制土匪不足,何况制各国夷兵?前此枪炮制发逆不足,何能敌彼中机器?今则将士之磨练日久,枪炮之制造日精,不但土匪应手殄除,即十数年滔天巨寇亦已扫除净尽。"⑥

清政府内部兴起了一股以学习西方为手段,以自强、求富为目的的洋务运动,运动期间,先后创立了安庆内军械所、江南制造局、福建船政局

---

① 薛福成:《庸庵笔记》,民国商务印书馆"万有文库"第17页。
② 《曾文正公全集》卷12、卷20。引自虞和平《中国现代化历程》,江苏人民出版社2002年版,第124—125页。
③ 中国史学会编:《中国近代史资料丛刊·洋务运动》(四),上海书店出版社2000年版,第10页。
④ 同上书,第16页。
⑤ 中国史学会编:《中国近代史资料丛刊·洋务运动》(一),上海书店出版社2000年版,第41页。
⑥ 同上书,第43页。

等军事工业以及轮船招商局、汉阳铁厂等民用工业。1865年徐寿、华蘅芳造出了中国第一艘蒸汽动力的现代化轮船，此后，江南制造局、福建船政局也开始了现代化造船的尝试。

1865年9月，由两江总督李鸿章禀报朝廷，成立江南制造局。

1866年，镇压了太平军余部以后，左宗棠即着手筹建船厂。他在《试造轮船先陈大概情形折》中写道："自海上用兵以来，泰西各国火轮、兵船直达天津，藩篱竟成虚设；自洋船载百货行销各口，江浙大商以海船（指木帆船）为业者，费重运迟，亏折货本，正歇其旧业……是非设局急造轮船不为功……欲防海之害而收其利，非整理水师不可。欲整理水师，非设局监造轮船不可。轮船成，则漕政兴，军政举，商民之困纾，海关之税旺。一时之费，数世之利也。"他建议在福建马尾一带设厂，较之江、浙、粤更宜于造船。在左宗棠的呼吁下，六月，清朝廷批准左宗棠在闽省择地设局造船的建议，"兹局之设，所重在学造西洋机器以成轮船，俾中国得转相授受，为永远之利，非如雇买轮船之徒取济一时可比"①，"购买机器、募雇洋匠、试造火轮船只，实系当今应办急务"。清朝廷在批准左宗棠与日意格、德克碑所议定"保约""合同规约"等船政章程和艺局章程的上谕中还指出："创立船政，实为自强之计，……自当坚定办理。"②谕示："所需经费即着在闽海关税内酌量提用。所陈各条，均着照议办理。"于是，当年就提出闽海关结款40万两为开办费，以后每月拨银5万两为经常费。

三　福建船政局、江南制造总局比较

作为清政府开展新兴船务的官办企业，福建船政局、江南制造总局不仅先后成立，而且在具体运作和发展方面，也有不少相类之处，但在发展轨迹方面也有大不同。

其一，造船。1866年，江南制造总局造出了中国近代的第一艘机器动力兵船，长185尺，宽29.2尺，马力392匹，载重600吨；船身由坚木制成，内部机器系国外的旧机器修整后使用，而汽炉和船壳则是由总局

---

① 孙毓棠编：《中国近代工业史资料》（第一辑），中华书局1962年版，第385页。
② 郑剑顺：《福建船政局史事纪要编年》，厦门大学出版社1993年版，第2页、7页。

自己制造。不久李鸿章发现,自造一艘船的成本及消耗燃料太高,造船不如买船。加之甲午海战后,江南制造总局因经费短缺而无力造船、修船。自1885年起的20年间只造了5艘小铁壳船和2艘小木船,致使船坞长期荒废。

1904年冬,两江总督周馥奉清廷之命到江南制造总局考察,针对"近年以来商船裹足不前,兵轮反入洋坞修理"的不景气局面,奏请清廷批准将造修船部分从江南制造总局划分出来,船坞单独建制,实行商务化经营,史称"局坞分家"。1905年夏,江南船坞成立,隶属海军,由R. B. Mauchan(前英商和丰造船厂经理)负责经营。从1905到1911年,短短6年间,江南船坞造船136艘,并在开办当年就把借支的20万两开办费全部还清。民国成立后,江南船坞更名江南造船所,开始迎接长达25年的黄金岁月。1912年至1926年,造船所共造船369艘、总排水量14.4万吨,平均每年造24.6艘、9600吨,年造船量居上海造船业之首。

福建船政局由闽浙总督左宗棠创办,后在继任船政大臣沈葆桢的经营下,成为与江南制造总局并驾齐驱的近代工厂,而且在当时的远东也是首屈一指。福建船政局经历了辉煌的发展历程,但后来衰落下来。1884年中法战争中,福建船政局遭法军严重破坏。

1869年6月,福建船政局制造的第一艘轮船"万年清"号下水,9月试航成功,10月该轮由马尾直接驶往天津候验。[①] 之后,轮船招商局开辟闽海航线。轮船招商局是清朝洋务派在"洋务运动"的高潮中兴办起来的。1871年,福建船政局建造轮船"先后造成下水者六号,具报开工者三号"。[②] 该局固定资产有近百万英镑,在汉阳铁厂兴起之前的20多年间,在规模上能与其相比的工业企业只有江南制造总局一家。从1866年开始建厂造船到1907年,40年间共制造了大小兵商轮船44艘。船政局规模之大,设备之完善,工人人数之多,是当时国内首屈一指的,就是19世纪60年代日本的横滨、横须贺船厂,也无法与之相比。从数量上看,它制造兵商轮船总吨位达47964吨,所造军舰在民国后仍在海军中占重要地位。从1866年至1946年,共培养驾驶和制造的专门人才1131人。

---

① 沈葆桢:《沈文肃公政书》卷4,《第一号轮船下水并续办各情形折》,《轮船监使入津静候派验折》光绪六年,《近代中国史料丛刊》,台北文海出版社1976年版,第35—40页。

② 《筹办夷务始末》(同治朝),卷85,故宫博物院1930年版,第38—39页。

派出的留学生遍及英、法、德、美、比、日等国,总计 241 人。① 迄 1883 年中法马江海战前的 17 年,共计造出大小船舰 24 艘,总计吨位 27448 吨,其中兵舰有 19 艘(千吨以上的 13 艘,都是铁胁木质的船体);运输轮船 4 艘和练习船 1 艘。以上船舰出厂后,分别编入船政水师 14 艘、北洋水师 5 艘、南洋水师 5 艘。马尾船厂在中法马江之战后,造舰船 16 艘,如加上战前 17 年所造的 24 艘,则前后 39 年共造舰船 40 艘。

其二,经费。江南制造总局,包括其前身上海铁厂,其初期经费来源大致分成两个部分,枪炮生产的经费划拨自淮军军饷,轮船制造的经费来自江海关的洋税。江海关二成洋税成为了江南制造总局稳定充足的财政来源,这种情况一直延续到光绪二十七年。②

江南制造总局作为洋务企业得到了政府各方面的支持,即使按照数额最低的制造局内部账册,到了 19 世纪 80 年代后,其经费常可达 70 万两以上,到了 1900 年后更是多达 100 万两以上。这样的经费额远远超过了全国其他的军工企业。

至 1905 年,福建马尾船厂已"油尽灯枯",终止造船,改铸铜元,以维持职工生计。至此历时 39 年的福建船政局,耗资 1069 万银两,遂付诸东流。

其三,人才培养。附设"船政学堂",以适应海军建设的需求,这是福建船政局的一大特色。左宗棠早在奏请创办福建船政局时,就提到自办学堂的规划,继任的船政大臣沈葆桢也强调:"船政的根本在学堂"。1866—1913 年,学堂共培养 629 人,其中前学堂造船班 8 届,计 178 人;后学堂驾驶班 19 届,计 241 人;轮管班 14 届,计 210 人。从 1877 年至 1936 年,学堂挑选优秀毕业生 110 人,分四批赴欧美各国深造。这些留学生不仅学习轮船制造技术和驾驶技术,而且还学习炼钢及制造枪炮、弹药、鱼雷等技术。他们学成回国后,成为船政重要的技术骨干,其中后来最优秀的、造诣很高的、甚至名垂青史的为:邓世昌、林永升、严复、詹天佑、刘步蟾、刘冠雄、萨镇冰等。在甲午黄海大战中,中国出战的 10 艘军舰的管带(即舰长),有 7 人出身于后学堂。

---

① 林庆元:《福建船政局史稿》,福建人民出版社 1999 年版,第 13 页。
② 任智勇:《江南制造局早期经费来源考(1865—1904)——以二成洋税为中心》,《中国经济史研究》2016 年第 6 期。

李鸿章认为"西洋制造之精，实源本于测算、格致之学，奇才迭出，月异日新。即如造船一事，近时轮机铁胁一变前模，船身愈坚，用煤愈省，而驶行愈速。中国仿造皆初时旧式，良由师资不广，见闻不多，官厂艺徒虽已放手自制，止能循规蹈矩，不能继长增高。即使访询新式，孜孜效法，数年而后，西人别出新奇，中国又成故步，所谓随人作计，终后人也。若不前赴西厂观摩考索，终难探制作之源。至如驾驶之法，近日华员亦能自行管驾，涉历风涛；惟测量天文、沙线，遇风保险等事，仍未得其深际。其驾驶铁甲兵船于大洋狂风巨浪中，布阵应敌，离合变化之奇，华员皆未经见。自非目接身亲，断难窥其秘钥"①。左宗棠亦论道："今幸闽厂工匠能制造，学生日能精进，兹事可望有成。再议遣人赴泰西游历各处，藉资学习，互相考证，精益求精，不致废弃。则彼之职明有尽，我之神智日开，以防外侮，以利民用，绰有余裕矣。"②

福建船政创办初期，各工种生产工人多达三千余人，占当时全国产业工人总量的1/4。附设于船政学堂内的中国第一所电报专业学校，1876年3月开学，开办两届，至1882年共培育电讯专业人员140人。1877年始中国最早选送欧洲学习的留学生，先后派遣船政留学生四批106人，在欧洲各国学习造船、海军、机械制造等专业，还选读政治、法律等社会学科。1907年，闽局的船厂虽然停办，但船厂中的技术人员、技术工人使机器制造的工艺继续流传不息。光绪二十四年（1898年），闽浙总督许应骙奏道："福建工艺通西洋最早，盖缘船政设局历数十年，凡攻金攻木等工，虽洋匠董其成，实华人分其事，平日耳濡目染，谙汽学电学者颇不乏人。"③

李鸿章坚持江南制造总局局务自主的原则，警惕洋人对局务的影响。正是因为对局务自主权的重视，也使得李鸿章认识到"制器之人"的培养是达到局务自主的重要一环。他说："鸿章以为中国欲自强，则莫如学习外国利器；欲学习外国利器，则莫如觅制器之器，师其法而不必尽用其人。欲觅制器之器与制器之人，则或专设一科取士，士终身悬以为富贵功

---

① 中国近代史资料汇编：《海防档》乙，《福州船厂》，台湾艺文印书馆1957年版，第487页。
② 郑剑顺：《福建船政局史事纪要编年》，厦门大学出版社1993年版，第55页。
③ 刘锦藻撰：《清朝续文献通考》，卷三百七十八，《实业一》，浙江古籍出版社2000年版，第4册，第11240页。

名之鹄，则业可成，思可精，而才亦可集。"① 作为解决人才的第一步，李鸿章早在担任江苏巡抚之时就按照幕僚冯桂芬的建议，在上海设立同文馆（广方言馆），不仅培养"精熟西文"的翻译之人，而且学习西方自然科学和制造技术。李鸿章认为："彼西人所擅长者，测算之学，格物之理，制器尚象之法，无不专精务实，泐有成书，经译者十才一二，必能尽阅其未译之书，方可探。"② 同治八年（1869）上海广方言馆并入江南制造总局，招收 15—20 岁的学生入学，学习汉文、英文、法文、算学、舆地等课程，4 年毕业。

同治六年（1867）李鸿章会同曾国藩、丁日昌在江南制造总局附设翻译馆，聘请英国人傅兰雅、伟烈亚力及美国人金楷理、林乐知、玛高温等从事翻译，由局员徐寿、华衡芳、徐建寅等协同。截至同治元年（1875），翻译馆已译出"算学、化学、汽机、火药、炮法"及"行船、防海、练军、采煤、开矿"之类西书 40 余种，刊印 24 种。

江南制造总局在这一时期设翻译馆、译刊西方科技书籍和开始从事外语及理科教育，应当说都同李鸿章培养中国科技人才的主张有关。

其四，江南制造总局业务广泛。是洋务运动中最先进、最完备的资本主义近代化工业之一，"不但创办早，而且规模大，在中国近代史上具有很高的历史地位、重要的意义和重大的作用"。③

该局制造了大量的机器。计有车床 138 台，制造母机型机器 117 台，起重机 84 台，汽炉机 32 台，汽炉 15 座，抽水机 77 台，轧钢机 5 台，其他机器 135 台，机器零件及工具 110 余万件。④ 这些机器既有自用者，亦有卖给或调给其他机器局和民用工业厂家。"在中国机器制造完全是一张白纸情况下，应该承认它对于技术发展是起到相当作用的"。⑤

制造总局起初造的是旧式前膛枪，后膛枪兴起后，即于 1871 年开始试造。1893 年又开始试造德国的新毛瑟枪和奥匈帝国的曼利夏枪。⑥ 该局从 1867 年至 1894 年，所生产的主要军火数如下：各种枪支 51285 支；各

---

① 《筹办夷务始末》（同治朝）卷 25，中华书局 2008 年版，第 10 页。
② 《李鸿章全集》，海南出版社 1997 年版，第 110 页。
③ 夏东元：《洋务运动与江南制造局》，《上海造船》2005 年第 2 期。
④ 夏东元：《洋务运动史》，华东师范大学出版社 1992 年版，第 81 页。
⑤ 同上。
⑥ 同上书，第 83—84 页。

种炮 585 尊；各种水雷 563 具；铜引，4411023 支；炮弹，1201894 发。军火供应的范围遍及全国各单位。①

造船：自第一艘轮船"惠吉"（初名"恬吉"）下水后，又陆续制造了"操江""测海""威靖""海安""驭远"等 8 艘兵轮。还制造了 7 艘小型船只，其中 5 艘是双暗轮小铁壳船。②

制造局在制造枪炮过程中，出于自给自足的考虑，建立了第一个"洋式炼钢炉"。制造局于 1890 年筹建炼钢厂，在向英国购买 15 吨的炼钢炉后，即于 1891 年炼出第一炉钢。初期所产钢材为数不多，"大部分留局自用，小部分供应其他军事工厂。后来产量增加，自用有余，便以一部分供应上海市场"。③

四　结语：未竟的现代化探索

江南制造总局和福建船政局都是在洋务运动中产生的，但结局略有不同，但都为中国的现代化船政事业留下了丰厚的遗产。

从福建船政局历届"总办"的人员变动，也可以看出该局每况愈下。1874 年，沈葆桢上调总理各国事务衙门，协助李鸿章筹建北洋水师，后又出任两江总督。1875 年调丁日昌来福建船政局接替总办。以后该局的继任者都是巡抚以下无所作为的官员。而江南制造总局作为晚清时期最大的兵工厂，对李鸿章集团最直接的支持是为其淮军和北洋海军提供武器供给。因此，该集团对其着力经营，发展壮大也是必然的了。

福建船政局资金来源于闽海关的固定拨款，无法进行近代工业的扩大再生产，从根本上导致了船政局的衰败。没有从利润转化为资本积累，当然无法进行扩大再生产，这就决定了船政局的船厂性质是官营的非营利性军事工业。近代机器大生产需要不断扩大生产规模以获得规模效益，该局没有在对外开放中借鉴西方的经验，及时变革过时的经营理念和经营方式，因此无法进行近代工业的扩大再生产，从根本上导致了船政局的衰败。

江南制造总局的创办在中国近代化过程中确实起到了带头作用。它不

---

① 姜铎：《论江南制造局》，《中国社会经济史研究》1983 年第 4 期。
② 同上。
③ 同上。

仅直接带动了一大批近代军事工厂在中国的兴起，而且在科技传播、人才培养上也居于领先地位，它促使机器生产和先进的科学技术在中国社会更广泛的领域里得以运用，并为传播西学和培养中国的科技人才作了最初的努力。①

尽管这时期二局所属船厂的造船技术已有了相当水平，1884年马尾海战的失利让清政府走上了几乎全靠外购军舰组建海军的急功近利之路。这其中固然有外来势力压迫日甚，清政府只得靠此迅速建成海军的因素，恩格斯在1877年回顾欧洲舰船发展历史时指出，现代的军舰不仅是现代大工业的产物，而且同时还是现代大工业的缩影。近代机器大工业是一个联系紧密的系统，无论是材料加工技术，还是能源动力开发以及制造运输等，都是互相依存、互相制约的关系。日本的造船技术是在建造军舰的过程中累积起来的，在"二战"结束后可以迅速转为民用，并在1955年就超越英国成为世界第一造船大国。购买军舰而不强化造船技术的发展，这样的现代化显然无法取得让人满意的效果。

有学者指出，在19世纪后半期直到第一次世界大战，世界海军技术发展迅速，任何一艘军舰都很难保持超过5年的领先期。因此，要跟上这样快速前进的步伐，仅靠政府财政投入到外购中是根本不可能的。相反，如果自身建立强大的造船工业，则其他工业门类可在其带动下获得发展，增强国家实力，反过来就可以再造更多、更先进的军舰。

从另一个层面来看，兴办现代化的船政无疑对当地经济发展具有举足轻重的作用，上述二局可谓是当地的龙头企业，显然能够促进一系列先进生产力的生成。脱胎于江南制造总局的江南造船厂后来成为中国造船业的重镇，而马尾船厂的衰败以及无力再办，对于两地经济的发展带动以及工业化积累显然具有不一样的发展路径。

---

① 张静：《李鸿章集团与江南制造局》，《河北民族师范学院学报》2016年第1期。

沈葆桢的家事

沈　骏[*]

沈葆桢（1820—1879）是清末爱国的、清廉的、功绩卓著的大臣。1866年，沈葆桢出任总理船政大臣，在马尾设厂造船，创办船政学堂，培养科学技术队伍，组建了中国第一支新式海军，被誉为"中国近代化的先驱者"和"中国近代海军之父"。1874年他任台湾海防钦差大臣，积极备战保卫台湾、开发台湾，被誉为"保卫台湾的功臣"、"台湾近代化建设的奠基者"。他为官清廉，一身正气，为国、为民鞠躬尽瘁、死而后已。

沈葆桢曾留下遗嘱不准许他的后人写他的"行状"褒奖他、传颂他。但我是一名研究历史的学者，沈葆桢既是我的高祖（他的长子沈玮庆是我的曾祖父，他的次孙沈觐清是我的祖父），又是一个历史人物，而且是我研究的对象。去年我开始写他的生平事迹，我是坚持了实事求是、秉笔直书的原则。没有因为是他的后代，而对他有任何谀辞。本文选自拙作《沈葆桢的家事、国事、天下事》中的"家事"部分。

一　家世

沈家是"外来户"

现在要想比较准确地道出沈葆桢的家世，只有靠研究我们沈家的家谱：《武林沈氏迁闽本支家谱》。为什么称之为武林沈氏？有些年轻人错误地认为"武林沈氏"是指沈家是武术世家。其实武林是山名，在浙江杭州的灵隐山。《汉书》："钱塘县有武林山，武林水所出"，故通称杭州为武林。这就表明我们是从杭州迁到福建的沈氏。这本家谱是沈葆桢公的

---

[*] 沈骏，华中师范大学教授。

次孙,也就是我的祖父沈黻清公晚年颐居故居老屋排纂的。

《武林沈氏迁闽本支家谱》记载,沈氏先世可上溯到宋朝的沈绅。沈绅,字子书,宋宝元元年(1038)进士,官至敷文阁大学士,赠少师,谥文肃,原籍河南仓基。自宋朝南渡,其后人中的一支迁至浙江湖州的祝墩村。明末清初,其后代天祥公从湖州移居杭州。

在清雍正十二年(公元1734年),天祥公的曾孙子常公(沈葆桢的高祖)从杭州来到福建,在福建的州县的衙署里做幕友,于是就定居在福州了。

三代以幕友为业

迁闽之后,沈氏三代人多半以从事幕友为业,只有个别人做生意。幕友即是明清时的地方官署中无官职的佐助人员,分管刑名、钱谷、文案等事务,由长官私人聘请,俗称师爷。沈家做的是钱谷师爷,按常理,做师爷的收入不会很低,至少是不愁衣食的。可是,他们却十分贫困。这是因为他们为人正直、忠厚,不谋私利,并且关心老百姓疾苦。例如:沈葆桢的祖父沈大铨做钱粮师爷,他"以正直严毅见重于人"①,他关心百姓疾苦,常因与县、府长官意见相左而辞职,因而失业的时候居多,生活非常困难。他从自己的经历中深刻地体会到当师爷的做坏事容易,而保持清白的操守很难,所以他坚决不让子孙继承这个职业,而要他们好好读书走科举道路。他的两个儿子沈廷槐(沈葆桢的伯父)和沈廷枫(沈葆桢的父亲)没有辜负他要改换门庭的期望,都考中举人,不过他们没有做官,一生当老师。

沈氏迁闽后的第三、四代人都租住在福州北门下土埕的一处旧房屋。后来又搬到文笔书院隔壁租住的旧屋,沈葆桢就出生在这间旧屋里。他在晚年曾回忆说:"所居仅一室,室西向,冬则凄风撼扉,夏则烈日在榻。"②

由上述可见,沈氏家族是一个忠厚的寒儒之家。

但在家谱中,却记录有沈葆桢的高祖父、曾祖父、祖父、父亲、伯父拥有"光禄大夫"的封号。高祖母、曾祖母、祖母、母亲、伯母也都拥

---

① 沈葆桢:《诰封光禄大夫先考丹林公行述》(沈家刻本)。
② 沈葆桢:《先母林夫人事略》(沈家刻本)。

有"一品夫人"的封号。这些都是皇帝给功臣亲属的荣誉封赠，即所谓的"光宗耀祖"。

二　家庭

慈父、严母

沈葆桢的父亲沈廷枫（1787—1870），字兼三，号丹林，他为人忠厚，"好读书，寡言语"。他与当时福州的名士在越山一起读书，"以道德文章相厉，风雨晦明无少间"。林则徐是通过同窗好友沈廷槐认识其弟沈廷枫的。特别是读了他的文章后称赞说："仁义之人，其言蔼如也！"① 十分赏识他，虽然此时的沈廷枫还是白丁一个，连秀才都不是。就是因为他学优品粹，林则徐在征得父母的同意后，将妹妹林蕙芳许配给他。1812年，沈廷枫结婚时已经二十六岁了，然而新娘仅仅十九岁。

沈廷枫的科举道路极为不顺，结婚二年后他才成为秀才，而参加乡试也是多次失利，直到四十六岁即道光壬辰年（1832）中举。以后虽三次赴京参加会试均失败。1844年后不再参加会试了。

沈廷枫为了维持生计，在省内设馆或应聘授徒。在1840年前后，沈廷枫还担任过林则徐的幕友及其子的家庭教师。他陪伴林则徐共同经历了禁烟和抵抗英国侵略的斗争。

沈廷枫为了减轻家庭的经济负担，支持沈葆桢救灾、救贫和接济亲友的善行，他老了仍坚持工作（在外地任塾师），直到1857年七十岁才在家颐养。

沈葆桢的母亲林蕙芳（1794—1865）是林则徐的六妹，当年她的父亲林宾日任塾师授徒为生，家境十分贫困，她自幼吃苦耐劳，从不言苦，每天都和姐妹们随母亲陈太夫人做针线来贴补家用。她极爱读书，每当她父亲讲课，或哥哥吟诵时，她都认真旁听并记下，就这样她竟然通晓诗书了。林宾日非常感慨："可惜她是个女孩，不然读书可能还会比她的哥哥强！"

林蕙芳嫁给沈廷枫，而沈家家境实在贫寒，"家无立锥地，馆修（工

---

① 沈葆桢：《诰封光禄大夫先考丹林公行述》（沈家刻本）。

资）支半岁"，即没有自己的房子，工资也只够半年的开支。所以一日三餐，只能喝粥，但她从不叫苦。

沈廷枫和林蕙芳有三个儿子五个女儿，沈葆桢是老大。他在幼年时经常生病，而且几次病危，直到四岁时，身体状况才有所改善。但沈廷枫与林蕙芳并没有因此而溺爱他，对他的教育是既严格又耐心。

沈葆桢受父母影响至少有以下几个方面：

第一是勤奋好学，善于思考。沈葆桢的父母是他幼年和少年时代的老师，母亲林蕙芳在沈葆桢四岁时就教他读书，为了吸引他读书的兴趣，她把抄写的课文制成只有二三寸像玩具一样的小书，使他"喜而读之，成诵乃止"。①

沈葆桢长大后，沈廷枫教他克服善忘的毛病，即不要死记硬背，只要反复"多读，胸中自有书味"。他教儿子们读书的方法，在当时是很少有的，即不仅讲解书中的内容和难题，而且启发他们思考问题，并经常和他们平等地探讨学问。他独到的教学方法打下了沈葆桢治学的坚实基础。每逢回家休假，母亲林蕙芳必出题考他们所学的知识。

第二是勇敢精神。林蕙芳对儿子很严格，例如：幼时的沈葆桢不仅体弱多病，还十分胆小，常常在晚上被鸟鸣猫叫的声音吓病，他的祖母护着他寸步不离，林蕙芳为了培养沈葆桢的勇敢精神，反复以古代伟人"出万死一生，百折不回，卒成其志者"的事迹进行教育和鼓励，并且还命沈葆桢在晚间走偏僻之路和墓地来练他的胆量。沈葆桢具有大无畏的精神最早是来自母亲的教育与培养。

第三是清廉、节俭、爱民。沈廷枫常以祖辈正直、忠厚、廉洁、仁慈、勤劳、安贫和读书上进以及洁身自好的事例进行家教。沈葆桢自幼就受到祖传的好思想和好家风的熏陶。他为官清廉，两袖清风。

第四是多做善事。沈廷枫、林蕙芳心善。当年虽然很穷，却尽心尽力地帮助他人。例如：林蕙芳往往在自家的粮食还不足的情况下，还拿出一部分去接济别人。她认为，"我的接济虽然少，但能使比我家更贫困的人，暂时免于饿死。很可能就在他们延长性命的这几天内，找到了其他求生的办法和机会"。她常在帮助人之后对三个儿子说："我的这点帮助，

---

① 沈葆桢：《先母林夫人事略》（沈家刻本）。

区区而已，等你们以后有能力时，实现我助人的意愿吧！"① 沈葆桢继承了父母的美德和他们的意愿，为官后，即将薪俸绝大部分用于救灾、救济穷苦老百姓和亲友及公益事业。他有时甚至还借钱捐献。他的这种奉献和他的母亲一样常常超出他们力所能及的范围。

沈葆桢对父母十分孝顺。家里的大小事，他都是先征求父母的意见，尽量按他们的意见办。

早年他任京官时薪俸少，只养北京的小家都十分困难，还经常借债。到了1856年，他调任江西的道员和知府后，每月有300多两的养廉银，从此就可以赡养父母了。他极爱母亲，总想让母亲得到一点富贵的享受。例如：第一次他用薪俸买给母亲的礼物竟是打首饰的金叶子29两（旧制一斤16两）。很明显他以此来弥补母亲因家贫从来没戴过金首饰的遗憾。又例如：1864年农历五月，沈葆桢为庆祝母亲七十大寿，汇上500两银。这也是想弥补母亲因家贫从未享受过生日庆典的遗憾。又例如：沈葆桢寄钱回家时，常指定其中有200两银是专给母亲用的。他想让母亲可以随意购买自己喜欢的物品。但林蕙芳总是将钱积攒起来，作为以后购房之资。

沈葆桢关心父母的饮食起居，他对在福州管家的长子沈玮庆强调说："家中诸事以俭为主，持家者尤以身率之。惟祖父母及先生的伙食则必不可俭。"他曾因父母病重、病危三次要求辞职，于1859年和1865年二次获得批准。他宁愿做塾师或替人装裱字画的收入来赡养有病的父母。

沈葆桢为了纪念和感谢父母养育之恩，特请匠人刻印林蕙芳手抄的《中庸注》和他撰写的《先考丹林公行述》、《先母林夫人事略》并装订成册分给后人及亲友。

舅甥成翁婿

林则徐和夫人郑淑卿有三男、四女，他们于1832年将次女林普晴许配给沈葆桢。这是由于沈葆桢小小年纪已显露出优良的品德与过人的聪明才智。另外，也有可能还想亲上加亲。

沈葆桢与林普晴订婚后的第二年（即1833年），沈廷枫赴京参加会试，途经江苏，便将十三岁的沈葆桢带去交给林则徐教育。沈葆桢在林则

---

① 沈葆桢：《先母林夫人事略》（沈家刻本）。

徐身边生活有半年多，于1834年春回福州。在这次相聚之后，翁婿再无缘会面了。沈葆桢虽然没在林则徐身边，但林则徐经常通过书信对女婿进行督导。而沈葆桢则定期将自己的文稿寄给他批阅。由此可见，沈葆桢的成长，除了父母、师长的教育之外，林则徐的刻意培养与教育起到了重要的作用。

沈葆桢对林则徐非常感恩。只要是林家的需要，他总是慷慨支持与帮助。他的子侄常因为沈家已负债累累有所迟疑，他总是动之以情，对他们讲："我家受舅氏厚恩"，"虽窘亦不敢辞也"。①

沈葆桢为纪念林则徐做了两件大事：一是整理文忠公政书；二是为建文忠公福州专祠而奔走。

林普晴——贤妻、诤友、"女诸葛"

沈葆桢的妻子林普晴（1821—1873）字馋兰，又字敬纫，是林则徐的次女。她于1821年农历八月十五日中秋节亥时生，林则徐的父亲林宾日按她出生时的情境"是夜月明如昼"，取名"普晴"。② 她自幼爱读书，遍读诸子百家和诗词歌赋。她学识渊博，能文善书，喜欢下棋，也爱刺绣和女红。她与沈葆桢的婚姻虽说是包办婚姻，但有深厚的感情基础。他们是儿时的玩伴，可谓"青梅竹马，两小无猜"，且林普晴从儿时就倾心于这位表兄。1832年，林普晴与沈葆桢订婚。1839年年初，林普晴与沈葆桢完婚。

林普晴嫁到沈家，从优裕的生活转为贫穷。但她毫无富贵家小姐习气，不仅要做家务，还尝到了靠典当衣物维持生计的极端困苦。有一天，她在婆婆的奁盒中看到一张纸，不知道何用，婆婆笑着说，这是当票，昨天没有米，拿棉衣去当铺当钱买米。林普晴这才知道沈家贫穷到如此困难的程度。她没有忧形于色，而是更加孝敬公婆。

1839年，沈葆桢婚后赴北京参加会试，林普晴卖掉陪嫁的金银首饰资助他，连金手镯也卖掉，从此戴藤手镯终身未脱。后虽贵为一品夫人也没有改戴金银珠宝首饰。

沈葆桢1844年第二次参加会试，未及第，留在北京苦读。翌年第三

---

① 《沈文肃公牍》附《沈文肃公家书》，江苏广陵古籍刻印社1997年版，第90页。
② 沈葆桢：《室人林夫人事略》（沈家刻本）。

次参加会试，但仍未及第，继续留北京准备再次参加会试。这时他已育有三个儿女，家中人口增多，开支更大，欠债已达千两银，林普晴更难持家。但她精打细算，将公婆侍奉得很好。

道光二十七年（1847），沈葆桢考中进士，选入翰林院。接林普晴与子女来京团聚。沈葆桢入翰林院后，因薪俸少，子女多，生活困难。林普晴白天操持家务，还要做针线活到深夜，连生孩子也未能很好休息。沈葆桢看到妻子这么累，十分内疚。若干年后，沈葆桢成为封疆大吏，薪俸较高，林普晴持家仍然极为节俭，这样才使沈葆桢有可能将薪俸的大部分拿去救灾、救贫苦老百姓和帮助亲友。

沈葆桢有七个儿子、七个女儿，其中，五个儿子、五个女儿是林普晴亲生的。她将庶出的儿女视如己出。她治家严格，在她的管教下，子侄们努力读书、上进。

林普晴不仅仅是贤妻良母，还是沈葆桢的"高级幕僚"、净友。他称赞她是"女诸葛"。她才思敏捷，胆大心细，处事冷静而周全。沈葆桢的重要和绝密文件由她保管，重要的奏折由她缮写。她还是当时很有名气的书法家与诗人。不少人向她求字，沈葆桢的老师林昌彝就很看重她的书法，林昌彝进呈皇帝的《三礼通释》是请她缮写的。她写的诗曾收入郑士龙主编的《全闽诗话补编》与陈香主编的《清代女诗人选集》。林普晴在历史上最负盛名的事迹是在太平天国军队攻打江西广信时，她"独守空城""血书求援"，视死如归以及亲为士兵煮饭鼓舞士气，由此得到清廷的表彰和士绅的传颂，她的传记编入《清史·列女传》。她确实是一位不平凡的女性，使沈葆桢坚守广信的事显得格外突出，由此遂受咸丰皇帝"特达之知"，得到提拔和重用。

林普晴在四十多岁时患重病，一直不能复元。此后，为了避免她操心使病情加重，沈葆桢就不再和她谈公事，"有疑难者，闷不使闻"。①

1873年农历八月十五日中秋节是林普晴的生日，家中设宴。病中的她还起身会见向她祝寿的亲友们，但到亥时，安然而逝，年仅53岁。

林普晴生死同日，同时辰，人称奇事。沈葆桢的幕友张鲁生根据她的生平，写了挽联："为名臣女，为名臣妻，江右佐元戎，锦伞夫人分伟

---

① 沈葆桢：《室人林夫人事略》（沈家刻本）。

绩；于中秋生，于中秋死，天边圆皓魄，霓裳仙子证前身"。①

从沈葆桢的一些信中，我们看到他深爱他的妻子。古人认为东汉平陵人梁鸿与妻子孟光是相敬如宾的模范夫妻，沈葆桢认为自己对林普晴的爱，超过梁鸿对孟光，是"生生世世许同心"。他曾对她说："我两人前身冤孽，生死难分"。②

潘广安——共过患难的亲人

潘广安（？—1864）原本是一名使女（福州人称"义女"）。她聪明伶俐、勤快，深得主人的欢心。

1856年，林普晴离别公婆、子女等家人，到广信与丈夫团聚。同年农历八月，太平军连克数城，广信危急，守城的军队四百人，闻风而溃。广信府的官员和衙役纷纷逃走，仆从仅剩下三人。地方绅士劝沈葆桢夫妇到乡间躲避，他们拒绝其好意。这时，林普晴打算投井自尽。她将身边的小使女托付给三个仆人，命他们到乡间躲避。署内只有他们夫妇两人，形影相对。

广信解围后，林普晴为这个小使女取名为"广安"，即坚守广信府平安无恙之意，以纪念她们共患难的时光，林普晴舍不得她外嫁，沈葆桢就纳她为妾。家人改称她为"广姑娘"，这就是后来的潘夫人。

此后，林普晴对潘广安更加疼爱，精心教育培养她，但好景不长，潘广安在1863年患病，久治不愈，转为肺结核。一年后病故，沈葆桢派人将她的灵柩送回福州安葬。

潘广安生有一子沈璘庆，一女沈宝。林普晴把这双子女视为己出。

潘广安后来被诰赠为一品夫人。

吴氏——晚年的伴侣

沈葆桢另一位如夫人吴氏（1847—1911），也是诰封一品夫人。她生有一子沈琬庆，一女沈繁。其他详细情况，无从查阅。据推算，她在林普晴四十七八岁患病时被纳为妾。吴氏比沈葆桢小27岁，她很细心地照料他的饮食、起居和疾病，而成为他身边一位不可缺少的伴侣。

---

① 转引自林崇墉《沈葆桢与福州船政》，(台北) 联经出版事业公司1987年版，第39页。
② 《沈文肃公牍》附《沈文肃公家书》，江苏广陵古籍刻印社1997年版，第304、329页。

缪夫人——庶母、"闺蜜"

林则徐之侧室缪夫人是林普晴的庶母，是她的长辈，然而却比她小十岁左右，但两人关系极好，无话不谈，亲密无间，可以用现在时尚用语"闺蜜"来形容。

林则徐和夫人郑淑卿伉俪情笃，从来未有姬妾之奉，而且晚年鳏居。但他却在1848年娶了年仅19岁的缪夫人为侧室。这是因为缪夫人的父亲都司缪志林被人杀死。她发誓若有人能为父报仇，她将终身侍奉恩人。林则徐在任云贵总督时，捕杀了这个杀手。缪女决心履行誓言，宁死不渝，遂纳为侧室。以上是林则徐的五世孙（亦是作者的表叔）林纪焘讲的。

还有一种说法，在林崇墉（亦是林则徐的五世孙）著的《林则徐传》中写的却是缪副将曾误犯军法，林则徐察明其误犯的实情，免其一死，副将感激在心，临终时嘱咐女儿替他报恩，去伺候年老多病的林则徐，她是在履行亡父的遗命。

1849年冬，林则徐告疾返乡，缪夫人随之，住在文藻山老宅里。因此，家人亲友称她为"文藻山姨太"。缪氏入门时，林则徐嘱咐子女与家人，务必善待之如同郑夫人。第二年，林则徐逝世。

缪夫人知书达理，端庄仁厚，深得家人、亲友的敬重。例如：左宗棠担任闽浙总督时，也曾专程到文藻山林宅探望缪夫人。在封建社会里，她以一个侧室的身份受到全家以及社会贤达的尊重，实在是极少见的。

沈葆桢和林普晴在福州时逢年过节或缪夫人生日，都会前去祝贺，林普晴平时也常去探望。在外地则经常书函问候。沈葆桢官至两江总督时，对缪夫人的来信，不管多忙，必定及时写回信。落款自称"嫡女婿"。早年，林普晴持家，缺钱断炊时，对谁都难以开口借，只从缪夫人处挪用。沈葆桢在外地工作时，寄家用的汇款如未到，就由缪夫人处周转。后来，当林普晴到江西与沈葆桢团聚，也将一些钱存在缪夫人处，以备福州家中急需。1873年，林普晴去世之后，沈葆桢和缪夫人仍保持通信与往来以及互赠礼物。林家的家事，缪夫人经常请沈葆桢帮助解决。

三　家事

诗书治家　立品植学

沈葆桢和林普晴非常重视儿女的教育，林普晴是儿女们的启蒙老师，教他们读书写字。例如：在儿子沈瑜庆五岁时，教他临摹圭峯碑；十一岁时，口授《资治通鉴》。教庶出的儿子沈璘庆，"课毛诗、四子书皆手录，而口授焉。教之临唐碑……"

沈葆桢请学者和学问渊博的亲戚做家庭教师。他的妹夫黄倬昭是举人，是一位人品极佳的学者。特别是他极肯尽力管教学生，使儿子们"有畏惮之人，免在外间沾染习气"。沈葆桢在繁忙公务之余也亲自指导儿子们读书、写字和作文。

读书的主要目的是什么？沈葆桢认为"诗书治家最要"。他虽然希望儿子能通过科举道路取得功名，但他更看重他们能自觉地做一个品德高尚、正直有用于社会的人。他常讲："子弟立品植学，视各人志气何如，岂父兄所能强？"①

他在给长子沈玮庆的信中，强调"我欲汝读书者，非急汝功名，愿汝有数句圣贤言语往来胸中，不致堕入流俗恶习。"沈玮庆因科举考试受挫很灰心，沈葆桢劝慰他说："功名自有定分，何须抑郁如尔？我闻汝兄弟辈和气便喜，闻汝兄弟辈肯读书便喜，至名场得失，如云烟过眼。"他还说，"功名得失不足介意"。②

随着沈葆桢的见识开阔，思想变化，他对儿子们的学习要求也发生一些变化，希望他们"经史外，世务不可不知"，要求他们学习"用世之学"，即《防海新论》《布法战纪》等反对外国侵略的知识。他说："我老且惫，无足报国，望汝辈耳。"③

沈葆桢也十分关心沈翊清、沈觳清和沈毓衡等孙辈的学习，认为"书香不可断也"。

沈葆桢不允许沈家子弟与官绅来往应酬。

---

① 《沈文肃公牍》附《沈文肃公家书》，江苏广陵古籍刻印社1997年版，第89、228页。
② 同上书，第34、45页。
③ 同上书，第91—92页。

沈葆桢的儿子中，有两位举人，一位恩赏举人，四位秀才。长子沈玮庆（1842—1880）是"附贡生，恩赏举人，世袭一等轻车都尉，未经引见先卒。"其他六个儿子都做到知县、知府以上官员。例如：四子沈瑜庆（1858—1918）为光绪乙酉科举人，他创办江南水师学堂，官至头品顶戴贵州巡抚。六子沈瑶庆（1864—1920）是邑庠生，历任特用主事、工部都水司行走、驻英使馆参赞、商部平均司郎中等职。

娶媳嫁女

娶媳：

沈葆桢儿子的婚姻有以下三种情况：

（一）因世交关系的联姻：长子沈玮庆娶林德琼。她是林则徐翰林院同事林春溥的孙女。这个林家是书香门第又是世交。林德琼病逝后，沈玮庆娶继室陈芷洲（字仲容），她是福州名儒陈用宾的女儿，也是近代著名的学者、诗人陈衍的姐姐。

（二）与翁、郑、吴、刘、林五家，亲上加亲的联姻：五个儿子沈璘庆、沈瑜庆、沈璇庆、沈瑶庆、沈琬庆娶他们的表姐、表妹为妻。

（三）不情愿的联姻：次子沈莹庆娶李元度的女儿李蘩祉。李元度（1821—1887），湖南平江县人，字次青。他是曾国藩的幕僚与部下。后任按察使、布政使等职。在1856年前后，沈葆桢任江西广信知府、江西广饶九南道员时与李元度相识。

李元度得知沈葆桢次子沈莹庆尚未订婚，他以为请曾国藩做媒，面子大，求婚就一定顺利，哪知沈葆桢一向不肯与官员家联姻，极力推托，多次辞之。后来在应允的同时，提出不请曾国藩做媒人的条件。可是，曾国藩"必欲自居"媒人，没办法"只得仍请曾帅"。①

嫁女：

沈葆桢有七个女儿，他非常关心女儿的婚事。他曾说："良缘固有天定，然不容不极尽人事，大抵家风清白，子弟操勤者便可做，无多求也。"② 他选婿的三个条件如下：

①只要求男方家庭"家世清白""儒素家风"。

---

① 《沈文肃公牍》附《沈文肃公家书》，江苏广陵古籍刻印社1997年版，第274页。

② 同上书，第192页。

②不要求"超群轶伦"的子弟,只要查清他是个"颇肯读书"、求上进的青少年。

③订婚、结婚,不要男方家的"聘礼""聘金"。甚至连最起码的聘礼——金手镯也不要。女方的嫁妆只有棉布和夏布的嫁衣等。例如沈葆桢的三女儿沈纹与何峴的婚事,沈葆桢嘱咐介绍人一定要向何家说明:"如能不拘妆奁,两循儒素家风,便订期过帖,押帖,不必向索金镯",就可以订下婚事了。①

尤其难能可贵的是,沈葆桢坚决反对女儿守节,把女儿的终身幸福放在首位。他的四女儿沈怀印曾与王仁塾订婚,哪知不到一年,王仁塾就患肺病去世。按封建时代的礼教和当时的习俗,只要订了婚,就必须到婆家守节。沈葆桢得知王仁塾去世消息之后,立即要家人速向王家索回庚帖、退还王家的聘礼金镯等物解除了婚约。沈怀印后与古田邑庠生曾宪义结婚。

沈葆桢还很关心女婿们的学业,不时进行指导,而且他还经常接济生活比较清苦的女儿、女婿。例如二女婿施文波虽有学问,但在1876年失业在家,沈葆桢命人按月送伙食费20千文给他。后来,施文波考中进士,以补用同知、知县的身份任福建船政文案处委绅之职。

极力省俭家用

沈葆桢的父母一生勤俭节约,而乐善好施,沈葆桢和林普晴继承了这个好家风。林普晴当家,筹划、安排妥妥当当。自从1873年她去世之后,家事无人主持,沈葆桢自己管就感到吃力。特别在1876年竟然有4000—5000两银的债务无法按时还清。于是他下决心扭转亏空,在当年的11月规定了家用和各房月费的章程。其中要点如下:规定沈玮庆与陈仲容负责管理全家的伙食,伙食由公用开支。七个儿子即七房,不论有无结婚,或有无子女和子女多少,一律每房每月发银50两。这钱作为各房添置文具、书籍、服饰等的开支以及结婚的费用都在内。另外还要求所有的开支必须记账,以便督促检查。他认为月费包干了就不会超支,而且会养成节俭的习惯。

1878年,沈玮庆因病,对管全家伙食力不从心。他向父亲要求将伙

---

① 《沈文肃公牍》附《沈文肃公家书》,江苏广陵古籍刻印社1997年版,第70页。

食分开，各房自己煮食。沈葆桢同意这个办法，于是每人每月发伙食费4千文。

关心亲友，接济亲友

沈葆桢任江西巡抚后，薪俸较道员丰厚。但在刚刚上任，债务尚未还清之时，亲友们求助的信如同雪片一样向他扑来，他无以对，只好向藩库预支养廉银一千两兑回，分送给亲友。同时，写了一封长信表示歉意，由沈玮庆转给亲友们传阅。现将信摘录如下：

> 亲戚友如晤，敬启者：别九阅月矣，当年眷爱之情，与吾乡艰窘之况，刻弗去心，而军书无片刻暇，官用无一月得赢余，徒郁郁于中，不获申意。极拟时局渐转，度岁可稍达微忱。乃军务入夏来，大有破竹之势，仲秋忽疫疠大作，自皖南下达金陵各营士卒死亡过半，……恐入冬局面大变，欲求勺水而不可得，故先向藩库借三个月养廉银，了此心愿。知筹之者，万无补尊况，而力薄心歉之处，定邀原谅也。①

他确实尽力帮助他们了。

此后，他根据亲友不同的情况予以资助：（1）在每年的春节、端午、中秋三节予以资助；（2）每月定期资助；（3）突发的或临时有困难的（如水火灾害、寿辰、疾病、婚丧、出行等等）予以资助。例如他在端午节资助亲友的名单如下：大伯40两，四叔80两，五叔40两，五姑40两，九姑10两，陈寿兄弟30两，凤展师祖10两，五婶婆10两……②例如对内弟林洪枢赴任所的资助高达3000两银，又例如沈葆桢在1876年和1877年两次福州特大水灾时共捐银6000两的同时，他还另汇款救济受灾的亲友重建家园。造成他经济困境的还因为在1877年福州水灾的同时，江苏也发生了蝗灾。

为了鼓励、支持沈氏族人及亲友们的学习，沈葆桢开设了致远堂家课，并在上课时免费提供两顿饭和茶叶、卷纸、稿纸等。他规定致远堂每

---

① 《沈文肃公牍》附《沈文肃公家书》，江苏广陵古籍刻印社1997年版，第21页。
② 同上书，第48页。

月三课，每课一天。学员写文、写诗，平时成绩名列前三名者给予奖励，如参加乡试、会试者则资助卷资、盘费。

房产

沈葆桢说："我不能置产以贻子孙，实不愿更留债累之。"①

八角楼和宫巷的住宅都是沈廷枫与林蕙芳购置的房产。八角楼是何时购置的？根据先父沈来秋教授（沈葆桢的曾孙）写的《吴兴沈氏溯源考》一文中的叙述：沈葆桢1839年"中举齿录注明居北院前，又注现居衣锦坊"。他的弟弟沈琦1849年"拔贡齿录注明居八角楼"。②由此判断八角楼应该是在1840—1848年购置的二手房。这个时期的沈葆桢完全没有能力从物质上孝敬父母，这是他父母所购置的产业。

宫巷的房产，即是今天的"沈葆桢故居"。沈家因为人口增多，需购屋。沈廷枫看中了宫巷的住宅。房子虽然陈旧，但比较大，是由三进院落、一列倒朝楼和三座花厅组成的住宅。沈廷枫、林蕙芳把历年积攒的钱和沈葆桢寄给林蕙芳专用款都用作购房款，另外还加上借的1000两银。宫巷的房屋大约于同治三年（1864）归沈家所有。

沈葆桢非常珍惜父母留下来的房产，他对儿子们说："宫巷为汝祖父所择，八角楼为汝祖母所择，非至断炊必不肯忍弃之他姓。"③

奉身清俭，一如寒素

沈葆桢生活极为节俭。

从饮食方面而言，沈葆桢喜食福州的菜心、红糟、切面、粉干等。就是当了高官，他的生活消费水平和一般平民老百姓一样。另外他患有严重的哮喘病，根本不沾大鱼、大肉、海鲜等菜肴。他偶有应酬陪客，"染些荤腥，夜即喘不能寐"。

他偶尔也吃过营养品。例如，他晚年因哮喘病愈来愈严重，曾于1876年食用过燕窝、葛粉等补品。开始服用时，他感觉良好，他曾说过："我近服燕窝颇效"，而且还将燕窝送给有病的亲友。但不久，可能因为太昂贵以及对他的病情无明显改善即停服了。

---

① 《沈文肃公牍》附《沈文肃公家书》，江苏广陵古籍刻印社1997年版，第90页。
② 沈葆桢与沈琦的《齿录》保存在福建省图书馆。
③ 《沈文肃公牍》附《沈葆桢家书》，江苏广陵古籍刻印社1997年版，第93页。

从衣着方面而言，沈葆桢非常节俭。平时布衣布裤，夏季就穿夏布的衣裤。就连他的貂补（官服）穿了多年，貂毛早已脱损，也不另做一件新的。此外，他虽然当了高官，却没有白锋毛的外挂，被认为太寒碜了，"致使官亲家人皆以此为耻"。他回答说："我等省一件衣服即可救人无数性命。"有钱就应拿去救人救灾。

林普晴为了节省开支，甚至自己将白布染色后给一家人做衣服。

总之，沈葆桢一生中自奉是极其节俭的。

1879年12月18日（光绪五年十一月初六日），沈葆桢病逝于两江任上。清廷赠太子太保，谥文肃。为他料理后事的是代理江宁布政使桂嵩庆，据其目击情况，向朝廷驰奏说："殁日，布被旧衣，一如寒素，宦囊萧索，不名一钱。"江苏巡抚吴之炳亦奏说："……至奉身清俭，一如寒素。官俸所入，尽为地方善举，邻省振输之用。身殁之后，囊无余钱，僚属相顾叹息。市井乡曲之氓有下泪者。"[1] 顾云在其《沈文肃公传》中描述："……领封疆十数载，无一椽一亩之殖。夏日，所治事实，木榻、绨布帐、竹枕簟、一蕉扇、一几，官文书数十百束，印泥一、砚一、笔墨一已矣。有最幼女、婿来亲迎，簪珥之属弗具，假之幕僚子。所衣，率絮袍、布补服，近世未有也。"[2]

留示儿孙遗嘱

沈葆桢于1879年去世，他在1877年就写了遗嘱，内容抄录如下：

——我生平荡检踰闲之事，不胜枚举，居官尤多不堪自问者，死后切勿谋以乡贤、名宦上请，增泉下内愧，违者非我子孙；

——我无善行可记，身后如行状、年谱、墓志铭、神道碑之类，切勿举办，多一谀辞，即多一惭色也；

——我安于固陋，向无著作之志，身后不得将我疏稿及其他文字妄付传刻，以贻口实；

——汝等或方为秀才或并未为秀才，丧我、葬我，须按照秀才所以丧父、葬父者，乃谓之称，亦养志之一端也；

---

[1] 《沈文肃公政书》卷首，吴门节署庚辰年刻本，第10页，20页。
[2] 转引自林崇墉《沈葆桢与福州船政》，（台北）联经出版事业公司1987年版，第51页。

——我除住屋外无一亩、一椽遗产，汝等须各自谋生，究竟笔墨是稳善生涯，勿嫌其淡；

——同族无论远近，自祖宗视之，皆一体也，缓急相恤，惟力是视，切勿以其远也而疏之。①

沈葆桢的遗嘱，一方面彰显先贤本人生生世世严于律己，淡泊名利的坦荡襟怀；另一方面严格规范后世子子孙孙的言行举止，继承他"诗书治家、立品植学"的优秀传统。他没有遗产留给子孙，要求他们必须各自谋生，读书上进，做普普通通、自食其力的文人。纵观沈葆桢六代后人，都遵循了他的遗嘱，大多数是文化人，做官的少，而且更无一人去炫耀和浮夸他的功绩。

---

① 《沈文肃公牍》附《沈文肃公家书》，江苏广陵古籍刻印社1997年版，第214—216页。

中西空间文化的汇流与探索
——以1868年的福建船政局为例

沈天羽*

一 前言

同治三年（1864）农历四月，闽浙总督左宗棠（1812—1885）从太平军手中收复杭州之后，本有意向法国人购买他们的宁波船厂，但当他知道这个厂的设备是用来制造船体，而不是发动机、推进器和大炮时，他便改变了主意，转而倾向由中方自己设立船厂。左宗棠请求两名和他有密切交往的法国人，分别是法中常捷军司令——法国海军上尉德克碑（Paul-Alexandre Neveue d'Aiguebelle，1831－1875）和宁波海关税务司——法国海军中尉日意格（P. M. Giquel，1835-1886）帮助建设造船厂，并且在日意格大力支持下，说服想返回法国海军任职的德克碑一起协助左宗棠规划中国未来的造船厂。①

福建船政局是清季自强运动期间继江南机器制造总局后的另一大型国防投资计划，两者的主要差异是江南机器制造总局是一个综合性的兵工厂，除制造小型轮船外，同时也制造枪械、火药与机器，之后曾停造轮船，造船的任务交由船政来承担；船政则专注于轮船的制造，本质上是一所造船厂而不是兵工厂。此外，船政同时设立驾驶、管轮与制造等教育机构，兼具新式学堂的功能，也与江南机器制造总局设立的同文馆，以翻译西书为主的宗旨相异。

由《试造轮船先陈大概情形折》来看，船政并非只专注于造船一事，它还成立了中国第一所全盘学习西学的学校。同治五年十一月初五日（1866年12月11日），左宗棠续奏呈《详议创设船政章程购器募匠教习

---

* 沈天羽，台湾成功大学历史研究所博士候选人。

① [美]庞百腾：《沈葆桢评传——中国近代化的尝试》，陈俱译，上海古籍出版社2000年版，第134—135页。

折》,大规模西化之造船厂——船政局与水师学堂于是成立。但福建船政设立后未久左宗棠即调任陕甘总督,因此他推荐沈葆桢(1820—1879)接续建设之重任,并担任首任船政大臣。船政建设的工程主要是依靠前述的两位法国人之助,其中也有少数俄、英、德人的参与,整体的规划设计仍是由两位法国人负责,但在当时中国的土地上,东西方文明依然存在着不同形式的冲突,也开始交流融合,如此一个大规模厂区的形成,究竟中西两方各有哪些观念被实践,福建船政的空间布局中,的确是有许多脉络值得探讨。

二 船政空间的形成

同治五年五月十三日（1866 年 6 月 25 日）左宗棠上奏《试造轮船先陈大概情形折》议兴船政,内容主要为造船与用船,同治五年六月初三（1866 年 7 月 14 日）奉同治皇帝上谕:"均着照议办理"。中国造船工业由此树立一个新的里程碑,船政空间也开始一步一步地形成。

(一) 选址

左宗棠建造船厂的构想获得清廷的批准后,接下来就是择址的问题,他于 1866 年 8 月 19 日到福州勘察厂址,在九月二十三日（1866 年 10 月 31 日）上奏《检派重臣总理船政接管轮船局务以便开局试办折》,提到有关船政选址一事:

> 日意格于七月初十日（1866 年 8 月 19 日）来闽后,臣与详商一切事宜,同赴罗星塔择定马尾山下地址宽一百三十丈、长一百一十丈,土石水清,深可十二丈,潮上倍之,堪设船槽、铁厂、船厂及安置中外工匠之所……八月二十七日（10 月 5 日）德克碑自安南来闽,臣出示条约无异,惟虑马尾山下土色或系淤积所致,未能径决。①

此奏折中所述左氏和日意格一起进行觅址,地点选在马尾山下,这只

---

① 《同治五年九月二十三日左宗棠折》,转引自杨加骆主编《洋务运动文献汇编（五）》,世界书局 1963 年版,第 15 页。

是做最后的寻址讨论，并获得德克碑的认同。此事日意格个人的记录则更为清楚：

> 这个港口容易设防，闽江江口小岛星罗棋布，群山环绕，宜于建设炮台，溯江上行十里，两岸的山夹着江，只要布置几个水雷，便能阻止入侵的船只。船厂在此兴建，距省会较近，容易使高级官员目睹制造，产生兴趣。此处又有重要的海关，船厂的经费容易筹措。泊船处能停吃水至二十二三尺的船只，因此它的深度正适宜，船厂建造的船只在船厂前即可停泊，对造船很便利。筹划时已经知道本省能供给大量木材及其他原料，可供各工厂之用，台湾产煤，离此不远，工资又很低廉。①

由日意格的记述中可见，他在选择船政地址时，所参考的因素优先是理性的科学条件，也就是该地必须符合预定的规模、建设船厂的水文条件，并依据建厂需求、海防战备与邻近资源、管理等因素一并考虑。图一为法国海军博物馆所提供日意格著作中绘制的船政全图，因为船厂是1868年8月后才大概完成，应该是之后所绘，由该图可以较为完整地看出日意格眼中船政的地理空间和建筑群的分布。此外，在左宗棠的奏折中虽没提到后来担任船政大臣的沈葆桢是否有参与选址勘地，但在林梵宣所著《曲石庵琐记》中曾记载沈葆桢当时也参与择址勘地一事，② 因此，日意格与未来的船政大臣沈葆桢在选址时可能已有过相当的讨论。

（二）初期建设

厂址既经选定，接下来的工作就是建厂的实际工程。左宗棠在九月二十三日（1866年10月31日）上奏《检派重臣总理船政接管轮船局务以便开局试办折》之际，已先于九月初六（10月17日）奉调督陕甘，因此他必须对后续的工作预先安排，他在同一折中推荐丁忧在籍、久负清望的前江西巡抚沈葆桢接办总理船政，经费管理责成署藩司周开锡办理，一切工料及延洋匠、雇华工、开艺局等则委道员胡光墉（字雪岩，1823—

---

① 日意格：《福建船政局初期概况》，转引《船政志》，福州市地方志编纂委员会编，商务印务馆2016年版，第320页。

② 沈岩：《船政学堂》，科学出版社2007年版，第19页。

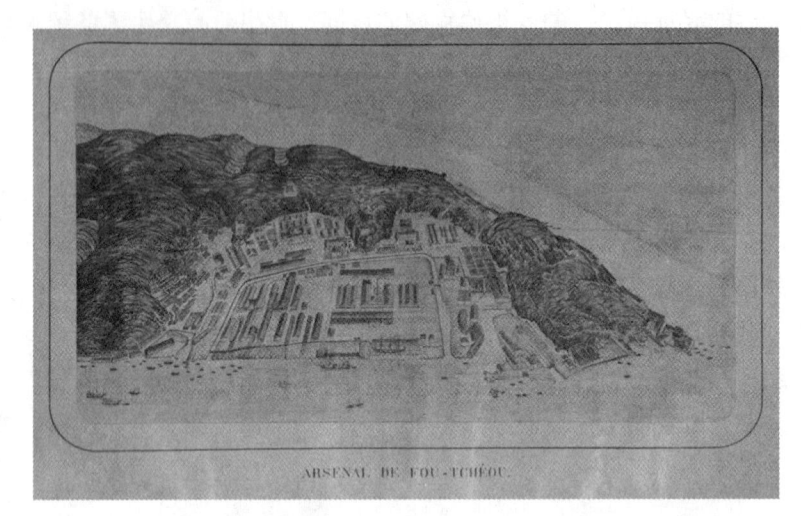

图一 日意格在其所著的《福州船政局》一书中的第一张图。
（图片来源：法国海军博物馆）

1885）经理，特别是在双方完成合同讨论后，左宗棠"令其（系指德克碑）到沪见白来尼（担保人，法国驻华领事），并约日意格及始议之按察使福建补用道胡光墉等同来定议。"① 可见具有买办身份的胡光墉在船政初期纸上作业阶段时的角色，他是中方实际参与规划船政建设的代表。

胡光墉既是负责建筑工程之人，其建筑的图式从何而来是探讨船政空间文化相当重要的信息。依据左宗棠最早的《试造轮船先陈大概情形折》所述："嗣德克碑归国，绘具船式，船厂图册，并将购觅轮机，召延洋匠各事宜逐款开载，寄由日意格转送漳州行营。……德克碑辞赴暹罗，嘱日意格候信。彼此往返讲论，渐得要领。"② 因此最早的船厂图册应是德克碑提供的。

左宗棠于同治五年十一月初五（1866 年 12 月 11 日）之上奏中还提到：

> 本月二十三日，道员胡光墉偕日意格、德克碑来闽。据日意格等禀称保约条议清折、合同规约各件，业经法国总领事白来尼印押担

---

① 《同治五年九月二十三日左宗棠折》，转引自杨加骆主编《洋务运动文献汇编（五）》，世界书局 1963 年版，第 15—16 页。

② 同上书，第 9 页。

保，臣逐加复核，均尚妥洽。所有铁厂、船槽、船厂、学堂及中外公廨、工厂住屋、筑基砌岸一切工程，经日意格等觅中外殷商包办，由臣核定，计共需银二十四万余两……日意格、德克碑俟厂工估定，即回法国购买机器、轮机、钢铁等件，并购大铁槽一具，募雇员匠来闽。①

在左宗棠时期所订之合同中，法国人的保约、条议中提到的工厂只有铁厂、轮船厂（应含各厂房）二者，而且"并同轮船局各厂房屋、器皿、锅灶、床凳等件，均请宪台饬派委员购备。"② 这里的委员实际上就是胡光墉。也就是说除了铁厂、轮船厂之外，所有建筑仍是由中方负责建造，法国人主要负责国外机器设备的采购。既然在订合约之际，经费已经能够概订，因此船厂图示应该也已完成，此一船厂的图式，包含造船厂以及其他附属建筑物的规划设计，是经过中方的建筑承办人胡光墉与法方日意格、德克碑一起讨论完成的，并经左宗棠核示，所以船政的空间布局理应同时含括中西观点的讨论过程，不独是法国人的意见。日意格在与中方完成签约，并且估定好厂工，主体工程于同治五年十一月十七日（1866年12月23日）开工后，他才于同治五年十一月二十二日（1866年12月28日）由香港搭船返法，直到同治六年九月初九（1867年10月6日）才带洋员、洋匠、女眷、幼孩等乘轮船回到马尾，他在欧洲待了9个多月，这段时间船政的建设在持续进行，主要是中方人员在厂进行建设。

综合前述，可知船政厂区在左宗棠时期的发展是先由德克碑提供厂图，双方在签订合同后，依据规划询商估价承建，然后日意格离华赴欧雇工购机，华人则继续依图进行建筑。沈葆桢到任而且洋人抵华后才进行"厂区"建设，可以由以下几个文献佐证：

其一，同治六年六月十七日（1867年7月18日）船政大臣沈葆桢正式到任（此时日意格与洋匠尚未抵华），他于八月初八日（9月5日）上

---

① 《同治五年十一月初五调陕甘总督左宗棠折》，转引自杨加骆主编《洋务运动文献汇编（五）》，世界书局1963年版，第23页。

② 同上书，第35—46页。

奏《察看福州海口及船坞大概情形折》，① 是中方最早对船政建筑布局进行描述并附舆图，如图二。②

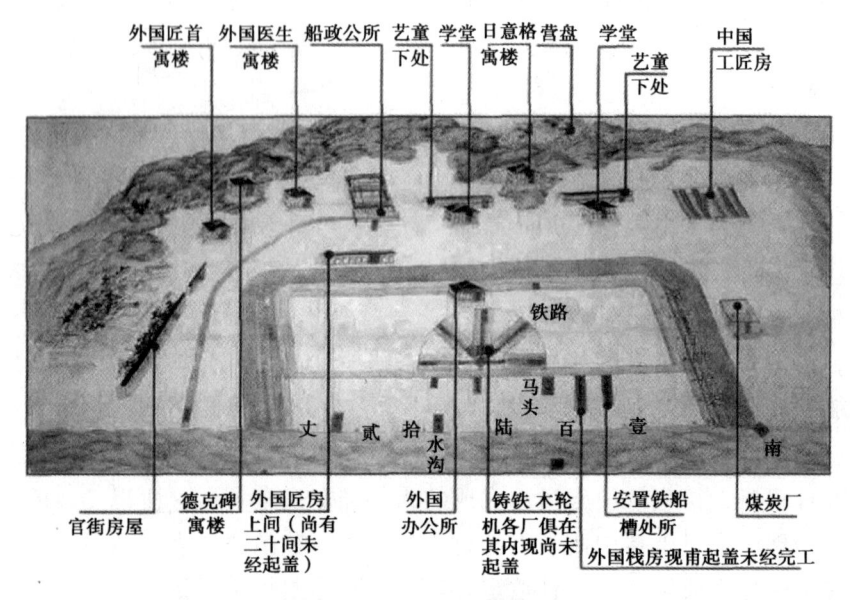

图二 沈葆桢上奏所附舆图

图片来源：朱寿榕：《清代福建船政主体建筑布局及演变考释》，《福建文博》（季刊）2014 年第 2 期。

  当沈葆桢到任之际，船政已有外国匠房三十间，还建了衙门、洋员办公所、正副监督的住房、匠生和匠首寓楼、学堂、煤厂、兵营等。此外，为了满足洋员的生活物品供应，船政还将附近江边划为"官街"，以便民间贸易，此一"官街"也就是现在的马尾镇。以上非直接具有造船功能的建筑已大致完成，即是依据日意格回欧洲前与中方共同的规划进行。

  其二，同治七年正月初九（1868 年 2 月 2 日），沈葆桢续上奏有关船厂建设与造船进度的情形（此时日意格与洋匠已抵华），其中提及：

    方日意格之未来也，其监工俄罗斯人贝锦达垒土于坞之中央，形

---

① 《同治六年八月初八总理船政沈葆桢折》，转引自杨加骆主编《洋务运动文献汇编（五）》，世界书局 1963 年版，第 54 页。
② 朱寿榕：《清代福建船政主体建筑布局及演变考释》，《福建文博》（季刊）2014 年第 2 期。原图收藏于中国第一历史档案馆。

如半月，议以船台、铁厂参列其中。嗣达士博以火患难防，宜离不宜合，于是复召工填土，期于一律坦平，划前右方百余丈之地为船台四，划后左方百余丈为铁厂五。其一曰铁厂……厂界既定，乃于垒墙之地，各开沟径二十丈，广六尺，深五尺。恐其积水难消也，每沟之旁，各开一井以泄之。①

在该内容中，船厂的建设是由当时在船政的洋监工俄人贝锦达负责（贝锦达早欧洲洋匠一年即在船政中任职），日意格由欧洲招聘的法人达士博到华后，才由他主导建厂，当造船工厂建筑决定后，开挖壕沟，船厂区的最后轮廓才完成真实的边界。由此可见，沈葆桢到任上奏的（如图二），最接近日意格返欧前与中方共同完成的设计图，并添加了已完成的建筑，既然洋员负责船厂区的建设，洋人未到华前，船厂区也就是一片空地。

（三）华洋分工

图二反映出了史料的文字中未被言明的信息，也就是船政建筑的权责划分：中央船厂区（含其中各厂房）先划定归洋人负责，船厂区外主要由中方负责。不过船厂区外的建筑实际上也不尽然都由中方负责，依据沈葆桢呈报《制船经费自同治五年十一月十七日起截至十三年六月底止收支各款数目》折中，曾特别列出："支监督日意格领盖学堂洋楼、洋房工料，银六万七千二百八十两。"②也就是学堂和洋员住宅等，都是日意格负责督工建造，其他建筑则均未列何人领盖，这些由日意格领盖的建筑后来都被称为"洋楼"，就是其建筑风格与船政其他建筑殊异的原因。

左宗棠先前的两份上奏中还有个模糊处，分别是九月二十三日（10月31日）上奏：一切工料及延洋匠、雇华工、开艺局等则委道员胡光墉经理；以及十一月初五（12月11日）之上奏："所有铁厂、船槽、船厂、学堂及中外公廨、工厂住屋、筑基砌岸一切工程，经日意格等觅中外殷商包办。"以时间来看，胡光墉经理和日意格包办有何不同？如果胡光墉和

---

① 《同治七年正月初九沈葆桢折》，转引自杨加骆主编《洋务运动文献汇编（五）》，世界书局1963年版，第66页。

② 台湾"中研院"近代史研究所编：《海防档》乙《福州船厂》下，台湾"中研院"近代史研究所1957年版，第543页。

日意格同时觅商、找工匠，各自负责的工项有何差别吗？

依据日意格所绘制的第二张图（如图三），与民国之后所绘制的船政蓝图（如图四），图四的洋楼编号到第十四号，而且用途符合日意格所领盖的建筑，也就是除衙门与营房外（此两项均有单独的支款项），其他中外官员、洋人的宿舍、学堂都属之。华工的宿舍是否为洋楼尚难确定，因为在支用清单中并没有列出华工宿舍项，可能也包含在日意格领盖的建筑中，不过该建筑所在位置在图四中已改作他用（推测是海军警备队与轮机宿舍），并无洋楼的编号，且日意格的图三中的建筑图示也与洋楼不同，因此该建筑应不属洋楼。所以中央船厂区外的建筑建造，实际上还是有区分华洋各自负责的部分，但在建学堂时，日意格人并不在华，可能是他离华前就已经找好承包商承建，他不在华时仍按图式建造，胡光墉代为督造直到日意格返华。

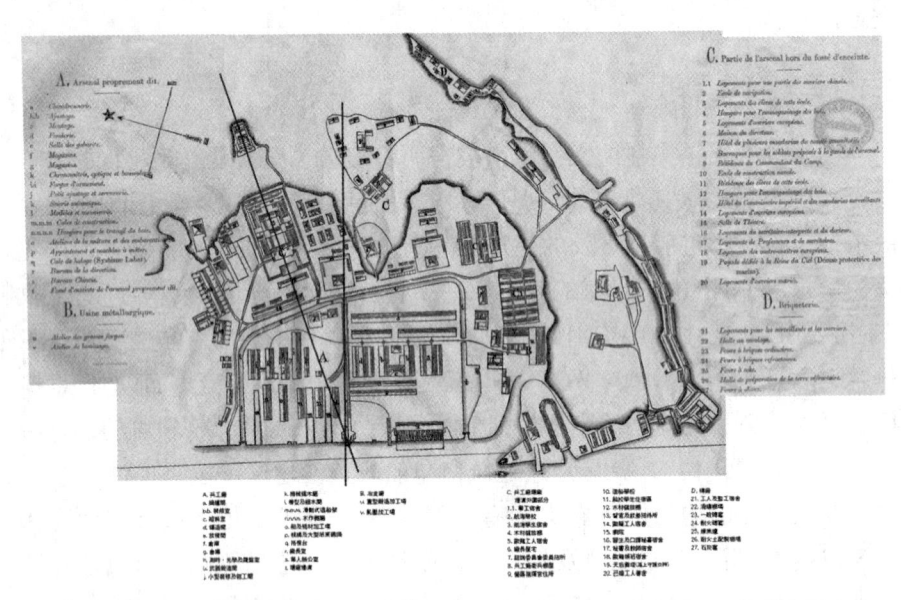

图三 日意格在其所著的《福州船政局》一书中的第二张图，图说为法籍 **Arlette Bocquet** 女士翻译，笔者重制中轴线示意。

（图片来源：法国海军博物馆）

（四）空间形成

同治九年（1870）闰十月，船政委员黄维煊著《福建船政局厂告成记》，是中方对船政工厂完工后的整体叙述，也就是日意格所绘制的图三内容，可作为洋员到华后第三阶段建设的比对。① 与沈葆桢到任初期的叙述相较，黄维煊的记述主要是增加了造船工厂的建设。整体来看船政建设的先后，依空间的功能区分，是先办公、生活、教育与警卫的空间，而后才是制造的空间，特别的是宗教的空间在此时也出现了。黄维煊提到有英国教堂一间，但依据后来的船政全图来看，西洋教堂有两间，其原因为法、英两国信仰一为天主教，一为基督教，并不相同，并不会在一起进行宗教活动，中国所信仰的妈祖天后宫在此时也建成。至此，船政各功能的建筑与设施已齐备，而第一艘自造的轮船万年清号已于船厂落成前的1868年1月18日先开工。

以上为1868年前船政主体建设的概况，法国提供的日意格第二张图中（图三），详尽地标示了每一个建筑，并且依据建筑的功能划分出不同区域，分别为兵工厂（A）、冶金区（B）、兵工厂环场（C）和砖厂（D）等四区，这种划分的方式在中方的文献中并没有出现过。② 以建筑功能来看，在日意格的兵工厂环场（C）可再区分为生活、办公、学校的公共空间、居住的私密空间、宗教空间等部分，此图为船政最早的详尽全图，后续多年有关船政的研究，亦多是参考此图再行重制，以下将针对此图作进一步的分析。

三　船政的中国空间观

在了解船政空间的发展过程后，空间的掌控权就有了较清楚的归属，先前的讨论只能大致理解中方参与船政空间形成的角色，但参与的确切程度并无法得知。因为不同的民族对空间有不同的观念，空间观念的内容包含得很广，但其中至少有两个主要的内容，一个是一个民族长期发展起来的一种思想的、抽象的价值观念所形成的独特看法，另外一个就是这个民族独特的人与自然的关系③，所以究竟中方可能将哪些传统的建筑文化植入船政空间，则要从真实的空间布局做进一步的思考。1868年之际船政

---

①　黄维煊：《福建船政局厂告成记》，转引自《福州马尾港图志》，福州省地图出版社1984年版，第39页。该原文出自黄维煊1893年《怡善堂誊稿》。

②　在林庆元先生所著《福建船政史稿》中曾重绘此图，并认为原图中的符号B与C标错，应互换，但由法国提供的原图来看，并无错置之处。

③　汉宝德：《中国的建筑与文化》，（台北）联经出版公司2004年版，第591页。

所呈现的样态可由以下几点进行分析。

（一）风水

中国人建筑有前后之别，也是有方向性的，与人一样，立地有背有向。中国人的建筑习惯以南在前在上，与西洋相反，因此中国人的左右观念亦与西人相反，中国人是与其建筑合而为一的，所以建筑的方向就是人的朝向，所以南方在前，西洋人是以建筑为客体，观察此建筑而立，所以北方在前。① 船政中最重要的建筑是衙门，在进行空间规划时，也会以此建筑位置为优先考虑，若从中国人的角度来看，在风水理论中，船政衙门"前有照，后有靠"，对建筑提供保护。

船政选址左、后、右三方环山，"祖山"为鼓山、"少祖山"为登龙岭、"主山"为婴豆山，主山的左右两侧有"上砂"马限山，也就是"青龙"，"待砂"长马山，也就是"白虎"。船政正面临水，在中国农耕社会中，把水视作福之所倚，财之所依，观水要先看水口，也就是环境的水出、入两口，船政正面是闽江三江汇流之处，是闽江江面最宽阔的地方，入水面大而开阔，出水面小而封闭，在风水上属留财之处。②

整体来看，船政全区是一种稳定的"匡"字形座相，在图二中的视角即相当符合这个观看的角度（实际上观看角度还是略微偏左），虽然日意格当初选址的首要条件是以科学的条件为优先，但这种座相姿态却也暗符中国的风水观，回到1866年的景象，船政的用地是一片农田，由江边可看见环山，江水滔滔，投射在观者的脑中是如何的一种风水景观。虽然后来整个船厂方位是东北—西南走向，并非南—北走向，但这应该是依山、水环境地势而形成。

（二）中轴线

由图三来看，整个船政建筑除工厂区外，其他似乎是依地理环境进行配置的，依黄维煊所描述的船政空间："中为节使署"，可知道在他的空间理解中，船政的中央就是衙门，文内所有的建筑位置都是以衙门为基点进行的相对性描述。如果从船政衙门主体中央（C-13）画一条中轴线，

---

① 汉宝德：《中国的建筑与文化》，（台北）联经出版公司2004年版，第180页。
② 张兰英主编：《船政文化概论》，鹭江出版社2014年版，第95—96页。

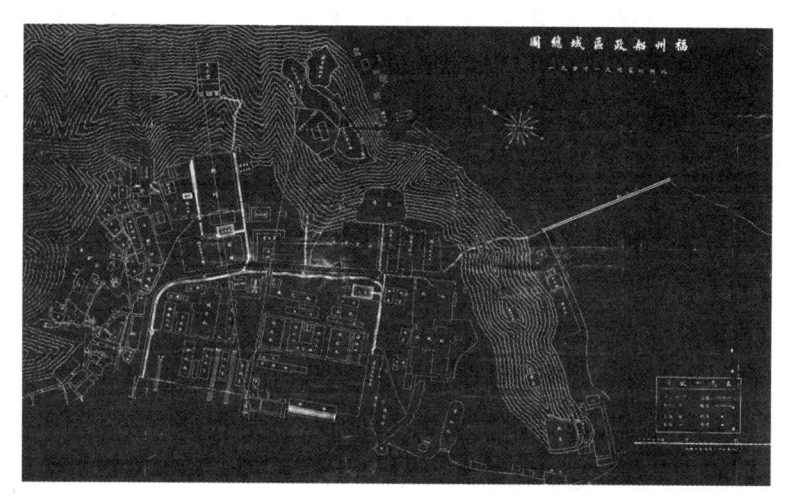

图四 旧海军档案中的船政全图与中轴线示意
（图片来源：台湾海军军史馆馆藏图，笔者重制）

我们可以发现这条线两端的延伸各自指向一个特殊的地点，图上方的山上是"船政天后宫"（C-19），图下方的闽江边是"栈桥及大型吊车码头"（A-p），如图三中直线所示。

"船政天后宫"是福建船政的海神信仰崇拜点，"栈桥及大型吊车码头"则是造船厂区临江线的中心，在此要特别说明栈桥及大型吊车码头有大型吊重机，所以是重要货物登岸、送出的吞吐口。栈桥及大型吊车码头在图三与图四中另有其地理的特殊处，该点也是另一条造船厂中轴线的一个端点，而该船厂中轴线的另一端点即是船厂大门（此一中轴线之后详述），图一、图二、图三都没有标示出船政大门的位置，但可以从民国初年船政第一张精密测绘的蓝图看到该点（如图四）。

在《船政文化概论》一书中也提到有此中轴线，但该书所指的三个点是船政天后宫、衙门和十三厂所在地，此十三厂指的是整个工厂区，是一个区域而非特定的空间点，与本文所绘的中轴线不同。从图四更精准的建筑位置与朝向来看，船政天后宫建筑并没有完全对正衙门的中轴线，所以船政中轴线是否确实存在，仍是可存疑的，不过船政天后宫的建造也可能受到山形地势的限制或另有风水观点的影响，以致无法完全对正船政中轴线，但该庙确为后来所建，其择址仍有可能是在中国的中轴观念下形成。

中国人崇尚"中"的空间意识，反映在建筑中便是以中轴线象征

"中",建筑的精神功能须以物质功能为基础,所有的建筑都是先因其实用性才被建造起来的,寺院的精神性自不待言,衙门有象征王权煊赫、供观瞻之意,栈桥及大型吊车码头则是具有实际物质功能的所在,是船政从外在世界输入货物的地点。如果将中国与外洋视为两个世界,该地点是外洋货物、知识登陆中国之处,象征着中西交流的特殊位置;该处是一个转换点,通过该点,外洋器物、知识透过船政的机能转化为中国的器物和知识,也就是将外洋的原物料转化成中国的轮船,并且由中国人自己将轮船驾驶出去,因此"栈桥及大型吊车码头"是船政的象征性大门,是中国连通世界的大门所在。

中轴线是中国人的计划观,但未必是指动线,中国人对于中心或中央的强调,经常是超越感觉范围的东西,其不仅强调视觉的中轴,而且特别关心地域的中心,并且把对中央的占有,视作一种特权。[1] 船政中轴线由栈桥及大型吊车码头这个象征性的大门起步,穿过船政衙门,向着船政天后宫,虽然这条中轴线实际上并没有相符的道路,需要经过曲折的厂区道路,才能互通天后宫和衙门,与中国建筑文化中平缓、对称、阔大以及进深递进的风格不尽相符,但其象征西洋无法直通中国官、神界的伦理意义却是在无形中形成的。

在中国具有中轴线平面布局意识特征的建筑随处可见,对称安排、秩序井然、有条不紊,强烈的政治伦理色彩、浓郁的理性精神,是中国古代建筑文化的一大特色,中国建筑群的纵深,加强了崇祀"礼"的意义,与今日的工业建筑群,入大门即为行政中心的效能意义不同。中国人的基本观念中,一条无形的线,联系着不同的独立体,进深但仪式性也渐高,一般宗庙建筑的平面布局,重要的主题建筑居中,其中心之所在就是中轴线之所在,两侧对称安排建筑群的其他副题建筑,或者说,由于两侧诸多建筑的平面布局左右对称,使整个群体建筑或单体建筑的中轴线强烈地凸显出来。[2] 目前并没有文献可以证明船政中轴线在船政空间整体设计之初就被考虑在其中,因为在此中轴线两边的建筑配置并不符合前述的对称原则,或许这三个点趋近直线只是一种巧合,但如果考虑到当时的测绘技术,或以目视建立感知上的中线,作为建筑配置的参考,仍是有其可

---

[1] 王鲁民:《中国古典建筑文化探源》,台湾地景企业公司1999年版,第132页。
[2] 王振复:《中华古代文化中的建筑美》,台湾博远出版公司1993年版,第18—19页。

能的。

(三) 海神崇拜

在沈葆桢到任时所绘的图中（图二），船政天后宫是不存在的，依据记载，船政创设后，船政大臣每月要去旺岐天后宫进香一次，由于道路窄小，路程颇远，因此沈葆桢奏请清廷准于船政衙门后婴豆山上另建天后宫，他对妈祖的信仰可见于其奏折中：

> 臣自奉命总理船政以来，深维事巨才轻，恐辜委任，夙夜祗惕，冀托神佑，以启愚蒙。每月朔望，即公所中设位行香，罔敢旷越……见洋洋盛德，体悟不遗。但廨宇嚣杂，不足以昭诚敬，且椽舍迫狭，秋霜春露，祭献有期，兴俯裸将，莫展仪节，心实歉然。因于船坞后适中山巅，择建神宫一所，居高临下，形势巍然，以致明礼……惟是灵威之赫，以宸翰始昭。盛典之行得天题为重。合无仰恳恩施，御书匾额以光庙貌。①

新的天后宫于 1868 年春动工，夏落成，清同治帝御赐"德施功溥"及"天上圣母"匾，提高了船政天后宫的地位，在各地所有妈祖庙中，以"船政"冠名的唯有这一间，这意指船政融入了妈祖文化，形成了具有鲜明地域特色和社群个性的船政妈祖信仰。船政天后宫的建造与工厂主建筑群同时进行，但晚于衙门，反映出天后宫的择地有意对正衙门和栈桥及大型吊车码头这条线的可能性，而沈葆桢的奏折也反映出其兴建天后宫所欲建立的"明礼"意图，从船政天后宫远望闽江的照片来看，由该处俯视整体船政建筑群，是高高在上的角度（如图五）。福建船政的妈祖信仰显现于以下三个方面：②

①依黄维煊所述，船政衙门背后的山上"建天后宫一所，以期镇慑，以申祈祷"。神权对船政的荫护，透过对海神的尊崇，借助其灵威，将尚属首创而又恩泽万代的船政事业稳步推进。而震慑的范围不只在船厂中国

---

① 台湾"中研院"近代史研究所编：《海防档》乙《福州船厂》上，台湾"中研院"近代史研究所 1957 年版，第 123—124 页。
② 金智：《沈葆桢、船政学堂与妈祖崇祀》，癸巳重阳国姓爷与妈祖信仰学术研讨会论文集，2013 年 10 月 5 日，第 13—14 页。

图五 从船政天后宫俯视船政全区，图中天后宫前方建筑为衙门，衙门外环深壕清晰可见。

图片来源：台湾海军军史馆。

控制的领域，也包含对于西洋人与物的治理，很奇妙的是，外国教堂位于天后宫的侧面山上，并不在天后俯视的范围内。

②船厂在"船台已成"暨首艘"船体开工"之日（同治六年十二月二十四日）举行祭典，船政大臣沈葆桢亲自率领主事人员包括日意格、德克碑等外国技术人员设仪拜海神妈祖，并"偕提调官周开锡、夏献纶与诸员匠共捧龙骨安上船台。又到铁厂亲自拽绳下石，均奠以牲醴，以昭慎重"①。船政所造的轮船在安龙骨、下水试航之前都会祭告海神妈祖，此中外一体的仪式，宣告着中国在这个西式工厂中的精神权威。

③沈葆桢后来为天后宫题联云："地控制瓯吴，看大江东去滔滔，与诸君涤虑洗心，有如此水；神起家孝友，贯万古元精耿耿，望后世立身行道，无愧斯人。"② 这庙联是沈葆桢对其个人与船政人员的共同期许，印刻在天后宫内，借着对神的崇拜转达此一民愿。

---

① 《同治七年正月初九沈葆桢折》，转引自杨加骆主编《洋务运动文献汇编（五）》，世界书局1963年版，第66页。

② 林庆铨：《沈葆桢题马江天后宫联》，转引自《福州马尾港图志》，福州省地图出版社1984年版，第343页。

船政将妈祖的尊崇外化于诸多庄重场合与礼仪中，表达对于神威的虔诚，一方面，妈祖信仰的价值寄托于慈航护救，佑护造船、航运与贸易以及海防等的集体安全之上，成为承载船政华籍各类人员美好理想的神祇，除了保护航海安全，妈祖还兼有主宰风调雨顺、生儿育女、抗旱防洪、去病求吉的万能神力，拥有御寇除魔、赈饥济困以及主福孕嗣等，妈祖信仰可使船政人员寄托诸如求吉避灾等社会生活方面的愿望；另一方面，妈祖信仰的庄重的礼仪，无疑更容易整合各力量使之形成向心力，为船政事业的顺利发展营造一种团结协合的社会氛围。诚如沈葆桢所言，外国技术人员受聘于船政与国人一起奉祭妈祖，借此可以对外国布恩施德，显耀"洋洋盛德，体悟不遗"。① 因此选址在中轴线顶端的天后宫，因前述精神性的意义，间接证明该中轴线存在的可能性，即使是新式的工厂，也蕴含着传统"礼"的伦理观，皇权借由天后的神权护持，建立一种新的中西秩序。

（四）核心—边缘

在图三中，船厂和衙门外缘都挖有环厂壕沟，这两个壕沟是相通的，而且与江水相连，而在沈葆桢的图（图二）中，在造船厂部分也有绘出壕沟的形态，可见这环厂壕沟是早于各造船厂房建成前就已经初步成形。在沈葆桢八月初八日（9月5日）上奏的《察看福州海口及船坞大概情形折》中也有相关的描述："坞外三面环以深濠，既藉通运载之船，亦可泄积淤之水。"由此可见，此处的"坞"所指就是造船厂区，奏折中的船厂或船局指的应该是整个船政。壕沟的功能有通载运之船的运送和泄积污的卫生与防积水功能，但该壕沟沟径二十丈，广六尺，深五尺，实际上并没有通载运船的能力。

清代的《大清会典》对地方衙署建筑有规制，其中有三个基本空间，一是治事之所，也就是衙门堂官办公、处理政务的空间；一是宴息之所，是堂官休憩、生活起居的空间；一是办事之所，也就是辅佐堂官之人员的工作空间。② 由建筑功能来看，衙门是船政空间中最高权力之所在，船政衙门的周边有木料仓库，所以需要深壕沟，可运送木料，该处近山，排放

---

① 金智：《沈葆桢、船政学堂与妈祖崇祀》，癸巳重阳国姓爷与妈祖信仰学术研讨会论文集，2013年10月5日，第14页。

② 王贵祥：《中国古代建筑基址规模研究》，中国建筑工业出版社2008年版，第389页。

山区下流之水，也属应该，但除此之外，若加入前段所述中轴线的观点，这道壕沟就可能有另一层的意义，也就是象征性的护城河。护城河，亦作濠，是古时由人工挖凿，环绕整座城、皇宫、寺院等主要建筑的河，具有防御作用，一如长城般，护城河也有阻隔的象征意义，在此深壕沟与船政衙门结合的整体意象，壕沟是具有缓冲性的边界，船政的核心与边缘，夷—夏、官—民借此就被区隔开来。

清季衙门只有船政衙门被一道深壕严密地包围起来，在图二中，船政衙门还没有绘出壕沟，只有船厂有壕沟，当时洋人与机具也还没有全数到华，但当图三的船厂建成后，衙门的壕沟也出现了。船政的建立虽得力于洋人之助，且两位法国人亦与中方交情甚好，但中方对华洋相处并非没有顾忌。左宗棠在荐举沈葆桢担任船政大臣的上奏中曾言："岛人性情贪诈，好胜争强，然遇将领之朴勇者，未尝不新慑之，官吏之真廉者未尝不心敬之。与之交涉，过亢固虑衅生端，过卑亦必招尤纳侮……今日论驭夷之策，要在内外一心，而疆臣必须廉干之人，方资镇压。"① 另沈葆桢在同治六年六月十九日（1867年7月20日）巡视船政学堂甄别艺童时候曾上奏："今日之事，以中国之心思通外国之技巧可也，以外国之习气变中国之性情不可也。"② 这两例都是船厂建设完成之前的事，此一对于洋人及其文化设防的观点，多少反映出当时中国对于西方文明既接受又抗拒的心态。

环绕衙门的建筑大多是洋人的空间，因此衙门需要谨守其作为督办船政的权威象征，以一种有形的壕沟建立意识上的空间区隔。衙门是在此空间代理行使皇权的地方，是整体船政的中心，也是中国意识的凝聚点，不受洋人左右的权力空间，所以衙门是缩小规模的皇城，洋人只能透过特定的单一路径趋近，有特定的行为方位标识系统，必须循中国空间的礼制进入，意味在此空间中的任何决策也必须循中国的行政体制运作。船政作为中西合作的大型现代工业造船厂，厂内绝大多数是西洋式建筑，空间机能也融合了西洋的观念，但传统中国的意识依然被严守在衙门这一核心建筑之中，夷夏之别依然清晰可见。

---

① 《同治五年十月初八闽浙总督左宗棠片》，转引自杨加骆主编《洋务运动文献汇编（五）》，世界书局1963年版，第19页。

② 同上书，第55页。

（五）左尊右卑

中国的建筑空间观念有左右之分，通常是左尊右卑的秩序，这个观念也反映在船政的建筑配置中。图三中有左右之别的建筑，依中国建筑空间方位指向的习惯来看，有以下左右配置的现象：

①洋监督日意格的住宅（C-6）、咨询委员招待所，也就是船政委员、提调的住所（C-7）同位于左方的山上，右方隔衙门与之相望山上的则是洋副监督德克碑的住宅（无标示）。

②隔一岭居左的（C-2）为后学堂，也就是驾驶与轮机学堂，毕业军官在北洋舰队官制中为战官，居右的（C-10）为前学堂，也就是制造学堂，毕业军官是艺官，在海军传统中，战官的升迁大多是高于艺官，且为指挥作战的主要军官。

③衙门左方山上的（C-8）为中国营区指挥官及卫兵宿舍，右方的（C-18）与（C-16、17）为欧籍领班与医生、口译秘书、教师的宿舍（应有少数华籍教席）。

④华工宿舍（C-1），其右为洋工宿舍（C-5、14）。

以上概为船政空间左右相对的配置，以衙门为中心来看，除正监督日意格住宅外，右方主要是洋员的生活空间，华人的生活空间则多在左方，若在右方有洋员空间，其对应阶级的华人空间则在其左侧。由此来看，船政的空间配置观念，似以华人为尊，洋员为卑。但围绕衙门较近的是洋人宿舍，华人宿舍更远。杜正胜的研究曾指出古代国家的人群结构大抵可分为三层，以天子或国君为中心，内层是王侯之九族，中层是国家之百官，外层是众民，① 如此来看，位在中层的洋人地位又大于外层的华工，此部分或许只是空间分配的规矩，但③与④的现象倾向后者的层次解释是较有可能的，不过，这似乎也是一种就近监看洋人的形式。

（六）高上低下

图三中位居高处的建筑，如洋监督日意格住宅（C-6）、咨询委员招待所（C-7）、洋副监督德克碑的住宅（C-8）、中国营区指挥官及卫兵宿舍（C-8），最重要的是船政天后宫位于山上的中轴线。居住在山上的华

---

① 杜正胜：《古代社会与国家》，（台湾）允晨出版社1992年版，第768页。

洋人员职务与阶级较高，也就是除船政大臣外，华洋双方的官员都住在高处，一则是位高，另一可能是基于居住质量的风景概念，对于自然的渴望，只有高官才能获得这种精神上的满足，但营区指挥官及卫兵会住在高处，还有另一个解释，就是居高的警戒用意，并且可以快速前往厂区和山后。

船政天后宫建在山上，一则是在平地上已无适当的空间，若符合中轴的礼制空间设计，祭祀就应在建筑深远的空间位置。天后宫为船政的共同信仰，任何仪式都要船政重要人员参与，此外也会有个别人员的日常奉祀。若将船政整体视为一个主体建筑，将崇拜神的位置建于最深远的地方，与中国传统建筑祭祀的位置相对应，有如北京皇城之景山，整个空间的神圣性也就建立了起来。

天后宫位在高处的另一层象征意义就是俯视，神既然位在天上，其庙宇建在高处当然符合此一观看的角度与无所不在的权威，这其中也隐藏有监看华洋人员的用意，如图五。中国的庙宇也喜欢建在山中，必须历经其进深与登高的过程，形成一种仪式性的净化作用，相对于中国的天后宫的仪式空间，西洋的两所教堂也在半山上，如图四的右上方天主堂地界，在图三中并未标出，但应该是在该图中国营区指挥官及卫兵宿舍一地的上方。教堂择地该处的原因并无任何数据，但该天主堂既为法国工人募集资金购地自建，产权自不属于船政，也不会设在船政所拥有的土地上，但由该位置来看，教堂邻近日意格寓所与欧籍工人宿舍（C-5），将天主堂设在生活区的方便位置是相当符合西洋生活的机能需求的，此外，船政官界外的民宅多位于图之左侧，该教堂地远离中国民居，也可避免发生宗教冲突，取其山上宁静之意。

（七）华洋之别

依据记载，船政在工厂建成开始运作之际，总共有千余人在厂，当每日上工之时，为数庞大的人流穿梭其中，其管理就是一个重要的问题，先前已讨论了华洋居住空间的左右配置问题，在此要讨论另一个问题，也就是动线的产生。

船政日常的功能主要有三部分，分别为造船、教学与生活，因此动线的设计也就以这三种功能为主。艺童（当时的学生称呼）宿舍是与学堂在一起，所以教学的动线主要是提供教习从住处到学堂的移动之用。教习的住宅位于图三的左侧（C-17），推测其往返学堂授课的路线为沿着船厂北缘的壕沟边道路，直抵两个学堂，或由图右山上直抵学堂，两者都不需要穿越造船的A区。而因课程进度所需，艺童须入厂实作或赴船上学习时，学堂距船厂大门甚近，可以从船厂大门直接进入厂区并直达码头，与从事造船人员数相较，此教学动线的人流人数甚少。

船政每日移动人数最多的是华洋造船领班和工人，这些人的宿舍环绕在船厂周边A区的上方与右侧，图上方主要是洋人，图右侧主要是华人，华洋有别，并不杂处。图三船厂区跨越环厂壕沟的入口（中方称为板桥）有两个，分别为上方的大门和图右方的侧门，左右两侧临海处可能也各有一门，可越过壕沟进入厂区，在图四中似乎也绘出了这两个便门或是板桥。由此推测，洋工人主要从大门进出厂区，而华工人则会从大门与侧门进出厂区，如此人流就可以被分散在两个入口，而不会过分拥挤于一处。货物运输可以从陆上，或是借着壕沟传送，甚至大部分可以从码头登岸，除了木料可能须送到木料储放棚（C-4、12）外，大部分的造船机具、货物只会在工厂区内流动，并不会进入生活区。

船政的生活动线也有其约制，这条动线也就是人居住的私人空间到休闲或是宗教空间的路径，洋人的居住主要在洋工宿舍（C-5、14、16、17）等地点，所以其休闲的空间如剧院（C-15）和官街（图三未标示，概于图左侧）也就在其周边邻近区，洋人的生活休闲动线就被限于该区，但洋人的宗教活动仍须从衙门前横越，到对面的山上，但依然不会进入华工的居住范围。但相对来看，华工的休闲动线就要从（C-1）处横越船厂北缘，并进入洋人的生活区才能到官街。至于华工的祭祀崇拜，并未限定在船政天后宫，若要前往天后宫也无须进入洋人的生活空间，依黄维煊所述："其附近之民舍、洋房等，或居山足，或处江滨，与广间隔，各不相侵。"船政的华、洋职员也各自有办公建筑，可见华、洋在船政空间中是被刻意区隔开的。

四　船厂的西洋空间观

按先前文献所载，船厂是法国人设计的，所以在日意格的绘图（图三）中，船厂A区的建筑分布有着与厂区外差异甚大的秩序。船厂反映出何种的西方空间秩序，以下分别讨论。

（一）公共与隐私

在日意格的图说中，他是将"A. 兵工厂"（也就是造船厂）放在图的中央，其他的建筑群称之为"兵工厂环场"，也就是在他的空间意识中，是把造船厂主体建筑群视为船政的中心，并且以壕沟圈围起来，其他建筑群只是"环"场的附属建筑，与中方认为衙门是船政的中心不同。这个观点显示出西洋人是以船厂的主要功能，也就是造船，作为其空间秩序配置的逻辑，这块核心区域也在沈葆桢的图（图二）中早就被划分出来，不论其他周边建筑坐落何处，这个区块是不可被变更支配的。

这个核心的造船厂区完全是公共的工作空间，所有建筑的功能都是工厂或是进行工厂管理，厂长室（A-r）和华人办公室（A-s）位于进大门处，靠近衙门，且两个办公室相邻，整体讲求的是管理的机能和沟通联系的效率。比较特别的是，虽然衙门是船政最高的权力中心，但这个权力并没有和工厂管理重叠，因为洋人认为衙门只是中国督官的住所，是中国最高管理者专属的空间。

西方的过深层次的观念，反映了居住空间中公共生活与个体隐私的精神①，在船政空间中也反映了此一意识，公共与隐私被明显地区隔开，也就是核心是公共的，周边的"环"区，是隐私的。洋正副监督的住所和宗教空间位在山上，其他领班和工人则在平原上，相比较来看，官员的居住隐私性明显高过低阶的工人群体。

（二）中轴线

在欧洲巴洛克时代，中轴线也获得很大的尊重，可是他们的轴线常常是一条大路，或是一个长条的空间，用今天的话说就是动线。② 船政造船厂区亦然，在法人设计的工厂内也有一条中轴线，就是一条大路，从大门向江边码头延伸，这条中轴线的两端分别是"船政大门"和"栈桥及大型吊车码头"，此中轴线两边有对称的空间。

明显的，船政大门的位置是伴随厂区中轴道路产生的，它的地点位于中轴道路和环场壕沟的交会点，环场壕沟除了中方所言有运输、疏浚的功

---

① 汉宝德：《中国的建筑与文化》，（台北）联经出版公司2004年版，第176页。
② 同上书，第86页。

能，在此也有区隔管理、保护的功能，也就是工作人员也必须在有管理的秩序中，才能在特定时间和地点出入厂区，这个地点就是大门和侧门，并且以大门为主，依据日意格的记载，船厂夜间是关闭的，只留中国的士兵在内防护。这种管理与18世纪西方工厂的运作模式相同，工厂犹如资本家的王国，在其中管理者建立各种规范，建立治理的权威，出厂区大门后就回到私人空间，所以大门就是公共与隐私切换的空间位置。

船厂中轴线从大门指向江边，贯通厂区，也是从陆地迈向海洋最近的一条道路，从"栈桥及大型吊车码头"输入有形的原物料与无形的西洋知识（洋教席），沿此中轴线转向到其生产加工的位置，最后成为中国轮船的一个组件。这个过程背后的意义，犹如一个知识消化的过程，栈桥及大型吊车码头吞入原物料后逐渐被厂区吸收，知识则停留在正对大门外的学堂里中国人的大脑中，经过累积与分化的学习过程，以及工厂的触媒转化作用，最后组装成一艘轮船，由中国人自己驾驶，兼具物质与精神的能量。在此江已非江，而是海洋，对船政而言，栈桥及大型吊车码头是物质性的岸口，对中国而言，船政则是中国与世界交通的桥梁，是知识与文化的汇流处，而对洋人而言，此地则是他们踏上中国的起点，是他们在新世界探险谋生的新出发点。

（三）垂直与水平

在厂区中还有一种内部秩序，就是建筑都与江岸平行或垂直，相当一致的结构，由此可见厂区建筑的参考线是以江岸或船台为基准的。虽然在厂区内的建筑依中轴线左右对称的形态并不明显，但依然呈现出一种均衡的分布。直角配置优点，其一是各厂房的出口都会在同一条道路上，货物移动较为便利；其二是每一条道路都与中轴线垂直或水平，可以更清楚地在人的大脑中辨识出空间具体的位置，这种空间辨识（意识上的）结合了制造的程序（工业化的），构建了整体船厂的逻辑基础；其三是棋盘式的设计对于土地使用的效率极大，不易出现零散的空间。

工厂环厂区的建筑群并不像厂区那么工整，可能是因为船政空间最早被划定的区块是厂区，占去平原的大部分空间，其他的建筑群就只能依地形限制进行配置，并且似乎是依山势配置。厂区内建筑直角棋盘式的配置规划，在中西方并不独特，中外造船厂中的船渠、船台多是与海岸线水平或垂直的（或接近），以利船只进坞或下水，连带的其他建筑也都是对应的设计，厂区内外建筑的方位落差，各自以水、山为参考线，存在着不同的规划观念。

（四）时间

在黄维煊的记述中还提到一个洋建筑，就是自鸣钟，其位置与功能："又后近栅门处则为办公所，与行台相连，前置大自鸣钟、号钟各一架，工匠凭以作息者也。"这在以往的中国工厂中是没有的。工业革命后的西方大型工厂用机械自鸣钟和号钟来管理作息是普遍的方式，在城市的核心或公共空间设置高塔型的大钟也是一种常见的都市景观，此一钟楼所意味的是空间中的时间秩序的建立，也就是共同标准时，公共群体的作息、计时都以此为准，形成一种和谐感和一致性。

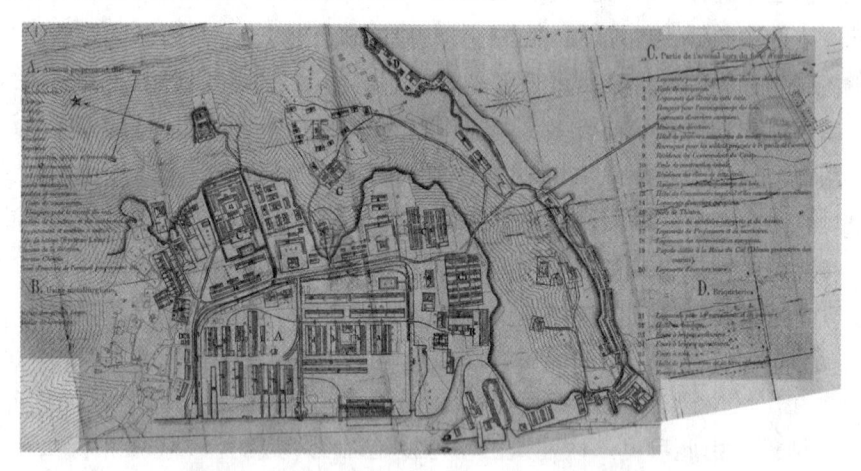

图六 将日意格的船政图与民国之后船政所绘制的精确蓝图重叠后，船厂区大致是相符的，但日意格的图边缘变形较为严重。（图片来源：笔者综合本文图三、图四重制）

中国古建筑中也有钟楼，其功能主要是报时或庆典、警示等，但中国的"钟"并非西洋的钟，除了报时外，人是看不到具象的时间（指针）的，是经常性的静态，但船政的钟楼却是把时间具象化，人人可见可闻。自鸣钟位于办公所旁，意味着洋人认为船厂的中心是工厂办公所，是厂区的权力中心，这种权力控制是透过抽象的时间由感官渗入人的意识之中，借公共时间制约了空间中所有人的作息，自鸣钟与号钟象征的是西洋二十四小时的知觉与中国日出日落的感觉对抗的空间坐标，掌握秩序的权威在此被清楚地标示出来，与其他建筑所形成的空间结构合成巨大的动力，绵密地渗透在船政之中，以五年之期，一步一步前进，教懂中国人自造与驾驶轮船。

五　结语

人类的空间意识是社会实践中所把握的客观空间属性在头脑中的反映，人类对于空间观念最初的形成，是从对空间的分割开始的，混沌的空间，只有当它被分割为个别部分后，才是可以辨认的。[①] 船政空间的划分亦然，虽然史料中没有明确地记录其设计概念，但本文列举出零散的线索并重新连接，或可探见隐藏在文本之后未曾言明的过去。船政是中国自强运动期间第一个新兴工业城，一个融合中、西对空间思考的地方，反映了在当时中国与西洋既合作又谨慎相视的心态中，中国的礼制与西洋的理性如何相扣在一起，又如何依据各自的文化逻辑为空间进行分割与定位，塑造出一个本地与异乡文化交织既中又西的异质空间。

将图三与图四进行比对，两图上下交叠（如图六），若以船厂蓝图为基准来看，日意格的图角度有些偏移，而且图的边缘变形会更严重，但中央部分大致是相合的，两图的建筑物的大小、位置、数量虽也有差异，但两图时间相距近半世纪，厂区后来继续发展也会有所变动，且船政在1884年甲申海战时曾受重创，后虽重建，原地景多少也会受到影响，但就本文所讨论的范畴来看，该空间中重要的参考点确实同时出现在两张图中，且相对位置并无太多误差，日意格的绘图仍深具理解船政早期空间的参考价值，不过再审视日意格的两张图，二者内容还是略有差异，不仅是视角略有不同，图一似乎较图三更为精确，值得后续进行探讨。

本文的研究主要是针对船政空间分布进行诠释，过程在于探索中国的传统建筑文化与西洋的建筑理性并存而不相斥，并透过空间来整合并传达文化的稀微讯息。当然此一理解主要是笔者个人的想象，原设计者未必循此逻辑，或可能是自然的巧合，不过再经与同时期成立的江南造船厂空间图进行比对，两者出现截然不同的样态：船政比江南造船厂更鲜明地同时呈现出中国与西洋的空间观，的确是中国起步迈向海洋世界之际，华洋文化交融的特定案例。

---

① 王振复：《中华古代文化中的建筑美》，台湾博远出版公司1993年版，第25页。

福建船政对民族复兴之路的探索

沈 岩[*]

鸦片战争后，面临三千年未有之大变革，当时的清政府汲取鸦片战争失败的教训，开始探索自强之路。这种探索从鸦片战争后就开始了。船政的探索只是其中的一部分。船政的探索，从清廷在马尾设立总理船政事务衙门开始，在清末大体上分为两个阶段。第一阶段，是船政创办者的探索。在这种探索中，首任船政大臣沈葆桢的探索最有成效。第二阶段，是船政学子们的探索。由于赴欧留学，使船政学子们通过中西文化的对比，在更深的层面上进行全方位的探索。这一阶段的探索，最为认真最为深刻的当推严复。下面，谈谈个人的看法，以抛砖引玉。

一 船政的探索是坚定而多方位的

（一）船政的探索是坚定的

"非常之举，谤议易兴"，这是船政还没举办之时就意料到的。"有人忧其无成，有人议其多费，有人讥其失体，皆意中必有之举。"[①] 沈葆桢接管船政衙门后就感到"忧人心世道"等"七难"[②]。船政初创，英国驻华公使威妥玛、总税务司赫德就先后向清政府提出《新议略论》和《局外旁观论》，"扬言制造耗费，购雇省事，冀以阻挠成议"。船政设立后，他们变换手法，千方百计钻营。法国驻福州领事巴世栋搬弄是非，造成船政正监督日意格与副监督德克碑不睦。英国驻福州副领事贾禄，要侵占马

---

[*] 沈岩，福建马尾船政文化研究会会长，研究员。
[①] 左宗棠：《试造轮船先陈大概情形折》，载《船政奏议汇编点校辑》，海潮摄影艺术出版社2006年版，第5页。
[②] 沈葆桢：《恭谢天恩驰报任事日期兼沥下忱折》，载《船政奏议汇编点校辑》，海潮摄影艺术出版社2006年版，第22页。

尾船政厂界建筑教堂等。

国内顽固派认为"雇买代造",不必自己制造,还提出一系列困难,认为"创议者一人,任事者一人,旁观者一人,事败垂成,公私均害",①所以还是不造船为好。1867年秋,正当建厂工程紧张进行时,新任闽浙总督吴棠利用职权进行破坏。吴棠扬言:"船政未必成,虽成亦何益?"还利用匿名帖《竹枝词》刻本,诬陷船政提调周开锡、船政局员叶文澜、李庆霖等。沈葆桢抗疏力争,终于让清廷把他这块绊脚石搬走。沈葆桢深为感叹:"创始较他务为独难。"②

同治十年,内阁学士宋晋又挑起事端,上奏《船政虚耗折》谓:名为远谋,实同虚耗,请旨要求停办。宋晋的上奏引起了轩然大波,朝廷内反对造船者与日俱增。就此引发对船政可行与否的一场大论战。沈葆桢力驳宋晋主张,坚称"勇猛精进则为远谋,因循苟且则为虚耗"。

船政能如此坚定,原因有三:一是国人已经较为清醒,尤其是有识之士对于西方已经有一定的认识,开始抛弃夜郎自大的陈腐观点,探索强国御侮之道。二是清廷维持统治的需要。船政衙门报上来的折子,朱批均为"著照所请""依议""留中""知道了""速议",对船政事业甚为支持。三是主办者的见识、胆略、人品与办事风格。尤其是首任船政大臣沈葆桢酷似其舅父林则徐,有血性骨气,忧国忧民,刚正不阿。

(二) 船政的探索是多方位的

在科技近代化方面,船政建立起当时规模最大的工业基地。船政引进西方先进的管理模式,结合中国实际,实行"权操诸我"的原则,变成自己的东西,形成特色鲜明的中国化管理模式。船政突破传统、高位嫁接、大胆改革创新,船型不断改进,从木壳到铁胁到钢壳,机式装备从常式到省煤卧机到新式省煤机,船式从常式到快船到钢甲船,技术上在国内处于领先地位,在规模上也是当时远东第一。

在教育近代化方面,船政引进先进的教育模式,坚持"权操诸我"的原则,形成特色鲜明的中国化办学模式,成为各地纷纷效仿的样板。她

---

① 左宗棠:《试造轮船先陈大概情形折》,载沈岩主编《船政志》,商务印书馆2016年版,第295页。
② 沈葆桢:《船政教导功成折》,载《船政奏议汇编点校辑》,海潮摄影艺术出版社2006年,第79页。

建立了与工业化和海军建设相适应的教育模式，建立了留学制度，培养了栋梁之材，成为中国近代科技和海军队伍的摇篮。

在国防近代化方面，船政瞄准当时的高科技，取人之长补己之短，建立了中国最大的、也是远东最大的船舶工业基地；建立了中国最早的兵工厂；建立了中国第一支海军舰队。甲戌巡台显示了船政实施海权的成就和功绩。船政学堂培养的学生，海权意识更为强烈。

在管理近代化方面，船政有造船、办学、整理水师三重任务。组织机构十分繁杂，但都管理得有条不紊。总理船政事务衙门直辖船厂、艺局、轮船水师三大系统，机关有总务、工务两大部门。下设诸多分管的官员与职能部门。造船方面，设有"十三厂"和香港采办分局。艺局方面设有求是堂艺局，即船政学堂。设有八所学堂，即造船学堂、绘画学堂、艺徒学堂、匠首学堂、驾驶学堂、练船学堂、管轮学堂、电报学堂。水师方面，设有轮船水师并建有水师营。还有负责勤杂和安保的健丁营。职能处室的设置也是现代化的。船政衙门设有工务、总务两大职能部门。工务部门，下设的主要部门有工程处、洋员办公所；总务部门下设的主要部门有文案处、会计处、支应处、报销处。配套设有稿房、银库、发审所、东西考工所、健丁营、医院、食堂、储材馆、天后宫和法国教堂、英国教堂等。船政的生产组织和管理相当科学。造船工业工种繁多，管理复杂。当时，没有配套工业的支撑，船舶各部件不是采购，就得自行制造。物料的保管核发、工序的衔接调度、半成品的管理使用都是现代化工厂的课题，船政都能有序管控。

有管理就必须有管理层级，船政的生产调度、生产监督、技术管理、成本核查分开，分别设有提调、总监工、总工程师、总稽查，各厂设有管理委员，委员之下有工长、匠首。船政设的工程处，分造船、造机两大部分，建立分工明确的工程管理机构。船政的质量管理也有一套规定。船舰的验收、命名、使用也有一套严格的规则。在财务金融方面，船政顺应潮流，参与改革。船政的工料核算由工程处负责。有预算，有核销，还要向清廷直奏。会计科目的设置也较合理。

船政还两次造币。第一次铸币活动是在清光绪十一年（1885）。所铸"光绪通宝"光背机制钱，比原先认为的近代最早机制铜钱——广东铸造的"光绪通宝"背面为"库平一钱"机制钱早诞生了四年，因此可以称为"我国近代机器铸造铜钱的鼻祖"。第二次造币是光绪三十一年

（1905），设立"闽海关铜币局"，附属于船政。两次铸币活动，说明船政参与了金融改革，并开启了我国货币手工翻砂铸造向近代机器铸造过渡的有益尝试。

到国外购买物料涉及汇率问题，也是船政必须面对的。当时，福建、广东通番银，船上费用和船员的薪金可以用番银支付，其他地方要用纹银支付。番银、纹银、洋元之间，就有个换算和汇率问题，要根据市场的变化而变化。在税率方面，船政争取所购物料，免纳税厘。这种免税政策得到清廷许可，朱批"著照所请"[1]。到了严复这一代，对税收问题已经有了符合市场经济的理论化阐述，如严复翻译《原富》时阐述已经相当精辟。

二　船政还开展全面的改革探索

船政探索的全面性可以从台湾善后治理中看出来。在日本侵台刚结束，沈葆桢就提出"此次之善后与往时不同，台地之所谓善后，即台地之所谓创始"的著名论点。这种治台，实际上是在台湾进行全面改革。

（一）从开放的角度分析

①开禁，即废除长达190年的禁令。允许台湾以外的中国人赴台开垦。在厦门、汕头、香港三处设立招垦局，鼓励大陆居民移居台湾，开垦台东、恒春及埔里一带"番地"。

②抚番。废除以往的围堵之策，通过查户定业、通语言、禁仇杀、教耕稼、修道途、给茶盐、易风俗等进行疏导。在执行中，以教化为主，地方官员不能强制，要"结人心，通人情"，要办教育，多地设立番塾义学。沈葆桢亲自编写教材。他编的《训番俚言》，五言一句，通俗易懂。

③开山。沈葆桢把开山与抚番看成相辅相成的事，一边开山，一边抚番，两项工作，同时进行。这项艰巨的任务就由沈葆桢当时率领的驻台部队包干进行，分北、中、南三路开展工作。开山，包括屯兵驻扎、兴修林木、开山种地、修通水道、勘定地界、招垦移民、分给牛种、设立村社、

---

[1]　沈葆桢：《船政采办物料仍恳免纳税厘片》，载《船政奏议汇编点校辑》，海潮摄影艺术出版社2006年版，第72页。

发展经济、设置官吏、设立邮政、设立旅店和坚壁清野等内容。开山不仅是开辟一条山路，而是"募民随往，与地使耕"，结合抚番，把建立行政、招垦开荒、通邮通商、发展经济结合起来，进行全面的建设，加强了台湾的开发，促进了稳定。

（二）从改革的角度分析

①行政改革方面：一是移驻巡抚，以保"事权统一"。福建巡抚冬春二季驻台，夏秋二季驻福州。二是增设台北府和新的县治。1875 年治理后，在艋舺设"台北府"，新设淡水、新竹、宜兰三个县治。改噶玛兰通判为台北府分防通判，移驻鸡笼。三是调整行政区划，统辖台湾全境。在琅峤建城置吏，定名为恒春县。将南路同知移驻卑南（今台东），北路同知改为中路，移驻水沙连（今埔里），都冠以"抚民理番同知"头衔，负责治安与少数民族事务。

②经济改革方面：矿产开发实行减税。洋煤进口每吨征税 0.5 钱，台煤出口和进口每吨征税 6.72 钱。沈葆桢奏请减税，获得朝廷批准。台湾鸡笼煤矿改民办为官办，并采用西式采法提升产量，建立起第一个近代民用工业。开采台湾石油，聘请两名美国工程师勘验。废除严格限制"铸户"、严禁私开私贩铁斤的旧例，允许私人铸造铁锅等器皿和各种农具。鼓励商人在全岛随处设店经商做买卖。

③国防改革方面：更改营制，统一指挥。千总以下的武官，由巡抚考核提拔；守备以上的武官，仍然会同总督、提督拣选提补。台湾镇总兵，不再挂印，归由巡抚节制。派出船政委员张斯桂带领船政学生绘制了台湾全图，并详细描述南北中路各番族状貌风俗。赴欧洲购买铁甲船、水雷、洋炮、洋枪等西洋新式武器。聘请外国工程师，仿西洋新法，在安平南面设计修筑安平炮台。在屏东东港建造东港炮台。在高雄的鼓山和旗山建造打狗炮台。安放新式大炮，并在台湾开办军装局、火药局。将船政所造舰船 15 艘派驻台澎，以加强台海的防范。加快通信建设，铺设海峡海底电缆。

④请旨建立延平郡王祠。这等于公开给郑成功树碑立传，当时，还没人敢这么做，但沈葆桢有血性，敢担当，以顺民心。他还亲自撰写楹联："开万古得未曾有之奇，洪荒留此山川，作遗民世界；极一生无可如何之遇，缺憾还诸天地，是创格完人"，给郑成功以高度评价。

三 船政的探索是深刻的

船政的创办前无古人，完全是在探索中前进的。中西文化激烈碰撞后，船政的探索更为深入。船政的探索涉及的范围十分广泛，如政治、经济、外交、军事、文学以及逻辑、翻译等方方面面。尤其是严复、陈季同等船政学子的探索，因为他们了解西方文化，又熟悉本国情况，探索更为精到深远。

（一）爱国自强是民族复兴的第一要义

船政从组织者到学堂培养出来的学生，都可以让我们强烈地感受到他们的爱国情怀和"天下兴亡，匹夫有责"的责任感。甲申马江海战，甲午黄海海战，船政学子的表现尤其突出。他们为了捍卫祖国和民族的尊严，奋不顾身、死而后已，许多人献出了宝贵的生命。甲午海战后，面对军事上的失败和外交上的失利，船政学子强烈呼吁变革救亡。严复率先发表政论文，显示了中华民族坚毅刚强的决心和浩然正气。陈季同奔赴台湾，策划成立"台湾民主国"，抵抗日本占领台湾。船政的历史深刻地表明，爱国自强就是民族复兴的第一要义。引申出来几个话题，船政人也都进行探索。

①爱国自强必然遭到列强的强烈反对，要主动出击。帝国大门被迫打开后，船政的应变就是主动出击。船政创办本身就是主动出击的典范。师夷长技以自强的目标选择是主动的；办船厂、办学堂、建海军，在项目决策上是自主的；采用国际通用的契约形式，与洋教习签订合约，在外交上是主动的；坚持在管理上权操诸我和实行引进来走出去的策略也都是主动的。

②列强干涉中国内政，要权操诸我。鸦片战争之后，以英法为代表的西方列强，利用不平等条约处处干涉中国内政。但船政创办者始终坚持"独立自主、权操诸我"的原则，维护国家主权。

③爱国自强要生生不息，永远坚持下去。在船政要不要停下来的大讨论中，内阁学士宋晋提出一个观点：认为外交已经议和，不必发展海军。沈葆桢力驳宋晋主张，认为船政万难停止，"窃以为不特不能即时裁撤，即五年后亦无可停，所当与我国家亿万年有道之长永垂不朽者也"。这就

回答了一个问题：强国强军是长远之计，不是外交议和就可以停止下来的事情，必须坚持亿万年永垂不朽。

④要强国强军，才能屹立于世界民族之林。沈葆桢遗言"臣所每饭不忘者，在购办铁甲船一事。"他临终还这么执着，充分体现他对强国强军的深刻认识。严复从天演的角度理解国际关系。他认为"其始也，种与种争，及其成群成国，则群与群争，国与国争。而弱者当为强肉，愚者当为智役焉。"纵观国际风云的百年变换，"弱者当为强肉，愚者当为智役"，正是处理国际关系的重要理论基础。他说："欲求公道，必建强权。"在融入世界大家庭的大变革中，要自立于世界民族之林，只有强权才能求得公道。

⑤循途渐进，不强为迁变是理想的强国之路。甲午海战后，民族危机空前严重。严复认为救国最根本的是使国家富强起来，而富强的根本办法，也就是自强之本"统于三端：一曰鼓民力，二曰开民智，三曰新民德。"① 严复翻译英国学者甄克思②的《社会进化简史》，以《社会通诠》发表。认为一个国家的发展进化要经历由图腾社会、宗法社会到军国社会三个阶段。他认为近代中国正处在宗法社会而渐入现代社会之际，"当循途渐进，任天演之自然，不宜以人力强为迁变。"主张走一条循途渐进、不强为迁变的发展道路。

（二）民族复兴要通过社会变革来实现

民族到了危亡的时刻，社会不变革就不能发展。船政先行一步，是"先行先试"的试验区，其所作所为可以让人看到"改革开放"的雏形。有几个话题是要深究的。

①中国社会面临大变革。鸦片战争后，特别是第二次鸦片战争后，国人已经越来越认识到中国社会面临大变革。林则徐提出"师夷长技以制夷"，魏源写出《海国图志》，对社会变革有了初步设想，但并没有得到实施。1840年到1866年是一个酝酿过程，直到咸丰皇帝去世，慈禧发动

---

① 苏中立、涂光久：《百年严复——严复研究资料精选》，福建人民出版社2011年版，第337页。

② 甄克思（E. Jenks，1861—1939），英国法学权威，曾任英国伦敦法学学会法学研究部主任。1900年出版《社会进化简史》一书。严复于1903年翻译成该书，于1904年以《社会通诠》为书名由上海商务印书馆出版。

政变，自强运动才开展起来。左宗棠抓住这个有利时机，提出创办船政。在这个时候，朝野上下对社会变革有了较为一致的认识。

②社会变革要走近代化的道路。社会学家认为，近代化是一场社会变革，是向近代文明的进化。它以科技为动力，以工业化为中心，以机器生产为标志，并引起经济结构、政治制度、生活方式、思想观念的全方位变化。洋务运动正是以科技为动力，发展机器大生产，从而促使经济、政治、思想的变化，促进社会的大变革。在这场运动中，船政表现突出，成就显著，影响广泛深远。

③社会变革充满激烈的斗争，必须勇猛精进。社会变革充满着前进与倒退、革新与守旧的激烈斗争。船政起步就遭到新任闽浙总督吴棠和内阁学士宋晋的强烈反对。因循苟且没有出路，只有勇猛精进才能推动近代化的发展。在船政要不要停止的大讨论中，船政的态度是十分坚决的，沈葆桢就认为只有勇猛精进才能达到远谋的目的。

④社会变革要解放思想。要变就要解放思想。船政的创办就是思想解放的产物。师夷，不光是做，光说起来就不容易。夷，怎么可以师法呢？不是夏变夷了吗？引进西学，必然冲击科举；悉心造船，必然面对"艺为末事"的指责。船政的组织者义无反顾，坚持下去。1875年的治台，更看出思想解放的重要和力度。没有思想解放，怎么可能开禁？没有思想解放，怎么可能开府？没有思想解放，怎么可能开山抚番？没有思想解放，怎么可能为郑成功树碑立传？

⑤社会变革要立足国情。船政的创办始终立足国情。它引进技术和管理，都按照中国的特有方式进行处理。船政的创办土法上马，管理方式也是中西结合。各种材料、部件，能土法上马的都因陋就简、土法上马。船政创办初期，凭借一腔热情，在短短的两年时间内就建立起一座有规模的船厂。

⑥社会变革要审时度势。严复认为"世间一切法，举皆有弊，而福利多寡，仍以民德民智高下为归。"在严复看来，中国社会之所以不断走向衰微，主要也就在于中国社会太不尊重人民的选择和尊严，中国之民，其卑且贱。反思百年历史，我们惊奇地发现，实际上许多制度我们都尝试过，但都不能让人满意，何也？皆有弊也。严复认为"制无美恶，期于适时；变无迟速，要在当可"①，认为制度没有美恶之分，变革没有快慢

---

① 严复：《宪法大义》，载《严复作品精选》，长江文艺出版社2005年版，第36页。

之别,要看历史条件,适合就可以,不适合就不宜。这就要审时度势。

⑦社会变革的理想境界是盛世致治。严复多次提到古代的治世、至盛极治、至治极盛、郅治之隆、大同之世等。认为孔子、老子都有民主思想,井田也是民主之政;又肯定和继承了近代的民主之治,特别是孟德斯鸠《法意》中的民主思想和民主制度。他说"郅治之民主",是"治制之极盛也",它不仅与平等联系在一起,"民主之所以为民主者,以平等",而不是强而平之,"必其力平,智平,德平",是真民主和真平等。他针对资本主义严重不均的情况,反复强调未来的理想社会要实现各方面的均平,"事在均其不齐",特别是要均民德之厚薄,民智之明暗,民力之贫富,民品之贵贱。

⑧民智未开,社会不宜激烈变革。正像中国社会不能贴标签式的判断一样,中国的发展道路只能自己摸索前行。学习西方,从坚船利炮开始到借鉴西方的政治、经济、法律等,几代人做了实实在在的探索。但是一些矛盾总让人感到纠结,如暴力革命好还是渐进调适好?在伦敦时,孙中山与严复有一段对话。严复说:"为今之计,惟急从教育上着手,庶几逐渐更新乎!"孙中山说:"俟河之清,人寿几何?君为思想家,鄙人乃实行家也。"渐进是文火慢功,激进是"只争朝夕",大破大立。历史选择了革命。选择渐进有其理由:中国社会特殊,不能套用西方的理论;中国社会是一个整体,要像中医治病一样,对其进行辩证施治,不能下猛药;社会面临三千年未有之大变革,民智未开,社会转型急不得;激进者急功近利,有政治短视之嫌。严复始终认为,民智未开,不宜效法"君民并主之美治",不然就会大乱,代价太大。

(三)科技发展是民族复兴的重中之重

科技落后只能被动挨打。只有发展高科技,才能达到民族复兴的目的。林则徐在总结鸦片战争的教训时,深刻地认识到"器不良""技不熟"是重要原因。船政把师夷制夷付诸实践,瞄准当时的高科技,取人之长补己之短,建立了中国最大的、也是远东最大的船舶工业基地;建立了中国最早的兵工厂;建立了中国第一支海军舰队。船政引进先进的技术和管理,进行消化吸收,使科技水平在当时处于领先地位。船政的实践深刻表明,科技发展是民族复兴的重中之重。

①科技发展就要高位嫁接。现代军舰不但是现代大工业的产物,而且

是其缩影。近代英国因为拥有了令世人瞩目的先进造船技术、航海技术、蒸汽机技术等，率先完成了工业革命而称霸于天下。而近代的中国社会积贫积弱，仍停留在农业和手工业生产阶段，工业基础、近代科技几乎空白。船政设计了从国外引进技术、设备、工程人员的建厂造船蓝图，并坚决地实施。造船业紧追法国，海军建设学习英国。实行的是高位嫁接，取得很好的成效。仅用20年时间，便跨越了从依样仿造木胁兵轮到按图自造铁胁兵轮，进而自行设计制造铁胁巡海快船，再自行设计制造铁甲兵舰造船技术的三大步，不断缩短与西方先进国家造船工业的差距。

②科技发展要坚持创新，就要敢于开风气之先。1875年6月开工建造的十七号"艺新"轮船，7月开工的十八号"登瀛洲"轮船就是由第一届毕业生吴德章、汪乔年等设计监造的。此为"船政学堂学生放手自制之始"，以后建造的船舶绝大多数由毕业留校学生自行设计监造，共有18艘。船政进行了一系列的革新开放实验，许多都是开风气之先的。一边造船制炮，一边培养造舰驾驶人才，这本身就是破天荒的创举。造船工业带动上下游工业的发展，造就了一大批科技人员和产业工人。正因为有了船政这个工业基地，才有了日后破天荒地生产国产飞机，从而开创了中国航空工业新纪元。

③科技要发展就要发奋图强。船政要求学子勤奋学习，船政官员也积极学习科技知识。船政大臣沈葆桢就带头学习。军机处寄来的《格物入门》，沈葆桢仔细攻读，并要求再下发5套，以便组织船政官员学习。船政留学生的刻苦治学精神也十分可嘉。他们每年要用60天的时间考察造船厂、海军舰艇、工厂、矿山和要塞，以扩大对西方技术的了解。要把各地观察到的新技术的发展，包括图样和说明作详细报告。所到之处，悉心观察、探究和思考。留学生梁炳年、陈鹤潭、林志荣等都因苦读而身故。

④科技要发展就要精益求精。对于学业和技术，沈葆桢要求精益求精，密益求密。在船政衙门大门两旁，沈葆桢撰写了这样的楹联："且慢道见所未见、闻所未闻，即此是格致关头认真下手处；何以能精益求精、密益求密，定须从鬼神屋漏仔细扪心来"。这种人文精神潜移默化，鼓舞学生刻苦学习，克服了外语教材、外语授课、与老师用外语交流等困难，取得了好成绩。船政学生除从香港等招来的少数学生外，没有一点外文基础，却能听外教讲课，看外国教材。在经济全球化的背景下，科技更要精益求精，才能立于不败之地。

（四）人才培养是民族复兴的根本

船政把培养人才作为根本，一再强调"船政根本在于学堂"。船政建立了与工业化和海军建设相适应的教育模式，培养了大量人才，成为中国近代科技和海军队伍的摇篮。沈葆桢说船政"创始之意，不重在造，而重在学"。

①稀缺人才是要花重金培养的。中国的近代化人才稀缺，船政是花重金培养的。科学技术的进步为工业化提供了强大的推动力，而知识结构的变革是近代化的核心。左宗棠在《详议创设船政章程折》中就提出"艺局为造就人才之地"①，认为花重金让洋人包教包会很值得。法国作家巴斯蒂在《清末留欧学生》一文中曾有一个独特的评价：认为左宗棠"萌发了一个顽强的念头，即尽量使中国人具有可以不依赖外人而自己造船的能力"，而且"采用求是堂艺局这种学校教育的独特形态"来完成②。

②引进来、走出去是人才培养的战略。船政既请进来，引进技术、设备、管理、人才和教育模式，又走出去，让学生出国留学深造，造就了中国近代的一批科技骨干和高级海军将领，同时也使他们处于中西文化交流的风口浪尖上，让他们能够站在更高的层面上来审视中国，寻找救国良方。出国留学作为培养人才的重要组成部分，这对于封闭的、科学技术大大落后于发达国家的中国来说，是很有远见的。沈葆桢认为洋人来华教习未必是"上上之技"，"以中国已成之技求外国益精之学"必然事半功倍。

③教育模式中国化是培养人才的关键。为了培养适合近代化建设的人才，船政引进西方先进的教育模式，结合中国实际，实行"权操诸我"的原则，形成特色鲜明的中国化办学模式，从而打破了封建教育的传统模式，开创了近代教育的先河，成为改革旧教育制度和建立近代教育体系的先锋和典范。这种改革是革命性的，很多都是开风气之先的。她突破传统，大胆革新，采用契约合作、引进外教、留学深造的培养模式，采取厂校一体化、工学紧密结合的办学形式，实行科技与人文结合、培养爱国情操和人才为本、精益求精、因材施教，特色鲜明，成效卓著③。

---

① 沈岩、方宝川：《船政奏议全编》（第一卷），国家图书馆出版社 2011 年版，第 62 页。

② 高时良：《中国近代教育史资料汇编·洋务运动时期教育》，上海教育出版社 1992 年版，第 949 页。

③ 沈岩：《船政学堂》，科学出版社 2007 年版，第 220—221 页。

④要培养栋梁之材就要他们坚持清慎勤。风清万年的期待，按现在的话说是"腐败的零容忍"。第一艘轮船的命名，过去我们常这样理解，是为清朝的统治歌功颂德，显然这种理解是肤浅的、低层次的，联系沈葆桢卖字补贴生计和在任上病逝后"不名一文"同僚掩面而泣的事例，可以看出沈葆桢取名"万年清"有其高境界的用意，就是希望永远风清气正。沈葆桢写有一本《居官圭臬》的书，收录历朝历代名臣的格言议论，从古今治乱得失的高度，提出吏治的重要性和道德准则、法律原则。他认为"当官之法，惟有三事，曰清，曰慎，曰勤"。在实践中，他本人正是以此为准则，勤政亲民，廉洁奉公，获得"一生清名"。

（五）民族复兴要重视海权建设

船政的辉煌和海权联系在一起，她始于忧患，终于忧患。列强的坚船利炮让国人懂得了"师夷制夷"的道理，让船政人懂得了"惟东南大利，在水而不在陆"；"欲防海之害而收其利，非整理水师不可"。19世纪50到60年代，世界海军的发展正由风帆轮机木质前装滑膛炮战舰向风帆轮机装甲后装线膛炮战舰过渡。船政的创办，正好契合世界海军发展的这个历史性的转折点。当时的起点应该是高的，加上沈葆桢的卓越运筹，在短短的八年时间里就建起中国第一支海军舰队，初步达到整理水师的目的。

①必须建立强大的海军。阿斯本舰队的流产，使国人清醒地认识到建立海军的重要性。船政的创办就是在海军建设理念上的一个重大突破。1870年船政第三艘兵轮"福星号"下水后，清廷批准沈葆桢的奏请，成立轮船水师，以李成谋为统领，由船政衙门统辖。这是近代中国第一支同旧式水师有着根本区别的新式水师，是中国近代海军建设的开端。马江海战和甲午海战的失败也从反面证明，建立强大海军的必要。培养自己强大的海军，对海岸线长、海洋面积大、岛屿多、轮船这种流动国土大量航行于世界各地的大国来说，始终是不可忽视的要务，在军国主义抬头、霸权主义横行和恐怖主义向全球蔓延的今天，尤为重要。

②必须发展攻击型的战舰。海战船舰，蚊子船偏于守，铁甲船偏于攻。沈葆桢始终认为铁甲船不能不购。但李鸿章在赫德的忽悠下，认为铁甲船是"不急之物"。沈葆桢把三年的南洋购船经费统统给了北洋，结果并没有把它用于购置铁甲船。沈葆桢临终遗言就是"臣所每饭不忘者，在购办铁甲船一事"。建造铁甲舰和增加巡洋舰，用它在海上与敌交锋，

克服"不争大洋冲突"的消极防御思想，海权先行战略才能得到落实。

③海战不可避免。资源小国对资源大国总是虎视眈眈。日本从不安分，常常侵朝、犯唐。明代，倭寇猖獗；清代，侵华之心路人皆知。沈葆桢认为"东洋终须一战"，临终遗嘱还念念不忘日本对台"虎视眈眈""铁甲船不可不办，倭人万不可轻视"。遗疏言："臣以为兵家知己知彼之论，二者缺一不可。"① 甲午海战的发生准确地印证沈葆桢的预言。

④必有海权，乃安国势。1890年，美国海军学院院长马汉发表了海权理论，震动了世界。马汉的海权理论，是将控制海洋提高到国家兴衰的高度。船政创办本身就是迈向海权的第一步。造船制炮、整顿水师、培养海军人才都围绕着海权做文章。建立强大的海军，目的就是维护领海和主权，维护世界和平。沈葆桢一再强调"船政为海防第一关键"。船政学堂培养的学生，海权意识更为强烈。严复就认为"海军者攻守之大器也"，"必有海权，乃安国势"；要"早建海权，国振远驭之良策"。

（六）民族复兴要面向世界，走"智民"路线

甲午海战后，严复认为"所可悲者，民智之已下，民德之已衰，与民气之已困耳，虽有圣人用事，非数十百年薄海知亡，上下同德，痛刮除而鼓舞之，终不足以有立。"② 他认为中国富强的根本办法就是鼓民力、开民智、新民德。把"智民"问题提到一个国家兴衰强弱的高度来认识。

①民族要复兴，民气不可困、民德不可衰。民气就是民族气节，它是富有民族精神的志气与节操。船政具有民族气节的故事很多，最为典型的、最为可歌可泣的就是甲戌巡台的故事和甲申马江海战、甲午黄海海战。两次海战中，船政学生们杀身成仁、视死如归的故事组成凸显民族气节的组歌。船政学生以满腔的爱国热忱，忠实地实践着民族英雄林则徐毕生追求的"苟利国家生死以，岂因祸福避趋之"的崇高人生真谛。严复认为，"民德"与政体攸关，要通过教育改变国民"不管他人瓦上霜"的毛病，使人人关心他人，人人爱国。

②国际法的应用要为民族复兴服务。船政要设局造船、办学、整顿水师，请洋人包教包会的方案是十分务实的。在本土缺人才、缺技术的情况

---

① 沈葆桢：《遗疏》，载沈瑜庆《涛园集》，福建人民出版社2010年版，第173页。
② 严复：《原强》，载《严复作品精选》，长江文艺出版社2005年版，第10页。

下，引进人才、引进技术的拿来主义，无疑是个良方。左宗棠请来了日意格，设计了办学方案。并与日意格签订了合同，坚持"权操诸我"的原则，要求在5年合同期内包教包会。洋员受中国官员节制，听稽查委员示谕，只负责教学，不干预其他。"条约外勿多说一字，条约内勿私取一文"。陈季同奔赴台湾，协助唐景崧筹划防务，面对清廷被迫割让台湾、澎湖给日本，先是积极通过外交手段争取西方国家"援助"，后则策划成立"台湾民主国"，抵抗日本占领台湾。这也是他熟悉国际法才可能发生的事情。

③国贵自主比个人自由更重要。严复认为，"身贵自由，国贵自主。""国群自由比个人自由更重要。"他在《法意》按语中写道："所急者，乃国群自由，非小己自由也。"严复一再重申，国家自由是个人自由最可靠的保障，而个人自由已包含在国家的自由之中，应先解决国家自由问题，后解决个人自由问题。他认为要争国家自由，必须使人人爱国，而要做到人人爱国，又必须首先引导国人关心国家大事。认为"不自繇则无特操，无特操则其群必衰"；"民少特操，其国必衰"。有特操才能个性自由，而个性自由是国家自由的基础，"特操之民，社会所以待进化。"

④合群两益至善是人类社会的行为准则。严复认为人是合群之动物。在《天演论》中，他说"能群者存，不群者灭；善群者存，不善群者灭。"而"善群者何？善相感通者是，然则善相感通之德，乃天择以后之事，非其始之即如是也。"《天演论》强调："人得自由，而以他人之自由为界"，"大利所存，必其两益。""两益"即共赢思想，是处理人际关系、国际关系的重要准则。至善是人类的共同目标，只有大家都至善，世界才能大同。构建人类命运共同体正是这种思想的延续和发展。

⑤开民智可以借助世界文学的武器。文学，即人学，是世界语言。要治愚，可以借助世界文学的武器。鲁迅先生弃医从文就是一种警示。人的心灵是相通的。这也是许多船政学子涉及文学的热情和动机。他们日以继夜地翻译外国小说，为的是什么呢？"开民智"啊！船政学子王寿昌向林纾介绍《茶花女》难道仅仅为了爱情、为了消遣？陈季同为什么要研究世界文学？陈季同有儒将风度，性格开朗，善于交际。他曾与德意志皇帝弗雷德里希三世一同骑马散步，讨论社会和文学问题。

⑥他山之石可以攻错，有开放心态才能海纳百川。福建地临东海，深

水港多，港湾受潮汐影响大，海道输沙量小，水土流失少，属南亚热带为主的海洋性气候，春夏吹东南风，秋冬刮东北风。春夏北上东北亚，秋季返航乃至远航东南亚，全年忙碌。海峡地位十分重要，自古就被视为航海的门户。船政在此诞生，有其深远的渊源。正是由于海洋文化的长期熏陶，使船政人具备了海纳百川的宽广胸怀。在船政衙门与洋人和睦共处一起生活，在学堂学习外国语言和科技，接受西方教育模式，到欧洲留学深造，在欧洲工作时与外国人交往，理解洋人的习俗和礼仪等等，正是海纳百川的胸怀所致。

（七）中华文化耐久无弊，要坚持文化自信

文化自信是指对自身文化价值的肯定和对文化生命力的坚定信念。船政通过文化交流，既吸收外来优秀文化，又坚信中华文化的生命力。在我国五千多年文明发展历程中，各族人民紧密团结、自强不息，共同创造出源远流长、博大精深的中华文化，为中华民族发展壮大提供了强大精神力量，正如严复所说，是"耐久无弊"，"最富矿藏"。

①船政的创办是自觉自信的。船政的创办正是国人觉醒、中国梦的开始。这和鸦片战争后的被迫开放完全是两回事。从林则徐、魏源到左宗棠、沈葆桢，都有着强烈的自强精神。船政的实践也充分说明朝野上下的文化自觉。船政"师夷"是文化自信，引进西方技术是文化自信。"走出去"也充满着自信。船政学子们分赴法、英、德、美等国留学，学成回国，成为我国近代化的精英和栋梁。严复运用西方进化论和天赋人权学说，宣传变法图强的思想主张，连续发表政论文章，翻译《天演论》等名著，振聋发聩，影响深远，成为中国近代杰出的启蒙思想家。也正是这位思想家，坚信中国将会成为"强族大国"。晚年，他撰写了一副对联："有王者兴必来取法，虽圣人起不易吾言"，可见其自信之至。

②中国文化本身有许多优点。陈季同认为"中国的教育制度被建构得经久耐用，就像我们见到的那样，反映出在建构它们时那种极为精细的智慧。"① 他认为，中国教育没有官方教育，但有官方的考试，学而优则仕。中国社会结构就是士农工商，士是第一位的。只要能优就能士，不管你原先的家庭地位如何贫贱。英国罗素在《中国之问题》一书中也谈到中国文化的

---

① 陈季同：《中国人自画像》，黄兴涛等译，贵州人民出版社1998年版，第75页。

三大特点之一就是"治国者是靠考试取士的，而非贵族世袭。中国又是世界上唯一一个伦理与政治紧密结合的国家。"在上海演讲时，他还说"中国是文化体而非国家"。严复在翻译孟德斯鸠《法意》后说，不能不"低首下心服其伟识"。严复遗言"须知中国不灭，旧法可损益，必不可叛。"这是他探索一生得出的真知灼见。

③中华文明是强国之魂。严复晚年，看到城头变幻大王旗，看到第一次世界大战，世事江河日下，曾借《诗经》发出"譬彼舟流，不知所届"的感叹，并认为"异日一线命根，仍是数千年来先王教化之泽"。他说四书五经是最富矿藏，要用"新式机器发掘淘炼"，"研究人心政俗之变"。宋代"最宜究心"。"今日现象"，宋人所造十有八九。认为应该认真用"新式机器"来发掘淘炼我们的文明积淀，包括宋代的政治与民情。第一次世界大战使严复对西方现代资本主义文明进行反思，认为"四年亘古未有之血战，觉彼族三百年之进化，只做到'利己杀人，寡廉鲜耻'八个字。回观孔孟之道，真量同天地，泽被寰区。"由于对国内国际形势的失望，促使他深刻反思中西文化的长短利弊，认为只有在社会富强的同时坚持"人道"，才能达到大同、太平的理想目标。

④外交就是要让世界更多地了解中国。陈季同是我国自己培养的第一代职业外交官。在他担任外交官的第一天起，他就深深地感到文化上的无穷压力。西方人对中国的不了解，已经到了无可复加的地步。中国的一切，在西方人的眼中，变得那么怪诞，不近人情，不合法理，被大大地妖魔化。这令他十分伤心。他决心要运用自己的笔来介绍中国，澄清西方人的误读和曲解。他进入欧洲上流社会的沙龙去演讲，到大学的讲坛去演讲，在西方报刊上作介绍。还写成《中国人自画像》《吾国》等法文著作，让西方人了解中国。强国要有强大的外交，要有一支高素质的职业外交官队伍。

⑤物竞天择，西学要中国式解读。船政学子大量翻译西方名著，但都进行中国式解读。严复翻译那么多西方名著，其翻译都不是直译，而是拿来主义，为我所用。严复的《天演论》就是很好的例子。严复翻译赫胥黎的《进化与伦理》，取名《天演论》，大家都记住他宣扬的是"物竞天择、适者生存"的进化论观点和斯宾塞的"社会达尔文主义"。其实赫胥黎的《进化与伦理》，强调的是进化与伦理不同，自然界存在的丛林法则不一定适应社会，而应运用伦理原则。严复在介绍西方学术思想的同时，

鲜明地阐述自己的观点，融中学、西学为一体，结合中国国情，有目的有针对性地进行再创作，既传播西学，又切中时弊，启人心智，产生了强烈的社会效果。

⑥中国有哲学，不要妄自菲薄。中国智慧主要表现在古代神话和儒、释、道的亮点以及成语、谚语、警句中。船政学子们认真探索中西文化的异同。严复重视《周易》、《老子》、《庄子》三本书，并且从中西哲学之会通的观点，作出了西方哲学研究的问题不出《老子》中的十二个字的惊人论断。他说："中国哲学有者必在《周易》《老》《庄》三书，晋人酷嗜，决非妄发。"《老子》第一章有"同谓之玄，玄之又玄，众妙之门"之语，严复在评论这句话时指出："西国哲学所从事者，不出此十二字。"

船政文化博大精深，船政的探索广泛深刻，笔者的分析仅仅是冰山一角。中华民族要复兴，在全球化的浪潮中如何屹立于世界民族之林，仍然是我们继续深入探索的重要课题。

技术理性：福建船政的遗产与遗落

石国进*

福建船政创办150周年了，与中国历史上其他许多需要或值得纪念的事件一样，都有一个共同的现实前提，那就是伴随经济社会的发展，我们需要某种文化的反思或传承，抑或某种政治诉求。然而，诸如此类的纪念若放在宏大的历史视野中，我们似乎总存些许隐忧，这种隐忧才是我们更加不能忘却的思量。始于19世纪下半叶的船政历史，在很大程度上更新了我国历史文化的"基因序列"，但最终仍未达到"制夷"的设想与效果。事实上，船政至今，我们一直都在为达致"制夷"而努力，结果是潜藏在历史中的隐忧被今天的纪念擦拭透亮，我们认为这是纪念的另一层意义。而这一隐忧即为技术理性。

一 技术理性：缘起与变迁

与左宗棠和沈葆桢差不多同一时代的西方学者马克斯·韦伯在他的代表性著作《新教伦理与资本主义精神》一书中指出："只有在西方，才发展出一种理性的、有系统的专业科学研究，亦即由一群训练有素的专业人士所经营的学术，他们现今已居有一种近乎文化支配的重要地位。"[①] 这种理性（nous）传统其实一直可以追溯到古希腊时代那些哲学先驱们，比如柏拉图的 aidos、赫拉克利特的 logos、亚里士多德的 entelecheia 等等，后经17世纪科学方法论的形成与发展，西方合理性概念几乎专指自然科学的精确性、实验性、具体性和目的性，由此形成了西方理性主义的直接源头。18世纪启蒙运动进一步强化了理性主义的世俗意义，为了摆脱笛卡尔等人理性主义与自然科学知识的脱节，康德提出"人的理性为自然

---

* 石国进，黄冈师范学院马克思主义学院副教授。
① ［德］马克斯·韦伯：《新教伦理与资本主义精神》，康乐、简惠美译，广西师范大学出版社2010年版，第3页。

界立法"的命题,通过理性批判试图统一现象世界和自在世界,其实是为理性进行辩护,而这种辩护为工业革命的兴起提供了强大的思想理论支撑。到了19世纪的黑格尔那里,理性完全脱离现实基础而成为一种所谓"绝对理性":"它可以是自己的存在的唯一基础和它自己的绝对的和最后的目标,同时又是实现这个目标的最有力的权能"。① 尽管这已经是西方理性传统形而上学之巅峰,但并不妨碍它与"技术大爆炸"时代技术的结合。可以说,西方理性主义从经验主义形态向唯心主义形而上学形态的演变,在很大程度上,正是以科学技术为核心动力因素的工业革命推波助澜的结果,理性的张扬最终导致了理性膨胀。

自17世纪以来,西方人的兴趣向科学转移,由此实现了理性与科学的结合,科学理性的目的是发现上帝创造自然界的美。到了18世纪,科学成为技术的基础,而技术成为工业革命最显而易见的动力因素,这应该是技术与理性结合的世纪,这种结合贯通19世纪,直到20世纪二三十年代,才有了"技术理性"概念的明确提出和批判反思。法兰克福学派的创始人之一霍克海默认为技术造就了文化工业,而"文化工业取得了双重胜利:它从外部祛除了真理,同时又在内部用谎言把真理重建起来",② 由技术重建起来的理性,正如马尔库塞所言:"科学—技术的合理性和操纵一起被熔接成一种新型的社会控制形式。"③ 到哈贝马斯那里,他没有像霍克海默和马尔库塞一样对技术抱有极端的悲观主义情绪,而是对技术理性提出了自己的见解:"目的理性的活动理解为工具的活动,或者合理的选择,或者两者的结合。工具的活动按照技术规则来进行,而技术规则又以经验知识为基础;技术规则在任何情况下都包含着对可以观察到的事件(无论是自然界的还是社会上的事件)的有条件的预测"。④ 技术理性悲观主义在很大程度上是因为"技术进步"观念的影响,而在哈贝马斯看来,技术理性是人类劳动不可抛弃的现实经验,只是更应该从"技术

---

① [德] 黑格尔:《历史哲学》,王造时译,上海书店出版社1999年版,第47页。
② [德] 马克斯·霍克海默、[德] 西奥多·阿多尔诺:《启蒙辩证法——哲学断片》,渠敬东、曹卫东译,上海人民出版社2006年版,第121—122页。
③ [美] 赫伯特·马尔库塞:《单向度的人:发达工业社会意识形态研究》,刘继译,上海译文出版社2008年版,第117页。
④ [德] 尤尔根·哈贝马斯:《作为意识形态的技术与科学》,李黎、郭官义译,学林出版社1999年版,第49页。

选择"和"技术预测"的角度进行理解。技术一直都在，技术理性批判也一直在跟进，但是批判本身并不意味着我们不需要技术，海德格尔讲："不能把技术打翻在地，可以非常肯定地说，技术是不会毁灭的。"① 在人类还没有找到一条能规避技术理性的负面效应或威胁时，我们仍然离不开技术。这是世界近现代以来历史与现实的经验，更是我国19世纪洋务运动以来的切肤之痛。

二 近代化意义上的技术理性内涵

西方文化对于技术理性的理论纠缠告诉我们，技术理性既不是工具层面的简单使用，又不是意识形态或形而上学层面上的技术主义或技术工具主义，而是介于这两者之间的。这应该是在技术文化意义上对技术理性比较合适的理解。如果把技术使用看成纯粹工具使用，那么其历史与人类自身历史等量齐观。工业革命以来，技术使用的内涵发生了深刻变化。一方面，技术使用的目的与效用不同于偶然技术时代，不再是人机体的部分延伸；另一方面，技术使用的具体性日益被象征性取代。但无论如何，基于功利实用的技术使用，以及反作用技术进步的技术使用，都始终具有鲜明的经验主义成分。而技术主义或技术工具主义则是技术理性的极端化表现，近现代技术导致的现代性，其标志"既是对理性的神化，也是对理性的绝望"②，从这个意义上讲，技术主义其实是撇开技术理性的非理性社会心理，是一种极度悲观的情绪表达。正如美国学者波斯曼讲的那样："技术垄断的故事没有一个道德核心。它强调效率、利益和经济进步……它将一切表示稳定和秩序的传统的叙事和符号弃之不顾，用另一个故事取而代之。"③ 从所谓技术统治到技术垄断阶段，从技术进步发展到等同于培根的进步观念，西方后现代主义批判的一个主要靶子就是技术，这种批判思想集中体现为技术主义。然而在现实面前，后现代的技术批判在今天

---

① [美] 卡尔·米切姆：《技术哲学概论》，殷登祥、曹南燕等译，天津科技出版社1999年版，第31页。

② [德] 彼得·科斯洛夫斯基：《后现代文化：技术发展的社会文化后果》，毛怡红译，中央编译出版社2011年版，第26页。

③ [美] 尼尔·波斯曼：《技术垄断：文化向技术投降》，何道宽译，北京大学出版社2007年版，第107页。

似乎已成强弩之末，因为由技术"编写"的故事还在顽强地传播。因此，我们今天至少应该拥有的理解是，技术理性仍然不可或缺，任何把技术理性等同于"恶"的时代，既是对现实世界不平等和落后的视而不见，也是对技术本质和人性自身的充耳不闻。

由此，基于18、19世纪世界工业化的历史，在技术使用与技术主义之间，技术理性具有丰富的内涵。从物质基础或条件上讲，技术理性包括以技术制作与技术使用为内容的工业化、海权、资本、市场等要素；从形而上学理解，技术理性包含理性、秩序、进步、人性解放等诸多理念；从实践角度理解，技术理性包括技术方法的横断性、技术教育的普遍性、技术使用者的参与性、技术活动的创新性、技术使用的合目的性、技术文化的自觉性、研究共同体的专业性等。

一个社会制度仅仅具备技术合理性条件是不够的，但是没有技术理性，又何来工业文明，更没有我们今天的历史回顾，及其回顾中的不堪，这种不堪导致的阵痛却偏偏是我们不懈追求的技术理性缺失所带来的。以福建船政为代表的洋务运动秉持"师夷长技以制夷"的观念，开启了我国近代工业与技术的兴起，但正因为其目的是"制夷"，技术的第一责任是技术制作和使用本身，背负着"自强"历史使命的技术，其实履行的是强国御侮的政治功能。从经验主义出发的技术使用是我们自19世纪中叶以来一直存在的技术观。通过所谓高位嫁接的技术引进而"向外国学习利器"，并没有从根本上实现"民力、民智、民德"的自强。中国从来不是一个真正蔑视"奇技淫巧"的国度，器物把玩和"善假于物"的做派植根于文化之中，我们缺乏的恰恰是技术理性本身，对于人性之力量的解放，技术理性改变社会的力量远大于技术使用的力量。

三　福建船政技术理性的遗产

福建船政不能承担技术理性缺失的责任，相反，正是因为船政的兴起，发展起来的以技术制作与技术使用为特征的近代化工业，极大地激起了民族文化自信。然而也使我们清醒地认识到，文化自信一方面为"中体"进行了辩护，另一方面却忽视了"西体"的精髓，即技术理性的完整性。以今天的历史时空条件检视过往，这一忽视并不能抹杀船政事业的伟绩，无论如何，船政开创的工业近代化为技术理性在中国的出现创造了坚实的物质条件即技术本身，包括技术制作和技术教育等内容，以及在技术理性的语境中的海权和进化思想的传播。

林则徐总结鸦片战争的教训时，深感"器不良、技不熟"是失败的重要原因，到沈葆桢执掌船政时，如何谋西方之船炮，提出"创始之意，不重在造，而重在学"的重要指导思想，这样的反思与观念不能不说是近代中国理性思考的集中体现。反映在实践上的业绩，至今都是我们不能忘却的：从1868年初到1907年清廷下令船政停止造船，40年间，福建船政共造轮船40余艘，产量占了当时中国自造舰船的82%。① 对于舰船制造在19世纪的意义，恩格斯有一个恰如其分的评价："现代的军舰不仅是现代大工业的产物，同时还是现代大工业的样板，是浮在水上的工厂。"② 在当时我国没有相应技术基础的情形下，左宗棠高瞻远瞩，大胆"募雇洋匠"，开办"产学研"一体的学堂，构建了一个与当时西方工业化高度一致的技术平台，成就了近代中国技术制作不仅包括舰船，而且还有第一架水上飞机的辉煌。

"许多涉及航海、地图绘制、舰船设计的核心内容是中国人首先掌握和发展起来的，但是当他们将技术超前和社会超前的接力棒传给欧洲人（通过阿拉伯人）之后，后者将其重新整理和改造了，并且在西方文化快速和不可抗拒的崛起中扮演了极为重要的角色。"③ 船政时期之前，中国人利用和改造自然界的能力远超西方人，但是由于我国一直以来缺乏技术教育传统，导致很多发生于本土的技术成果，传入西方后反过来成为他们对外扩张的手段。这样的历史相信左宗棠了然于胸，在他的极力主张下，1867年1月求是堂艺局正式开学。通过"选少年颖悟子弟习其语言文字，颂其书，通其算学，而后西法可衍于中国"④，其直接目的就是为了求务实技艺之用。福建船政学堂的成立开辟了中国历史上真正意义上的技术教育，学者潘懋元对此有着恰如其分的评价，福建船政学堂"不但对清末如雨后春笋兴起的高等实业学堂以及军事、政治等学堂起榜样作用，而且

---

① 沈岩：《沈岩船政研究文集》，社会科学文献出版社2016年版，第17页。
② 《马克思恩格斯文集》第九卷，人民出版社2009年版，第180页。
③ ［美］迈克尔·怀特：《战争的果实——军事冲突如何加速科技创新》，卢欣渝译，生活·读书·新知三联书店2009年版，第215页。
④ 《左宗棠全集·奏稿》第3卷，岳麓书社1989年版，第342页。

有些措施与经验,对今天的办学还有参考价值"①。

技术制作成就和技术教育的开创,可以说是技术理性"物化"最直接的体现,福建船政单有这样的成就已经令人瞩目了。对于近代历史技术理性的完整性而言,福建船政时期以严复为代表的"进化论"者,翻译和传播的"进步"思想,以及海权建设,应该有着更加重要的历史和现实意义。

19 世纪下半叶的进化论思想与当时西方理性主义高度吻合,为西方社会利用先进技术实现对外扩张,起到了辩护和鼓吹作用。从此,历史的时间性开始了向前看的转向,技术理性裹挟着资本和市场所向披靡。严复是第一个把西方进化论和社会达尔文主义思想介绍到中国的人。他清醒地认识到,中国的问题绝不是单纯技术能够解决的,需要制度和观念上的变革。他翻译的《天演论》使"物竞天择、适者生存"的思想很快成为一种社会共识,认为"民民物物,各争有以自存。其始也,种与种争,及其成群成国,则群与群争,国与国争。而弱者当为强者肉,愚者当为智者役焉"②。弱肉强食是近代西方资本主义工业化的竞争法则,却也是当时中国极其需要的技术理性思想。

英国著名学者查尔斯·辛格等人在他们主编的《技术史·工业革命》前言中,明确指出,近代工业革命之所以首先产生在英国,除了"拥有众多的发明天才以及从事商业贸易的冒险精神",还有一个重要的原因,那就是英国在当时"始终保持着对海洋的支配权"③。如果说技术理性为工业革命提供智识基础,那么海权则为技术理性提供强有力的物质条件,为技术理性的张扬保驾护航。福建船政是近代中国深刻认识并建设海权的先驱。1866 年 6 月,左宗棠在上奏清廷的《试造轮船先陈大概情形折》中,敏锐地意识到"惟东南大利,在水而不在陆",并由此提出:"中国自强之策,除修明政事、精练兵勇外,必应仿造轮船以夺彼族之所恃。"④海权意识的形成一方面使"进化"和"优胜劣汰"的思想变得更加具体,崇尚弱肉强食"霍布斯法则"的海权论,其浓重的强权意识,内在地与

---

① 潘懋元:《福建船政学堂的历史地位及其影响》,《教育研究》1998 年第 8 期。
② 许祖华选编:《严复作品精选》,长江文艺出版社 2005 年版,第 36 页。
③ [英] 查尔斯·辛格等主编:《技术史》第 4 卷,辛元欧主译,上海科技教育出版社 2004 年版,前言。
④ 《左宗棠全集·书牍》第 7 卷,岳麓书社 1987 年版,第 25 页。

技术理性高度一致；另一方面，海权意味着近代国家重心由陆地向海洋的转移，这与技术理性伴随西方社会不断向海外扩张而大肆张扬的路径完全一致，这充分说明了福建船政海权建设与技术理性之间的关系。

福建船政关乎技术理性的内容无疑具有穿越历史时空的重要意义，纵使技术理性在现代饱受批判，甚至否定，但是至少今天，在走向物质财富极大发展，社会极大进步的"征途"中，世界上没有哪一个民族彻底放弃。作为遗产，不仅能使我们清醒地认识到技术理性的历史意义，更能启示技术化生存的当下中国，因为我们是一个一直以来缺乏技术理性的国度。

四 福建船政技术理性的缺失

从人文意义上讲，我国历来就有关于理性、秩序和人性解放的系统思想和不懈追求，但与西方源于自然哲学的思想传统相比，缺少"自然"这一对象化的存在作为反思基础，这就导致形而上学技术理性很难在我国的历史文化中彰显。而关于"进步"的观念，前文已有陈述，正因为福建船政时期严复的积极推动，加上近代化工业实践，才使其在我国有了传播的现实可能。因此，总体来说，技术理性并不是福建船政能建构起来的。今天来看，福建船政关于技术理性留给后人最大的遗产恰恰是，在西方国家提出所谓工业4.0和我国提出的互联网+时代，尽管争议与批判不断，但是技术理性在今天仍然具有强烈的现实意义，尤其对我国而言。一直旁落的技术理性，在洋务运动时期虽有端倪，却残缺不全。

福建船政时期技术理性的缺失只有在实践视角中进行解读才有意义，主要表现在以下几个方面。

第一，技术方法横断性特征不鲜明。福建船政主管左宗棠深知技术方法的重要性，认为船政局需要学习西方造船之法，以得永远之利："夫习造轮船，非为造船也，欲尽其制造驾驶之术耳；非徒求一二人能制造驾驶也，欲广其传使中国才艺日进，制造驾驶展转授受，传习无穷耳。"[①] 左宗棠的见解与英国学者怀特海不谋而合，怀特海在《科学与近代世界》

---

① 《左宗棠全集·奏稿》第3卷，岳麓书社1989年版，第342页。

一书中明确指出："19世纪最大的发明就是找到了发明的方法。"① 他们的认识与19世纪技术发展的历史高度一致。技术方法可以习得和效仿，但是在实际的技术活动中能否合理应用，即横断于技术设计、技术试验、技术选择、技术评估与技术预测等诸多方面，在很大程度上与科学方法论有极大关系。不同的是，近代科学与科学方法均产生于西方，而我国近代与此几乎无涉。对此，在所谓"李约瑟问题"的相关研究中已有深入研究。这在很大程度上直接而又严重影响技术方法在我国的真正接受与运用，尤其难以形成结合我国传统文化的特色技术方法，不然怎会有"体""用"的割裂？"中学为体，西学为用"指导思想的历史局限性，尤其表现在，产生于西方的技术方法很难真正在技术活动每一个过程合理实施，从而体现出技术方法的横断性特征。另外，技术方法横断性特征还表现在技术活动的主动性中，之所以说福建船政在这方面的技术理性有所缺失，是因为晚清海防和海军建设典型地体现出"被动性"特征：首先，它们是遭受外敌直接军事打击并产生剧烈"阵痛"后的结果；其次，它们所有的重要进展，几乎无一例外都是在应对列强军事侵略的过程中取得的，是"阵痛效应"刺激下的作为。② 包括技术方法的实施与运用，就没有那么从容和持续。

第二，技术教育的普遍性不够。近代西方技术理性的张扬，还有一个非常重要的实践原因，那就是普遍的技术教育。1851年第一次世界博览会由英国筹办并非偶然，这主要归因于19世纪上半叶英国技术教育的普及化，及其带来的直接后果，即当时世界上工业化程度最高的国家。然而之后，"英国不能与法国的综合工科学校相比，更无法与德国1820—1830年这10年中数量激增的技术学院相比"，③ 导致19世纪最后25年中，欧洲的技术创新中心转移到了德国，这与德国完善的技术教育基础完全一致。福建船政开辟了我国历史上首次职业技术教育事业，船政学堂的建立，从专业设置、课程组织和留学生培养等方面来看，职业性和针对性非常强，非常符合近代职业技术教育培养专门技术人才的特点。"这边风景

---

① ［英］A. N. 怀特海：《科学与近代世界》，何钦译，商务印书馆2012年版，第110页。
② 福建省广播影视集团编著：《船政学堂——一所学堂影响一个时代》，中国文联出版社2016年版，第45页。
③ ［英］查尔斯·辛格等主编：《技术史》第5卷，远德玉、丁云龙主译，上海科技教育出版社2004年版，第566页。

独好"的做法尽管深刻影响了后来的天津水师学堂、江南水师学堂和烟台海军学堂等等，但是因为没有建制化的技术教育机构建立与发展，导致公众理解技术本身，以及培养社会公众从根本上改变我国针对技术的传统观念，与近代西方技术教育发达的国家相比，尤显落后。

第三，技术使用者的参与性不够。技术的本质直接体现在技术使用中，对此，技术哲学家芬伯格认为："事实上，根本没有所谓的技术'本身'，因为技术只存在于某种应用的情境中。这就是为什么技术的每一个重要方面都被认为是某种类型的'使用'。"① 技术使用主体对于技术发展的推动作用不能否认技术研究共同体的主要作用，但是，"使用者参与（user participation）"理念深刻揭示了技术发展过程中，"技术使用实际上就是使用者与代表发明者、设计者和生产者意图的技术之间的一种博弈"。② 我们可以理解为，技术使用者的参与程度在很大程度上影响技术发展水平。福建船政时期造船技术的规划与设计是清廷自上而下地进行的，造船技术水平的提高多靠研究共同体完成，其中赴欧洲留学生起到了重要作用。比如陈兆翱在法时曾经发明新式锅炉，令法国人惊奇不已，并以他的名字给锅炉命名。在监造和接收舰船过程中，这些留学生的身份既是技术研究者，又是首次使用者。作为技术研究者，"他们独运精思、汇集新法、汇算图式，并能本外洋最新、最上、最捷之法而损益"，③ 由于深谙技术制作之法，所以同时作为技术使用者，能高效地反馈其中的经验与问题，并反作用技术发展。然而，作为军事装备，直接而广泛的技术使用者应该是舰船上的士兵。"在技术使用过程中，知识能够顺利地扩散和重构，不仅受限于知识创造者即设计者表达知识的意愿和能力，更取决于知识转译者即使用者的理解能力和知识整合能力"。④ 而福建船政及后来受其影响的其他水师学堂，均没有衍生出专门培训舰船普通士兵的机构，这严重影响士兵与舰船管带之间的技术使用互动，尽管这些管带们大都毕业于福建船政学堂，但是有限的技术使用参与度将最终影响技术的特色发展。要知道，任何技术都具有"风土"性，只有本土使用者的反馈才有

---

① ［美］安德鲁·芬伯格：《技术批判理论》，韩连庆译，北京大学出版社2005年版，第53页。
② 陈凡、陈多闻：《文明进步中的技术使用问题》，《中国社会科学》2012年第2期。
③ 沈岩：《船政学堂》，科学出版社2007年版，第165页。
④ 陈凡、陈多闻：《文明进步中的技术使用问题》，《中国社会科学》2012年第2期。

可能推动真正意义上的"中体西用"合二为一。

　　第四，研究队伍的专业化程度不够。"专业化"是近代技术理性在实践领域的突出表现，对于从事技术研究的共同体而言，专业化即职业化。技术理性从来不是真空中的存在，一定与政治、经济、文化等各种社会因素息息相关，甚至从某种意义上讲，是多种社会因素建构的结果。这决定了技术活动的研究队伍既包括技术共同体，也包括政府职能部门人员和其他社会公众等。在中国近代化走出的关键一步中，清廷政府要员加上法国军方人士日意格和德克碑等人，亲力亲为，为以舰船技术为代表的近代工业技术在我国开始落地生根，发挥了巨大作用。1869年春天，船政大臣沈葆桢的案头摆满了洋物件。进士出身、满腹经纶的大清官员放下身段，入门自然科学，在一般人看来的确有悖常理。意犹未尽的沈葆桢还上书朝廷，请求军机处送来五套新印的《格物入门》，命下属中国官员认真学习，一时间，夜晚秉烛研读西洋物理学和数学，成了当时大清国东南一隅船政衙门里的一道奇景。① 这种景象所以是"奇观"，其中的隐喻却是，政府要员很多时候身兼决策者、管理者甚至研究者于一身，因劳苦功高而名垂青史。在美国学者杜威看来，人类要逃避危险而获得安全，其中一个途径就是"发明许多艺术，通过它们来利用自然的力量"。② 这里的艺术可以理解为技术。近代西方挟技术威胁或入侵我国，从直观上讲，我们恐惧的是技术本身。然而，令人迷惑的是，"大多数人都有（像中国人那样）一些倾向：对外国事物有很强的恐惧，拒绝承认在技术或者其他任何方面的劣势"。③ 这种悖论巧合地出现在了福建船政时期。一方面，我们"师夷长技"试图获得安全，另一方面，我们却看低西方技术的文化心理。在当时中国的历史情境中，只有通过政治权威才有可能解决这一矛盾。这给我国技术研究埋下了"大一统"研究范式的种子，使技术研究队伍官僚化管理具有了合法化的历史渊源。我们并不主张所谓的"技治主义"，同样不认可罔顾技术自主性的干预行为。福建船政的功劳让我们可以忽略技术理性中研究队伍较低的专业化水平，但从中引申出来的些

---

　　① 福建省广播影视集团编著：《船政学堂——一所学堂影响一个时代》，中国文联出版社2016年版，第72页。

　　② 吴国盛编：《技术哲学经典读本》，上海交通大学出版社2008年版，第204页。

　　③ ［英］查尔斯·辛格等主编：《技术史》第3卷，高亮华、戴吾三主译，上海科技教育出版社2004年版，第487页。

微思考对我们今天的技术研究队伍建设,具有重要的启示意义。

除了上述缺憾,船政在技术活动的创新性、技术使用的合目的性以及技术文化的自觉性等方面也存有遗落的地方,但是这些方面需要放到更加宏大的历史视野中,才能体现出技术理性之不足。因此,这三个方面的不够或欠缺不能简单地归因于福建船政。问题是,既然福建船政率先以技术为动力开启了我国近代化进程,理应对这三个问题有更加深刻的认识。并在技术实践活动中有所体现。比如技术活动的创新性问题,在近代工业化时期,技术创新不等于技术发明或技术革新,不是某一具体技术工艺的改进,而是技术发明与需求市场的结合,产生出可观的经济效益和社会效益。单就技术本身而言,不能否认船政时期技术制作上的很多创新,但是舰船技术与军事效益勾连后,极少向民用需求领域延伸。殊不知,社会公众的需求才是形成市场的直接推动力。注重生活世界传统的中国,错过了技术普及推广的时机,当然也就错过了技术与市场的结合,最终导致技术活动的创新在很多时候持续发展乏力。这当然与我国特有的技术文化有关,与西方相比较,我们都曾有过鄙视技术的历史,只是西方在近代之后,重新审视了技术的世俗力量,很好地结合了技术与理性传统;而我国的传统则是,鄙视技术其实是鄙视"从事技术的匠人"。事实上,我们从来就是一个技术丰富的国家,只是"器物把玩"流行于特权阶层,结果造就了我国特殊的技术文化。这种技术文化基因严重阻碍了普通社会公众自觉地理解和接受技术,极端化的表现就是拒认与西方技术的差距。关于技术使用问题,前文已有分析。但是从技术使用的合目的性上看,按照加塞特的观点,"归根结底,'人'、'技术'、'活好',内涵相同"。[1] 技术是人性的体现,如果说技术本身就是技术使用,那么技术使用的最终目的应该是人性之花的盛放,是人之为人的张扬。船政时期的严复认为:"世间一切法,举皆有弊,而福利多寡,仍以民德民智高下为归。"[2] 他主张西学(包含西方科学思想)和民主才能救国救民,才能释放"民德民智"人性之光辉,而不是"汽机兵械"和"天算格致"。技术之于人性的张扬孤掌难鸣,但是近代化乃至现代性的形成,技术一定不能不在场。被冯友兰誉为西方思想最大权威的严复,缺少对舰船技术本质与"民德民智"

---

[1] 吴国盛编:《技术哲学经典读本》,上海交通大学出版社 2008 年版,第 268 页。
[2] 苏中立、涂光久编:《百年严复——严复研究资料精选》,福建人民出版社 2011 年版,第 254 页。

之间关系的深刻探究,可以说是一个遗憾。

五 小结:技术理性何处安顿

以福建船政为代表的洋务运动,使我国第一次深切领略到了西方技术理性的"进步""扩张"与"霸权",从某种意义上讲,技术理性是西方近代工业化的精神动力。伴随我国近代化进程,船政的创办者们在引进并创新西方舰船工业技术的同时,囿于历史和文化诸多复杂原因,很多时候都是不自觉地把西方技术理性也引入到了中国。但在"中体西用"的总体思想指导下,难以理解并施行"西体西用"相结合的技术理性,这也就导致技术理性自近代始在我国一直都没有如西方那样系统而深刻。技术哲学产生于19世纪中后期的西方,自此以后,人们对技术的认识才开始逐渐走向深入。由此看来,要求福建船政时期的先人们对以舰船为代表的西方技术有完整的把握,还真是勉为其难。但这并不妨碍他们带给我们技术理性的遗产,尤其在实践层面,当然有所缺憾也在所难免。从近代穿越到今天,文明变迁始终伴随着技术理性的反思与批判,有一点是我们都认同的,那就是技术理性至今仍然是人类文化中的重要组成部分。仍然奔走在工业化道路上的我国,今天的经济社会发展更加充分证明了这一点。以船政历史为镜,会发现我国技术理性精神即便在今天似乎都还欠缺完整,这更加凸显了纪念这段历史的意义。回顾与反思,提出"技术理性何处安顿"这一问题也就顺理成章了。

"世界各国的基础工业都是从共同的技术基础上成长起来的"。[①] 我们同样可以说,共同的技术基础源于共同的技术理性支撑。技术基础在变化,但技术理性的基本精神和在实践领域中的种种体现没有变化,古今中外皆如此。因此,我们认为技术理性的安顿首先是船政时期关于技术理性遗产的整合。船政时期难以做到这种整合,但今天的我们应该有能力做到这一点。

技术理性的安顿涉及观念和实践两个层面,尤其是观念层面。技术实

---

① [英]查尔斯·辛格等主编:《技术史》第5卷,远德玉、丁云龙主译,上海科技教育出版社2004年版,第558页。

践"行动选择的合理性将更多指向行动者共同体而不是个体"。① 更加准确地讲,技术活动是社会公众共同参与选择的过程与结果。"器物把玩"的传统使我们更加关注技术的功能,而不是技术本身,这是公众参与技术活动缺乏积极性的原因之一。因此,需要社会公众有一种观念建构:理解技术理性就是认识技术本身,这是主动参与技术活动的认识前提。需要向社会公众普及关于技术本质与发展规律的认知,彻底转变我国传统文化中对于技术的观念,真正使技术在文化上占有一席之地。福建船政时期做不到这点,但是这段历史反复提醒着我们,今天我们应该做到这点。

---

① [美]约瑟夫·C. 皮特:《技术思考——技术哲学的基础》,马会瑞、陈凡译,辽宁人民出版社2008年版,第24页。

福建船政大臣黎兆棠史事考

孙 锋[*]

黎兆棠，清代福建船政局历史上一位备受非议的船政大臣。作为当时船政最高管理者的他竟然被御史以"不知振作，借病离局"，致使船厂"旷废良多"为由进行弹劾。这成为他从政生涯中最大的一个"污点"，并因此被同僚议论。黎兆棠到底是一个怎样的人？他的一生除了最后这有待商榷的不光彩一笔之外，在担任船政大臣期间是否有值得称道的地方？在任三年，造船数量为历任船政大臣中最少又是为何？时任都察院左副都御史的张佩纶上奏弹劾黎兆棠，称其"经营船政局多年以来几无成效，所用之人也大都劣迹昭著"[①]，是否公允？

目前学术界对黎兆棠督办福建船政时期的研究与评价，一般以福建船政建制运作为中心而展开，以及其他船政大臣任职期间参与处理的问题为中心附带谈及，尚未出现以此为专题研究对象的文章。在著述方面，虽说有些著作也用一定篇幅介绍了黎兆棠主政船局的相关事迹，[②] 但却仅是寥寥数笔，无法从整体上了解其在该机构的作为。相关论文也对黎兆棠生平事迹进行了概括叙述。[③]

---

[*] 孙锋，中山大学历史学系博士研究生。

[①] 张佩纶：《涧于集》奏议三，载沈云龙主编《近代中国史料丛刊》第十辑，（台北）文海出版社1967年影印，第392—393页。

[②] 张解民、叶春生等编著：《顺德历史人物》，广东人民出版社1991年版；李健明主编：《千年水乡话杏坛》，时代文艺出版社2004年版；陈泽泓编著：《广东历史名人传略续集》，广东人民出版社2004年版；凌建、李连杰主编：《顺德文物》，（香港）中和文化出版社2007年版；陈扬富主编：《福州戍台名将》，海潮摄影艺术出版社2009年版。以上论著对黎兆棠的生平做了相关描述，使得我们能够对此人有一个初步的了解。

[③] 相关论文有：徐彻：《中国近代第一批军舰的独立制造》，《辽宁师范大学学报》1986年第5期；郑剑顺：《关于福建船政局的成效问题》，《中国社会经济史研究》1988年第3期；赵春晨：《从广东实学馆到黄埔水师学堂——晚清广东的海防教育》，《广州大学学报》（综合版）2009年第1期。

随着史料的深入发掘,该问题的研究又有了拓展空间。笔者耙梳所能查阅到的文献资料,从相关史料及档案的实际出发,厘清黎兆棠担任船政大臣以来的作为,从而对黎兆棠督办船政期间的相关问题进行较为充分的考辨论证。

黎兆棠(1827—1894)字兰仲,号召民,又号铁庵,广东顺德人,晚清洋务运动主要人物之一。光绪五年(1879)九月前福建船政大臣吴赞诚因病去职,奉内阁上谕,调在籍养病的前任直隶按察使黎兆棠出任福建船政大臣。① 黎兆棠于翌年农历二月二十一日(1880 年 3 月 31 日)抵达马尾接篆任事,督办船政事宜。② 他与福建船政的渊源也就此拉开序幕。

一 黎兆棠的船政建设思想

1. 船政与海防相表里

第一次鸦片战争之前清朝统治者对海防的认识不足,且只重沿岸巡哨,自以为闭关锁国就可以将侵略者抵御于国门之外。但是当西方列强用军舰、洋炮敲开了中国大门的那一刻起,严酷的事实暴露了中西之间的差距,也把中国轰出了中世纪。那个时代的特征,用时人的话来说,就是中国面临"此三千余年一大变局也"③。简而言之,"变"就是当时的时代特征。无论动机如何,朝野上下愿意与否,"变"已经成为事实。所谓变,就是过去没有做的事,现在做了。黎兆棠恰好生活在这样的一个大变局时代。

晚清海防应如何发展,在清廷内部意见不一、莫衷一是。此时以直隶总督李鸿章为首的淮系认为海防发展应紧跟时代,提出购办巡海快船与铁甲舰并行巡防的方案,稳海疆之安以固京师;而以南洋大臣刘坤一为首的湘系认为中国目前无力支出用于修建新式铁甲战船的经费,只能以现有之兵船防御海疆。因而形成了两种不同的声音。这场争辩实质上是湘系集团

---

① 《清德宗实录》卷 100,光绪五年九月戊寅,中华书局 1987 年版,第 493 页。
② 台湾"中研院"近代史研究所编:《中国近代史资料汇编·海防档》乙《福州船厂》(下),台湾"中研院"近代史研究所 1957 年版,第 850 页。
③ 李鸿章:《李文忠公全集·奏稿》卷十九,载沈云龙主编《近代中国史料丛刊续编》第七十辑,(台北)文海出版社 1980 年影印,第 677 页。

与淮系集团对福建船政局控制权的争夺。

黎兆棠担任船政大臣时期，闽厂的造船经费有部分出自南洋大臣管辖的南洋海防经费之下。刘坤一显然不愿意看到南洋拨给船局经费后却又无法实际控制船局的局面，因此刘氏对于朝旨所做出的这一决定感到颇为无奈甚至气愤。他在光绪六年（1880）七月写给彭雪琴的信中多有抱怨，称其在津与李鸿章谈及铁甲船一事未有附和之语，且购船固防"本出沈文肃与合肥之意"。刘认为购船之款"莫不以此数百万掷之外洋为可惜，且谓无以救燃眉之急"①。后来清廷鉴于日本在台湾挑起事端及吞并琉球事上，因恃"其有铁甲快船之故"，最终决定采取李鸿章的建议。着福建藩盐两库及关税项下提凑银六十万两、户部拨银三十万两并李鸿章、刘坤一、吴元炳于出使经费项下提垫银二十万两，共计一百一十万两，② 交李鸿章汇寄时任驻英、德公使的李凤苞，派其负责铁甲船的购买建造事宜。待铁甲舰回国后令其驻扎闽省，养船之费则由沿海各省合力筹济。

黎兆棠早年曾赴台任职，协助沈葆桢布置台湾防务，抵御日本入侵，这段经历使其很早便明白海防对于整个国家的重要性。因此，在黎兆棠上任之初便提出"船政与海防相表里"③ 的看法，福建船政的建设不仅关系到福建的安危，更关系到当时整个中国海防事业的发展。他曾多次实地考察各厂的情形并沿江巡视各关隘、防御工事，也清醒地认识到厦门作为七省之屏障战略地位的重要性。在他看来，要加强中国海防，就必须振兴中国的船政事业，因而得到"船政为海防根本，海防为自强根本"④ 的重要结论。

2. 有西学而后有人才

在担任船政大臣期间，黎兆棠提出了建设福建船政的总体性的指导思想，即"有西学而后有人才"。生活和成长在广东这个大环境里，孕育了黎兆棠开放的心态。广东作为中国的南大门，借着滨海之利，尤其

---

① 刘坤一：《刘忠诚公遗集·书牍》卷七，载沈云龙主编《近代中国史料丛刊》第二十六辑，（台北）文海出版社1966年影印，第6378页。

② 《清德宗实录》卷112，光绪六年四月甲辰，第639页。

③ 左宗棠等撰：《船政奏疏汇编》卷十八，载沈云龙主编《近代中国史料丛刊续编》第十八辑，（台北）文海出版社1975年影印，第910页。

④ 台湾"中研院"近代史研究所编：《中国近代史资料汇编·海防档》乙，《福州船厂》（下），大通书局1957年版，第856页。

在近代居中华文明与西方文明交汇的前沿地带，得开风气之先。海外新风从这里吹进内地，磨砺传统，这种得天独厚的优势使得我国许多内陆地区难以望其项背。加之黎兆棠作为首批考取总理衙门章京的官员，在总署的经历为其积累了较为丰富的处理对外事务的经验。在这种条件下他的思想较为开放。在看到中国与西方在军事科技上种种悬殊的差距后，他认识到变通中国顽固腐朽的思维方式，学习西方先进的科技文化，已是势在必行了。

光绪六年（1880），黎兆棠刚抵任福建船政大臣不久，便与时任两广总督的张树声通函称：

> 洋务之兴四十年矣。中国之大，人才之众，物力之富，而不能不受异类诲谩者，则风气未开故也。……惟洋人制造确有精理，不从学堂出者只能步其后尘，不能独出奇异，则西学馆之设，自不可少。英国之强始于煤铁，则煤铁亦制造之要需也。有西学而后有人才，有煤铁而后有材用。①

黎兆棠在信中强调中国之所以在洋务运动兴起这么多年来仍然不见成效，主要是因为"风气未开"，而今时势为古今一大变局，西方列强创设机器以来，互相效法，以为非此不能自立。"而机器之用，具有至理，必须考究于平日，若临时猝办，即无及矣。"② 想要自强就必须设立西学馆，培育人才。督课制造、驾驶各本领，然后所制、所购之器，不致资敌。如若此，"十余年来造诣当大有可观矣"③。同年五月，黎兆棠致函李鸿章，在信中黎谈到了他来到"船政"这几个月以来对该局的初步看法，并提到如今"泰西新法日出，必须随时通信，互相考较，方不致费有用之金钱，制无用之旧器"④。

关于船政前、后学堂对泰西诸国技艺的学习问题，光绪七年（1881）四月黎兆棠曾致信张树声，谈及船政学堂设立之初本意为了培养人才。因

---

① 中国史学会主编：《洋务运动》（二），上海人民出版社 1961 年版，第 130 页。
② 同上书，第 132 页。
③ 同上书，第 133 页。
④ 台湾"中研院"近代史研究所编：《中国近代史资料汇编·海防档》乙，《福州船厂》（下），大通书局 1957 年版，第 858 页。

而学堂生徒应该全面发展，算学、外文、驾船均应精通。且认为洋教习虽然薪资偏高，但对于学员的发展至关重要。主张尤其在外语方面，聘用优秀洋教习。① 同月，张树声复函黎召民，认为"驾驶之材，虽始于学堂，而必成于练船；且学堂功课又自分途"，所以应讲究实效。就聘用洋员教习一事，已托曾纪泽在京城物色，但精通驾驶、饶有才略之人甚少。需慎重而行，使得"他日得人，或可免滥竽之虞也"。② 由此观之，黎兆棠作为晚清官员能够密切关注西方先进技术，并愿学习，为己所用，实为不可多得。

3. "自强"为根本

对于福建船政的发展，黎兆棠认为当时西方各国"以战争相为雄长"，创造轮船，今非昔比；且国家不惜重资，萃千百万人之材力聪明，互相仿效。因此战舰所以"月异而岁不同也"。③ 船局开办日浅，从前都是洋匠总领其成，最近才开始选派生徒赴西方学习造船驾驶之事。加之经费支绌，成船无多，便不能出奇制胜。因而他主张广育生徒，实心考究，制造渐多，自能熟极生巧。"于局员则必为事择人，断不稍从徇滥，于生徒则必勤加督课，不任舍业嬉荒，制造必期精坚，靡费务尽裁革，用以裕自强之本计。"④

黎兆棠深知只有将本国的国防工业独立地发展起来，才能最终摆脱受强国牵制、排挤甚至侵略的不利地位。独立发展就需"自强"，"自强"则需"自造"。用自己建造的武器去抵御外敌的入侵才不会受制于人，船厂所建造的"澄庆"号兵轮，就是对"自造"的一次成功的尝试。据《第四号铁胁轮船下水并厂务情形折》记："（澄庆号）船身系仿兵船造法，长短广狭及吃水尺寸均与'威远''超武'二船相同。所有铁胁、铁梁、铁牵、铁龙骨、斗鲸及轮机、水缸，均系华工自造。"⑤ 另外《第四号澄庆轮船试洋折》载："（澄庆号）顺风顺潮一分钟轮转九十五周，每

---

① 中国史学会主编：《洋务运动》（二），上海人民出版社 1973 年版，第 131 页。
② 同上书，第 134 页。
③ 台湾"中研院"近代史研究所编：《中国近代史资料汇编·海防档》乙，《福州船厂》，大通书局 1957 年版，第 238 页。
④ 同上书，第 236—238 页。
⑤ 左宗棠等撰：《船政奏疏汇编》卷十八，载沈云龙主编《近代中国史料丛刊续编》第十八辑，（台北）文海出版社 1975 年影印，第 914 页。

阅时约行八十里；顶风顶潮一分钟轮转九十一周，每阅时约行六十里。船身坚固，机器精良，帆缆一切均各如法。"① 可知，"澄庆"号铁胁轮船在华工自造的基础上，能达到当时欧美国家建造同类型兵轮的水平，这无疑增强了国人发展民族国防工业的信心。

二　黎兆棠的船政建设功绩

1. 建造铁胁快船及铁胁双重快碰船，开采铁矿以作原料

船政局在初创的十年时间里，所造之船多以旧式木壳船为主，而当时西方诸国已普遍能够建造铁甲船。面对这种情形，时任直隶总督的李鸿章在黎兆棠上任之初便致信于他，让他赴任后"停休停造旧式之船台，意筹造新式快船，少可胜多"②，以备日后从国外购买铁甲船后练为一军。鉴于此，黎兆棠命船局学习西方国家先进的造船工艺，准备建造铁胁快船以改变船政兵轮样式落后的局面。

早在光绪二年（1876）九月，前任船政大臣吴赞诚便饬令厂内洋匠日意格赴法国地中海船厂购齐建造铁胁轮船"澄庆"号所需要的各样图示，后因吴患病去职，至黎赴任后方才开始修建。这艘兵船于光绪六年（1880）九月下水，船身长 252 英尺，宽 32 英尺，全船吨位 2152 吨，轮机水缸 2400 到 2800 匹马力，航速每小时 15 海里。船上配 12 吨炮两尊，7 吨炮两尊，4.5 吨炮十二尊。这在当时的铁胁快船中算得上优良了，就连黎兆棠自己登船下水试洋后，也对其赞赏有加，称"船身坚固，机器精良"③。

与此同时，他还设法开采福建侯官的铁矿，为生产铁胁轮船提供必需的原料。光绪七年（1881）三月间，黎兆棠闻福州下辖的连江县赛洋村所产的铅矿甚佳，适于炼铁。先后两次命"扬武""艺新"号兵轮携同局

---

① 左宗棠等撰：《船政奏疏汇编》卷十八，载沈云龙主编《近代中国史料丛刊续编》第十八辑，（台北）文海出版社 1975 年影印，第 920 页。

② 李鸿章：《李文忠公全集·朋僚函稿》卷十九，载沈云龙主编《近代中国史料丛刊续编》第七十辑，（台北）文海出版社 1980 年影印，第 2792 页。

③ 《奏为澄庆轮船出洋事》，光绪六年十二月十八日，中国第一历史档案馆藏宫中档朱批奏折，档案号：04/01/30/0495/026。

内学生及员绅工匠前往夏冈、西阳、尚干、赛洋等乡勘探。① 见此状况，黎兆棠函咨当时的南、北洋大臣，谈及打算创办侯官铁矿"以解决船局使用铁料的问题"。并拟合三千股，以每股一百两的价格发售，先收取一半。希望获得南北洋的财力支持。

李鸿章、刘坤一等人对黎兆棠的这个想法表示肯定，并给予了实质性的帮助。李鸿章在给黎兆棠的信中称"侯官铁矿与瑞国略同，极为难得"。若叫罗臻禄等前往试办，应有把握。而督办此事之人如果定下，李鸿章表示将提供二万金以资勘探。"船厂及南北机器局需用生熟铁甚多，洵为当务之急。"② 另外，刘坤一也提及"闽省新开铁矿事属可靠"③，但又与皖、鄂两省情形不同。如开办得当，将来对各机器局厂的发展大有裨益。闻之实深鼓舞，亟盼有成。并"愿与梁檀甫、洪琴西等设法筹集股本，以为涓滴之助"。④ 由此可知，侯官铁矿如能按期开办，确实有利于船政局甚至其他洋务厂局的发展建设，因此李、刘二人也不惜出资支持开办。

2. 发展教育、奖励人才

黎兆棠深刻地明白想要使船政局强大必须学习西学，而学西学则需要发展教育、培养人才。于是他决定"以西学堂为船政命脉，选学生、严课程"⑤。甚至还亲自对福建船政局前、后学堂新招入的学生进行面试，以别优劣。⑥ 在选拔人才上黎兆棠也不含糊、亲力亲为。

光绪七年（1881）三月福建船政学堂一年一度的招生考试在正谊书院⑦举行，由黎兆棠亲自主持。当时参加考试的有五百余人，年龄在"八

---

① 《勘矿续闻》，《申报》1881年7月8日，第2版。

② 李鸿章：《李文忠公全集·朋僚函稿》卷二十，沈云龙主编《近代中国史料丛刊续编》第七十辑，（台北）文海出版社1980年影印，第2810页。

③ 刘坤一：《刘忠诚公遗集·书牍》卷十七，沈云龙主编《近代中国史料丛刊》第二十六辑，（台北）文海出版社1966年影印，第7833页。

④ 同上。

⑤ 《诰授荣禄大夫光禄寺卿先考召民府君行略》，梁庆桂：《式洪室诗文遗稿》，沈云龙主编《近代中国史料丛刊续编》第六十八辑，（台北）文海出版社1979年影印，第十三页。

⑥ 《考试艺徒》，《申报》1881年12月4日，第2版。

⑦ 正谊书院原名正谊书局，由闽浙总督左宗棠在清同治五年（1866年）创立于福州新美里（今福州黄巷）。书局创立期间还算有所成就，共计刻成书籍五百二十五卷，总名为《正谊堂全书》。后由当时的福州将军英桂接受沈葆桢、杨庆琛建议，改制为正谊书院，院址选在福州骆舍铺（今东街口原省图书馆旧址）。正谊书院创立于清同治九年（1870），取汉代大儒董仲舒之语"正其谊不谋其利"的意思。

九岁至三四十岁不等"。据当时的报纸记载，考试的题目有"明其政刑""子产惠人论"两题，要求考生作一小讲。方始取合格者两百人，黎兆棠审视名单后觉所取太滥，便自行核取一百四十名，命四月初四日仍在正谊书院覆试。① 到覆试之日，黎兆棠只着各生默写前场小讲，以别真伪。可谁知"各童皆携前场稿底入院，皆一字无讹"②。面对这种状况，黎兆棠决定对应试生徒再试，并暂取四十名，分拨前、后学堂学习制造、驾驶等法。日后察其功课勤惰、心性灵拙，再行淘汰，以定去留。

另一方面，黎兆棠还多次要求派遣学生出洋学习，并对可塑之才赞赏有加。对于船政派遣出洋学习的陈兆翱、严复、蒋超英等人，他尤为喜爱。曾经这样评价他们："出洋学生陈兆翱等精通制法"③、"美国水雷官马格斐授以水雷、电汽诸学，蒋超英所造最深"④、"严宗光先在抱士穆德肄业，随入格林尼次官学，考课屡列优等"⑤。

此外，在选拔人才上黎兆棠也不含糊。任职期前他多次会同闽浙总督及福建巡抚将船政衙门现用各员认真考核，赏罚分明。将滥充数者，悉行淘汰；令将实能通晓制造、当差勤奋人员开单具奏奖叙。其中佟在棠在厂学堂学习期间颇有悟性，黎兆棠曾有将其留在船厂，学习水雷、洋操，以备异日干城之选的打算。⑥ 黎兆棠的这些主张和措施，为船政局培育了一批人才。诸如严复、林永升、陈兆翱、黄建勋、叶祖珪等人后来逐渐成为中国早期海军和造船工业的骨干。

3. 整顿吏治，裁汰冗员

在抵达福建马尾之前，黎兆棠曾往番禺参观了前任两广总督刘坤一所购置的船坞设施，旋而至揭阳向前船政大臣丁日昌询问福建船政局制造及海防事宜。⑦ 光绪六年（1880）五月，也就是他刚抵任三个月后，便致函李鸿章，述及局内诸弊。黎兆棠称船政内部前监督日意格等人"本非精于造船之人""招募洋匠帮办，类皆二三等脚色，所造之船，多是旧式"，

---

① 《考取艺童》，《申报》1881年5月12日，第2版。
② 《艺童覆试》，《申报》1881年5月24日，第2版。
③ 左宗棠等撰：《船政奏疏汇编》卷十八，第907页。
④ 同上书，第930—931页。
⑤ 同上。
⑥ 同上书，第925页。
⑦ 同上书，第903—906页。

且不能实事求是,另外时常有管驾"卖缺走私,侵吞军饷"之事。致使"费有用之金钱,制无用之旧器"。针对以上种种弊端,黎兆棠称"若不能整顿,将辞此船政,以免有玷身名,贻误大局"。①

由此信函可以看出黎兆棠在调任福建船政大臣之前已做足了功课。在黎刚执掌船政局时便有报道称黎兆棠将撤销船政局的法籍正监督的职位,打算挑选本国务实官员担当此任。只是因为船政局当时打算仿造新式快船,而船只图纸、物料诸项大多由法国提供,且局内拥有大量日意格所提供的"资源"②和建造新式轮船必不可少之经验,才将撤销一事作罢。③

黎到任两个月左右便能一针见血地提出船政内部洋匠大多"非精于造船之人"且薪资甚高④,洋匠拿钱而不能有所作为,"招募洋匠帮办,类皆二三等角色,所造之船,多是旧式"。⑤ 由此可见黎对船政这方面的洋务还是相当熟悉的,不像其他人所说不谙船务。在信函的最后,他也提出会尽力整顿船政局,扭转颓势,也和他务实的为官之风相吻合。

当时的报刊曾做过一篇题为《论办理船政》的评论,称中国自各口通商以来,制造日盛。但凡西方各国的良法利器无不用意讲求,悉心仿造。朝廷亦深重其意,因而特派大员以资督率。列举出招商局、制造局、方言馆、同文馆均有督办、总办总管其事。"开煤、制炮在在皆以道府大员为之监督提调。"但是仍有无知迂执的民众对朝廷倡办洋务无端指责,尤其是迂拘之人认为"中国自有为治之具,何必效法西人"。从当时的普遍观点来看,"制造等事不过艺事之末",不需如此郑重。评论者认为就算是古之圣贤治理国家也得随时势以为变通,主张认清时势。如今反古之道可能招致祸乱。近来朝廷重视西法亦与以往不同。各官到任莅事上奏折

---

① 台湾"中研院"近代史研究所编:《中国近代史资料汇编·海防档》乙,《福州船厂》,大通书局1957年版,第856—858页。

② 局内洋匠、洋教习大多为前船政监督日意格延聘。虽然从吴赞诚督办船政时期便开始着手裁撤外洋工匠,但是总体而言收效甚微。而据历任船政大臣上奏的船政奏销单可得知,船政用于洋匠工薪的经费基本达到了福建船政局每年收入的三成左右,这个数字与同时期其他洋务企业相比,是相当惊人的。

③ 《北华捷报》1880年4月13日,第334页。

④ 关于福建船政局洋匠薪资的记载可详见《洋务运动文献汇编》、《船政奏议汇编》以及近人专著〔美〕庞百腾《沈葆桢评传》,陈俱译,上海古籍出版社2000年版,第223页。

⑤ 台湾"中研院"近代史研究所编:《中国近代史资料汇编·海防档》乙,《福州船厂》,大通书局1957年版,第858页。

报本是惯例，而折中也常是"自谦才识之疎，深感恩施之厚。某缺有几多难处、某处有数事吃紧，并自陈奋勉图报之意"的官话，无足轻重。因此折后所奉之旨往往以'知道了'三字为多。反观黎兆棠奏报假满赴闽到工任事日期一折，却与以往新官任事的奏报内容不大相同。虽说"折内如谢恩任事、力图报称等语仍不脱例奏窠臼"，然其他诸如阅视船坞、询访事宜、稽查船局出洋生徒、新式轮船创制诸事均作了较为详尽的叙述。由此而知制造轮舶等事，朝廷不肯轻视。亦促使其职者亦不敢不认真办事。而谕旨并非以单纯的"知道了"回复，而是必令其于所有制造事宜认真讲求，务臻精利可用，方为妥善。由是观之，"朝廷之重视此事，不亦彰明较著哉。"朝廷留心洋务，大臣致意西法，长此以往则风气易变，以期富强。① 可见评论者对黎兆棠出任船政大臣能够为船政局带来新风气抱有积极乐观的态度，而他也以实际行动展现了惩处船局弊端的决心。

关于黎兆棠整顿船局的事迹，当时的《申报》有这样一篇报道：

> 福建船政局每年于腊月停工，元宵后开工。停工时，各厂封闭。日派委员两人，轮流巡查，以防意外之事。去腊委武状元佟某，专司梭巡，而竟未查阅，迨至营官禀揭各弁勇聚赌滋事。闻其中有人包庇，颇于大局有碍等语。于是各弁懊悔莫及，即经黎星使认真查讯，将佟某撤退。又斥革差弁八名，合计去冬裁去员绅十余人，今正革退差弁九人。年中约可省经费三四千金也。②

《申报》的新闻大致是说黎兆棠自接办船局以来"遇事力为整顿，以期船务日形起色"，认真查讯了光绪六年腊月间（1881）局内弁勇聚赌滋事的事情，并将武状元佟某等共十五名员绅裁撤，继而又革退差弁数人，③ 以期杜绝流弊节用经费。这帮人在船厂干修已久，"吃空饷"的情况甚为严重。仅仅裁撤二十余人便可省下三四千金，足以见得刘坤一等语"船厂靡费严重"的情况属实。这件事除了可以反映船局内部问题确实很多，弁员聚赌滋事、委员玩忽职守外，还可见得黎兆棠在针对此类碍于船

---

① 《论办理船政》，《申报》1880年5月27日，第1版。
② 《撤差革弁》，《申报》1881年4月16日，第2版。
③ 《裁撤员弁》，《申报》1881年2月10日，第2版。

厂发展的不良事件时绝不姑息、严厉惩处的态度。

另据《循环日报》的记载,黎兆棠自接办船局以来,"遇事力为整顿,以期船务日形起色",为船局挑选英隽之材,裁汰冗员,并从严处理了前登瀛洲管驾郑渔营私作弊、杨武号管驾虐待粤匠等一系列的案件。称其"不以小事或贷者,实欲人知自勉也",并对黎发出了"大臣兴利除弊,不当如是"的称赞。① 由此可知,黎想通过一系列的措施,慎选人才、痛惩积弊,力求改变福建船政局内的种种弊端。

三 黎兆棠"引咎辞职"考辨

黎兆棠作为当时船政局的最高管理者,却被时任都察院左副都御史的张佩纶上奏弹劾。光绪九年(1883)张佩纶奉上谕巡查福建船政局,二月十三日张拟折上奏朝廷,称福建船政局创办以来耗费巨大,经左宗棠、沈葆桢创定初具规模。船局创办之宗旨是为了"将战船、火器可日出新奇,以与西洋竞胜"②,但黎兆棠上任以来船政建设却无成效,"所任用者姚宝勋、冒澄皆劣迹昭著,众论哗然,致有拆毁衙署之衅",而"该京卿仍不知振作,借病离局、旷废良多",在整顿海防关键之际养疾家居,非敬事之臣所为。"请旨将黎兆棠即行开缺,别简大员督办船政,以儆尸位,而重考工。"③

清廷在获悉张佩纶的弹章后,很快作出批复,四天后上谕"黎兆棠着开去光禄寺卿及督办福建船政差使"④,并命福建按察使张梦元就近接办。黎兆棠是否真的如张佩纶等人所说,在船政期间"不知振作,借病离局",致使船厂"旷废良多"呢?这就需要借助其他的资料来进行考证。

1. 在局"不知振作、旷废良多"?

福建船政局是由时任闽浙总督的左宗棠于1866年创办的,后经沈葆桢、丁日昌等人治理,逐渐成为全国造船、修船的中心以及中国海军人才的摇篮。光绪六年(1880)六月初八日,总理衙门令黎兆棠确切查明福

---

① 《中外新闻》,《循环日报》1881年11月29日,第2—3版。
② 张佩纶:《涧于集》奏议三,第392页。
③ 同上书,第392—393页。
④ 王先谦编:《东华续录》(光绪朝)卷52,上海集成图书公司1909年版,第1408页。

建船政局所雇洋匠浮冒侵吞之弊。并将船政事宜刻意讲求，认真整顿，奏明办理。①

总理衙门等在奏折中依次分析了船局所雇洋员、洋匠皆不能认真教造，只知拖延时间以期获得高额回报，从管驾到水手则是拿钱而不能有所作为。认为福建船政设立之初的目的本是希望能够实现中国自造、自驾舰船来巩固海防。此时却受到福建船政所雇人员的一些劣习影响，使兴办船政从洋务自强变成了"肥缺"。因此奕䜣等要求新任的船政大臣黎兆棠到任后"将船政各事认真整顿，实力讲求，期与防务稍有裨益"②。

而针对总署所要求的"整顿"，黎兆棠其实已早先一步看出了船局的积弊，首先面临的便是局内"冗员"的问题。自黎兆棠接办船政之初，据当时的报刊报道局内共有工人一千五百二十名，③ 这个数量远超过了厂内运作所需的人数。目击了支绌情形后，黎兆棠"将各厂可并者并之，工匠可裁者裁之"④，此外还将舢板厂并入船厂，艺圃并归东考工所，裁撤提调、监工若干。⑤ 并惩处了违纪的管驾与水手。⑥

同年农历十一月十六日，御史李仕彬就福建船政局所存在的问题上奏，称船政局自创立以来，国家便不惜人力财力进行支持，培养学生出洋留学，以期学成归来报效国家。可是目前洋匠"滥竽充数、不一而足"；所造之船也大多"不商不兵，难以适用"；一些留洋学生甚至"误入异教"，玩物丧志。认为在弊端丛生的情况下，船政经费仍是按数发放，以致虚糜甚重。因此李仕彬请求中朝谕令船政大臣黎兆棠"振刷精神，力

---

① 台湾"中研院"近代史研究所编：《中国近代史资料汇编·海防档》乙，《福州船厂》，大通书局1957年版，第328—330页。

② 中国史学会主编：《中国近代史资料丛刊·洋务运动》（五），上海人民出版社1961年版，第247页。

③ 《广备军械》，《申报》1880年9月22日，第1版。

④ 《第四号铁胁船下水并厂务情形由》，光绪六年十月十七日，台湾"中研院"近代史研究所藏，总理各国事务衙门档：01/05/002/04/021。

⑤ 中国史学会主编：《中国近代史资料丛刊·洋务运动》（五），上海人民出版社1961年版，第327页。

⑥ 轮船管驾、水手良莠不齐之问题屡见报端，诸如《申报》1881年12月20日第2版中《查兵额》、《申报》1882年3月25日第2版《船局近闻》、《申报》1882年5月13日第2版《孕妇踏毙》以及《申报》1882年5月27日第2版《放枪吓人》的报道，均对船局某些轮船管驾水手推卸责任、昏聩贪财、胡作非为的行径进行披露。

除积弊,查明提调、监工等怠玩把持各情,严行参处,以儆将来"①。将局中劣员以及入教各生严肃处理。

针对总署及李仕彬所提到的船局诸项废弛的现象,黎兆棠会同闽浙总督何璟一同查办。经过数月整顿,将不堪造就及罔知自爱者革退,并且裁革靡费用以裕自强之本计,并于翌年农历二月十九日,联名上奏,报告整顿之进度。②在奏折中黎兆棠提到船政自设立学堂以来,"挑选生徒,分习制造、驾驶,按季考课,分别奖黜"③,一向均按照章程办事。对艺徒按期面试,奖励勤者,黜退惰者,将"不堪造就及罔知自爱者,别经访闻,亦即随时革去,从不稍事姑容"④。几个月下来,革退者已十余人矣。通过一系列的措施,慎选人才、痛惩积弊,力图使福建船政局呈现出新的面貌。

由此可见,黎兆棠在督办船政期间可谓是身体力行,凡事亲力亲为,以身作则。在自己权限内对船局存在的弊端进行整顿。并非像张佩纶所说在局"不知振作",使船政"旷废良多"。

2. 姚宝勋、冒澄是否为"劣迹昭著"之人?

张佩纶在弹劾黎兆棠的奏折中提到姚宝勋、冒澄二人劣迹昭著,也大有牵强之语。姚宝勋原为山西候补道,因光绪三年(1877)赴直隶、晋中一带赈灾有功被李鸿章赏识,后被派往船政局任差。张佩纶早在光绪八年(1882)的奏折中就已对姚宝勋进行弹劾,称其被黎兆棠委派购买西洋木植后却浮冒侵蚀从中营私舞弊,劣迹甚著。清廷得知此事后,命时任两江总督的左宗棠等查办此事,后左宗棠查得并未发现姚宝勋代闽厂办过物料,实无"浮冒侵蚀"。当时福建船政采买木植各项,是由义昌利记老板倪怀清经手。因此左宗棠认为张佩纶在奏折中称姚宝勋"浮冒侵蚀",并无实迹。

冒澄原为广东候补知府,因在广东无缺可补,被时任两广总督的张树声派至船局寻求差使。冒澄赴船局任职是在光绪七年(1881)五月间,

---

① 中国史学会编:《中国近代史资料丛刊·洋务运动》(五),上海人民出版社1961年版,第249页。
② 台湾"中研院"近代史研究所编:《中国近代史资料汇编·海防档》乙,《福州船厂》,大通书局1957年版,第236—238页。
③ 同上书,第236页。
④ 同上书,第237页。

当时黎兆棠见船局"各事日就懈弛"①，弊端丛生，加之自己与张树声的私谊不错，遂命冒澄办理文案兼总稽查事务，希望借其整顿船局的某些不正之风。冒澄亦打算凭借黎氏与张氏之间的关系，赴船局捞取政绩以便早日调回粤省补缺任职。可未曾想到来到船局后"工程宽松，无处稽查"，且铁胁船告成一事，也只作寻常劳绩。对于船局出现"总理无人，类多泄沓，从事巧于欺朦"②的现象，冒澄是有所洞悉的。

但是由于利害关系，冒澄深知如若逐件稽查，反而会引起怀疑，出力不讨好；假如放任不管，则有负重托。冒澄见船局之事杂乱如麻、颇为棘手且木料铁料尚未到齐，成船非二三年后不可，于是借故称病在当年十月请假归粤。冒澄在船局得差前后不到半年时间，而此时船厂内事务并不是太多，使得冒澄稽查一职徒有其名。所以称其在局期间"无为"应比"劣迹昭著"贴切。

姚宝勋、冒澄二人虽不是"劣迹昭著"之人，但也绝非能干实事的官员。所以黎兆棠在用人上是存在一定问题的，只是其中黎兆棠也有难言之隐。历任船政大臣在人事管理方面都难以破除情面，无法切实地实行整顿。恰巧姚宝勋、冒澄二人分别为黎兆棠至交李鸿章、张树声二人举荐，这使得黎兆棠碍于情面，对诸如姚宝勋、冒澄这类人只好听之任之。

船政开办之初，清廷任命沈葆桢为首任船政大臣，就有"以本地绅士督办船政"③之意，因此福建船政所用大多为福建在籍员绅。这些在籍员绅如有通晓洋务、了解泰西诸国情形者，对船局之发展建设确有裨益。但是因后期监管松懈，局内提调、监工表里不一，导致上情并不能彻底下达。

在收录人员方面也以关系的亲疏远近而非才学德识判定；在人员考核方面，对于知晓洋务这一项标准也变得形同虚设。最终导致了船政"滥收滥委之实在情形"④。船政每月还必须拿出大量的银子来支付员绅的薪水和工资，且历任大臣收用员绅为数过多，薪水津贴等项需款太巨。据当时的《申报》记载，船政局内员绅每人每个月最少从船局支银二十两，

---

① 《船局近闻》，《申报》1881年7月18日，第1版。
② 《委员请假》，《申报》1881年12月21日，第2版。
③ 中国史学会编：《中国近代史资料丛刊·洋务运动》（五），上海人民出版社1961年版，第53页。
④ 同上书，第418页。

更有甚者达到五六十两之多。不管船局事务多少，这笔款项都得如数发放，可见靡费之严重。历任船政大臣又碍于同寅情面，难以彻底裁撤局内"关系户"，致使造船、养船经费不能统归实用。

19世纪80年代以来，船局内腐败现象已然积重难返，总监工中饱私囊的现象只是冰山一角。这里仅就1882年下半年上海《申报》揭发的，随手举例如下：去年委派驻局同知佘雪舫出国买木料，一年没买到一根。今年又派他出国，原本规定在三个月内从暹罗办到各项木料数千根，可是五个月过去了仍未买到，还花去了大量差旅费。船政学堂造就的学生，校方可以剔退，自己不能辞退（辞退须退还全部培养费），学生中途另找职业的想尽方法犯规。有一学生故意打人，未被开除，外逃被捉回，佯狂走了，得免交培养费。①

晚清政府在整顿福建船政局的过程中，希望派遣办事雷厉风行的官员革除局内流弊。但是因为厂局内外错综复杂的人事关系，而难以开展切实有效改革。尤其是晚清官员之间的沟通，除了上下级的关系之外，横向的人际关系也十分重要。当地方官员的网络和在籍士绅联系在一起的时候，接任者想要剔除痼疾往往会成为纸上空文。而船政的经费拨给也由船局创办之初时的总署与户部商议统筹变为闽省自筹，这就使得福建船政对本省财政的依赖性大为增强，从而难以保持自己在人事权上的独立性。这也正是黎兆棠难言之隐所在。

3. 主政期间是否"几无成效"？

黎兆棠在船政局三年期间，共下水"澄庆""开济"两艘轮船，不可否认是历任船政大臣在职期间造船最少的一位。但这其中也有众多苦处。

首先便是经费问题。船政衙门的经费是从闽海关的关税内提用的，每月拨给五万两，不足则用厘税补充。在船政局建设初期，由于经费宽裕基本无后顾之忧。可在1875年前后，闽海关的关税收入开始减少。后来又因闽省水灾，商情凋敝，厘税短收，且拨部之款增多，因此海关对于每月供给船政五万两经费颇感吃力，因而拖欠不少。黎兆棠的前任吴赞诚在职期间便已有闽海关拖欠船政经费的现象，吴赞诚在光绪三年（1877）给总署的咨文中曾称"闽海关六成洋税自上年七月至年底止记六个月，共欠船政银十八万两……闽省迭遭水患，关收减色，部拨加多，遂致船工月

---

① 《船局琐闻》，《申报》1882年7月7日，第2版。

款旧欠者杳无可指，新欠者日且递增。核计制造船项下元、二两年已欠银三十八万两，本年六成应拨者又欠银一十二万两。"① 因造船经费迟迟未能拨给，而朝廷又三令五申饬命船厂按期造制轮船，以固海防。面对此种局面，吴赞诚只好先从养船经费垫支，以济要需。如此"拆东墙补西墙"的办法，使得船局逐渐陷入恶性循环之中。

到了黎兆棠接管船局之后，这种现象并未得到扭转，反而更为严重。据黎兆棠在光绪六年农历三月二十三日给总署呈递的附片中记载："工料一切，约需银四十万两以外。开办伊始，必须预筹二十万两，因关税积欠甚巨，措手无从。……集款特急，议从海关应解台防并船政项下，权提二十万两凑付，……可否仰恳圣慈俯念要工，饬下南洋大臣协拨银二十万两，以为经始之费。"② 由此见得，当时闽海关自身已无银供给船局进一步建设，黎兆棠只能另想他法，从南洋拨银救急。

那么，这二十万两的"经始之费"是否按时交付福建船政局了呢？我们从相关档案资料中能够找到答案。光绪六年农历九月二十六日，黎兆棠在奏折中再次提到"南洋拨银救急"一事："经臣咨催粤海关监督俊启赶解，并派员前往守提。惟快船经始，购备材料约银二十万两，南洋指拨此数仅得三分之一，不敷尚巨。容再竭力催提，设法鸠集，以期举办。"③ 过了半年之久，竟只筹得不足七万两的经费。

光绪七年农历九月十八日，黎兆棠又与福州将军臣穆图善、闽浙总督臣何璟、福建巡抚臣岑毓英合词恭折上奏："查快船经费经户部议奏，由南洋协拨二十万两……先将粤海关欠解南洋之六万三千余两汇解闽厂，复经臣迭次咨催并派员赴粤守提。迄今一年之久，粤海关先后仅解到三万两，尚短三万三千余两。如此支绌情形，现工程吃紧，采办诸料络绎而来，待支孔急，将何以应之？"④ 光绪八年（1882）黎兆棠在奏折中称："快船经费奉部议准南洋拨解二十万之款，迭奉谕旨：'饬催准前粤海关

---

① 左宗棠等撰：《船政奏疏汇编》卷十五，沈云龙主编《近代中国史料丛刊续编》第十八辑，（台北）文海出版社1975年影印，第706—707页。

② 左宗棠等撰：《船政奏疏汇编》卷十八，第909—910页。

③ 《第四号铁胁船下水并厂务情形由》，光绪六年十月十七日，台湾"中研院"近代史研究所藏，总理各国事务衙门档：01/05/002/04/021。

④ 《咨报会奏巡海快船开工日期并筹办情形折》，光绪七年十月初五日，台湾"中研院"近代史研究所藏，总理各国事务衙门档：01/05/003/01/010。

监督俊启，六年份划解到三万两；七年十一月，南洋大臣刘坤一解到银四万两；本年二月，南洋大臣左宗棠续拨银四万两。'近接粤海关监督崇光咨，七年十一月解银一万两，十二月发西商期票银二万两，尚未接准守提委员报收公文"①，共计收得十四万两。

可见在黎兆棠请求朝廷下旨饬令南洋大臣协拨银二十万两以助建船后，南洋方面并未如期拨银，前后拖沓有两年之久，且并未如数付清。俗话说"巧妇难为无米之炊"，黎兆棠面临这种情况显然也是无可奈何，甚至打算与福建将军穆图善、闽浙总督何璟商议上折，建议将"琛航""永保"两艘兵轮临时改为商用，轮流开往基隆、沪尾顺搭民商，用以解决经费之需，由此可见经费短缺已达何种地步。

其次便是技术问题。黎兆棠赴任福建船政大臣之前，局内所造之船以木质为主。而"开济"号作为福建船政局仿造的首艘双重快碰船，其图纸产自法国、木料购自暹罗，钢件则从英、德两国购回。在"开济"之前承建的三艘铁胁快船虽有兵商之分，但吨位都属于一个级别，为750马力。但到了"开济"号，直接按照2400马力设计。因此在性能上算是有突破，当然其工程难度也会加大。这就必然导致建造过程中"从前所置机器、场地、船坞均不敷用"②。

以造木质轮船为主的船局突然改为造铁胁快船，在技术上是不小的考验，而且黎兆棠在初到船厂之时便认为"洋匠日意格等人本非精于造船之人，招募洋匠帮办，类皆二三等角色。"③ 由于本身技术的薄弱再加上洋匠技术的低劣，使得仿制铁胁木壳兵船的进度相当缓慢。最后在其任上只造得"澄庆"号铁胁木壳兵船及"开济"号铁胁双重快碰船两艘。因此，笔者认为受到经费短缺、技术薄弱双重因素的制约，使得黎兆棠在船局任职期间给人留下了"造船甚少""几无成效"的印象。考虑到众多客观因素的阻碍，这种"几无成效"的非议，实属苛求。

---

① 左宗棠等撰：《船政奏疏汇编》卷十九，沈云龙主编《近代中国史料丛刊续编》第十八辑，（台北）文海出版社1975年影印，第993页。

② 《具奏闽厂制造轮船支用款项照案核销由》，光绪九年七月二十八日，台湾"中研院"近代史研究所藏，总理各国事务衙门档，01/05/003/03/023。

③ 台湾"中研院"近代史研究所编：《中国近代史资料汇编·海防档》乙，《福州船厂》，大通书局1957年版，第856页。

四　结语

　　从光绪六年（1880）黎兆棠莅任福建船政大臣，到光绪九年（1883）遭张佩纶弹劾后辞官归里。这三年间，黎兆棠对于船局内的整顿，在经费管理、人事管理、生产管理、经费筹集、工匠裁减等各个方面都可谓做足了文章。在建造船只的规格上更是明确了只造新式巡海快船，不再造商船。但是船政局并未从这一次次的整顿中恢复创立之初的活力。

　　关于黎兆棠一生中最不光彩的一点——在船政期间"不知振作，借病离局"，致使船厂"旷废良多"。笔者认为，这种评价是不客观的。黎兆棠在进行船厂建设时除了受到经费紧张、技术薄弱等因素的制约之外，还遇到来自本国内部那些落后、守旧的人们的讥笑、排斥，甚至官员内部党派的斗争，遇到非议是在所难免。除此之外，还可以从他的性格特点进行分析。早在黎兆棠第一次从台湾辞官归家后，他的好友李兴锐便称其"锋棱太重，不合时宜，可惜，可惜！"[①]；在福建船政任上时多次与刘坤一讨论宏远公司创办事宜及船政内部开支情况，后者则认为黎兆棠的想法有时过于简单，"颇有志大才疏之弊"。

　　这也正是晚清官员面临的文化的两难选择，既要学习西方但又不能超越封建陈规，黎兆棠也不例外。黎兆棠"采取回避态度，只做事不表态，循规蹈矩，或者只谈器物不触及政治、制度等敏感问题"。黎兆棠这些晚清官员，包括李鸿章、沈葆桢、刘坤一在内的大员，都很难把握这个尺度。因此，两难大概是近代中国社会变革中的一大特点，或许也是理解福建船政大臣黎兆棠的一个切入点。

[①] 李兴锐：《李兴锐日记》，罗真容、廖一中整理，中华书局1987年版，第79页。

刘步蟾与东乡平八郎还真的是"校友"
——兼谈马幼垣先生所谓刘步蟾"逃考"问题

孙建军*

马幼垣先生的大作《刘步蟾与东乡平八郎——中日海军两主将比较研究四题》，①发表在2006年夏季四卷二期《九州学林》上。该文开篇即抛出一个质疑："刘步蟾和东乡平八郎是否留英同学？"在痛批了唐德刚所谓刘步蟾和东乡平八郎是英国格林威治海校同学的说法之后，马先生又顺手痛批了一通王家俭先生，认为王家俭先生的学问不精。在马幼垣先生看来，刘步蟾不仅和东乡平八郎不是格林威治海校的同学，甚至连"校友"也不是！不仅如此，马先生还认为，刘步蟾在英国留学，"连参加入学考试的胆量都没有"却有胆量"逃避考试"！

《九州学林》在香港和内地发行繁、简字两种版本，传播广泛。马先生的大文，后收入其在台湾联经出版事业股份有限公司出版的文集《靖海澄疆——中国近代海军史事新诠》里，中华书局复为其出版了简字本，如此，马先生的文章和观点在海内外均有了广泛而固定的传播渠道。

马先生的文章在《九州学林》发表时，笔者曾针对马幼垣的4个问题之一，刘步蟾是否在英国逃避入学考试的问题，提出质疑和商榷，撰文《谁在"颠倒黑白"？——刘步蟾"回避考试"说献疑》，发表在2008年第3期《中国甲午战争博物馆馆刊》上。"馆刊"流传不广，拙文所受到的关注度，自然和马文没有可比性。

事情过去多年，我对资料的阅读也随着岁月的流逝而增加，这当然包括中外史料。当我翻阅了《东乡平八郎小伝—至诚の荣光》和《图说东乡平八郎》二书②时，不禁掩卷拍案：马幼垣先生又说过头话了！该书清

---

* 孙建军，威海航运公司教授级高级政工师。

① 郑培凯主编：《九州学林》（总十二期），复旦大学出版社2006年版，第177—233页。

② 《东乡平八郎小伝—至诚の荣光》《图说东乡平八郎》二书，系我的朋友陈悦2014年春天为探访中国海军甲午遗物而到日本，从"东乡神社"带回。

楚地写着，东乡平八郎到英国留学的第一校，是"戈斯波特"。而这个"戈斯波特"，正是刘步蟾在此学习过的一所学校。

我不是刘步蟾的粉丝，也不认为刘步蟾是高明的军事将领，但在史实面前我们都不应该感情用事，对于刘步蟾一生的经历，我以为还是应该还原其本来面目。按照马先生"治史当以发掘真相为务"的指引，现就马幼垣先生所提的两个问题，厘清如下。

刘步蟾和东乡平八郎真的是"校友"

生活中，可以把在差不多同一时期、同一个学校的学生称为"同学"，但严格来说，同学只是同一个班的学生，而"校友"的范畴就大多了，只要在同一所学校上过学的学生，都是"校友"。刘步蟾与东乡平八郎是否同学或校友，只要搞清楚他们是否曾经在同一所学校就读或同一个班级读书即可。我们先看刘步蟾赴英学习的情况。

光绪二年二月十一日（1876年3月6日），兵部侍郎郭嵩焘上班时，见到了新任船政大臣丁日昌上奏的一些折件。其中，"据日意格请，调在英国高士堡学堂肄业生刘步蟾、林泰曾二名，派入英国战舰学习驾驶。"① 郭嵩焘所见的丁日昌奏折，关于刘步蟾、林泰曾到英国留学的事情，是这样说的：

> 此次在洋学生刘步蟾、林泰曾二名，经监督安顿在英国高士堡学堂。二生英学颇精，于外国武备水师，俱经阅览。三四个月内，拟先遣回闽。缘该生等系水师人员，宜在船练习航海穿洋，方臻阅历。若久与船离，恐致旷荒。倘以不必即归，则请咨商总理衙门照会英国驻京公使，准其入英国大战船一二年，续学驾驶。②

所谓的"高士堡学堂"，是英国高士堡（Gosport）的一位牧师所办的培训学校。当时英国并无专业的海军院校，学习海军者，都是被分配到各艘军舰上学习，舰长就是校长，教师就是舰上的军官。为了获得高质量的

---

① 郭嵩焘：《伦敦与巴黎日记》，岳麓书社1984年版，第4页。
② 《中国近代史资料汇编·海防档》乙，《福州船厂》（下），台湾"中研院"近代史研究所1957年版，第663页。

生源，一些学历不高的学生，需要先进行一个阶段的基础知识培训，也就是学习一些数学、物理、语言等知识，而"高士堡学堂"就是为此而设。

刘步蟾、林泰曾此次赴英学习，大致经过是这样的。刘步蟾们之留学，早在船政五年计划期满时的同治十年（1871），就已经开始考虑了。这个时间正是曾国藩、李鸿章等人组织幼童赴美（同治十一年第一批幼童赴美）的时候。同治十二年（1873）十月，福州船厂所聘洋员依约期满归国，沈葆桢上奏，拟仿幼童留美之例，分遣学生前赴英、法两国学习，希望从后学堂中"选其学生中天资颖异学有根柢者仍赴英国，深究其驶船之方及其练兵制胜之理。"① 沈葆桢让船政法籍监督日意格（Prosper Francoi Marie Giquel，1835—1886）于同治十三年（1874）拟就了《出洋大概章程》（或称《日意格条陈》），② 着手推进。因为日军犯台和沈葆桢调任两江，此事中辍。但是，沈葆桢并未放弃。光绪元年（1875），沈葆桢以日意格回国采办铁胁、新机之便，特派刘步蟾、林泰曾、魏瀚、陈兆翱、陈季同等5名学生，随赴英法游历③，其间安排学生借机在英法学习。因为刘步蟾、林泰曾"英学颇精"，不必继续进行课堂学习，而"宜在船练习航海穿洋"，故日意格向沈葆桢提议，刘步蟾、林泰曾应该直接"入英国大战船一二年，续学驾驶"。已转任两江总督的沈葆桢对日意格的意见大表支持，遂函商新任船政大臣丁日昌：

  日意格请示，刘、林二生应否请总署照会英使，上英国大战船学习二年一节。刘、林于后学堂为可造之材，在英国战船学习，远胜"扬武"，二人所费不多，二年期亦不远，可否姑一试之？伏候卓夺。④

经私下的商议，沈葆桢、丁日昌随后于光绪二年三月初十日（1876年4月4日）分别致函总理衙门，建议总理衙门照会英国驻华公使，安排

---

 ① 《船工将竣谨筹善后事宜折》（同治十二年十月十八日），《沈文肃公政书》（卷四），（台北）文海出版社1966年版，第64—65页。
 ② 《复吴春帆京卿》（光绪二年八月廿三日），《李鸿章全集》（31），安徽教育出版社2008年版，第487页。
 ③ 沈葆桢：《报明艺童随日监督出洋片》，《船政奏议汇编》卷十二。
 ④ 《致丁雨帅》，《沈文肃公牍》，福建人民出版社2008年版，第275页。

刘步蟾、林泰曾登英国海军铁甲舰实习事宜。① 惜不久，日意格即于光绪二年（1876）三月奉召返华，商酌留学章程，刘步蟾、林泰曾和陈季同一道随日意格归国，仅魏瀚、陈兆翱2人得留法厂学习。此行，刘步蟾、林泰曾只在"高士堡学堂"就学，而遗憾地未能获得上英舰实习的机会。②

对于这所"高士堡学堂"，马幼垣先生是有过认真讨论的。马先生读过《清末赴欧的留学生们——福建船政局引进近代技术的前前后后》一文，这是一篇译文，其中有一句："刘步蟾与林泰曾则进入英国戈斯波特海军军官学校深造。"马先生得到原文作者巴斯蒂（Marianne Bastid-Bruguicre）的法文原稿，知道"戈斯波特"就是英文的Gosport；马先生还从光绪二年二月初十日（1876年3月5日）船政大臣丁日昌的函中知道，该校即为"高士堡学堂"，并认为此"可用作清人对Gosport所采的译名。"

应该说，马先生已经非常接近真相了。待到他狠批刘步蟾、林泰曾等一通，并认定刘步蟾不是东乡平八郎的同学，且"连校友也不是"的结论后，马先生煞有介事地抛出了他已经掌握的信息："东乡1871年4月离日赴英，抵英后先花半年学习英语和生活习惯。"这所"半年学习英语和生活习惯"的学校，在哪里？是何学校？遗憾的是，或许是马先生看资料不仔细了，或许是马先生刻意地选择性地"配置史料"（马幼垣语），反正他坐拥大堆日本资料，却就是不说出东乡平八郎是在哪里、在何学校"学习英语和生活习惯"的，而这恰是问题的关键所在。

马先生认为，东乡平八郎作为世界级的海军名将，他的履历，是"一检即有"的事情。但这在日本或许是，对中国读者来说，就未必。马先生不直接告诉读者东乡平八郎在英国的初入学校，如此卖关子，就显得不够厚道了。

"东乡会"出版的书籍里，关于东乡赴英之初的学习，有着详尽的记述：明治4年（1871）3月13日午前四时四十三分，东乡平八郎在横滨乘船出发。抵英后，在Gosport学习英语，并熟悉外国的生活习惯。这是

---

① 《中国近代史资料汇编·海防档》乙，《福州船厂》（下），台湾"中研院"近代史研究所1957年版，第663页。

② 包遵彭：《中国海军史》（下），（台北）中华丛书编审委员会1970年5月印行，第750页。

一位牧师所办的学校,有数学、历史、一般制图和修身等课程。而这所学校,就是巴斯蒂文译成中文后的所谓"英国戈斯波特海军军官学校"①。5年之后,刘步蟾、林泰曾恰好就是进入了这所学校学习,即"高士堡学堂"或"英国戈斯波特海军军官学校"。

拙文《谁在颠倒黑白?——刘步蟾"回避考试"说献疑》开篇即提出刘步蟾到高士堡学堂学习的问题,而马先生的文章里也谈过高士堡学堂问题。但是,马幼垣先生为了痛贬刘步蟾等北洋海军将领们,却又祭出了他的一贯手法——感情用事,先立论再将史料作随心所欲的使用。

事实已经清楚地表明,东乡平八郎在"高士堡学堂"学习了半年,刘步蟾、林泰曾在此学习了将近半年。刘步蟾和东乡严格说不算是同学,但他们却是千真万确的"校友"。对此,不知马先生可愿意承认否?

刘步蟾没有逃避考试

"刘步蟾和林泰曾两人第二次留学英国,前一次(1875年5月至1876年4月在欧,时间分配在英法两地)已在海军军官学校读过书,熟悉环境和运用英文等条件,分明较其他从未赴欧的同学要优越。"② 在马幼垣先生看来,刘步蟾既然有过这样的学习经历,就不应该在二次赴英时逃避入学考试。马先生有所不知或刻意回避的是,刘步蟾不是可以自己决定是否参加考试的。事实上,刘步蟾、林泰曾们赴英时应该怎么做、做什么,都是事先被他们的上司安排好了的。

刘步蟾他们回华之后,日意格又继续参与拟定派遣学生章程。光绪二年十一月二十九日(1877年1月13日),李鸿章等人上《闽厂学生出洋学习折》,并提交了《船政生徒出洋肄业章程》。这是在光绪二年《学生出洋章程》③ 的基础上修订而成的。其中,第三条即是关于"驾驶学生"的:

---

① [日]土山广端:《东乡平八郎小传》,东乡会2008年版,第18—19页。
② 马幼垣:《靖海澄江——中国近代海军史事新诠》,台湾联经出版事业股份有限公司2009年版,第70页。
③ 《沈葆桢致李鸿章》,《海防档》乙,《福州船厂》(上),台湾"中研院"近代史研究所1957年版,第505—508页。

选派驾驶学生十二名，交两监督带赴英国学习驾驶兵船。此项学生应赴水师学堂先习英书，并另延教习指授枪炮水雷等法，俟由两监督陆续送格林回次、抱士穆德大学院肄习。其间并可带赴各厂及炮台兵船矿厂游历，约共一年，再上大兵船及大铁甲船学习水师各法，约二年定可有成。但上兵船之额，可援日本派送肄业之例，陆续拨尤分班派送五六人，其未到班者，仍留大学堂学习，既上兵船，须照英国水师规制，除留辫发外，可暂改英兵官装束，其费由华监督归经费项下支给。内有刘步蟾、林泰曾二名，前经出洋学习，此次赴英即可送入大兵船肄业。①

这份章程，是日意格回华后，与李凤苞等拟稿，经李鸿章、沈葆桢、丁日昌、吴赞诚等反复商讨审定的。光绪于1877年1月15日批准了李鸿章的报告，也就是说，"刘步蟾、林泰曾二名，前经出洋学习，此次赴英即可送入大兵船肄业"是经过了朝廷的敲定，刘步蟾即使自己想坐在学堂里舒舒服服地看书、写文章，已经不可能了！

透过章程，可以看出一个事实，在近现代海军教育体系中，训练舰上的学习乃至到在役的战斗性军舰上见习，是层次和难度都高于海军学校课堂教学的教育环节，能深入汲取当时世界最强大的英国海军之舰上航海、作战、管理等宝贵经验知识，是本着培育铁甲舰驾驶人才而实施的赴英海军留学的根本学习目的所在。刘步蟾等直接被派上英国海军铁甲舰见习，恰恰说明他们的海军学术知识、实际经验以及英语水平都已足够，才有可能获得十分宝贵的直接登舰名额。与直接登舰的见习相比，在格林威治海军学校进行的短期教育才是层次较低的内容，不仅时间十分短暂（仅有数月），所教学的课程事实上与船政后学堂航海专业的课程并无本质区别，属于重复学习，浪费时间和资源。

接下来，刘步蟾们出国学习的经过就很清楚了，诸多的著述已经讲过。略述如下：

经总理衙门就留学计划照会英国和法国驻华公使，1877年1月26日收到法国驻华公使照会，告知将通报法国外交部配合照料中国留学生，29

---

① 《闽厂学生出洋学习折》（光绪二年十一月二十九日），《李鸿章全集》（7），安徽教育出版社2008年版，第256—262页。

日总理衙门收到英国驻华公使照会,告知将会就中国派遣留学生一事转达给英国相关部门,至 1877 年 3 月 22 日英国公使再度就此事照会总理衙门,告知英国首相同意"以礼接待闽厂来英学生"。① 得知这一消息,留学计划的提起者沈葆桢欣慰不已,"出洋之议已定,以后船政益蒸蒸日上"。②

经过前期准备,1877 年 3 月 31 日李凤苞、日意格率领军事留学生团(人数中不包括魏瀚、陈兆翱,以及斯恭赛格和 5 名此后追加的艺圃留学生)在马尾告别船政,前往香港。在香港短暂停留,4 月 5 日乘上邮轮前往法国。经历一个月的海上航行,在 5 月 7 日抵法国马赛登岸。此后,后学堂出身的留学生继续前往英国,前学堂及艺圃出身的留学生,还有学习国际法的留学生则在法国分配。③

被派往英国学习的留学生均为海军专业,其学习目标是大兵船和铁甲舰的驾驶,以及船政后学堂无法开展的枪炮、水雷等兵器教育。由于英国海军对外国留学生等英国军舰的要求极为严格,名额十分有限,经中国驻英公使郭嵩焘和英国外交部努力交涉,于 1877 年 8 月 16 日得到英方回复,先期只有海军知识根底深厚的刘步蟾、林泰曾、蒋超英三人得以直接被安排赴英国大西洋舰队(The Home or the Atlantic Station)报到,登舰实习(后又前往地中海舰队),④ 在 1877 年 9 月如愿登上了英国皇家海军的铁甲巨舰。

刘步蟾、林泰曾如期上了大兵舰,还加上了一个蒋超英。显然,蒋超英属于李鸿章所谓"拔尤"者、丁日昌所谓"极优之例"⑤。

同在 1877 年 9 月,经郭嵩焘和留学生监督李凤苞的努力,后学堂航海专业留学生中暂时得不到登舰名额的严宗光、方伯谦、何心川、林永

---

① 《中国近代史资料汇编·海防档》乙,《福州船厂》(下),台湾"中研院"近代史研究所 1957 年版,第 716、718、725 页。
② 《复吴春帆星使》,《沈文肃公牍》,福建人民出版社 2008 年版,第 405 页。
③ 《据报分派出洋学生学习并续遣厂徒出洋片》,《吴光禄使闽奏稿汇存》,光绪丙戌刊版,第 21—22 页。
④ 郭嵩焘:《伦敦与巴黎日记》,岳麓书社 1984 年版,第 278 页。
⑤ "英国兵船援极优之例,每次只准上船四五人,即如日本与称莫逆,又有巴夏礼为之说合,现日人上兵船者只得七人,尚须分作四次。计此次学生只有林泰曾、刘步蟾二人可即时上兵船,其余十余人到抱士穆德学堂之后,将来欲上兵船,尚未知国能否允许,即使允许,亦未知应分几次。"《丁日昌集》,上海古籍出版社 2010 年版,第 816 页。

升、叶祖珪、萨镇冰等6人经过考试，进入了格林威治海军学院，就读短期进修课程。当录取中国学员时，格林威治海校表示此举在该校属于破天荒的首例，"学馆向无外国人就学，以中国初次通使，又最远，国人亦据为美谈，是以破格为之"。①

因名额所限，在未能立刻登舰见习，又没有进入格林威治海军学校的江懋祉、林颖启、黄建勋三人，经中国驻英使馆通过英国外交部向英国海军部协商，最终在1877年11月11日（光绪三年十月七日）得到英国海军部答复，全部安排登舰见习。其中黄建勋由利物浦（Liverpool）前往百慕大群岛（Bermuda），向英国西印度舰队（The West Indian Station）报到登舰实习，江懋祉、林颖启则从北安普敦（Northampton）乘船前往摩洛哥（Morocco），向英国大西洋舰队报到实习。②

一半留学生（刘步蟾、林泰曾、蒋超英、江懋祉、林颖启、黄建勋）在1877年9、10月被安排上舰，剩余的一半（严宗光、方伯谦、何心川、林永升、叶祖珪、萨镇冰）被先行安排进入格林威治海军学院就读短期进修课程，等待英国海军部安排登舰。至1878年8月，除严宗光因为视力不佳，不符合登舰的要求，被留在格林威治继续学习以备回华担任教习，其余方伯谦等5人也都被安排登上英国海军的军舰。其中方伯谦赴英国海军的东印度舰队（The East Indian Station），林永升、叶祖珪、萨镇冰赴地中海舰队（The Mediterranean Station），何心川前往南非舰队（The South African Station）。

显而易见，马先生说，刘步蟾"他们仅要求上舰见习，整套留学过程就算功德完满，可向清廷交代了。"话仅说对了一半。刘步蟾们的确是"整套留学过程""功德完满""可向清廷交代了"，只是"上舰见习"不是他们自己要求的，而是上级领导安排的。应该在这里向马先生强调的是，刘步蟾的基础课已经学过了，既不是他的理论不过关，也不是他的英语不过关，而是他需要见大世面、经大风浪，上大兵舰去实践，到大海洋的大风大浪中锻炼成长。而朝廷、他的上司所期待的、所安排的，正是为了补足刘步蟾们的这一课。马先生以为，出国学习的最高追求就是入学堂，却不知140年前的中国海军学生的最高追求是上大兵舰去实践。

---

① 郭嵩焘：《伦敦与巴黎日记》，岳麓书社1984年版，第313页。
② 同上书，第363—364页。

学堂里的优秀学生，到了社会却混得并不出色，这种现象我们见得多了。因为刘步蟾、林泰曾们打了败仗，就把他们骂得一无是处，说他们上学时就是草包饭桶，这是罔顾甚至歪曲历史，不是严肃的历史研究者应持的态度。

关于横须贺造船厂的日法海军技术合作动向变化及分析

王 鹤[*]

日本于1865年兴办横须贺制铁所，并在此之后逐步升级为横须贺造船所，具备了国产修造近代化军舰的能力，作为日本海军造船工业起步的最早合作者，法国在围绕着横须贺船厂的建设、管理以及造舰技术确立等方面一度扮演了十分重要的角色。从幕末一直到甲午战争（明治中期）这段时期，法国不仅是建造横须贺铁厂的技术和贷款提供方，还是该船厂早期的经营与管理的实际主导者，而日本更是在很长一段时期在造舰设计理念和舰队发展理论方面带有强烈的法国痕迹，可以说法国的支持和帮助为日本早期海军的近代化提供了十分宝贵的帮助，特别是对日本海军的战略理论、造船技术、船厂管理等方面都有直接影响。然而，在海军技术和发展的择师选项中，日本一度在英法两国之间摇摆，并最终在19世纪90年代初期以后选择英国抛弃法国。日法合作曾经一度密切频繁，但最终走向式微，其间还就横须贺船厂的经营模式和造舰技术风格确立发生过分歧和争论，其动向变化背后的原因值得剖析和研究。本文从幕末至甲午战前这一时期的横须贺造船所相关的日法技术合作动向变化入手，对日本造舰工业的独立自主化的脉络进行梳理和分析。

一 横须贺造船厂的建设立项和日法合作的确立

（一）横须贺制铁所的创立要因和幕法合作的背景

1853年6月，美国人佩里率舰队在日本浦贺登陆并强迫当时的幕府接受本国总统国书，这一事件标志着日本从锁国被动走向开国。当时随同佩里一道而来的蒸汽舰队，给日本朝野上下带来了震撼性的冲击，尤其是

---

[*] 王鹤，日本神奈川大学博士生。

被称为"黑船"的明轮蒸汽军舰,其优异的动力和强大的火炮,给对现代化军队茫然无知的日本带来巨大威慑的同时,也引起了后者浓厚的兴趣,甚至在黑船事件之后,这些装备青铜炮和蒸汽机的舰船在日本人的心目中一度成了西方列国强大军事实力的代名词,在这种冲击和认识下,整备一支本国的蒸汽舰队并建立相应配套的军事工业就成了幕府迫切追求的目标。鉴于此,早在佩里登陆的当年9月,幕府即解除了此前关于建造大型船只的禁令,并利用现有的荷兰文献等仿造西式的风帆舰船。但是,当时世界早已进入蒸汽舰时代。这种风帆船的技术已经落伍,所以积极寻求列强帮助建设海军工厂和技术传习就成了重点。

日本最先寻求合作的对象是锁国时代唯一保持较为友好关系的西方国家荷兰。早在1855年,幕府就向荷兰驻日官员提出请求,以派出荷兰海军军官、士官进行现场传习的方式,教授幕府贵族子弟学习造船和海军理论等基本知识。在得到荷兰政府的允诺和支持下,首先在长崎利用停泊在此的荷兰军舰开设了海军传习所,并由舰上海军士官担任教官传授驾驶船舶、炮术、蒸汽轮机相关知识等海军士官必备的基础课程,作为合作的一部分,幕府还积极从荷兰订购"咸临丸"等新型炮舰以充实海军阵容,同时将其当作教学舰,一边扩军一边训练。① 在一段时期内,两国的这种传习授课和海军军购活动十分频繁,双方还在长崎开办了制铁所(后来的长崎造船厂前身),该制铁所也是日本第一个近代造船厂。不过在初期,其规模还十分有限,船舶的修理能力也很脆弱,加之横滨开港后,立即成为外国船只云集的大港。这样一来,船只往来长崎横滨之间修理十分不便,于是在横滨周边设立一个近代化的船舶修、造工厂成为新的需求。另外,自开国以来,幕府同接踵而来的西方列强签订了一系列开放口岸、治外法权等不平等条约,加之国内金价低于国际市场价格,大量黄金被套现,导致国内物价飞涨,引起了民众和武士阶层的强烈不满,一时间攘夷主义盛行,针对在日外国人的暴力袭击事件频发。西南一些藩阀也发动了袭击英法俄荷等国船只的军事行动,这些事变最终演变为萨英战争、下关战争等军事冲突。同时以萨摩、佐贺、长州等为代表的西南雄藩也将矛头对准了幕府,特别是在萨英战争之后,在英国坚船利炮的教训之下,萨摩

---

① [日]外山三郎:《日本海军史》,龚建国、方希和译,解放军出版社1988年版,第3页。

藩一改之前激进的排外政策，转而谋求同英国的合作，加紧扩充近代化的军队。一些财力较为雄厚的藩阀此时也在积极购买军舰，扩军备战，大有和政府决裂的态势。面对这种复杂的内外局势，幕府为弹压反对势力，稳定政局，就必须要在自己的统治区内建立新式造船厂以维持军事优势。特别是1861年，俄国发动了军舰强占对马岛的事件，日本方面虽提出交涉但仍以外交失败告终，在这种内外危机的倒逼下，造船厂的计划提上了日程。

在合作方面，幕府首选美国，自黑船事件之后，日本并没有视其如仇雠，反而因为对其海军力量的羡慕而一心将之当做仿效目标。于是幕府派出以小栗上野介为首的代表团前往美国缔结修好条约，同时对华盛顿造船厂进行考察，并提出美国方面提供技术转让及帮助日本修建造船厂的请求，然而此时美国忙于南北内战而对远东事务并不热心，所以帮助兴建造船厂的事宜便不了了之。[①] 而在当时，既同日本保持外交关系，又有技术能力对其提供帮助的列强中，除了美国外，还有荷兰，此前两国也曾经在海军方面存在合作，然而50年代末期荷兰突然取消了在长崎开设的传习所并中断了海军的业务，所以也被排除在外。[②] 英国虽然是当时的第一海军强国，但由于日本对不久之前发生在近邻中国的鸦片战争还记忆犹新，对其侵略性抱有警惕（毕竟日美之间还算是和平开国，没有直接发生军事战斗），更对近期英国驻日大使积极同反幕府的萨摩藩来往甚密感到不满和担忧，所以在幕府时代，英国是不受中央政府欢迎的，自然也被排除在这种军事合作之外。而另一个列强俄国，早在19世纪上半叶便因其远东扩张活动的频繁而不断在日本周边海域活动，并对日本、中国、朝鲜等国一直抱有侵略野心，1861年还发生了俄国军舰强占对马岛的事件，是此后日本海军方面的第一假想敌[③]，所以更不可能被考虑列入这种合作。排除以上候选国家后，符合基本条件的就只剩下法国了。在客观因素之外，法国方面的主观态度也是促成两国合作的关键。在当时，法国由于国内工业革命的急速发展，对纺织业原料的需求量很大，而这一时期其绢纺织工业恰因国内发生蚕传染病而导致原料大面积绝产，所以需要紧急从东亚开辟进口来源，特别是从日本输入生丝和蚕苗。为此在新任驻日公使罗

---

① ［日］胜海舟：《海军历史》，原书房1967年版，第146页。
② 同上书，第382页。
③ ［日］外山三郎：《日本海军史》，龚建国、方希和译，第21页。

什（Roches）的积极斡旋下，法国政府和幕府的双边关系步入蜜月期，尤其是该公使在前不久的下关战争中，成功斡旋并解决了日本同英法美荷四国的善后问题，给幕府官员留下了极佳的印象。这种印象也为此后双方的接近打下了良好的基础。在罗什的穿针引线下，曾任 1865 年下关战争期间四国舰队法国分舰队指挥官的饶勒斯将军同日方高层进行了会面，并由罗什、饶勒斯和幕府三方进行商谈，就帮助日本建立近代化的海军修理制造工厂以及培养日本相应技术人才的合作达成共识，日方先行派出使节团考察法国相关船厂。正是在饶勒斯的推荐下，当时在中国宁波为海军服务、曾帮助第二次鸦片战争期间驻扎此地的法国舰队设计修建小型船坞和小型炮舰的工程师维尔尼（Verny）被聘为横须贺造船厂的技术总监[①]。维尔尼抵达日本后，首先检点日方手头现有的机械设备和基础情况，同时根据船厂建设需求罗列出从法国进口的机械设备、零部件的清单。然后双方开始下一步的工作准备，自此围绕着以造船厂创设的前期工作告一段落，随后进入了正式的实施阶段。

（二）横须贺制铁厂和学舍的建立

关于造船厂的合作，日方最主要、也是最核心的关注问题有两点：①能让本国具备自主的舰船的修理能力和建造能力，②为长远计，人才梯队的建设也是重中之重，特别是在法国的支持下，建立一套培养日本技术工人和工程师的实践、教育体系。按照这样的基本构想，在维尔尼的主导下，船厂和技术学校的建立先后开始筹备。

首先是工厂的选址和开工。经过实地调查和筛选，建厂地点选在和法国土伦港地形较为相似的横须贺。其次是人事安排，根据罗什的意见，为顺利完成工厂修建施工，更快地使运营进入正轨，除维尔尼之外，日方还应该从法国海军和海军船厂中招聘一批各行业的工程师、技工及事务人员，规模初步定为 40 人左右，管理各个分部的主要技术业务，同时由维尔尼出任技术总监，日方称之为"首长"[②]。维尔尼实际上是海军工厂的业务和技术方面的总负责人。确立了负责制后，维尔尼就开工的步骤和分

[①] ［日］横须贺海军工厂编：《横须贺海军船厂史》第一卷，横须贺海军工厂 1973 年版，第 3 页。

[②] 同上书，第 5 页。

工等事宜同幕府的老中①和法国公使磋商，并列了如下八条基本原则：

（1）造船所设立的端绪

造船厂的当务之急是先行建立横滨制铁所，以保障船厂所需机械设备之材料的提供。关于船厂的规模和车间的设置，为满足修理工程及培养日本工人掌握西式工业技能之需要，该船厂规模不得低于如下标准：船坞2处、船台3处，本国职工不少于2000人，所需的法国技术人员和事务人员数量初步定为40人左右，工厂规模需要18公顷用地以及其他若干的附属用地。船厂的选址定于横须贺。

（2）横滨制作所的设立

横滨制铁所地址设置在横滨本村（当时横滨还不是都市），派选一名法国人充任主管，制铁所分轮机、造船两专业，进行日本工人的培训和教育，为横须贺造船所输送和储备人才。

（3）造船所事务的规定限制

造船所首长维尔尼，如有意见和要求，需要向日本政府提出申请，并需要向造船所设立委员负责人酒井忠毗先行申请，并要每三个月汇报一次进度和经费情况。

（4）法国人组织事项

关于法国人的人事组织和职务安排，除首长维尔尼外，还要从法国人中筛选出11名管理人员充任工程科、建筑科、会计科三科的正副科长以及其他一些部门的管理领导，此外还选出26名技术指导者分配各部门，合同雇佣期为4年。这项人事安排的选拔权由维尔尼掌握。

（5）日本官吏的组织事项

日方的领导岗位有总监1名，会计部长1名，仓库部长1名，职工部长1名，翻译部长1名，部长以下设书记和幕僚。此外为在将来接替法国人接手船厂的具体工作，应培养本国的工程师和技工，故设立相关培训学校。

（6）法国进口品概略

从法国购入的物品为日本国内无法提供且为造船建设以及造船机械工业方面必需的机械及其他用品。

---

① 江户幕府的官职名，是征夷大将军直属的官员，负责统领全国政务。在未设置"大老"的场合是幕府的最高官职。

(7) 日本国内购入品概略

修建造船所的必要相关工程支出。如山地开削、填埋海岸等工程费用全部由日方完成。

(8) 造船所创立步骤

①尽快建设横滨制铁所，目的是使该厂能提供造船所建筑所需的器具资材以及日后造修船舰所需的材料。

②横滨制铁所建设期间，横须贺首先要开削山地、填埋海岸等土木工程，随后建造宿舍、工厂厂房以及管理人员、职工的待命和机械及物品的准备。

③由日本官员完成横须贺湾的测量和地图绘制及工厂建设所需要的各种材料的购入准备。

④前三项准备完成后，幕府向法国派遣使节团，以购买造船厂需要的机械和物品。

⑤首长定于1867年1月1日指导船渠工程的开工，预计于1869年1月1日竣工。横须贺造船所进入日本海军的实用化阶段。[①]

该方案经法国海军部长阅览并首肯后交由日方实施，从上述敲定的几条基本原则来看，以维尔尼为首的法方人员拥有工厂的经营主导权和管理主导权，该厂的经营、会计、造船技术图纸、技工培训等核心要项都掌握在法方雇员的手中，特别是横须贺船厂的组织规定文件《设立原案》中，将船厂的组织结构分为法国人组织事项和日方官员组织事项两个独立部分，从分工中可以明显看到法方的权限十分大。根据这份原案来看，当时日方官员负责的业务仅仅是造船所建筑以及削山填海等外围业务，舰船及机器的修理制造等核心业务全权委托法方人员[②]。在这种业务分配下，将来船厂的日方工人和技术者的升职变动、技能养成、见习实习等一切方面都要掌握在法方的中层干部和主管手中，并在业务上直接受法方领导，而日方的管理者则被排除在基本业务管理之外，只负责募集职工，管理出勤情况和聘用解职以及一些土木施工和员工管理监督等工作。可见幕府时代的横须贺船厂，其管理层和中间层的人事安排呈现出的是以法国雇员为主导型的组织构造。

---

① ［日］横须贺海军工厂编：《横须贺海军船厂史》第一卷，横须贺海军工厂印刷1973年版，第8—24页。

② 同上书，第16页。

当然，鉴于日本方面建设近代船厂零起点现状，以及国内官员在近代企业上的管理经验空白，这样的人员分配在当时来说也属无可厚非。而且从船厂建设期间的表现来看，维尔尼作为负责人，尽力尽责，全权负责工程的成本核算、厂房建设、机械备件的统筹以及相应配套厂房的完善等事宜。日本方面的官员对此也给予了很高的评价。船厂的建设成本核算共需240万美元预算，由日本方面以生丝作为担保，法国方面提供贷款。从维尔尼来日到完成这份制铁所的草案，仅仅不到一个月的时间，除了他本人的工作热情，也可见当时法国政府对这份合同的重视。

在造船厂的施工进入初步运营之后，日方关注的第二个问题，即人才培养和技能传授也开始进入正轨。维尔尼在报告中提出了"学舍教育"的模式，法国外交部方面的文书的记录显示，"为培养日本人逐步完全取代法国人员，具备独立完成造船、修船的能力，应在造船所内建立专门的技能培训学校以培养属于本国的工程师和技术骨干，该学校的办学体制应仿效参考法国海军同类学校"①，"日本政府，为培养工程师级技工等学员，从士族中选拔出具备教育和知性的青年，并学习专业课程和法国海军下士学校的相关课程，主要的方向是工程师培养。另一方面，从普通的青年职工中选拔学员培养职工长（工头），具体培训的方式上午在工厂劳动，晚上则根据法国海军工厂的下士学校的教育模式来学习制图、几何等课程"②。

法国人也承认学舍模式其实就是法国海军下士学校的翻版。此后虽然明治政府取代幕府执政，学舍一度因政治更迭而停办，但新政府成立后不久便恢复并进一步发展。1870年《横须贺学舍规则大要》颁布③，规定学员的适龄入学年龄为13—20岁，主要教学科目为造船学和机械学，基础学科则有法语和数学。如要完成学业并获得合格证书，至少要掌握1到2门的专门学科课程。这份规则还特别强调数学和法语是学习专门学科的必要前提，这也侧面体现了1872年日本政府推行义务教育之前的民众教育现状，特别是诸如外语、基础数理等课程的教育仍然处于十分欠缺的状

---

① ［日］横须贺海军工厂编：《横须贺海军船厂史》第一卷，横须贺海军工厂1973年版，第13—14页。

② Correspondance Politique Japon, *Historical Documents Relating to Japan：in Foreign Countries*, Vol. XIII, France, Annee 1865.（東京大学史料編纂所所蔵）

③ "横須賀黌舍規則"『大隈文書官庁関係文書』，国立国会图书馆所藏，A-4-84。

态。包括横须贺造船厂学舍在内的带有近代化色彩的技术培训和专科教育在当时的日本也只是零星的点状存在。1875—1876 年，学舍教育体系又被做了进一步的修订，在 3 年预科生的基础上又新增了 4 年学制的本科生培养。学生中成绩优异者还可被选派前往法国公费学习造船技术，在 1876—1879 年间，共有 7 名学生获得了留学法国的资格。

然而，对于学舍的作用，虽然当时访问的法国舰队司令官曾在视察学校时给予了很高的评价①，但是除了输送几名赴法留学的精英学员之外，并没有出现成批次、成体系的造船技工培训。即使是维尔尼在 1876 年的报告中也承认"（日方学员）虽然接受了海军工程师的授课，可即便是学舍中最顶尖的日本学徒，也不具备学习造船学和蒸汽机械学的课程的能力"②，而学舍的本科培训实际上根本没有如计划中那样得到贯彻。也是在这一年，海军省高层决定开始逐渐削减法国雇员的数量和限制权限，学舍也面临着变动，先是其预科班因法国教师的解雇而被并到东京开成学校（东京大学前身），随后在 1882 年日本的工部大学另起炉灶，开办了真正意义上的造船工程师的课程和专业，学舍的本科课程也被叫停了。

维尔尼的学舍体系对日本近代造船方面的人才养成确实取得了一定成绩，主要体现在那一批留法学生中，这批学员后来大多成为日本造船业的骨干力量，比如其中的佼佼者辰巳一，他在 19 世纪 80 年代成为日本海军设计总监、法国专家白劳易的助手，并帮助监造"松岛"级海防舰的工程，后来日本海军大名鼎鼎的下濑火药也是通过他的一些活动才得以从法国偷偷将样品带到日本成功仿制的。③ 从这个角度讲，不能否定学舍制度的作用，但是这一成绩毕竟和日本方面的预期相差甚远，并且该体制和日方的构想也存在着很大偏差，所以明治政府上台之后不久，海军就法国方面在船厂管理权和技术教育模式做出重大改革。

---

① Raoulx, J., *Les français au Japon, La création de l'arsenal de Yokoska*, Revue maritime, mai, 1939, p. 629.

② [日] 横须贺海军工厂编：《横须贺海军船厂史》第二卷，横须贺海军工厂 1973 年版，第 47 页。

③ [日] 小野雄司：《日本人最初の先端技術者　辰巳一　造船大監》，研成社 2009 年版，第 192 页。

二 横须贺造船厂经营权的独立化与教育模式的转型

(一) 横须贺造船厂经营业务的弊病和维尔尼的解雇

明治改元之后，由于横须贺制铁所的业务刚刚铺开，新政府对之管理经验尚十分欠缺，所以从旧政府手中接管横须贺制铁所后，对幕府时期确定的法国雇员为主导的管理框架并未做出改动，基本全盘延续之前的设定。根据上文介绍可知，维尔尼作为技术总监，其权限十分大，说其控制船厂乃至当时日本海军造船修船业务的命脉也不为过，而法国方面之所以极为热心地介入横须贺铁厂的建造和经营事务，自然也有其背后的利益考量，一旦这种考量和日本方面的利益发生冲突对立，这种管理权和经营权操作在外国人之手的情况也就势必引起重重矛盾。

首先便是经营理念的冲突。1876 年 2 月 26 日，维尔尼提交了一份有关创建船厂以来的经营成绩报告书，报告中提到了自明治 4 年（1871）以来，该厂业绩暨造船和修船清单为：军舰"清辉"，运输船"迅鲸""函馆丸"两艘，河船"利根川丸"，小汽船 1 艘。修理方面：共计修理外国、日本舰船 263 艘，其中日本 163 艘，外国 100 艘①。从报告中可知，横须贺船厂这时候的主要业务还是以修船为主，且国外船舰的订单占到了将近四成的比重，而且日本船只的修理订单全部来自民间合同，并没有海军方面的舰船。正如维尔尼自己曾经总结的："横须贺造船所迄今为止在修理商船和外国船舰方面取得了极大的发展，自今以后也应陆续增加海军以外的舰船修理订单，这是造船所经营路线的上策。"② 横须贺船厂的经营利润情况虽然较好，但订单和业务大多来自国外军舰和国内民间船只，且这种只以维修船只为主的经营对日本的造船、特别是造舰能力的提升作用极其有限。

以横须贺船厂 1873 年开工的日本第一艘国产军舰"清辉"及运输船"迅鲸"为例。这两艘舰船均为木质结构，"清辉"在下水后仅仅几年就发生了船体腐朽等问题。事后海军省排查原因，发现是使用了未经充分干

---

① ［日］横须贺海军工厂编：《横须贺海军船厂史》第二卷，横须贺海军工厂 1973 年版，第 46—54 页。
② 同上。

燥的木材作为造舰木料，这是十分低级的工程失误①；"迅鲸"在试航的时候也发生了曲柄轴损伤的问题，而且在试航中其他机械部件还发生剧烈震动等故障。② 同时，横须贺船厂还存在造舰工期过长、成本过高的弊病。"迅鲸"每吨的平均造价为490日元，工期长达8年；"清辉"号的建造成本不详，但是工期也长达2年半之久。③ 不单单是这两艘军舰，随后开工的"天城""磐城"两艘不满1000吨的轻型军舰也耗费了2年半左右的工期，而后排水量为1400吨左右的"海门""天龙"姊妹舰更是耗时5年之久，且每吨的平均成本为450日元。④

这些工艺、工期、成本的问题凸显当时横须贺船厂的技术水平薄弱、工人的生产效率低下的现实。不仅远逊同期的造船强国英国，甚至和近乎同时起步的清国相比，也不占有优势。拿日本海军70年代后期从英国订购的"比睿""扶桑""金刚"三舰为例，这三艘英舰的每吨平均建造成本为320日元，比"海门级"低出将近50%。⑤ 这种造价差基本反映了日本同英国这样的工业强国的生产效率和工人劳动素质的差距，也反映出当时横须贺造船所的舰船制造技术和生产能力的低下及经营体制的落后。特别是对比几乎与横须贺造船厂同时起步并同样拥有法国合作背景的中国福建船政造船厂后更能说明问题，福建船厂第一艘自造的军舰"万年清"号⑥，其工期只用了不到1年半的时间，下水后也没有发生工程质量问题。从"万年清"和"清辉"的制造年代和性能要目以及都具有的法国技术背景来看，两者几乎可以看做是拥有同一血统的同类炮舰。单以这60年代末70年代中前期的两国船厂水平横向比较来看，中国福建船政造船厂的技术能力和效率还在横须贺造船厂之上。

把上述问题的责任都归到法国人身上未免不甚客观，但是在1875年以前，维尔尼的确是将经营方针放在造船业务以外，除了海军的舰船维修

---

① [日] 横须贺海军工厂编：《横须贺海军船厂史》第二卷，横须贺海军工厂1973年版，第274页。
② 同上书，第146页。
③ [日] 室山义正：《近代日本の軍事と財政——海軍拡張をめぐる政策形成過程》，东京大学出版会1984年版，第111页。
④ [日] 海军大臣官方编：《海军军备沿革》附录，从南堂复刻版，1970年。
⑤ 同上。
⑥ 陈悦：《近代国造舰船志》，山东画报出版社2011年版，第16—25页。

制造订单，民间和国外舰船维修业务竟然占了大头。这种局面的出现，也反映了法国援助日本修建横须贺造船所的最初动机：与其说是帮助日本修建一个具备独立造舰能力的海军工厂，不如说是建造一个西方国家在远东舰船的修理和补给基地而已，其经营模式也和依靠法国资本而生的民间造船厂一般无二。①

为此，海军省一边针对维尔尼的经营路线提出强烈的批评，一边颁布新的改革方案来架空维尔尼的权限。1874年5月先是制定了《舰船修理规定》，次年5月还颁布了《横须贺造船所事务改革案》，根据这些规定，修理和建造内外舰船的审批程序由原来向首长维尔尼通报的惯例改为需经海军卿（海军大臣前身）许可，也就是说维尔尼的首长权限仅仅限定在技术和制造方面，行政和管理上的权力由日方掌握。② 这份改革案明确了造船所长官负责会计和事务方面的管理，海军则加强了对造船所的控制力和主动权。随后的1875年4月，海军省又颁布了《舰船新造及修理处理法》，暂时把舰船修理的业务由横须贺船厂转到维尔尼权限无法顾及的石川岛造船所，从而避开了法国人对该项业务经营的染指。同年年底，维尔尼在被日本政府授予了一系列荣誉之后，体面解职。宣告了法国人管理横须贺船厂时代的终结。日本海军当局随后又将石川岛造船所废除，并将设备移交给筑地兵器局，而舰船修理的业务重新转回了横须贺造船厂。而船厂仅仅因技术需要而保留专门的法国工程师和相关专家，不再聘任管理官僚。

以1876年解聘维尔尼为标志，日本方面收回了法国人在横须贺厂的经营主导权，日法海军技术合作的路线由法国引领并主导船厂经营和组织大权向日方主导经营、保留外国技术雇员的路线转变。

（二）日本的技术培训体制的独立化努力

除了在经营理念和权限方面的冲突之外，日法两国在船厂人员分工和教育培养方面也存在尖锐的矛盾。

1873年，随着日本方面工人水平的不断进步，在造船、修船方面，日方的熟练技术和优秀职工在不断增加，工人数量和国内官员的数量也稳

---

① ［日］室山义正：《近代日本の軍事と財政——海軍拡張をめぐる政策形成過程》，东京大学出版会1984年版，第144页。

② ［日］横须贺市役所编：《横須賀市史》，横须贺市，1957年版，第281页。

步有升，这种情况的出现，让日方对实现独立管理船厂、技术自立的目标有了信心和基础，与之相对应的是法国雇员的不断减少，说明船厂经营的对外依赖性也在不断减弱。

1873年6月1日，当时的主船寮向海军省提交了一份题为《横须贺造船所改革案》的申请①，以造船厂冗费为由，建议裁减所有外国雇员（因当时外国雇员薪水普遍都十分高），从这份报告可以看出，当时的海军方面确实已经对工厂自立具备一定的信心，不再像船厂起步阶段那样事事依靠外国专家。而且当时的法国雇员对日方的管理人员多有不敬，对待日本工人也苛刻傲慢，首长维尔尼在处理两国员工的关系和纠纷上也多有偏颇，可以说这种管理层的垄断同时招致日本底层员工和上层管理者的不满。船厂员工的任务分配、升迁、加薪等事项通通掌握在法人之手，如果听任这种情况发展，对造船厂的根基以及为海军培养技术骨干的目标都会有很大的消极影响。所以日方的初步措施是先逐步扩大日方管理人员的事务分工和权限，一点点地向日方控制管理主导权的方向过渡。考虑到尚无法完全脱离法国技术人员支持的现实，上文申请书提议也没有为海军高层所采纳。海军省采取了一个折中的方案，第一条是限制了维尔尼的权力，将船厂接收国内外造船、修船订单的决定权由首长自由裁决变为须经海军省审批许可才能施行。首长的权限从全盘管理造船所的经营降低为仅限于生产管理的技术业务。同时还增加了国内官员的分工，虽然在这份改革方案中，暂时没有触动其他外国人员的职务，但仅仅半年后，海军省就向造船所下发一份文件，以该厂创立历经十余年，已经成功从草创阶段过渡到稳定阶段，一切事宜皆已步入正轨为由，认为今后已经不再需要聘用外国人担任造船所首长一职。② 自此，在船厂服务多年，一手建立起横须贺造船厂的维尔尼被辞退，海军借机将船厂的管理权收回本国人手中，这一人事变动也意味着日本自立经营的正式起步。1880年，随着最后一位维尔尼时代的法国雇员结束合同离开船厂，可以说日本彻底脱离了创立船厂时的对法国依赖。

当然，日本在70年代中期做出了上述决策后，也在下大力气整合自

---

① [日]海军大臣官方编：《海军制度沿革》复刻版卷三（1），原书房1972年版，第292—293页。

② [日]横须贺海军工厂编：《横须贺海军船厂史》第二卷，横须贺海军工厂1973年版，第29页。

己的海军技工教育体系。前文曾提到，维尔尼曾按照法国海军下士学校的方式来创办学舍，培养日方的技术骨干，然而这种模式也引起了日方的很大不满。按照法国人的构想，学舍教育对日技术人员的培训目的是培养少数在施工现场监督和指挥工人的"工头"①而不是日方所期望的那种工程师、技工。所以在授课安排上仅仅开设一些基础性的课程。②所以在维尔尼离职后，日本对学舍的重视度也一路下降。从1882年7月开始，先是将法语课从学科名单中删除，取而代之的是日文课（日本称为国文）和英文课，并增加了簿记等课程，1884年更改了横须贺造船所学舍规则并于1889年根据当年的海军造船工学校管制的制定，将培养下级技工的工作列为重点。③这一系列的更改和变动，将日本的海军技术教育由法国的工头培养变成了地道的产业工人和工程师培养。特别是此前在英国专家帮助下，日本建立了工学寮，后改为工部大学校，在1886年根据帝国大学令又合并到帝国大学中。除此之外还有东京职工学校等中专学校，这些高等教育和职业教育的完善才是日本工程师培养和技术工人培养的正确途径。值得一提的是，从1872年后推行义务教育开始，经过22年的发展，至1894年甲午战争爆发时期为止，日本的中学、大学、专科、技术学校等制度不断完善，其中初期义务教育的普及推广更是在中日甲午战争爆发之际完成了整整一代人的培养，而这些数量庞大的、拥有近代教育背景的人口反过来也为如火如荼的近代化各产业（包括军事产业）提供了人才反哺。这也是中日甲午战争日本胜利的一大要因，也是当时两国近代化改革中内在差距的体现。

三 日本海军对清军备扩张的确立和日法造舰技术的合作

（一）对清军备扩张案的脉络和日法合作的再兴

自横须贺船厂的经营权易手之后，国内技术人员的培训体系也逐步进

---

① 日语为"職工長"，德语为"Vorarbeiter"。
② TANAKA, S., *Les débuts de l'étude du fransais au Japon*, France Tosho, 1983, pp. 200-201.
③ ［日］隅谷三喜男：《日本职业训练发展史（上）》，日本劳动协会1970年版，第25页。

入正轨。日本虽然摆脱了法国的主导而独立经营，但是在舰船的整体设计以及动力、武备、装甲等方面技术能力很薄弱，仍然需要法国的帮扶。当时陆海军的参照目标依然以英法两国为优先，进入19世纪80年代以后，日法就造舰等方面的合作频繁往来，特别是造船专家白劳易（Bertin）受聘为日本海军顾问和横须贺船厂技术总监，在他担任该职的数年内，两国的合作进入了一个高峰期。

1881年，日本海军开始制订海军军备扩张计划，随着川村纯义就任海军卿[①]，在他的积极推动下，海军扩张计划案的经费申请一直没有停止步伐。当时海军省内部关于军备扩张的具体方针还分为两个派系：以铁甲舰（战舰）为中心的远洋舰队整备派和以海防舰、水雷艇为中心的海防舰队整备派，前者的提出当局是海军军事部，后者主要是海军主船局，两种发展理论的争论一时悬而不决，其背后也有欧洲两大海军强国流派即英国的远洋舰队理论和与之对抗的法国水雷学派[②]（主张破坏敌方海上通商线、侧重沿岸防御）的选择考量，虽然日本海军早已确定以英国为海军模本，但是由于日法海军合作早在幕末时期就已深入展开，特别是横须贺造船厂等合作，内部深受法国学说影响的高层官员仍占有相当比重，在海军中法国派官员也有一席之地，白劳易的受聘就是受此影响才得以实现。

1882年，中日两国就在朝鲜爆发了"甲申之变"的冲突，外交关系趋于紧张，为推动海军实力的提升，应对力量不断增长的北洋海军，日方的扩军步伐也在提速。海军省修正了此前的海军扩张计划，川村提出在1885年后，应购买和建造92艘军舰，其中以8艘铁甲舰为中心，该计划共需7551万日元预算，这份计划很快便向内政大臣三条实美递交。但以当时的日本财政情况来说，要实现这样一个庞大的计划几乎是不可能的，所以很快便被否决，只批准了其中一小部分舰只的订购、建造计划，同时决定发行1700万海军公债来作为特别费用于造舰和购舰。[③] 换而言之，以1882年的财力条件和后勤条件下快速整备一支以铁甲舰为中心的远洋舰队是不可能完成的任务。于是作为该计划的替代方案，同时在资金预算有限的条件下快速提升日本海军的造舰水平和扩充海军战力，川村将目光投向了法国。前文提到，学舍时代日本曾有一批留学生派往法国学习造

---

① 官职，日本海军大臣的前身，太政官时代主管海军军政方面负责人。
② ［日］原刚：《明治期国土防卫史》，锦正社2002年版，第213页。
③ ［日］海军大臣官方编：《海军军备沿革》，从南堂复刻1970年版，第7页。

船,此时已毕业回国进入海军服务,在这批人的大力推荐下,曾担任留学人员讲师的法国造船专家白劳易进入了海军高层视线。1886年2月2日,白劳易担任海军省顾问兼横须贺造船厂的技术总监①,随后开始了他在日本海军的大展拳脚。

白劳易先是制定了一份《舰队组织计划》,这份计划带有鲜明的法国水雷学派的色彩,突出了以海防舰和水雷艇为重点的思想。他以上文提到的1700万造舰预算作为经费基础,表示要在五年时间内将海军总吨位提到67300吨,这份计划也称为日本对清的第一期军备扩张计划,后来这份计划被缩短为3年。此后继任川村纯义就任海军卿的桦山资纪继续在议会中提交扩张海军军备的提案,希望在白劳易的计划基础上追加预算,并扩大舰队的整备规模,比如将6万吨的整备量提升到12万吨,但是这些提案先后都被日本议会所否决,只批准了其中一小部分军舰的开工和购买。海军扩张受限的原因首推当时松方正义主导的以财政通缩政策来解决70年代以来的通胀泛滥和经济恶化的通缩政策。所以原则上叫停一切增加财政支出的产业和军事扩张项目,所以这一时期海军的各种预算申请也就回应寥寥。而且以1882年的日本国家财政收入为例,当时的财政收入为7350.8427万日元②,而军费支出占30%左右,约2000万日元,其中每年的造舰预算为333万日元,按照当时物价来计算,尚不足购买一艘法国9000吨级的装甲舰,上述的军备计划案也显得过于超出现实,再加上当时自由民权运动等政治斗争的波及,自由民权运动期间,以爱国公党、立志社等为代表的自由民权派日本政党对海军扩张极力反对,受此影响,白劳易的计划从一开始就缩水。

表1　　　　　　　白劳易的造、购舰计划构想和实际完成进度

类别	计划建造	实际建造
二等海防舰	4艘	3艘
一等水雷艇	15艘	16艘
二等水雷艇	9艘	5艘
通报舰(despatchboat)	2艘	1艘

---

① [日]筱原宏:《日本海军的外国雇员》,中央公论社1988年版,第188—192页。
② 日本财务省主页,"第1表 明治初年度以降一般会計歳入歳出予算決算" http://www.mof.go.jp/budget/reference/statistics/data.htm。

续表

类别	计划建造	实际建造
一等海防舰	1艘	无
一等巡洋舰	1艘	1艘
二等通报舰	4艘	1艘

根据计划，作为水雷艇舰队旗舰的4000吨级二等海防舰是这份扩张案的核心。为应对清国"定远"级铁甲舰，该舰主炮装备一款65吨重的大口径炮。白劳易建议日本应建造4艘4000吨级的海防舰及16艘50—60吨一等水雷艇和12艘25—30吨二等水雷艇。从这份清单来看，正好契合了前文提到的法国水雷学派①的风格。用海防舰、水雷艇编队配合海岸炮台来立足防守的同时袭扰敌人的后勤补给。这一出发点也符合80年代中前期清国海军强于日本的现实。

在建造问题上，根据合同，三艘二等海防舰中的前两艘军舰"松岛"和"严岛"由法国的地中海铁厂承建，第三艘"桥立"由法国提供图纸和必要部件，并在白劳易的监督和指导下由日本横须贺船厂来制造。此举目的是日方掌握和吸收相应的造船技术，积累建造大型军舰的经验。此前横须贺乃至日本船厂都没有建造过4000吨级的现代化军舰。值得一提的是，曾经在学舍时代就读并因成绩优异而选派到法国留学的辰巳一，此时以监督官的身份被派往法国负责监造"严岛"，回国后又亲自监造"桥立"。因为这三艘军舰的命名是以日本著名的三景即宫城县的松岛、京都府的天桥立，广岛县的严岛来命名，所以也称为"松岛"级海防舰或"三景舰"。

该级军舰主炮采用了法国造320mm加纳炮，总重60吨，如果算上推动旋台的水压动力系统则达到了160余吨，在4000吨的船体上装备如此复杂笨重的巨炮显然是为对抗拥有厚达355mm装甲带的"定远"级铁甲舰。这款火炮也是参加甲午战争军舰中口径最大的舰炮。

此时海军发展已进入全钢铁军舰时代，蒸汽动力也有了飞跃性的提升，造舰技术的复杂程度已远超横须贺铁厂早期建造的"清辉"等木骨

---

① 1886年1月13日附"海軍省禀申十八年度軍艦製造費増額ノ件"的对应文件，《公文杂纂》，明治十九年大藏省1-11（国立公文书馆藏）。

铁皮舰的水平。更重要的是，军舰的武备也从前膛炮时代进入后膛炮时代。在这个过程中，舰炮由于火控技术和炮弹装药技术的提升，一改前膛炮时期片面强调口径决定威力的论调，而逐步向缩小火炮口径、提高炮管长度的趋势发展。由于装甲性能提高，以当时炮弹技术来说如要有效击穿防护，需要增加炮弹初速度和穿透力。只有提高了这两项指标后才会继续升级火炮口径。"松岛"级的主炮正好是在这样的技术背景下应运而生的第一款高初速大口径火炮。至于其副炮，原本的设计构想是装备法国的加纳式120mm单管炮，其射速为近1分钟1发。但是随着中口径速射炮的出现，特别是以英国阿姆斯特朗式速射炮为代表的120mm和152mm速射炮等可达1分钟6发惊人射速的火炮马上成为了新宠，力压此前风头无两的德国克虏伯炮。所以在舾装过程中，日方更改原方案，决定装备阿姆斯特朗式速射炮，可以说，在日后的黄海海战中，比起故障频发、表现平平的320mm主炮，正是依靠120mm速射炮群的优异性能，日本海军才在海战中取得了压倒性的优势。

随着"松岛"级等军舰的服役，加上此前购置的英国"浪速"级巡洋舰，日本海军在甲午战前初具规模，从这一段时期的造舰成绩来看，1883—1890年时期的对法合作，对日本海军造船业的技术提升还是十分明显的。在此之前横须贺船厂的建造能力还很脆弱，特别是从其建造的一系列1000吨级军舰的平均工期和成本来看，生产效率还很低。而受惠于军扩案和法国技术扶植，对本土造船厂的技术积累和产业工人锻炼是个难得的机会。特别是"松岛"级第三艘舰"桥立"的建造，更是日本首度独立来完成4000吨级军舰的建造，其对当时先进工艺的吸收和理解十分有益。总体而言，白劳易对日本海军发展的贡献还是受到日方的积极评价和肯定的。更需要说明的是，这次的合作同维尔尼时代相比有两点不同，第一，政府层级的外交运作和介入很弱，仅仅是由日本海军省主导，单方面的专家聘用式的合作，而不是横须贺铁厂那种经营权需要外国方面主导和垄断管理的方式，甚至白劳易本人也是海军高层听取了日本人员的意见后才决定招聘的。第二，这次合作，技术指导方面的色彩更加浓厚，特别是不同于维尔尼偏重主抓经营权和管理权而相对忽略技术扶植的方式。80年代的海军合作可以说是反其道行之，比如根据合同，法国船厂不仅答应将"松岛"级的后两艘军舰交给横须贺方面来完成，以培养其建造大中型水面舰只的经验和能力，还以日本技术官员作为白劳易副手的方式直接参与到具体的监造工作中来一边实践一边学习。而且其他中小型辅助舰的制造订单也交给横须贺和其他船厂完成,尤其是水雷艇的订单业务全部交给了日本的小野滨船厂来承接。技术转移的意味很强。

不过,自步入 90 年代初期以来,随着海军高层不断向议会施压,以及松方正义紧缩财政的结束,海军军备扩张计划又迎来了转机。特别是同俄国和清国的矛盾日益不可调和,随着备战需求的急迫,扩充海军已经成了举国上下的共识,此时的日英海军合作也已经有取代法国的苗头。政局方面,随着舆论压力的加强,特别是明治天皇亲自下敕诏并宣布从皇室内费中拨款建设海军的声明,迫使议会态度发生了转折,终于在 1893 年,后者通过了多达 8000 余万日元的海军扩张预算,并在英国订购了以一等战舰"富士"和"八岛"为主的新式军舰①,日本的英国式远洋舰队理论有了实践的基础和条件。只是这批主力舰尚未竣工便迎来了中日战争的爆发。而早在这数年前的 1891 年,白劳易就结束了同日本方面的合同返回法国,终其服务日本海军的数年间,除了三景舰外,一共设计和监督修造了"八重山""千鸟"等 6 艘军舰。对于他的贡献,日本多次在文献和纪念活动中予以表彰,其设计的军舰在甲午战争中也发挥了一定的作用。而自此以后,日法在海军方面也再没有类似的合作。

(二)日法合作的式微和原因分析

第一期对清海军军备扩张期背景下的日法合作在提升日本海军实力和造舰技术方面还是发挥了较大的作用。在参加甲午战争的日本海军舰船序列中,法国风格的军舰、水雷艇占有相当比例,其中"松岛"舰更是担任了联合舰队的旗舰。但是,此后在日本海军中就再也难以看到法国技术风格的军舰服役,类似的交流合作也不再见诸其海军史的发展中。

究其原因,除了前文提到的财政原因导致军备扩张和英国战舰中心舰队理论的解禁之外,法国造船技术暴露出的一些问题和 19 世纪 80 年代后期以来的日法外交动向变化也是关键一环。

首先是法国的水雷学派理论,从日本明治维新以后确立的方针来看,海军作为其实现"海外雄飞"的工具,一开始的战略定位上就有扩张性格的一面。所以海岸防御和破袭航路这样的防御性海军战略注定只是其实

---

① [日] 堤恭二:《帝国議会における我海軍》,原書房 1984 年版,第 29 页。

力不足时期的一个过渡性方针，明治十五年海军扩张案背景下的重用水雷学派就是这种体现。当时的清国海军强而日本海军弱，特别是备战的假想敌中尚有更为强大的俄国海军，日本因经费不足无法维持一支远洋舰队，所以只好一面加强训练、细化制度、完善军港船坞等设施，一面利用现有资源寻求性价比最高的替代方案。而一旦客观条件具备，那么脱离法国海军学说这种临时性的尝试是必然结果。更何况在吸收法国造舰技术的过程中，日本也发现了很多技术上的缺陷和问题。这一问题是造成日本更加信赖英国技术而抛弃法国技术的最主要因素。

其次是技术问题。法国的造舰技术虽然在世界海军中占有一席之地，但是在19世纪80年代世界海军各项技术都升级换代的摸索期内，也还是暴露了一些问题，这些问题也反映在帮助日本建造的军舰中，而参考比较了同时期相对更成熟的英国技术之后，日本开始注意到两国在火控、动力系统上的差距。比如前文提到的"松岛"海防舰，为了让其克制中方7000吨级、拥有铁甲堡式防御的"定远"级铁甲舰，该舰装备了与型号十分不匹配的320mm主炮。由于该炮的总重过大，在4000吨的船身上运行十分不匹配，所以"松岛"级主炮无法在战斗状态进行连续射击，而且实弹射击时，为了减低弹药发射时对炮管的损伤，还要避免在强装药下射击，而是改为弱装药。从海战的表现看，被海军寄予厚望的320mm重炮也没有发挥出应有的作用，1894年8月10日三景舰随舰队趁北洋海军主力外出之际炮轰威海卫炮台，在没有敌舰的干扰下，三艘松岛级军舰虽然在6000米的距离上对着静止目标炮台不断发射320mm炮弹，但是这些炮弹的落点全部落在炮台前方，无干扰、无动态目标情况下，主炮的命中数竟然为零[①]。而在黄海海战中，这三门火炮更是在五个多小时的海战中，打出了合计12发的超低效率，虽然日军方面的报告声称，有2发炮弹命中镇远号[②]，但即使这一情况属实，从战后镇远舰依然没有致命性伤害，装甲主体都完好无损等情况看，该级主炮的实际效果可想而知。而且战斗中还暴露出火炮发射时，炮尾栓出现开关困难、机发装置损伤、火炮旋台的水压系统漏水等问题。战斗中舰上官兵需要一边修理排除故障一边射击，如果不是中方的火炮速率太慢，杀伤效能太低，恐怕战斗中如此频

---

① ［日］伊东佑亨等：《明治27·8年连合舰队出征报告第7回—9回》アジア歴史資料センター C08040555700 海军省-日清-M27-52，该件收藏于防卫省防卫研究所。

② 同上。

发的故障会导致日方承受更大的损失①。这些问题固然有当时三景舰服役时间尚短、水兵训练磨合尚未成熟的客观原因，但是不可否认该火炮的性能和质量确实存在严重缺陷。尤其尴尬的是，和法国主炮的糟糕战绩相比，"松岛"级建造过程中临时更换的英国阿姆斯特朗120mm副炮却表现优异，海战中3艘"松岛"级34门120mm副炮共1657发，再加上同样装备此炮的"吉野"号等英造巡洋舰，120mm炮对北洋舰队大部分的非装甲舰的杀伤尤为严重。

　　动力系统也是问题不断。根据设计，舰上的主机装备了三胀往复式轮机②，主锅炉是可以提供12千克每平方厘米低压的低圆汽缸，在强压通风条件下可以达到5400马力16节的设计航速，但是这种布置存在着工艺上的欠缺，在航行中，高压条件下，炉筒很容易发生损坏，其锅炉管也容易出现漏水的问题，导致"松岛"级在航行中多次发生重大故障。甚至一号舰"严岛"在竣工驶回日本的途中就发生了锅炉屡屡漏水的故障，在印度洋时一度面临动力瘫痪而依靠漂流航行的惨状。事后检查是由于管板的口径与烟管不匹配，多出后者2—3毫米口径。"严岛"一直到甲午战争爆发时都没有彻底解决好故障。横须贺自造的3号舰"桥立"也在强压通风的公试中发生了4号、5号锅炉压坏的事故，虽然经过锅炉更换和改造，抢在战争前夕得以完工，但是在自然通风条件下仅仅达到11.05节的航速。"松岛"舰也在抵达日本后发生过锅炉的问题并在长崎进行过专门修理。其航速为12.8节，都远远没有达到16节理论数字。动力问题一直是困扰日本海军的头疼问题。③ 日方对法国造船技术的可靠性彻底失去了信心，根据最初的构想，"松岛"级原本建造4艘，后两艘全部由横须贺造船厂制造，而前三艘军舰的不理想，让日本取消了4号舰的建造，反而是以英国的新巡洋舰为参考，造出了具有英式风格的3150吨巡洋舰"秋津洲"号。而海战结果也表明，英国舰"吉野"号无论在火力还是机动力方面都要优于三景舰，且三景舰的主要成绩也得益于舰上装备的英式中口径速射炮，黄海海战的战斗结果进一步检验和反馈了英国造船技术的可靠性更加优于法国。所以日本在之后的日俄战争前采用英国技术流派备

---

① ［日］木更津：《世界の艦船》，海人社1994年版，第156页。
② 三胀往复式轮机：简称三胀机，一种使蒸汽在内部经历三次膨胀做功的蒸汽机。
③ ［日］木更津：《世界の艦船》，海人社1994年版，第153页。

战也就不足为奇。

最后，1885—1895年的外交动向变化也是导致两国军事交流日渐疏远的重要原因。应该说，从幕府末期开始到明治中前期（1864—1885年），法国在日本近代化的过程中扮演了授业者的角色，不仅仅是海军建设、缫丝厂、港口市政、路灯、电气化等很多领域都有法国的影子。对此在相当长一段时期内，日本上层和普通国民感情也有一种亲近感。但是，随着日本近代化的不断增强，其自身的心态和对外诉求也在发生着变化，这种变化也使得同在远东活动的列强之间的关系极为微妙，而法国是最先感受到这种微妙关系的国家。

特别是在中法战争结束后，原本在战争期间一度有结盟对付清国倾向的日法在战后变得渐行渐远，随着国力的增强和近代化的推进，日本从民间到政府，都谋求废除幕府以来同西方各国签订的一系列不平等条约，希望自己融入国际社会的努力被西方所承认并能够同列强平起平坐。作为一直以来拥有较为友好关系和密切军事合作的法国，日方自然是对其态度有所期待。然而与其一相情愿相比，法国方面却并不想放弃在日本拥有的特权和利益。除了有经济利益上的考量之外，法国也对日本随着国力增强而日渐增长的野心有所注意，特别是在民族主义影响下，日方同白种人竞争的潜意识也引起了法国的警惕，不仅仅是产业方面的竞争，1875年以来日本对朝鲜的侵略扩张和对俄国的敌视，更是让法国对日本今后可能出现的潜在威胁有所警觉[①]，考虑到80年代法俄两国的同盟关系，让日本和法国对彼此之间又多了一层顾忌。

在这种形势下，日法关系的疏远和日英接近就变得理所当然。尤其是甲午战争结束之际，法俄在干涉辽东归还的问题上采取了同一立场和行动，这对长久以来视俄国为最大假想敌的日本来说是更加危险的信号。而担心俄国远东扩张危及自己在华利益的英国自然出于制衡考量，也愿意接近日本，使其成为在远东对抗俄国的有力帮手甚至是马前卒。于是从80年代中期开始日法外交疏远趋势已经越来越明显化，法国主导的海军建设理论和造舰技术在现实中也暴露出诸多问题。所以到甲午战争前后，日本就海军技术合作方面选择最终脱离法国拥抱英国，也就顺理成章了。

---

① ［法］リチャード・シムズ：《幕末・明治日仏関係史―1854—1895年―》，矢田部厚彦译，ミネルヴァ書房2010年版，页209。

小　结

　　从 1865 年幕府与法国合作建立横须贺铁厂起，一直到 1895 年甲午战争爆发，日法双方围绕横须贺造船所的建造、经营、人才培养和技术转移进行了从合作到分离的过程，其三十年的历程正好见证了日本近代海军和技术人才自立化培养的起步到定型，日本从中完成了技术引进到人才培养体系转移的基本过程。当然，在两次主要阶段的合作过程中，日本初步完成了海军方面的对清备战，实践表明，法国式的造舰技术和船厂管理模式存在一定问题，诸如"松岛"级的诸多弊病，同时在横须贺造船所的人才培养和经营模式等问题上，法国和日本也存在分歧。但是应该承认，作为从零起步的海军后发国家，日本从法国的合作中受惠甚多，特别是获得了极为宝贵的近代化造船厂的组织管理经验和一定的技术储备，而在造船问题上，虽然在甲午战争前日本尚未达到一流水平，但日法合作仍然为其在甲午战争的海军胜利提供了基本的支持和保障。而日本在消化和转化近代造船工业技术和工厂管理方面的努力也是值得我们在研究这段历史问题中引起注意的。

19 世纪中叶至 20 世纪初中日海军教育对比

——以 1912 年以前的福建船政学堂和江田岛海军兵学校为例

吴 妍[*]

经过两次鸦片战争的战败以及太平天国运动的冲击，清政府开始认识到西方坚船利炮的威力。为解除内忧外患，实现富国强兵，以维护封建统治，清廷开始筹划学习西方文化及先进技术，特别是舰船制造的技术以及新式海军的建设，福建船政学堂（英文：CHUAN ZHENG SCHOOL，亦译：Foochow Naval Academy）作为中国第一所现代海军高等学府由此登上了历史舞台。但中日甲午战争北洋水师几乎全军覆没，中国的海军几乎坠入谷底，被誉为"中国近代海军的摇篮"的船政学堂也随着海军的没落再也不复当年的辉煌。

而与中国一海之隔的日本在 1868 年明治维新成功后，受到西方海洋观念和制海权理论的影响，确定下对外扩张发展的基本国策，进而提出效仿当时世界上第一的英国海军建立近代海军的主张。代表日本最强海军实力的海军兵学校（日文：かいぐんへいがっこう，Imperial Japanese Naval Academy）很快建设完成，并经过中日战争、日俄战争的洗礼迅速成长，到日本帝国海军最辉煌的时候，海军兵学校甚至与英国德文郡达特茅斯的不列颠皇家海军学院、美国马里兰州安那波利斯的美国海军学院并称"世界三大著名海校"。根据日本海军兵学校网页数据显示，自明治 2 年（1869）创立以来的 77 年间，日本海军兵学校总共走出了 11182 名毕业生，是名副其实的"日本海军的摇篮"。

两所学校不仅成立时间相近，且历史拐点也非常接近，船政学堂停止招生（1911）的第二年明治天皇去世，海军兵学校进入另一个发展阶段。

---

[*] 吴妍，福建师范大学闽台区域研究中心。

因此本文以 1912 年为节点，将 1912 年以前的福建船政学堂和江田岛海军兵学校进行简单的对比，以期一探近代中日两国海军教育的不同发展逻辑。

一　船政学堂和海军兵学校的相似

福建船政学堂和江田岛海军兵学校有着各自光辉的校史，也存在诸如社会背景、历史地位、教育体制、教学成果等诸多相似之处。

（一）社会背景

两次鸦片战争使中国的有识之士认识到了中国与西方国家的差距，纷纷寻求自强的道路，朝野出现了"向西方人学习""师夷之长技以制夷"的呼声，以此为契机，一场以"自强"为旗号，要求采用西方先进技术、创办近代军事工业的洋务运动于 60 年代开始兴起。同治五年（1866），左宗棠在《试造轮船先陈大概情形折》中提出了"惟东南大利，在水而不在陆"① 的主张，因"福建海口罗星塔一带开槽浚渠，水清土实，实为粤浙江苏所无"②，建议在福州设局造船。虽然遇到了国内顽固势力和国外殖民主义者的双重阻挠，最终仍得到恭亲王奕訢的支持，确定了福建船政的建造计划及方案。而后船政首任大臣沈葆桢提出"船厂根本在于学堂"③，更将教育列为基础事项，进一步明确了兴办海军学堂的重要性，船政学堂应运而生。在各方的努力下，求是堂艺局于同治五年（1866）开局招生，并在迁至马尾时改名"船政学堂"。

而日本则在明治维新成功后，确立和巩固了以天皇为中心的中央集权政府，推行"富国强兵""殖产兴业"和"文明开化"三大政策，也开始加强本国军事实力。在继承幕府海军的基础上，日本兵部省提出"大办海军"的建议："军舰的灵魂是军官，无则水兵无以发挥其所长、舰船将成一堆废铁……教育海军军官是建设海军之头等大事"④，将"海军军

---

① 《船政奏议汇编》卷一，福建船政衙署刻本光绪十四年（1888）版，第 1 页。
② 同上书，第 6 页。
③ 《船政奏议汇编》卷三，福建船政衙署刻本光绪十四年（1888）版，第 4 页。
④ ［日］外山三郎：《日本海军史》，龚建国、方希和译，解放军出版社 1988 年版，第 13 页。

官教育"另列出来以强调其重要性。在幕府时代开放海防论的影响下，明治政府从一开始就极其重视海军建设。明治2年（1869），日本海军兵学校的前身——位于东京（原江户）筑地的原幕府海军操练所恢复重建，并于次年举行了首届学员开学典礼。经过几番变革，直至明治21年（1888），为了改善教育环境，校址由吴市的吴镇守府移至现在的江田岛市，才定型为我们熟知的"江田岛海军兵学校"。

可以说，中日两国皆是被迫打开了门户，两国政府在惊叹西方诸强的军事、科技实力之余，都以"自强"为目的开展了一系列的变法改革运动，并不约而同地都意识到海军教育的重要性，开始发展现代海军教育、培育海军领导人才，以增强本国的海军实力、建立现代化的海军队伍。

（二）历史地位

船政学堂和海军兵学校在各自国家的历史地位上非常接近，都是各自国家海军的摇篮。

开"近代西学（技术专门）先河"①的船政学堂是中西文化交流的产物，是中国近代海军的摇篮。同时，作为海军高等学府，福建船政学堂也是"第一所近代军事制造学堂"②，培养出了中国的第一批近代海军军官和第一批军事技术专家，"实为中国海军人才之嚆矢"③。实际上，福建船政学堂在专业设置、课程体系上，符合西欧于18—19世纪形成的近代高等教育的特点，不仅是"中国近代第一所高等学校"④，实现"校企合一"工学结合模式⑤，船政学堂的毕业生还成了近代工业的中坚，船政更是中国近代工业的发祥地。

明治时期（1868—1911），由于进入海军兵学校是日后成为海军高级将校的必要条件，海军兵学校逐渐成为全日本优秀青年竞相报考的热门学府，并由此在日本全国衍生出许多以考进海军兵学校为目的之预备学校，

---

① 郑剑顺：《福建船政学堂与近代西学传播》，《史学月刊》1998年第4期。
② 金林祥：《中国近代第一所海军制造学校——福州船政学堂》，《福建论坛》（文史哲版）1984年第3期。
③ 赵尔巽等撰：《清史稿·学校》，中华书局1977年版，第3123页。
④ 潘懋元：《福建船政学堂的历史地位与中西文化交流》，《东南学术》1998年第4期。
⑤ 何静：《"校企合一"工学结合模式探析——福建船政学堂"厂校一体"办学体制的启示》，《成人教育》2008年第2期。

如东京的攻玉社、神奈川的逗子开成高校以及广岛的修道高校等。在第二次世界大战结束前,作为日本海军人才的培养基地的海军兵学校更是成为超越东京帝国大学的精英学校,从 1873 年到 1945 年海军兵学校共毕业学员 12433 人,诞生了 64 位海军大将、387 位海军中将、862 位海军少将。在当时的日本,作为日本最高规格的海军军官学校,江田岛海军兵学校就是日本帝国海军的代表。

(三) 教育体制

船政学堂与海军兵学校一样都实行西式教育,请洋人、说洋文、读洋书,实施"请进来"和"走出去"战略。不论是"请进来"还是"走出去",都表明其两所学校还是主张"向西方人学习",提倡西式教育,属于西方教育体制。

这里的"请进来"是指从国外引进"外援"——聘请外国优秀的海军、海事领域的教员,实行西式教学。创立之初,福建船政学堂除中文以外的其他课程均聘洋员担任。船政的教习与工程师主要从法、英两国物色,从第一次日意格、德克碑代聘到 1903 年最后一次选聘洋教习,船政聘请的洋教习、洋工程师总计达 107 人次。而海军兵学校方面,截至 1912 年,日本请来外国教官和技术人员共计近 500 名,其中大部分为英国人。

而"走出去"则是指派遣留学生到外国学习深造。船政学堂将成绩最优异者送往欧洲学习,造船学生派往法德各大船厂,驾驶学生派往英国皇家海校深造后再入英国海军任见习官。根据船政学堂留下来的档案,自光绪元年(1875)第一批派遣学生游学欧洲到民国五年(1916)最后两名留学生学成归国,41 年间共有 111 人背负窥视西方"秘钥"的重任"走出去"。明治维新后海军兵学校正式派遣的第一批留学生是鹿儿岛藩的前田十郎左卫门和德岛藩的伊月一郎,他们于 1870 年到英舰"奥德斯阿斯"号上实习。同年 12 月,海军兵学校制定了留学生规则来规范留学事项。直到 1907 年,约有 170 名留学生"走出去"汲取国外先进的航海知识。①

---

① [日] 平間洋一等:《今こそ知りたい江田島海軍兵学校》,東京:新人物往来社 2009 年版,頁 57—65。

（四）教学成果

福建船政学堂的育才规模与当代高等学府相比不值一提，但从其历史地位及其影响来说，船政学堂毕业的学生们对中国军事、经济、文化乃至政治的近代化进程都起了巨大的推动作用。在军事领域，毕业生中多人担任船政要职，有些更成为中国早期海军骨干力量；在经济领域，船政学堂的学生们对中国近代造船、铁路、矿业、冶炼、邮电等行业的发展献出了自己的力量；在文化领域，毕业生有的从事教育公职，有的从事翻译工作，对中国文化的近代化做出了重要的贡献；在政治领域，他们或担任外交官，或作为文化交流使者，推动了中国政治制度变革的步伐。如在中国近代史上赫赫有名的学者严复、王寿昌、罗丰禄、陈季同等，又如在行业内人人敬仰的专家魏瀚、林日章、詹天佑、陈兆翱等，皆是船政学堂早期毕业生，毕业生的成就与贡献因本文篇幅所限不再赘述。

而江田岛海军兵学校则主要培养海军战斗兵科军官（一线战斗指挥官），虽然同时也设有其他相关专业，但其教学重点仍在培养"开拓万里波涛、布国威于四方"①侵略方针的海军军官上，日本海军的将领几乎都来自海军兵学校。从1876年到1945年，海军兵学校为日本贡献了11182名海军军官，其中4012人战死沙场，占毕业生总数33%。② 此外，由于语言能力强和有知识技术，加上对西方文化的了解，海军兵学校的毕业生很多选择到海外深造，这些宝贵的人才后来在各自领域都做出了不凡的业绩，成为日本经济、政治、军事、文化发展推动力之一。比如后来的日本"近代海军之父"山本权兵卫，常年担任日本皇室名医的东京大学名誉教授坂元正一、日本高层建筑的先驱池田武邦、曹洞宗管长板桥兴宗，等等。

船政学堂和海军兵学校都是在"自强"运动推动下，国家主导筹建起来的国内最高水平的海军学府，实行的都是西式的现代教学体系，也分别培养出一批优秀的海事、海军人才，本身代表着中日两国当时最顶尖的海军教育成果。两所学校的亮闪闪的毕业生名录，充分证明了他们无可争议的强大教学实力，也基本完成了历史赋予其的培育现代化人才的时代任务。

---

① 刘惠吾等：《日本帝国主义侵华史略》，华东师范大学出版社1984年版，第5页。

② ［日］海軍兵學校（編）：《海軍兵學校沿革》，〔大正〕，江田島村（廣島県）：海軍兵學校，日本國立國会図書館，原資料の書誌ID：000000557994。

二　船政学堂与海军兵学校的差异

虽然船政学堂和海军兵学校有相似点，但是两校基于本国国情、国家政策、国际形势等因素的影响，最终形成了不同的教学模式，走上不同的发展道路。以下，笔者试着将两所学校的教学按办学宗旨、课程设计、考核制度、人格塑造、招生规模五个方面来进行对比。

（一）办学宗旨

同治五年（1866），左宗棠在《密陈船政机宜并拟艺局章程折》中阐述："夫习造轮船，非为造轮船也，欲尽其制造、驾驶之术耳，非徒求一二人能制造、驾驶也，欲广其传，使中国才艺日进，制造、驾驶辗转授受，传习无穷耳。"① 说明了船政学堂创立目的是培养实用性的技术人才。而在光绪二年（1877），李鸿章等在上奏的《闽厂学生出洋学习折》中提到出洋学习旨在"以储人才而重防务"②，说明当时船政学校在军事上的教学目标是防御型的军事人才，反映了清廷消极被动式的现代海军建设战略。可以说，船政学校的创建是兼具商业性和军事性。

明治3年（1870）5月4日，兵部省向太正官呈交了一份堪称创立海军基础理论的建议书。建议书由三个部分组成，其中第二部分《关于大办海军的建议》中提到："……全国上下发奋努力，兴办海军，加强陆军，建立一支保民卫国之军队，用以压制强敌，扩大我国数千年悠久历史之影响，耀皇威于四海，这才是最紧急最重要的国务……"③ 这份建议书提到的"压制强敌，扩大我国数千年悠久历史之影响，耀皇威于四海"最终成为海军兵学校的办学宗旨。海军兵学校建校伊始，其存在就是为了能满足日本积极对外扩张而进行侵略战争的人才需求，而这种为战争服务的宗旨直接体现在海军兵学校的学制变化上：海军兵学制最早为3年，1927年改为3年零8个月，1932年延长为4年制。而日本扩大侵华战争

---

① 左宗棠：《密陈船政机宜并拟艺局章程折》，《左文襄公全集》奏稿第18卷，光绪二十三年（1897）湘阴左氏校刊本，第3页。
② 张侠等编：《清末海军史料》上，海洋出版社1982年版，第379页。
③ ［日］外山三郎：《日本海军史》，龚建国、方希和译，解放军出版社1988年版，第13页。

后，随着战线越拉越长，学制一缩再缩：第66期又缩短为3年8个月，第67期为3年3个月、第68期为3年4个月、第69期至71期为3年、第72期直接缩为2年4个月。

船政学堂和海军兵学校不同办学宗旨的背后，是两个政府不同的治国理念。面对西方资本主义国家势力扩张，中国采取了消极守势来应对列强，受其影响，船政学堂的军事教学就侧重于培养能够固守疆土、精于海防的船政人才。而日本则采取了积极出击的进攻姿态，海军兵学校的存在目的即在于教出可以服务于对外扩张国策的优秀海军指挥官。这种消极防御和积极进攻的不同出发点，导致了中日两所国家级海军学校的不同发展轨迹，也预示着两国现代海军的兴衰。

（二）德育方针

对军人来说，知识的培养固然重要，但对"军魂"的塑造也是军人必备的素养。

船政学堂的学生仍须读《圣谕广训》、《孝经》和策论，但其不为正课，存在也只为"明义理"。船政的教学理念决定了是否能习得有用的知识以及是否能学以致用，因此教学重点放在教授专业知识、培育合格人才上面。所以，福建船政学堂的德育教育仍以传统的礼教为准，并没有加入西方文化内容。反之，江田岛海军兵学校虽然也保留着传统武士道的精神，但也引入了西方的绅士教育。自英国教官道格拉斯少校把贵族式的英国皇家海军学院课程移植到日本开始，海军兵学校奉行的便是欧洲海军的传统，即"海军是贵族军种"。这种绅士教育对海军兵学校学生的荣誉感和自律性等军人素质的培养十分有利。与西方的绅士教育同时存在的，还有提倡"为天皇献身"、服务于对外侵略扩张国策的"武士道"精神。[①] 最能够体现武士道精神的莫过于著名的"五省"校训：一、至誠に悖（もと）る勿（な）かりしか；二、言行に恥づる勿かりしか；三、気力に缺（か）くる勿かりしか；四、努力に憾（うら）み勿かりしか；五、不精（ぶしょう）に亘（わた）る勿かりしか。上述精神曾被人称为"江田岛精神"，现在通行的翻译是颇文言的五个问句：至诚不悖否？言行不耻否？气力无缺否？努力无憾否？亘

---

① [日]大本營海軍報道處编：《海軍兵学校》，番町書房1943年版，第7—8页。

勿懈怠否？这个由松下元校长留下的海军兵学校校训自诞生之日起就因高度代表军校精神而闻名，至今仍是日本海上自卫队干部候补生学校的校训。①

（三）课程设计

福建船政学堂办学模式最初的设计者是担任船政正监督的法国人日意格，他根据法国体制，将船舶工程学校与海军专修学校合二为一，形成按学科分设专业与课程的近代高等学府。因此，早期船政学堂很自然地分为"前学堂"与"后学堂"两部，前学堂教授造船，课程体系主要根据法国军港士官学校的科目编制而成，故此前学堂由法国导师教授；后学堂教授航海，采用的是当时英国海军的系统培养模式，故此后学堂由英国导师教授，学制为期五年，毕业后，前学堂学生派往船厂实习监工，后学堂学生则要上训练舰实习驾驶。直到结束招生，船政学堂一直是英、法双语的教学模式。②

从课程设计可以看出，船政学堂前学堂培养目标是制造舰船的技术人才，后学堂的驾驶专业培养的是具备近海、远洋航行能力的海事人才，管轮专业培养的是舰船轮机的管理人才。但福建船政学堂的课程设置中，仅有几门科目与军事相关，其招聘的洋教员也大部分是非海军出身，使得船政学生的军事素养和实操都不能与海军兵学校的学生相提并论。

表1   船政学堂课程设置

前学堂制造专业课程设置			
堂课	内课	算术、几何、三角、解析几何、微积分、物理、机械学、力学、机械制图、船体设计与建造等	法语
	外课	体育	军训
	中文	四书五经等	
舰课/厂课	实践		
教学方法	半天堂课，半天厂课；在课堂上教专业基础课，在实践中讲授专业课；除中文外，其他课程用法文讲授。		

---

① ［日］德川宗英：《江田岛海軍兵学校——究極の人間教育》，東京：講談社2006年版，页152—155。

② 沈岩主编：《船政志》，商务印书馆2016年版，第106—107页。

续表

后学堂驾驶专业课程设置			
堂课	内课	算术、几何、代数、三角、物理、化学、高等数学、天文、地理、航海数学、低温航海等	英语
	外课	体育　　　　　　军训	
	中文	四书五经等	
舰课/厂课	实践		
教学方法	五年堂课，两年舰课；舰课包括驾驶与演炮，以及航海实习；除中文外，其他课程用英文讲授。		

后学堂管轮专业课程设置			
堂课	内课	算术、几何、代数、三角、物理、化学、力学、机械制图、机器、仪表操作等	英语
	外课	体育　　　　　　军训	
	中文	四书五经等	
舰课/厂课	实践		
教学方法	堂课、厂课、舰课"三结合"，理论紧密联系实际。		

资料来源：吴妍整理自《船政志》。

在课程设置方面，海军兵学校除设置与船政学堂相似的基础科学课程（数学、物理、化学等"普通学"）以外，学生还需要学习包括炮术、火雷术、兵术等军事课与历史、地理等文化课在内的"兵学"课程。与法、英双语制的船政学堂不同的是，海军兵学校自1873年改为英国式教学后，一直坚持全英文教学的传统。①

表2　　　　　　　　　　　海军兵学校课程设置

课程	科目
兵学	運用術、航海術、砲術、水雷術、通信術、航空術、機関術、兵術、軍政、統率学、軍隊教育学、精神科学、歴史、地理、乗艦実習
普通学	数学、理化学、国語/漢文、外国文

资料来源：吴妍整理自《海军兵学校沿革》。

船政学堂和海军兵学校不同的课程设置，是与其不同的人才培养目标相联系的。船政学堂的课程设计体现了船政学校兼容民用、军用的双面性。而海军兵学校的纯军事性则决定了其培养的是可以一线指挥、参与作

---

① ［日］海軍兵学校（編）：《海軍兵学校沿革》，〔大正〕，江田島村（広島県）：海軍兵学校，日本国立国会图书馆，原资料的书誌ID：000000557994。

战的军事人才,学校、学生、学习都是为战争而设立的,因此课程设置的标准即能否在战场发挥作用。

(四) 考核制度

1866年,福建船政学堂的前身——船政求是堂艺局开始招生,最初的招生条件为对象不分满汉等民族,凡年满13—16岁,无论举贡生员、官绅士庶出身,均可以报考,但需要通过目测、堂考和体检方能入学。后为鼓励报名,将年龄放宽至12—20岁。入学考试不属于选拔型考试,基本达标即可入学。船政学堂开始招生时,计划生源为"本地资质聪颖、粗通文义子弟"①。后期招生虽然面向全国,由于各种主客观原因,船政学堂的学生一直以闽生为主,呈现了区域化的特征,这种地域性延续到了民国。

而江田岛海军兵学校的学生录取年龄为16—19岁,面向全国招生,没有地区限制,需要通过体检、笔试、面试三关。最初通过身体考试的人,必须参加5天的笔试。笔试按数学、英日翻译、历史、物理、化学、国语(包括汉字考试)、英语(作文+文法)、地理的顺序进行考试,成绩当天宣布,合格的学生才能参加下一场考试。笔试后还有面试,通过面试的学生方会被最终录取。所以,海军兵学校采取的是有着严格的入学考试的递进关卡式录取制度。

福建船政学堂实行的是宽进严出的方针,求学期间有着非常严格的考核制度。《求是堂艺局章程》中规定:"开艺局之日起每隔三个月考试一次,由教习洋员分别等第,其学有进境,考列一等者,赏洋银十元;二等者无赏无罚,三等者记惰一次,两次连考三等者戒责,三次连考三等者斥出。其三次连考一等者,于照章奖赏外,另赏衣料以示鼓励。"② "在1866—1911年间,船政学堂45年办学只毕业了500多名学生,而招生人数约为毕业生的2—3倍之多"③,淘汰率可见一斑。而江田岛海军兵学校则认同应在招生的同时完成选拔,因此并不实行福建船政学堂那样严格的定期考核淘汰制度,但在近代海军战术、航海技术、西式礼仪等学习管理

---

① 《船政奏议汇编》卷二,福建船政衙署刻本光绪十四年(1888年)版,第3页。
② 张侠等编:《清末海军史料》上,海洋出版社1982年版,第378页。
③ 沈岩:《船政学堂》,科学出版社2007年版,第90页。

以外，对学生的军事训练和生活管理非常严苛。①

两个在录取考核制度上的不同标准，体现的正是办学宗旨和培养目标的不同，船政学堂要的是"通船主之学，堪任驾驶"的实用型人才，而海军兵学校要的则是百里挑一的、未来能够上战场指挥海战的军用型人才。

（五）学生规模

在学生规模上，为更好地反映福建船政学堂和江田岛海军兵学校的军事人才培养规模的差距，在录取人数和毕业人数之间，选取了毕业生人数来进行论证。考虑到数据转化为图标会更加直观，笔者将毕业生人数用折线图的方式取代文字，以说明1912年以前两个学校在学生规模上的差距。

从图1、2、3中，我们可以看出前后学堂在毕业生规模上，前、后学堂之间的毕业生人数呈现的是下行的态势。根据前学堂制造专业毕业生计167名，后学堂驾驶专业毕业生计245名，后学堂管轮专业毕业生计129名，前后学堂毕业生总计541。② 毕业生人数虽达541名，但是考虑到其专业与军事的关联性，实际上仅后学堂驾驶专业的培养才有涉及一线海战指挥。也就是说，若要与江田岛海军学校的毕业生做对比的话，真正有可比性的仅是后学堂驾驶专业——245人。

从图4中，我们可以看出江田岛海军兵学校的招生一直保持着震荡上行的态势，其中有几次比较明显的上扬分别是1888年、1898年，其时间节点可以联想到其后日本的几场对外战争（1894年的中日甲午海战、1904年的日俄战争）。而1896年扩招背后的导火索是日本虽然取得中日甲午战争的胜利，却由于德、法、俄三国干涉而被迫放弃辽东半岛，使得其认识到与西方诸强相比其军事实力仍然不足，而后在军队的软硬件实力上开始奋起直追。与其对应的是明治29—38年（1896—1905）十年间日本海军的扩军计划：66舰队建造完成，海军兵学校招生人数由明治28年入校的第25期32名开始到29期125名，30期以后的八年间每年毕业生维持在200名左右。③ 简言之，海军兵学校的招生规模变化与其战争需求

---

① ［日］大本營海軍報道處编：《海军兵学校》，番町书房1943年版，页11—20。
② 李宗庆：《福建船政学校校志（1886—1996）》，鹭江出版社1996年版，第116页。
③ ［日］海軍兵學校（编）：《海军兵学校沿革》，〔大正〕，江田岛村（广岛县）：海軍兵學校，日本国立国会图书馆，原资料的書誌ID：000000557994。

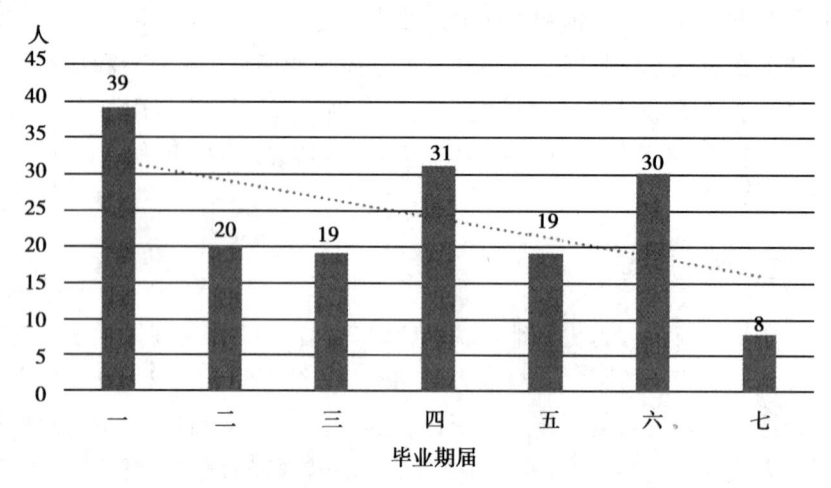

图 1　1866—1907 年前学堂毕业生人数

资料来源：吴妍整理自《船政志》。

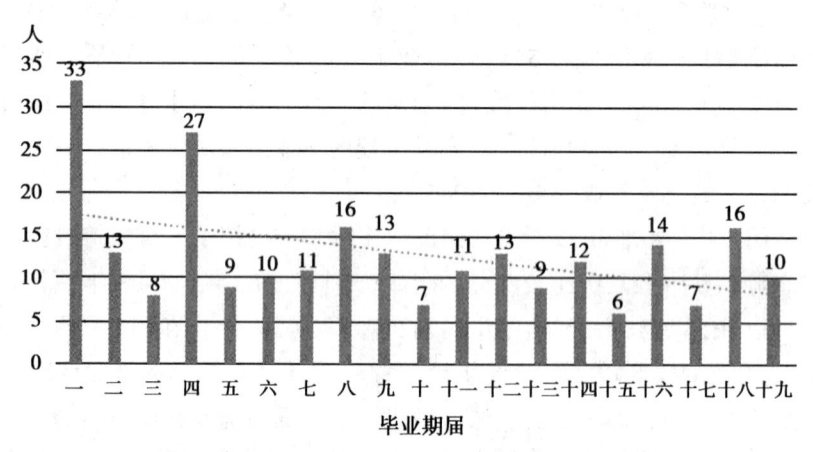

图 2　1866—1909 年后学堂驾驶专业毕业生人数

资料来源：吴妍整理自《船政志》。

保持关联性，呈正态分布。

而对比船政学堂和海军兵学校的毕业人数，实际上是比较两国海军人才储备量——245 人对抗 3088 人。抛开教学质量的影响，这种海军指挥人才的绝对数量优势对战争胜负的影响是不容忽视的。如果再考虑到当时中日两国人口数，那么中日两国在海军储备人才上的差距恐怕还要加大。从中可以看出清政府对海军的重视程度远远落后于明治政府。

从以上对比可知，福建船政学堂培养目标为多领域的技术型人才、防

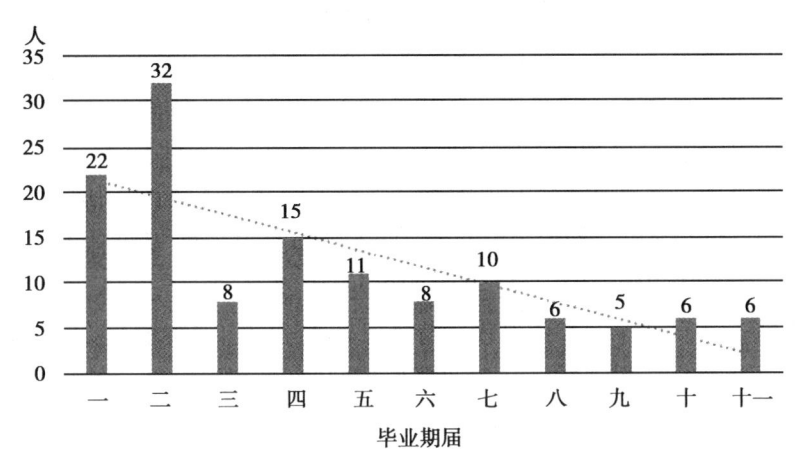

图 3　1866—1911 年后学堂管轮专业人数

资料来源：吴妍整理自《船政志》。

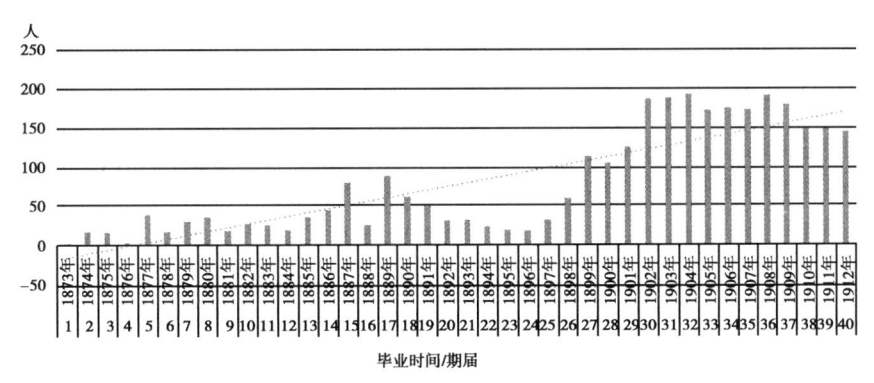

图 4　1873—1911 年海军兵学校毕业人数

资料来源：吴妍整理自《海军兵学校沿革》。

御性的军事型人才、合格的管理型人才组成，而江田岛海军兵学校要的则是能够进行一线指挥作战的优秀军事人才。

结　语

综上所述，中日"消极保守"与"积极扩张"的不同国策导致了福建船政学堂和江田岛海军兵学校从办学宗旨、德育方针、课程设置、考核制度、学生规模等一系列差别，最终形成了两国海军人才建设不同的发展局面。而 1894 年爆发的中日甲午战争正是这段时间两国现代海军教育成果的试金石,甲午战争的胜负直接推动了两国海战人才主要输出地——福建船政学堂和江田岛海军兵学校走向截然不同的命运,而两国海军教育也因此有了不同轨迹。

  中日甲午战争以中国失败而告终。战败给中国带来的不仅是丧权辱国的割地赔款,其最直接的后果就是对近代中国现代海军教育成果的否定。这种否定使得当时的清政府将扶植重心转向了陆军,海军教育从此一蹶不振,导致近代中国海军建设的发展几乎处于停滞状态。而日本通过这场战争验证了其海军教育模式的成功。从《马关条约》得到的清廷赔款,不仅可以抵消之前耗费的庞大的军费,甚至还有余钱用于日本的军备扩张和金本位制的建立。① 战争的胜利以及获得的利益更加坚定了日本对外扩张的决心,其现代海军建设也由此迎来了新一轮的发展高潮。

---

① [日]大久保光:《日本史史料集成》,第一学习社2009年版,第525—530页。

福建船政局与中国工业文化之发轫

严　鹏　陈文佳*

近年来，国际经济史学界对于文化与工业革命关系的分析，正方兴未艾，但基于中国工业化历史的相关研究并不多见，本文拟以福建船政局的早期历史为个案展开初步探讨。福建船政局是中国人创立的最早一批工业企业之一，其形成的"船政文化"也是中国工业文化的重要代表。研究者将船政文化分为制度文化、物质文化、精神文化这3个层面，可谓极尽"文化"一词的可能性面向。就船政的精神文化而言，研究者认为其内涵包括爱国自强的民族精神、重视科教的时代精神与求真务实的探索精神等。[①] 此处之所以特别强调精神文化，是因为狭义的文化本来即指"智性和精神产生的传统事物"，包括"思维所形成的兴趣和能力"[②]。从这个角度出发，"工业文化"虽然也可以区分为物质层面、精神层面等各种不同的层次与面向，但精神、态度、价值观等思维活动无疑构成了工业文化的内核。在这种界定之下，可以利用福建船政局这一案例剖析中国工业文化在生成阶段展示出来的特性，从而加深对于工业文化的理解。自1866年创办后，福建船政局几经变迁，可以说到今天仍然以马尾船厂的形式继续存在着，是中国少有的历史悠久的工业企业。前辈学者对于福建船政局的研究已十分深入[③]，在其基础上，本文主要选取1866—1875年的早期历史进行探讨。本文表明，中国工业文化在发轫之时，实质上是一种特殊类型的民族主义。

---

* 严鹏，华中师范大学中国工业文化研究中心副教授。陈文佳，福建省福州第二中学教师。

① 张兰英主编：《船政文化概论》，鹭江出版社2014年版，第101页。

② [美] 雅克·巴尔赞：《我们应有的文化》，严忠志等译，浙江大学出版社2009年版，第2页。

③ 沈传经：《福州船政局》，四川人民出版社1987年版；林庆元：《福建船政局史稿》，福建人民出版社1999年版；[美] 庞百腾：《沈葆桢评传：中国近代化的尝试》，陈俱译，上海古籍出版社2000年版；沈岩主编：《船政志》，商务印书馆2016年版。

一 理论前沿：文化与工业革命

工业文化（Industrial Culture）在学术界尚无明确的定义。中国研究者认为，从"狭义的角度"去定义，"工业文化是伴随工业化进程而形成的，包含工业发展中的物质文化、制度文化和精神文化的总和。"[①]但这一定义仍未免过于宽泛。德国史学家于尔根·科卡（Jürgen Kocka）有一本英文论文集名为 *Industrial Culture and Bourgeois Society: Business, Labor, and Bureaucracy in Modern Germany*，然其收录之论文并无明确以"工业文化"一词为标题者。在该论文集中，科卡曾探讨1847—1873年西门子公司由手工工场转变为工厂的过程，称这一过程是以利润为导向的资本主义思考方式逐渐侵蚀车间工匠传统的变革，由此带来了效率与利润的提升。[②]这或许表明，科卡将思维方式视为工业文化的一个侧面。而在西门子的案例中，思维方式的变革最终导致了企业组织变革。于是，工业文化既能够被理解为一种心态，又可以指向工厂内部的社会关系。而心态或者观念，显然更符合"文化"一词所蕴含的形而上特征。

若将文化理解为特定的思想观念，则学者们早已开始探讨文化与现代经济或工业发展之间的关系。其中最有名的，当然是马克斯·韦伯（Max Weber）。韦伯那容易被人误解的关于新教伦理与资本主义精神的命题，此处不作评议，值得一提的是，韦伯将资本主义的"精神"与单纯的逐利心区分开来了。在19世纪通常被认为是资本主义本质特征的"获取的驱动力""逐利""追逐金钱以及尽可能多地获取金钱"等动机，在韦伯眼中"与资本主义毫无干系"，而且"存在于所有时代和地球上所有国家之中"。但是，真正的资本主义与这种贩夫走卒皆会有的获利贪欲不同。相反，韦伯认为资本主义是对这种"非理性的动机的控制，或者至少同等于对这种欲求的理性缓解"，进一步说，资本主义也反复不断地追求利润，但它是"以一种理性的、持续的方式来追求利润"[③]。重视逐利心之

---

① 王新哲、孙星等：《工业文化》，电子工业出版社2016年版，第40页。

② Jürgen Kocka, *Industrial Culture and Bourgeois Society: Business, Labor, and Bureaucracy in Modern Germany*, New York and Oxford: Berghahn Books, 1999, pp. 12-13.

③ ［德］马克斯·韦伯：《新教伦理与资本主义精神》，苏国勋等译，社会科学文献出版社2010年版，第4页。

外的动机对经济活动的影响，可以说是德国式经济学与英国古典经济学在基本理论预设上的一大差异。韦伯所属的德国历史学派的研究方法又被称为历史—伦理方法，可见其主旨。该学派的领军人物施穆勒（Gustav Schmoller）在一本经济学教科书中写道："过去年代的所有社会道德经验通过习惯和教育、通过现存的制度被一代一代地承传下来，左右国民经济的一切自然力量仅仅在这个制度框架内才能产生作用。"① 而这些影响经济发展的"精神—道德遗产"显然不是赤裸裸的逐利心。将观念与动机视为影响经济发展的重要因素，这本是经济学自诞生之初即有的思路。不过，在主流经济学那里，自亚当·斯密（Adam Smith）提出"看不见的手"理论后，经济动机一般就等同于人的自利心。因此，德国历史学派及其相关学者虽然同样强调观念的力量，但其赋予观念的内涵与主流经济学不同：其一，他们强调超越逐利心的非经济动机的重要性；其二，与主流经济学对原子般的个体或个人的重视不同的是，他们会更倾向于强调群体的心态，也就是整个社会的思想氛围。从这两点出发，德国历史学派建立的分析框架可以被认为是"文化性"的，因为文化不可能只包含逐利心这一种思想观念，而且文化是一种集体心态，是一种会影响身处其中的个人的场域。

韦伯之后，不少学者沿着其研究路线展开对于文化和现代经济关系的探讨。这些学者少有韦伯论点的赞同者，也甚少得出一致性的结论，但其共识在于强调文化是促成现代经济发展的重要变量。在这方面，较早的学术努力有心理学家麦克利兰（David McClelland）于1950年代提出的成就动机理论。麦克利兰认为，人们获得成功而非获取收益的渴望，对于经济发展有莫大帮助，政府的经济建设计划要想生效，必须关注价值观、动机和态度这些在长期过程中会起作用的因素。② 经济史学家亚历山大·格申克龙（Alexander Gerschenkron）以工业化的后发优势理论而闻名，但实际上，他也相当看重文化对于一国工业发展的重要性，尝谓"在一个落后的国家中，大规模和突然发动的工业化努力则要求一种精神状态的更新。那些带来这种巨大转变的人，以及被这种转变施加了压力的人，一定都会

---

① ［德］约尔根·巴克豪斯：《施穆勒与〈一般国民经济学概论〉》，黎岗译，陈恒、王刘纯主编：《新史学》第12辑，大象出版社2014年版，第265页。

② David C. McClelland, *The Achieving Society*, Princeton: D. Van Nostrand Company, Inc., 2010, pp. 391-393.

感觉到马修·阿诺尔德（Matthew Arnold）所说的话：……扫清了舞台，驱散了过去，新时代到来。"① 此处，格申克龙以相当文艺的笔调描绘了社会精神转变与落后国家工业化启动的关系，而这种精神转变会呈现为一种文化现象。

近年来，就文化与工业革命的关系，两位主流经济学家展开了深入探讨。乔尔·莫基尔（Joel Mokyr）提出了"启蒙经济"（Enlightened Economy）的概念，认为思想观念对英国工业革命的兴起有决定性作用。为此，他又创造了"工业启蒙"（Industrial Enlightenment）一词，认为在18世纪的启蒙运动中有一部分观点相信物质进步与经济增长可以通过增进人类的知识来获取。这种"工业启蒙"是欧洲科学革命的延续，而在当时的英国，科学与技术知识很容易传播，科学书籍易于获取，工匠与科学家之间可以沟通，与之相比，其他文明的哲学家和工匠如同住在不同的星球。② 曾受教于格申克龙的芝加哥学派经济学家麦克洛斯基（Deirdre N. McCloskey）则宣称无法用经济学解释现代经济的兴起，近代早期西方经济发展的关键在于一场事关资产阶级行为的价值重塑，即社会对于资产阶级美德的接受。③ 从较为宽泛的视角看，"工业启蒙"与"资产阶级美德"都可以被指认为工业文化，而这两者与主流经济学预设的自私逐利的"经济人"非常不同，更为接近韦伯的构想。尽管作为主流经济学家，莫基尔与麦克洛斯基都较为排斥德国思想传统。

与乔尔·莫基尔和麦克洛斯基不同的是，里亚·格林菲尔德（Liah Greenfeld）对韦伯致以了更多的敬意，声称其论点直接源于《新教伦理与资本主义精神》。格林菲尔德的核心论点为"民族主义是导致经济活动一再趋向发展的决定因素"，具体而言，"民族主义提供了一套新的伦理理念和社会观念，赋予经济增长以正面价值并将自然分散的社会能量集中

---

① ［美］亚历山大·格申克龙：《经济落后的历史透视》，张凤林译，商务印书馆2009年版，第30页。

② Joel Mokyr, *The Enlightened Economy: Britain and the Industrial Revolution 1700-1850*, Penguin Books, 2011, pp. 40–57.

③ Deirdre N. McCloskey, *Bourgeois Dignity: Why Economics Can't Explain the Modern World*, Chicago and London: The University of Chicago Press, 2010, p. 24.

于经济增长"①。换言之，格林菲尔德认为民族主义这种意识形态是工业化的触发机制。不过，她也承认，在"民族主义"这一笼统的术语下存在着太多思想亚种，"只有当经济成就、竞争力和繁荣被界定为正面的和重要的民族价值时，民族主义才能够积极地促进该环境中的经济增长"，而"这反过来取决于特定民族主义的类型和特性"②。换言之，仍然要回到具体的历史案例中，来检验这一假说。

通过梳理学术前史，可以发现，尽管学术界对"工业文化"尚缺乏明确定义，但经济学界存在着文化分析的传统，探讨文化与工业革命起源的关系更属于当下国际经济史研究的前沿领域之一。③然而，目前学术界的研究主要基于西方经济史，为了更完整地认知工业化的规律，仍有必要将包括中国在内的后发展国家的工业化经验纳入视野。

二 民族主义：工业文化的触发机制

中国工业化的启动历史在很大程度上可以支撑格林菲尔德的论点，这已是公认的事实。中国的工业化肇端于江南制造局、福建船政局等洋务派官员创办的装备企业，而其初衷就是基于防御侵略的民族主义动机。左宗棠在阐述创设船政局的动机时说："臣愚以为欲防海之害而收其利，非整理水师不可；欲整理水师，非设局监造轮船不可。"所谓"海之害"，包含军事与经济两个方面，是指："自海上用兵以来，泰西各国火轮兵船直达天津，藩篱竟成虚设，星驰飙举，无足当之。自洋船准载北货行销各口，北地货价腾贵，江浙大商以海船为业者，往北置货，价本愈增，比及回南，费重行迟，不能减价以敌洋商。"从军事上说，西方列强携轮船之利，侵入中国沿海如入无人之境。而从经济上说，左宗棠看到了中国东南沿海的商人运输效率不及驾驶轮船的洋商，在竞争中居于下风，纷纷歇业，而这有可能引发严重的政治后果："恐海船搁朽，目前江浙海运即有

---

① [美]里亚·格林菲尔德：《资本主义精神：民族主义与经济增长》，张京生等译，上海人民出版社2009年版，第1；28页。

② 同上书，第27页。

③ 事实上，乔尔·莫基尔于2016年出版的新书名为 *A Culture of Growth：The Origins of the Modern Economy*，已经直接挑明了他认为现代经济的起源是一种事关增长的文化。

无船之虞，而漕政益难措手。"①漕政乃维系清廷的大政，故在左宗棠看来，轮船这一新技术由列强带入中国，实为动摇国本之举。而因应之道，则莫如认清形势，由中国自行掌握这一新技术，变被动为主动。然而，这里最关键的问题在于，左宗棠感受到了外来竞争的压力。在军事上，压力来自"泰西各国火轮兵船"；在经济上，压力来自"洋商"。这两者实际上是一回事，无非是"泰西各国"的力量在军事上与经济上的不同呈现罢了。因此，作为中国工业起点之一的福建船政局，是中国精英感受到西方列强在军事与经济上的双重压力后所激发的竞争性心态的产物。这种竞争性心态就是民族主义。所以，从逻辑上说，中国的工业化是民族主义的产儿。这符合格林菲尔德的核心论点。

但是，必须对格林菲尔德的论点有所修正，而这又涉及对工业化本质的理解。在格林菲尔德的原始论说中，她是将民族主义与"经济增长"联系在一起的。毫无疑问，福建船政局的创立与发展可以被界定为工业化，除了现代工厂被建立起来这种表征外，它还缔造了包括技术人员与工人在内的工业人口，传播了新的知识，使社会发生了变化。但是，作为主要从事军工生产的装备企业，福建船政局在相当长的时间里与格林菲尔德所说的"经济增长"没有直接关系，而是服务于国防战略。但这并非否定福建船政局的重要性之理由，相反，这一历史事实揭示了工业化并不单纯是一种经济现象。进一步说，左宗棠在创办福建船政局时，本身也包含了军事动机，并不只基于经济理由。更何况左宗棠的经济理由也与全局性的现代"经济增长"没有关系，而是出于对漕政这一传统财经活动的维护。换言之，当左宗棠决定创办船政局而开启了中国的工业化进程时，他的头脑中并没有现代经济的概念，也不可能从现代国民经济增长的角度出发去思考问题。于是，从根本上说，支配左宗棠办船政的动机就是一种应对异族的竞争性心态。也只有将民族主义理解为应对异族的竞争性心态时，才能够说触发工业化的观念确实是民族主义。

当然，将民族主义理解为应对异族的竞争性心态是完全合理的。毕竟，无论在什么层级上，民族主义总是不同于大一统的意识形态，是从逻辑上说依赖于他者（the other）的存在而存在的一种观念。究其原因，民族主义是一种自我（self）认同，而自我只有在与他者的相互关系中才能

---

① 左宗棠：《左宗棠全集·奏稿（三）》，岳麓书社1989年版，第60—61页。

感知自身的存在。自我与他者不必然处于竞争关系中，但在 19 世纪中叶的具体历史时空下，情形不然。从本质上说，脱胎于欧洲资本主义社会的工商业文化在心理上就包含一种"竞胜情绪"①，因此，当携带这种文化的西方人与东方世界接触后，竞争在所难免。不过，面对西方列强施加的竞争，东方世界也可以有不同的心理反应。即使在西方内部，由于发展的时间差，相对落后的德、美等国的精英面对工业化起步更早的英、法的竞争压力，也激起了不同的心理反应。例如，直到 19 世纪末，一些德国知识分子仍不断诅咒新兴的商业与资本主义，希望能重整德国的农业社会。② 因此，左宗棠创办船政局只是后发展国家精英面对发达国家压力的一种应对，其所代表的民族主义也只是众多民族主义中的一种形式。中国在 19 世纪中叶还完全没有制造轮船的基础，但左宗棠具有要与列强一争高下的不服输的精神："谓我之长不如外国，借外国导其先，可也；谓我之长不如外国，让外国擅其能，不可也。"③ 这是一种正面竞争的民族主义心态，而不是向后逃避的民族主义心态。工业化也只可能从正面竞争的心态中激发出来。日后接办船政的沈葆桢亦尝言"船政之举，非诸臣之事，国家之事也"，并谓"今日船政，万不能半途中止，以贻笑柄，以启戎心"④，同样含有"竞胜情绪"。

除了左宗棠式正面竞争的民族主义心态外，当时的清廷也存在着向后逃避的民族主义心态，并形成了某种反工业文化。以硕儒倭仁为例，当左宗棠等人推动的工业化已在中国艰难起步后，他仍上书朝廷表示反对，认为："立国之道，尚礼义不尚权谋；根本之图，在人心不在技艺。今求之一艺之末，而又奉夷人为师，无论夷人诡谲，未必传其精巧；即使教者诚教，学者诚学，所成就者不过术数之士，古今来未闻有恃术数而能起衰振弱者也。"⑤ 退一步说，倭仁认为，即使不得不发展工业，也不必请洋人当老师，只要在天朝内"博采旁求"，一定会找到精通天文算学之术的人才，"何必师事夷人？"而倭仁仇视洋人的态度，同样基于一种民族主义

---

① [德] 李斯特：《政治经济学的国民体系》，陈万煦译，商务印书馆 2012 年版，第 192 页。
② [美] 艾恺：《世界范围内的反现代化思潮——论文化守成主义》，贵州人民出版社 1991 年版，第 35 页。
③ 左宗棠：《左宗棠全集·奏稿（三）》，第 63 页。
④ 林庆元、王道成考注：《沈葆桢信札考注》，巴蜀书社 2014 年版，第 200 页。
⑤ 宝鋆等编：《筹办夷务始末（同治朝）》第 5 册，中华书局 2008 年版，第 2009 页。

心态："夷人吾仇也,咸丰十年称兵犯顺,凭陵我畿甸,震惊我宗社,焚毁我园囿,戕害我臣民,此我朝二百年未有之辱,学士大夫无不痛心疾首,饮恨至今,朝廷亦不得已而与之和耳,能一日忘此仇耻哉!"① 因此,若就思想内核而言,左宗棠办船政局的动机与倭仁反对"技艺"的观念,同样源于与异族对立的心理,但两者的指向性及导出的行动策略完全不同。正如格林菲尔德基于西方历史总结的那样,与工业发展相关联的民族主义是"特定"的而非一般的。

从这个角度说,中国的工业文化不仅是由民族主义触发的,它本身也是一种特殊类型的民族主义,并且只能是民族主义诸多类型中的特定种类。要之,作为工业文化的民族主义必须是一种要在先进国家擅长的领域内展开正面竞争的心态。换言之,工业文化本身就是一种以民族国家(nation state)为单位的竞争心理。

三 创造意志：工业文化的核心内涵

如果说工业文化是一种竞争心理,那么,它必须靠一定的意志来维持,否则,所谓的竞争心只不过是一种单纯的受刺激后的条件反射,难以形成持久的惯习,也就谈不上是一种文化了。这里的假定是,文化固然可以被视为思想、心态、价值观等思维活动的集合,但单纯的想法并不能被称为文化,文化必须是一种能长期影响行为的习惯性思维。因此,工业文化要想在19世纪中叶的中国扎根并生成一整套新的生活方式,必须依赖行动者的坚韧意志,而这种意志必然体现为一种肯定创造活动的心理,并通过创造得到自我满足,从而强化自我相对于他者的独立性。

对19世纪中叶的中国来说,发展工业是一件前无古人的事情。用后来的船政大臣沈葆桢的话说："左宗棠之议立船政也,中国无一人曾身历其事者。"② 正因为如此,福建船政局的发展从一开始就阻力重重,如果没有当事者的坚定意志,船政恐怕很早就会夭折。

左宗棠对办船政局的困难是有预计的。他指出,制造轮船的重要性"人皆知之",但"其所以不敢遽议及此者,以事体重大,工费繁巨,难

---

① 宝鋆等编：《筹办夷务始末（同治朝）》第5册,第2010页。
② 中国史学会主编：《中国近代史资料丛刊·洋务运动》（五）,上海人民出版社2000年版,第115页。

要其成，遂莫执其咎"①。而左宗棠推荐沈葆桢接替他办船政后，沈葆桢在给朝廷的奏折中提到了办船政有7大难处：（一）沈葆桢与左宗棠聘用的西方技术人员日意格（Prosper Giquel）、德克碑（Paul d'Aiguebelle）"无一面之识"，难以获得他们的信任；（二）办船政面临巨大的经费问题，沈葆桢认为"轮船经费，与别项军需不同，稍不应手，便碍大局"，他当时已对造轮船经费有所预算，深知"出款稍溢，便苦不敷，至于成船之后，一船又有一船之经费，非放开眼界通盘筹画，虽竭帑藏不足以供之"，筹款十分困难；（三）地方人事上存在诸多困难，所谓"绅受治于官者也，为所治者忽然与之并列，其势必争"，当时沈葆桢丁忧守制，属于在籍缙绅，故有此论；（四）由于船政局开在沈葆桢的家乡福州，故他担忧"不任事犹可也，任事则亲故满前、恩威俱窒，所求不遂，谤讟横生"，这可以说是传统社会人情文化的烦扰；（五）沈葆桢指出管理上出现腐败的可能性："欲速则不达，惜费则不成，其理显而易见。然费数百万帑金，责效于五六年之后，人人以利薮相窥，一处脂膏，便思自润，先饱私囊，贻笑远人，非以法痛绳之，即转相仿效"；（六）沈葆桢认为中国工匠存在着各种陋习，不一定能很好地向西方技术人员学习："外国可法之事无多，而制器之工，实臻神妙。其人非有聪明绝异之质，但此精益求精、密益加密，不以见难自阻，不以小得自足，此意正自可师。内地工匠专以偷工减料为能，其用意即已迥别，故不患洋人教导之不力，而患内地工匠向学之不殷。非峻法以驱之，重赏以诱之，不足以破除其相沿之痼习。"值得一提的是，沈葆桢在此处比较了西方技术人员与中国工匠在工作态度上的差异，这实际上是工业文化的核心内容之一；（七）沈葆桢认为清廷厚待日意格、德克碑，会导致"妒之者众，求分其利，求毁其名"，若处理不当，则很可能使船政"前功尽弃"。沈葆桢称自己没有左宗棠的威望，不足以震慑群小。②陈明了这7点困难后，沈葆桢表示自己无力办好船政，请朝廷另请高明。

沈葆桢当然表现出了中国传统儒士的谦逊，但他所说的困难确实是客观存在的。尤其是经费问题，日后更是成为困扰船政局发展的首要难题之一。不过，左宗棠对于办船政局有坚定的信念，在他无法亲力亲为的情形

---

① 左宗棠：《左宗棠全集·奏稿（三）》，第170页。
② 中国史学会主编：《中国近代史资料丛刊·洋务运动》（五），第49—51页。

下，他力荐的沈葆桢最终也就被委以船政大臣的重任了。实际上，左宗棠本人对于创办船政局会遇到的成本问题有清楚的估计，他提醒清廷最高决策者，如果有人持迅速办好船政的说辞，不可以听信，同时，他也希望最高层对船政初期的发展给予一定的自由空间，宽容其巨额花销，因为"创始之初，所费必多，不宜过于刻核。任事之人，如果工归实济，自然费不虚糜。若一一加以综核，则牵掣必多，或至废于垂成之时，更为可惜"①。为此，左宗棠提出了"不可惜费、不可欲速"的办局原则。② 进一步说，左宗棠已经估计到了船政局初期会亏本，即使如此，他仍然执意将船政办下去，是因为他认为中国学会自造轮船符合长远的国家利益："兹局之设，所重在学造西洋机器以成轮船，俾中国得转相授受，为永远之利也，非如雇买轮船之徒取济一时可比。其事较雇买为难，其费较雇买为巨。"③ 从短期经济效益来看，买轮船比造轮船成本更低且更省事，但制造机器的技术与能力是买不来的，而中国只有学会了自己制造机器，才能与列强并立。为了长远利益，克服短期的机会主义诱惑，这种战略性的远见超越了"经济人"理性。然而，要着眼于长期利益而行动，就必须有克服艰难险阻与忍受短期利益损失的强大意志。

幸运的是，在船政局历史上，这种意志找到了沈葆桢这一具体的行为者来承担。毋庸置疑，沈葆桢在主持福建船政局时遇到了很多困难，个中详情，前辈学者已多有论述，此处仅举一例。当船政局创办未久时，沈葆桢曾向朝廷汇报所遇到的困难有4点：（一）"需石之难"，指造船厂基建及筑堤所需石料不易获取，所谓"各厂急需之石，招匠广采，方日不暇给，石堤所需，更难计数"，但"一劳永逸，则石堤终非可缓之图，而石匠往往居奇，冀徼高价，纵之则玩，急之则逃"；（二）"需木之难"，指建厂所需木材供应困难，所谓"近水之区，万难中选，深岩邃谷，辇致一枝，费既不赀，动淹旬月，取之立竭，而待之甚殷"；（三）"需土之难"，指工厂基建需要用到的土料难求，盖"厂地本属村田，恒虞水潦，每月营造，必增土五尺，方树屋基；而所填之土稍干，则尺寸顿减，须添填两三次乃得其平。以钱购土，竟至十数里内无可购者"；（四）"需匠之难"，指合格的工人难以寻觅，这与沈葆桢此前对中国工匠的评价是一致

---

① 左宗棠：《左宗棠全集·奏稿（三）》，第170页。
② 同上书，第342页。
③ 同上书，第338页。

的："中外工匠言语未通，目摄手画，事多隔阂；稍习其言语者又染于积习，辄思因缘为奸，且藉以陵其侪伍。外国匠人以精勤自喜，彼则以偷减为能。巡察稍疏，作辍任意；督责少过，怨谤丛生。"① 此时福建船政局的工厂尚处于基建阶段，已遭遇如此多的困难，开始制造轮船后的麻烦就更不必说了。后来，船政局造出最初的 2 艘轮船后，沈葆桢曾这样说过："臣查外洋船式，与中国迥不相同，船身固以木料为大宗，而铜、铁、零星器具名目繁多，虽洋人亦未易悉数，创始之艰难，非言语所能罄。"② 然而，沈葆桢终于是以坚强的意志克服了那些言语无法表达的困难。支撑沈葆桢的精神动力仍然是民族主义，他为了维护船政局，曾说："部臣特为海防护惜命脉，第船政与海防相表里，若船政半途而废，则海防并无一篑之基。"③ 这还是基于军事理由而非经济逻辑的工业化主张。1870 年，沈葆桢曾谓："本大臣奉朝命莅船政，亦不能若商贾之牟利。"④ 可见，中国工业化最早的推动者，对于自身角色是有非经济指向的清楚确认的。

由于中国创办现代工业实质上是对于西方技术的引进，早期工业企业如福建船政局等又极为倚赖洋员，故企业的发展实际上也是中西文化调适的过程。这是中国工业文化在发轫期所特有的现象。1868 年，船政局仍处于基本工程建设之中，沈葆桢指出："洋人以精致为工，即瓦石一端，稍有陊窳，即行弃掷。是以椎凿刮摩之事，十倍寻常。果能到底如斯，将来当无苟且涂饰之患。惟工费甚巨，较往时创造，何止倍蓰。然就目前而论，则多所加；就后日而言，则仍少所损也。"⑤ 沈葆桢对西方人"以精致为工"的工程建设观念有了认知，并接受了其优点，这就是一种文化观念的转变。他还认识到西方人制造机器"每数十器合成一器，节节拆解，运载而来，如散钱未贯，殊形诡状"，若不懂其技艺而"骤观之"，就会"莫悉端倪"，但实际上"曲折潆突之间，皆有宛转关生之故，而非饰观见美之为"，故中国工匠"若不逐件讲求，无以为学习地步"。所以沈葆桢"分饬匠徒，帮同钤合，令其枝枝节节，皆了然于心，了然于口，

---

① 中国史学会主编：《中国近代史资料丛刊·洋务运动》（五），第 65—68 页。
② 同上书，第 92 页。
③ 同上书，第 167—168 页。
④ 林庆元、王道成考注：《沈葆桢信札考注》，第 215 页。
⑤ 同上书，第 201 页。

积久或得贯通"①。这就鲜明地体现了，西方工业文化在制造技艺层面向中国的转移，也是一个中国人观念转变的过程。实际上，沈葆桢很清楚洋员与中国方面的价值观差异具有尖锐的矛盾："彼法以求精为能，吾辈冀收效之速，两者不能相兼。"② 因此，自西方引入的工业文化在中国扎根乃至本土化，不会一蹴而就。

随着时间的推移，沈葆桢的行为动机虽然仍保持民族主义的基本特质，但也更为经济化了。实际上，沈葆桢在实践中领悟到了工业技术积累的学习曲线特征，这使他更有自信坚持发展中国自己的工业。1869年，福建船政局造的第一号轮船下水，沈葆桢同时奏报第二号船的施工情形，即提到"匠作等驾轻就熟，工程较速"③。1870年，到第三号轮船下水而第四号轮船正在制造时，沈葆桢已称"匠作渐皆熟手"④。1873年，沈葆桢上奏朝廷，称："当时创始之意，不重在'造'而重在'学'。臣与日意格约：限满之日，洋匠必尽数遣散，不得以船工未毕酌留数人；如中国匠徒实能按图仿造，虽轮船未尽下水，即为教导功成，奖励优加，犒金如数，必不负其苦心。倘洋匠西归，中国匠徒仍复茫然，就令如数成船，究于中国何益？"⑤ 从一开始，沈葆桢办船政局的目的就是为了向西方技术人员学习，培养能够自己独当一面制造轮船的中国工人，而不仅仅在于造出几条轮船投入使用而已。为此，当年夏天，从模厂开始，沈葆桢与日意格决定"挑选匠徒之聪颖者逐加验试，洋匠头授之以图，令其放手自造。是后，洋匠均不入厂，俟其自造模成，察看吻合与否；稍有丝毫未协，再为详说窾窍，令其改造。试之又试，至再至三，务期尽期技能而止。模厂既毕，他厂继之"⑥。由此可见，沈葆桢具有推进中国工人掌握自主制造能力的思想，这种思想就体现为一种创造精神。然而，此时清廷已有停办船政之争议，故沈葆桢欲贯彻其主张非同时有坚定之意志不可。

1874年，福建船政局陷入是否应被裁撤的争议中，朝廷未下达新的造船指令，沈葆桢亦"不敢擅自兴工"。但他在奏折中说："工匠等学习

---

① 林庆元、王道成考注：《沈葆桢信札考注》，第203页。
② 同上书，第208页。
③ 中国史学会主编：《中国近代史资料丛刊·洋务运动》（五），第84页。
④ 同上。
⑤ 同上书，第138页。
⑥ 同上。

多时，造轮之法已皆谙悉，聚之数年，散之一旦，不免另图生计，他日重新招募，殊恐生疏。"因此，他建议："似不如仍此成局接续兴工，在匠作等驾轻就熟，当易告成，而厂中多造一船，即愈精一船之功；海防多得一船，即多收一船之效。况由熟生巧，由旧悟新，即铁甲船之法，亦可由此肇端。购致者权操于人，何如制造者权操诸己？"① 沈葆桢在此批判了"造不如买"的思想，开始明确地展示出一种工业文化所特有的创造意志。一方面，正如沈葆桢所言，从国外购买工业品终究要依赖于人，从而丧失自主权，潜在地会受人摆布，自己从事制造则可以将主动权掌握在自己手中，不受外国支配。另一方面，经过多年实践，沈葆桢已经很清楚地认识到，工业制造能力存在着"干中学"的经济学特性，技术能力可以在实践中不断积累，从而掌握诀窍，实现创新突破并降低初期成本。故而，沈葆桢能够自信地宣称，福建船政局若继续办下去，可以摸索出制造铁甲轮船的方法。这种自信，源于在实践中对自我创造力的确认，并会强化为继续从事创造的决心。所谓创造意志，指的就是这种勇于创新的不断进取的精神，而这也是工业文化的核心内涵。

因此，作为民族主义的工业文化不仅仅是一种竞争心理，它还包含着创造意志，而这种创造意志是更为本质性的心理满足感。在创造的过程中，人能够认识到自己的力量，从而产生自信，而这种自信反过来又是克服困难的重要动力。类似晚清中国这样的落后国家，与发达国家存在着巨大的差距，正面竞争的难度极大，若无自信心，将无法启动并维持追赶。从这个角度说，工业文化所具有的创造意志，实际上正是一种文化自信。

小　结

1873年，在沈葆桢和日意格让中国工匠"放手自造"后，经过几个月的时间，"验其工程，均能一一吻合"，沈葆桢大为满意，称："虽精益求精、密益求密，尚有待于将来，而步能亦步、趋能亦趋，已幸偿夫始愿。"② 在中国工业化的起步阶段，沈葆桢不敢奢望"精益求精"的西方水准，对于福建船政局的中国工人能够在西人指导下亦步亦趋地造出轮船

---

① 中国史学会主编：《中国近代史资料丛刊·洋务运动》（五），第149页。
② 同上书，第142页。

来,他已感到得偿所愿。落后国家工业发展之艰辛,技术学习之不易,福建船政局的早期历史已体现得淋漓尽致。然而,福建船政局所承载的工业文化,推动了中国工业向前迈进,而中国工业的每一个进步,又使工业文化得到增强,两者所形成的思想—行为的正反馈,维系了中国工业的持续发展,使其不至于夭折于萌芽阶段。

从理论角度看,福建船政局这一案例揭示了中国工业文化起源于民族主义。因此,无论是莫基尔所强调的"理性",还是麦克洛斯基所强调的"自由",都不是晚清中国这种后发展国家工业化的观念性触发机制。相较而言,里亚·格林菲尔德的理论更切合历史实际。不过,正如格林菲尔德所提示的那样,并不是每一种类型的民族主义都能够诱发工业化。福建船政局的案例表明,只有当民族主义在观念上指向与先进工业国的正面竞争时,这种意识形态才能够转化为工业文化。在这样的视角下,可以认为工业文化本质上是以民族国家为单位的竞争心理,而这种竞争心理又以创造意志为内核。福建船政局的历史显示,在一种坚持自主制造的思想推动下,后发展国家工业企业的制造能力会逐渐积累,而这个进步过程反过来又会激发一种自我肯定的信心,去推动更为复杂的制造活动,使工业化成为一个可持续的过程。毫无疑问,后发展国家面临着先进国家的巨大竞争压力,想要追赶极为不易,信心是其经济现代化必不可少的前提条件。从这个角度说,以创造意志为核心内涵的工业文化正是一种文化自信,是后发展国家必须获取并保持的经济意识形态。

福建船政精英在台事功述略
（1874—1894）

杨济亮[*]

船政人是一个宽泛的概念，不仅反映福建船政局存在期间的朝廷官员、海军将领和船政学堂的师生，同时包括由船政学堂衍生变迁并有着千丝万缕关系的船政系列学校毕业生群体，他们都是中国近现代海军、海防、海权以及科技等方面逐步走向现代的见证者，他们有着共同的梦想，他们中的许多人对保卫台湾、建设台湾做出了积极的贡献。

一 福建船政精英保卫台湾反击帝国主义侵略

（一）1874年沈葆桢巡台处置"牡丹社事件"中的船政精英

1874年4月，日本在长崎设立"台湾番地事务局"，任命陆军中将西乡从道为"台湾事务都督"，随时准备侵台。日本以琉球船民54人与台湾"牡丹社"高山族人冲突而被杀害作为借口，出兵3600余人，军舰5艘，由西乡从道带领，从台南登陆，拟侵占台湾。5月，清政府任命福建船政大臣沈葆桢为"钦差办理台湾等处海防兼理各国事务大臣"。他受命后即与福州将军文煜、闽浙总督李鹤年同奏提出"联外交""储利器""储人才""通消息"的保台四策。

当时，台地精华所在北路淡水、葛玛兰、鸡笼一带特产丰富，苏澳的民番很关键，所以日意格建议派兵驻扎。沈葆桢向朝廷建议派"靖远"轮船迎福建陆路提督罗大春镇守苏澳，并饬"长胜"轮同通晓算法之艺生转入后山周围，量水深浅，探其形势。他还建议洞悉详情、威惠在台、民怀吏畏的前署台湾道黎兆棠以及共事日久、深相倚仗的吏部主事梁鸣谦

---

[*] 杨济亮，福州市社会科学院助理研究员。

等诸文士，随行东渡，以集思广益。陈季同也曾随沈葆桢赴台，参与机要①。

6月14日，沈葆桢一行乘"安澜"轮船赴台，船政监督日意格与教习斯恭赛格乘"飞云"号随行，而帮同沈葆桢的福建布政使潘霨乘"伏波"号先行两日抵台。沈葆桢抵达台南安平时，立即召见当地官员，提出理谕、设防、开禁三大反侵略方针。他以扩军备战，增强军事力量为后盾，准备打仗。同时，从外交入手，大做舆论，进行说理斗争。为加强海防建设，他加紧在安平修大炮台一座，配置5尊大炮、4尊小炮，在凤山县的东港、旗后，澎湖的妈宫、大城北，鸡笼和沪尾等地修筑炮台，形成严密的岸口防御体系。同时，还在台南兴建军装局及火药局，严令将备防时所购买洋炮以及军火器械等"慎为存储"，还重修了半月城台南府，修建台北府城和恒春古城（后历时4年才完成）。

沈葆桢奏请将"扬武""飞云""安澜""靖远""振威""伏波"六艘兵轮连同日意格向赫德借的海关"凌风"轮长驻澎湖，演习合操阵式，还上奏朝廷借外债购买外国铁甲舰，并从福建陆军、淮军洋枪队、粤军增兵，军力达1.2万人，还奏请将台湾盐课、关税尽数留下，充作海防之用，以补充枪支、巨炮、子弹。我方军力超过日本，致使日军不敢轻举妄动。在固民心方面，提出"官民同命、草木皆兵"，着手招募兵勇、乡勇，并奖励乡团，团结台湾民众，增强抵抗力量。

沈葆桢一度制订了歼灭日军的计划，由于清廷一味求和，最后，中日签订《北京条约》，反而承认日本侵台为"保民义举"，并赔款白银50万两，之后日本撤兵。

在沈葆桢巡台过程中，还有一些船政官员和将领也发挥了重要作用，得到了锻炼，有的甚至牺牲。

吴大廷（1824—1877），湖南沅陵人，1868年任船政提调，与沈葆桢交往甚笃，在牡丹社事件中，淮军调台及霆庆营调闽等皆由吴大廷负责上海方面的船运工作，在巡台、吴淞铁路交涉以及船政接任人选等重大问题上，沈葆桢皆与吴大廷进行商谈，沈葆桢长吴大廷两岁，对吴大廷甚为谦逊。

贝锦泉（1831—1890），浙江宁波人，在沈葆桢以钦差大臣身份入台

---

① 庄林丽：《陈季同在台湾二三事》，《闽台文化研究》2008年第2期。

前，贝锦泉曾与安平协副将周振邦、署台湾防同知傅以礼一起前往琅峤，与日军理论交涉。受闽浙总督兼福建巡抚李鹤年之命，贝锦泉管驾扬武号兵船驶往澎湖一带，以通声息。当时，台湾口岸有"长胜""福星"轮船驻泊。

邓世昌（1849—1895），祖籍广东番禺，1874年以优异成绩毕业，并被船政大臣沈葆桢奖以五品军功任命为"琛航"运船帮带，时值日军侵台，奉命扼守澎湖、基隆等要塞，得补千总。次年任海东云炮舰管带。

邓世昌的老乡黎家本（1853—1875），广东佛山人，清同治九年（1870）选充福州马尾船政学堂轮船驾驶学生，十年（1871）被派往"建威"船上练习风涛，十二年（1873）六月，调"振威"大副；九月，管驾"长胜"轮船，十三年（1874）五月调管振威号轮船，运载军火，济渡各军，来往台湾口岸，冒险冲涛，刻期无误。于光绪元年（1875）八月二十日积劳病故，被朝廷追封五品军功，赏戴蓝翎。

（二）福建船政精英在中法战争中保卫台湾

光绪十年（1884）九月五日，法国封锁台湾各海口，使大陆援台陷于中断。清廷于九月八日、十一、十二日发给刘铭传的旨令亦无法送达。湖南湘乡人彭楚汉（1830—1912）于1879年任船政水师提督、轮船统领诸要职，乃设法派渔船偷渡至台湾偏僻小港鹿港，间道送至台北转刘铭传收。后来又以同样的方式运送前船政水师提督吴鸿源所募漳泉勇2营，至台湾偏僻小港登岸，增强台湾防御。十二月中下旬，彭楚汉将左宗棠从江南防区调来的由王诗正统率的湘军恪靖5营约3000人，及枪1000支，子弹500万发，分别雇渔船于黑夜中偷渡，或将官兵扮作商人高价乘坐英轮前往。光绪十一年（1885）一至二月间，杨岳斌部湘军12营共6300人，毛瑟枪2000支到泉州，亦由彭楚汉雇渔船偷渡，高级将领则扮作商人乘坐英轮前往，从而大大增强了台湾的防御力量。1884年，中法战争中，船政总监工、精通英文的叶文澜（1820—1888）始终参与支台援军以及军需饷银的运送，在饷银方面除由外商汇兑及由运兵船携带一部分外，其余主要通过叶文澜深厚的私人关系，直接和台商进行兑换。

叶文澜的老乡同安人吕文经（1838—1908）在同治三年（1864）投身船政水师，以"善捕盗"，受知于闽浙总督左宗棠和福建船政大臣沈葆桢,由外委拨补至都司。先后管带靖海、长胜、福星炮舰。曾督带福星轮船,奉命赴台湾剿平番社之乱,战功卓著,以游击尽先补用。又先后管带安澜、济安、伏波各兵船。中法马江战役爆发时,吕文经是福建海军伏波号管带。战后,吕文经以中炮"先退"罪被朝廷革职充军处理,据今人考证,伏波号是遭法军杆雷艇攻击进水后被迫撤退。① 马江之战后,钦差大臣左宗棠督办福建军务,"以经罚非其罪",奏请将吕文经"留闽差遣"。吕文经竭力效命,发挥其熟悉海道长处,"履险如夷",七次冒险运兵渡台,增强台防实力,一度被法军俘虏而侥幸脱险。

另一个同安人林文和(1833—1904)自幼随船开拓海运营生,同治五年(1866)与海船一同招募入伍船政水师,曾驻扎台湾多年。同治十二年任"永保"舰管带。中法马江海战中率舰上官兵英勇作战,因头部受伤落水,凭借好水性泅岸。战后晋升为三品游击衔。后常往返闽台之间处理海事。光绪三十年(1904)病故,诰封武显将军。

(三) 福建船政精英参与反割台斗争

甲午战败后,1895年中日签订《马关条约》,清廷把台湾割让给日本。不甘心接受日本统治的台湾官民面对"无主可依"的局面,决心凭自身力量拼死抵抗,保住台湾作为中华民族一分子的地位。5月中旬,曾任清政府驻法国参赞的陈季同从上海抵台北,与丘逢甲、林朝栋等人商议,提出了"民政独立,遥奉正朔,抗拒敌人"的保台之策,决定组织成立台湾抗日临时政权——"台湾民主国",改年号为"永清",以领导台湾人民抗击日军。陈季同参与策划"台湾民主国"的全过程,执笔起草《台湾民主国宪法》,并出任外务大臣,与日本占领军抗争。"正朔"就是代表中国的清朝,"敌人"是即将到来的日本殖民者。由于清廷不予支持,"台湾民主国"只存在了5个多月便告失败。但福建船政人参与反割台斗争是以"民主国"旗号反抗日本占领,以期重返中国怀抱的一次悲壮的抗争,沉重打击了日寇的嚣张气焰,迟滞了日寇侵台的进程。

---

① 陈悦:《中法马江之战中史事考疑一则——马江之战中"福星""伏波"舰战事新考》,《船政文化研究》第七辑,鹭江出版社2011年版,第278页。

二 福建船政精英推动台湾行政建置和吏治军制改革

（一）左宗棠、沈葆桢推动台湾建置沿革和单独设省

"牡丹社事件"后，沈葆桢不避"以创始为善后"之难，考虑到当时台北的广大地区都尚未建立政府机构，便大刀阔斧地调整行政区划：一是在琅𫢸设置一县名恒春；二是改淡水厅为新竹县，改噶玛兰厅为宜兰县，增设淡水县，治所在艋舺；三是新设台北府，下辖淡水、新竹、宜兰三县。府治与淡水县同城。后又添设澎湖厅，这样加上原来台湾府的台湾、凤山、嘉义、彰化四县，鸡笼、卑南、埔里社三厅，使得原来的一府四县三厅格局变为二府八县四厅。沈葆桢还进行了台湾府南北两路理番"同知"的驻地变更，原驻台湾府城的南路同知移驻卑南（今台东），原驻鹿港的北路同知改为中路，移驻水沙连（今埔里），并加上"抚民"字样，分别办理番、汉民的诉讼、审讯和开科等事务，这些举措加强了清政府对台湾南北内山的有效管理，维护了台湾全岛的主权，有利于日后的台湾经济开发。

1874年年底，沈葆桢巡台后即上书建议，"宜仿江苏巡抚分驻苏州之例，移驻福建巡抚驻台，而后一举而数善备"，1875年年底，福建巡抚就冬春驻台，夏秋驻省，此举加强了中央对台湾的管理，也加强了台湾与大陆之间的联系。

光绪十一年（1885）中法战争结束，在沈葆桢生前极力呼吁下朝廷下诏同意台湾正式单独建省。闽浙总督杨昌濬、钦差大臣督办福建军务左宗棠奏请"台湾设省"。左在1885年7月奏折中称台湾建省的理由有三：第一，今日之形势，以海防为要图；第二，台湾每年出产及关税，较之广西、贵州为多；第三，台湾孤峙大洋，为七省门户，关系全局非浅。清廷令军机大臣、六部、九卿进行讨论，他们都一致主张台湾设省。9月5日，清廷下令台湾建省，任命刘铭传为首任台湾巡抚。

（二）福建船政官员为台湾行伍改革和吏治呕心沥血

早在1866年，左宗棠就提出了对台湾事务全面整治方案《筹办台湾吏事兵事请责成新调镇、道经理折》，全面陈述了当时台湾政治、军事、吏治等各方面状况，提出了整治办法，调补台湾镇总兵刘明灯、台湾道吴

大廷赴台工作，可谓左宗棠整治台湾的纲领性文件。当月，吴大廷和台湾镇总兵刘明灯移调台湾，吴大廷兼理学政，他们到台湾后剔陋规、平冤案、肃清匪患、整饬武备、修造兵船、整顿海防、清理税课、赈济饥荒，"视事二月，人心大定"。1868年经沈葆桢奏请吴大廷提调船政。

受林则徐"民为邦本，本固邦宁"思想的熏陶，沈葆桢到台湾后就提出"欲固险地，在得民心；欲得民心，先修吏治营政"。上奏《请改台地营制折》，对台湾营伍提出改革主张，采用"酌撤分汛、汰弱留强、合队合营、整军严纪"，以加强台湾的防卫能力。此后，丁日昌继续对旧班兵制度进行改革，重新整编，裁汰冗兵、异地调防，惩处虚冒克扣军饷官员，进一步提高军队战斗力。丁日昌还建议购置铁甲舰，训练水雷军等。

在修吏治方面，沈葆桢初到台时，台湾吏治腐败，官员多沉酣于鸦片，带来民风浇漓。他感叹道："此间去倭患易，去习染难。"下决心罢免了贪官污吏或失职官员，裁革陋习，严禁烟、赌、械斗之风。通过整顿，官风民风大有好转，为台湾发展创造了政治条件和社会环境。丁日昌（1823—1882），在光绪二年（1876）十二月至次年四月巡察台湾，上奏《海防应办事宜十六条》请免台湾杂饷，整顿吏治，拟定了抚番善后章程二十一条。丁日昌继承发展沈葆桢的思想，提出"民心为海防根本，而吏治又为民心根本"。对贪官污吏严加惩办，革职查办了彰化、嘉义等贪腐成性的知县，对"索诈民财以填欲壑"的台湾县役林升判处死刑，招来万众聚观，无不同声称快。文人赞誉丁日昌，称"儒林循吏今有几，丁公崛起南海涯"。

黎兆棠（1827—1894），广东顺德人，同治八年（1869）、同治十三年（1874年）曾两度入台主政，担任按察使衔分巡台湾兵备道，大力整饬吏治，惩办恶霸，使当时台湾衰颓的局面为之一振，同时严厉打击法国不法商人的大规模走私行为。1874年，协助沈葆桢布置台湾防务，抵御日本入侵。光绪五年（1879）九月因前福建船政大臣吴赞诚病，黎兆棠出任福建船政大臣。

在台湾巡抚设置之先，吴赞诚（1823—1884），安徽庐江人，于光绪三年和四年，以福建船政大臣和福建巡抚的身份两次巡台，对宝岛台湾的保卫和建设，做出了重要贡献。夏献纶（？—1879），江西新建人，曾任船政提调并代理船政大臣三年，他在台湾道任上处理了光绪二年（1885）候补知府凌定国的安平炮台贪污案；署彰化县知县朱干隆、署嘉义县知县杨宝吾贪污案；署嘉义县知县何銮受书吏税契陋规案，还处理了香港新闻纸泄密案及台湾土匪案等，编有《台湾舆图并说》一卷，是台湾最早最完整的地图集。

三 福建船政精英推动近代台湾大开发和经济发展

（一）交通建设和海洋、城市测绘

公路建设。沈葆桢认为要开发东部，首先就要开山开路。1875年，他调集兵勇19营分三路开山。南路由海防同知袁闻柝率领，自凤山的赤山庄越山至卑南（台东），开路175里；东路由总兵张其光率领，自社寮循海岸东行到卑南，开路约214里。北路由提督罗大春率领，自噶玛兰的苏澳沿海岸至奇莱（花莲），开路205里。中路归总兵吴光亮主持，由彰化的林圯埔越山东至璞石阁（玉里），计程265里，打通山前山后路线，与自奇莱而南的北路接连。经过一年的努力，山前（西部）至山后（东部）的简单陆路通道建成，使台湾岛东西海岸连成一片。在艰难的开山筑路过程中，不少将士跌入深渊，长眠在台湾大山深处；还有不少将士身染瘴气病死在筑路工地上，为保卫和建设台湾献出自己宝贵的生命。如今，"罗大春开辟道路里程碑"被认为是台北南澳地区最有价值的古文物。

铁路建设。福建船政人在台湾兴建铁路上倾注了大量心血。沈葆桢极为重视台湾的铁路建设，1877年10月令把吴淞到上海的铁路器材运往台湾高雄港，以备台北铺设铁路之用，后因经费问题无法用上。继任丁日昌积极筹划台湾的铁路建设，他认为"台湾四面环海，内山未及开辟，无铁路既难以御敌，亦难以安内"，并举出台湾建设铁路的十利，规划从基隆到恒春的铁路，但也由于经费筹集困难而搁置。直到1887年4月清廷才同意刘铭传的上奏，先建设台北到基隆的铁路，4年后完工，1888年建设从台北到新竹的铁路，5年后（1893）完工，这条近百公里的从基隆到新竹的铁路是中国第一条自行集资兴建的铁路，开启了台湾自筹资金建设铁路的先河。

海岸与城市测绘。1874年5月，严复跟着沈葆桢乘"扬武"到台湾后，与林泰曾、刘步蟾随"长胜"管驾赴台东奇莱（今花莲）、苏澳测量地形，为清军军事行动提供第一手资料，也为中国台湾省海岸版图的界定作出了历史性的贡献。

光绪元年（1875），船政学生魏瀚、郑清濂、林庆升、郑诚、陈兆翱、林日章等6人，随福建船政学堂的"洋教习"即外籍教授日意格（P. Giquel）到台湾府城实地勘测。他们"仝测绘"，即共同完成《台湾府城并安平海口图》和《台湾府城街道图》。后者是台湾第一幅将街道描绘清楚，并以现代测绘技术制作完成的有比例尺的城市地图，这幅地图上不少旧地名至今仍为台南市府城居民所使用。

此外，1877年台湾兵备道夏献纶（曾任船政提调）调船政学堂学生游学诗、汪乔年等20多人到台湾红头屿考察山川形胜、风俗物产，测绘地形。光绪二十年（1894年）中日战争爆发时，为加强台防，福建船政局曾派船政学堂测绘生杨则哲、林鉴殷、郑奉时、林兆燕、董寿、林泳坝、陈振家、王韵聪、陈宝煊赴台测绘。

（二）对台开禁、开山抚番与农业开发

1874年11月，日本侵台事件刚一结束，沈葆桢就上书《台地后山请开禁折》，提出要建设台湾，加强海防就必须革除对台贸易的诸多禁令，光绪元年（1875）朝廷谕示全国："所有从前不准内地民人渡台各例禁，着悉与开除。其贩卖铁、竹两项，并着一律弛禁，以广招徕。"

同年，在丁日昌力促下，清廷在厦门、汕头、香港三处设立招垦局，积极奖励大陆居民移居台湾，开垦台东、恒春及埔里一带"番地"，开垦者在开垦地筑土围、盖草寮、过团体生活，每10人一组，向政府领取农具4件，耕牛4头，种子若干，每人授田一甲及附近原野一甲，均编立字号，每月检查一次垦荒成绩。政府的优惠招垦政策，使福建沿海人力、物力与生产技术源源不断流入台湾，台湾人口大增，促进了包括农业在内的台湾经济的发展。

沈葆桢主持台湾事务后，首先整顿台湾内政，实行开山抚番，揭开了台湾近代化经济建设的序幕。他命令驻台部队包干进行，分北、中、南路开展工作，当时生番大多过着刀耕火种、茹毛饮血的生活；沈葆桢开山包括了大力发展农业经济的举措，如划清山界，种树造林；焚烧荒草，开山种地；修筑水道，便于灌溉；招垦移民，发展农业；分给牛种，发展农耕。为使公路两旁土地得到开发，以解决军粮供应紧张，沈葆桢允许远近商人贩米进城销售，以刺激农业生产规模的扩大，他重视手工业和商业等

民办企业发展，废除严格限制"铸户"，严禁私开私贩铁的旧例，允许私人铸造铁锅等器皿和各种农具，调动了手工业者生产积极性。由于民营农业、手工业和商业蓬勃兴起，台湾东部花莲港一带百余里田野以及中部广阔的盆地，都被开发成富饶美丽的农田。

丁日昌继沈葆桢后于光绪三年（1877）在巡视凤山及恒春一带后即有"抚番开山善后章程"二十一条，继续落实和执行沈葆桢的"开山抚番"方针，在台湾也采取招募移民开垦荒地，他鼓励在台湾北部试行推广种植经济作物茶叶，在南部地区试行推广经济作物咖啡，发展台湾特产香蕉、菠萝、柑橘、棉花、桐树、檀树，种麻、种豆、种咖啡。

1876年4月清廷令吴赞诚督办船政事宜。1878年，吴赞诚（1823—1884）令宜兰知县邱峻南与吴光亮逐段勘明后山奇莱平原上耕地，划清地界，令按界各自耕种，不得侵越，以杜后衅。夏献纶重新布局后山军力，原调各营，陆续撤回，选派文官管理。台北每月定期往返花莲港运送饷银、军米的轮船，凡垦民、商贩愿前往后山者，经查明皆准于附搭，并准携带家眷及农具、食物等物。正是在吴赞臣等大臣的共同努力下，渐行开发、经济发展，使后山居民生活得以稳定。

此外，左宗棠、夏献纶等都曾对台湾的农业开发和水利建设作出贡献。

（三）煤矿和石油采掘业

1. 煤矿开采

1868年，福建船政局派煤铁监工都逢（法国人）去台湾，调查基隆煤矿的储藏和开采情况，并提出了用近代机器和运输工具采煤的报告。1875年1月，沈葆桢巡台归来，即给清廷上奏《台煤减税片》，指出了开采台煤的好处，"垦田之利微，不若煤矿之利巨。垦田之利缓，不若煤矿之利速，全台之利，以煤矿为始基"。他主张降低台煤出口税率，鼓励台煤扩大生产，理由是"为船舶所必需，是以惠商"。又提出将基隆煤矿改为官办，采用机器开采，提高产量。《清史稿·食货志》载："是年（1874），海防议起，直隶总督李鸿章、船政大臣沈葆桢请开采煤铁以济军需。上允其准，命于直隶磁州、福建台湾（时台湾为福建一府）试办。"

获得清廷同意后，沈葆桢即着手筹办，决定先延聘外籍技师来台勘察指导。经过一番周折，1875年春夏之交，终于通过海关总税务司赫德介绍雇请来一位英国采矿师翟萨。翟萨等人经过全面勘察，认定基隆老寮坑（八斗子）一带煤质优良，煤层较厚，运送方便，开采价值最大。同时委派翟萨赴英国购买机器和招聘洋匠，以加快设厂勘采进度。1875年10月，沈葆桢奉调北上赴任两江总督兼南洋通商大臣。在沈葆桢离台之前，煤矿开采准备工作已基本就绪。1876年，台湾成立矿务局，经丁日昌举荐，道员、福建船政局总监工叶文澜被任命为矿务督办。叶文澜前往台湾基隆附近之老寮坑督办煤矿，察看硫磺、磺油、樟脑、茶叶等。下半年，即调配船政前学堂第一届毕业生池贞铨、林日章、林庆升、张金生、罗臻禄等赴基隆，参与筹建基隆煤矿。后这些学生因被选赴法国留学，中断了在台湾的筹建工作。这些学生还在台湾勘探煤矿资源，完成台湾第一次矿源普查。

光绪二年（1876），清政府官营的基隆煤矿在八斗子正式开办，在英国采矿师的协助下，采用直井机械开凿出第一口矿井，人称"清国井"。1877年我国第一座近代化煤矿——基隆煤矿建成，同年8月开始出煤，每天出煤30—40吨，产量逐年扩大，当时，还修筑了一条轻便铁路来运送煤炭。虽然叶文澜悉心讲求，广为开采，但因开挖条件极为恶劣，人力不足，中外工人染疾者多，故日出之煤不多，直至光绪七年（1881年）台湾煤输出达到高峰，年达5万吨，最多时采矿工人约有1000人。1883年年初，船政大臣黎兆棠请求派船政学生游学诗到台湾工作，认为台北煤矿整顿需人，唯该学生熟悉情形，堪以重任。基隆煤矿业之开采历史为全台最早，台湾光复后至20世纪50年代，产量均冠于全台湾各地区，是基隆乃至于台湾地区相当重要的产业。基隆煤矿的开发促进了基隆港市的发展。

2. 石油开采

1879年，丁日昌决定将石油开采权收归官办，成立油矿局。次年，从美国购入一部钻机，延聘英籍技师蒋道涛、美国技师简时和洛克共三人在猫里社的后龙溪畔开凿油井，深达3000米，日产油1500公斤，是我国使用顿铭钻机凿成的第一口现代化油井。但因开探工人染病，钻机损坏，于清光绪五年（1881）停止开采。到光绪十二年（1886），刘铭传于苗栗成立矿油局，因入不敷出，于十七年（1889）废止。

(四) 电报通信业

台湾与福建的海底电报线也是由沈葆桢力主架设的。同治十三年（1874）牡丹社之役，钦差大臣沈葆桢驻军台南，痛感闽台军讯不畅，奏请架设闽台海底电缆，以速军情。由丹麦商人德勒耶揽办。1875年12月，福建船政学堂设立了中国第一所电报学堂，聘请大北电报公司为训练电报技术人员，招收新生70多人入学。1875年丁日昌萧规曹随，即提出"轮船、矿务、电线三者必须相辅而行。无矿务则轮路缺物传输而经费不继，无电线则轮船消息尚缓而呼应不灵"。丁日昌利用去台湾视事的机会提出设立台湾电报局，拟定了修建电报线路的方案上奏朝廷，1877年获准后，又派游击沈国先负责办理。工程技术由陈平国、苏汝灼、林怡游、梁炳年、郑诚、林钟玑、游学诗等负责，船政派马尾船厂生产的"飞云"号运电线及电器材料到台湾，7月架设旗后至安平线（长95华里），9月5日架设完毕。同时设台南、安平、旗后电报局，这是我国自办的最早的电信业，奠定了台湾近代邮政的基础。

光绪十年（1884）法军登陆台岛，刘铭传迁怒于因南北电报线未通而贻误战机。为此，光绪十二年（1886）该工程由通商局李彤恩与上海德国泰东洋行立约揽办。共计两条线路，一自台北郡治分歧而至沪尾、基隆，一至台南，与旧线连接，共计线路总长800里，并在途经的新竹、苗栗、彰化、云林、嘉义各设电报局办理。至光绪十四年（1888）四月竣工，张维卿以候补道身份出任总办，这是当时中国国内最长的电报线路。其间，光绪十三年（1887）八月，又自淡水埋设海底电线至福州芭蕉岛（即川石），而安平也埋设海底线路至澎湖。同月二十一日，由福建船政局派出"飞捷"号轮船自福州起航，翌日抵达沪尾，接通海陆线路，再赴澎湖以接通安平。光绪十七年（1891）福州总督衙门与台湾省台北直通电报。

总之，台湾岛是中国东南最大的海岛，也是近代以来中国维护海权、反击帝国主义侵略的重要堡垒。在1874年至1894年中国三轮海疆危机中，都涌现着福建船政精英勇立潮头、奋勇当先的身影。船政精英保卫台湾的历史是中华民族反侵略斗争的华彩篇章，充分体现了中华民族坚强不屈、英雄无畏的民族精神。

福建船政精英对中国海防与台湾近代的开发作出了重要贡献，沈葆桢开台湾近代化之始。福州人沈葆桢以钦差大臣的身份于 1874 年入台，平息日本借"牡丹社事件"挑起的"台湾危机"。沈葆桢两度在台累计时间仅一年又一个月，但却在台湾的发展史上写下了伟大的一页。他奠定了台湾的"富强之基"，是台湾近代化的奠基人。以沈葆桢为首的船政精英的丰功伟绩值得中华民族子孙后代永远铭记。

"足为海军根基"：船政对中国近代海军的历史性贡献

杨晓丹[*]

19世纪中叶两次鸦片战争的失败，使中国的有识之士深切认识到海防建设的重要性，并急切地寻求"自保图强"的良方。60年代到90年代，一批睁眼看世界的开明人士掀起了救亡图存的洋务运动与自强运动，把设局造船、兴办海防、整建海军作为当务之急。在这个大背景下，1866年清政府批准晚清著名政治家、洋务运动的积极推动者左宗棠奏请，决定在福州马尾创建船政，设厂造船，同时设立"求是堂艺局"。福建船政局是近代著名的舰船工业基地，也是重要的人才培养基地。福建船政作为中国洋务运动的领航者，对加速推动中国海军近代化的发展进程起到了非常重要的作用，做出了特殊的历史性贡献，被孙中山先生称赞为"足为海军根基"。

一 创海军近代之始

从1840年爆发的第一次鸦片战争开始，中国的国防安全就面临着前所未有的挑战，西方列强凭借着船坚炮利不但轰开了中国的国门，而且击碎了清统治者以天朝自居的美梦。列强发动的侵华战争多是从海上入侵，以沿海陆路及近岸海域为主要战场，中国的国家安全受到了来自海上外敌的剧烈威胁。19世纪60年代初，为应付外敌对中国国家领土主权的侵略，而萌生了建立一支近代海上力量以抵御外辱的设想。

面对内忧外患，清廷急切地想快速建立一支装备精良的新式海军舰队，最便捷的方式就是直接购买外国舰船，而"阿斯本舰队"事件让清廷快速建设近代海军的美好愿望破灭了。随着仁人志士自强之声日渐高

---

[*] 杨晓丹，海军军事学术研究所副所长、研究员。

涨，洋务运动迈开了艰难前行的脚步，而与中国近代化步伐一致，并作为领跑者的福建船政局应时而生。从1866年左宗棠上折奏请开办船政局，首倡办厂与办学为一体，开展了设立船厂、建造兵船、引进外员、兴办学堂、培养人才、派员留学、组建近代海军等一系列工作，为中国近代海军的建设与发展、造船工业的奠基、新型人才的培养，以及诸多领域的开拓，都发挥了示范性的作用。

福建船政局的建立，加快了兵船建造速度。1869年6月，船政建造的第一艘兵船"万年清"号下水。之后，第一艘远东最大巡洋舰"扬武"号、第一艘铁甲舰"平远"号等纷纷下水。依靠新式装备的武装，加速了中国旧式水师向近代海军的演变。另外，船政培养的大批优秀毕业生及学成归国的大批留学生，为近代海军带来了新思想、新知识、新技术；船政毕业生还为近代海军正规化建设贡献了智慧，北洋海军副将刘步蟾是中国第一个海军章程《北洋海军章程》的主要草拟人，为近代海军的正规化建设做出了贡献。

船政的创立，似一股新风，为近代中国海军的嬗变带来了生机和活力，是中国近代海军的发端，对近代海军的建设与发展产生了积极的作用。

二　开海军教育之先

伴随着19世纪60年代洋务运动的兴起，顺应历史发展的潮流，晚清海军教育先于海军建设而起步，开始其蹒跚前行的探索之路。

福建船政学堂是中国第一所近代海军学校，于1866年12月创办并招生，分为前、后两个学堂。前学堂学习制造，后学堂学习驾驶、管轮，学制定为5年，聘请外国教师"教习英、法两国语言文字、造船、算法及一切船主之学，俾各精熟，能自监造驾驶"[①]。这一开办工厂同时兴办学校的决策及其实施，被誉为"中国防海设军之始，亦即海军铸才设校之基"[②]。对于处在起步阶段的中国近代海军建设而言，不啻为创臻辟莽之举。

---

① 《海防档·福州船厂》上，台湾"中研院"近代史研究所影印本1959年版，第39页。
② 张侠等合编：《清末海军史料》，海洋出版社1982年版，第430页。

船政学堂从1866年创办到1907年暂时停止招生，毕业生共629人。其后，海军学校、海军制造学校、飞潜学校共毕业714名，船政系列学校共约毕业2000人，电报学堂毕业140人，总共3802人。船政学堂之功不仅在于培养出了第一批海军人才，其产生的社会效应更极大地推进了晚清军事近代化事业。继船政之后，自19世纪80年代始，沿海沿江各地皆以福建船政学堂为楷模，相继开办新式海军学堂，计有天津水师学堂、广州黄埔水雷局、江南水师学堂、北洋旅顺口鱼雷学堂、威海水师学堂等11所海军学校。从学堂的地域分布来看，它们主要设立于沿海、沿江各要口，这种格局的形成与晚清海防建设总体布局密切相关。在所办各学堂的科目设置和课程安排上，几乎涵盖了海军建设所需的所有专业。在此基础上，初步形成了近代海军教育的完整体系。海军新式学堂的创立，在晚清海军的创建与建设中发挥了重要作用。

三 育海军人才之基

福建船政学堂被誉为近代中国海军的摇篮，培养出了中国第一批近代海军军官和第一批近代工程技术人才，之后成立的各海军学堂也培养了大批毕业生，这些毕业学员服务海军并成为其中坚力量，共同助力中国近代海军的建设与发展。

船政学堂所培养的毕业生，一开始主要服务于船政水师，后又支援北洋海军的筹建。北洋海军建立之初所需的管驾、大副、二副，以及轮机和炮位人员，皆"借材"于福建船政学堂。晚清相继开办的各海军学堂，先后培养出了一批指挥和技术人才，毕业生全部进入各支海军任职，这些活跃于晚清海军建设各个领域的新型军事人才，在为海军建设打下基础后，又快速成长为南北洋等海军舰队的领导者和指挥者。尤其在海军建设初期，任职海军的毕业学生很快即成为各支舰队的骨干与中坚力量。特别是在晚清4支海军中规模最大、装备最精良、清廷最为重视的北洋海军，其组建至成军之所以未经蹉跎，而在很短时间内即形成战斗力并以强大的威慑力称雄亚洲，其中一个很重要的原因，就是它的军官阶层全部经过海军学堂系统严格的培训，特别是在中、高级军官构成中，不仅全部为海军学堂出身，更有出洋留学经历者任职管带以上职务。

从1877年至1886年，清政府从海军学堂生员中选拔优秀学生为留学生，分3批派遣留学生共81人赴英、法、德等欧洲海军强国求学深造，最直接地学习西方国家的先进科学知识和海军军事指挥与技术，这是一条快速培养海军精英的成功之路。由于留学生都是经过严格选拔的，他们也都十分珍惜学习机会。因此在经过系统、严格培训后，其中多数人都以比较优异的成绩完成了学业。这些留欧学生回国后，受到了南北洋海军的争先留用，学成回国后任职海军者多成为各个舰队的中级以上军官。尤其早期毕业回国者，恰逢海军建设起步之初，以南北洋皆需大量海军人才，故其多数皆任职于南北洋海军、船政及各海军学堂。至北洋海军成军，其多数舰船管带均由船政毕业和留欧海军学生出任。总体观之，各批派赴欧洲学习海军的留学生，归国后为南北洋海军乃至民国海军的创建与发展做出了突出贡献。

另外，在海军学堂的毕业学生中，有不少人成为清末民初中国科技、外交、教育和西医学界的知名人物。他们中间有著名思想家严复、著名铁路设计师詹天佑、著名文学家鲁迅、著名外交家陈季同、近代造船之父魏瀚等等。这些优秀人才所做出的贡献，不仅推进了中国军事近代化的进程，而且也推动了中国近代社会的发展。

四　造海军自强之器

福建船政局在中国近代造船史上，占有非常重要的位置。筹建船政就是以"自强"为目的，左宗棠明确提出要发展自主的民族造船工业，坚持"自建兵船"，"实中华发轫之始"①，以造就近代海军，建设近代化海防。建厂初期，由于尚不掌握核心技术，选择了与法国人为主要合作伙伴，借助外部力量，开创中国兵船制造业。在建造过程中，实行造、学并举，且"不重在造而重在学"②。在洋员的言传身教下，学习造船技术的学生们逐步掌握了设计与制造要点，毕业生具备了设计和建造新式舰船的能力，船政学生担当起了自主建造舰船的重任。在与外籍人员合同期满时，共生产大小轮船15艘，这些舰船装备了福建海军和南洋、北洋海军。1879年，从欧洲学成归来的船政学生提出要建造铁胁快舰，即航速更快、

---

① 张作兴主编：《船政文化研究——船政奏议汇编点校辑》，海潮摄影艺术出版社2006年版，第122页。

② 沈葆桢：《沈文肃公政书》卷4，清光绪六年刻本，第69页。

火力攻击更猛的大型巡洋舰。船政技术与建造人员大显身手、积极配合，于1882年年底建造出排水量2200吨、轮机功率2400马力、航速达15节的铁胁快舰"开济舰"，被誉为"洵中华所未曾有之巨舰，海防必不可少之利器"①。1884年8月，马江海战中福建海军尚未装备钢铁军舰，仅以木制舰船迎战拥有铁甲巨舰的法国远东舰队，以致全军覆没。为汲取失败的教训、追赶世界造船技术前沿水平，1886年12月，钢质军舰正式开工，于1888年1月2日下水，1889年9月完工，命名"平远"号。该舰的建造水平，在1894年9月17日甲午黄海海战中得到了检验。其凭借较强的铁甲防护，与日军旗舰"松岛""严岛"号英勇作战，取得了不凡战功。其战斗力"较之外购超勇、扬威、济远，似有过之，即较之镇、定、致、靖、经、来六远，亦无不及"②，肯定了船政制造的钢质战舰建造水平已不逊外购舰船。

船政从创办到1907年暂时停办，造船大致经历了木船时期、铁木合构时期（铁胁船）、铁船和钢船时期，共造各式轮船40余艘，合计排水量4.7万多吨，产量占当时中国自造舰船的70%。船政的造船企业规模和技术能力水平，代表着晚清时期中国舰船建造的最高技艺水准。由此奠定了中国近代造船工业的基础，也为中国海军的装备近代化做出了积极贡献，为抗击外敌从海上入侵起到了很大作用。

五　铸海军精神之魂

海军学堂培养了一批御敌海上入侵的军事精英群，他们中的绝大多数人经受住了战火的考验，在中法马江海战和中日甲午海战中，不惜生命、殊死奋战。他们的名字将永垂青史，他们的精神凝聚成为中国海军之魂。

1884年中法马江之战，参加海战的船政学堂毕业生共有25人，其中有19名为国捐躯。福建海军虽以惨败而告终，但他们强烈的爱国主义精神，令入侵的法国海军都由衷地钦佩。福建船政学堂毕业生、福星号管带陈英下令冲向敌舰，但因炮小始终未能击中敌舰要害，在炮台督战的陈英却中炮身亡；船政后学堂毕业生、建胜号管带林森林指挥开炮击中法国海

---

① 张作兴主编：《船政文化研究——船政奏议汇编点校辑》，第224页。
② 南洋劝业会编：《福州船政成绩概略》第114页，转引自林庆元《福建船政局史稿》，福建人民出版社1986年版，第213页。

军远东舰队司令孤拔乘坐的旗舰,敌舰以重炮还击,林森林阵亡;船政后学堂毕业生、游击吕翰继续指挥作战,该舰迫近敌舰时被击沉,吕翰中炮牺牲;船政后学堂第二届毕业生、福胜号管带叶琛,战斗中受重伤,忍痛指挥接连击中敌舰,最后中弹身亡;船政后学堂第一届毕业生、振威号管带许寿山冒着炮火登上望台指挥,开足马力向法舰德斯丹号冲去,要与敌人同归于尽,但舰上锅炉中炮爆炸,船体开始下沉,许寿山仍顽强指挥战斗,不幸被机关炮击中,壮烈牺牲。法国的一个目击者曾著文说:"这位管驾具有独特的英雄气概……当他被打得百孔千疮的船身最后颠斜下沉时,他仍拉开引绳从不幸的'振威'发出嘶嘶而鸣、仇深如海的炮弹""这一事件在世界最古老的海军纪录史上均无先例。"①

在1894年中日甲午海战中,参战的北洋舰队各作战舰艇的管带、大副、二副等几乎全部是海军学堂出身,特别是进入北洋海军的许多留学生,在海战中表现得十分英勇、血洒海疆。参加海战的船政学堂毕业生有37人,有9名为国捐躯,真正成为中国海军精神的楷模。在甲午黄海海战中,福建船政学堂毕业生、"致远"舰管带邓世昌在舰艇多处受创、弹痕累累的情况下,仍顽强奋战,开足马力冲向"吉野",不幸被鱼雷击中,邓世昌与全舰200多官兵壮烈牺牲;船政学堂航海驾驶班毕业生、"经远"舰管带林永升,先后留学法国、英国学习阵法,海战打响后,全舰官兵在林永升的指挥下,往来冲杀于炮火丛中,后"经远"中弹起火,林永升"突中炮弹,脑裂阵亡",大副陈荣也受重伤,仍坚守望台指挥作战,后与二副陈京莹壮烈牺牲,全舰200多官兵仅16人生还;在威海卫保卫战中,船政学堂第一期毕业生刘步蟾拒绝投降,以死殉国,实践了他自己生前"苟丧舰,将自裁"的誓言。

正是这些船政培养的优秀的军事精英群体,正是船政文化凝聚的爱国主义精神,正是船政赋予的精湛技术和战术,正是这些船政传人的英勇奋战,正是船政铸就的不屈海魂,谱就了一曲曲近代海军抗击外敌海上入侵的悲壮篇章。

---

① 罗茧·高文:《法国人在福州》第三章"马江战役",转引自林庆元《福建船政局史稿》,福建人民出版社1986年版,第185页。

船政与近代中国海军的创建

杨志荣[*]

两次鸦片战争,特别是第二次鸦片战争,英法联军攻陷北京,火烧圆明园,咸丰皇帝逃亡热河,彻底暴露了有海无防、国门洞开的严重后果。痛定思痛,以奕䜣、曾国藩、李鸿章、左宗棠为代表的洋务派,承袭林则徐、魏源"师夷长技以制夷"的思想,开始了建设近代化海军的艰辛探索。魏源在《海国图志》中明确提出:"夷之长技三,一战舰,二火器,三养兵练兵之法。"[①] 这种探索,就是从战舰、火炮装备和练兵着手的,主要围绕武器装备、人以及武器装备与人的结合(即领导管理体制)三大领域展开。在此过程中,船政作为近代中国海军的诞生地,在造舰和育人方面为推动近代中国海军的创建和发展作出了巨大的贡献,被誉为近代中国海军的摇篮。

一 武器装备建设

近代化海军武器装备的首要标志是战舰、火器的近代化,这是中国为制夷而首先应"师"的"夷之长技"。但这种"师"却充满了艰辛。

先是亨利·华尔购舰骗局。太平天国战争后期,上海官绅为抵御太平军侵袭,筹资委托常胜军统领华尔的弟弟亨利·华尔从美国订购5艘蒸汽军舰来华组成舰队。亨利·华尔抵美后订造了3艘蒸汽军舰,旋即被当时正处在南北战争中的美国北方政府转购,所有购舰款项均被亨利·华尔鲸吞。这是中国发展近代化海军起始阶段所遭遇的最大贸易骗局。

然后是李泰国—阿思本舰队闹剧。英国为控制中国海军,极力鼓动清政府在英国购买兵船、枪炮组建舰队。1862年2月,清政府委托代理中

---

[*] 杨志荣,海军军事学术研究所副研究员。
[①] 魏源:《海国图志》,中州古籍出版社1999年版,第100页。

国海关总税务司的英国人赫德向英国购买中号兵轮3艘、小号兵轮4艘，并委托在英国休假的中国海关总税务司李泰国具体操办。但李泰国却与英国外交大臣罗素策划，明确指出这支舰队将聘用英国官兵，是一支"英中联合海军舰队"。1863年3月，李泰国购买了7艘军舰、1艘运输船，雇定了舰队司令官阿思本和全部水手，而且擅自代表清政府与阿思本签订了合同13条、轮船水师章程27总目、雇用官兵水手合同8条。按照这些合同，清政府必须任命阿思本统领这支舰队，阿思本掌握这支舰队的指挥全权，只遵行由李泰国传达的中国皇帝的意旨，并有权拒绝服从命令，舰队悬挂外国旗号，用外国水手，中国官员一律不得过问。消息传到北京，引起了满朝文武的极大愤慨。

1863年9月，阿思本率舰队到达天津，并蛮横地要挟清政府全盘接受13条合同，否则48小时后即遣散舰队。清政府明确指出："中国兵权不可假于外人。"最终，"李—阿舰队"被遣散，中国虽然收回了变卖船款，但也为此耗费了67万两白银！

虽然买回一个近代化舰队的努力失败了，但清政府在这一事件中也认识到，"权操诸我"，兵权不能假于外人。这件事也充分说明，完全依赖外人购买舰艇、组建海军舰队的道路是行不通的。于是，清政府决定自主建造舰艇。在曾国藩、李鸿章的主持下，1867年江南制造局设立了轮船厂和船坞，并于次年造成了第一艘轮船"恬吉"（后改名为"惠吉"）。该船先在海上试航，后入长江驶至金陵，曾国藩亲自登船往返于金陵至采石矶。事后，曾国藩颇为得意地上奏称："中国自强之道，或基于此。"

更大规模地建造舰船，则是左宗棠创办的马尾船厂，这是近代中国第一个专业船舶制造厂。1866年，时任闽浙总督的左宗棠向朝廷奏《拟购机器雇洋匠试造轮船先陈大概情形折》，提出："譬犹渡河，人操舟而我结筏；譬犹使马，人跨骏而我骑驴，可乎？""欲防海之害而收其利，非整理水师不可；欲整理水师，非设局监造轮船不可。"[①] 总理衙门收到奏折后，立即表示支持："无论若何为难，总期志在必行，行则必成。中国既可收自强之效，外族亦可免觊觎之心。""阁下砥柱中流，留心时事，以自强莫先于防海，以防海莫要于造船，将来举办成功，实足以震慑

---

① 左宗棠：《拟购机器雇洋匠试造轮船先陈大概情形折》，转引自沈岩主编《船政志》，商务印书馆2016年版，第296、297页。

中外。"

当年7月14日，清政府正式批准了左宗棠设厂造船的计划，特别强调"试造火轮船只，实系当今应办急务"①，所需经费着由闽海关税内酌量提用，如有不敷，则由闽省厘税项下提取应用。左宗棠积极进行筹建船厂的工作，择定福州马尾山下作为厂址，并与法国人日意格、德克碑就设局、建厂、造船、驾驶、经费、期限等事宜草签了合同，制定了《船政事宜十条》，奠定了船政建设的基础。

后因清政府任命左宗棠为陕甘总督，率领湘军进军大西北，经左宗棠推荐，沈葆桢接替总理船政事务。沈葆桢不负清政府和左宗棠的器重和厚爱，在他的主持下，马尾船厂很快就形成了规模，并于1869年造出了第一艘兵船"万年清"号。到1874年时，马尾船厂按计划共造出了15艘兵船，调拨到天津、牛庄、澎湖、台北、厦门、福州等海防要地。从1874年年底起，马尾船厂开始了自行建造兵船的历程。先后建造舰艇（船）40艘，总排水量4.7万余吨。②

船政是我国第一家近代化造船工厂，规模之大、设备之完备、工人人数之多，在国内是首屈一指的，就是当时日本的横滨、横须贺造船厂，也无法与它相比。③ 船政被看成是"中国工业化的第一阶段"④，被称为"中国制造肇端之地"。

二　人才培养

"水师为海防急务，人才为水师根本。"⑤ 建立近代化海军，既需要近代化舰船，更需要能够独立指挥操纵舰船的专门人才。与我国传统的水师不同，近代海军的武器装备，特别是军舰动力和火炮的技术含量大幅增加，仅凭以往那种师傅带徒弟式的教育训练模式已远远不能适应需要，同

---

① 张作兴主编：《船政文化研究——船政奏议汇编点校辑》，海潮摄影艺术出版社2006年版，第7页。
② 王维明主编：《中国海军百科全书（第二版）门类分册·海军历史》，中国大百科全书出版社2015年版，第70页。
③ 林庆元：《福建船政局史稿》，福建人民出版社1986年版，第402页。
④ 杨栋梁：《大清福建海军的创建与覆没》，中国人民大学出版社1989年版，第18页。
⑤ 张侠等合编：《清末海军史料》，第395页。

时传统的科举制度也无力为海军建设输送合格的人才。为此，仿照西方模式兴办近代院校就成为创办近代化海军的必然选择。晚清时期提出了以"造舰育人"为核心的近代化海军建设思想，把培养能够熟练掌握西方先进的科学文化知识和航海驾驶技术的人才作为当务之急，将之提高到与造舰购舰同等重要的高度通盘考虑。

在创办船政之初，左宗棠和沈葆桢就强调学造轮船就要"尽其制造、驾驶之术"，"船政的根本在于学堂"，把办学育人摆在十分重要的位置上。1866年冬，在建设船厂的同时，在福州城内白塔寺招生授课，名曰求是堂艺局。1867年冬马尾新校舍建成，遂迁入马尾，正式成立船政学堂。学堂分为前学堂和后学堂，前学堂培养造舰军官，以法文授课；后学堂培养驾驶、管轮军官，以英文授课，学制4年。制定《求是堂艺局章程》[①]，对学习、考试、日常管理、待遇等方面的问题进行了规定。船政学堂是培养海军初级指挥军官、专业军官和造舰工程技术人才的海军学校，也是中国第一所采用西方科学技术训练近代军官的海军学校。学堂在教学过程中，特别注重培养学生的实践能力，在开展理论教学的同时，利用船厂进行实操作业；在理论学习结束后，还安排上训练船进行海上实习，航迹遍布从新加坡至海参崴的中国近海；随后，又选派优秀学生前往英国格林威治皇家海军学院、地中海舰队等地留学进修、随舰实习。

在当时中国社会只有私塾教育、学生只读四书五经的大背景下，这种办学模式、教学内容无疑都是大胆的突破，它取代了传统儒学主课的地位，顺应了历史发展的潮流，开创了我国教育的一代新风，更重要的是打牢了学生们近代科学文化知识的基础，为近代中国海军的建立与发展输送了急需的人才。

船政前、后学堂共培养海军初级指挥军官和专业军官510名[②]，其中多人成为近代中国海军的骨干力量。有资料显示，船政学堂培养的海军军官和技术人才，占中国近代海军同类人员的60%以上。北洋海军先后从船政学堂借才43人，北洋海军左翼总兵、镇远舰管带林泰曾，右翼总兵、定远舰管带刘步蟾，致远舰管带邓世昌，靖远舰管带叶祖珪，经远舰管带

[①] 张侠等合编：《清末海军史料》，海洋出版社1982年版，第377—378页。
[②] 王维明主编：《中国海军百科全书（第二版）门类分册·海军历史》，第70页。

林永升，来远舰管带邱宝仁，济远舰管带方伯谦，超勇舰管带黄建勋，扬威舰管带林履中，平远舰管带李和，康济舰管带萨镇冰，威远舰管带林颖启，镇西舰管带蓝建枢，广乙舰管带林国祥，广丙舰管带程璧光，天津水师学堂总教习严复都是船政学堂的毕业生。其他副管驾、帮带大副、总管轮等也大多由船政学堂毕业生担任。北洋海军的缔造者李鸿章就坦言："中国驾驶兵轮船学堂，创自福建船政。北洋海军前购蚊船所需管驾、大副、二副，管理轮机、炮位人员，皆借材于闽省。"① 黄海海战中，中方10艘参战舰艇，其中9艘战舰的管带是船政学堂毕业生，而且有8名是驾驶第1届的同班同学。对此，唐德刚先生在《甲午战争百年祭》中称赞："马尾船校以一校一级而大战日本一国！"

船政学堂是我国第一所近代化的军事院校，是完全按照西方的模式建立起来的，培养了中国第一代驾驶、造船专家和指挥员，直接推动了中国近代海军的创建和发展，被称为"中国防海设军之始，亦即海军铸才设校之基"。②《清史稿》称船政"实为中国海军人才之嚆矢"。

三　领导管理体制构建

由于经费困难，船政初期建造的船只采取了"分口养船"的办法，也就是把军舰派到各省海口担任防务，如"万年清"号、"镇海"号、"济安"号、"永保"号驻天津，"湄云"号驻牛庄，"飞云"号驻山东，"伏波"号驻浙江，只有"扬武"号等留守马尾和厦门。军饷也由各省分别筹措。这种"寄养"各省的做法大大削弱了联合训练和演习，自然更谈不上统一指挥。

为改变这种状况，在创建近代中国海军初期，就积极探索海军的领导体制、战略部署问题。1867年12月31日，时任湖广总督的李鸿章附呈藩司丁日昌关于创建轮船水师的条陈，建议创立三洋海军。海军由"一提臣督之，分为三路：一曰北洋提督，驻扎大沽，直隶、盛京、山东各海口属之；一曰中洋提督，驻扎吴淞口，江苏、浙江各海口属之；一曰南洋

---

① 《光绪六年七月十四日直隶总督李鸿章片》，载《洋务运动》（二），上海人民出版社1961年版，第460—461页。

② 张侠等合编：《清末海军史料》，第430页。

提督，驻扎厦门，福建、广东各海口属之"①。这是我国设立三海舰队的最初设想，也是加强对全国海军统一领导的具体规划。

这一设想，是针对当时沿海各海口海防力量分属各地督抚领导，缺乏全国统一领导机关，在加强统一建设、应对外来侵略方面处处被动的弊端提出来的，具有非常强的现实针对性，也具有鲜明的时代进步意义。虽然当时并没有落实这一设想，但对后来 1875 年清政府谕令李鸿章、沈葆桢分别督办北洋海军、南洋海军，1885 年成立海军衙门还是产生了积极的影响。由于清政府始终没能把福建、广东海防力量统一到南洋海军当中，最后形成了北洋、南洋、福建、广东四支舰队的格局，海军衙门统一领导全国海军建设与运用的作用也没有充分发挥出来。

就是到了民国时期，也未能解决这一问题。人民海军创建过程中，也是先陆续成立军区海军（如华东军区海军、中南军区海军），而后在北京成立了军委海军领导机关。直到 1960 年，南海舰队、东海舰队、北海舰队先后成立，三大舰队的架构才正式确立下来，并延续至今。

"以一篑为始基，自古天下无难事；致九译之新法，于今中国有圣人。"鉴于船政在近代中国海军建设发展中的突出地位和作用，李鸿章称船政是"开山之祖"，沈葆桢称"船政为海防第一关键"，孙中山先生称赞船政"足为海军根基"。正因为此，船政被誉为近代中国海军的摇篮。

---

① 《湖广总督李鸿章附呈藩司丁日昌创建轮船水师条款》（同治六年十二月六日），转引自张侠等合编：《清末海军史料》，第 1 页。

民初厦门船坞交易案及其背后运作情况

应俊豪[*]

一 前言

> 厦门为闽南门户，英人所办船坞，将售与（日商）大阪公司，有碍国权……（后）议定价银41万元，由公家筹款收回，永为国有，即将来招商承办，亦准以国人为限。
>
> （福建督军李厚基给北京政府各部会电文，1918年11月8日）[①]

厦门船坞为英商在晚清咸丰、同治在厦门所陆续购置扩建的干船坞产业，公司原名为厦门船坞公司（The Amoy Dock Company），附设有机器厂，主要业务乃是处理帆船、小型汽船、拖船等一般船只维修工作。光绪年间，约1892年，该公司重组，更名为厦门新船坞公司（The New Amoy Dock Company，但一般仍沿称厦门船坞公司），向香港总督府注册，并由德记洋行（Tait Company）、和记洋行（Boyd & Company）以及其他英商轮船公司等共同出资经营。该公司改组后，获得新资金投入，因此扩大船坞规模，并更新各类型机器设备，除能够容纳300多英尺的船只入坞维修外，并附属有船厂、锅场、铸铁厂、打铁厂、轮机场、木模场、锅炉房、材料库等。到了民国时期，该公司仍由大股东英商德记洋行负责代理经营，公司设有经理1人（英籍）、事务员1人（葡籍），职工150人（皆华籍）；总资本额为67500银元，分成10000股，每股6.75银元，至于业务承接的范围，则是以在华南水域航行的英国轮船

---

[*] 应俊豪，台湾海洋大学海洋文化研究所教授。

[①] 《外交部收福建督军电》，1918年11月8日，台北"中研院"近代史研究所档案馆藏（以下略），《北洋政府外交部档案》，馆藏号03-06-030-02-001。

维修工作为主。①

不过，受到第一次世界大战的拖累与影响，英国轮船在华南水域活动趋缓，连带波及厦门船坞的维修业务，因此经营较为惨淡。在这样的背景下，德记洋行准备出售厦门船坞产业。② 但是如何避免第一次世界大战与市场低迷的负面影响，进而拉抬船坞的出售价格，则是英商的首要考虑。至于对厦门船坞交易案感兴趣的，主要以日本与中国为主。日本方面的着眼点大约可以分为两个层次，其一是航运利益，其二是军事政治考虑。就航运利益而言，华南水域的日本航运市场在"一战"期间有很大的扩充，因此对于中小型商船的维修需求自然也就日益增加。所以如果能够接手厦门船坞，将可用以服务日本商船，并对未来可能扩张的东亚航运市场预先作规划。而就军事政治而言，自晚清起，日本即视福建为在华具有特殊利益关系的地区，一直积极发展并扩大在福建的影响与控制力。接手厦门船坞，不但可以服务帝国海军船舰的维修需求，对于日本扩大在福建的政治与战略利益，也有很大的帮助。也因此日本政府自始即对厦门船坞交易案，抱持着高度兴趣，希望由日商出面接手厦门船坞。然而，另外一方面，日商拟收购厦门船坞的消息，很快即被福建官绅知道，忧惧对华抱持侵略野心的日本，可能借此交易案进一步强化对福建造船与维修业的控制。为了维护国权，外交部厦门交涉员除了立刻与英国领事展开交涉，意图透过外交手段阻止英日交易进行外，同时也双管齐下，一方面向北京政府外交部求援，希望透过外交部直接与英国驻北京公使展开交涉，促使英

---

① 关于晚清时期英商厦门船坞公司创建与船坞及附属机器设备厂的扩充演变历程，见韩玉衡《海军厦门造船所概述》，收入文闻编《旧中国海军秘档》（中国文史出版社 2005 年版），第 240—248 页；福建省地方志编纂委员会编《福建省志：船舶工业志》（方志出版社 2002 年版），《厦门造船厂》；《厦门领事矢田部保吉致外务大臣本野一郎》，1917 年 5 月 28 日，日本外务省外交史料馆藏，《外务省记录》，5-1-7，《各国军港及船坞建设杂件》，中国之部第一卷，日本亚细亚历史资料中心，参考号：B07090348100（以下简称日本《外务省记录》，5-1-7）；《大船坞公司组织、船坞要目设备》，日本海军明治年间调制，日本外务省外交史料馆藏，《外务省记录》，5-1-7。

② 此外，根据 1929—1933 年间负责主持厦门船坞的韩玉衡回忆，英商之所以欲出售船坞产业，可能还与下列三个原因有关，一是造船与航运技术日新月异，远洋轮船吨位数已激增至近万吨，该船坞并无维修大型船只的能力，故相关轮船维修业务均被香港、上海的船坞公司所承接取代；二是福建船政局成立后，也处理船只维修业务，因此对厦门船坞的营业造成排挤效应；三是中国人民日渐显出反英情绪，加以厦门当地也陆续出现华人经营的机器厂，造成厦门船坞公司营业日渐不利。见韩玉衡《海军厦门造船所概述》，载《旧中国海军秘档》，第 243 页。

国政府出面介入交易案，二方面则与福建地方士绅与商会商议其他较为可行的因抗衡之道，亦即由地方官绅共同筹措资金，抢在日商前购回厦门船坞产业的可能性。如此一来可收回晚清时期即永久让给英商的船坞土地租借权，同时也可防止日本政府借由日商经营作为掩护，将军事与政治触手伸入厦门造船产业。因此，围绕着厦门船坞出售问题，已非单纯的商业交易案，而是关系到中、日、英三国间彼此的盘算、交涉与角力。

传统研究论述大多偏向从福建官绅收回国权的角度，来看待此次厦门船坞交易案。然而事件背后，其实还牵涉到极其复杂的商业竞争与军事政治盘算。而且除了民间公司的商业营利考虑外，也包括三国政府在台面下的政治运作，甚至还与自"一战"期间渐趋表面化的美、日对抗问题有所关联。为了厘清厦门船坞交易案的实际进行情况，本文拟利用中外源文件，分别从中、日、英三者的角度，细致分析各方在交易案上扮演的角色。

二 英商德记洋行拟出售厦门船坞产业争议

"一战"期间，由英商德记洋行代理经营的厦门船坞公司，因生意清淡，获利不如预期，故拟将船坞公司所属产业以及船坞对外出售。这也引起日本方面的关注。台湾银行厦门支店长竹村甲索给该行总务部长中川小十郎的报告中，即明显表露有意引介日商接手厦门船坞的企图。早先在英商厦门船坞公司经理布勒（Mr. Black）与竹村的一次会谈中，布勒向竹村表达有意出售船坞产业的打算。布勒强调该船坞公司产业条件优越，地址位于厦门英租界内，土地辽阔、位置良好，船坞设备可以维修三千吨级的船只，但如果稍加扩张，更可以维修六七千吨级的大型商船。其实，根据竹村掌握的信息，厦门船坞公司产业占地约3.5英亩，市价粗估为35万—36万元，但应该还有调整售价的空间。至于厦门船坞的设计，经调查理论上最大可以容纳长340英尺、宽40英尺、深15英尺的船只。不过受到厦门水位波动的影响，该船坞高水位期间可以停泊吃水15英尺的船只，但在低水位期间，则仅能停泊约吃水12英尺的船只。而该船坞自创立以来，曾容纳最大入坞的船只纪录，为长335英尺、宽38英尺、吃水16英尺的商船。德记洋行之所以在此时想要出售厦门船坞，可能与欧战影响密切相关。此乃因该船坞主要从事欧洲各国商船在华南水域的维修业务,但是自欧战爆发,欧洲商船往来厦门者大幅减少,因此业务清淡,无法获利。但是日本方面的情况则大不相同,因为日本经营的各商船此时正频繁往来于日本以及中国沿岸泉州、漳州等地,加以中国商船同样在华南水域相当活跃,对于入坞维修的需求也是非常旺盛,所以日商如果能够接手厦门船坞,并承接日船与华船的入坞维修业务,应该有大利可图。①(关于厦门船坞公司对于入坞船只的收费标准,详见表一)

表一　　　　　英商厦门船坞公司入坞收费标准

船舶吨位数	一日入坞费(元)	长期每日入坞费(元)
200 吨及以下	80	50
201—300 吨	100	55
301—400 吨	120	60
401—500 吨	130	65
501—600 吨	140	70
601—700 吨	150	75
701—800 吨	160	80
801—900 吨	170	85
901—1000 吨	175	90
1001—1100 吨	180	95
1101—1200 吨	185	100
1201—1300 吨	190	105
1301—1400 吨	195	110
1401—1500 吨	200	115
1501—1600 吨	205	120
1601—1700 吨	210	125
1701—1800 吨	215	130
1801—1900 吨	220	135
1901—2000 吨	225	140
2001 吨及以上	230	145

注:以上收费仅是船舶入坞费,其他包括维修检查人力费、设备使用费、涂料费则另计。

资料来源:"Scale of Charges of The New Amoy Dock Co., Ltd.", 5 April 1917, 载《厦门船坞公司文件》,台湾银行厦门支店长竹村甲索致总务部长中村小十郎,1917年5月7日,日本外务省外交史料馆藏,《外务省记录》,5-1-7。

---

① 《厦门船坞公司文件》,台湾银行厦门支店长竹村甲索致总务部长中村小十郎,1917年5月7日,日本外务省外交史料馆藏,《外务省记录》,5-1-7。

因此竹村乃将英商有意出售船坞产业的消息密报台湾总督府，希望转介有意愿的日本资本家来接手该公司。不过，令竹村相当忧虑的，是厦门当地官员向来对于日本商业势力在该埠的扩展抱持戒心，因此日本方面应着手思考如何能够平稳地接手英商的既得利益，且避免引起中国地方官的疑虑。① 台湾银行东京支店稍后也将此消息传达给日本外务省以及海军省，外务省则再将消息转给川崎造船、大阪机工等日商公司。②

诚如前述台湾银行厦门支店长竹村甲索的评估，由于德记洋行拟交易的对象，可能是日本商行，故也引起北京政府外交部驻厦门交涉员罗昌的注意。根据罗昌在1917年夏季所掌握的消息，日商正与德记洋行磋商交易细节，因担心日本势力因此进一步控制厦门造船业，罗昌紧急与德记洋行与厦门船坞公司联系。在与厦门船坞公司总经理（兼德记洋行经理）威麟（Mr. Wileaon）以及经理布勒洽询后，罗昌确认日商三井、三菱以及台湾银行等均有意购买厦门船坞公司，并已派人勘查，不过由于双方对于购买价格还未达成共识，故交易并没有成功。但唯恐日商借此交易案，控制厦门船坞，罗昌除向福建督军李厚基报告外，也紧急协调船坞公司所在的思明县，派出警察密探，以便随时掌握英、日间的船坞洽购进程。之后，又传出有台湾某富商出面，欲以40万元之价购买船坞，且已交付1万元作为订金。根据该富商与厦门船坞公司之间的协议，三个月内如有其他更高出价，则归出价高者所得；如没有出价高于40万元者，则船坞即归台湾富商所有，该富商必须在限期内支付剩余价款39万元，否则英商有权没收订金1万元。罗昌怀疑此台湾富商背后，应该还是日本商行，其人不过代日商出面洽购。厦门船坞公司总经理威麟强调该公司有权出售产业，但他个人态度，还是比较希望由其他英商，或是由中国政府或商人出面购买船坞，以免争议，不过在商言商，还是必须以出价高者得之。由于

---

① 《厦门船坞公司文件》，台湾银行厦门支店长竹村甲索致总务部长中村小十郎，1917年5月7日，日本外务省外交史料馆藏，《外务省记录》，5-1-7。此外，根据竹村甲索后来掌握到的厦门船坞公司帐册，该公司在1916年获利约32847元、公司资产约264124元，见"Profit and Loss Account for the Year Ended 31st December 1916 of The New Amoy Dock Co., LTD" & "Balance Sheet at 31st December 1916 of The New Amoy Dock Co., LTD"，日本外务省外交史料馆藏，《外务省记录》，5-1-7。

② 《台湾银行東京支店总支配人致外务省小林书记长》，1917年5月24日，日本外务省外交史料馆藏，《外务省记录》，5-1-7。

事态紧急,罗昌乃与英国驻厦门领事李达礼(H. A. Little, British Consul, Amoy)交涉,希望能够阻止船坞出售案的进行。事实上,根据罗昌的分析,代理厦门船坞公司的德记洋行,似乎可能有意藉由日人的介入来哄抬价格,从而诱使中国方面同意以高价购回船坞。因为先前传出三井等日商勘查船坞后,曾出价10余万元,但英国方面则认为应值20余万元,故交易未成,然而后来又有台湾富商出价高达40万元,其中曲折可能即带有哄抬价格的意图。不过,福建督军以及地方官绅对于船坞问题的态度相当明确,亦即均反对船坞再度流落外人之手,主张应趁此时机,将船坞购回。故罗昌乃采取两面手法,一方面与英国领事交涉,提出抗议反对船坞交易案的进行,同时也拉高外交交涉层级,吁请北京政府外交部出面直接与英国驻华公使交涉,促使英国使领出现介入,阻止英商向日人等外商出售产业,以为缓兵之计;另外一方面则与福建有关当局以及地方仕绅等密商,如何筹款购回船坞。①

三 中英厦门交涉与解决之道:福建官绅的努力

早在英商拟出售船坞产业消息传出后,外交部驻厦门交涉员罗昌随即向英国驻厦门领事李达礼提出交涉,也获得其同意,认为德记洋行不宜将厦门船坞转售他国。但英国领事的介入,似乎也引起日本方面的忌惮。根据福建督军李厚基给外交部的电报,日本驻厦门领事因恐英国领事从中作梗,阻止日商购买厦门船坞,已请日本驻北京公使出面,希望直接与英国公使交涉,尽快促成此交易案。为反制日本,福建督军李厚基乃紧急致电外交部,希望外交部也能够出面阻止英、日间达成协议。福建当局之所以十分关注此交易案,乃是因为厦门船坞地处该港重要位置,关系厦门航务与商业利益甚巨,为避免日本势力借此控制船坞,故希望外交部直接与英国驻华公使交涉,阻止英商德记洋行将船坞产业出售给日商。②

另外,英国驻厦门领事馆虽然一度介入船坞出售案,显然也未达到罗昌预期的目的。因为德记洋行依然坚持有权自行处分船坞产业与土地,并

---

① 《外交部收厦门交涉员电》,1917年12月7日,《北洋政府外交部档案》,馆藏号03-06-030-01-001。

② 《外交部收福建督军李厚基电》,1917年12月12日,《北洋政府外交部档案》,馆藏号03-06-030-01-004。

准备在1917年12月时，召开股东大会，正式商议出售船坞事宜。厦门交涉员罗昌只得再度对英国领事提出严重抗议，要求转告德记洋行，在未得中国政府同意前，不得擅自出售或转租船坞。① 但英国领事李达礼在与德记洋行联系后，似乎改变态度，而接受该行说词，认为晚清时期船坞公司即已领有福建官厅颁与的两份契书文件，故可以任意处分产业，无须受到任何限制，也不接受厦门交涉员的干涉。德记洋行同时也开出条件，声称如果中国官方对于该公司将船坞产业出售他人有意见的话，也可由中国方面自行筹措银钱，与该公司商妥价购。②

德记洋行的态度，引起厦门交涉员罗昌相当不快，故再次照会英国领事李达礼，强调德记洋行所言"殊与事实不符"，因为晚清时期福建官厅所给予的承租官契，并不能否定中国政府对于该土地的所有权。因为英商虽对该船坞所属土地有永租权，但土地所有权仍属中国，故产业与土地要移转他人使用，还是必须先经中国政府的同意，特别是该地原先乃属船政水师营产，只不过租给英商作为船坞公司使用。至于德记洋行所提由中国方面价购船坞公司产业一事，罗昌也认为"尤为不合"。故罗昌要求英国领事必须再次重申立场，警告德记洋行，在未得中国政府同意前，不得将船坞私自出售或租给他人，否则将由该行承担责任。③

究其实际，根据厦门交涉员罗昌的调查，英国领事李达礼态度的转变，可能与船坞所在土地的承租情况变化有密切关系。因为晚清时期厦门船坞公司的土地，除一部分是由该公司向船政水师自行承租外，另外一部分则是由英国领事馆向船政水师承租，再转租给船坞公司。所以船坞公司如欲出售产业，因牵涉到英国领事馆，故领事馆有权进行干涉，阻止出售产业。但是在英国领事馆介入调查后，才发现约在20年前，因船坞公司拟在所承租的两块土地上兴建围墙，却遭到福建官厅的拒绝，理由是原先由英国领事馆所承租并转租给船坞公司的土地，早已建有围墙，船坞公司

---

① 《厦门交涉员致英国领事函》，1917年12月5日，《北洋政府外交部档案》，馆藏号03-06-030-01-018。

② "H. A. Little, British Consul, Amoy to Mr. Loh", 7 December 1917, 中文译本, 见《英国领事复厦门交涉员函》，1917年12月7日，《北洋政府外交部档案》，馆藏号03-06-030-01-018。

③ 《厦门交涉员复英国领事函》，1917年12月8日，《北洋政府外交部档案》，馆藏号03-06-030-01-018。

可能想将围墙扩大，连接至其自行承租的另外一块土地上。但是福建官厅不同意两块不同承租人的土地均兴建围墙。所以，经由中英交涉，英国领事馆同意放弃原先所承租的土地，改由船坞公司继承，直接向船政水师承租，也因此该公司手中才会握有两份承租官契。故此时英国领事馆的看法，乃是倾向既然两笔土地都是由船坞公司直接向船政水师承租，那就与领事馆无关，也没有立场去介入或是阻碍英商船坞公司调整经营方向。不过，罗昌还是认为由德记洋行代理的厦门船坞公司，乃是香港注册在案的英商公司，自然英国政府有权管理与介入，不应置身之事外。[①] 再者，即使船坞公司拥有永租权，无论如何土地所有权仍为中国所有，每年该公司仍须缴纳地租，且均是由该公司将地租委由英国领事馆，将地租款项缴纳给中国官府，而官府所开立的收据，同样也是由英国领事馆代为收下后，再转交给船坞公司。[②]

不过在德记洋行拟出售厦门船坞产业争议消息传出后，当地官绅商学各界也十分关注此事发展，主流的意见则与前述厦门交涉使罗昌的主张稍有差异，多认为与其跟英国领事与英商为船坞产业出售案反复交涉纠结，倒不如趁此良机以市价购收回船坞，以维国权。英国领事后来也认为由中国政府收回自营，自然应是解决此争议的最佳之道，且英商报价虽比市价略高，但尚称中允，中国政府出面购买也不算大亏。因此，在厦门英国领事以及当地官绅商学各界的一致同意下，厦门交涉员罗昌也认为交涉旷日废时，与其继续纠缠不清，甚至可能横生枝节，倒不如尽早与英商价购船坞产业，早日收回为宜。即是之故，福建方面由厦门镇守使唐国谟、厦门道尹汪守珽出面，在英国领事馆内与船坞公司经理人威麟订立中英文购买草约，英文草约由英商提出，中文草约则由福建官方出具，并由英国领事从旁盖章见证。购款总额为 41 万银元，分期支付，签约当日由福建官方

[①] "H. A. Little, British Consul, Amoy to Mr. Loh", 7 December 1917；《厦门交涉署呈外交部》，1917 年 12 月 20 日，《北洋政府外交部档案》，馆藏号 03-06-030-01-018。

[②] 晚清时期，英商船坞公司是经英国领事馆将地租交与船政水师衙府，但在水师中协衙府裁撤后，则改由厦门道署代收，再转交给该地的思明县。至于租金费用，依据宣统三年的资料是每亩每年租金 3 两 6 钱，而民国五年的资料，则是每亩每年租金 5 元 4 钱 6 仙，见《宣统三年正月初六日中协衙府照会英国领事文稿》、《宣统三年二月初十英领事照覆中协衙府文稿》、《英领事函致思明县文稿》，1916 年 4 月 7 日；《思明县照覆英领函》，1916 年 4 月 8 日，《北洋政府外交部档案》，馆藏号 03-06-030-01-018；《外交部收厦门交涉员电》，1917 年 12 月 7 日，《北洋政府外交部档案》，馆藏号 03-06-030-01-001。

支付1万现洋作为订金，1918年1月底前支付20万元部分购款，1918年4月底前再支付剩下的20万银元。不过，因为厦门船坞公司本为华英合营，华商股份如摊成市价约值7万元，因此购回船坞真正所需经费在扣除华人股份部分后，约需34万元。至于这笔经费，则预计由福建官绅商学各界一同会商讨论筹款事宜。①

而根据1918年11月福建督军李厚基给北京各部会的电文中，则表明此笔购款后来乃是向各银行息借，再由厦门道尹出面交给英商。而完成付款后，英商亦将相关产业契约、机器等清册于该年移交福建当局，正式完成中国方面收回厦门船坞公司的作业。② 不过，根据日本驻厦门领事馆掌握的情资，在船坞购款来源部分，扣除已经支付的定金1万元，剩余的40万元款项，分两次支付，1918年1月支付20万元，乃是由福建政府与地方士绅各承担10万元，至于1918年4月支付的尾款20万元，则是由政府负责15万元、士绅筹措剩下的5万元。换言之，在厦门船坞总交易款41万元（含订金），由福建政府支付的为26万元，地方士绅为15万元。也由于此次交易案为官民合作出资，故双方对于厦门船坞公司未来的经营模式，也有些许歧见。基本上出资的地方士绅（主要是厦门商会经理及成员）希望该公司能依照出资额度，凡民间出资者由民间经营，官府出资部分则由官府负责，但福建官府方面则还是比较希望维持以官营形式来经营船坞公司。③

四　北京政府各部会对于厦门船坞出售争议的态度

有关厦门船坞出售争议，北京政府外交部在1917年12月收到厦门交涉员罗昌的第一次报告后，即认为兹事体大，必须密切关注，防止日本势力入主厦门船坞。外交部通商司亦认为厦门船坞公司生意惨淡，加以欧战

---

① 《外交部收厦门交涉署电》，1917年12月13日，《北洋政府外交部档案》，馆藏号03-06-030-01-006。《厦门交涉署呈外交部》，1917年12月20日，《北洋政府外交部档案》，馆藏号03-06-030-01-018。

② 《外交部收福建督军李厚基电》，1918年11月8日，《北洋政府外交部档案》，馆藏号03-06-030-02-001。

③ 《矢田部领事致本野外务大臣》，1918年4月12日，日本外务省外交史料馆藏，《外务省记录》，5-1-7。

期间金融环境不佳，该公司现今实际价值可能不过仅 10 万至 20 余万银元，而英商之所以引介日商洽购，其目的可能并非真的想将船坞售与日商，而是意欲借此哄抬售价，从而迫使中国方面必须以更高的价格购回。外交部通商司评估，如果政府以高于 40 万银元高价购回船坞，一来"吃亏过巨"，并非划算生意，二来政府也没有此预算与财力来执行。另外，即使外交部出面，通过外交手段，直接与英国公使进行交涉，表达中国反对出售与抗议之意，可能也没有多大实际效力。因为如果英商方面的真实目的在哄抬售价，则英国公使也不见得会介入英商出售产业之事。由于苦于欠缺反制手段，故北京政府外交部只能与国务院以及海军、交通等部会协商因应之法，并要求罗昌将厦门船坞租地章程尽快送呈外交部，以便了解该船坞公司的土地产权等情况。①

北京政府国务院在收到外交部的报告后，随即要求交通、海军两部应尽快与外交部共同会商解决之道。② 不过，交通部在收到外交部的咨文后，态度与外交部略有不同。基本上，交通部并不认为船坞生意惨淡，相反，由于受到欧战刺激，世界造船业甚为兴盛，而厦门船坞公司本为华洋合营，如今英商有意出售，中国方面理应尽力购回，以免利权外流。所以，交通部也力主应趁此时机购回厦门船坞公司。然而，交通总长曹汝霖却将购回厦门船坞的相关责任撇得一干二净，丢回海军与外交两部。曹汝霖一方面声称交通部本身经费短绌，故并无余力支付购回价款，乃建议由海军部筹款出资；二方面则认为外交部也无须为厦门船坞出售争议向英国公使提出抗议交涉，反对日商洽购，因为抗议交涉并不切于实际，而主张外交部应向英国公使具体表明中国欲购回之意，并在售价上再加以磋商，以便降低收购价格。③ 至于海军部，则在尚未对此争议表达态度之际，厦门交涉员罗昌即已将当地绅商愿意出面自行筹款购回船坞公司的好消息传回外交部，这似乎也让为此事纠结不已、互踢皮球的北京政府各部会，都

---

① 《外交部咨呈国务院》、《外交部咨海军部、交通部》，1917 年 12 月 13 日，《北洋政府外交部档案》，馆藏号 03-06-030-01-005；《外交部发厦门交涉员电》，1917 年 12 月 11 日，《北洋政府外交部档案》，馆藏号 03-06-030-01-003。

② 《外交部收国务院公函》，1917 年 12 月 19 日，《北洋政府外交部档案》，馆藏号 03-06-030-01-009。

③ 《外交部收交通部咨复》，1917 年 12 月 18 日，《北洋政府外交部档案》，馆藏号 03-06-030-01-008。

因此松了一口气。海军总长刘冠雄立刻咨复外交部，对于厦门绅商拟购回船坞一事，"极表赞同"之意。① 国务院也对厦门"该船坞能够自行筹款收回"，感到"至为妥协"。② 至于交通总长曹汝霖稍后也咨复外交部，对于"厦埠各界确能合资收回自办"，认为"自可准行"。③ 即是之故，在北京政府外交部给福建督军李厚基以及厦门交涉员罗昌的电文中，对于厦门绅商能够自行集资购回船坞，即表达国务院以及交通、海军等各部会"均表赞同"之意。④

五　英商出售厦门船坞案背后的复杂内情（一）：日本的图谋

事实上，在获悉英商有意出售厦门船坞产业后，日本外务省曾积极关注此案，电令日本驻厦门领事矢田部保吉介入调查厦门船坞公司的内部情况（如持股），以及福建官方对于此案的态度等。⑤ 而根据矢田部保吉的回报，事情的起源乃是英商主动向日本方面兜售船坞产业，理由乃是因为该公司近两年来获利不佳，加以近来英国商船在华南水域有逐渐减少的趋势，反之日本商船则大有成长，故希望以相对高价，将船坞卖给日本商人。厦门船坞公司经理布勒甚至对日人表示因其年岁已高，准备回英国养老，故才有出售产业的打算。至于中国方面对于出售案的态度，矢田部保吉则分析福建官民对于英商意欲将船坞出售给日商一事，乃是抱持反对的态度，其理由乃是该船坞土地产业复杂，加以该厂区仍有部分华人产业存在，英日之间如私相售买船坞，将会影响到中国的权利。虽然有中国反对

---

① 《外交部收海军部咨复》，1917年12月21日，《北洋政府外交部档案》，馆藏号03-06-030-01-011。
② 《外交部收国务院公函》，1917年12月24日，《北洋政府外交部档案》，馆藏号03-06-030-01-010。
③ 《外交部收交通部咨复》，1917年12月26日，《北洋政府外交部档案》，馆藏号03-06-030-01-012。
④ 《外交部发福建督军李厚基电》、《外交部发厦门交涉员罗昌电》，1917年12月26日，《北洋政府外交部档案》，馆藏号03-06-030-01-013、014；《外交部咨呈国务院》、《外交部咨海军部、交通部》，1917年12月27日，《北洋政府外交部档案》，馆藏号03-06-030-01-015。
⑤ 《本野外务大臣致厦门矢田部领事》，1917年5月25日，日本外务省外交史料馆藏，《外务省记录》，5-1-7。

阻碍的因素存在，不过，就长远来看，矢田部保吉还是认为收购厦门船坞公司并非一笔赔钱生意，该公司在商业上确实亦前景可期。

首先，该公司现有资产估价约值 40 万元，其中仅土地产业价值约近 20 万元，该公司还存储有大量维修材料，这些也都是厦门船坞公司的财产。而且从获利能力来看，该公司还是表现不错，以 1916 年账面上的资产统计来看，资产约 264214 元、负债约 238933 元，年度营业获利约 25281 元，而以该公司创立资本额 67500 元来说，等于年度获利率约 37%，称得上是相当好的成绩。加上该船坞所在地的土地使用权，据该公司声称，乃是享有永租权（leasehold，租期 999 年）或是属于永久保有（freehold）的性质。① 而就厦门船坞公司的未来发展来看，就船坞的承载维修能力分析，该公司现有船坞可容纳三千多吨的船只，这意谓现今航行在华南水域的大多数外洋商船（总数大约 20 艘）均可以入坞维修。而且，该公司土地辽阔，未来有必要时也可以扩大船坞空间，将可以容纳五六千吨的大型船只。再者，在上海与香港间（外），厦门船坞乃是唯一对外营业的干船坞，虽然福州海军工厂也有干船坞，但是一般不从事民船的维修业务。而除了前述外洋航行的 20 艘商船外，以厦门为中心在沿岸各地从事近海航运的小型蒸汽轮则还有 30—40 艘。换言之，华南水域的船只入坞维修业的市场是存在的。因此就厦门船坞来说，除了可以承接定泊于厦门港本身的 2 艘船只的维修业务外，潜在的客户群还是相当大的。况且，如之后华南水域的航运市场转趋热络，厦门船坞维修业务的需求，更加前景可期。所以矢田部保吉认为厦门船坞在商业利益上重要性是毋庸置疑的，如日商接手后经营得宜，不但应该可获得不错成绩，还可以利用该公司的各类设备，兼营厦门地区的铁工业务，可望进一步扩大获益。②

其次，日本外务省在收到厦门领事矢田部保吉的报告后，也将其转至

---

① 根据矢田部保吉的分析，厦门船坞公司使用的土地产业可以区分两个部分。其一乃是位于厦门租界内的土地，而依据《中英条约》，凡是厦门开港后在租界内购买的土地，即属于专管居留地的性质，租期为 999 年。关于租界土地（leasehold）部分的产权移转，必须经由英国驻华公使的批准。但是批准多半仅是形式上的，没有太多的困难，公使一般而言不会阻碍其事。其二，则是不在租界内的土地，此是英商直接自华人处购买而来。该公司船坞地皮即位处邻近租界之处，关于这个部分产权移转，虽然该公司认为理应属于永久保有性质（freehold），无须英国公使批准，不过，矢田部认为可能还是有所争议，可能还必须进一步厘清。

② 《厦门矢田部保吉领事致外务大臣本野一郎》，1917 年 5 月 28 日，日本外务省外交史料馆藏，《外务省记录》，5-1-7。

海军省，可见日本政府在思考是否介入厦门船坞收购案，背后确实还应带有军事上的考虑。① 至于日本海军省对于收购船坞的态度，则是相当明确的，亦即认为不应只从商业利益着眼，而必须顾及军事上的必要性。特别是福建对于帝国利益来说，具有"特殊地位"，因此就利弊得失考虑，相关产业还是必须由日本企业持有最为得宜。如果日本在厦门船坞交易上态度犹疑不决，或因商业获利等考虑而踌躇不前，恐怕该船坞产业将落入其他外人之手，尤其是必须顾虑美国商人的介入与接手。因此，日本海军省强调，厦门船坞收购案，并非仅是商业利益上的考虑，而是应该从福建与帝国利益密切相关等政治问题上着眼，所以值此急迫之际，日本政府必须尽快采取最有效的措施，将厦门船坞收归于日本人之手。② 简言之，从上述日本海军省内部备忘录来看，海军方面强烈建议日本政府在处理厦门船坞案收购问题上，应从帝国利益，而非纯商业利益出发。主要原因在于福建省的"特殊地位"，已被视为日本的重要的帝国利益之一，故卧榻之侧，岂容他人酣睡。尤其"一战"期间及其后，日本与美国在中国的竞争与对立已日趋激烈，③ 日本对于美国的猜忌与敌意也越来越浓厚，故从军方角度思考，绝不容许美国势力借由收购厦门船坞，而染指到福建地区。

六　英商出售厦门船坞案背后的复杂内情（二）：英商的盘算

根据日本外务省的调查资料，在英商出售厦门船坞案背后，还隐藏其他复杂的内情。日本方面虽然对于自始至终即对厦门船坞案抱持高度兴趣，尤其是不论是从商业获利考虑，还是从福建与帝国利益的密切关系来说，日本政府内部均倾向应尽快推动厦门船坞收归日本商人所有；但是究

---

① 《本野外务大臣致加藤海军大臣》，1917 年 6 月 6 日，日本外务省外交史料馆藏，《外务省记录》，5-1-7。

② 海军省：《觉书》，日本外务省外交史料馆藏，《外务省记录》，5-1-7。

③ Akira Iriye, *Across the Pacific: An Inner History of American-East Asian Relations*, Chicago: Imprint Publications, Inc., 1992, pp. 111-137; F. J. C. Hearnshaw, *Sea-Power & Empire*, London: George G. Harrap & Co. Ltd, 1937, p. 248. 关于"一战"前后，美日在华商业利益竞争的情况，也可参见吴翎君《美国大企业与近代中国的国际化》，（台北）联经出版事业股份有限公司 2012 年版。

其实际,在此次英商出售船坞案中,日本政府所扮演的角色,恐怕还是仅止于纸上谈兵,并未付诸实际行动,所以或许可能也不像厦门交涉员罗昌以及其他福建官绅所认知的那么重要。反而英商可能才是此次厦门船坞交涉案背后的真正谋略者。

在福建官绅与德记洋行签署厦门船坞收购合约后,日本驻厦门领事矢田部保吉即向日本外务省汇报中英交易案结果。① 不过在台湾总督府警视总长汤地幸平的内部秘密报告中,检讨整起交易案始末,认为内情极不单纯,认为中、日两方可能都遭到英商的玩弄。在获悉厦门船坞欲出售消息后,虽然日本外务省、海军省等政府部门均赞同由日商接手,但是经台湾银行厦门支店引介后,三井、大阪商船、三菱等日本商社经详细调查后,在商言商,多认为接受厦门船坞是否有经济上的有利条件,抱持着怀疑的态度,因此并未积极涉入收购磋商。反观福建官绅在获悉日商似乎有意接手厦门船坞产业后,特别是传出某台湾商人已出价 40 万元后,态度转为积极,很快就与英商签署了收购协议。汤地幸平分析厦门船坞交易案很可能就是英商所玩的两面手法。事实上,自始英商可能都没有将厦门船坞出售给日商的打算,因为担心一旦出售,原先船坞所雇用的英籍以及华籍员工,可能均将面临解雇的惨况。所以英商的盘算,应该还是希望由中国方面接手,但却希望拉抬售价,所以才利用日本。首先是厦门船坞公司经理布勒出面借由与台湾银行厦门支店长的会谈,放出日商有意购买的风声,让中国人有危机感。其次,英商再释放出所谓的某台湾商人已出价 40 万元的消息,进一步迫使中国人必须提出更高的价格,并尽快完成交易,以防止日商再度介入。不过,汤地幸平指出出价的某台湾商人即是辜显荣,但辜显荣是否出价,以及出价背后的考虑安排为何,其实都真相不明,但是英商显然是想利用辜显荣的特殊背景,让中国方面误以为辜显荣背后应该是代表着日本商人甚至是日本政府,为防堵日本,不太可能在售价上再讨价还价,而只能被迫接受以更高的价格进行交易。受到英商策略迷惑的厦门交涉员罗昌、厦门道尹汪守珉、军方的陆军旅长唐国谟等乃代表福建官绅迅速与英商完成了交易。② 换言之,英商利用中国人排日的特殊情感,借由新闻媒

---

① 《矢田部领事致本野外务大臣》,1917 年 12 月 28 日,日本外务省外交史料馆藏,《外务省记录》,5-1-7。

② 台湾总督府警视总长汤地幸平,《中国与中国人报告》,1917 年 12 月 24 日,日本外务省外交史料馆藏,《外务省记录》,5-1-7。

体散播出日商以及日本政府已介入交涉的假象,让中国方面无法在船坞价格上再做交涉,被迫接受英商提出的高额报价。

究其实际,在1917年10月、11月间,部分外国在华的英文报纸,确实开始揭露日商正与英商交涉接手厦门船坞的消息。以英文《密勒氏评论报》(The Millard's Review of the Far East)为例,该报在一篇名为《日本入侵厦门》(The Japanese "Invasion" at Amoy)的报道中,即将日商拟接手厦门船坞之事,与两年前日本提出的《二十一条》第五号要求挂上关联。该报道认为虽然两年前日本提出的《二十一条》要求因为遭遇中国方面的抗拒,而无法真正落实,但是日本已改弦易辙,不再狮子大张口妄想一次吞掉中国,而是改以逐渐蚕食的方式,逐一将中国沿海利权给吃下去。例如《二十一条》的第五号要求内,即有"福建省内筹办铁路、开矿及整顿海口(船厂在内),如需外国资本时,先向日本协商"的规定,其目的明显乃是企图将台湾仅一海之隔的福建沿海地区,纳入日本的势力范围内。[①] 所以日本在1917年时,之所以想要接手英商经营的厦门船坞,背后自然体现着日本政府、人民与商人的集体意志,作为日后控制福建的第一步。然而一旦日商接手船坞之事成真,不难想见,日本将来必定会将该商用船坞,改造成为海军基地。所以《密勒氏评论报》认为,厦门船坞交易案表面上虽然是一起商业买卖,但实际上则是日本帝国将触手深入福建的最佳时机,充分利用英商受到欧战拖累无力经营之际,以便顺势接手船坞,充作未来海军军事扩张之用。该报道并指责福建官绅以及背后的中国政府,虽然常常将维护国权挂在嘴上,但值此关键时刻,竟然愚蠢地不知及时采取行动,果真英日交易成立,日本将船坞改造为海军基地,届时中国终将后悔莫及。因此《密勒氏评论报》试图点醒中国人,不该坐视日商接手厦门船坞,而应该把握时机,赶紧向英商交涉,尽快将船坞购回。[②] 从上述英文报道与评

---

① 关于《二十一条》要求内容及中日交涉经过,见李毓澍《中日二十一条交涉(上)》,台湾"中研院"近代史研究所1966年版。

② "The Japanese 'Invasion' at Amoy," *The Millard's Review of the Far East*, 24 November 1917, p. 362.《密勒氏评论报》为美国人密勒(T. F. Millard)在1917年6月于上海创立,标榜独立办报,体现美国观点。见 John B. Powell, *My Twenty-five Years in China* (New York: Macmillan, 1945), pp. 10-11. 不过,在此则"日本人入侵厦门"的报道中,因其言论色彩太过鲜明,背后可能带有其他考虑。其一,有可能如日本所推测,是受到英商故意散布的消息影响,其二,也有可能是美国报人对于日本在华企图,已抱持有戒慎恐惧之心,而且可迎合当时中国人对于日本的猜忌情感。

论内容，不难想见为何日本人会认为英国故意利用新闻媒体炒作日商拟接手厦门船坞的消息，其主要的目的，即是借由激起中国人的反日情绪与危机意识，从而加速与英商进行交涉，并以英商开出的（较高）价格接手船坞产业。①

另外一方面，在整起交易案过程中，虽然日本政府方面确实对厦门船坞抱持高度兴趣，但似乎还是仅止于内部政策讨论，而真正该出面完成交易案的日本商社反倒没有意愿，也因此他们对于福建官方抢先与英商签署交易协议，也没有多大的失望感。而负责引介日商的台湾银行厦门分店，在交易案中所扮演的角色，也只是处于乐观其成的旁观地位，并未真正介入并主导船坞交易案。所以，汤地幸平认为待此交易案热头过后，福建官绅应该渐渐就会发现遭到英商的捉弄，不但被迫以较高价购入船坞公司，更重要的是中国方面在仓促下紧急报价接手，故对于收购款的经费来源未能确保，对于未来该如何经营船坞，可能也没有详细的规划。② 简言之，原先是英商受到欧战拖累急于出手获利不佳的船坞产业，中国方面以逸待劳，具有谈判的优势，本来应该可以用较低价格来完成收回船坞，但却被英商利用中日之间的矛盾与对立，在排日优先的情况下，只能落入英商设计好的交易圈套中。

七　结语

在英商出售厦门船坞案中，北京中央政府由于财政经费短绌，无法提供实际支援，故只能从旁观者的角度，被动观察福建地方官绅如何凭借己力与英商斡旋，最后顺利筹款收回船坞产业。因此，就此案始末而言，福建官民扮演着积极主动的角色，彼此通力合作，利用因欧战拖累而造成英商获利衰减之良机，顺势收回自晚清即租借出去的厦门船坞产业，诚可谓是福建地方官民共同维护国权的最佳典范。反之，作为中央政权的北京政府，无论是交通部、外交部、海军部等，在因应厦门船坞交易案上，都显得态度消极被动。这当然也跟北京政府面临的财政窘况有着密切关系，无力在经费上提供援助，只能被动关注福建官绅的处理动态。不过，由于整

---

① 台湾总督府警视总长汤地幸平：《中国与中国人告》，1917年12月24日，日本外务省外交史料馆藏，《外务省记录》，5-1-7。

② 同上。

起交易案背后主要的动机,还是基于反日考虑,为了避免日商入主厦门船坞,福建官绅只能仓促完成与英商德记洋行的收购案。然而急就章的结果,除了在购买价格上无法压低、只能由英商予取予求外,更为棘手的是购款来源苦无着落,以及往后在经营船坞上的资金调度。这些都是福建官绅在收回厦门船坞后,必须面对的麻烦问题。事实上,自1918年夏季筹款收回厦门船坞,至1924年被北洋海军将船坞收归军管为止,福建官绅在经营船坞上一直面对棘手的经费短绌问题。"一战"结束后,虽然中国周边水域的航运市场大为兴盛,各造船厂的业务情况,也应该有所改善,① 但是厦门船坞的经营似乎还是不见起色,甚至无法维持日常营运。早在1919年年初,甚至一度传出中国政府拟以厦门与福州船坞、造船所等作为抵押品,向西班牙借款的消息。② 虽然后来证明仅是谣传,但还是可以看出福建在船坞的经营上,明显遇到的瓶颈。③ 到了1919年下半年,由于业务不佳、经营困难,为了维持厦门船坞日常营运所需经费,在福建督军的同意下,还是决定仿效浙江、湖北的办法,发行有奖彩券。根据厦门船坞公司有奖彩券办法,预计每月发行9万元的彩券,委托厦门商会贩卖,每张售价3元,共计3万张。预估如果彩券能够全部售出,扣除中奖

---

① 事实上,英国皇家人文学院(Royal Society of Arts)在1918年分析中国航运市场时,即认为相当有利可图,尤其在长江上游地区的轮船航运业。而根据广州英文时报(*The Canton Times*)的报道分析,亦认为中国周边水域的造船市场前景可期。例如一家上海的华人造船厂,甚至还替美国承造了高达五万吨的货船。基本上,该报道认为虽然中国各地造船厂的规模与西方相较,只能承造中小型商船,但应该还是很有市场。见"Steam Navigation on the Upper Yangtze", *The Journal of Royal Society of Arts*, 663412(April 18, 1918), pp. 354-355; "China's Commercial and Economic Progress and Prospects(The Trans-Pacific)", *The Canton Times*, 6 October 1919, p. 4.

② 由于日本一直视福建为其势力范围,故中国拟将福州、厦门船坞抵押给西班牙借款的消息传出后,一度引起日本方面的紧张,英文各报社也曾为此询问日本公使馆的态度。日本公使馆则答以完全不清楚此事,但还是强调中国不应在未知会日本政府的情况下,即将福建地区的船坞抵押给其他国家。至于日本公使馆的答复内容,很明显乃是依据《二十一条》中的第五号要求。见"Sino-Spanish Loan", *The Canton Times*, 5 February 1919, p. 8; "Rumoured Spanish Loan", *The North China Herald*, 1 March 1919, p. 521.

③ 根据日本驻华公使馆的报告,关于此次传闻,乃是由路透社揭露,指称中国政府将以厦门福州船坞造船所作为抵押,以向西班牙借款2000万银元。然而,日本驻北京公使小幡酉吉认为此则传闻不切实际,可以一笑置之。因为船坞造船所的价值不太可能抵押到2000万银元。小幡也曾直接向北京政府海军当局以及交通总长曹汝霖询问,均否认有此情事。《小幡公使致内田外务大臣》,1919年2月7日,日本外务省外交史料馆藏,《外务省记录》,5-1-7。

彩金以及给予银行、钱庄的代售中介佣金，预计每月可获利 15000—16000 元，勉强可用于维持厦门船坞公司的日常营运。① 而 1924 年后，即使由海军接手，厦门船坞的发展情况，依然不甚理想。②

而就日本方面来说，基本上日本政府内部，包括外务省（尤其是驻厦门领事矢田部保吉）以及海军省，大多比较倾向由日商出现接手厦门船坞。日本政府的主要动机，很大程度上，可能并非着眼于商业考虑，而是顾及整个福建地区早已被日本视为是其势力范围与禁脔，涉及未来的战略利益，担心英商出售厦门船坞一事，恐会引起美国方面的觊觎。如果厦门船坞被美商购入，等于间接让美国势力借此进入福建地区，而就"一战"期间已日趋严峻的美日对抗态势而言，自然会对日本造成相当不利的影响。③ 因此，为了防患于未然，最好由日商购入，不但可以防止美商势力利用厦门进入福建地区，也可以强化日本对厦门港湾地带与造船等兵工相关产业的控制。不过，当时日本政府的态度，并不等于日本商社的见解。相较于政府方面的积极乐观，日本商社似乎对于接手船坞一事，态度

---

① 根据厦门船坞公司有奖彩券办法，在 3 万张彩券中，有奖的彩券数量为 5444 张，中奖彩金总计为 63768 元。其中，一等奖 1 个，奖金 25000 元；二等奖 1 个，奖金 5000 元；三等奖 1 个，奖金 2500；四等奖 2 个，每个奖金 1000 元；五等奖 2 个，每个奖金 500 元；六等奖 4 个，每个奖金 250 元；七等奖 10 个，每个奖金 50 元；八等奖 20 个，每个奖金 25 元；九等奖 100 个，每个 15 元；十等奖 500 个，每个 10 元；其他小奖 4803 个，奖金 9268 元。见《厦门船坞公司彩券发行报告文件》，厦门领事藤田荣介致外务大臣内田康哉，1919 年 11 月 12 日，日本外务省外交史料馆藏，《外务省记录》，3-3-2，《外国公司雑件》，中国之部，日本亚细亚历史资料中心，参考号：B10074036900。

② 韩仲英：《海军厦门造船所概况》，杨志本编：《中华民国海军史料》（海洋出版社 1987 年版），第 925—931 页；韩玉衡：《海军厦门造船所概述》，《旧中国海军秘档》，第 240—248 页；金智：《青天白日旗下民国海军的波涛起伏（1912—1945）》（台北：秀威资讯，2015），第 53、139 页。

③ 事实上，此种美、日对抗态势后来从"一战"期间延续到"一战"之后。"一战"后，在华外人舆论圈中，即逐渐开始出现所谓"ABC 观念"，大肆鼓吹美（American）、英（British）、中（Chinese）三国联合对付日本。尤有要者，"一战"后美、日两国驻华士兵与侨民甚至先后于天津与上海租界，爆发两次大规模的武装冲突。关于"一战"后的美、英、中三国共同对抗日本观念，参见美国军事情报处的报告，"Foreigner in China," June 8, 1921, *Correspondence of the Military Intelligence Division Relating to General, Political, Economic, and Military Conditions in China*, 1918-1941, MID 2657-I-176. 至于"一战"后美、日在华武装冲突问题，见笔者另外两篇期刊论文：《远东的萨拉耶佛？1919 年天津租界美日冲突事件始末》，《东吴历史学报》2018 年第 38 期；《1921 年上海虹口美日冲突事件研究》，《台湾师大历史学报》2018 年第 59 期。

消极被动。从商业利益着眼，它们对于厦门船坞在未来能否获利，抱持相当大的疑问，所以不太愿意高价收购船坞产业。事实上，后来代理日本驻厦门领事的市川信在给台湾"总督府民政长官"（代理）高田元治郎的信件中，也坦承日商接手厦门船坞问题，本质上或许即不是商业考虑，因为要在船坞营运上获利并非易事。相反，市川信也认为日本介入的主要思维，还是基于政治军事上的考虑，因为厦门船坞可能充作日本海军水雷艇以及小型炮舰的维修基地，而这正是日本不可或缺的，所以未来为了日本帝国在华南方面的发展与经营起见，还是有必要将厦门船坞收为由日商管理。① 简言之，日本对于厦门船坞问题是政府热、民间冷，政府方面图谋的是未来的军事政治利益，而民间则是从商业角度出发，两者之间似乎并未互相密切配合。

厦门船坞交易案中，最大的赢家应该还是英国商人。在德记洋行的积极运作下，厦门船坞公司经理布勒扮演了关键角色。布勒本身也是厦门租界工部局主席，长期居住厦门，对于中国局势以及福建地区的中外互动模式，可能相当熟悉。也因此，当英商准备将厦门船坞公司脱手时，首先想到利用的对象即是日本。他看准日本将福建视为特殊利益关系地区、急于将影响力深入福建的心态，刻意将准备出售船坞的消息先放给了台湾银行厦门支店，借此吸引日本政府对于厦门船坞的关注。但是英商应该并非真的有意将船坞卖给日本。因为受到"一战"期间日军入侵山东以及提出二十一条要求以来中日关系紧张的影响，中国人普遍对于日本抱持猜忌之心。加上日本商业势力在"一战"期间，利用欧洲国家困于战事、无暇东顾之际，大举进入中国，而福建与台湾仅一海之隔，日商在福建地区的积极扩张，也对当地华人绅商有一定程度的冲击。在此大环境下，英商如欲将厦门船坞转售日商，可以预期的，势必会遭致福建厦门等地方官绅的强力抵制。所以，对英商来说，与其直接面对中国的反弹，倒不如利用中国人排日、疑日的心态，借由日本政府对于厦门船坞交易案的关注，来激起福建官绅的危机意识，希望能够尽速收回船坞。因此，在中日鹬蚌相争的情况下，原先经营惨淡的厦门船坞反倒显得炙手可热，英商自然能以更为有利的价格与条件，将厦门船坞出售给中国。至于英国政府，尤其是驻

---

① 《厦门船坞公司回应文件》、代理厦门领事市川信也致台湾总督府代理民政长官高田元治郎，1919年2月5日，日本外务省外交史料馆藏，《外务省记录》，5-1-7。

华使领在此交易案扮演的角色，则是将交易案定位为纯商业问题，借口船坞土地租借权乃由英商自行取得，与英国政府无关，故没有立场去介入英商出售产业。英国使领的态度，也阻止福建方面原先有意借由外交交涉，透过英国使领出面干涉英商出售船坞的企图，从而让福建官绅只能依循英商所定下的游戏规则，亦即价高者得的商业竞争模式，选择筹资出高价的方式，抢先在日商前收回厦门船坞。

抗战时期的马尾海校
——以民国报刊中海校学员著述为中心的考察

余 锴*

"中华民国海军学校"即俗称"马尾海校"①者,亦名"福州海军学校"。与近代中国的其他军校因战乱或军队易主易地,使得校史短暂不同,该学校长期存在,其办学时间长达80年,堪称中国近代史上沿革最久的军事学校。抗战爆发后,该校曾三次内迁,1938年10月迁至贵州省桐梓县城金家节孝祠,该祠后被海校师生称为"金家楼"。②海军学校在桐7年多,学风严格,宁精莫滥。在艰苦的环境中,为中华民族培养了一批海军高级人才以及其他方面的人才,为战后海军重建、保卫祖国海疆作出了不可磨灭的贡献。③抗战胜利后,海校复迁重庆。1946年奉命停办,当年年底迁并入在上海成立的中央海军军官学校,1947年与中央海军训练团合并为海军军官学校,先后在青岛、厦门办学,1949年9月迁往台湾左营,即今台湾"海军军官学校"。

马尾海校的历史受到中国近代海军史研究者及其他学者乃至社会各界的广泛关注,然而关于它的历史的研究现在还很薄弱。应该说,学界对马尾海校的前身福建船政学堂的研究是比较多的,但是对其在民国时期的发展特别是抗战时期内迁之后的研究却仍然比较薄弱。近年来,笔者从大

---

* 余锴,凯里学院贵州省苗族侗族文化传承与发展协同创新中心教师。

① "马尾海军学校"词条,载编审委员会编《中国海军百科全书》,海潮出版社1998年版,第1324页。

② 校址原为"桐梓系"军阀集团成员、曾任国民革命军二十五军经理处主任的金汉初为其母所建的节孝祠,始建于1931年,为仿西洋式楼房,三层,砖木结构,有阁楼、耳楼。因主楼竣工不久,美轮美奂,颇为壮观。该楼后被师生称为"金家楼"。参见胡大宇《桐梓海军学校是福建船政的延续与发展》,载政协福建省福州市委员会文史资料委员会编《福州文史资料第22辑·船政文化篇》,2003年,第281—287页。

③ 基本情况可见遵义市地方志办公室、桐梓县人民政府:《中华民国桐梓海军学校》,中国文史出版社2012年版。

陆、台湾及香港的档案馆、图书馆和互联网上搜集了相当数量的资料，基本理清了抗战期间马尾海校的历史脉络，并试图纠正以往研究的一些错误论断。① 但由于笔者资料搜集截止时间及论文体例问题，在笔者既有研究成果中并未对所掌握的民国报刊资料做更为详细的展示。本文将充分展示笔者已搜集到的民国报刊特别是以海校学员著述为中心，着重考察抗战时期马尾海校的某些侧面，并试图就此提出一些民国报刊用于历史研究的方法论上的建议。

众所周知，史学的基础是史料，然而，本课题的基础史料相关档案多为未刊，且收藏于台湾，搜集是比较困难的。有论者抱怨："收藏着大量民国时期海军资料的'国防部史政编译局'档案室（台北），对阅览者就有各种规定与限制。"② 而且利用这些档案等资料整理的史料汇编也差强人意。幸有《海军军官教育140年》在近年出版，影印了部分海校档案，可供学界使用。当然海校师生的回忆录也是另一部分的基础史料，亦为学界广泛使用。然而笔者以为，这些回忆录多数已是海校师生数十年后的追忆，尚不足以构成类似于日记这样的当时当事记忆的文献价值。

笔者由此决定另辟蹊径，以民国报刊中海校师生著述为资料搜集重点。仅是从重庆图书馆民国文献数据库一个途径，笔者就整理出了100多种杂志中关于海军的文章详目，海校师生文章占有相当数量，并且，笔者相信这远远不是海校师生战时著述的全部。其中的内容，有学员生活小品、歌曲、译作、漫画、诗歌、战时生活速写、中国近代海军史、对战后新海军的规划与设想、对国家海权诉求、海军建设方向的思考等，笔者认为，这些"无意史料"，对于海校史实的研究，很有作用。

至于这批文章的产生原因，笔者分析，由于海军是国际性军种，即使是抗战困难时期，海校为提高学员学术水平和培养其国际视野，也会时常组织学员出版壁报，对"二战"期间的海军作战态势暨战略作为进行分

---

① 详见余锴《抗战时期的马尾海校内迁问题研究》，硕士学位论文，四川师范大学，2011年；其缩写本，载吴达德主编《西南社会历史论丛》（第三辑），南京大学出版社2015年版，第329—348页；其主要创见整理为余锴《抗战时期的马尾海校新论》，载朱华主编《船政文化研究》（第七辑），鹭江出版社2011年版，第206—212页。文中所示笔者既有研究，即引自以上文献，不再赘述。笔者当时已掌握的海校师生著述目录见《抗战时期的马尾海校内迁问题研究》附录3。

② 冯青：《中国近代海军与日本》，吉林大学出版社2008年版，第207页。

析。校方也鼓励学员写稿并向外投稿；而海校学员的各类文章，散见于大后方各大报刊的，亦不在少数，有时一期刊物竟有多篇学员作品刊登；他们还有多篇英文译作发表，其英文素养由此可见一斑。

同时笔者注意到，这批文章尚未引起学界很大的关注，如马骏杰先生等主编的《民国时期中国海军论集》基本未收录这些文章。但要指出的是海校长官、教官们的著述直接涉及海校情况的并不多，所以笔者将本文展示重点放在海校学员著述上，同时由于文章数量关系和本文篇幅问题，只展示出几个侧面。

一　整体描述

海校学员李存杰于1946年发表的《在烽烟中茁壮的海军学校》，是笔者所见最早、最全面介绍抗战时期海校情况的文章。①

文章主要内容有：新海军的摇篮，我们的生命活跃在山国里，人生以劳动为第一、艺术第二，生活鸟瞰：陆战、运动、竞赛，教育制度阵容，你愿意献身祖国的海军吗？——海校招生及其他，尾声等七部分，原拟配图十一幅，但这些配图因当时印刷困难并未付印，非常可惜。

其全文近万字，对笔者既有研究的错谬颇有纠正，如笔者误认为："兵操课程依据的是步兵操典，在试读的三个月中由陈启嵘、梁寿鑫两位教官施教。"事实上，该文指出："兵操持续到整个校课过程中。每天，当课堂教学告一段落时，悲壮的军号，重新把学员唤上操场，两小时，学员们在步兵操——陆战训练，紧张的空气里，大家屏着气，仰着头，挺着胸膛，咬紧牙关，大迈着步子，我们的队伍就像铁一样有力，钢一样的雄壮，学员们还曾进行野战教练，每二周射击实弹一次，并练习刺枪和杀四门。"

该文对抗战时期海校每天的教学、体育训练、教学内容、教育制度、行政制度、招生程序、日常生活都有详细的描述。类似上文所述，给予笔者的新知不胜枚举。诚为抗战时期海军教育史研究的重要且第一等的史料。

---

① 李存杰：《在烽烟中茁壮的海军学校》，载《军事与政治》（中国新海军建设专号），1946年第8卷第10期。笔者注意到，该期杂志文章几乎为海校学员包办，实为该杂志专门组稿的特刊。

二　舰课

既有研究中，我们可知：按海校学制，海校学员毕业后将在舰上见习一年，并成为科班出身的中尉海军军官。抗战之前，通常是在专用训练舰通济舰进行舰训、在南京鱼雷枪炮班受训并曾到平海等新锐战舰见习。"神圣的抗日战争改变了一切"，海军总部将抗战中陆续毕业的海校学员一批批派到了抗日前线，或分配至海军布雷队，或分配至川江炮台、要塞，或分配至水雷工厂，为抗战服务。

然而，关于学员舰课的情况，我们尚不太清楚。学员李耀华发表的《我们在川江驶风》，则向我们展示了这样的描述："你被时代的风吹到了伟大的川江，却不是在海面作富于诗意的游荡；更不是为爱川水的橙黄，而是为了祖国，抗战后方的守卫啊！"①

作者指出："舢板驶风，在航海学员是比较重要而且有趣的工作。"文中详细介绍了自己与六位同学在川江驾驶舢板历险的经历。1943年7月11日，时任海军第三布雷总队第三大队副大队长的李耀华等在洞庭湖区开辟航道时触雷，以身殉职。该文遂成为了他的遗文。

三　文娱活动

在前述李存杰文章中，作者说明了海校文娱活动的重要性和基本形式："纯粹的军事化机械化的生活，使我们在梦中也起了喘息，为了要调剂，月考以后除了学术演讲之外，接着是游艺会，这是星期六的晚上，全体长官和同学都聚集在临时的会场里，尽情地狂欢，一面嚼着我们的特备的茶点、瓜子、面包，和一碗八宝饭，一面欣赏着舞台上艺术的画面，台下担任乐队的同学们，不住的演奏着令人兴奋的歌曲，游艺会的场面，是一次次的，一次次的艺术化。"

在既有研究中，笔者主要依据了海校学员徐学海的回忆②，了解到：铁甲歌唱团是海校在抗战期间组织最为庞大的音乐团队，团员达30余人。

---

① 李耀华：《我们在川江驶风》，《海军建设》1941年第2卷第7期。
② 徐学海：《海军学校在桐梓抗战时期的课外活动》，载黄光荣编《抗日战争特殊岁月里的桐梓海校》，桐梓县政协，2008年，第58—64页。

指导教官有：陈嘉震、刘渊，组织者为刘和谦等。每周有两次分部练唱、两次集体练词，曲谱均由刘和谦、朱成祥自行以蜡纸刻好后油印。所唱歌曲以抗战救亡歌曲为主，以激发学员坚持抗战到底的热情和意志，他们亦唱一些旋律优美的艺术歌曲。他还记得唱过的有首歌歌词是这样的："在这时，别讲一党一派的私意，保得住这江山，你怕没有发展的余地？不怕不胜利，只要抗战到底。"由此可见海校学员生活中浓浓的政治风气。该团不仅在海校举办的晚会演唱，而且在桐梓县庆祝抗战胜利晚会、迁重庆后与陆军大学的联欢活动中，也参与了表演，赢得海校师生与社会各界的掌声。

然而，海校学员俞平著有《我们的歌咏队》[①]描述了另外一个大规模的艺术团队长风歌咏队："它是由四十个正在学习中的海军青年组织成的，由于正在学习中，因此歌咏队的工作，不得不受功课的影响。虽然如此，但是半年内，仍然学会了五十首歌曲，两年内编印了四本《长风歌集》及一本精华集。除了每半年编辑一本《长风歌集》外，还另外出版了不定期刊物，名为《风讯》，自己编，自己写，自己看，有对于歌咏队的意见，有声乐理论的探讨，有关于音乐的见闻，有队员的音乐习作以及对其的批评。由这些内容，可以看出我们的学习与工作。"此份资料，笔者之前的研究者并未注意到。

我们还可从该文中得知：歌咏队的队员还研究乐理，凭着自己的爱好去学习：音乐史、声乐、器乐、作曲法、和声学、对位法等等，把有关乐理的书，一本一本地看下去，牢牢地记住了，然后再向大家细细地讲解，把自己所得贡献给别人。

四　海校与当地社会的关系

既有研究中，笔者主要依据的是当地人的回忆：海校内迁到处于内陆山区的贵州，对当地社会产生了不小的震动。当地人开始时对海校内迁不理解，之后对其良好风气表示深为赞誉。起初，有人说："国民党真是古怪多，海军学校办到贵州这个山窝窝。"后来，海校师生积极参与了当地社会的抗日宣传活动，帮助当地贫困老乡，教官到当地中学任教等，给当

[①] 俞平：《我们的歌咏队》，《新音乐》1942年第4卷第5期。

地人留下了很好的印象,他们对海校的最终评价是:"海军学校和县城中小学融为一体了。"

学员李存杰在《边陲风景线——落后的黔北》、《夜郎新景》① 中,则展示了学员对海校校址所在地——桐梓的观感:一方面,"贵州民性的愚戆,贵州资源的没有开发,贵州的一切都沉溺在十八世纪的深渊里,封建,落伍陈旧⋯⋯占有七百多万人的贵州,大都还陷在旧礼教和迷信的深渊里、伸手待救,黔北人在病贫与迷信的重压下,惊人的死亡率并不亚于战场上的壮丁。他们抢救不了一切命中注定的祸殃与疾病,当然更没有自拔于现实艰困的能力。"另一方面:"今年丰收,胜利来临,真是'双喜临门',难怪他们个个鼓舞,人人欢腾⋯⋯黔北的一切,仍旧是有希望的,过去进步虽然是'半步化',实际上总比不进步、退步来得好。"

作者以冷峻的笔触,描述了黔北仍然落后的实况,同时也展示了黔北的希望之所在。可以看到这些由各省层层选拔,海军总司令部严格审核入校,又经过海校长时期训练的学员们对时事的思考。

五　对海校学员著述影响的分析

在桐梓,根据海校学制,海校学员接受的是校课部分的教育,而实践教学则设置在重庆海军工厂专门建立的枪炮、舰课教室,为了抗战需要,还送到湖南辰溪鱼水雷营进行了扫布雷培训。抗战期间海校有多个班队学员曾经前往湖南,在那里,他们的学术素养得以进一步显现,当时的《海军整建月刊》主事者之一蔡鸿干回忆道:

> 这些学员全是朝气蓬勃,后来居上。这就给第二卷的《海军整建月刊》以巨大的支持。20 年代我在马尾海校做学生时,在校内连报纸杂志都得偷偷地看,风气之窒塞使人不能忍受。如今他们天高地阔,落脚不久,便同地方打成一片,演出抗战戏剧来。所以我们很快便把《海军整建月刊》的文艺园地交给他们去灌溉,由他们供稿请他们编辑,使月刊同他们打成一片,成为他们自己的东西。这样一

---

① 李存杰的《边陲风景线——落后的黔北》、《夜郎新景》分别载于《中央周刊》1946 年 8 卷 10 期、1946 年 8 卷 23 期。

来，在月刊的第二卷里，意志方面虽因抗战大局恶化而不免沮丧，但表现在文艺方面，却情绪活跃，意气风发，使人深感希望是在年轻一代的身上。

这些学员到了40年代后期纷纷成为新编成的舰队各舰的基干军官。他们中有不少成为解放战争中参加起义的积极分子，如起义的"重庆"号、第二舰队、江防舰队以及"长治"号和其他单舰，其骨干分子几乎无例外的都是原来闽系海军的官兵。这些起义官兵，是否都曾与曾国晟等所发动的海军整建运动挂过钩，或接受过《海军整建月刊》的宣传，因而形成了一种为国防海军而献身的凝聚力。所以在解放战争后期，汇成一股投向人民的潮流。这段历史留待将来的史学家参考。①

后来出版的一本纪念文集②中，证实了他的猜测。民国海军中长期潜伏的中共地下党人郭寿生等的确在此事中起到了积极的作用。

甚至，海校的这些训练，对海校学员的整个职业生涯都产生了影响，如海校学员刘达材长期致力于中华海权的研究和宣传，即与他在海校的这段写作经历不无联系。③

另一位学员廖乾元的经历则证实了海校对其海军学术以外的培养。在1950年所谓"苏联间谍案"中，他被牵连入狱。之后自海军退伍，到台北谋生，1956年，他依自己在海校"铁甲合唱团"学的歌曲、歌谱等，油印歌本《世界名曲精华》《中国名歌精华》等，当时台湾中学生几乎人手一本，由此可见对当时台湾音乐教育影响甚大。廖先生的事业即与音乐结下了不解之缘，在1962年与台湾著名流行音乐作曲家周蓝萍合作，组建"四海唱片出版社"，逐渐发展为台湾最重要的唱片公司之一，有论者认为"四海唱片"为台湾经济起飞外销输出了软实力。即可见其影响深远。④

---

① 蔡鸿干：《〈海军整建月刊〉的前前后后》，载福建省政协文史资料委员会编《文史资料选编第4卷政治军事编》第1册，福建人民出版社2002年版，第361—362页。
② 烟台市芝罘区党史研究会编：《郭寿生纪念图文集》，2014年，第97页。
③ 刘达材：《兴邦张海权》，（左营）海军学术月刊社1997年第2版。
④ 沈冬：《宝岛回想曲：周蓝萍与四海唱片》，台湾大学图书馆2013年版，第150—158页。此项研究情况承前述研讨会上，台湾大学沈冬教授告知，谨致谢忱！

六　结论

　　从以上内容来看，笔者可以得出一个结论，即对海校师生著述的整理、分析，对于学界深化海校研究有着极大的意义。抗战时期是中华民族的英雄岁月，桐梓金家楼曾是这长河的一个亮点。海校历史亦是这段时期中国海军史的重要组成部分。正如海校学员刘达材所指出的那样："马尾海校长官师生曾对国家和海军有过极大的贡献。其历史应长存于世，以为中国海军永久的纪念。"① 笔者认为，以海校学员自己的论述，分析其对抗战期间海校在桐梓办学历史的深入研究，必将为发掘和整理抗战历史，继承和发扬中国人民伟大的抗战精神继续发挥不可估量的作用。

　　同时，笔者认为：学界对贵州在抗战中作用的认识，还远远没有到达它在历史上应有的高度，学术研究更是非常不够。贵州人民积极参与抗战的历史不应被学界漠视，更值得学界持之以恒地研究下去。军事方面，有国民革命军第 8 军血战松山的英雄事迹；学术方面，有以浙江大学、大夏大学、湘雅医学院为代表的内迁贵州高等院校史实；工业方面，有大定的航空发动机厂；其他，尚有贵阳红十字会的战时医疗救助、镇远日军战俘营等等史实。以上是笔者在海校历史的研究资料搜集过程中发现的贵州抗战历史中其他值得研究、阐发的历史课题，挂一漏万，不胜枚举。

　　在以上问题的研究，及其他中国近现代史上的相关研究上，笔者以为，亦可采取本文所示的方法，从搜集、整理相关当事人文献、著述、回忆录等出发，为中国近代史事的深入研究做出我们应有的努力。

---

① 刘达材：《船政后学堂末代学生的自白：金家楼"雪甲午耻"教育之回顾与教训》，载黄光荣《抗日战争特殊岁月里的桐梓海校》，桐梓县人民政府，2008 年，第 112 页。

近代海洋秩序变迁与1876年《救护遇险船只章程》制定
——兼论福建船政局的海难救助行动

张 侃*

随着《南京条约》签订和通商口岸的开埠，西方商船频繁出入中国海域，导致海洋管理秩序的转型。福建船政局设址于闽江口，目的在于海防，是与中国近代海洋管理事务的变化密切相关。海洋事务的内容包罗万千，诸如建立海军、海域巡逻、缉捕海盗、海难救助等。船政局大量活动就围绕着上述内容而展开，成为构建中国近代海洋秩序的重要力量。在海事管理中，海难救助是重要内容。海难也可称为"海船灾难"，按现代海商法定义，是指船舶在海上遭遇自然灾害或其他意外事故而形成的灾难。学界对清代的海难事件与救助制度已有诸多研究[①]，但以集中讨论朝贡制度下的中琉、中朝、中日、中越的漂流民的救助措施与遣返制度为多，时段也集中于通商口岸制度形成之前的17—18世纪。相对而言，有关近代海难救助的研究还不充分，尤其对船政官员、船政船队等参与近代船难救助的人员及组织进行研究的成果也不多，有学者对丁日昌兼任船政大臣时制定的《救护遇险船只章程》已有叙述，但细节描述不足，值得继续深入。本文以分析《救护遇险船只章程》制定的历史渊源、时代契机、实施形态为基础，以揭示东南海洋秩序变

---

* 张侃，厦门大学历史系教授、厦门大学两岸和平发展协同创新中心专家委员。

① 诸如汤熙勇的《清代台湾的外籍船难与救助》，《中国海洋发展史论文集》第7辑，下册，"中研院"中山人文社会科学研究所1999年；汤熙勇的《清顺治至乾隆时期中国救助朝鲜海难船及漂流民的方法》，《中国海洋发展史论文集》第8辑；刘序枫的《清代环中国海域的海难事件研究——以清日两国间对外国难民的救助及遣返制度为中心（1644—1861）》，《中国海洋发展史论文集》第5辑；杨桂丽的《清代中琉之间的航海漂风难民问题》，《中国海洋文化研究》，第三卷，海洋出版社2002年版；杨彦杰的《台湾历史上的琉球难民遭风案》，《福建论坛》2001年第3期；孙宏年的《清代中越海难互助及其影响略论（1644—1885）》，《南洋问题研究》2001年第2期。

迁的历史内涵。

一 东南沿海兵民的抢夺船难恶习

在传统木帆船时代，海难原因较为复杂，船只沉没后，船员常常就此殒命，船货没有船主看管，就遭到沿岸民众抢夺。官方法律文书将"抢货拆船"归入"抢夺"类行为，地方文献也称为"抢船"。清初开海，出洋船只逐渐增多后，海难也频频发生，"抢船"事件屡被记录。为了禁绝军队的"抢船"行为，雍正七年特别下谕邀请议决处置此种情形。雍正九年三月，田文镜等人奏准，议准汛口守兵、巡哨船只不进行救护和参与抢船的处罚条例，定为《大清律例》"白昼抢夺"第十一条。[①] 其内容主要针对汛口守兵、巡哨船只的职责，处罚相当严厉，同时也适用于普通民众。

"抢船"习俗与"沿海地收益权"或"遭难物占有权"的产权观念有关[②]，是东南沿海居民的生计模式之一。因而颁布律例没有对民间社会形成约束力，乾隆三十一年（1766），福建巡抚庄有恭对福建沿海渔民的"抢船"进行了生动刻画，"闽省滨海渔民，每有乘危抢夺之事。一遇商船遭风撞礁搁浅，无不视为奇货，群趋而往，或诱称代搬，趁闹攘去；或勒讲谢礼，竟图多分；或下水扛翻，或上船哄抢。甚至货尽船毁，灭其形踪"。由于"抢船"之风未能遏制，为了改变此状况，庄有恭强调地方官接案后，"理应严加穷究，追出所抢货物，无使丝毫隐匿。一面将各犯收禁通详，按法定拟，方足以儆奸顽，而除恶习"。他要求按律例予以处置，"嗣后凡遇商船失风搁浅，倘有不法澳民仍敢乘危抢夺如前指诸弊者，务须按夺律例，执法究办，毋得一味姑息"，"澳甲兵役人等，闻向亦知情分赃。今后更需痛涤肺肠，奉公守法。如敢得贿容隐，并即一体治罪"。不过，他也深知地方事务的复杂性，指出细致办案的必要性，以免产生各种诬告或错判，"沿海小民捞获漂流货物，并不肖船户受客寄载、

[①] 马建石、杨育棠主编：《大清律例通考校注》，中国政法大学出版社1992年版，第707页。

[②] 许进发：《清季抢船事件与台湾沿海民众风俗》，《台湾风物》2007年第1期；林玉茹：《清末北台湾渔村社会的抢船习惯——以〈淡新档案〉为中心的讨论》，《新史学》2009年第2期。

中途私卖捏报失风遭抢者，更需细心查察，分别办理。亦不得率意枉断，拖累无辜"①。

正因为"抢船"习俗在短时间内难以得到改变，福建兵民时常超越法律界限而抢夺海难商船。道光四年五月在台湾鹿耳门发生的安平水师兵丁抢夺海难船只事件。时值福建巡抚孙尔准在台湾巡视，亲自处置此事。所奏折叙述极为详细。②"抢船"事件发生后，货主李胜兴和船主张瑞吉等事后向台湾道府县禀报此事后，台湾县知县李慎彝也立即派差查处此事并捉拿相关人员。孙尔准在五月初三日入台，得到报案后，以此作为治理军纪的契机，在五月二十九日上奏，将主管将领台湾水师协中营署守备杨士高、左营守备许成安、中营把总赵世杰、左营把总许世藩先行斥革提问，署游击方朝辉摘去顶戴并将安平协副将吴得勋、台湾镇总兵明保请旨分别勒限督缉，并交部议处。③孙尔准举措得到道光皇帝赞赏，谕示内阁说，"孙尔准参奏约束营兵不严之各将弁一折。台湾安平水师营兵胆敢纠约同伍并沿海奸民，抢毁商人李胜兴载米船只，实属目无法纪。该汛各将弁平时漫无约束，及至兵丁滋事，又不上紧拿获案犯，怠玩已极。孙尔准查办甚好"④。此案审议完毕，孙尔准按照《大清律例》逐一处置涉事人员。除此之外，又秉承道光的旨意，严厉处罚杨士高、许成安、赵世杰、许世藩等人，认为"于所辖营兵抢毁遭风米船，虽讯无知情分赃情事，平日漫无约束，以致兵丁肆无忌惮，酿成巨案，应请仍照原参革职，不准开复"。方朝辉、吴得勋"于限内将指名要犯全获，惟未能先事预防，亦难辞咎，方朝辉应请降为千总，以观后效；吴得勋仍应请旨交部议处"⑤。为了管束沿海兵民的"抢船"行为，孙尔准专门在台南海口立下碑记，申明律令：

> 台湾沿海地方，每遇商船遭风搁浅，在地兵丁即相率上船，将货物抢夺一空，并将船只拆毁灭迹。……本年五月十七日，有兵民抢毁

---

① 《查办乘危抢夺》，《福建省例》，台湾大通书局1987年版，第881—882页。
② 尹全海等整理：《清代福建大员巡台奏折》下册，九州出版社2011年版，第432—433页。
③ 同上书，第435页。
④ 张本政主编：《〈清实录〉台湾史资料专辑》，福建人民出版社1993年版，第748页。
⑤ 尹全海等整理：《清代福建大员巡台奏折》下册，九州出版社2011年版，第435页。

膨船米粮一事，业经本部院于审明后，将兵丁翁正幅、姚韬、翁振三犯，恭请王命，正法枭首，悬竿示众。并将该管员弁奏参革职，以昭炯戒。惟恐积习难返，复蹈前辙，合行勒石晓谕……此后如遇有船只遭风搁浅、或已覆溺，兵丁皆当上前竭力救护。如能人船不失、并不私取丝毫货物者，到官领赏，按次配功，照例议叙。如仍敢乘危抢物、伤人、拆毁船只，法在必惩，翁正幅等是其榜样，切勿自取诛戮。本部院现饬道、府，议定章程，责成该管管汛员弁兵丁，如有违犯，该员弁监不立时拿送文员究办，或且隐匿袒庇者，即将该员弁严参治罪，仍责成严密巡查，如敢徇隐不报，即将文员参处。各宜凛遵，毋贻后悔！特示。①

清朝官方再三申明法令，但各种抢船事件仍有发生。道光十三年（1833），到鹿港任职北路理番同知的陈盛韶指出，"商船遭风寄椗，搁浅口岸，匪类群起，搜其货拆其船者，控案累累，厅县几视为家常矣"②。

二 西籍船难纠纷与福建海军救助

五口通商之前，清朝对欧美各国只是按照惯例礼遇失事船只上的西洋船员。五口通商之后，西方船只在中国沿海贸易逐渐活跃，台湾海峡作为北上的主要通道，西方船只数量大大增加。虽然船只以蒸汽动力为主，航海技术也比较先进，但台湾海峡是风暴、台风频发区域，过往船舶因风暴而发生船毁人亡也是常有的事情。目前台湾海峡的海难资料不系统，尚无完整数据可供参考，只能从不同文献中整理相关记载进行粗线条考察。汤熙勇统计了英、美、法、德各个国家船只在1840—1910年间发生在台湾的82次海难。③日本学者村上卫根据英国驻厦门领事馆的报告勾勒1843—1910年46次船难事件，其中道光朝（1821—1850）5次，咸丰朝（1851—1861）21次，同治朝（1862—1874）7次，光绪朝（1875—

---

① 黄典权辑：《台湾南部碑文集成》下册，台湾大通书局1966年版，第455页。
② （清）陈盛韶：《问俗录》，书目文献出版社1983年版，第117页。
③ 汤熙勇：《清代台湾的外籍船难与救助》，《中国海洋发展史论文集》第7辑，下册，"中研院"中山人文社会科学研究所1999年版。

1910）13 次。① 欧美船只发生海难时，因船体坚固，船身不是全毁状态，船货保持齐整，成为抢夺的最佳目标。沿海居民在利益驱动下，一哄而上谋取横财②。也正如澎湖厅通判唐世永对澎湖居民抢船行为的描述，"澎湖孤悬海岛，在汪洋大海之中，列岛三十六，有居民者十九。岛分为七十余社，各岛屿犬牙丛错，沙浅礁多，山后北礅，尤称天险。每年冬、春，北风盛发，狂飙非常，往来船只，常遭风击破。虽西屿有灯塔为行船标准，而狂风骇浪澎湃之中，亦属人力难施。沿海乡愚，捞抢遭风船物，习惯成性，视为故然。迭经出示严禁，三令五申，但积习已久，难免仍蹈故辙"。③

《望厦条约》对处理西方海难船只有所规定，"合众国贸易船只，若在中国洋面，遭风触礁搁浅，遇盗致有损坏，沿海地方官查知，即应设法拯救，酌加抚恤，俾得驶至本港口修整，一切采买米粮，汲取淡水，均不得稍为禁阻，如该商船在外洋损坏，漂至中国沿海地方者，经官查明，亦应一体抚恤，妥为办理。"④ 开埠之初，西方国家在通商口岸设有领事馆，领事必须处理与商业有关的各种业务，也包括保护商船。因此船难发生之际，领事一方面向清朝政府请求帮助，另一方面则要求停泊在口岸的军舰奔赴现场进行救助。而后通过外交手段进行抢夺的索赔与处罚。不过，《望厦条约》议定办法比较笼统，实施过程产生很多复杂变化并产生中外纠纷。1856、1858 年晋江县围头湾海难可谓例证之一。

1856 年 6 月 16 日，英国 Ben Avon 号在晋江县围头湾发生海难，27 名船员 22 人幸存，船货被自围头乡、塘东乡、湖厝乡、南沙岗、寮东乡的居民抢夺一空。当地民众为了避免走漏风声，囚禁海员 8 天并阻止当地巡哨和汛兵向地方官员报告。7 月 2 日，英国驻厦门副领事马礼逊（M. C. Morrison）得到报案向兴泉永道和船政水师提督提出查处请求，与中国地方官员合作处理抢船事件。1858 年 8 月 30 日，围头附近再次发生

---

① ［日］村上卫：《海洋史上的近代中国》，王诗伦译，中国社会科学出版社 2016 年版，第 245—251 页。
② 同上书，第 259 页。
③ 转引自［日］伊能嘉矩《台湾文化志》中卷，台湾省文献委员会 1991 年版，第 491—492 页。
④ 王铁崖编：《中外旧约章汇编》第 1 册，生活·读书·新知三联书店 1957 年版，第 55 页。

Richard Battersby 号的船难,在抢夺过程中,船员 3 人被杀,4 名负伤。兴泉永道下令缉捕,没有拿获凶犯。于是英国从香港派遣"魔术师"号(Magicienne)和"阿尔及利亚人"号(Algerine)抵达围头乡,要求扬塘和淘浔两个村的居民交出攻击主谋,并给予足额金额赔偿。两村居民拒绝英方要求,结果村落被摧毁殆尽①。英国以武力解决船难遭抢问题,得到其他国家仿效。同治六年二月初七(1867 年 3 月 12 日),美国商船罗佛号(Rover)从汕头开往牛庄,航经台湾七星岩触礁沉没,漂流至台湾。船长亨特夫妇及船员十余人乘小舢板在琅峤附近登陆被当地生番杀害,仅华人船员一人逃匿山中得以幸免。美国驻厦门领事李让礼(李仙得,Charles William Le Gender)要求清政府出面办理,并极力怂恿美国亚西亚舰队司令贝尔(H. H. Bell)出兵征台。六月,美船驶抵琅峤停泊,强行登陆后对该地生番发动进攻,因地理形势不熟而挫败。

  船难可划分为两大类:一是灾难性事故,即船只遭风、触礁、搁浅;一是人为事故,包括船只遭灾后的二次伤害。而后者使得单纯的船难问题往往演变为国际争执。西方外交官不希望卷入太多的抢船纠纷,他们提出以奖赏方式鼓励民众救助为好。同治八年(1869)三月,英国驻厦门领事官极力向清朝政府推荐英国关于救护失事船只的酬赏办法,翻译《英国酬赏救护失事洋船章程》送给闽浙总督,希望能按此章程给予救援者奖赏,促使沿海华民积极援救遇难之洋船及人货。三月三十日,闽浙总督将章程抄送给总理衙门。总理衙门认为章程"尚属妥协,堪以引用",通饬各省沿海府厅州县地方官一体照办。②

  通过酬赏救护失事洋船毕竟不是治本之举,随着福建船政局成船日多,也逐渐加入了救护行列。船政大臣沈葆桢奏请成立"船政水师"后,也要求"船政水师"若发现有海难事故,主动抢险救难,以免西方海军强行干涉海难事件。1872 年 5 月,"福星"轮船管驾杨永年在台湾鸡笼洋面救护两艘英国洋船——"吞顿"和"丝马儿",沈葆桢恳请朝廷予以奖励:

---

  ① 转引自[日]村上卫《海洋史上的近代中国》,王诗伦译,中国社会科学出版社 2016 年版,第 265、267 页。

  ② 《酬赏救护失事洋船章程》,交通铁道部交通史编纂委员会:《交通史航政编》第 3 册,1931 年,第 1268、1269 页。

臣接据台湾沪尾通商委员佐领刘青藜申称：准税务司好博逊（Herbert Edgar Hobson）照会，本年五月二十日有英国夹板船一名"吞顿"、一名"丝马儿"，均泊鸡笼口。忽西南风大作，该两船拖椗而行，人力难施，去礁不远。幸"福星"轮船亦泊鸡笼，起锚飞驶而来，将该两船护带进港，赖以无虞。管驾官杨永年恤难情殷，睦邻谊重，希为转禀并准副领事贝德禄（Edward Colborne Baber）到关面谢等因。臣窃惟有生之伦，无非圣人覆帱所及，当日两船中外商贾性命均在呼吸之间，该管驾见义必为，实能仰体朝廷德意。可否将管驾"福星"轮船五品军功杨永年以千总留闽，佳先补用之处，出自逾格天恩。臣为激励人材起见，谨合词附片陈明。①

同治十二年（1873）十一月，福建海军的"海东云"管驾张成在福清县海坛洋面救护漳泉商船，经过船政监督日意格向沈葆桢禀报，沈葆桢则援引杨永年的例子申请朝廷予以奖励：

据船政监督日意格禀称，英国"德吉利士"轮船由粤来闽，经过福清县海坛洋面，瞭见滩岛之上，华民数十人摇旗哭喊。欲停轮赴援而风狂浪恶，无从拢近，急请设法等因。当即饬令管驾"海东云"之五品军功张成飞速开行，沿途瞭探。次日驶至该处，果有二十余人呼号待援，窘急万状。该管驾亲下舢板，破浪而前，无如风涛汹涌，礁石嵯岈。拼桨拢岸，屡被激退。嗣改觅极小渔艇冲礁而上，进退十余次，始得全数陆续救出，于初四日带同回工。派员点验，计二十四人，均属漳、泉一带商贩、水手。佥称由福州伙驾缯船于十一月二十七日晚间在该处遭风搁浅，逃生荒岛，槁立五昼夜，饥冻难支，命悬呼吸。非管驾官奋不顾身冒险引援，断难绝处逢生等语。查该军功由艺童初任管驾，以一叶小艇出入惊涛骇浪之中，十余次拯救二十余命，洵堪嘉尚。可否援照杨永年救护英国夹板成案，以千总留闽，位先补用之处，出自逾格天恩，臣为激励人材起见，谨合词附片陈明，是否有当，伏乞圣鉴训示。谨奏。②

---

① 张作兴主编：《船政奏议汇编点校辑》，海潮摄影艺术出版社2006年版，第76页。
② 同上书，第80—81页。

三　安纳船失事与丁日昌的处理措施

以船政局船队为主体的福建海军参与海难船只的救助，由于船只数量少，难以兼顾台湾海峡的各个海域和港湾，海难或难后遭抢仍有发生，《申报》报道的"广东"号在福建洋面失事被抢掠事与以往如出一辙。①。

丁日昌出任福建巡抚和船政大臣后，曾处理过多宗抢船事件，其中以"安纳"号②（Anna）轮船失事最为棘手。"安纳"号是一艘德国籍夹板船，船只的船主和大副为德国人，其他船员临时雇用。1875年9月，安纳船从厦门运冰糖往天津，途经福建霞浦县北礵岛附近。水手杨细细等不满船主虐待，将船主与大副杀害弃尸于海。情形如施丢克尔描述，"有三名参与此事的水手在被中国官厅逮捕后供称：他们是在厦门新被雇用的，因为原有的水手长遭受船长殴打，以致全体离船。可是他们新水手也常常挨打。在由大员们会同组织的调查委员会上皇帝的奏折中说：'外国人的心情极为暴躁，并且多次凶殴王承美和陈阿宝，于是被殴者多次对杨喜喜说，他们要对外国人报复。杨喜喜常被殴，同样怀报复的思想。'"③ "杨喜喜"就是官方公文记载的"杨细细"，此事首先是船长虐待水手而导致的凶杀事件。但是西方外交官将其等同为地方民众抢夺船货的海难事件进行交涉。案发后，美国领事兼任德国驻福州代理领事戴兰那（M. M. DeLano）向福建当局提出交涉。闽浙总督李鹤年答应十日内追查全赃，然而过了四五月仍悬而未决。戴兰那对此十分不满，通过德国驻华公使巴兰德又向总理衙门交涉，并派军舰来闽交涉，根据《申报》报道："日耳曼自与中国通商，其炮舶未尝驶入内地。兹以安纳帆船之水手戕杀舟师，大伙虽闻已经官宪擒获二名，尚在悬赏购缉余党。而日耳曼国朝廷犹虑匪徒漏网，死者含冤，特命炮船名'诗高笠'者径行驶赴福州查办此案情节，申明定夺。闻该船系前围攻法京时所造，有克虏伯钢炮四尊，施放开花弹子炮两门。船上自舟师以迄水手共有六十五名，皆熟谙驾驭

---

①《续录广东火船沉溺事》，《申报》1874年7月13日、7月23日。
② "安纳"号也称"晏拿"号、"安娜"号，下文统称为"安纳"号。
③［德］施丢克尔：《十九世纪的德国和中国》，转引自《中国近代航运史资料》第一辑下册，上海人民出版社1983年版，第1347页。

者。"① 11月15日，德国军舰"诗高笠"号炮艇进入福建，"向日安纳帆船在中国海道名西洋山者，约距福州之东北百里光影。此处本有中国官镇守，所以日耳曼人各怀怨望，以为该船被失，由地方官未能严禁土人抢劫，以致船遂毁坏耳。现在福州相传，日船到后或将自行开轮前赴西洋山查办，亦未可知夫"。不过，报纸在舆论上表达对德国军舰擅自来华处置海难事件的不满，"果如是，则有不和之意矣。窃思土人肆劫，理当严查，但既系华民，自当由华官办理，日人亦何可越俎而谋耶？"兵临城下，各种传闻四起，"又相传，驻厦门之日耳曼领事已照会台郡华官，请改救护船货章程，如遇有洋船失事，华人苟能竭力施救，俟救起后可将船货报官，估价以三之一酬劳，其二分仍归失主。据称，台郡之华官闻已允准云。夫与日耳曼国既克如是，则他国亦当一律照行也。此法果行，在救者、失者不皆两有所益哉？否则，地方官不能约束或开衅隙，安纳船是即前鉴也"②。

1876年二月初八日，丁日昌调阅全卷并札饬福建通商局，"办理如此要案，迟延至四五月之久，尚无十分头绪，因即面谕该局赶紧移请大员会督文武，仍往北礵山、西洋山一带认真查办，访获逸犯及赃物去路"。北礵山、西洋山并不是滨海陆地，沿海渔民一般将岛屿称为"山"，北礵山即北礵岛、西洋山即西洋岛，它们是闽浙交界诸多列岛中的两个岛，北礵岛是四礵列岛的主岛。海岛居民以舟楫为生，飘忽不定，开展调查和缉拿当事人并非易事。厦防同知进行类似事务交涉时曾对英国驻厦门领事柏威林说，"渔民流动性高，在沿海各处长途迁徙，同行间相互交换靠岸停泊之处。如此，其村落居民（除少数老人外）一年之中迁居竟达3—4次。"③ 为了尽快处置此事，丁日昌作为船政大臣，调用了船政轮船"靖海号"运送文武官员到霞浦、连江等地进行联合调查，"按察使衔、前署兴泉永道陈道向来办事核实，派令带同候补通判钟悴乘坐船政轮船，会同福宁镇总兵戴镇、闽安协刘副将及连江县徐令等，一同齐集该处会办"，目的在于"使蛮乡百姓知有官威之可畏，并知中外遭风遇险船只之不可混抢，……实欲使此后愚民之不敢再蹈覆辙"。丁日昌要求兴泉永道等在

---

① 《日耳曼炮船抵福州》，《申报》1875年11月13日。
② 《续述日耳曼兵船至闽》，《申报》1875年11月26日。
③ 转引自［日］村上卫《海洋史上的近代中国》，王诗伦译，中国社会科学出版社2016年版，第270页。

二月十二日开始调查,结果于二月十六日才"始行展轮"。丁日昌对拖延行为也极为不满,予以了严厉质问①,意在督促官员认真开展实地调查,以消解国际纠纷。与此同时,他多次要求德国驻福州领事戴兰那共同前往,未能成功。

总理各国事务衙门得到丁日昌的案情调查报告后,于三月十三日向德国领事馆发布"查办晏拿船照会",除了报告案情之外,对处罚结果也进行了说明。②丁日昌为了平息挑起事端的借口,严令相关官员,"现在限半月内该道仍会督地方官等,将安纳船未起赃物,无论在何处,即(该)[为]搜获;承缉之都司、守备、千总等官均须加以处分;连江县徐令获犯迟延,即须撤委;所有先拿及续拿匪徒即须照例治罪。该道与钟悴承本部院特委之件,办理未能妥洽,亦应暂行摘顶,以观后效。该通商局司徒道、提调张守,办理迟延,均记大过三次。"③即便如此,西方各国企图获得更多利益,继续扩大事态,如《申报》报道:

  日耳曼安纳帆船一案延宕已久,日复一日,似各有失和之举。近得电信知日廷于此事甚为震怒,以为大受冤屈,已将此事缘由遍告于欧洲各国,英法俱以日耳曼为理直,所以日国得此回信,愈形急切。昨相传日国将发一帮兵船来华,果若是,岂非以小事而化为大事乎?④

  香港成为各国屯兵之处,以借安纳船而挑起是非,"各口岸虽本有师船保护,然究不多。乃近闻日耳曼兵船至香港者,计共四艘,有大炮五十四尊;另有炮船两艘,每艘有炮十二尊。英国之兵船在香港者计共有十二艘,尚有一艘随后驶来,其船更坚,其炮更大,故现总法美诸国统算,则停于港中之兵船不下二十余艘,荼火军容,实从前所未有也。又闻印度京师及孟买埠有兵一万五千名,专候调遣,前因秘拉作乱,从香港拨去之师。曾云事平后,此队兵卒当即回英。兹又

---

① 《札通商局迅速查办安纳船案事宜》,赵春晨编:《丁日昌集》,上海古籍出版社 2010 年版,第 818 页。
② 《查办晏拿船照会》,《申报》1876 年 5 月 4 日。
③ 《札通商局迅速查办安纳船案事宜》,赵春晨编:《丁日昌集》,上海古籍出版社 2010 年版,第 818 页。
④ 《日国遣兵来华》,《申报》1876 年 3 月 23 日。

闻英廷突有文来，谓无须返国，且驻新加坡再俟后命云云。夫各国驻港之兵舶，既极其盛如此，印度、新加坡之兵又观望徘徊如彼，斯必非无意于其间也……此次外国陈兵，实由普国晏拿帆船事所致。盖以该船在福州地方被劫，日耳曼各国共议，欲中国赔偿，普相俾思麦函致欧洲各国驻京公使，谓总理衙门若不亟为妥办，必将有兴动干戈之举。而英国亦决意相助，已有谕旨至驻扎中国水师提督，如普与中朝为难，当以甲兵相助云。①

熟悉洋务和法条的丁日昌面临着舆论消息和军事压力，对德方提出的赔偿"安纳"号全部货物等多项无理要求，据条约予以驳斥。

《德意志条约》第三十三条载明，船只在中国洋面被洋盗打劫，地方官即应设法查拿，照例治罪，所劫赃物无论在何处搜获，均缴送领事官转给事主收领，倘承缉官不能获盗或不能全起赃物，照中国例处分，但不能赔偿赃物等语，载在条约，两国俱应遵守。今试问先拿、续拿各犯如何照例治罪？承缉之官如何照中国例处分？必中国先能守约，而后可责外国之共守。今杀毙船主之犯尚未严办，承缉之官亦未照例处分，赃物在何处亦未十分认真搜获，是中国先未能按照条约办理，而但执定不能赔偿赃物一语，而谓人心能服乎？②

丁日昌的谈判对手是前福州领事、现任厦门领事的德国人柯劳尔（R. Krauel）。丁日昌在光绪二年写了一份《与德国克领事问答节略》寄送给总理各国事务衙门，内容相当详细。从三月二十三日的交涉过程看，应是德国方面对三月十三日总理衙门照会的回应。他们指责原来主办官员的办事不力，意在催促丁日昌尽快了解此案。在交涉过程中，丁日昌已在按照自己担任江苏巡抚时制定的《救护中外船只遭风搁浅章程》予以仿照一份章程，作为处理中外船只的办事条例。事隔五日，三月二十七日，德国领事又来交涉，催促结案，重点要求将赃物完全赔偿。丁日昌深知此举根本行不通，因为在查办过程中，追缴部分赃款，百姓已经怨声载道。他也

---

① 《纪兵船到港之盛》，《申报》1876年4月28日。
② 赵春晨编：《丁日昌集》上，上海古籍出版社2010年版，第818页。

不希望此事演变为国际争端，表示自己个人负全部责任。其实，这只是外交说辞而已，丁日昌与总理衙门一直保持联系，三月二十三日（1876 年 4 月 17 日）与德国领事谈判之际，他也给总理衙门致函报告相关事宜："德国安纳帆船一事，日昌到任后，当派陈道维汉乘坐船政轮船，会同福宁戴镇、闽安刘协，以及连江、霞浦等知县，亲往北礵山、西洋山一带，缉犯追赃，计又追缴二千余两。除未获之陈阿珀一名，仍悬重赏捉拿千总林遇春、首犯杨细细等，已分别斥革详办。似此办理，业已毫无剩义，倘领事仍有争执，惟有照约只能办犯追赃，不能议赔二层，与之力持。"① 四月二十日，李鸿章在《复总署论德约》的信函中，基本上赞同丁日昌的看法。② 经过丁日昌督饬查办，德国安纳帆船在 1876 年 5 月结案，主犯杨细细依律斩决，同犯等也相应给予处罚。丁日昌以通商局名义向德国领事发出了处理意见的照会。这份照会中，丁日昌强调全部追赃的难度，并说明赔偿一万三千八百八十两的由来及其合理性："日前贵领事送回所追银票一层，想贵领事定有为难之处。但此案抚宪自二月初八接印后，其时贵领事并无一字相托，抚宪即已认真严办，将各犯日日严审，速行定罪，并派大员乘坐轮船前往追赃，又悬二千元极重赏格拿缉陈阿珀在逃之犯，但有可想之法，无不想尽……兹仍将前此追出万春成等各号赃物并误买船料等件折银一万一千一百二十七元，并此次陈道台所追吴开朗等各号赃物，（雇）共折银二千七百五十三元，计单二纸送交贵领事查收。现在虽有林军门暨钟别驾等督同轮船在该处缉追，但有可追之处，无不十分尽情，若到万难设法，仍望贵领事详请贵驻京公使就此了结，庶贵领事之友谊与抚宪之苦心，本局同赞美于不朽矣。除将前后追赃银票二纸送请查收示复外，合将一切缘由照会贵领事查照，并请申详贵驻京公使销案。"③

外事交涉以谋求利益最大化为要旨，"决裂"常常成为要挟手段，德国领事深知其中奥妙，一方面他向公使汇报此间的处理结果，另一方面又留有继续谈判的空间。此情形在丁日昌撰写的另一份《与克领事问答节略》中有所记载④。这份节略中，德国领事以"心事话"透露私密性"消息"，即各国当时形成共识，希望以安纳号事件为由头，要求中国制

---

① 赵春晨编：《丁日昌集》上，上海古籍出版社 2010 年版，第 934 页。
② 顾廷龙、戴逸主编：《李鸿章全集》31，信函三，安徽教育出版社 2008 年版，第 398 页。
③ 赵春晨编：《丁日昌集》上，上海古籍出版社 2010 年版，第 821 页。
④ 同上书，第 822 页。

定法规，一揽子解决沿海地区的"抢船"问题。由此可见，一旦发生德国军事干涉修约，差不多就是"第三次鸦片战争"。丁日昌所作所为，意在避免军事干涉。《申报》登载了署名的《论查办晏拿洋船海中失事案》一定程度上描述了丁日昌的苦心①。

四 颁布《救护遇险船只章程》

安纳船事件推动了《救护遇险船只章程》的制定，丁日昌在与德国进行外交谈判过程中，与闽浙总督文煜在三月份上了奏折，开始制定《救护遇险船只章程》。这份章程名称有不同表述，民国交通铁道部编撰的资料定名为《闽省救护中外船只章程》②，村上卫从英国领事的英文报告中翻译为《保护中外船只遭风遇险章程》。③《丁日昌集》中保留这份章程，名为《救护遇险船只章程》。《丁日昌集》的奏折也交代了制定《章程》的事由与经过：

> 奏为筹议救护闽省洋面遭风遇险船只，妥立章程以垂永久，恭折具奏仰祈圣鉴事。窃查闽省洋面，袤长千有余里，上连浙省，下达粤东，中外商船往来络绎，而海坛、南澳二镇所辖各洋巨涛汹涌、暗石嶙峋，较他处尤为危险，偶值船只遭风或驾驶失慎，触之辄糜。沿海渔民知利而不知法，每见中外遭险之船，任其迫切呼援，非惟坐视不救，抑且纷纷驾坐小舟乘危捞抢，致失事者厄于天又困于人，玩法者图其财并害其命，睹之惨目，闻之伤心。臣等检查档案，商船遭险被抢者，几无虚岁。伏思海上经营，历数万里之重洋，挟数十年之铢积，财命攸关，不幸遇险遭风，在中国商民固宜仰副圣慈保赤之怀，视同己溺，即各国洋船，亦当曲体朝廷柔远之意，拯其倾危。矧迩来沿海愚民愈无顾忌，前有宁波商人王太峰木船遭风搁浅，被沿海渔民肆抢一空。又有德国安纳船一案，船主、大伙均被杀害，货物亦被海滨渔人乘机肆抢。虽经获犯追赃，认真办理，然与其惩创于事后而多

---

① 呆呆子稿：《论查办晏拿洋船海中失事案》，《申报》1876年5月5日。
② 交通铁道部交通史编纂委员会：《交通史航政编》第3册，1931年，第1269页。
③ ［日］村上卫：《海洋史上的近代中国》，王诗伦译，中国社会科学出版社2016年版，第271页。

费周章,何如杜患于事前而免滋龃龉?臣日昌前任上海道时,曾经明定《救护船只遇险章程》,行之颇为有效,闽省似可酌仿办理。①

章程的事由起因与安纳船失事交涉有关,但所要解决的内容是东南沿海地区长期存在的"抢船"现象。丁日昌在1864年担任上海道台,此时正处于中国的国际政治经济秩序调整阶段,而上海又是事务繁杂之区,他在处理洋务方面积累了丰富的经验。笔者没有找到他任上海道期间制订的相关章程,其《抚沪公牍》中保留的《禀办理救援遭风船只》和《示谕救援遭风船只》可揭示一二。后者包含了具体内容,谨抄录如下:

> 照得沿海一带地方,中外船只遭风搁浅,事所常有。论救灾恤邻之道,固宜各尽天良;律惩贪赏善之条,亦当自怀刑宪。乃访闻沿海居民,每遇船只遭风,不惟不设法护救,而且乘机抢夺。舵折帆飞,望援者方深号泣;倾筐倒箧,突来者随意取携。经数十年铢累寸积之余,顷刻遂成乌有;历数万里黑海重洋之苦,无端问诸水滨。甚至事尚可为,落井竟将下石;岂其爱莫能助,亡羊无由补牢。失事者厄于天又厄于人,滋事者图其财并图其命,睹之惨目,闻之伤心。

> 本道现拟妥设定章,分颁属境。所有沿海乡村,以拾里为一段,每段设约正、约副二人。无论内地外洋船只遭风搁浅,飘至境内,立即设法求援,一面报知地方官亲来勘验,将船货点交原主,并酌量赏给救护之人。倘船货全经在海飘失,仅剩空人,即将原人护送至本道辕门,听候酌给川资,令其回籍,毋使流落失所。一切详细章程,统由该厅、县再行议复核办。除咨会崇明总镇会同办理外,合行出示晓谕。②

丁日昌按照实际情况重新制定章程,也是有前面的执政经验为基础的,福建推行《救护章程》内容也较江苏版本详尽,由四条变为了五条。③李鸿章支持《救护章程》的实施,他在光绪二年四月二十日就德国修约给总理衙门的信函中,对各条拟加简明注语予以说明,并

---

① 赵春晨编:《丁日昌集》上,上海古籍出版社2010年版,第115页。
② 同上书,第302页。
③ 同上书,第115页。

认为需要予以推行。① 1876年5月，安纳船事件完结之后，朝廷批准颁布章程，丁日昌就此向福建各地颁布告示，名为《晓谕兵民护救中外船只示》：

> 访闻福建沿海居民，遇此等危险之船，认真保护者固多，而乘机抢夺者亦复不少。舵折帆飞，望援者方深号泣；倾筐倒箧，突来者竟肆贪残。经数十年铢累寸积之余，顷刻遂成乌有；历数万里黑海重洋之险，无端问诸水滨。失事者厄于天又厄于人，滋事者图其财并图其命，睹之惨目，闻之伤心。本部院现已妥设规条，明定赏罚，除通饬营县勘分段落，责成地甲头人毋得彼此推诿，并奏咨一律办理外，合行剀切晓谕。为此谕，仰沿海营汛兵丁以及一切居民人等知悉：此后凡遇中外船遭风搁浅、一切危险之事，务必查照后开章程极力拯救，本部院自当格外奖赏；倘或阳奉阴违，以及乘机抢夺，一经查出，定即分别照例严办，决不姑宽。其地方厅县以及营汛等官，若不认真遵行，亦即一体按律参究。尔等须知中外原属一家，四海皆同兄弟，但能尽一分扶危拯急之心，即受一分裕后光前之福。迷津可渡，自新者请听指南；法网难逃，不悛者终须投北。凛之、凛之，切切！特示。②

此文在福建各地澳口、水师营地以及海难事故多发地立碑告示或张贴告示。如今霞浦县三沙镇东澳天后宫还存留一通光绪二年残碑，就是福建巡抚、闽浙总督、福建海关三个衙门共同勒立的《救护船只遇险章程》。③ 光绪二年（1876）七月，澎湖厅通判唐世永报告了张贴告示的详细情形："兹蒙台宪筹议救护章程，明定赏罚，奏明通饬一律办理遵照，力挽颓风，使海澨乡愚，咸知儆惕，相安于无事，实为地方之幸。遵即移营会勘，将奉到告示照抄实贴各澳海口，俱用木板糊挂。以后遇有中外遭风船

---

① 顾廷龙、戴逸主编：《李鸿章全集》31，信函三，安徽教育出版社2008年版，第400页。
② 赵春晨编：《丁日昌集》上，上海古籍出版社2010年版，第824页。
③ 李继昌：《三沙东澳天后宫清代碑刻群》，《霞浦文史资料》第26辑，2010年，第92—93页。

只,即照章程,竭力救护。"① 台湾新竹县分别又在光绪十四年(1888)和光绪十八年(1892)两次张贴告示,光绪十四年的张贴之处有:县署前、香山、旧港、下寮、溪州、油车港、红毛港、蚵壳港、笨仔港、南崁港、凤鼻尾、咸水港、中港、中港渡头、山寮、网纺仔、后垄、后垄外埔、后埔溪洲、湾垱沟、白沙墩、望高寮、吞霄、房里、苑里、土地公港、大甲、大安、脚踏港、羊寮等。光绪十八年的张贴之处有:县署前、香山、香山塘、隙仔溪、和雅庄、旧港、顶寮、下寮、溪洲、油车港、红毛港、蚵壳港、鱼寮、羊寮、北沪、笨仔港、咸水港、凤鼻尾、中港、大溪乾、中港渡头、山寮、香山大庄、崁仔脚、树林仔、许港、大牛椆港、白沙墩、大潭港、石观音街等。② 与此同时,丁日昌也告知各国在闽外交机构,比如致信德国领事,"倘洋面有遭风失事之船,贵领事即可就近知会该段轮船前往救援,彼此联络或者更为周密"③。地方官员将文本送达各领事,英国领事的章程文本由厦防同知递交。④

光绪二年闰五月初六颁布命令,总理衙门要求沿海各省遵照办理。各省接到总理各国事务衙门的通告,也根据各地情况,提出修订意见,如广东在同治九年已制定《中外船只遭风遇险救护章程》,"数年以来,救护中国船只及美、英各国洋船多次,中外民人因救护生者,亦不下数百人",刘坤一等人对比了广东章程和福建章程,指出了差异所在,"闽省章程与粤省旧章大端相似,只以两省情形互异,其中节目亦因稍有不同。即如章程内画分地段、责成救护一节,粤章则分设公局,以其事任之绅耆,闽章则明定界限,以其事责之地甲。又粤章每救一人,赏银三十圆,闽章则赏十圆。其余琐屑事宜,亦未能悉相符合"。刘坤一根据广东的实际情况,由善后局另议一份章程实施,"粤章行已数年,商民称便,若一旦改照闽章办理,未免今昔稍殊,海滨愚民难于户喻,设以旧章忽改,遇事观望不前,似于救护事宜转无裨益。臣等窃思立法必期于有济,因地乃所以制宜,审度情形,未敢稍涉拘泥。当即督同善后局司道,将闽省章程

---

① 转引自[日]伊能嘉矩《台湾文化志》中卷,台湾省文献委员会1991年版,第491—492页。
② 《新竹县制度考》,台湾银行经济研究室1961年版,第116—117页。
③ 赵春晨编:《丁日昌集》上,上海古籍出版社2010年版,第824页。
④ 转引自[日]村上卫《海洋史上的近代中国》,王诗伦译,中国社会科学出版社2016年版,第271页。

与粤省旧章互相参订，酌议章程五条，期于粤章不必纷更，而于闽章亦无背谬，拟即饬发各属晓谕沿海居民，俾知遵守"①。粤章也是五条，内容更为详尽，制度性规定更为严密。

五 《章程》与乌坵洋事件交涉

学界对于福建《救护遇险船只章程》的实施效果有不同看法，如汤熙勇认为章程虽然在台湾具有效果，但仍出现不少问题，如地方仍承担遣返费用、船舶被抢夺之后的责任认定或赔偿交付等②。日本学者村上卫利用英国驻厦门领事馆的外交文书对1876年4月英国船只广东号（Kwang-tung）在兴化府乌坵海面遭遇船难并被抢夺的事件，以及1885年4月英国船只Zaffiro号在漳浦县铜山洋面触礁被抢夺的事件进行全面整理，认为"此章程并无实际效果"③。从持续存在的船难事件和抢船行为，以及西方国家外事交涉文书中的抱怨口吻，不难得出上述结论。但应该看到，转变沿海沿袭已久的民间积习并非易事，张贴告示无法立竿见影，需要数年的制度实施才可转变，其间有所起伏，在所难免。丁日昌对此早有预见，"初办时民情尚属格格不入，必须赏罚分明，时加劝谕，数年之后使百姓自家明白救护为是、不救护为非道理，然后可以永远相安无事"。④

1876年，丁日昌在解决乌坵海面船难事件之际，给英国驻厦门领事阿拉巴斯特（C. Alabaster）发去一封很长的信札，描述了事态始末。这封信札与村上卫利用的外交文书形成参照，有利于展现事态全貌。1876年4月，英商天裕洋行的"广东"号在兴化府乌坵海面遇险漏水。丁日昌闻讯后，马上派"海东"号前往救护，协助货物卸岸，"广东轮船在乌坵洋面碰破时，本部院并未接各处中外官员文书报知，但一经闻人传说，即刻飞派轮船前往救护，并严谕附近乡村人等不得借端抢夺，盖诚恐等待

---

① 《酌拟沿海保险船只章程折》（光绪二年九月二十一日），刘坤一：《刘坤一奏疏》1，岳麓书社2013年版，第443—447页。

② 汤熙勇：《清代台湾的外籍船难与救助》，《中国海洋发展史论文集》第7辑，下册，"中研院"中山人文社会科学研究所1999年版。

③ ［日］村上卫：《海洋史上的近代中国》，王诗伦译，中国社会科学出版社2016年版，第292页。

④ 赵春晨编：《丁日昌集》上，上海古籍出版社2010年版，第824页。

文书、往返查实，致有耽延，救援不及故也。"在此举措之下，"广东轮船人货均平安无失"。轮船已经损坏，需要拆卸轮船，于是丁日昌仍派轮船在该处照料。但据禀报，"该处水势溜急，轮船难以停泊"，丁日昌就请海坛镇台改派师船到乌坵照料，但师船到达后，由于海潮急促，难于久靠。为了保证船只拆卸安全，丁日昌改派湄洲营汛官李逢忠带同兵丁20名，并命令莆田县添派差役数名到达现场，"无论风雨不准离开，如船内洋人有丝毫被人蹂躏，即惟该弁兵是问"。他们一直驻扎海边，昼夜巡护。不久，天裕行将船卖给厦门怡记洋行，怡记派洋人前往拆卸船体。丁日昌命汛兵继续守护，由李逢忠与拆卸船只的洋人约定：如有事故，以放空枪为号，兵勇即可赶来处理。

　　6月11日黎明，附近渔村的三名渔民分驾小船二艘接近船体。结果船上执行拆卸的英籍马来人 MahomedAhsai 并未按照《救护章程》进行喝止查询，即开枪射击，结果杀死两人。丁日昌不敢怠慢人命案件，派人予以处理，"五月底，闻得乌坵渔人有纠集百余人滋闹洋人之事，当时本部院又飞派一号轮船前往该处弹压。并严饬该处地方官：如有滋扰洋人，被洋人击毙者，即系死由自取。仍谕以百姓即有毙命，此时亦只好极力弹压，俟洋人离开乌坵后方可办理命案。"由于百姓众怒汹汹，"知地方官肯为作主，转致激成大事，更难解散"，与此同时，怡和洋行告知英国驻厦门领事，要求督促清朝当局归还被抢夺的物品并处罚抢夺者，并未告知射杀渔民之事。阿拉伯斯特接到通报，即派遣 Thistle 号炮舰前往出事地点，同时要求兴泉永道和船政水师派兵。在此过程中，福建官员对怡和洋行所通告的抢夺事件有所怀疑。丁日昌认为渔人等深夜接近轮船，即使有窃取之心，亦无强抢之事，且均未带武器，并不构成自卫之必需。况中国所派保护之营兵即在近旁，一经示警，即刻可至。洋人滥行开枪杀人，应依法惩治。如其所述，"若在从前并无大宪派兵保护，则该洋人莺头乌、阿赛等自卫其身，不能不行开枪，今该破船已经本部院派有弁兵等保护，又该弁李逢忠曾与看更洋人约明如遇有人声响动，以放空枪为号，兵勇等即行前来看护，则当时该看更洋人一看见有人响动，自应照约开放空枪，或即一面通知兵弁，将该渔户捆送交官严办，方为正理。且该渔户仅有三人，又无器械，又其中有一蔡佐乃是十四岁小孩，即使真欲窃物，亦断非难御之贼，何必开枪遽伤其命？又何必一连开放两枪，伤其二命？故此案若无大宪派兵保护，则看更洋人开枪自卫，尚不得谓之十分有错；已经派兵保护，则看更洋人遇有可疑之人，即应拿交弁兵或通知弁兵帮同拿获，或开空枪吓之使退，抑或仅放枪击毙一人，尚可谓之出于无心。今乃一连开枪击毙二命，而渔户只有三人，除死去二人，仅存小孩子一人，则看更洋人居心残忍，以人命为儿戏，可想而知矣"。

丁日昌等人依据条约要求英国领事按照法律惩办凶手，英国领事则以凶手的国籍不清为由予以拖延。丁日昌不得不发文指出，"本部院深知贵领事存心公正，办事认真，现在自今日起，此案非是章道之事，乃是本部院烦托贵领事费心，将此案彻底会审，或系莺头乌凶手，或系阿赛凶手，或但一人系凶手，或两人均系凶手，想对质之下，不难水落石出。如果情真罪当，自应各按照本国之法办理；倘若情不真、罪不当，自不能凭空诬捏好人。倘贵领事之意以为与章道意见不合，不愿与之会审，亦可另请省城派委通商局大员来厦会审，即不然亦可由两国各请秉公人前来评理。倘一堂审不明白，两堂、三堂断无不明白之理"。在交涉过程中，丁日昌认为中外均属一体，"若使杀人可不偿命，则愚民无所忌惮，从而效尤，纷纷自行报复，祸患伊于胡底？……无论如何为难，总要设法获案严办，方足使人知所儆惧，后来不敢行凶"，并由此表示自己追拿凶犯的决心，"该犯等或改名姓逃入深山，或逃在台湾生番之内，本部院均不惜重赏，一一购线拿获到案"。

《救护中外船只章程》本意在于整顿滨海秩序，对怡和洋行通告的广东轮船有拆起铜铁机器等件被贼人偷去之事，丁日昌予以严肃对待，"本部院最恨盗贼乘危劫掠船只之事，即如广东轮船失水时，天裕洋行雇有驳船驳运水湿货物，途中该驳船因风打在福清洋面，被东壁乡抢去货物，本部院即特派文武大员统领兵勇前往围拿，内有凶匪拒捕者，擒获后即时正法，所有抢去货物追还销案。此事该湿水货物值不到一千元，本部院兵费已用去数千元，可知本部院于此等不法之徒断不稍有袒护，但须查到真凭实据，方能加之以罪耳"。与此同时，丁日昌也指出，洋人凶犯无法缉拿处置，官府的威信就难以树立，《章程》得不到民众支持。丁日昌说辞有理有据，但英国方面一再拖延，使乌坵洋面案件二年之后才得以解决。1878年12月，出使伦敦的郭嵩焘与英国外交大臣沙利斯伯里商议，由沙利斯伯里指示英国驻华公使命令怡和洋行向受害者家属支付赔偿金，公使则指令阿拉伯斯特说明怡和洋行执行此议，虽然阿拉伯斯特很不情愿，但最终在 1879 年，怡和洋行同意付给遇害者家属 100 元的赔偿金①。

丁日昌制定《救护遇险船只章程》，因其兼任船政大臣，一直以福建海军而建立救护系统，他将福建洋面的救护责任分为了三段，以便就近救援。其中福宁府洋面、海坛镇洋面各为一段，派一艘轮船往来梭巡。1876 年，船政局建成艺新号木壳船，长 60.39 米，宽 5.61 米，载重 245 吨，马力 200 匹，时速 9 海里，船小，不适宜远航，作为海岸巡逻艇，由许寿山担任管带，负责拯救沿海失事民船。许寿山是船政学堂培养的学生，他谙熟福建沿海水道，有警必动，有难必救，勇涉险涛，救助了不少中外遇险船只和船员。如池仲祐所撰事略中也有体现："文肃公以为能。使充陆营练习，旋保千总，管带艺新兵船。艺新船小而簸，不可以航运洋，专备风后出巡，拯援失事民舶。游戎（许寿山）耐劳，狂觊骇浪之中，沿海梭巡，叠次救护人船得力，叙功升守备。"② 1879 年，福建船政大臣吴赞诚上报的《驾弁许寿山迭次救护船只出力请奖片》记载了救护行动的详细过程：

> 沿海文武汛官救护船货一万两以上、中外人等十名以上者，注册记功；三功以上者，酌记外奖；五功以上者，分别题升，经前署闽浙督臣文煜、福建抚臣丁日昌奏明在案。五品军功、补用千总许寿山管驾"艺新"轮船，先经派巡五虎一带，嗣令驻防福宁。光绪三年八月，美国"佛兰牌利"夹板船在兴化长屿洋面遭风沉没，该弁救出洋人韦士客拉等十九名，给以饮食，护送至省，领事戴兰那感激不胜，具文致谢。十月，刘金狮商船在长乐松下洋面冲礁损坏，该弁又救出难商十三名并抢护船身，代之修补。四年四月二十九日，"阜康"号商由沪乘商轮至罗星塔，行李、银物移置驳船，甫经开驶，陡起暴风，立时倾覆。该弁冲冒风雨，抢救陈廷隆等七名。十二月，金同生商船装运杉木一千九百根并纸张等件，开至五虎搁浅发漏，该弁闻报立即驶往，将该船拖带进口。又在福宁三沙洋面拯救许阿邹遭风商船一只并难商三名。本年三月，金裕昌商船装杉木三千四百余根

---

① 参见赵春晨编《丁日昌集》上，上海古籍出版社 2010 年版，第 826—828 页；[日] 村上卫《海洋史上的近代中国》，王诗伦译，中国社会科学出版社 2016 年版，第 272—282 页。

② 《海军实纪·述战篇·许游戎玉珊事略》，民国 15 年（1926）北京海军部铅印本。转引自福州市地方志编纂委员会编《福州马尾港图志》，福建省地图出版社 1984 年版，第 241 页。

冲礁于妈祖澳，船将没矣，该弁由三沙展轮而下，拖至古镇，该船赖以保全。①

吴赞诚奏折也充分显示，即便丁日昌离任之后，船政局和福建海军也是按照《救护章程》开展海上救助，他们不仅救护外国船只，也救助本国商船。船政局按照《章程》的相关规定对救助官兵予以请功，以激励船政官兵参与海上救助。

六 结语

在现代民族国家构架之下，海洋是各国进行政治、经济和军事互动的重要舞台，以争夺海洋空间为中心的经济纠纷与军事抗争等逐渐成为塑造海洋社会秩序的主要动力，并产生制度框架与运作制度。从这层意义而论，鸦片战争后的沿海开放，是以被动形式出现，甚至导致部分利益的丧失，但可视为中国走向新的国际海洋秩序变迁的一个重要环节。随后的洋务运动可作为主动进入新的国际海洋秩序的一种努力。如前人诸多研究指出，中国本身具有久远的海洋传统，并以朝贡制度为原则建立了东亚的海洋利益格局和海洋社会秩序。那么进入19世纪50年代之后，洋务官员和洋务机构如何接受和转化另一种处理国家间海洋利益和关系的原则和行为规范，并在此基础上形成新的海洋权益结构，其实是一个复杂的命题。本文展现制定《救护遇险船只章程》的前因后果，意在指出几点：

第一，传统王朝对民间社会实行以"自治"为基础的治理体系，在此格局之下，对"船难抢夺"屡次制定律法予以严禁，但因滨海人群频繁流动难以缉捕以及地方保护主义原则下，成为了滨海岛屿民众长期沿袭的社会风俗。进入近代通商口岸时代，西籍船只失事，船货保存较为完好，激发了"抢船"的内在利益驱动，成为中外纠纷的焦点，也成为构建新的海洋秩序的难题。

第二，洋务官员对"抢船"并非视而不见，沈葆桢等在福州开展造船和建立海军的过程中，也积极地采取措施处理这些海难事件或因海难而引发的种种事端。随着福建船政局购买、制造舰船的增多，以及海军技术

---

① 张作兴主编：《船政奏议汇编点校辑》，海潮摄影艺术出版社2006年版，第160页。

人员配置的完善，船政官员和地方官吏凭借这些新式舰船构建海防屏障而维护海洋主权，也借助新式舰船的航海能力参与海难救助，取得初步成效。

第三，如果说朝贡制度下的海洋秩序是以"礼仪"为基础的自发进程，那么近代海洋秩序则是西方国家以殖民观念和坚船利炮不断强势推进的过程，其中必然存在大量的海事纠纷、军事威胁乃至政治讹诈。在此格局之下，有理有力进行外交博弈成为清政府官员直接面对问题。丁日昌是福建船政局主持船务的重要官员。他在处理1876年的德籍安纳船失事过程中，不仅以有效的外交手段消弭了德国军事干涉的口实，而且以旧规为基础建立规范的救护海难体系和制度化措施，以消解"抢船"可能产生的外交纠纷。

第四，如果将《救护遇险船只章程》视为近代中国海洋法规的探索，那么可以看到，制度法规不能纸上谈兵，需要实施行为予以体现。只有通过依照《章程》而行的具体行动，才能回应、对抗、反驳西方国家的要求，形成法规博弈。丁日昌等人以福建船政局和船政水师实施救助行动，即依此策略而行。与此同时，他也注意到乡民的"抢船"积习需要宣传教化才能消解，《章程》批准后，各级政府在澳湾、海岛等处立木张贴或勒石公告，要求地方保甲、乡村耆老与宗族组织参与其事，统合各种救护力量，执行法规内容。

第五，从地理大发现以来，各个国家在海权政策和海事行动上的博弈总是处于相互依赖的状态。《救护遇险船只章程》是清政府与西方国家在海事纠纷中博弈的产物，是丁日昌等人不断比照他国行为而采取的政策选择。《救护遇险船只章程》所展现的趋势，就是近代中国从帝制的"天下"观念逐渐演变为民族国家的自我认知的过程。

简论福建船政与中国的海权意识

张 炜[*]

世界近代化进程始于地理大发现，它孕育了人类将海洋不再视为阻隔而视为财富通道的海洋观念的历史性转变，孕育了国家以暴力手段征服海洋扩大国家权利范围的海权观念的历史性转变。19世纪60年代决策创办的福建船政，虽稍晚于江南制造局，却是中国最大的近代造船企业；同时建立的船政学堂，亦是中国近代教育的前驱先路，具有不可替代的历史地位。从思想观念层面看，福建船政兴起既反映了中国海权意识的重大进步，同时也勾勒出中国海权意识与西方海权思想南辕北辙发展的历史必然。

决策分析：福建船政诞生既是对西方海权的被动反应，也是中国海权意识进步的重要标志

从同治五年（1866）五月十三日左宗棠上奏清廷《试造轮船先陈大概情形折》，到六月初三"上谕"同意左宗棠设厂制造轮船，创立福建船政的决策相当快。此前后左宗棠的相关奏折和上谕所示，反映了中国海权意识的重大进步。

（一）重新判断来自海洋方向的威胁，奏请设厂造船并得到批准

西方殖民者大举东来进入中国，尤其是道光年间两次鸦片战争之后，中国人设身处地地感受到西方殖民者的船坚炮利，面对屈辱的不平等条约，千百年来的大国尊严一败涂地。痛定思痛，从林则徐到魏源，从曾国藩、左宗棠、李鸿章到后来将福建船政付诸实践的沈葆桢，都受到西方海洋观念和海权思想的巨大冲击，开始把经略国家的眼光从陆地转向海洋，

---

[*] 张炜，海军军事学术研究所原研究员。

探索"师夷长技以制夷",尤其是1863年经历"阿斯本舰队"事件——买一支近代化海军舰队的尝试失败以后,建厂造船,推动近代化军事工业和海军的发展,成为洋务运动的首个着力点。这尽管是一种被动的反应,尽管主要在"器物"层面,但思想层面的变化毫无疑问是前提。

同治五年(1866)二月,左宗棠任闽浙总督。五月,他上奏清廷《拟购机器雇洋匠试造轮船先陈大概情形折》,向朝廷提出在闽设局造船的建议。这是一个洋洋数千字的著名奏折,反映了洋务大员们对来自海洋经济及海洋安全问题上的新认识。奏折开宗明义:"窃维东南大利在水而不在陆。自广东、福建而浙江、江南、山东、直隶、盛京,以迄东北,大海环其三面;江河以外,万水朝宗。"其对滨海之区七省有海连通,经济上可收漕运之利,军事上可收安全之利的认识已经十分清楚。然而,"自海上用兵以来,泰西各国火轮、兵船直达天津,藩篱竟成虚设,星驰飙举,无足当之;自洋船载百货行销各口,江浙大商以海船(指木帆船)为业者,费重运迟,亏折货本,正歇其旧业",使江浙海运"有无船之虑","漕政益难措手"。正是从经济和军事安全两个方面考虑,左宗棠作出"非设局急造轮船不为功"的结论。他说:"欲防海之害而收其利,非整理水师不可。欲整理水师,非设局监造轮船不可。轮船成,则漕政兴,军政举,商民之困纾,海关之税旺。一时之费,数世之利也。"① 这些认识在当时难能可贵。

20天后上谕下达,其中说道"中国自强之道,全在振奋精神,破除耳目近习,讲求利用实际。该督现拟于闽省择地设厂、购买机器、募雇洋匠、试造火轮船只,实系当今应办急务"②。左宗棠试造轮船构想如此迅速获准,在当时是很不容易的,这与当时左宗棠的深刻认识言之凿凿有关,也与当时清廷内外交困急寻出路的需求合拍,反映了最高统治阶层海洋观念、海权意识的重大进步。

(二)决策船政为独立国家机构,倡导军民两用的近代造船思路

鸦片战争与五口通商之后,列强凭借特权倾销商品,洋轮伴随而至,清政府航海利权皆操于外人之手。这种窘况曾引发洋务派官僚极大不满。

---

① 《左宗棠全集·奏稿三》,岳麓书社1989年版,第60—61页。
② 同上书,第70页。

他们纷纷上书朝廷，抒发自己的见解，表达了对航海利权深深的关注和忧虑。1863年，时任江苏巡抚的李鸿章就曾表达对国家航海利权丧失的忧愤，他说，"长江通商以来，中国利权操之外夷，弊端百出，无可禁阻"①。随着洋务运动的发展，在"求富"与"自强"观念的指导下，大部分官办、官督商办企业都具有军用与民用的双重属性，一方面可以在军事上有效抵御外侮，另一方面可以"分洋商之利"，与洋商争夺航海利权，也可以增加政府经费，李鸿章设想"自扩利源，劝令华商出洋贸易，庶土货可畅销，洋商可少至，而中国利权可逐渐收回"②。

福建船政局亦是如此。自设立之始，清政府就在谕令中明确"所需经费即着在闽海关税中酌量提用"③，这表明清政府坚持"权自我操"，将船政视为独立国家机构的决心和意志，为之后排除外国干预和地方封疆官吏责难提供了基础和条件。正当筹建船厂紧锣密鼓铺开时，是年10月4日清廷急下圣旨，急调左宗棠出任陕甘总督，率师"平叛"。左宗棠经过慎重考虑，极力推荐原江西巡抚、林则徐之婿沈葆桢接任，并上疏奏请清廷授沈葆桢以"特命总理船政，由部颁发关防"，享有"专奏请旨"的权力，以防地方官的牵制。④沈葆桢上任后，从同治六年（1867年）到同治十三年（1874），共造万年清、湄云、福星、伏波、安澜、镇海、扬武、飞云、靖远、振威、济安等11艘军舰，永保、海镜、琛航、大雅等4艘商轮，这些舰船性能虽不十分先进，但已是使用机器的舰船，与旧式帆船截然不同，不仅利于国家维护"利权"，而且使晚清海防装备和海防力量有了初步的发展。

1874年之后，外国技术人员解聘，船政进入由中国技术人员和工人独立自造舰船时期。1875年5月，船政局依靠自己培养的技术人员及工人，"并无蓝本，独出心裁"，造出第一艘小型木质炮船。次年，船政局转而采用铁、木作为造船材料，很快造出第一艘铁胁船。1882年，船政局又造出第一艘巡洋舰，排水量2200吨，堪称当时"中华所未曾有之巨舰"。1897年，船政局再聘法国技术人员指导仿制新式军舰，先后造出两艘排水量850吨的驱逐舰，"船坚且快，炮大而远"，是船政局开办以来

---

① 《李文忠公全集·朋僚函稿》卷3，上海古籍出版社1995年版，第19页。
② 《李文忠公全集·奏稿》卷19，上海古籍出版社1995年版，第45页。
③ 《左宗棠全集·奏稿三》，第70页。
④ 同上书，第133页。

所造功率最大、航速最快、性能最佳的军舰。福建船政局造出新式舰船后，成为国产军舰的主要提供者。沈葆桢在向清廷呈递的《续行兴造轮船片》中说，"购致者权操于人，何如制造者权操诸己"，他还乐观设想船政嗣后也有建造铁甲船的希望，认为"由熟生巧，由旧悟新，即铁甲船之法，亦可由此肇端"①。

可以说，船政既是中国最早的近代工业企业之一，代表中国近代工业的开端，亦是国家自强之道、御侮有道的战略性措施，兼顾了军事和经济两方面要求，是真正船与政的结合。正如沈葆桢上任伊始向总理衙门禀告时所说，"船政之举，非诸臣之事，国家之事也"，之后他还在奏疏附件中指出"夫言自强之实，当不自今日始矣，及今不图，安所底止，事机之际间不容发，一误再误，其何以堪！"点明了官营船政的紧迫性和重大意义。

（三）创建船政学堂，引进西方近代化海军教育训练体制

"船厂根本，在于学堂"②。1867年1月，福建船政局内设的船政学堂正式开学，这是中国第一所教授现代科学技术的海军学堂。学堂最初定名为"求是堂艺局"，分为制造、驾驶两部分，后以新校舍的坐落位置而分别称为前学堂和后学堂。前学堂是船舶制造班，培养能从事设计、制造船舰船体和轮机的专业人才；另设绘事院，主要培养绘图员，同时还承担船政局全部图纸的绘制工作。后学堂先设驾驶班，培养航海人才；后又加设轮机管理班，培养能操纵和维修轮机的专业人才。以自力更生附设"船政学堂"，以适应海军建设的需求，成为福建船政局具有远见的一大特色。

船政学堂的创办突破了封建传统教育体制，开风气之先，但又没有全盘照搬西方教育模式，而是通过改造为我所用，因此其办学体制带有"中西合璧"的鲜明特点。前学堂使用法文教材，聘请法国教师授课，采用法国军港士官学校的科目训练；后学堂使用英文教材，聘请英国教师授课，采用英国海军的培养方法训练。聘用外籍教师坚持以契约形式，并以私人身份受聘原则。同时，船政学堂还开创了中国近代学生留学教育先

---

① 张作兴主编：《船政文化研究——船政奏议汇编点校辑》，海潮摄影艺术出版社2006年版，第87页。

② 同上书，第22页。

河，奠定了中国留学生的留学方式和基本制度。1873年11月18日，船政监督日意格向沈葆桢呈送《关于船政学堂教育成果的报告书》，提出组织学生留学欧洲的主张。12月7日，沈即上奏朝廷阐述了派遣毕业生留洋深造的重要性和必要性，并提出"将窥其精微之奥，宜置之庄岳之间"的重要论断。他指出，"以中国已成之技，求外国益精之学，较诸平地为山者，又事半功倍矣"，主张选前学堂毕业生赴法国"探究其造船之方，及其推陈出新之理"，选后学堂毕业生赴英国"深究其驶船之方及其练兵制胜之理"。① 这一提议受到左宗棠、李鸿章等大臣的广泛支持，后因日本侵台被迫搁置，于1877年丁日昌接办船政后才得以真正实施，前后共派遣四批学生赴法英留学。北洋海军将领大多出自其中，船政不愧为中国近代海军的摇篮。

船政引进西方教育模式，成为中国近代教育的滥觞。此后，继之而起的其他新式学校纷纷仿效，不仅直接或间接地采取船政教育模式，更聘请船政学堂师生担任要职。李鸿章创办天津水师学堂，"略仿闽前后学堂规式"。张之洞创办广东水陆师学堂（后又改为黄埔水师学堂），"其规制、课程略仿津、闽成法"。船政学堂的成功实践以及后来其他学校的相继举办，直接推动中国政府逐步建立起适应社会发展潮流的近代教育制度。

（四）创制船政管理规则，初具海军和企业的近代化法制意识

海权追求的是权力，也是权利，或者说是借助国家权力优势争夺国家权利，拓展国家利益，乃至追求国家利益最大化。这是一个近代以来世界连成一气而产生国际范畴的问题，同时也是一个试图限制和规范权力使用和权利争夺的国际法范畴的新问题。面对这个随着中国近代化必然到来的问题，福建船政是一个率先实践者之一，也就有了率先获得理性认识的可能。

从一开始，船政这种通过国际合作办厂办学的方式，就带有国际军事合作的进步意义，对当时的中国来说是追赶国际先进技术的重要方法之一。由于既缺乏经验，更有李泰国、阿思本购买兵船的教训，经过充分考虑利用与防范问题，左宗棠认为"洋人共事，必立合同"，遂在决定聘请闽海关税务司日意格和法国军官德克碑为正副监督，负责购买外国机器、

---

① 张作兴主编：《船政文化研究——船政奏议汇编点校辑》，第77页。

代聘外国技术人员并指导造船事宜后,即先后拟订章程、合同和规则等条文,明确外籍人员的责、权、利,这在当时是一种新的大胆尝试。一方面是通过高薪待遇和明确义务职责等方式,确保"人尽其才"。双方确定以西方的平等契约合同来确定聘用关系,内容包括聘期、工资、工作任务、生活医疗待遇、奖励和辞退等。合同草签后,外籍人员来船政时签正式合同,其所在的国家驻华外交官画押担保。除了明文规定给予外国雇员以优厚待遇,以实现"亦欲使彼有余润,然后肯为我役"的目的外,还"预定奖格,以示鼓舞"①,优秀者有升职、晋级、加薪、发给奖金、授予金牌宝星和顶戴等奖励。彼时,船政学堂外籍教师的工资已是国内教师的7—25倍。同时,对于不称职的洋员、洋匠也有惩罚制度,"西洋师匠心教艺者,总办洋员薪水全给。如靳不传授者,罚扣薪水"②,情节严重者解聘回国。对日意格和德克碑应负的责任和义务也作了明确规定,要求"自铁厂开工之日起,扣至五年,保令外国员匠,按照现成图式造船法度,一律精熟,均各自能制造轮船,并就铁厂家伙教会添造一切造船家伙,并开设学堂教习法国语言、文字,俾通算法,均能按图自造"③,左宗棠认为这是"两人分内保办"的事情。

另外是细化责任权限,确保"权操诸我"。因船政聘用大量洋员、洋匠,为防范外国政府干预,确保船政大权始终掌控于我,左宗棠坚持"能用洋人而不为洋人所用"的原则,明确外国师、匠"到厂后由局挑选"④,且要求洋员以个人身份受雇于船政,不受本国政府指令。1866年8月,左宗棠与日意格签订合同,立约画押,明确规定洋监督是在船政大臣领导下管理船厂内工作的外国人员,且规定自船厂开办之日起以五年为限,"五年限满无事,该正、副监督及各工匠等概不留用"⑤。合同有效地限制了洋员权势的扩大,保证了"权操诸我"而不为洋人所操。左宗棠离开福州前,还当面向日意格和德克碑提出:"条约外勿多说一字,条约内勿私取一字。倘有违背,为中外讪笑,事必不成,尔负我,我负国

---

① 张作兴主编:《船政文化研究——船政奏议汇编点校辑》,第15页。
② 《左宗棠全集·奏稿三》,第61—62页。
③ 台湾"中研院"近代史研究所:《海防档》乙,《福州船厂》第20号,第33页。
④ 《左宗棠全集·奏稿三》,第61—62页。
⑤ 《海防档》乙,《福州船厂》第20号,第41页。

矣"①。至1874年2月外籍人员遣返，清政府虽然付出较为昂贵代价，但收获也不小，中国技术人员已经可以独立制造轮船，基本上完成了近代造船技术的移植，同时还促使西方近代工业管理经验部分传入国内。虽然这种经验和合作方式在当时并未得到足够重视和推广，但值得肯定的是，福建船政的创办过程无不体现洋务派官员对国际行为规则的认知和近代化法制意识的萌发，成为清政府接轨西方法治的一次有益尝试和勇敢探索。

实践分析：福建船政满怀向海"自强"的国家梦想，却因中国海权意识"质"的缺陷而破灭

福建船政的创建，既是对西方列强炮舰政策的一种本能反应，也是在"坚船利炮"刺激下主动向西方学习的结果。在近百年的艰难发展中，它既曾首开中国近代化工业的先河，取得过令人瞩目的成就，也留下了无尽的遗憾和悲叹。

（一）坚持中体西用，海权异化为海防

鸦片战争爆发前，晚清政府朝野上下很少有人关注海权问题，直到西方列强从海洋上撞开中国的大门，发动第一次鸦片战争，晚清政府的统治者们才开始认识到制海权的重要性，着手海防建设，同时产生了一些朴素的海权思想。1874年12月，李鸿章在《筹议海防折》中指出："唯有分别缓急，择尤为紧要之处，如直隶之大沽、北塘、山海关一带，系京畿门户，是为最要。江苏吴淞至江阴一带，系长江门户，是为次要。盖京畿为天下根本，长江为财富奥区，但能守此最要、次要地方，其余各省海口边境略为布置，即有挫失，于大局尚无甚碍。"②继这一奏折之后，各地方督抚大员随之附议。署理浙江巡抚杨昌浚提出"是今日自强之道，陆军固宜整理，水军更为要图"，江苏巡抚吴元炳也提出"御外之道，莫切于海防"。然而从这些奏议中可以看出，在清政府"中体西用"思想指导下，中国旧有军事体制并没有得到根本改变，福建船政引进西方近代化工业技术，结果只能是在落后的军事体制中逐渐变质。

---

① 《海防档》乙，《福州船厂》第45号，第74—75页。
② 《李文忠公全书·奏稿》卷24，上海古籍出版社1995年版，第16页。

北洋海军的建立表明清朝政府已经有了对近代化军事的初步尝试，产生了争夺海权的模糊意志和初步实践，但对海权的思想认识仍基本停留在传统的海防思想上。清政府的统治者始终未能完全摆脱那一套"以守为战"的传统海防方针，他们畏惧更深、更遥远的海洋，更缺乏真正的海洋权益思想。直至甲午战争的失败和20世纪初西方海权思想的传入，清政府才开始彻底转变对海权的看法。当然，由于海权与海防的密切关系，清政府对海权不断深入认识的同时，也带来了海防建设近代化，启动了中国社会近代化进程。

在资本全球化时代，谁拥有强大的海军并有效地控制海上通道，谁就在国际利益分割中居优势地位。历史的事实是，贸易首先随炮舰而非随合同同行。任何一个贸易大国同时也都是海上力量大国。与西方海权的产生与发展轨迹迥异，鸦片战争后中国经济制度未发生根本变革，仍然以封建的小农自然经济为主，并没有发展海外贸易的经济需求。当西方殖民势力东侵产生剧烈冲击和影响，清政府仍未能摆脱传统海洋观"重陆轻海""陆主海从"思想的影响，更没有丝毫争夺海权、扩展海外利益的念头，本就封闭保守的海疆顿时向内收缩，被动异化为海防。因此，创办福建船政目的性极为明确，即"闽之设船政也，原为天下海防之计"。

（二）海军形同虚设，船政遭遇灭顶之灾

随着福建船政造船厂和学堂的不断发展，1874年，沈葆桢奏请批准，将福建船政的军舰编成舰队，设轮船统领统一管理。此时，船政局已初具规模，拥有扬武、万年清、湄云、福星、伏波、安澜、镇海、飞云、超武、靖远、振威、济安、永保、琛航、大雅等舰15艘，国外购得海东云、长胜、建威3舰，共18艘兵船。1879年7月4日，清政府诏令闽局轮船先行练成一军，船政水师正式宣布成立。中法战争前，福建船政水师已经成为中国吨位最大的一支舰队，统辖兵船26艘。然而1884年中法马江之战中，这支聚集当时海军精锐并被寄予厚望的舰队在外国舰队面前却如此不堪一击，仅半小时即被法国舰队的铁甲重炮击溃，几乎全军覆没。经此一战，船政制造基地受到严重破坏，造船功能减弱，至1907年船政陷于迟滞，船政水师在缺乏舰艇及经费的窘境下已难成军，且舰体严重老化，再也未能恢复往日气象。

马江之败固然有仓促应战、准备不足的因素，但更多地暴露出中国近代造船工业与西方的悬殊差距，正如左宗棠所说，"所制各船，多仿半兵半商旧式。近年虽造铁胁快船，较旧式为稍利，然仿之外洋铁甲，仍觉强弱悬殊。船中枪炮，概系购配，外洋兵船所用，又有多寡利钝之分，所以夷衅一开，皆谓水战不足恃也"①。对此，续任船政大臣裴荫森认为海上失利在很大程度上是缺乏铁甲船之故，同时他对其他舰队不相援助的指责更暴露出舰队分属导致战时无法形成合力的封建体制弊端，"自来兵家有恃乃可无恐，先声足以夺人。南北洋筹办水师，颇费财力。援闽之师久而不出，出则迟回，观望畏葸不前。法人得窥其微，遂乃截商阻漕，欺中国铁甲未成，兵船无护，不敢轻于尝试"②。因此，他主张整顿海军，"必须造办铁甲"，恳请拨银130万两试造三艘双机钢甲兵船，后这一奏折因奉旨留中而无下文。

彼时，朝野正刮起"自造舰船靡费论"的责难。丁日昌坦率承认，"'江南'和'马尾'自造的舰船，只能靖'内匪'，不能御外侮"；李鸿章更在北洋水师成军时提出，"今即成军，须在外国订造为省便"。于是1885年清廷新成立的海军衙门，在北洋大臣李鸿章的主持下，开始大量向西方列强订购铁甲战舰。殊不知中国造船工业刚刚起步，要想赶上西方不仅需要充裕的经费，而且需要较长的时间。在客观条件尚不具备的情况下，任何在短时间内试图超越西方先进工业技术的打算最终都将被证实是一种急性病。③

（三）植根封建土壤，船政难逃衰落命运

晚清开展军事自强运动时，没有同时进行相应的政治变革和经济变革，导致近代化工业企业发展步履维艰。福建船政植根封建土壤，其的创办目的是强化而不是突破封建制度的藩篱，当近代工业体制与旧制度产生严重矛盾时，最终必然导致船政局的衰落与停办。

一方面，船政建设自始至终都缺乏内在的经济驱动力，官员奏折大部分是关于造船经费的筹措，加之国库由于连年内战早已空空荡荡，财政收入年年收不抵支，经费问题成为船政建设中最为棘手的问题。1874年年

---

① 张侠等合编：《清末海军史料》，海洋出版社1982年版，第39—40页。
② 张作兴主编：《船政文化研究——船政奏议汇编点校辑》，第272页。
③ 王宏斌：《晚清海防：思想与制度研究》，商务印书馆2005年版，第500页。

初，沈葆桢向李鸿章诉苦，"无论出洋之款无处可筹，若再成两轮船，即不出洋亦索我于枯鱼之肆矣"。船政的经营，本是举全国之力发展近代造船业之良策，但在实际操作中却难以脱离封建经济结构及经营管理之窠臼。同时，造船技术的发展除了经费充裕的条件，离不开近代工业技术的支持。由于生产力低下和生产关系落后，使"中国造船之银，倍于购船之价"，成本居高不下，质量却难以提升，武器装备长期无法实现自主发展。特别是当不改变生产关系已不能满足生产力发展需要时，清王朝宁可限制生产力的发展，也绝不许其越出生产关系雷池一步。清朝统治者坚持"重农抑商"的传统治国理念，顽固抵制资本主义商品经济的发展，以维护自给自足的自然经济基础来强化封建统治。

另一方面，晚清政治制度表现出难以克服的严重陈腐性。清政府中存在一股力量强大的顽固势力，几乎对购造新式舰船、培养新型海军人才等每一项军事自强举措，都横加反对和阻挠，致使福建船政建设始终"拘于成法，牵于众议"，"同心少，异议多"。而清王朝的腐败又进一步恶化了船政发展环境，贪污浪费、滥竽充数、营私舞弊、盗窃官物等问题层出不穷。船政大臣前几任尚为专职，享"专奏请旨"之权，后继任者大都官衔不高，后更成为兼职不受特别重视，船政事务遂逐渐受到地方政府牵制。

近代化工业的产生和发展，既依赖于生产力发展水平，也依赖于在此基础上建立的适应其需要的制度体系。而船政建设既缺乏必要的经济基础，也没有近代工业的有力支撑，再加上封建体制的落后，内部管理的腐败，随着造船数量增加，顿感负担越来越沉重，甚至举步维艰。中国的造船事业犹如一条航行在茫茫大海上的破舟，在一团团迷雾包围中，谁都看不到希望，找不到前进的方向。[①] 1907年6月，建议船政局"暂行停办"的奏折得到清政府批准。

理论分析：福建船政的功败垂成，折射了近代以来海权及海军发展规律的不可抗拒性

福建船政大大晚于西方海权实践，但早于马汉为代表的、根据西方海

---

① 王宏斌：《晚清海防：思想与制度研究》，商务印书馆2005年版，第528页。

权实践总结的海权理论。与西方国家相同的是，福建船政试图通过发展民族造船工业、建设一支现代化海军维护国家安全利益；与西方国家不同的是，这一努力没有经济动力，没有将发展现代化海军与运用海权相结合，在谋求国家安全利益的同时谋求经济利益的最大化。那么，现代化海军的发展规律是什么？福建船政如何违背了这一规律而最终功败垂成？由此对今天中国建设海洋强国有哪些启示？笔者尝试做一点探讨。

（一）现代化海军发展的根本驱动力始终来源于国家对海洋的利益需求，并由此产生的对利用和控制海洋能力的必然追求

海洋最重要的社会属性之一，是它的世界连通性，利用海洋进行贸易，能够使商品在流通中增加价值，因而成为资本主义发生和发展的杠杆。为了海上贸易通道和海外市场的安全，一些商船开始载上军队，以保护海上贸易，控制海上通道，也以此占领彼岸市场，保证商业利润的实现。此后，船的职能逐渐专门化，船的型号、建造也逐渐专门化，海军由此诞生。国家为着自身经济、政治利益的实现，运用海上力量（主要是海军）去控制海洋，控制海上通道，占领向往的市场，同时阻止他国的控制和占领，即谓海权。虽然不同时代的海权内涵不尽相同，不同国家的海权需求亦有强有弱，但现代化海军发展归根结底是国家海权需求驱动的结果。

与西方国家不同，中国几千年来始终以陆地文明为主，对海洋、海权的需求比较低，认识也比较晚，因而错过了"地理大发现"开启的第一轮世界现代化浪潮，进而惨败于"坚船利炮"为代表的西方海权之下。福建船政的创立时，晚清统治者对近代海权观念、海防思想的认识仍十分滞后，更遑论海洋资源、海洋国土、海洋贸易竞争、海上交通线等近代国家海洋主权意识，其海防战略重在"守"而非"战"。在不可抗拒的世界资本主义潮流面前，清朝封建统治阶级虽然采取了顺应态度，但因涉及切身利益而不想触动封建主义的体制和根基。这种局限性决定了福建船政虽是新生事物，但仍然生长于封建体制旧肌体上，很难持续发展。

历史反复证明，海权是成就现代化海军的重要驱动力，但脱离国力国情的海权诉求也会给现代化海军建设带来无法挽回的损失。在现代化海军发展中，必须科学寻求海权，既要充分发挥现代化海军对海权的核心支撑作用，使海军发展与国家实力、海洋权益拓展和海权的确立相辅相成，又要把海权追求的合理性与海军现代化的可能性、国家能力的现实性有机统一起来，避免不切实际，既损伤国力，又使海军现代化半途而废，必要的海权也难以实现。中国认识海权比西方发达国家要晚，但终究要认识它、遵循它。

（二）现代化海军的发展必须遵循系统科学的基本原理，坚持走构成要素相互联系、相互协调、同步发展的体系发展道路

一个国家海军的发展不是孤立的，而是作为一个整体的系统发展，任何一个要素的缺失或达不到既定要求，都会制约海军现代化建设的进程和水平。这是由海军建设本身的系统性、复杂性和现代战争体系对抗的特点决定的。只有按照"整体—部分—整体"的思路，从顶层设计入手，全面规划并有机融合现代化建设的各个构成要素，才能建成一支真正意义上的、具有可持续发展前景的现代化海军。

一要实现武器装备均衡配套。海军武器装备体系十分复杂，陆上、空中、水面、水下等作战平台一应俱全，火炮、鱼雷、水雷和对空、对海、对陆各类导弹种类齐全，对武器装备发展的协调性要求非常高。一艘现代化军舰能机动多远，不仅要看其自身的最大航程，更要看保障船舶的综合保障能力。因此，整体协调、同步配套是海军武器装备现代化发展的基本规律，忽视这个规律往往会出现制约作战能力发挥的瓶颈。二要实现人与武器装备有机融合。人的素质是现代化海军发展的倍增器。列宁指出："现代战争也同现代工业一样，必须有高质量的人才。没有具有主动精神的、自觉的陆海军士兵，要在现代战争中取胜是不可能的。"[①] 世界海军现代化的进程也表明，不管战争形态如何变化，人作为战争和现代化建设的决定性因素从未改变。可以讲，实现人与武器的最佳结合，始终是海军现代化建设的关键环节。只有坚持人才培养与装备现代化协调推进，坚持人才培养先行一步，才能确保先进的武器装备尽快形成战斗力。三要实现编制体制协调发展。编制体制是海军军事体系结构的制度化和规范化，它的现代化是海军装备、人员、战役战术现代化的综合反映，对于海军形成综合作战能力具有重大影响。海军编制体制只有适应武器装备和作战方式的变化，不断进行适应性调整改革，才能有利于最大限度地释放海军的作

---

① 中国人民解放军军事科学院编：《列宁军事文集》，战士出版社 1981 年版，第 12 页。

战效能。在世界海军现代化发展史上,潜艇、飞机等海军武器装备的每一次重大突破、作战样式的每一次更新,都会引发编制体制的适应性改革和调整。

纵观船政建设,虽然也进行了改革,但没有从根本上摆脱封建军事体制的整体束缚,内部矛盾和弊端层出不穷,极大地制约了整体协调发展。同时,船政造船一味求新、求利、求固、求精,不断追求新产品,追赶新技术,每一次制造的轮船几乎都是单件生产,从设计到施工,无论是规格、形状,还是尺寸、型号都始终处于变化之中。资金少、底子薄、经验少的窘境无法支撑船政进行系列化、大批量生产,反过来造船种类多不固定又成为成本居高不下的重要原因,舰船发展一再出现失衡、脱节等现象。海防危机下,决策者急于赶超以解决一时之需,却忽略了海军发展必须整体协调的原则。在工业基础几乎为零的条件下,既没有体系化更没能现代化,最终走上畸形发展道路。

(三)现代化海军的发展必须以先进、成熟的理论为指导,通过不断调整建设思路与发展模式来提高质量效益

现代社会,一个国家发展什么样的海军、如何运用海军,已经不是一个感性的实践,而是一个理性的过程,它通过总结历史、透视现实、预测未来,提出新的概念和理论,改变人们思考战争的理念和方法,指出现代化发展的方向。

此类理性认识包括,一是战略理论,主要是分析借鉴国内外相关海军战略理论和战略运用的实践经验,探索世界海军现代化的共性规律和本国海军现代化的特殊规律,并运用上述规律分析本国海洋安全现实和长远利益的需求变化,指导制定海军发展战略,统筹推进现代化海军的发展。19世纪末期,英国海军理论家科洛姆和科贝特提出夺取和保持制海权思想,引导英国赢得了第一次世界大战的海上胜利。20世纪初,美国海军理论家马汉创立"海权论",引领美国海军一跃成为新的"海上霸主"。20世纪60年代,苏联海军司令、理论家戈尔什科夫建立"国家海上威力"理论,使苏联海军在短时间内迅速发展,取得了与美国海军平等的战略地位。二是作战理论,主要是依据新式武器装备创新作战方法和样式,使武器装备的作战效能得到充分发挥,并用全新的作战理论指引武器装备的未来发展。19世纪末,舰队决战理论的出现带动了战列舰的快速发展。"一

战"结束后,美国海军战争学院提出大规模战役中联合作战理论,为20多年后美国海军打赢太平洋战争提供了有力的理论支撑。冷战时期,苏联海军提出的"对岸为主"战略使用方针将海军对陆地作战上升到战略地位,极大地牵引了战略导弹核潜艇的发展。三是建设理论,主要是研究海军建设自身的特点及其发展规律,涉及海军兵力结构、组织体系、教育训练、战场建设等多个方面。苏联海军司令戈尔什科夫根据苏联当时的情况和海军建设自身的特点规律,提出了重点均衡发展理论,带动苏联进入了全面发展的时期。海军建设理论的丰富与发展,在很大程度上为现代化海军建设的进一步细化和深化提供了理论支持。

历史证明,正确的军事理论能够引领一个国家的海军在新一轮的现代化浪潮中抢占先机,从而占领未来海上战争的制高点;而落后的军事理论往往会导致战略思想和作战理论滞后于时代发展而过时。两次鸦片战争后,中国兴起了以军事自强为核心的洋务运动,一度将建设海军建设放在了优先地位,福建船政也应运而生。1885年,在驻德公使李凤苞节译的《海战新义》一书中,已经首次出现"海权"这一概念。但自1890年马汉第一部海权著作问世,至1900年由日本人剑潭钓徒翻译的《海上权力要素论》在上海的《亚东时报》上连载,马汉关于海权"六要素"的经典论述,方才第一次与中国读者见面。10年间,清朝统治者固守封建藩篱,以消极防御战略为指导,坚持"以守为战",把海军作为看家护院的工具,直到甲午战败,海军一蹶不振,才茫然向西方海权理论中寻找答案。辛亥革命前后,孙中山先生曾多次谈及中国海权问题,然无奈列强纷至,国势衰微,只留下了"伤心问东亚海权"的浩叹。

福建船政与台湾事件中的淮军东渡

赵国辉*

发生在1871—1874年的台湾事件①是日本侵略中国领土之始，是近代中日间第一次重大领土纠纷事件，其间，福建船政局承担了淮军主力航渡台湾的任务。学界对此虽有过相关涉猎②，但是，数量有限，且语焉不详的著作及文章，尚不足以透彻揭示福建船政局与台湾事件中的淮军航渡

---

* 赵国辉，中国政法大学人文学院历史研究所副教授。

① "台湾事件"在国内早期学术研讨中常被称为"牡丹社事件""日本侵台事件"，参见陈在正《牡丹社事件所引起之中日交涉及其善后》，载于（台）《"中研院"近代史研究所集刊》，第22期，1993年6月。张振鹍《关于中国在台湾主权的一场严重斗争——1874年日本侵犯台湾之役再探讨》，《近代史研究》1993年第6期。亦有以日本侵台事件谓之，叶纲的《百余年来1874年日本侵台事件研究述评》《军事历史研究》2008年第1期；陈可畏的《1874年日本侵台事件与近代中国的东海危机》，《浙江师范大学学报》2014年第1期；邵建东《李鸿章与1874年日本侵台事件》，《安徽史学》1998年第2期等。台湾学者一般称其为"台湾事件"，参见台湾的方豪著《中国近代外交史（一）》（现代国民基本知识丛书，第三集），中华文化出版事业委员会1955年版，第160页。藤井志津枝《近代中日关系史源起：1871年—1874年台湾事件》，金禾出版社1992年版。日本及中国台湾部分学者多称为"征台事件""处番"，诸如2005年11月台湾"国史"馆编译的《处番提要》等。从法律纠纷角度观之，此事件是中日间围绕台湾岛发生的权属和侵权纠纷，谓之"台湾事件"，更加便于客观研讨。

② 中国史学会主编的《洋务运动》第5册和第8册内容涉及福建船政局，福建船政局本身也有档案留存，沈传经著有《福州船政局》，沈传经认为，左宗棠从国防、商业、民生和漕运四个方面，指出了外国侵略的严重性和造船的必要性，要抵御外国侵略，就要设厂制造轮船，这就是福建船政局创办的历史原因。林庆元在《沈葆桢与1874年日本侵台事件》中，全面梳理了台湾事件中沈葆桢的作为，也关注了沈葆桢"厚集兵力"的战略措施；福建船政局以造船为业，目的在于增强海防，所造之船用于海防的相关记载可见于张侠等著的《清末海军史料》；池仲祐对福州船厂船只的调派动向也有详细记载；周霞以发展的眼光对福建船政局与近代反侵略斗争的关系，提出了自己的观点；许莹莹曾专门对台湾事件与福建船政局关系进行过探讨和研究，但未曾对内地兵弁赴台过程和细节进行透彻梳理和研究；王泽京在《再论"牡丹社事件"》一文中，对台湾事件中的运兵也有所涉及；黄俊凌、李非凡的《淮军十三营与清末台湾的海防建设及后山开发》一文中，在主要探讨淮军对台湾东部开发的同时，也略有提及唐定奎赴台的背景；亦有丛中笑、马骐简述过台湾事件中的船政航渡作用等。

海峡之壮举,以及近代海峡航渡经验、台湾岛周边海防规律。故此,笔者不揣浅陋,尝试对此进行梳理和探讨。

一 台湾事件中日本"征台"军登岛

1871年年底,出现了琉球船民在台湾东部被杀的事件,日本政府派出三种人员前往台湾调查,包括为"征台"而派到中国的视察员桦山资纪,还有住在中国的留学生福岛九成,以及水野遵等。1872年10月9日,日本政府就决定派遣桦山资纪赴中国侦探等①,桦山资纪前后经过一年多时间,几进几出台湾岛,了解到台湾当时的基本状况。日本长崎出身的福岛九成曾经伪装成画家游历台湾,1872年6月25日,他在台湾府遇到3月间漂到台湾南端卑南,然后被送到台湾府的日本小田县人佐藤利八等四人。② 1872年4月,水野遵前往台湾调查北部大溪番,他写的视察游记的一部分,刊载于当年8月发行的《新闻杂志》第一百二十四号,该期杂志还刊载福岛的谈话:《台湾之一半非中国管辖地》《中国政府承认日本问罪》等。③ 明治维新后日本政府与社会拼命"脱亚入欧",断章取义地接受了西方经过几个世纪实践的领土主权规则。这些涉足台湾的日本人抓住清政府对台湾东部管理落后于西方的现状,偏执地认定台湾东部非中国所属土地,萌生了殖民台湾东部的贪欲。④ 1873年时任日本外务卿副岛种臣前往清帝国,在中日双方因参见事宜出现纠纷、情绪冲突状况下,将清官员的台湾东部"化外之地"的搪塞,解释成清政府不主张台湾东部领土主权的证据。

1874年1月18日,日本政府召开内阁会议讨论征台问题,内务卿大久保利通会前与外务卿副岛种臣经过密谈,⑤ 日本内阁会议通过了征台方

---

① 桦山资纪:《桦山资纪台湾记事》第一稿,西乡都督桦山资纪记念事业出版委员会《西乡都督と桦山総督》,1936年,第152页。
② 黄得峰、王学新:《处蕃提要》第一卷,台湾"国史馆"台湾文献馆编印2005年版,第79页。
③ 《新闻杂志》第一百二十四号,日新堂刊行,1873年8月发行,台北"中央图书馆"台湾分馆藏。
④ 赵国辉:《国际法与近代中日台湾事件外交》,(台北)海峡学术出版社2010年版,第192页。
⑤ 《大久保利通文书》第五卷,日本史籍协会丛书,1927年版,第324—325页。

案，决定立即出兵台湾，变台湾为日本领土。① 4月4日，陆军中将西乡从道被任命为征伐台湾番地事务都督；4月5日，日本天皇敕命其三件事。第一，向生番诘问杀害我国民之罪；第二，彼方若抵抗我可以临机使用军队；第三，应该建立今后我国人到此地不被迫害的对策。② 同时，天皇任命陆军少将谷干城和海军少将赤松则良为台湾番地事务参军，大隈重信为台湾番地事务局总裁，全面负责"征台"事务，还特别承担筹措征台的财政经费。③ 8日，又任命陆军少佐福岛九成为厦门领事，4月9日，西乡都督率领日军舰离开东京，赴征台的前哨阵地——长崎作"征台"前的最后准备。但是，4月17日日本的《先驱报》(〈ジャパンデーリーヘラルド〉)，报道了日本出兵台湾的计划后，美国公使宾含明确通告日本政府：美国政府尊重中美友好关系，主张台湾全域归中国领有；同时禁止美国船舶及人员参与出兵行动。④ 美国公使还向日本表示："相信贵国不会雇用美国人当作日本士兵或美国船只当作日本军舰使用。"⑤ 结果，与日本政府签约的美国纽约号商船临阵解约，日本政府后来不得不临时购买旧船。日本政府为了贪欲，断章取义利用西方领土规则，及其武断解释清政府管理模式的做法，在"征台"准备阶段，即开始在国际政治和渡海船舶方面碰壁。

但是，日本"征台"军队并未因此停下偏执的脚步。1874年4月27日，福岛率领270名士兵乘坐有功丸从长崎出发。5月2日，由谷干城率军舰日进、孟春以及运输船三邦丸、明光丸，再次带领一千多名士兵出航。5月7日，大藏卿大隈重信以洋银六万元购买美国船只，改称"社寮丸"，又以洋银十万元购买英国船只，改称"高沙丸"。⑥ 5月17日，西乡从道征台都督乘坐高沙丸前往台湾琅峤，日军仅仅通过石门战役等，就迫使台湾东部原住民屈服。西乡轻而易举地完成了预定的前两项任务，最

---

① [日]信夫清三郎：《日本政治史》第二卷，上海译文出版社1988年版，第443—444页。
② 蕃地事务局：内阁秘本『处蕃趣旨书』，大久保文库952.031S55。
③ [日]《木户孝允日记》下卷，1978—1980年东京文学出版会版，第75—76页。
④ [日]《大日本外交文书》卷六，1936—2014年日本外务省调查部编纂，日本国际协会发行，第38—41页。
⑤ [日]《寺岛外务卿米公使卜台湾一件応接记》，公文书馆：A03031122100。
⑥ [日]《处蕃类纂》第七卷，1876年日本台湾蕃地事务局编，第81—82页。

后一项任务则颇有意味。日本政府接受了李仙得的中国政府无法或不能有效制止杀害漂民的事件,日本的开拓和管理将会带来西方列强欲求的目的,所以番地事务都督也就是殖民地总督,即殖民台湾的任务是西乡的最后任务。①

随着日军在台湾东部行动的扩大,清廷发觉事态严重。在上奏文《论日本图攻台湾》中,李鸿章向总署提出了对付日本出兵的建议。李建议中国必须先发制人,先有无隙可乘的戒备,即中国先派水师船只到台湾各港口,如遇日本兵船入境,应即拦阻勿令其进港口上岸。查看船政水师提督李成谋寄来的台湾全图,琅峤是南路生番,后山海口大,可停泊船只,该处本拟造炮台,却未建造,又未设官署,忧虑琅峤无一防备。因此李鸿章向总署推荐船政大臣沈葆桢,为专办日军侵台事件负责人,因为"船政大臣管辖新造兵轮船,又系闽人,情形熟悉"②,可以与闽省将军督府商讨筹办防海措施。5月29日皇帝正式授权给沈葆桢,任命其为钦差大臣,兼理各国事务大臣,俾得与日本及各国按约辩论。③ 为了"征调兵弁船只事宜,亦臻便捷"④,沈葆桢得到授权,办理台湾等处海防,福建省镇、道等以下各官全听其节制,江苏、广东沿海各口轮船准其调遣。⑤

沈钦差便在未能防敌于国门之外的被动状况下,开始构筑台湾海防以此震慑来犯之敌。沈葆桢于6月14日由福州马尾乘船沿各港口航行,晚抵达兴化,翌日过泉州,16日经澎湖等岸到台,勘测炮台海岸形势,17日前往安平,在台湾府接见镇、道官员。了解台湾防务的实情之后,沈葆桢建议设立安平炮台,"安放西洋巨炮",奏请罗大春驻扎噶玛兰一带,并派长胜轮船探测深浅等形势。⑥ 经过实地巡查,沈葆桢认为实现和局需要备战,"战备一集,而后理或可行,否则唇焦舌敝,无济也"⑦。而备战需要两个条件,其一便是"台地得淮军"⑧。

---

① 藤井志津枝:《近代中日关系史源起》,金禾出版社1992年版,第104页。
② 《李文忠公全集·译署函稿》卷二,(台北)文海出版社1968年版,第24页。
③ 文庆等编:《筹办夷务始末》卷九三,上海古籍出版社2008年版,第40页。
④ 同上。
⑤ 台湾银行经济研究室编:《同治甲戌日兵侵台始末》,第6—7页。
⑥ 文庆等编:《筹办夷务始末》卷九四,第22页。
⑦ "致李少荃中堂"(抄本),《沈文肃公牍》(一)。
⑧ 宝鋆等编:《筹办夷务始末(同治朝)》卷九七,第3页。

对于日军已然登陆台岛，陆上军备成为需要直接面对的问题。台湾事件前，中国在台湾的防务比较空虚。台地班兵是康熙统一台湾后，清政府戍台的主要军事力量。经1869年（同治八年）裁汰，军队定额为：总兵1名、副将3名、参将4名、游击4名、都司9名、守备10名、千总17名、把总41名、外委56名、马兵70名、战兵3146名、守兵4488名，共计7849名。① 戍台班兵不仅数额渐少，而且积弊深重，毫无战斗力。这些兵士，只能应付平时的台湾管理，根本不足以抵抗外敌武力侵略。沈葆桢抵台察看军营后，就当即指出"台澎之用内地班兵也。当时以新入版图，民情浮动，若用在地之兵，恐其联为一气，计饵内变，非计御外侮也。积久弊生，班兵视为畏途，往往雇请而来，伍籍且不符，何有于技勇？"澎湖"班兵七百余人，皆疲弱不可用"②。"台地向来设防，重在弭内患，无足以御外侮者"，③ 日军侵台之际，台防可谓形同虚设。"台地班兵，全不可用。"④ 地方军事力量方面，"团练可助胜，而不可救败。生番固愿助官，奈毫无伎俩。陆勇仅千人，为办廖有富一案，内地调来千人，以御外侮，未免过于单薄。"⑤。

直隶总督李鸿章也认为"闽中陆勇寥寥，台地仅两营，尤嫌单薄"，"惟闽省勇营本少，枪队尤少，绿营兵更不可用"⑥。为了在军事上对日形成威慑，李鸿章向沈葆桢做出指示，"即添兵勇，只在本境扎营操练，其气已吞敌人；而仍日与议和，以懈其志，彼断不可久持矣"⑦。指示沈应采取"谕以情理，示以兵威"的办法。似乎当地陆上战力不足情况下，迫切需要的是海上运送兵员，所以派遣装备精良、富有战斗力的兵弁入台，是当时沈葆桢和李鸿章的共识。故此，从大陆乞调援兵东渡是主要目标，为此则需要三个基本条件，一为可调之兵，二为可以胜任两岸航渡的船舶，两岸航渡具体需要航速较快的运输船舶及其驾驶人员，以及能够保

---

① 连横：《台湾通史》，台湾文献丛刊第128种，第307页；《同治筹夷》，第95卷。
② 宝鋆等编：《筹办夷务始末（同治朝）》，北平故宫博物院1929年版，卷94，第23页。
③ 《沈文肃公牍》，福建人民出版社2008年版，第13页。
④ 《同治甲戌日兵侵台始末》一，台海文献丛刊第38种，第29页。
⑤ 同上。
⑥ （清）李鸿章：《复李雨亭制军》，载《李文忠公全集·朋僚函稿》卷十四，（台北）大通书局1987年版，第31页。
⑦ 《李文忠公全集·朋僚函稿》卷十四，第11—12页。

障船舶运输的安全条件。

可调之兵出自何处呢？沈葆桢最初准备调北洋洋枪队3000人，南洋洋枪队2000人赴台。① 李鸿章对此提出异议，举荐淮军名将唐定奎统驻徐州之武毅铭字一军前往，尽管李鸿章有其淮军转型的想法和内在需求②，但恰好有此台湾防务的客观现实需要，加之面对近在咫尺的强敌，战斗力是援台军队的首选条件。淮军是清朝同治年间建立起来的一支新军，在镇压太平军和捻军的过程中发展起来，成为维护清朝统治的重要支柱，装备较好，战斗力较盛。李鸿章就曾自诩"海内习洋枪者，会以敝部淮军最早而多"，而驻扎徐州的唐定奎铭字武毅马步十六营，是淮军名将刘铭传的旧部，"均系枪队，从刘省三历剿粤、捻，号称劲旅"③，是当时清军装备最完善的一支劲旅，大部分由洋枪洋炮装备起来。可以说是淮军中的精锐。李鸿章提出将其中的步兵十三营调往台湾，以增强台湾的防卫，这一方案得到清廷的批准。于是，沈葆桢计划陆路提督罗大春到台，率军驻扎北路淡水，唐定奎前往日军扎营地附近，直接对"征台"日军形成军事威胁。当时，除罗大春、唐定奎外，尚有前南澳镇吴光亮的粤勇2000余人等航渡台湾。

清政府调动一万大军④和大批武器装备，迅速赶赴台湾，主要依靠的即是船政局的蒸汽轮船。对台湾沿岸的巡视，令沈葆桢惊讶，日本舰船在外形上远胜于中国，时日本"驶近虎口两船，皆铁甲"⑤。因此，沈葆桢认为解决台湾危机问题，必须"待铁甲船"⑥，也是备战条件之二，得铁

---

① "拟请于北洋大臣借拨久练洋枪队三千，于南洋大臣借拨久练洋枪队二千。如蒙谕旨，请饬其雇坐轮船来台，乃有剿敌之军，以为各营表率"。参见《筹办夷务始末》同治朝，卷九五，第3—5页。

② 事件发生前，淮军面临裁撤压力，海防体系也空虚无力，李鸿章充分利用日军侵台造成的危机局面，将闲居徐州的淮军精锐调往台湾海防前线，将参与西北平叛的另一支淮军精锐力量撤回沿海布防，成功实现淮军的转型。参见王瑞成《危机与危机利用：日本侵台事件与李鸿章和淮军转型》，《近代史研究》2016年第2期，第56页。

③ （清）李鸿章：《致沈幼丹节帅》，载《李文忠公全集·朋僚函稿》卷十四，大通书局1987年版，第29页。

④ 田玨：《台湾史纲要》，福建人民出版社2000年版，第126页。

⑤ （清）沈葆桢：《沈文肃公牍》，福建人民出版社2008年版，第12页。

⑥ 同上书，第32页。

甲船而后抚局成。① 他对日意格说，如果台湾有"铁甲船两三号梭巡南北，则外兵无从登岸，海口方易设防"②。他请求李鸿章调拨淮军驰援台防，并强调说"铁甲船亦不可无，无则过台弁兵军装必为所劫掠……倭奴以孤军驻琅峤而无所惧者，恃有此耳"③。铁甲船是当时海军最新武器，购置费用较贵，且中国须从英德等国家购买，由于利益颇丰，各国之间展开激烈争夺。④ 即便如此，清政府仍做努力："铁甲船购买未成，仍着沈葆桢等妥速筹办，以资得力。"⑤ 对于运兵途中及其海战中可能遭遇的日军铁甲船，沈葆桢试图争取船舶装备上的优势。

二　船政轮船东渡淮军

为了规劝日本"征台都督"从台湾东部撤军，1874年6月14日，沈葆桢与潘霨以及洋员日意格、斯恭塞格分乘船政局安澜、伏波、飞云渡台，一个月后，船政提督罗大春驾乘靖远轮渡台。得到御旨后，本已航渡至台的杨武、福星、长胜、海东云，及散布于各省的万年清、济安、永保、伏波、飞云、安澜等舰纷纷被调回船政局。如此，经沈葆桢调遣，船政局共计出动12艘军舰航渡于海峡两岸间，占用了船政局90%的舰船。⑥ 1874年7月25日，清政府饬令"唐定奎统带所部步队六千五百人由徐州开拔赴瓜洲口，分起航海赴台，听候沈葆桢调遣"。为加快唐部行程，清政府命两江总督李宗羲、江苏巡抚张树声"饬调沪局轮船暨雇佣招商局轮船驶赴瓜洲，以备该军东渡"。并下旨"着沈葆桢酌派闽厂兵船入江接载，俾期迅速"⑦。于是，大量军事人员及其必备的军事物资，而且将要从扬州至台湾岛的航海任务落到了福建船政局之肩。

19世纪60年代，外商轮船公司快速扩张并获取丰厚利润的事实，吸

---

① 宝鋆等编：《筹办夷务始末（同治朝）》卷九七，上海古籍出版社2008年版，第3页。
② 《沈文肃公牍》，福建人民出版社2008年版，第30页。
③ （清）沈葆桢：《沈文肃公牍》，福建人民出版社2008年版，第34页。
④ 覃寿伟：《从筹办铁甲船看沈葆桢的近代海防经略思想》，《长春工业大学学报》（社会科学版）2009年第5期。
⑤ 张本政主编：《〈清实录〉台湾史资料专辑》，福建人民出版社1993年版，第1014页。
⑥ 宝鋆等编：《筹办夷务始末（同治朝）》卷九七，第3页。
⑦ 张本政主编：《〈清实录〉台湾史资料专辑》，福建人民出版社1993年版，第1008页。

引了众多华商投资外轮公司或购置轮船冒挂洋旗隐身于洋商名下"诡寄"经营，且这种事态还呈逐步扩大之势，外商轮船公司还以轮船需求燃料，轮船需要维修，外运土货需要加工整理等为由，不断向清廷要求获得开采煤炭，设立修船厂和其他加工厂等设施之权，持续向清廷施加压力。1896年曾驻扎汉口的日本总领事水野幸吉道出了在华殖民者对轮船的认识，他露骨地说："轮船航路，表示商权伸张，一国利权之植立，而为开始。"①对此，曾国藩、李鸿章、左宗棠等洋务大臣知道兴办轮船的潮流势属必然，而且便捷的轮船、精巧的机器，以及煤、铁的开采和利用，均彼此依存，他们提出兴办轮船的主张并予以实施。

左宗棠的建造船厂，酝酿较早。1864年，他曾在杭州制成一艘小轮船，"试之西湖，行驶不速"。1866年，镇压了太平军余部以后，着手筹建船厂。左宗棠上疏朝廷，"欲防海之害而收其利，非整理水师不可；欲整理水师，非设局监造轮船不可。"②造船与海防、御侮关系密切。"谓我之长不如外国，藉外国导其先，可也。谓我之长不如外国，让外国擅其能，不可也。"③师夷之长技，要做到"洋人之长皆华人之长，实为永久之利"④。建议朝廷只有创立近代军事工业基地，才能从根本上打破西方列强的专利，才能真正做到"师其长以制之"，使中国海军立于不败之地。左宗棠在密陈他在福州设立船厂的计划奏折中认为，"东南大利在水而不在陆。自广东、福建而浙江、江南、山东、盛京以迄东北，大海环其三面，江河以外，万水朝宗。无事之时，以之筹转漕，则千里犹在户庭；以之筹懋迁，则百货萃诸廛肆，非独渔盐蒲蛤足以业贫民，舵梢水手足以安游众。有事之时，以之筹调发，则百粤之旅可集三韩，以之筹转输，则七省之储可通一水。"⑤

1867年，左宗棠建立福建船政学堂，厂址设在福州马尾罗星塔。不

---

① ［日］水野幸吉：《汉口》，"附录·结论"，湖北樱求学社译，光绪三十四年印行，第55页。
② 中国史学会主编：《中国近代史资料丛刊·洋务运动》五，上海人民出版社2000年版，第6页。
③ 罗正钧：《左宗棠年谱》，岳麓书社1983年版，第127页。
④ 同上书，第272页。
⑤ 左宗棠：《拟购机器雇洋匠试造轮船先陈大概情形折》，《左文襄公奏稿》卷13，第1—5页。

久由沈葆桢主持船政工程。福建船政局是晚清政府经营的制造兵船、炮舰的新式造船企业，亦称马尾船政局。意欲完成淮军东渡的航务首先需要的当属大运量、航速快的船舶。船政学堂（求是堂艺局）设制造、航海两班。从1866年到1907年，福建船政先后聘雇4批法国技术人员和英国教员，教造船、教驾驶、教外语，并与外国专家签订了五年"保约"：规定"保令外国员匠教导中国员匠，按照现成图式造船法度，一律精熟，均各自能制造轮船，并就铁厂家伙教令添造一切造船家伙；并开设学堂教习法国语言文字，俾通算法，均能按图自造，教习英国语言文字，俾通一切船主之学，能自监造、驾驶，方为教有成效。"同时，要求学员分别达到能按图造船和任船长的能力；并派员留学英、法，学习驾驶和造船技术。1867年12月，福建船政局第一座船台竣工。船厂从1868年开始制造第一艘船舶，1869年6月，第一艘木质轮船万年清号下水。以后一年半内，湄云、福星、伏波等船相继下水。以上4艘船主机都购于外国，船政局只制造船体。从该年底起，船政局开始起造150匹轮机。1871年（同治十年）6月，第5号轮船安澜号下水，"所配轮机、汽炉系150匹马力，均由厂中自制"[①]。安澜号装备了第一台国产蒸汽机（仿造），在我国造船史上有着重要意义。1870年自行仿造往复式蒸汽机，翌年6月，第一台蒸汽机完成。这在我国造船史和机械制造史上具有重要意义，造船水平不断提高，因而被视为"中国制造肇端之地"（《船政奏议续编》卷一"崇善"）。第一台蒸汽机被用来装备安澜号炮船，功率达到150马力。[②] 船政局所造兵船，第六号之前均为150马力的运输船或跑船。[③] 海上航行，轮船的马力在抗风及其航速方面作用明显，因此，制造250马力的轮船成为船政局继续的目标，洋人监督日意格从耗费时间及其材料角度，对此并不积极。但是，船政局通过日意格订购了一副250马力的轮机水缸，从1871年7月12日开工，到1872年4月23日9个月的时间，比原计划提前半年造出了250马力的扬威号轮船。[④] 截至1874年，船政局造成15艘大小不同的木质轮船。

[①] 《船政奏议汇编》卷七，第9页，沈云龙主编《近代中国史料丛刊续编》第十八辑，台北文海出版社1975年版，第172页。

[②] 林庆元主编：《福建船政局史稿》，福建人民出版社1986年版，第106页。

[③] 同上书，第107页。

[④] 同上。

为航渡淮军主力，船政局轮船先行布置了北部的军事防御。沈葆桢计划派靖远号载陆路提督罗大春到台，率军驻扎北路淡水等处。而罗大春等所部的楚勇一营，则由扬武号轮船载罗部六百人渡台，分赴苏沃布防。① 夏献纶派朱明登所招楚勇，闻亦成军，日内均可东渡②澎湖守备素虚，现借海关凌风轮船驻彼教习，分闽厂六船随之，合操阵法③。沈葆桢派长胜轮船运载船政局学生探测台东沿海港口地形、海面形势，④ 结果探知"后山除苏沃外，并无深稳海口可泊巨船"，以及牡丹庄山后之海口日军已扎营占据的情报。⑤ 船政局的情报探测，一方面表现了船政局的探测航务水平，同时，为东北部御敌提供了重要依据，也让钦差大臣放心地专注此地陆上防卫。

唐定奎在徐州驻防时，接到赴台抗日的旨令。时为提督衔总兵的铭军大将唐定奎立即接受命令，率领"铭武军"精锐13营6500人，冒着酷暑立即开拨，当月20日，武毅右军五营由宿迁拨队为前队，本军门亦于是日亲带武毅亲兵正营，武毅左军三营，由徐州拨队为中队；武毅亲兵副营铭字中军三营于七月初三日由徐州拨队为后队；陆续至瓜洲口暂扎，乘轮船东渡。⑥ 马骐则称：从陆路急行军赶到上海，乘轮船去台湾。⑦ 从徐州赶赴瓜洲，然后从瓜洲分批渡台，淮军精锐13营6500余人分三批运台。得此消息，沈葆桢格外振奋，喜悦之情溢于言表"南路得此大枝劲旅，可壮声势"⑧。

福建船政局所造轮船参加了淮军往返运送航务。"七月初一日，振威轮船自省至，奉到六月十二日上谕：唐定奎所部步队六千五百人，由徐拨赴瓜洲口，分起航海赴台等因，同日，万年清轮船自津回，……淮军计日

---

① 王元穉：《甲戌公牍钞存》，台湾文献史料丛刊第7辑，台湾大通书局1987年版，"八月壬申（初二日）办理台湾等处海防大臣沈葆桢等奏"，第112页，第116页。
② 同上书，第116—117页。
③ 同上书，第117页。
④ 同上书，第98页。
⑤ 同上书，第98页。
⑥ 同上书，"统领淮军唐军门咨台湾道"，第107页。
⑦ 马骐：《赴台抗日的淮军主将——唐定奎》，《江淮时报》2005年10月14日第007版文史。
⑧ 王元穉：《甲戌公牍钞存》，《台湾文献史料丛刊》第7辑，台湾大通书局1987年版，"八月壬申（初二日）办理台湾等处海防大臣沈葆桢等奏"，第115—116页。

可以到台……"① 在万年清基础上升级的伏波级炮舰改型的永保、琛航、大雅三艘运输船，直接航渡长江下游的瓜洲渡口，直接起运6500名淮军。当时，日军最大舰船日进航速是9节，而万年清以及伏波远高于此。如此，避免了从徐州至福建沿海的长途陆路奔波之苦，以及福建至台湾的帆船对风力条件的限制，同时，也加快了运兵速度。淮军主力分三批东渡②，8月2日，沈葆桢向李鸿章要求调拨的淮军自徐州宿迁出发，兼程南下，沈葆桢特派七艘轮船载运，淮军陆续在凤山县旗后上岸。③ 8月25日（七月十二日），第一批淮军抵达台湾的凤山、旗后，"本月十二日淮军乘船七只，已抵澎湖，陆续用小船盘往旗后登岸"④。首批四营由唐定奎亲率，于同治十三年（1874）秋七月在台湾南部的旗后（今高雄港）登岸，驻扎在凤山县西郊，随后其他营队陆续抵达，8月30日（七月十七、八）等日，琛航、永保、大雅轮船由旗后卸载淮军驶至安平。⑤ 九月中旬全部抵台并完成军事部署。⑥ 沈葆桢得此消息，"如久旱得霖，大喜过望"⑦，称赞该部队"沉毅勇敢，深怀敌忾之心"⑧。9月24日，第二批淮军也抵达旗后，旋驻凤山。于是"一时兵勇骤增，声势颇壮"⑨。10月24日，第三批淮军抵达澎湖。⑩

　　光绪元年（1875年）六月至七月之间，唐定奎率淮军十三营分三批内渡，从台湾的旗后乘轮船渡海前往扬州，然后分地驻扎在扬州五台山、

---

① 王元穉：《甲戌公牍钞存》，《台湾文献史料丛刊》第7辑，台湾大通书局1987年版，"八月壬申（初二日）办理台湾等处海防大臣沈葆桢等奏"，第115—116页。

② 宝鋆等编：《筹办夷务始末（同治朝）》卷九五，上海古籍出版社2008年版，第10—11页。

③ 洪安全主编：《清宫月折档台湾史料》（2），第1630—1636页；王元穉：《甲戌公牍钞存》，台湾文献史料丛刊第7辑，台湾大通书局1987年版，第122页。

④ 宝鋆等编：《筹办夷务始末（同治朝）》卷九七，第3页。王元穉：《沈葆桢等又奏》，《甲戌公牍钞存》，台湾文献史料丛刊第7辑，台湾大通书局1987年版，第118页。

⑤ 王元穉：《沈葆桢又奏》，《甲戌公牍钞存》，《台湾文献史料丛刊》第7辑，台湾大通书局1987年版，第169—170页。

⑥ 黄俊凌、李非凡：《淮军十三营与清末台湾的海防建设及后山开发》，《闽台文化研究》2014年第3期。

⑦ 宝鋆等编：《筹办夷务始末（同治朝）》，第64页。

⑧ 同上。

⑨ 同上书，第167页。

⑩ 林庆元：《沈葆桢与1874年日本侵台事件》，载《史学月刊》1995年第1期。

三汊河一带,以休养整顿。① 可见,台湾事件中,运送淮军的船政轮船往返于扬州至旗后（高雄）之间,其间,经由澎湖,终点是台湾岛的高雄。虽然无法得到船政轮船详细航行路线图,但从沈葆桢最初对日军铁甲船的关注,并极力求购的努力中,或可洞见到他对日军铁甲船对轮船航行安全的顾虑,同时,淮军东渡之时也正是船政轮船刚刚完成造船及航海的实习过程,此次,活动应是他们的首次航海实践,从中似乎也能一定程度上反映出陆岛间海运兵员的航线。

后学堂的驾驶专业于1867年创办,该专业设置了航海天文气象、航海算术和地理等课程。航海技能,需要反复练习,才能熟练掌握。所以,上船实习,经历风浪,是航海教育的必要和重要的过程。1870年船政局向普鲁士商人购买了一艘夹板船,改名建威,可同时容纳30余名学生练习。② 1871年,船政学生严复等18人进行第一次航海实习,他们曾经向南航行至新加坡、槟榔屿各口岸,北至直隶湾、辽东湾各口岸。③ 去时洋教习德勤塞躬耕驾驶,各练童逐段誊注日记,量习日度、星度,按图体认,期于精熟。归时则各童自行轮班驾驶,教习将其日记仔细勘对。④ 首届船政毕业生有十四名具有远程航行水平,"驾驶心细胆大者,则粤童张成、吕翰为之冠","拨张成、吕翰管驾闽省原购之海东云、长胜两轮船,使独当一面"。⑤ 尚有三名充任教师和翻译,有十四名担任轮机长,另七名待任命。仅就船政毕业的学生,就具备了两岸间航行的驾驶能力。1874年起,造船业务改由自己培养的技术人员主持,厂务和技术由船政学堂培养出来的学生接管,新造诸船,开始俱用华人驾驶。因此,淮军东渡这样的运输航务对于福建船政局来说,尚属首次,根本无轮船运输经验,故此,基于前述两个原因,运送淮军东渡之福建船政轮船应该仍然沿袭传统

---

① 黄俊凌、李非凡:《淮军十三营与清末台湾的海防建设及后山开发》,《闽台文化研究》2014年第3期。

② 《海防档》乙《福州船厂》（一）,第266页。

③ 池仲祐:《海军大事记》（未刊本）,转引自林庆元主编《福建船政局史稿》,福建人民出版社1986年版,第68页。

④ 《沈文肃公政书》卷四,第63页。

⑤ 中国史学会主编:《洋务运动》（五）,上海人民出版社1956年版,第139页。

木帆船沿海岸线①实施的航行。

三　淮军东渡后之台岛

　　日军"征台"都督西乡从道1874年4月10日写成对清照会中，其中自认为："本中将谨遵钦旨，即率亲兵，将由水路直达番地"，还希望清政府"至若船过贵境，固无他意，应毋阻拒"②，甚至"所恳者，倘有生番偶被我民追赶，走入台湾府县境内潜匿者，烦该地方随即捕交我兵屯营，是望"。③可见，日本出兵之时，似乎主要以台湾"番民"为主要作战对象④，未曾充分估计和预料到清政府会在短时间内调集淮军主力与其摆开战斗阵势。淮军进驻后，"倭人见我军步伐止齐、刁斗严肃，其中已馁"，原本"倭势张甚，往来游弋；我军至，始有忌惮，迹渐敛"⑤。1874年7月28日，日军台湾番地事务参军赤松则良在自己的作战报告中，面对中国部队的布防发生重大变化，要求侵台日军尽快由琅峤向北推进，占领台湾府，并辅以海军占领澎湖列岛，截断闽台联系，断绝大陆增援。并在"特殊时刻"，增派日本国内驻防长崎的陆军大队入侵鸡笼，溯淡水河直上台北，攻占艋舺，与南部日军形成南北对进的局势。甚至不惜制订与中国全面开战的计划，在进攻台湾的同时，进攻天津、上海，对大陆形成

---

　　① 福建沿岸自古即是建造海上木帆船以及海岸或海山航行的主要基地。台湾海峡西岸的福建古称闽越，远古以来，闽越人即以"习水便舟""船车楫马"著称于世。他们从上古起即以"便于用舟"著名；晋代，福建海上交通兴盛，多出优秀的水手与航海家，宋代，福建造船业发达，"海船"成为福、泉二州的"土产"，史书称"海舟以福建为上"，"福船"乃著名的品牌。明代，下西洋探险、往琉球册封，莫不用"福船"，福建成为明代建造"宝船"的基地。清代也有选用民船作"封舟"，由闽浙总督代选备用。

　　②《日本外交文書》卷七，昭和二十五年日本外务省编纂，日本国际联合协会发行，第29—30页。

　　③《日本外交文書》卷七，第29—30页。

　　④ 对此，日本学者也曾有过关注，参见羽根次郎《从恒春半岛的视角来寻找台湾殖民地化的思想渊源——关于18世纪以来欧洲的恒春半岛初期形象的演变过程》，载《日据时期台湾殖民地史学术研讨会论文集》，中国社会科学院台湾史研究中心编，九州出版社2010年版，第432页。

　　⑤（清）方浚颐：《淮军平定台湾番社纪略》，《二知轩文存》（三）卷二十一，（台北）文海出版社1970年版，第1271页。

袭扰①。由此看出，日军面对淮军的增援，显现出的惊恐。

　　淮军东渡台湾后，客观上强化了台湾的防御力量，唐定奎率大军于8月赶到台南凤山前线，立即观察地形，收集情报，布置防务，与日军严密对峙，"一面分营扼扎琅峤、东港，一面规筑旗后炮垒，以固海防。"② 对台湾防卫起到了重要的作用，是挫败日本侵台行动的重要因素。淮军本是清军中战斗力量最强的部队，全部用洋枪、习洋操，唐定奎部的淮军"在沪购得士乃得后门枪五百六十枝"③ 后开赴台湾。士乃得枪虽非当时最好的枪械，但"闻英国驻印度之兵及日本兵皆用此物"④。奉沈葆桢之命赴欧洲采购的洋将日意格，于1874年夏初又买到林明敦后门枪6000枝⑤，这些枪及新式后膛炮被运抵马尾，准备尽快发给驻台淮军。⑥ 可见，唐部淮军的装备优于日军。另外，淮军将士大多曾经历战斗考验，"转斗直东、齐豫、楚鄂之交"，并西征入陕，"身经百战"⑦，连年与太平军、捻军打大仗、恶仗，锤炼得相当剽悍。这支部队属于淮系刘铭传麾下，整体战斗力评价颇高。来台后各部不乏跃跃欲试、一战驱敌以立大功的想法。⑧ 而日军的全部作战经验不过是幕末象征性的鸟羽、伏见之战，西式正规训练刚刚开始，未必有较强的战斗力。

　　唐部淮军驻屯地的环境状况明显优于侵台日军。侵台日军在丝毫未得到开发的荒郊琅峤地区，饱受瘴疠折磨，"疫气流行，死者日四五人，病者不计其数"⑨，唐部淮军屯驻条件要好得多，集结在比较繁华的凤山、东港，"蓄锐养精，以待朝命"⑩。为了给淮军腾出较舒适的地盘，原驻凤山的勇营及刚刚到达的粤勇，均被沈葆桢差遣到该县外围，驻东港的楚勇福靖前营则被派到台湾岛北部的苏澳，留下楚勇福靖左营仍驻守在最艰苦

---

① ［日］伊能嘉矩：《台湾文化志》，台湾书房出版有限公司2011年版，第106—107页。
② 沈葆桢：《请奖唐定奎》，《福建台湾奏折》。
③ 《李文忠公全集·朋僚函稿》，第14卷。
④ 《李文忠公全集·译署函稿》，第2卷。
⑤ 《沈文肃公牍》（一），福建师范大学图书馆藏抄本。
⑥ 同上。
⑦ 《沈文肃公政书》，第5卷。
⑧ 诸家：《海滨大事记》，台湾银行经济研究室1965年版，第91—95页。
⑨ 宝鋆等编：《筹办夷务始末（同治朝）》，第98卷。
⑩ 同上书，第97卷。

的枋寮前沿，替淮军警戒①。唐部淮军还可以全队出击，将后路托付给凤山的5个营粤勇，并无后顾之忧；而日军将因受到袁闻柝的"绥靖军"和高山人的袭击而不得不分散兵力，且无城可依托，"孤军援绝，不难尽歼之海隅"②。

淮军主力在日军正面形成军事优势之后，沈还对台湾南北两路加紧筹戒备，予以配合。南路方面，帮办台湾事宜福建布政使潘蔚偕重新启用的前署台湾镇总兵曾元福，在凤山募土勇500名，命名"安抚军"，"交薄朗练成洋枪队"③；委员袁闻柝也在凤山募土勇500人，命名"绥靖军"，"无事以之开路，有事以之护番"④。沈葆桢命令游击王开俊由东港带兵进驻枋寮，以总兵戴德祥一营由凤山填驻东港。并且为阻止日军进入卑南，派同知到卑南招来头目陈安生⑤，命其率领兵勇开辟经牡丹社北面山区通往卑南的道路，副将李光带勇三哨进驻双溪口，游击郑荣带勇一营驻扎内埔庄。⑥在凤山城方面，雇用烟台税务司薄朗，一方面招募士勇，另一方面奖励乡团。⑦

北路派台湾道夏献纶为专任，并请李鹤年令提督罗大春迅速渡台援助，还奏请调任一些人才，前南澳镇总兵吴光亮、浙江补道刘敖、前署台湾镇曾元福、前台湾道黎兆棠等皆在其列。⑧8月，前南澳镇吴光亮等招募的粤勇2000余人赶到台湾。夏献纶率部到达南澳后，又派前南澳镇总兵吴光亮在淡水、噶玛兰添募土勇两个营，命名为"飞虎左营"和"飞虎右营"⑨。福建陆路提督罗大春，率楚勇亲兵1哨由厦门到安平，再由安平徒步行军至南澳，这时由福建泉州调来的楚勇福锐左营已抵达南澳。罗到南澳后，夏献纶率原带部勇1个营及总兵吴光亮乘轮船到台湾府城（今台南市）驻防⑩。罗大春于8月24日到达苏澳之后，在台湾北部和东

---

① 宝鋆等编：《筹办夷务始末（同治朝）》，第98卷。
② 罗大春：《台湾海防并开山日记》，第23页。
③ 宝鋆等编：《筹办夷务始末（同治朝）》，第95卷。
④ 同上书，第96卷。
⑤ 文庆等编：《筹办夷务始末》卷九三，第25页。
⑥ 文庆等编：《筹办夷务始末》卷九八，第1—3页。
⑦ 文庆等编：《筹办夷务始末》卷九三，第25页。
⑧ 文庆等编：《筹办夷务始末》卷九五，第6页。
⑨ 王元穉辑：《甲戌公牍钞存》。
⑩ 宝鋆等编：《筹办夷务始末（同治朝）》，第97卷。

北部，进行开山辟路等举措，基本从军事上控制了台湾北部，形成防止日军继续再次登陆的态势。此时，台湾清军勇营已增至 9 个营、4600 人。其中，南路 5 个营、北路 3 个营 1 个哨、中路 1 个营。8 月 25 日开始，淮军陆续抵达凤山。① 沈葆桢以这些雄厚兵力为后端，在南北两路同时进行"开山抚番"的工作，使日军难以继续占领台湾东部。

海上方面，由李鸿章派遣的扬武、飞云、安澜、靖远、镇威、伏波 6 艘兵舰常驻澎湖，福星一号驻防台北，与增援的淮军陆军一起，形成海陆协防局面，对入侵恒春半岛日海军形成威胁的同时，也对入侵台湾的日本陆军形成军事上的全方面压力。为了加强沿海防务，清政府还拟调驻陕西记名臬司刘盛藻，统率陕防武毅铭军马步 22 营，从山东济宁及江南徐州一带，择要驻扼，以备南北海口策应。② 福建原有楚勇福靖中、左、右、前、后等 5 个营，日军侵台后，招募 9 个营，共有 14 个营。其中，3 个营赴台湾府，余下 11 个营布防福、厦各口。闽江口是布防的重点，以确保省城和船政局的安全。为了加强防御，还从朝廷绿营万余人中"挑练精兵一十二营，仿勇营之制，酌加津贴"③，用来扩展闽江口外防御至周围沿海，充实厦防，增强泉防，浙江也在原有的驻防楚勇的基础上添募新营。④

自 1874 年 5 月 6 日首批日军 270 人在社寮登陆起，至 5 月 22 日日本"征台"都督西乡从道中将抵达琅峤止，日本派驻台岛南端的侵略军"不满二千"⑤。6 月份，曾有一些日本轮船来琅，但主要是向侵略军运送补给品，增援兵力不多。7 月间，侵台日军补充约 250 名。在听到铭字、武毅字淮军大队人马即将赴台后，日本于 8 月上旬和中旬紧急调 1000 名援军入台。8 月下旬至 11 月上旬，共运来日本士兵和夫役 2100 名，日军虽经逐次增兵，士兵的总数也只不过 5990 人左右（不含海军舰艇兵）。⑥ 从数量及其武力装备上难以与淮军主力及其带动下形成的战力相提并论。

---

① 文庆等编：《筹办夷务始末》卷九七，第 22—23 页。
② 文庆等编：《筹办夷务始末》卷九五，第 11—12 页。
③ 宝鋆等编：《筹办夷务始末（同治朝）》卷九七。
④ 同上。
⑤ 王元穉辑：《甲戌公牍钞存》，台湾文献丛刊三九种。
⑥ 藤井志津枝：《近代中日关系史源起：1871—1874 年台湾事件》，金禾出版社 1992 年版，第 192 页。

登陆的日本军队士兵因不适应当地气候，染患上当地流行病疟疾的不在少数，"有因风土炎热而罹病致死者，于长崎病院已有四十余名，尚有近日将由番地送回长崎之患者三百名"①。这也是日本出兵之前始料不及的情况。日本本来财政就很困难，再加上出兵台湾造成的巨大军费开支，可谓困难重重。岩仓具视不得不向宫内卿德大寺实则商讨，暂时借用皇宫建筑费二十七万元，弥补"征台"军费，却又遭受伊藤博文等的反对而搁浅。②由于台湾岛远离日本，如果中日在台湾发生战争，日本不仅需要军舰运送兵员至台，而且若有海战发生，海军的军力是日本能否胜任战争的关键因素。当时日本海军可以出战的有日进、凤翔、明石、云阳、孟春等5艘军舰，但吨位太小，战斗力尚不及湄云级船政小号兵轮。至于龙壤、春日、筑波、富士山，排水量虽大些，却是脆弱的明轮舰船。第一丁卯、第二丁卯不过是125吨的巡逻艇。鉴于以上问题，日本此时丧失了对台湾岛再进行军事行动的能力。

结　语

福建船政局在台湾事件中，面对已然登陆的日本所谓"征台"军队，超过其战力的援兵必不可少，李鸿章所控制的淮军主力成为主要援兵。福建船政造出的轮船以及航海知识和技能，及时完成了淮军东渡的航务。正如沈葆桢所说"台事藉重船政十有八九"③。台湾岛上中日双方军力的换位，以及日本无法短期内改变的军事形势，最终遏制了日本向台湾岛东部的殖民扩张。福建船政首次在两岸间驾驶国产轮船的航行，积累了近代国人的航海经验，探索了两岸海防的规律。

---

① "大隈長官ヨリ柳原公使ヘ蕃地死傷患者ノ略記経費支給ノ概算云々往柬"，公文書館：A03031130400。
② 《木户孝允日记》第三卷，东京大学出版会版，1978—1980年，第81页。
③ 沈葆桢：《复李中堂》，《沈文肃公牍》三，抄本。

步履维艰
——福建船政局造舰在晚清海军的地位变迁与其失败成因

赵海涛[*]

19世纪中期，清政府顺世界之潮流，设局造船，以卫海防。前有曾国藩设江南制造局于上海，继有左宗棠建福建船政局（以下简称闽厂）于马尾。闽厂作为晚清造船业之主力军在中国造船史和海军史上占有重要地位，其花费巨资引进西方的科学技术，开办船厂，自制舰船，培养海军人才，建设国产化的海军。但是由于各种因素，闽厂造舰在海防建设中的地位每况愈下，日益边缘化。甲午一战，海军主力尽丧，闽厂也日益衰败并最终停办。

晚清海军舰船制造的相关研究主要集中在以下几个方面：第一，关于舰船装备的研究。[①] 第二，关于晚清海军建设中舰船装备的买与造之争的研究。[②] 第三，中日造船业与海军建设的比较研究。[③] 第四，对中国近代造船史的研究。[④] 而从闽厂造舰装备晚清海军失败的角度入手，以其在海军建设中作用的不断弱化为线索，通过对闽厂造舰与晚清海军之间的互动

---

[*] 赵海涛，华中师范大学中国近代史研究所博士。

[①] 陈悦：《北洋海军舰船志》，山东画报出版社2009年版；陈悦：《近代国造舰船志》，山东画报出版社2011年版；一峰、钱於彬：《晚清时期国产与进口海军舰艇》，《中国海军》2006年第10期；李成生：《从北洋舰队技术装备看甲午海战中国的战败》，《经济与社会发展》2005年第5期。

[②] 张家瑞：《李鸿章与晚清海军舰船装备建设的买与造》，《军事历史研究》1998年第3期；刘振华：《赫德、金登干与晚清舰船的购买》，《军事历史研究》2011年第4期；李德徵：《英德帝国主义向清政府兜售舰船的野心和竞争》，《历史教育》1964年第7期。

[③] 方堃：《北洋舰队1891年访日及其影响》，《安徽史学》1996年第3期；韦玉娟：《北洋舰队与日本海军》，《军事历史研究》2002年第2期；马幼垣：《法人白劳易与日本海军三景舰的建造》，载戚其章、王如绘主编《甲午战争与近代的中国和世界——甲午战争100周年国际学术讨论会文集》，人民出版社1995年版。

[④] 林庆元：《福州船政局史稿》，福建人民出版社1999年版；沈传经：《福州船政局》，四川人民出版社1987年版；王志毅：《中国近代造船史》，海洋出版社1986年版。

关系的分析来研究晚清海军的兴衰成败是一个比较新颖而有意义的尝试。造成闽厂造舰边缘化的原因非常复杂，既有外部的原因，又有闽厂造舰自身质量问题和闽厂本身经营管理上的弊端，而对海洋漠视的大环境才是其根本所在。闽厂造舰地位的边缘化反过来又是造成闽厂发展停滞和近代海军建设失败的重要原因。这两者相互影响，相互作用，使中国的海军建设陷入恶性的循环之中。

一 闽厂造舰对晚清海军的装备

闽厂是晚清时期中国最大最专业的近代化造船厂，其于1866年经左宗棠奏请设立。从第一号轮船"万年清"下水开始，前4艘船的轮机从国外进口，第五号"安澜"，便装上了中国自造的蒸汽机，试航时"船极灵捷平稳，机器配搭亦均合宜，与购自外洋者无异。"[①] 此时闽厂已能自造舰船的核心部件。此后建造的"扬武"号巡洋舰更是达到了较高的水平。

1873年，外员大多离去，闽厂开始了自己造船的新时代。1874年年初，前学堂第一届毕业生吴德章、罗臻禄等人自发设计建造了"艺新"号。丁日昌认为"艺新"摆脱了外国的图纸设计，"惟艺童吴德章等独出心裁，克著成效，实为中华发轫之始，该艺童等果能勇猛用功，精进当未可量！"[②] 1877年5月15日，闽厂第一号铁肋木壳舰船下水，这说明闽厂的造舰水平得到了又一次提升，实现了从全木质向铁木结合技术的成功转型，为以后的巡海快船和铁甲舰的建造积累了经验。

闽厂建设初期，主要按照左宗棠的"兵商兼用"思想来建造舰船。随着淮系势力的进入，李鸿章对闽厂的发展方向影响越来越大。李鸿章提出："应于铁甲舰未购之先，配造巡海快船四只，以备将来购成铁甲，可以练成一军。"[③] 1883年1月11日，中国第一艘巡海快船终于建成，名为开济，此后又仿照开济建造镜清、寰泰。时任船政大臣裴荫森兴奋地说道："该学生等于制造之学研虑殚精，不特创中华未有之奇能，抑且骎骎

---

① 张作兴：《船政奏议汇编点校辑》，海潮摄影艺术出版社2006年版，第61页。
② 同上书，第123页。
③ 同上书，第177页。

乎驾泰西之上。"① 闽厂自造巡洋舰在性能上能够达到较高水平,取得了难能可贵的造船工业成就。

中法战争后,闽厂开始建造铁甲舰,这艘铁甲舰被命名为龙威,于1888年1月29日下水。归北洋海军后改名为平远。裴荫森奏称:"该船工料坚实,万一海疆有事,不特在深入洋面纵横荡决,可壮声威,即使港汊浅狭,进退艰难,斯船吃水不深,其攻守尤资得力。"② 铁甲舰的建造标志闽厂的造船水平又提高了一个层次。甲午战争后,清政府的财政崩溃,闽厂的经费更是没有着落,成舰日少,但建造的建威、建安两艘装甲鱼雷炮舰接近世界水平。此后,闽厂日益衰落,勉强维持了几年后于1907年停办。

晚清时期,闽厂造船技术不断精进,造船的材质、动力、船型都有了较大提高。40余年间造船40艘,为装备海军做出了巨大贡献。

1871年4月10日,中国近代第一支海军——福建海军成立。福建海军在甲午战争前先后拥有舰艇24艘,其中闽厂制造的有17艘,总吨位17962吨,占总数的85%。③ 更应该注意的是福建海军所属舰船中,主力舰船几乎都是闽厂制造,外购的大多老旧不堪或用做练习舰。可以看出,福建海军舰船构成中闽厂造舰不仅在数量、吨位上占了很大的比例,而且其地位远高于外购舰船。福建海军是在闽厂造舰的基础之上建立起来的。

南洋海军在甲午战争前先后拥有舰船20艘,其中有闽厂所造的靖远、登瀛洲、澄庆、开济、横海、镜清、寰泰等7艘舰船,总共9698吨,占比41.6%。④ 由于江南制造局的存在,这个占比相对来说也是相当大的,更何况开济、镜清、寰泰是巡洋舰,制造精良,驾驶灵便,战斗力是比较强的,它们在南洋舰队始终处于主力位置,开济甚至是南洋舰队的旗舰,足见其地位之重要。南洋海军由于经费缺乏,不得不借助于国内造船厂建造舰船,是一支国产化程度比较高的海军,其中闽厂在其中也起到了重要作用。

广东海军的建设非常缓慢。70年代以前,广东主要从国外订购一些舰船,但自从1873年广州机器局建立后,其所需舰船大都由广东本省制

---

① 张作兴:《船政奏议汇编点校辑》,第357页。
② 同上书,第365页。
③ 海军司令部:《近代中国海军》,海潮出版社1994年版,第613—614页。
④ 同上书,第611—612页

造，但多是小炮艇，主要用来巡洋缉私。直到张之洞总督两广时，筹款由闽厂代造巡洋舰广甲、广乙、广丙和炮船广庚，这时广东海军舰船才开始大型化。广东除了不到100吨的小炮艇没有计算在内，拥有舰船30艘，其中的21艘由国内制造，总排水量9490吨，其中闽厂建造4艘，排水量3780吨，占国产舰船的39.8%。① 但是要指出一点，广东海军能出海作战的大型舰船都是由闽厂制造。

北洋海军主要由李鸿章筹划建设，由于李鸿章沉迷于购舰，所以国产化程度相对较低。其中先后有闽厂所造的镇海、湄云、泰安、威远、康济、海镜、平远等舰，总排水量8349吨，仅仅比一艘定远级军舰大1000多吨，所占比例只有20%，是四支海军中最低的②。其中，平远代表着当时中国造船技术的最高水平。

甲午战争后，国内造船厂日益衰落，清政府重建海军不得不依靠从国外进口舰船装备。1909年8月，筹办海军事务处在各地原有舰艇的基础上加以整顿，全国舰艇统一编制，整编后的海军中，闽厂造舰只有5艘，总排水量7058吨，占比仅仅为18.9%。再从地位上看，此时的闽厂造舰已经彻底成为辅助舰船，无法驰骋大洋。

由此可见，闽厂造舰在装备晚清海军上做出了很大的贡献，特别是甲午战争以前，其在南洋、福建、广东三支海军中不仅占有较大比例而且担任了重要任务，所处地位较高。但是在国家主力海军北洋舰队中，装备闽厂造舰较少，而且都处于辅助地位。特别是到甲午战争后，闽厂造舰彻底边缘化了。整体上看，闽厂造舰的地位不仅在各支舰队中的地位不一，而且在时间上也存在一个变化过程。

二　闽厂造舰在晚清海军中的地位变迁

在晚清海军舰船装备的建设过程中，存在着购买与自造并行的现象。由于中西造船技术上的差距，在不同阶段二者在技术与质量上存在差距。购舰的不断增加，自造战舰的不断减少，反映了两者在晚清海军中的地位的变化。

---

① 海军司令部：《近代中国海军》，第615—617页
② 王家俭：《李鸿章与北洋舰队》，生活·读书·新知三联书店2008年版，第311—312页。

(一) 海军基石——闽厂造舰主导海防

由于受到阿思本舰队事件的影响,清政府早期在购买舰船方面比较谨慎。只有广东、福建由于所管辖的海面海盗猖獗,从英、法等国购入少量小型的老旧舰船。此后,左宗棠、曾国藩、沈葆桢开辟了一条引进西方科学技术与设备,独立建设海军的新途径。

闽厂从创建到 1874 年,在法国工程师的指导下完成了初期的造船计划,建造舰船 15 艘,总排水量达到 15820 吨。① 而且排水量大都相对较大,性能比购买的舰船也要好得多。其中扬武是巡洋舰,其各项参数均高于合同规定。"该舰长 60.8 米,宽 11.25 米,排水量 1560 吨,实马力 1130 匹,航速 12 节,火炮 13 门。"② 这是中国第一艘巡洋舰。

由于沿海各地的旧式水师船只早就腐朽不堪,连基本的巡洋缉盗任务都无法完成。于是,在闽厂舰船造成后,各省督抚纷纷奏请调配闽厂所造的新式舰船保卫当地的海防,巡洋缉盗,保护通商口岸的贸易安全。因此,这些舰船造成之后就先后调往各地保护海防,成为当地海防建设的中坚力量。

表 1　　　　1874 年前船政造舰分配状况

舰名	舰种	排水量（吨）	所担任务	火炮（门）	先后调配地点
万年清	木质炮舰	1450	运输、巡海	6	福建
湄云	木质炮舰	515	侦报舰	5	北洋
福星	木质炮舰	515	侦报舰	5	福建
伏波	木质炮舰	1258	运输、巡海	7	浙江
安澜	木质炮舰	1258	运输、巡海	7	广东
镇海	木质炮舰	572	侦报舰	5	北洋
扬武	木质快船	1560	练习舰	13	福建
飞云	木质炮舰	1258	运输、巡海	7	山东
靖远	木质炮舰	572	侦报舰	5	南洋
振威	木质炮舰	572	侦报舰	5	福建
永保	木质商船	1258	运输		福建、台湾

---

① 陈悦:《近代国造舰船志》,第 330—332 页。
② 同上书,第 105 页。

续表

舰名	舰种	排水量（吨）	所担任务	火炮（门）	先后调配地点
海镜	木质商船	1258	运输		招商局
济安	木质炮舰	1258	运输、巡海	7	广东
琛航	木质商船	1258	运输		福建、台湾
大雅	木质商船	1258	运输		福建、台湾

资料来源：陈悦：《近代国造舰船志》，山东画报出版社 2011 年版；王志毅：《中国近代造船史》，海洋出版社 1986 年版。

1871 年 4 月 10 日，中国近代第一支海军——福建海军成立。[①] 福建海军在建成不久后就承担起了第一次反抗外来侵略的重要任务。1874 年 4 月，日本陆军在海军的护卫下悍然出兵侵略台湾。清政府于 5 月 14 日命船政大臣沈葆桢带领舰艇、军队前往台湾布防。月底，清政府命其为钦差大臣，办理台海防务及对外交涉事宜，节制东南沿海各口舰艇。福建海军全体出动，各舰分别驻扎澎湖、台北、厦门、福州等地，另有商船永保、琛航、大雅担任运输任务，并调南洋测海沟通两江与闽浙，传递信息。

日本侵台海军舰队中真正的军舰只有 2 艘，炮舰孟春排水量只有 357 吨，航速也仅有 7 节，配炮 2 门，各项参数与闽厂所造的最小的湄云级炮舰相比都显得寒碜。日进号排水量虽然有 1468 吨，航速 9 节，配炮 7 门，但与中国的扬武号相比差距也是比较大的。[②] 与配置齐全、数量众多，而且战斗力都在日本舰队之上的福建海军相比，实力不济的日本舰队犹如夜郎自大、蚍蜉撼树。

在中国近代海军初建的几年中，闽厂造舰不仅在数量上占有极大比例，而且其各种性能都远远高于其他舰船。由闽厂造舰组成的福建海军在中国近代海军第一次反侵略战争中就展现了其机动性强、运输方便等优势，在保卫海防、抗击日本侵略台湾的过程中起了主导作用。

（二）购舰冲击——闽厂造舰的边缘化

晚清海军建设之初，闽厂造舰虽然曾占有主导地位，但由于海军建设者沉迷于对外购舰，海军建设思路发生偏转，建军途径也随之转变。买与

---

① 戚其章：《晚清海军兴衰史》，人民出版社 1998 年版，第 195 页。
② 陈悦：《近代国造舰船志》，第 89 页。

购两种路线经过长期斗争，清政府逐渐取购舰之策，而舍闽厂造舰为主的国产舰船，闽厂造舰由于各种原因，在海军中日益边缘化。

1875年，清政府经过大范围的海防大讨论，开始对外购买舰船，大力建设海军。到中法战争前，清廷所购西方舰船多为小船扛大炮的蚊子船，排水量小，防护性能差，整体质量差强人意。只有李鸿章委托赫德购买的英式巡洋舰超勇、扬威较为新式，性能也好，但是仅1000吨出头，排水量仅为闽厂出产的开济的一半。在此期间，对外所购舰船排水量加起来只有8400吨。① 而国产舰船有35444吨，为其2.5倍，占海军舰船的71.8%，其中闽厂造舰占国产舰船的70%以上。

马尾海战，福建海军损失舰船11艘，其中闽厂造舰9艘，9281吨。② 石浦海战，南洋损失闽厂所造之澄庆以及沪局制造之驭远，共4068吨，其中澄庆1268吨。③ 中法战争期间，闽厂造舰损失惨重，总吨数达到10549吨，约为所有国产舰船的30%。中法战争后，清政府从德国伏尔铿船厂订购的定远、镇远、济远三舰回国，再加上中法战争中已经回国的南琛、南瑞二艘南洋舰船，造舰与购舰此消彼长，购舰在海军中的比例大大提高。此后，北洋海军又从英、德订购了致远、靖远、经远、来远四舰和一批鱼雷艇；广东也订购了一批鱼雷艇。这些舰船多为大型舰船，特别是定远级铁甲舰，是一等铁甲舰，排水量达到7335吨，堪称东亚第一军舰。此时，清政府购舰达到了42000多吨。④ 而闽厂在这期间总共建造了9艘舰船，总吨数12438吨⑤，此时沪局业已停产，闽厂已成为国产舰船与购舰抗衡的唯一力量。

可以看出，自1875年后，以闽厂造舰为主的国产舰船的比例一直在下降，特别是1884年到1894年，由于自身损失巨大，外加和大量外购舰船来华加入海军，在沪局停产的情况下，闽厂独木难支，其所造舰船在海军中所占比例的下降速度最快。从此可以看出，清政府的建军思路已经完全发生了转变，那就是主要依靠外购舰船建设海军，闽厂造舰则为辅助。因此，闽厂造舰在海军建设中的地位日益下降，逐渐边缘化。

---

① 张墨、程嘉禾：《中国近代海军史略》，海军出版社1989年版，第164—167页。
② 海军司令部：《近代中国海军》，第613—614页。
③ 同上书，第611页。
④ 张墨、程嘉禾：《中国近代海军史略》，第164—167页。
⑤ 陈悦：《近代国造舰船志》，第330—336页。

闽厂造舰的边缘化还表现在其所担任的角色的退化。1874年前，闽厂造舰分配各地，成为海军建设初期沿海各省海防的骨干力量，1875年后，随着外购新锐舰船日增，性能相对较差的闽厂造舰逐渐退居二线，成为辅助舰船。海镜、泰安二舰自加入北洋海军后，成为运输船。威远加入北洋海军之初，作为主力，曾经历、参与过朝鲜平叛、长崎事件等重大活动。随着定远级铁甲舰及一批新锐巡洋舰的加入，其也退居二线，充当练习舰。就连闽厂所造性能最佳的铁甲舰平远在建造过程中，也多次遭到李鸿章的指责，李鸿章从舰型、排水量、尺寸比例等方面对平远进行了全面的批评，称其不适合海面交锋，更无法与西方战舰匹敌。平远在设计建造时确有缺点，但仍不失一艘较为优良的舰船，如此严厉的指责实属言过其实。平远在加入北洋海军后也位居二线，被编入后军，与一群蚊子船为伍，作为预备舰船，守护港口，掩护陆军。平远舰管带李和在北洋舰队也备受冷遇，与船政学堂同学刘步蟾、邓世昌、林泰曾相比，待遇相差甚大，刘、林已是总兵，邓为副将记名总兵，而李和的军衔和蚊子船的管带一样，仅是都司。大东沟海战之初，平远和闽厂造舰广乙编队，作为预备力量，在登陆场掩护登陆之淮军。就连1881年下水的已经落后时代十余年的超勇级巡洋舰接战序列都排在其前面。南洋、福建、广东所辖海军舰船仍然以闽厂造舰为主力。但是，黄海战云密布之时，有人提议调南船北上，增援北洋舰队，但是李鸿章却认为南洋诸舰老旧不堪，已不中用，不能对日本海军产生威胁。他不但不听，反而有调北洋海军舰船南下加强台海海防之意，而将加强北洋海军实力的重点放在对外四处购买舰船上。海防危在旦夕，李鸿章依旧藐视闽厂造舰，视其为累赘。再加上各封疆大吏各人自扫门前雪，保存实力，对自己的舰船信心不足，害怕自己的舰船在海战中受到损失，从而使众多的闽厂造舰在甲午战争中隔岸观火，置身事外。这也是闽厂造舰角色退化的又一个表现。

（三）甘为辅助——闽厂造舰根基丧失

甲午战争后，北洋海防空虚，南洋的开济、镜清、寰泰三艘闽厂造舰和德国建造的南琛、南瑞巡洋舰北上布防，填补北洋海军全军覆没后的海防真空，闽厂造舰一时作为主力活跃于中国北方海面。

甲午战争后，主力舰只全购买自国外的北洋海军全军覆没，这原本应是闽厂重振雄风、积极进取、大力造舰、主导海军建设并促进国内造船工业迅速发展的契机；但是，自甲午战争后到清王朝灭亡的十几年中，清政府财政更加困难，由于大部分经费被用来购买舰船，留给闽厂用于造舰的费用少之又少，就连最基本的开办费用也很难筹措。虽然在裕禄担任船政大臣期间，闽厂的各项生产工作稍有起色，但是仍然挽救不了其停办的命运。这一时期，闽厂总共仅仅建造了 6 艘舰船，总排水量只有 7610 吨。[①]而先前的国产舰船大多已经老旧不堪，不能承担起重建海军的重任，清政府不得不再次大规模从国外购买舰船。维新变法期间，清政府向德国订造了海容、海筹、海琛三艘巡洋舰，排水量 2950 吨，航速 20 节。一年后又在英国订购了海天、海圻，其排水量更是达到 4300 吨，航速 24 节，载有大小火炮 34 门，成为清末海军的"镇海之宝"。[②]再加上其他外购舰船，总数达到 29 艘，总排水量达到 24268 吨[③]。这些性能好、火力猛的外购舰船成为清末海军重建的基础。在 1909 年，清政府将性能较为优良的战舰整编为巡洋舰队，将业已老旧或不适合海面交锋的战舰划入长江舰队，整编之后的清末海军共有战舰 32 艘，其中闽厂造舰只有 5 艘，共 7058 吨。且只有通济、保民二舰加入巡洋舰队，担任运输任务，其他由于性能较差，被编入长江舰队。剩余的陈旧不堪，要么裁撤，要么供沿海各省运输。闽厂造舰此时已经完全边缘化了。所以重建海军所需主要舰船并没有选择在国内建造，而是将重点放在了从国外购买舰船上。

在清末重建海军时期，闽厂造船无论从数量还是从其在海军建设中的重要性看，其地位已经彻底边缘化。闽厂的生产停滞，已经变得可有可无，在十多年的时间内所造舰船寥寥无几，造船水平也没有多大提高，其"海军根基"的地位已经不复存在。

三 闽厂造舰边缘化的成因

闽厂造舰地位日趋边缘化，既有其自身质量与购进的同类舰船之间在各方面所存在的巨大差距的原因；又有外部顽固派的阻挠和购舰派李鸿章等人的排挤；而中国历代政权长期漠视海洋利益，缺乏向海洋进军的进取心才是根本原因。

---

① 张侠等:《清末海军史料》，海洋出版社 1982 年版，第 183—185 页。
② 海军司令部:《近代中国海军》，第 545—546 页。
③ 同上书，第 624—626 页。

(一) 自身质量

在19世纪60年代，中国与西方在造船技术上的差距至少在半个世纪以上。虽然晚清时期国内的造船水平有了很大的提高，但与外购同类先进舰船相比仍然存在着很大差距。

由于生产的时间不同，我们不能用闽厂所生产的最优良的舰船与18世纪60年代所购买的老旧舰船相比；由于不同种类的舰船性能、功能不一，我们也不能拿闽厂所造大型舰船与外购的蚊子船相比较。这是不公平的，也是不合理的。因此，就同一时代国内生产的较高水平的舰船与外购的同类先进的舰船的各项性能进行对比，来分析国产舰船与外购舰船之间的差距。

表2 　　　　　国产巡洋舰与外购先进巡洋舰的性能对比[①]

舰名	舰种	下水时间	排水量（吨）	马力（匹）	航速（节）	主要火炮（门）	装甲厚度（厘米）
致远	穹甲巡洋舰	1886年	2300	5500	18	210毫米炮：3 150毫米炮：2	铁甲：5—10 司令塔：15
开济	铁胁双重木壳巡洋舰	1883年	2200	2400	15	210毫米炮：2 120毫米炮：8	铁甲：无 司令塔：无

开济级的后续舰镜清、寰泰建造时间与致远差不多，但是在马力、航速、防护能力上都存在一定的差距。因为开济级巡洋舰采用的并不是当时最先进的技术，而是由法国设计师参照19世纪80年代初的法国杜居士路茵号防护巡洋舰设计的，而且没有采取相应的防护设计，其性能自然比不上数年后以英国最新技术设计建造的致远级穹甲巡洋舰。从两类舰船的对比我们可以看出，当购舰派提高认识，购入先进舰船后，闽厂造舰与外购舰船之间的巨大差距就显露出来。这也成为购舰派指责、挤兑闽厂造舰，争夺经费的依据。

闽厂造舰质量不能得到很大提高的原因首先是投入不够，难以扩大生产并提高质量，严重影响了其建造水平的提高。在初创时期，闽厂在左宗棠、沈葆桢等相对有威望的大臣的努力下，经费短缺的问题尚不是很明显。沈葆桢之后，历任船政大臣大都由于资历不够，造船经费的筹集更加

[①] 海军司令部：《近代中国海军》。

困难。1874—1885年，欠解经费为277万两；1886年至1895年，闽海关应拨620万两，但实际只拨付266万两；这一段时间，闽厂在裴荫森的主持下，辗转腾挪，勉强筹集了发展经费，取得了很大的成就；但是，甲午战争后，清政府的财政崩溃，直到闽厂停办，闽海关总共应拨680万两，但实际只拨了263万两，仅占应拨款额的38.6%。① 闽厂也做了许多努力以解决经费问题，首先是"官轮商雇"。左宗棠曾明确提出"如虑煤炭薪工按月支给，所费不赀，及修造之费为难，则以新造轮船运漕，而以雇沙船之价给之，漕务必则听受商雇，薄取其值，以为修造之费。"② 但由于闽厂所造轮船价格过于昂贵，商人怕承担高昂的风险费用。因此，通过"官轮商雇"来解决造船经费这条路不可能走通。另一个途径是通过南北洋、广东补贴，由闽厂代为造船。"开济""镜清""寰泰"三艘巡洋舰就是由南洋拨银资助建造，张之洞总督两广期间，计划建造三艘巡洋舰，每舰补贴9万两；四艘炮舰，每舰补贴3万两。7艘舰船，总共48万两，相对成本来说，这是远远不够的。③ 1890年，新任两广总督李瀚章奏请停止了广东的造船计划，闽厂旋即陷入难以为继的境地。随着舰船的升级换代，造船成本日益提高，闽厂经费不仅不增，反而愈加拖欠，以致难以维持，造船周期也就拖得越长。经费的短缺严重影响了闽厂造船的进程及造船技术的发展，成为影响所造舰船质量和限制造船规模的瓶颈。

另外，闽厂的舰船设计也存在问题。左宗棠认为，如果建成轮船"无事之时以之筹转漕运，则千里犹在户庭，……有事之时以之筹调发，则百粤之旅可以集三韩，以之筹转输，则七省之储可通一水。"④ 他认为建造轮船既可以从事军事活动，又可以从事商业运输和办理漕运。从此闽厂造船定下了"兵商兼用"的基调。在闽厂创建初期，所造舰船多数都是"亦兵亦商"的炮舰，如第一艘轮船万年清号炮舰，虽然是炮舰但却拥有容量为260吨的货舱，占用了其总空间的2/3。⑤ 之后所造的舰船除了扬武号巡洋舰是唯一的纯军舰外，其他大都是这种"兵商兼用"的舰船。对于闽厂造船的功能的这种定位，其实从一开始就已经决定了其在之

---

① 林庆元：《福建船政局史稿》，第260页。
② 张作兴：《船政奏议汇编点校辑》，第5页。
③ 姜鸣：《龙旗飘扬的舰队》，生活·读书·新知三联书店2002年版，第244页。
④ 张作兴：《船政奏议汇编点校辑》，第3页。
⑤ 陈悦：《近代国造舰船志》，第24页。

后海军建设过程中的地位。因为它们在一支舰队中只能作为炮舰、运输舰或者通报舰使用,无法承担巡洋作战的主力舰的重任。在中法马江海战中,这些舰船存在的问题暴露无遗。福建海军共拥有11艘舰船,但是总共却只有45门火炮;法国舰队有8艘舰船却有77门火炮,福建海军在火炮数量和吨位上处于明显的劣势。① 即使在战略战术上没有重大失误,也很难抵挡法国远征舰队的攻击。到1907年停办,闽厂造舰40艘,而其中按照兵商两用思想建造的轮船就有23艘。② 作为一个以为海军建造舰船为主要目的的造船厂,在海防紧张的时期,生产能够作为商用的轮船数量占了所造舰船的一大半,而这些船只作为战舰的性能并不好,在海军建设中只能担任边缘化的角色,多作为运输舰使用。而且,按照军舰式样建造的又有很大一部分被改建成练习舰,而纯粹的作战舰船只有11艘。这严重削弱了闽厂"海军根基"的地位。

技术引进严重滞后。闽厂由于自主创新能力尚待开发,在设计舰船时,大多时候先要选择母型,但是在选择设计母型时,选择的大多是落后时代的舰船。闽厂建造首舰万年清号,采用的是兵商两用的设计,当时的工程师达士博参照了法国La Motte—Picquet级炮舰的设计。但此炮舰最初是法国在1858年建造的,此时已经相差10年,达士博只是在此基础上做了一定的修改,加大了尺寸、吨位,以达到左宗棠兵商两用的要求。以10多年前的老舰作为母型所设计的舰船无论怎么加以修改,其技术水平只能停留在10多年前的水平上,而其基本性能不会得到质的提高。湄云级炮舰也是以法国数年前建造的炮舰为母版设计的。而在日意格作为船政总监督时期,闽厂所建造的船只基本上都是以这两级舰船作为模板,在此基础上不断改进后所建,和世界水平还存在很大差距。1874年后,闽厂开始自己建造舰船,但是在技术的引进上仍然赶不上世界潮流,所建造的许多舰船都是落后于世界潮流的旧式舰船。1876年开始建造铁胁木壳炮舰,而西方已经流行新式巡海快船,用以辅佐铁甲舰作战,1883年开济号才建成下水,已经落后其母型防护巡洋舰杜居士路茵号6年,而且仍旧选用了较为落后的双重木壳的防护形式,与当时流行的穿甲巡洋舰相比差了不止一个档次,而且其主炮配置

---

① 戚其章:《晚清海军兴衰史》,第216页。
② 参见陈悦《近代国造舰船志》。

也是相当落后的,当时的巡洋舰建造,更流行的是在舰船中心线上布置前后主炮,而开济则仍选择了在舰艏两侧设置的耳台内安装主炮。可以看出,闽厂在技术引进方面始终处于被动的地位。由于中国造船水平与西方相比,至少差半个世纪以上,工业水平比较落后,因此在引进国外技术的选择上必然会存在各种弊端。

清政府的官办军事工业不能算是严格意义上的企业,更多是传统官府手工工场的继承人,是封建衙门。每年由政府拨额定经费,船厂提供若干轮船,只是采用了近代化的机器制造,生产的并不是商品,所造舰船大多由清政府按照各省需求自由分配而已。闽厂所造舰船最初都是无偿分配沿海各省,分担养船经费,以减少自己的开支。后期虽然也有其他省份接济,但仍是杯水车薪。在长期的生产中,闽厂没有任何利润,只有投入,同时也没有同行企业的竞争,缺少发展的动力,经营过程中腐败、浪费现象明显,这样的造船厂必然会日益衰落。由官办的衙门式的造船厂建造舰船,发展本国的造船业,缩小和西方的科学差距,培养本国的科技创造能力,实现独立自主地建设近代海军是不现实的。

(二) 外部阻力

闽厂造舰装备晚清海军最终失败,不仅由于自身在质量上的致命缺陷,外部的阻力也起了很大影响。首先便是来自顽固派的抵制。

由于科学技术上差距悬殊,闽厂造舰需要从西方引进先进技术。这在晚清中国风气不开、保守愚昧的社会氛围中,遭到了清朝顽固派官员的强烈反对和阻挠,被称为"奇技淫巧"。因此,上至朝廷下至士大夫,大都对西方科学技术持鄙视和排斥态度,中国传统的"义理之学"严重束缚了科学技术的发展。

1867年春,洋务派与顽固派就设立京师同文馆发生激烈论战,保守派代表人物倭仁认为治国之根本在于尊礼义、得人心,利用权谋和技艺是不能起衰振弱的。表明了顽固派保守地反对一切洋务的态度。这必然会影响到作为洋务运动重要组成部分的闽厂,使其承担了来自各方面的巨大压力。左宗棠的继任者吴棠思想保守,想在船政中分一杯羹,其利用总督的权力,无由打击船政官员,处处掣肘,严重干扰了闽厂的发展。1872年1月23日,倭仁的学生、保守派的另一代表内阁学士宋晋上奏称"此项轮船……用之外洋交锋,断不能如各国轮船之便利,名为远谋,实同虚耗。……殊为无益。"① 其从海防、捕盗、运输等方面抨击闽厂轮船实属虚糜经费，全无用处，建议停止，以节省经费。而清廷并没有对此进行驳斥，而是交由对船政并无热情的闽浙总督和福建巡抚讨论。可见清廷一定程度上已经认同了宋晋的观点。幸得曾国藩、左宗棠等的反对，闽厂才得以续办并发展。1874年闽厂5年造舰计划完成后，以"节省经费"为名，妄图裁撤闽厂的舆论一度大行其道，闽厂的后续经费也就没了着落，要不是受同年台湾事件的刺激，也许闽厂真的就会停工歇业、关门大吉。在这种保守的社会氛围中，仅仅是左宗棠等拥有先见之明的封疆大吏希望通过引进西方科技设厂制船，并追赶西方，提高造船水平，实现海军建设的国产化是远远不够的。

李鸿章是晚清近代海军建设的实际负责人。参考史料我们可以发现，李鸿章始终认为"今急于成军，须在外国订造省便"②，并不很支持闽厂造舰。其这一建军路径对闽厂造舰产生了巨大的冲击。

李鸿章认为闽厂造船所需主体材料必须从国外进口，与所购舰船相比费用极高，而质量却有所不如，自造舰船实属徒糜费用。这显然与顽固派官员的观点不谋而合，只是目的不同罢了。在李鸿章的意识中国内造船业还没有能力独立造船抵御外侮。因此，他主张从西方军事强国购买战舰以建设海军，后来这一思想甚至发展到对外购买一切装备，其在十年之间迅速为清王朝用白银堆砌起一支北洋舰队。这使刚刚脱离仿制，独立发展的闽厂受到沉重打击。

由于海防经费吃紧，为了争夺经费，李鸿章极力排挤闽厂，闽厂本就生存艰难，在此情形之下，更是难以为继。1879年，李鸿章将闽厂制造巡洋舰的费用挪作购买铁甲舰之用。中法战争后，闽厂在裴荫森主持下计划建造铁甲舰。但是又遭到李鸿章的挤兑，铁甲舰数量由三艘减到一艘，其余经费被用来购买英、德巡洋舰。平远建成后，李鸿章认为此船"以之归队操练聊助声威，尚未可专任海战。"③ 极力贬低闽厂造舰。

---

① 宋晋：《同治十年十二月十四日内阁学士宋晋片》，载《中国近代史资料丛刊·洋务运动》第5册，上海人民出版社1961年版，第105—106页。

② 李鸿章：《筹议海防折》（同治十三年十一月初二日），崔卓力主编《李鸿章全集》，奏稿，第24卷，时代文艺出版社1998年版，第1068页。

③ 李鸿章：《查验"平远"兵船折》（光绪十六年五月十一日），载崔卓力主编《李鸿章全集》，奏稿，第68卷，第2545页。

其实闽厂所造平远在大东沟海战中表现远远好于许多外购舰船。其在海战中多次击中敌舰，自己也多次被击中，但安然而返，表现出了良好的火力和优良的防护能力。但是"购舰派"的排挤严重影响了闽厂舰船作用的发挥。

（三）统治者海洋意识淡薄

清政府思想保守，对海军建设重视不够，在海军建设中不能很好地处理道路的选择问题，从而导致本国舰船装备制造业的发展停滞。统治者漠视海权、漠视海军是清政府不能够独立造船建设强大海军的根本原因。

古代中国是陆权国家，海洋权益处于附属地位，中国海军只不过是没有海洋经济基础的"畸形儿"，没有持久的发展动力，其兴衰更大程度上决定于皇帝的意志，其唯皇帝的政治意愿是从，舍海洋经济利益之本，而逐政治目标之末，只能是无本之木。这种传统一直影响着中国历代的海军建设。

就在世界进入海国时代时，中国却走上了与西方国家截然相反的道路。中国自郑和下西洋以后，便开始放弃了对海洋的控制。第一次鸦片战争中，大清水师一败涂地，林则徐极力主张建立海军，沿海一带曾经出现了一股建造近代海军舰船的热潮。但随着鸦片战争的结束，清廷便下令"毋庸雇觅夷匠制造，亦毋庸购买"①，刚刚兴起的海防热潮便冷却下来。魏源在战后出版了《海国图志》，明确提出了"师夷长技以制夷"的主张，然而并没有得到国人的重视。而海军的建设在威胁暂时消除之后便随之停止了。清王朝在第二次鸦片战争中再次惨败，统治者受到很大的刺激，痛定思痛，决心购买外国船炮，建立近代海军。可以说列强的坚船利炮是晚清海军建设的原动力。面对来自海上的重大威胁，皇帝只是被迫下意识地发展海军以防御，纯粹是为了自卫，根本无暇考虑国家战略。这必然制约海军的向外发展，从而使其和炮台一起构成了海岸防御系统，成为海港的守卫者，成为最低层次的"港口海军"。消极地放弃海权，这决定了福建海军在中法战争中和北洋舰队在甲午战争中都处于消极防御的被动状态，最终都难免全军覆灭的命运。

海洋权益是一国海军建设的原始驱动力，如果长期对海洋权益漠然视

---

① 文庆等编：《筹办夷务始末（道光朝）》卷六十三，第 2470—2471 页。

之，甚至放弃海权，其海军建设便失去了根本动力，成为无源之水，只能威风一时，而近代海军就是一只大"吞金兽"，一旦缺少海洋经济利益的支持，便成为巨大的财政负担，必然不能持久。晚清中国是一个农业国家，缺乏向海洋追求利益的动力，统治者长期漠视海洋，近代海军建设缺乏所必需的近代工业体系和向外发展海权的动力，这是晚清海军建设失败的根本原因。

结　语

晚清时期，一些先进的中国人开始引进西方科技，设厂制船，创建中国近代海军。但是在实践中，海军建设成效不足，其原因值得深思。

在保守、落后的社会氛围中，以闽厂为主的中国近代造船业历经艰难缔造，冲破重重困难和阻力，白手起家，日渐精进，呈现蒸蒸日上的发展势头，建造了一批近代化的军舰，为晚清的近代化海军的创建打下基础。但却没能得到持久的、快速的发展，最终还是难逃衰败的命运。长期以来，统治者漠视海洋，目光短浅，急功近利，过于依靠从国外进口海军舰船装备，没有给闽厂的发展以最有力的支持。再加上官办军事工业存在的先天性的弊端，培养人才缺乏创新精神和活力，抑制了闽厂的创造力。这些因素综合起来导致以闽厂造舰为主的国产舰船的边缘化，清廷认为其质量不佳，从而减少其投入。19世纪，世界造船技术突飞猛进，经费的减少使本就远远落后于世界水平的中国造船业雪上加霜，难以扩大规模，实现其再生产，进而更进一步拉大了与世界先进水平的差距。购舰以建设海军是一条急功近利的建设道路，虽然在海军建设之初，可以迅速壮大海军力量，加强海防。但是造船业乃一国海军建设之基石，最终决定一国海军的强大与否，购舰则受制于人，海军建设最终还是要落到独立造舰之上，晚清海军建设的失败正是验证了这一教训。"授之以鱼，不如授之以渔"。近代中日两国海军建设都经历了由"鱼"到"渔"的过程，相比较而言，中国最终奉行"拿来主义"，放弃了漫长的学习"捕鱼方法"的过程。而日本在海军建设之初，也是购、造并重，但坚持发展本国造船业，最终实现了独立造舰建军。也正由于如此，晚清时期闽厂陷入"经费缺乏—国产军舰质量不佳—地位边缘化—缺乏经费"的恶性循环不能自拔，国内造船业难以扩大再生产影响了中国海军建设的正常化，更进一步决定了中国海军的命运,决定了近代中国的命运。可见,只有自己建立起独立而完整的工业体系,依靠自己的造船业发展海军才是海防的可靠依仗。

中华民族要走向海洋、走向复兴、维护自身海洋权益,这就要求中国拥有强大的造船工业,实现海军科学技术的自主创新和海军装备的国产化,建立拥有自主产权的国产化海军舰队。这对于中国的和平发展,实现国家统一,维护海权都有着巨大而深远的战略意义。没有创新就没有活力,创新是一个国家和民族的灵魂,中华民族应该在树立海洋意识的同时大力培养自主创新能力,只有这样才能真正实现整个国家和民族的持续发展,承受来自各方面的挑战,长期屹立于世界民族之林。

沈葆桢的海防和海军建设思考及其实践

郑剑顺*

福建船政局于清同治五年（1866年）在福建福州马尾创办。是时丁忧在籍的前江西巡抚沈葆桢奉命为首任船政大臣，总理船政。所有船政事务"准其专折奏事"，与福州将军、闽浙总督、福建巡抚"会商办理"。① 至光绪元年（1875年），沈葆桢调任两江总督，主持船政达10年之久。接着赴任两江总督兼南洋通商大臣，"督办南洋海防"，至病逝任所，历时5年。

沈葆桢的这种职务经历，使他成为承担同光年间的海防和海军建设重任的封疆大吏之一，因此，在其位而谋其政，有诸多关于海防和海军建设方面的思考及实践，产生重要作用和深远影响。本文拟就此进行考察和探讨，期以交流和讨教。

一 轮船为海防利器，"船政关海防大局"

同治六年六月十七日（1867年7月18日），沈葆桢丁忧释服后到马尾履任，"遵旨刊刻木质关防，文曰'总理船政关防'，即日开用。"② 沈葆桢深刻认识到创办船政局制造轮船对海防建设的重要意义，一再强调指出，"创造轮船，关系至巨"，③ "船政关海防大局"，④ "船政关系海防根柢"，⑤ 船政为"海防之基"，⑥ "船政与海防相表里"。⑦ 在他奉命任船政

---

* 郑剑顺，厦门大学人文学院历史系教授。
① 郑剑顺：《福建船政局史事纪要编年》，厦门大学出版社1993年版，第5页。
② 同上书，第10页。
③ 朱华主编：《沈葆桢文集》，福州市社科院、社科联、中共福州马尾区委宣传部、福州市船政文化研究会编，2008年，第173页。
④ 同上书，第210页。
⑤ 同上。
⑥ 同上书，第211页。
⑦ 同上书，第209页。

大臣时，他充分估计到肩上担子之重，完成任务之难，但决心"竭尽愚诚"，体朝廷为自强"创百世利赖之盛举"苦心，"勿以事属创行而生畏难之见"①，沉下心办好船政。

沈葆桢对海防建设有充分认识。他认为，海防建设必须要有轮船，轮船必要设局创造，而且要多造兵轮船。轮船是海防的先进武器，有了兵轮船，传统的旧舋船可当废物淘汰。

船政创办7年后，闽局与日意格等签订五年合同期满，船政要不要续办下去？沈葆桢奏请闽厂轮船应续行兴造，"以利海防"②。他写道："似不如仍此成局接续兴工，在匠作等驾轻就熟，当易告成，而厂中多造一船，即愈精一船之功；海防多得一船，即多收一船之效。"③"船政与海防相表里，若船政半途而废，则海防并无一篑之基。"④清朝廷批准沈葆桢奏请，同治帝上谕说："闽厂轮船，即照所请，准其续行兴造得力兵船，以资利用"。⑤

闽局船工续办后，沈葆桢提议向国外购买大挖土机船、船上铁胁和新式轮机。闽局由前此造木胁船，开始升级制造更先进的铁胁船，并配用新卧式轮机。原来配用的立式轮机用煤过费，又不隐蔽，不适用于兵船。新式卧机为外国新创造，配在兵船上，"取其机器与水面平，可以避炮也"⑥。沈葆桢很重视造船技术的改进和提高，认为造船技术要"精益求精，密益求密"⑦，要"讲求兵船新法"，造出来的船才能在海防上发挥作用，"以固疆圉而壮声威"。⑧

兵船造出来后，还要有人驾驶，"有船不能驾驶，与无船同"⑨。所以，培养轮船驾驶人才和制造人才被纳入船政创办规划。福建船政局集轮

---

① 朱华主编：《沈葆桢文集》，福州市社科院、社科联、中共福州马尾区委宣传部、福州市船政文化研究会，2008年，第174页。
② 同上书，第207页。
③ 同上书，第206页。
④ 同上书，第209页。
⑤ 《穆宗实录》（七），《清实录》第五一册，中华书局1987年版，第892页。
⑥ 郑剑顺：《福建船政局史事纪要编年》，厦门大学出版社1993年版，第44页。
⑦ 朱华主编：《沈葆桢文集》，福州市社科院、社科联、中共福州马尾区委宣传部、福州市船政文化研究会编，2008年，第205页。
⑧ 同上书，第198页。
⑨ 同上书，第194页。

船制造、人才培养、轮船水师编练于一体，在晚清海防建设中发挥重要根基、支柱作用。沈葆桢认为，海防和海军建设首在得人，要有人才。轮船制造不重在"造"，而重在"学"。①"海防根本，首在育才。"②"船政根本在于学堂。"③ 他把培养人才看成是船政创办、海防和海军建设的根本。有人才才能不依靠洋拐棍，自己造船、自己驾驶，强军固防，做好海防建设。同治十二年十月十八日（1873年12月7日），沈葆桢上奏，建议选派船政学堂首届毕业生赴法国、英国留学深造。他认为："欲日起而有功，在循序而渐进；将窥其精微之奥，宜置之庄岳之间。前学堂，习法国语言文字者也，当选其学生之天资颖异、学有根柢者，仍赴法国，深究其造船之方及其推陈出新之理；后学堂，习英国语言文字者也，当选其学生之天资颖异、学有根柢者，仍赴英国，深究其驶船之方及其练习制胜之理。"④ 光绪二年十一月二十九日（1877年1月13日），北洋大臣、直隶总督李鸿章经与丁日昌、吴赞诚、沈葆桢往返函商，取得一致意见，也奏请闽局选派船政学堂首届毕业生出洋学习。李鸿章等奏称："查制造各厂，法为最盛；而水师操练，英为最精。闽厂前堂学生本习法国语言文字，应即令赴法国官厂学习制造，务令通船新式轮机器具无一不能自制，方为成效。后堂学生本习英国语言文字，应即令赴英国水师大学堂及铁甲兵船学习驾驶，务令精通该国水师兵法，能自驾铁船于大洋操战，方为成效。如此分投学习，期以数年之久，必可操练成才，储备海防之用。"⑤光绪二年十二月戊子（1877年1月15日），南洋大臣沈葆桢等奏，选派候选道李凤苞、闽厂监督日意格充华洋监督，率领闽厂前后堂学生分赴法国官厂学习制造、英国水师大学堂及铁甲兵船学习驾驶，学生员数以三十名为度，肄习年限以三年为期。获得朝廷批准。⑥

首届选派出洋留学生徒自光绪三年起，至光绪六年，即满三年期限。沈葆桢奏请闽局出洋生徒，应予蝉联就学，"以储后起之秀而备不竭之

---

① 朱华主编：《沈葆桢文集》，福州市社科院、社科联、中共福州马尾区委宣传部，福州市船政文化研究会编，2008年，第201页。

② 同上书，第371页。

③ 同上书，第176页。

④ 同上书，第204页。

⑤ 郑剑顺：《福建船政局史事纪要编年》，厦门大学出版社1993年版，第55页。

⑥ 《德宗实录》（一），《清实录》第五二册，中华书局1987年版，第620页。

需"。他在奏折中说:"计此后闽厂成船日多,管驾之选日亟,而厂中方讲求新式机器,监工亦在在需才。……非源头活水,窃虑无以应汲者之求。"他认为,"西学精益求精,原无止境,推步制造,用意日新。"轮船制造技术在不断进步,相关知识在日益更新,所以要不断学习掌握新技术、新技能。必须接续择才派赴英、法就学,"俾人才蒸蒸日盛,无俟藉资外助,缓急有以自谋,大局幸甚。"①他主张,"出洋学生宜源源不绝,不当以少有所得而止。"不仅派赴英、法留学,若经费许可,还要派往德国学习枪炮及陆路兵法。这都是备战的需要,培养海防建设人才的迫切需要。"窃意西洋或可不用兵,日本必无三五年能不用兵之理。"②船政育才不能停步,海防建设亦断不可停,"西洋或隐忍幸和,东洋则终须一战。"没有可松懈或停顿的理由。③

二 "外海水师决不可不创"

中国在经历两次鸦片战争后,朝野无不痛感海防的缺失,而海防缺的就是坚船利炮,西方有而中国没有。侵略者驾驶轮船进攻中国沿海任何一个海口,使海防防不胜防,各地疲于应付。所以,清政府开始把制船造炮、编练水师、掌握海防主动权,摆上议事日程并付诸实施。福建船政局由此得以创办。船政创办的目的,正如左宗棠所说:"欲防海之害而收其利,非整理水师不可;欲整理水师,非设局监造轮船不可。泰西巧而中国不必安于拙也;泰西有而中国不能傲以无也。"④"防海必用海船,海船不敌轮船之灵捷。……彼此同以大海为利,彼有所挟,我独无之。譬犹渡河,人操舟而我结筏;譬犹使马,人跨骏而我骑驴,可乎?"⑤所以要创制轮船。这种轮船替代旧式水师战船的功能,所以被称为"兵轮船"。船政造出兵轮船后,派往沿海各海口驻防,没有组建成军。"轮船号数渐

---

① 朱华主编:《沈葆桢文集》,福州市社科院、社科联、中共福州马尾区委宣传部,福州市船政文化研究会编,2008年,第371—372页。
② 福建省文史研究馆编:《沈文肃公牍》,江苏广陵古籍刻印社1997年版,第444页。
③ 同上书,第407页。
④ 张作兴主编:《船政文化研究——船政奏议汇编点校辑》,海潮摄影艺术出版社2006年版,第4—5页。
⑤ 同上。

多，不能不分布各口。平日各不相闻，临时各不相习，虽有事调合一处而声气隔阂，号令参差。"① 沈葆桢关注到此事，于同治九年（1870年）八月奏请简派轮船统领，"以资训练而靖海疆"。该轮船统领的职责是对所统辖轮船将士"训之礼义，以生其忠君爱国之心；练其技能，以壮其敌忾同仇之志。庶几南北一气，寰海镜清矣。"② 清朝廷同意这一建议，命福建水师提督李成谋为轮船统领，责成李成谋随时驾驶统辖轮船出洋，周历海岛，勤加操演，"俾该员弁等熟悉风涛，悉成劲旅。"③ 由李成谋统领的轮船福建水师，④ 实际上就形成福建海军，揭开了晚清近代海军的新篇章。轮船福建水师，或称福建轮船水师、船政轮船水师，是以船政局造的兵轮船组合成的，有沈葆桢和闽浙总督英桂等会议奏准的《轮船训练章程》十二条。其中规定：统领外应派分统以专责成；挑选水师弁兵在船练习；弁兵人等技艺精通者分别给予职衔；分泊各口轮船，按季互相更调，以期联络；每年春冬定期操阅，以凭黜陟；管驾官每旬合操一次；颁定一色旗号以分中外等。⑤ 同治帝上谕强调说："国家不惜数百万帑金创制轮船，原以筹备海防，期于缓急足恃。现在已成之船，必须责成李成谋督率各员弁驾驶出洋，认真操练，技艺愈精，胆气愈壮，方足备御侮折冲之用。"⑥ 光绪五年（1879年），福建水师提督彭楚汉接替李成谋总统闽局轮船。⑦

沈葆桢认为，海防建设必须要有海军，所以，他极力主张编练"轮船水师"，加强海军建设。在兵轮船未造出之前，他就强调事先做好船上水勇的训练。他认为，"轮船下水，则舵工、水勇缺一不行，非徒习惯风涛，尤须熟精枪炮。盖国家之创造轮船，譬诸千金买骏，倘冲锋陷阵不持寸铁，虽有千里之马，安足成功？"所以，他先调集闽中旧撤炮船十只，添练水勇二三百名，在轮船未成船前，进行巡缉近洋训练，成船后，这些

---

① 张作兴主编：《船政文化研究——船政奏议汇编点校辑》，海潮摄影艺术出版社2006年版，第54页。
② 同上。
③ 同上书，第55页。
④ 同上书，第59页。
⑤ 《穆宗实录》卷七，《清实录》第五一册，中华书局1987年版，第54页。
⑥ 《穆宗实录》卷二九一，《清实录》第五十册，中华书局1987年版，第1029页。
⑦ 《德宗实录》卷九八，《清实录》第五三册，中华书局1987年版，第467—468页。

水勇"即可擐甲登舟,驾轻就熟。"① 在兵轮船成船多号后,他主张选派轮船统领,统一指挥,统一操练,统一调度。他说:"轮船之设,必声势联络,如身使臂,如臂使指,仓卒征召,方足以资敌忾。"他建议轮船统领随时周历轮船驻防各口校阅,一体操演。② 兵轮船上的官弁、兵勇专心训练枪炮,不再练传统弓箭。③

按当时的提法,沈葆桢把海军称为"轮船水师""水军""外海水师""海洋水师"。他说:"无水军则陆军气脉不贯"④;"外海水师之议断不容缓"⑤;"外海水师决不可不创"⑥。他认为陆军和水师并重,都是国防、海防不可缺少的:"陆军固自强根本,然无水军,则陆军气脉不贯。"⑦"于今见之,防海而可无陆师,纵船炮之精过于彼族,风平浪静时处处可以登舟岸,其谁御之?有陆师便可不防海,则必遍天下郡县尽数有坐待御敌之劲旅则可,否则一二号兵轮,窥我南北洋,终岁疲于奔命,不知其所守矣。况铁甲封港,只求消息不可得耶。"⑧ 因此,在沈葆桢看来,偏执一端,只重陆师轻视水师,或仅重水师忽视陆师,都是错误的。

在议奏丁日昌海洋水师一折中,沈葆桢赞赏丁日昌见解:"所议修筑炮台、选择干员、联三洋以练兵、分三局以制器,似均允当而可行,……原议称,海上争衡,百号之艇船不敌一号之大兵轮船,诚确论也。"同时,沈葆桢提出海洋水师配备铁甲船的重要:"至木轮船足以辅铁甲船,仍不足以御铁甲船,则铁甲船终不能不办也。"⑨ 沈葆桢非常重视铁甲船的拥有,屡屡建议购置铁甲船或自造铁甲船。他在《致李少荃中堂》函中说:"晚之议购铁甲船也,与主人翁申约不啻十余次"。⑩ 而向李鸿章进

---

① 朱华主编:《沈葆桢文集》,福州市社科院、社科联、中共福州马尾区委宣传部,福州市船政文化研究会,2008年,第176—177页。
② 同上书,第202页。
③ 同上书,第200页。
④ 福建省文史研究馆编:《沈文肃公牍》,江苏广陵古籍刻印社1997年版,第399页。
⑤ 同上书,第554页。
⑥ 同上书,第563页。
⑦ 同上书,第399页。
⑧ 同上书,第563页。
⑨ 朱华主编:《沈葆桢文集》,福州市社科院、社科联、中共福州马尾区委宣传部,福州市船政文化研究会,2008年,第223—224页。
⑩ 福建省文史研究馆编:《沈文肃公牍》,江苏广陵古籍刻印社1997年版,第113页。

言铁甲船事"不可以次数计"①。他设想建成一支外海水师。这支水师要有铁甲船两号,若扬武兵船者六号,若镇海兵船者十号。所需兵船在闽局可以制造,铁甲船宜向英国、法国各定制一艘,并派员弁生徒往学,"兼收制造驾驶之效"②。他急切想成就这样一支外海水师,"俾各省均有所恃"③。由于经费等诸多因素,蹉跎岁月,沈葆桢建设这样一支海军的梦想没有完全实现。直至临终遗疏中,他"犹倦倦于铁甲船事"④。

沈葆桢认为,海防是一整体,不能一口独善其身。如天津口岸,经多年擘画建设,炮垒之固,陆勇之精,枪炮之良,蚊子船水雷之备,不特非他口所敢望,即洋人亦不能不叹服。然而,若是海上事起,"异族以一铁甲阻大沽之外,将接济立断,畿辅人心为之动摇,则可虞者不仅在无备之各口"⑤。由此说明统一海军建设的重要,配备海上先进重器铁甲船的重要,而不能仅注意一个口岸建设。

三 "台湾海外孤悬,七省以为门户,其关系非轻"

在中国海防建设中,台湾的防务关系"沿海筹防"⑥,是海防建设的重要部分。沈葆桢指出:"台湾海外孤悬,七省以为门户,其关系非轻。"为台民计、为闽省计、为沿海筹防计,必须重视台湾防务。⑦ 台湾"倭事"起,沈葆桢以船政大臣身份奉命赴台处理倭事。倭事毕,光绪元年正月二十七日(1875年3月4日),沈葆桢又奉命前往台湾督饬该地方官"将抚番、开山事务通筹全局,悉心经理"⑧。沈葆桢数次亲临台湾,考察、了解台防,筹划布置台防。他所看到的台防现实令他可忧可叹,他说:台地延袤千有余里,官吏所治,只滨海平原三分之一,余皆番社耳。"就目前之积弊而论,班兵之惰窳也,蠹役之盘役也,土匪之横恣也,民

---

① 福建省文史研究馆编:《沈文肃公牍》,江苏广陵古籍刻印社1997年版,第645页。
② 同上书,第386页。
③ 同上书,第739页。
④ 《江苏抚臣吴元炳奏折》,见《沈葆桢文集》,朱华主编,第7页。
⑤ 福建省文史研究馆编:《沈文肃公牍》,江苏广陵古籍刻印社1997年版,第751页。
⑥ 朱华主编:《沈葆桢文集》,福州市社科院、社科联、中共福州马尾区委宣传部、福州市船政文化研究会,2008年,第215页。
⑦ 同上。
⑧ 同上书,第230页。

俗之愒淫也，海防陆守之俱虚也，械斗扎厝之迭见也。"① "台地之无备，甚于内地。"② "台地千余里竟无一炮。"③ 在澎湖，这一台湾重要出入门户，"为台厦第一关键"，虽然有砖砌炮台一座，却薄仅数寸，"炮门甚多而无炮"④。其他处处有口，处处宜防，却有口无防，有海无防。看到眼前的状况，沈葆桢感叹台湾海防积弊太多，建设"无从下手"⑤。他指出，"倭奴"（日本侵略者）正是窥悉台地海防陆守空虚，才敢于派兵发难，入侵台湾。

沈葆桢到台后，认真布置海防和陆守，奏调淮军十三营入台和多艘兵轮船驻防澎湖等海口，构筑海口炮台，添购洋枪洋炮及弹药，不靠虚张声势备战，而是步步踏实布防。他深悉日本侵略者"驻兵琅峤，而意注台北"野心⑥，"总窥我警备尚虚，意存观望"⑦，所以强调要以实力说话。他说："不战屈人，洵上上之策，但我必可以屈人之具而后人不得不为我屈。"⑧ 对倭奴"非情理所能谕，恐亦非虚张所能慑"⑨。在沈葆桢的实力备战下，日本侵略者感到"兵有孤悬之势"，才最终撤兵离开台湾。⑩ 日兵退去后，沈葆桢认为仍不能松懈战备，他指出："彼退而吾备益修，则帖耳弭首而去；彼退而吾备遂弛，则又蹈暇抵隙而来。"⑪ "台事虽权宜办结，而后患仍在堪虞，亟宜未雨绸缪。"⑫

日军入侵牡丹社事件办结后，沈葆桢奉命在台办理开山抚番事宜，开发台湾东部，南、北、中三路开地各数百里、百余里不等，创碉设堡，建

---

① 朱华主编：《沈葆桢文集》，福州市社科院、社科联、中共福州马尾区委宣传部，福州市船政文化研究会编，2008年，第214页。
② 福建省文史研究馆编：《沈文肃公牍》，江苏广陵古籍刻印社1997年版，第19页。
③ 同上书，第20页。
④ 同上书，第14页。
⑤ 同上。
⑥ 同上书，第24页。
⑦ 同上书，第25页。
⑧ 同上书，第55页。
⑨ 同上书，第10页。
⑩ 同上。
⑪ 同上。
⑫ 朱华主编：《沈葆桢文集》，福州市社科院、社科联、中共福州马尾区委宣传部，福州市船政文化研究会，2008年，第222页。

筑城垒，"联乡团以固边圉"①。他奏请购置铁甲船，以济台防之需。他认为，无铁甲船，台北仍"在在可虞"。铁甲船是先进的防海利器，购铁甲船，并不单为台防，亦非只防日本，各海口皆有恃无恐。为了加强、便利对台湾的行政管理和防务领导指挥，沈葆桢奏请仿江苏巡抚分驻苏州之例，移福建巡抚驻台湾。他列举巡抚驻台的利便十二条，很有说服力。他指出："夫以台地向称饶沃，久为他族所垂涎，今虽外患暂平，旁人仍眈眈相视，未雨绸缪之计，正在斯时。……况年来洋务日密，偏重在于东南，台湾海外孤悬，七省以为门户，其关系非轻。欲固地险，在得民心；欲得民心，先修吏治、营政。而整顿吏治、营政之权，操于督、抚，总督兼辖浙江，移驻不如巡抚之便。……为台民计、为闽省计、为沿海筹防计，有不得不出于此者。"② 即必须将福建巡抚移驻台湾。在行政区划建制上，他上奏建议在台北建一府三县。他说："台北口岸四通，荒壤日辟，外防内治，政令难周，拟建府治，统辖一厅三县，以便控驭而固地方。"③ 他建议于艋舺创建府治，名台北府，并建淡水县、新竹县、宜兰县三县。④ 光绪二年三月戊戌（1876年3月31日），朝廷颁谕，规定福建巡抚冬春驻台，夏秋驻省，省台"两地兼顾"⑤。

在巡抚移驻台湾获批后，他又奏请裁汛并练，酌改营制，统归巡抚节制，"以一事权"⑥。他指出：台湾营伍废弛，其积弊之深尤所罕见："汛弁则干预词讼，勒索陋规；兵丁则巧避差操，雇名顶替；班兵皆由内地而来，本系各分气类，偶有睚眦之怨，立即聚众斗殴；且营将利弁兵之规费，弁兵恃营将为护符；兵民涉讼，文员移提，无不曲为庇匿，间有文员移营会办案件，又必多方刁难需索，而匪徒早闻风远飏矣。种种积习，相沿已久，皆由远隔海外，文员事权较轻，将弁不复顾忌，非大加整顿不可。"⑦ "裁

---

① 朱华主编：《沈葆桢文集》，福州市社科院、社科联、中共福州马尾区委宣传部，福州市船政文化研究会，2008年，第263页。
② 同上书，第214—215页。
③ 同上书，第248页。
④ 宜兰县即噶玛兰厅之旧治。朱华主编：《沈葆桢文集》，福州市社科院、社科联、中共福州马尾区委宣传部，福州市船政文化研究会编，2008年，第250页。
⑤ 《德宗实录》（一），《清实录》第五二册，中华书局1987年版，第406页。
⑥ 朱华主编：《沈葆桢文集》，福州市社科院、社科联、中共福州马尾区委宣传部，福州市船政文化研究会，2008年，第252—253页。
⑦ 同上书，第253页。

汛并练"就是裁撤分汛,并营操练。以五百人为一营,营伍皆归巡抚统辖。千总以下将官即由巡抚考拔;守备以上仍会同总督、提督拣选题补。①

为了便民生、广招徕、兴垦殖,沈葆桢奏请废除一切旧禁,如禁内地民人渡台,台地民人不得与番民结亲,禁民人私入番境,禁铁、竹交易等。他在奏折中阐明开禁的理由:"全台后山除番社外,无非旷土,迩者南北各路虽渐开通,而深谷荒埔,人踪罕到,有可耕之地,而无入耕之民;草木丛杂,瘴雾下垂,凶番得以潜伏狙杀;纵辟蹊径,终为畏途;久而不用,茅将塞之。日来招集垦户,应者寥寥,盖台湾地广人稀,山前一带虽经蕃息百有余年,户口尚未充饬;内地人民向来不准偷渡,近虽文法稍弛,而开禁未有明文,地方官思设法招徕,每恐与例不合。今欲开山,不先招垦,则路虽通而仍塞;欲招垦,不先开禁,则民裹足而不前。"② 所以,沈葆桢认为,揆度时势,"凡百以便民为急,不得不因时变通","将一切旧禁尽与开豁,以广招徕,俾无瞻顾。"③ 这些举措都有利于巩固台湾的海防和社会稳定。

四 督办南洋海防,"整顿江海防务"

光绪元年四月壬辰(1875年5月30日),上谕调派沈葆桢为两江总督,兼充办理通商事务大臣,并督办南洋海防。七月十四日(8月14日),还在台湾任上的他奉上谕:"台郡事宜渐次就绪,沈葆桢交代清楚,即行前赴新任筹办海防,毋庸来京陛见。"④ 八天后他乘轮船离开台湾,途经澎湖,登岸查阅岸上炮台修筑情况⑤,体现他的高度责任心。十月初一日(10月29日),沈葆桢由海道入江赴任,十一日(11月8日)抵达江宁省城。途中,他顺道勘察了吴淞、江阴炮台。⑥

---

① 朱华主编:《沈葆桢文集》,福州市社科院、社科联、中共福州马尾区委宣传部、福州市船政文化研究会编,2008年,第253页。
② 同上书,第220页。
③ 同上书,第221页。
④ 同上书,第209页。
⑤ 同上。
⑥ 《沈文肃公牍》,江苏广陵古籍刻印社1997年版,第375页。

上任后，沈葆桢商调闽局制造的兵轮船驻防南京、上海等海口，加强海防防备；巡视长江各水师和沿江各炮台；购置枪炮，弥补各炮台武器弹药配备；督察各水师、防营操练等。面临两江辖境的防务及经济社会状况，他深感忧虑："四望茫如，不知所措手处。缉匪筹饷二者并棘。"① 南洋海防经费奇窘短绌，"海防之款，丝毫无存"。"从前尚可设法腾挪，今则各台局司库无不奇窘。前督臣李宗羲任内创立筹防局，借用军需局银两甚巨，迭经该局委员以军饷无出，禀请筹还，臣无以应也。沿江各炮台自江阴以至下关五百余里，规模粗具而枪炮不全，岁修无出，承办之员屡请筹款，以竟其功，臣亦无以应也。道员吴大廷所练之轮船，现归江南提臣李朝斌统带，其第六号船工竣已久，以养费无出，至今尚未招人管驾。该提臣出入江海，周览形势，谓铁甲船既难猝办，快捷之木壳兵轮船亦须一二十号，方足以合操而资抵御，臣更无以应也。近年江南收款之短，迭经臣缕析陈明。出款则积欠累累，催提之文络绎如织。厘金项下应解海防经费，迄今分厘未解"。② "夫以饷款如此之绌，海防如此之重"③，面对这一严重矛盾，沈葆桢感叹毫无应付办法。他在函牍中写道："此间名为地大物博，实则外强中干，岁云暮矣，京协索饷者，雪片飞来，举无以应之。又不得不格外设法，谋所以应之，东涂西抹，寅支卯粮，本省益百孔千疮，无以自立矣。"④

沈葆桢扶病巡阅江北，那里的凋敝情形，令他"目不忍睹"⑤。"江北兵燹之余，加以岁歉，命盗重案，无日无之。"⑥"江淮哀鸿满野，疆吏束手。"⑦ 他说："但求一瞑不视，勿见此不堪寓目情状。"⑧ 有鉴于此，他认为："内治急于外防，察吏难于选将。不早为之所，恐季孙之忧，不在颛臾。"⑨ "内治"和"外防"（海防、国防）说起来都很重要，但"外

---

① 福建省文史研究馆编：《沈文肃公牍》，江苏广陵古籍刻印社1997年版，第375—376页。
② 朱华主编：《沈葆桢文集》，福州市社科院、社科联、中共福州马尾区委宣传部，福州市船政文化研究会编，2008年，第338页。
③ 同上书，第338页。
④ 福建省文史研究馆编：《沈文肃公牍》，江苏广陵古籍刻印社1997年版，第393页。
⑤ 同上书，第517页。
⑥ 同上书，第398页。
⑦ 同上书，第690页。
⑧ 同上书，第735页。
⑨ 同上书，第398页。

防"要有"内治"做基础和支撑，如清明的政治、明智的决策、富裕的财力、得力的疆吏、和谐的民心、幸福的民生、稳定的社会等，这些做好了，"外防"则容易做强做好。否则处处为难，应对不了。例如，两江海防需要添置铁甲船和二十号兵轮船，没有朝廷决策和财力就办不到。沈葆桢察觉到"内治"存在的严重问题，使他筹办海防力不从心，十分痛苦，万分忧虑。

五　实践成果

　　综上所述，沈葆桢的海防和海军建设思考是在总理船政、渡台办防、督办江防时期的思考，他对海防和海军建设提出的建议和主张，具有时代现实性、爱国性、进步性和实践性，取得了一些实践成果。当时面临的现实是必须重视海防和海军建设。两次鸦片战争，西方列强英国和法国侵略者都由海上来，进攻中国沿海海口；稍后日本侵略者的舰船入侵台湾牡丹社，也由海上威胁台湾等，海防频频告急，再不重视海防和海军建设，陆守将防不胜防，国家将无以自立。看到日本吞并琉球，沈葆桢更加意识到海防和海军建设的紧迫，"中国所以图自立者愈亟矣。"① 他预言："西洋或隐忍幸和，东洋则终须一战。"日本的伎俩不如西人，"而狡悍过之。其性如扑灯之蛾，不投诸火不止。舍中国又别无可逞处。"② 日本侵略者对中国的领土野心，沈葆桢看得很透彻。十几年后，日本发动甲午侵华战争，再后挑起大规模的侵华战争，妄图灭亡中国，证实了沈葆桢的明智判断。沈葆桢的思考完全适应国家海防和海军建设的需要和他对时势的判断。海防建设要有近代海军，海军建设要有近代轮船、铁甲船等先进武器装备；海防和陆守、水师和陆军并重；海防建设和海军建设要有海军军事人才和专业人才；海防要有财力、治力等"内治"做基础等等，都在沈葆桢的思考中。这些思考促进了晚清海防和海军建设近代化，是正确的不磨之论，具有爱国性和进步性。

　　沈葆桢对海防和海军建设不仅有思考，有建议和主张，而且履行职责，身体力行付诸实践。在他的努力下，取得了如下主要实践成果：

----

① 福建省文史研究馆编：《沈文肃公牍》，江苏广陵古籍刻印社1997年版，第279页。
② 同上书，第407—408页。

其一，主持创办福建船政局，创制海防利器——兵轮船，分驻各海口，组建福建轮船水师，培养出一批轮船制造和轮船驾驶人才。

创办福建船政局是左宗棠倡议的，而福建船政局的创办成功，却是在沈葆桢主持领导下完成的。这是沈葆桢海防和海军建设主张的重要实践成果。沈葆桢总理船政事务10年，为船政局的规划建设、建章立制、生产运作、厂务、学务、船务管理奠定了良好基础，为船政创业做出了突出贡献。10年间，船政创造轮船16号，除2号系商船外，其他14号均为兵轮船，分驻天津、牛庄、山东、澎湖、台北、厦门、福州、"浙洋"、广州等海口，[①] 为晚清海防和海军建设提供了近代先进装备。船政学堂培养的首届毕业生，毕业后走上轮船制造和轮船驾驶等岗位，他们或成为轮船管驾，或成为船政轮船制造技术员。其中，有制造学生14名、艺徒4名，被派往法国留学深造；驾驶学生12名，被派往英国留学深造。[②] 这些学生学成归国后，成为近代海防和海军建设的骨干。

兵轮船造出多艘后，沈葆桢奏请委派福建轮船水师统领，成为晚清最早组编的海军。

其二，主持修筑福州马尾炮台，台湾澎湖、安平、东港、旗后炮台，江苏吴淞、江阴等海口炮台，加强海口岸防建设。

其三，奏请福建巡抚移驻台湾，省台两地兼顾；改革台湾区划设置和军事设防，加强台湾海防建设和对台管理，修城垣，筑炮垒，练营勇，备枪械；奏请开旧禁以便民，方便大陆与台湾的人员往来，促进台湾番民的开化和与客民的融合等。

其四，在两江总督任上，殚心竭力兴利除弊，修河堤、行海运、缓开关、筹积谷、拨罂粟、挖蝗子、整顿盐务、筹划海防、筹办饷需等。

以上都是沈葆桢留给后人的重要海防和海军建设实践成果。其"政绩卓著"[③]，"功绩昭彰"[④]，为中国晚清的强军固防做出了值得怀念的贡献。

---

① 郑剑顺：《福建船政局史事纪要编年》，厦门大学出版社1993年版，第43、50页。

② 同上书，第56页。

③ 《江苏抚臣吴元炳奏折》，见朱华主编《沈葆桢文集》，福州市社科院、社科联、中共福州马尾区委宣传部、福州市船政文化研究会编，2008年，第5页。

④ 《礼部咨文》，同上书，第10页。

编后记

  1866年（清同治五年），左宗棠、沈葆桢在福州马尾创办了福建船政，在不长的时间里，福建船政发展成为当时远东最大的造船基地，成为中国近代海军的摇篮、中国近代教育之发端和中西文化交流的平台。福建船政培养的大批杰出人才在中国近代史上如璀璨群星，引领风骚近百年，有力地推动了中国近代化的进程。福建船政创造的辉煌业绩和由此孕育的船政文化，在中国近代发展史上占有极为重要的地位。"爱国、科学、创新、图强"的船政精神，对于弘扬优秀民族文化传统，培育民族精神，凝聚民族力量，实现中华民族伟大复兴的中国梦，具有深远的历史意义和极其重要的现实意义。

  2016年12月23日是福建船政创办150周年纪念日，为进一步挖掘、整理和研究船政文化，深入探讨福建船政与中国近现代化之间的历史关联，中国史学会、中共福州市委宣传部于12月23—25日在福州市马尾区卧龙山庄共同主办了"船政与中国近代化启航——纪念福建船政创办150周年"专题研讨会。会议由中国社会科学院近代史研究所和福州市马尾区人民政府承办，来自海内外的50多位专家学者出席，共提交学术论文40篇。

  会议开幕式上，中共福州市委常委、宣传部长蔡战胜，中共福建省委宣传部副部长、省委文明办主任刘志坚，中国史学会副会长兼秘书长、中国社会科学院近代史研究所所长王建朗，中国人民解放军军事科学院副院长曲爱国先后致辞，分别从不同的角度充分肯定了福建船政在推动中国近代化、工业化，开创近代海军建设、探索近代军事教育等方面的肇始之功，以及福建船政求索中华民族复兴之路的不懈探求。

  会议结束后，与会专家学者进一步修改、完善参会论文。除少数论文因篇幅等原因未予收入外，这一论文集所囊括的32篇论文，体现了福建船政及其相关研究的最新进展。中国社会科学院近代史研究所杜继东研究员和吴敏超副研究员负责论文的收集、整理和编辑等工作，厦门大学历史系水海刚副教授和厦门大学台湾研究院历史研究所陈忠纯副教授承担了部分论文的审读和编辑工作。

中国史学会、中共福州市委宣传部和马尾区人民政府有关领导和工作人员对研讨会的圆满成功做出了巨大贡献，谨以此书的出版对他们表示衷心的感谢。

感谢专家学者和有关方面对论文集的出版给予的支持和帮助。

感谢论文集责任编辑——中国社会科学出版社李庆红女士付出的辛勤劳动。

编　者

2018 年 3 月